重庆市出版专项资金资助项目

黄希庭心理学文集④

人格心理学

黄希庭 著

西南大学出版社
国家一级出版社 全国百佳图书出版单位

图书在版编目(CIP)数据

黄希庭心理学文集：全十卷 / 黄希庭著. -- 重庆：西南大学出版社, 2021.10
ISBN 978-7-5697-0994-0

Ⅰ. ①黄… Ⅱ. ①黄… Ⅲ. ①心理学—文集 Ⅳ. ①B84-53

中国版本图书馆CIP数据核字(2021)第146884号

黄希庭心理学文集(全十卷)第四卷

人格心理学

RENGE XINLIXUE

黄希庭　著

出 版 人：张发钧
总 策 划：周　松　郑持军
责任编辑：郑先俐
特邀编辑：岳　童
责任校对：雷　兮
装帧设计：观止堂_未　氓
排　　版：瞿　勤
出版发行：西南大学出版社(原西南师范大学出版社)
地址：重庆市北碚区天生路2号
邮编：400715　市场营销部电话：023-68868624
网址：http://www.xdcbs.com
印　　刷：重庆新金雅迪艺术印刷有限公司
幅面尺寸：185mm×260mm
印　　张：40.25
插　　页：4
字　　数：843千字
版　　次：2021年10月 第1版
印　　次：2021年10月 第1次印刷
书　　号：ISBN 978-7-5697-0994-0

定　　价(全十卷)：2680.00元

黄希庭（摄于 2001 年）

西南大学资深教授，1937 年生于浙江台州温岭。曾任中国心理学会第七、八届副理事长兼心理学教学工作委员会主任，国务院学位委员会第五届心理学学科评议组召集人，全国博士后管理委员会第六届专家组成员及教育学组召集人，教育部高等学校心理学教学指导委员会副主任，教育部长江学者评审专家组成员及教育学科组召集人。在中国开创了时间心理学、健全人格养成教育、中国特色社区心理学研究，出版了一系列高等学校心理学的优秀教材和教学参考书。曾荣获“国家级有突出贡献的中青年专家”（1992）、“首届国家级教学名师奖”（2003）、“全国先进工作者”（2005）、“重庆直辖 10 年建设功臣”（2007）、“新中国成立 60 周年重庆杰出贡献英模”（2009）、“全国优秀科技工作者”（2010）、“中国心理学会终身成就奖”（2011）、“全国教书育人楷模”（2012）、“当代教育名家”（2017）等荣誉及荣誉称号。

· 1984 年 4 月，黄希庭教授在家中备课。

· 1995 年，黄希庭教授在西大校园。

· 1998 年 10 月 5 日，黄希庭夫妇中秋节合影。

· 1999 年 6 月，黄希庭夫妇在家中合影。

· 2000 年 8 月，夫人孙承惠在杭州西湖游览。

· 1977 年 6 月，全家福。

· 1978 年 11 月，全家福。

· 1979 年 2 月，全家福。

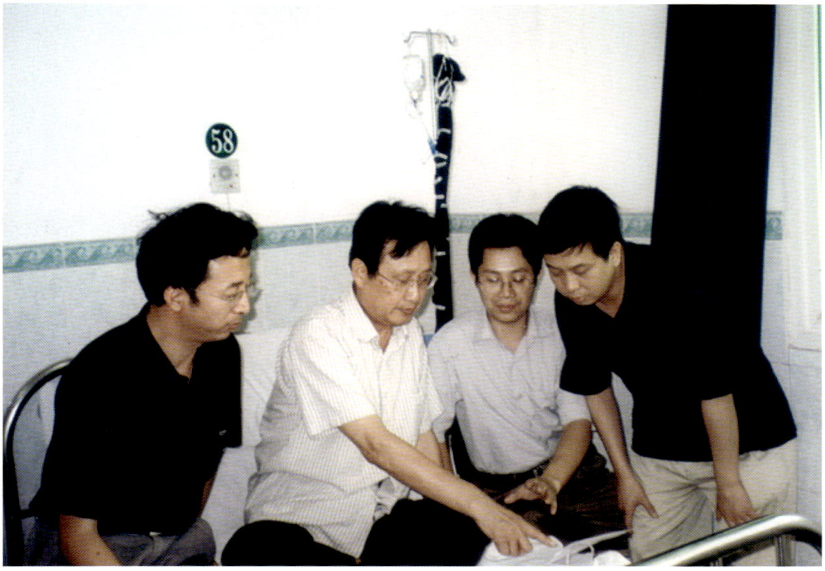

·2002 年，黄希庭教授在病床边指导博士生学习。

·2003 年，黄希庭教授与学生们在散步中教学。

·1995 年，黄希庭教授在台湾参加华人心理学家会议与杨国枢教授合影。

·1996 年，黄希庭教授在阅读人格心理学文献。

总 序

我生于浙江台州温岭。我的启蒙小学是村里的鲸山小学，小学毕业后因家境困难失学一年在家干农活。初一我在离家较近的大溪中学读书。从初二开始我一直就读于温岭中学；考大学填升学志愿时，我的班主任李子英老师鼓励我向巴甫洛夫学习，报考北大心理专业。1956年9月开学那天上午，北京大学哲学系心理专业主任孙国华教授在迎新会上以“不卑不亢”为主题，教导我们做人做事都应遵循这一原则，他的教导深深地印刻在我的心里。1964年我被北京大学录取为研究生，师从沈迺璋教授；我的最大收获是学会了无师自通，并养成了终身学习和终身锻炼身体的习惯。在1961年至1964年的三年里，我在西南师范学院担任张增杰先生的助教，耳濡目染其教学的态度和技能，这为我当教师打好了基础。1977年，十年浩劫的“文化大革命”已经结束，但心理学教学并未解禁。我被校方聘为自然辩证法授课教师。

自1978年我开始讲授普通心理学，此后讲授过公共课心理学、现代心理学流派、青年心理学、心理学教学法等本科课程，还讲授过人格心理学、认知心理学、教育心理学、心理学研究方法等专题课，主持完成了40多项国家级和省部级研究课题。下面扼要地谈谈我在心理学四个领域里的教学和研究的点滴心得。

一、我与普通心理学的结缘

1978年，我开始一边撰写讲义，一边为教育系一年级学生讲授普通心理学，后经两次修改的这本讲义以《普通心理学》之名由甘肃人民出版社于1982年出版，当时读者对该书的反映较好。1984年，人民教育出版社资深编辑戚长福先生主动向我约稿。于是我重新撰写了一本《心理学导论》。这本《心理学导论》1991年5月由人民教育出版社出版。它是根据国家教委1985年武汉文科教材会议推荐的高校心理学专业、教育系有关专业的要求而撰写的普通心理学教材；后经修订，于2007年人民教育出版社出版了它的第二版。

我在普通心理学教学中特别注重以下四个环节：一是培养学生的辩证唯物主义的心理观，即用事实来论证心理是脑的机能，是客观现实的主观反映。既反对以化约的方式来解释复杂心理现象的还原论，也反对把心理现象视为与大脑活动毫不相干的副现象论；既反对把复杂的心理和行为视为对客观现实的机械反映的理论，也反对把心理和行为看作与客观现实毫不相干的唯心论；力求从当代心理学的多种取向整合的角度以事实来论证辩证唯物主义的心理观。二是在教学中既注重基础知识的传授，也重视系统分析观的传授；既重视学生记忆能力的培养，也注意他们思维能力的培养；同时注重帮助学生养成勤奋、严谨、创新、求实的品质。三是在教学中尽量引导学生学以致用，把学到的知识应用到自己的生活实际中去，使学生感受到学习心理学确实会促进自己健康成长。四是编译教学参考书以扩大学生的学习视野。我组织翻译出版了戴维·迈尔斯著《心理学（第七版）》（人民邮电出版社2006年版），《心理学与我们》（人民邮电出版社2008年版），主编了《简明心理学辞典》（安徽人民出版社2004年版），等等。

值得提及的是我在讲授普通心理学时十分注重联系实际。例如，在讲解“注意”时我提出以下一些问题，引导学生学以致用。

·课前预习时，勾出教材中的重点难点，为什么记笔记和听课的效率会明显提高？（注意指向重点难点，对教材的理解深刻了）

·为什么有些人能做到认认真真学习，痛痛快快玩耍？（全神贯注，目标管理，学习效率提高了）

·为什么专心学习时觉得时间过得快，无所事事或注意力涣散时觉得时间过得慢？（注意指向的对象不同所导致）

·为什么注重体育锻炼、睡眠充足的人比不进行体育锻炼、经常失眠的人学习效率要高？（学习需要注意资源的付出，前者有足够的注意资源，后者可能缺少足够的注意资源）

·在寝室里读书与在教室和图书馆里读书，效果为什么大不相同？（环境氛围不同，注意力受干扰的程度也不同）

·为什么读书时眼到、嘴到、手到、耳到、心到，效率会显著提高？（多种感官协同活动更有助于注意力集中）

我认为，普通心理学的其他章节也可以提出类似的问题，这样做既能引导学生学以致用又能活跃课堂学习氛围。在普通心理学的教学中，我除了对学生为人为学进行引导之外，还要求学生树立终身学习的理念。在教学之余，我常叮嘱他们要努力学好马克思主义哲学、中国哲学概论、高等数学和英语。

二、我与时间心理学的结缘

算起来，我与时间心理学的结缘迄今已经有65个年头了。记得1957年，程乃颐先生给我们班讲授普通心理学，他讲到人们对时间往往容易产生错觉。当时我觉得很新奇，很想设计一个实验进行研究。到了工作岗位上，我还一直在思考有关时间心理的研究：

·什么是时间？我们能从心理学的角度进行研究吗？

·为什么有的时间过得很快？有的时间过得很慢？

·所有心理活动都有时间参与，时间无始无终，我们该怎样加以研究呢？

·我们没有专门的时间感受器，但我们为什么能觉知到时间呢？

·为什么人们对待时间的态度是如此的不同？……

通过阅读文献，设计研究，我和我的学生们曾做过许多时间心理学的研究，例如：时间的无意识加工(unconscious processing of time)或时间的内隐加工(implicit processing of time)。我们的研究表明，内隐时间表征具有方向性、顺序性、连续性和认知不可渗透性；时间修饰词和汉字字组顺序蕴含着内隐时间信息，在对时间修饰词的概念加工时会自动激活其内隐时间属性表征，内隐时间顺序表征受知觉表征系统的支配也具有自动加工和提取的特点。我们还探讨过时序知觉中意识和无意识的贡献，以及不同动态条件下的内隐时间特征及时间信息自动加工与控制加工的电生理学指标。

时间知觉(time perception)是指个体对时间的“直接”反映。但时间瞬息即逝，时间知觉依赖于同质刺激的自发组织，即在大约3秒的限度内把一些相继事件知觉为相对同时的一个单元，即知觉到的现在(perceived present)，包括对时间持续性和顺序性的知觉。我们研究过刺激的感觉通道性质(包括拓扑性质的变化)、复杂度、强度、呈现时间的长短以及人格因素、刺激的空间特征等对时间知觉的影响，得到了不少有趣的结果；探讨过时序知觉的重复启动效应，时序知觉的中枢计时与分布计时，以及多感觉整合的时间再校准；还用事件相关电位初步探讨了时间知觉的神经加工及其相关脑区的激活状况。

时间估计(time estimation)也称时间判断(time judgment)，是指个体依据主观经验对客观时间的持续性和顺序性的认知，可以用多种方法(例如比较法、产生法、估计法、再现法、等级评定法、ERP方法等)进行时间估计(包括时距或时序估计)实验。所有这些时间估计方法都会产生误差，即使是短时距估计也是如此。我们研究过时距估计中的锚定效应、重复刺激效应、标量效应、注意效应、视听通道效应以及回溯式时距估计的一些特点；发现了不同年龄段儿童时间估计准确性与利用时间标尺有关，儿童越幼小，越倾向利用空间关系来估计时间，Kappa效应越明显。

对长于5秒的刺激序列的时间认知称为时间记忆(time memory)。时间记忆包括对时距、时点和时序这三种时间信息的记忆。时间记忆可以以钟点、日期等确切的线索为参照，但大多数时间记忆实验是以某个事件的时间线索而实现的，没有任何明确的言语编码形式，仅依靠有关事件对时间信息进行编码、保持和提取。个体对时间的记忆与计时工具测量出来的时间通常是不一致的。我们曾探究过回溯式时间记忆、预期式时间记忆以及时间性前瞻记忆的某些特点：用新闻片段和公众性新闻事件为实验材料，考查了回溯式时间记忆表征的特点，发现老年人回溯式时间记忆能力下降可能是与大脑中的海马功能衰退导致信息加工速度减慢和情节记忆加工能力衰减相关。还对预期式的时点、时距和时序信息在长时记忆中的表征特点做过研究，结果发现时间记忆既有层次网络的特征也有线性结构的特征；还探讨过时间性前瞻记忆与事件性前瞻记忆具有不同的认知机制问题。此外，我们还对时间记忆的层次网络模型和变化分割模型做过实验。

我们在整合国内外一系列研究成果的基础上，于1999年的一篇论文中提出了一个理论构想——时间认知的分段综合模型(range-synthetic model of temporal cognition)。时间无始无终而又瞬息即逝，时间与人类的生活形影不离且时间就是生命，我们是怎样来把握时间的呢？一个合理的答案是人类采用分段式来把握时间。最有力的证据是人发明了各种时间标尺(如毫秒、秒、分、小时、日、周、月、年、期、纪等)并用它们来标记时间。个体心理世界的各种成分是普遍联系、相互作用的，虽然时间与人生形影不离但人却没有专门的时间感受器，人类总是凭借经验综合各种因素来认知时间。人类对不同时距具有不同的表征，我们的许多研究都表明，无论对于哪一种时距的认知均受多种因素(例如事件的数量与结构，通道性质和特点，时距、时序和时点的性质，注意资源，编码方式，提取策略，实验指标，以及个体的时间信念、情绪、人格特征、疾病等)的影响；不仅如此，还受心理的其他成分如动机、兴趣、爱好、价值观等影响。人类时间认知的分段综合模型能很好地解释爱因斯坦的时间相对性问题，他说："把你的手放在很热的炉子上一分钟，感觉起来好像一小时；而坐在一位漂亮姑娘身边整整一个小时，感觉起来却像一分钟。"用心理学家的话来说，这就是给感受打上了不同的时间标尺之故。我和我的团队做了许多实验来论证时间认知的分段综合模型，结果表明人类的时间认知确实具有分段性和综合性的特点。这是我们研究时间认知的一个主要收获。

我们既关注人们时间认知上的共同性，也关注人们时间人格上的差异性。时间给每个人以相同的机会，但每个人对于时间的感受、把握、管理、使用和爱惜却是不同的，人们在时间上的这些稳定的个体差异，我们称之为时间人格上的差异。时间人格(time personality)就是个人对待时间的方式。人们对待时间的方式有许多差异。时间最公平，它给勤奋的人留下智慧和力量，而给懒惰的人留下空虚和懊恼；时间瞬息即逝，有的人总是在检查自己对时间抓得紧不紧，而有的人总是白白消耗时光还埋怨时间过得太慢；平庸者坐失良机，智慧者能抓住良机并且能创造良机。凡此种种实例，到处可见。

从1997年开始我们对时间人格的研究主要集中在下列三个方面：(1)时间管理倾向研究。在深入实际调查的基础上我们编制了由时间价值感、时间监控观及时间效能感三个指标构成的"青少年时间管理倾向量表"，该量表的信效度均符合心理测量学的要求，还探讨过青少年的时间管理倾向与学业成绩、个人能力、自我观念、工作成就的关系。(2)时间洞察力研究。时间洞察力是指个体对于时间的认知、体验和行动的一种人格特质，它既具有能力的性质(由认知加工、时间管理和决策等构成)，也具有动力的性质(由价值观、责任感、义务感、荣誉感、事业心等构成)。人生从过去、经现在、向着未来，时间洞察力还包含过去时间洞察力、现在时间洞察力与未来时间洞察力，其中所含的认知、情感和行动倾向成分也不相同；其中有些属于状态时间洞察力(state time perspective)，有些则属于特质时间洞察力(trait time perspective)，后者才是时间维度上的人格特质。我们从我国的实际出发探讨过时间洞察力的结构成分，编制过两个(过去、未来)时间洞察力量表。(3)不同自我同一性状态下的时间洞察力研究。我们考查了不同自我同一性状态下的被试在其过去、现在和未来的时间体验上的差异；还探讨过时间自我评价的理论意义和实践意义。

我们在时间人格领域还有许多问题需要进一步深入探讨：

(1)时间管理倾向、时间洞察力、时间自我同一性的实质是什么？其核心指标是什么？怎样区分状态时间洞察力与特质时间洞察力？

(2)时间洞察力是先天的还是后天的？

(3)时间自我同一性的稳定性与变异性有怎样的关系？

(4)时间管理就是自我管理，那么我们怎样来塑造自己的时间人格呢？

三、我与人格心理学的结缘

我曾给大学生做过几次人格心理学的专题讲座。张春兴先生邀我参加他主持的"世纪心理学丛书"撰写，我很乐意接受《人格心理学》的撰写工作。接受此任务后用什么框架来建构全书使我很是纠结。当时教科书的结构大多是理论范型取向，由于交书稿时间的限制，我便采用了人格理论范型取向加人格研究专题的方式来撰写《人格心理学》(1998年由台北东华书局出版，2002年由杭州浙江教育出版社出版)。

我的《人格心理学》虽然已经完成，但内心并不满意。怎样撰写一本中国特色的人格心理学著作呢？这成了我久久难以释怀的难题。在学习《论语》的过程中我终于找到了答案：孔子推崇的君子人生便是我要寻找的人格样板。君子人生格调也就是君子人格。孔子所推崇的君子人格都是从知、情、意、行的整体角度提出来的。例如，“子谓子产：‘有君子之道四焉：其行己也恭，其事上也敬，其养民也惠，其使民也义。’”(《公冶长》)子曰：“君子成人之美，不成人之恶；小人反是。”(《颜渊》)子曰：“君子矜而不争，群而不党。”(《卫灵公》)司马牛问君子，子曰：“君子不忧不惧。”曰：“不忧不惧，斯谓之君子已乎？”曰：“内省不疚，夫何忧何惧？”(《颜渊》)《论语》中孔子推崇的君子人格就包含了人生追求、人生态度、人生智慧和人生修养。我做了初步的归纳，今后如果要撰写中国特色的人格心理学著作，我将按这四个部分加以构建。

(一)君子的人生追求

人生追求(life purpose)也称人生目标、人生抱负，是个人内心的动力坐标，指个人以积极的行动来争取某个目标的达成，因而具有方向性和持久性。君子的人生追求是仁、义、忠、恕。

1.仁、义

子曰：“君子道者三……仁者不忧，知者不惑，勇者不惧。”(《宪问》)又说：“君子去仁，恶乎成名？君子无终食之间违仁，造次必于是，颠沛必于是。”(《里仁》)“樊迟问仁。子曰：‘爱人。’”(《颜渊》)爱人有各种表现：爱护、同情、怜悯、体谅、厚道、忍让、慈爱、友善、善良、报恩等。仁是爱人的态度。

子曰：“君子喻于义，小人喻于利。”(《里仁》)子曰：“君子义以为上，君子有勇而无义为乱，小人有勇而无义为盗。”(《阳货》)子曰：“君子之于天下也，无适也，无莫也，义之与比。”(《里仁》)子曰：“君子义以为质，礼以行之，孙以出之，信以成之。君子哉!”(《卫灵公》) 孔子认为义的本质是实行仁，是对原则的态度。

2.忠、恕

《论语·颜渊》篇记载：“仲弓问仁。子曰：‘……己所不欲，勿施于人。’”又说：“己欲立而立人，己欲达而达人。”(《雍也》)推己及人的肯定方面是“尽己为人”，孔子称之为“忠”；而推己及人的否定方面是“己所不欲，勿施于人”，孔子称之为“恕”。“子曰：‘参乎！吾道一以贯之。’曾子曰：‘唯。’子出。门人问曰：‘何谓也？’曾子曰：‘夫子之道，忠恕而已矣。’”(《里仁》)忠恕之道就是行仁道。

“忠”的对象有多种，除了忠于君，如“君使臣以礼，臣事君以忠”(《八佾》)，还有忠于人，如“居处恭，执事敬，与人忠”(《子路》)；忠于长上，如“孝慈则忠”(《为政》)；忠于朋友，如“子贡问友，子曰：‘忠告而善道之……’”(《颜渊》)；忠于职守，如“子张问曰：‘令尹子文三仕为令尹，无喜色；三已之，无愠色，旧令尹之政，必以告新令尹。何如？’子曰：‘忠矣！’”(《公冶长》)。

(二)君子的人生态度

人生态度(life attitude)是指对人生所持的举止心情，它是一种具有持久性和一致性的倾向，这种倾向是与对人生目的的理解相联系的。通常人生态度包含认知、情感和行为倾向三种成分。君子的人生态度如下：

1.知命而行

子曰：“不知命，无以为君子也。”(《尧曰》)孔子说的“命”就是内心的使命感。子曰：“君子有三畏，畏天命，畏大人，畏圣人之言。小人不知天命而不畏也，狎大人，侮圣人之言。”(《季氏》)孔子的人生态度坚定不移，具有“知其不可而为之”的献身精神。

2.践行仁道

子曰：“唯仁者能好人，能恶人。”(《里仁》) 又曰：“我未见好仁者，恶不仁者，好仁者无以尚之，恶不仁者，其为仁矣。”(《里仁》)

子贡问：“乡人皆好之，何如？”子曰：“未可也。”“乡人皆恶之，何如？”子曰：“未可也，不如乡人之善者好之，其不善者恶之。”(《子路》)

君子好善恶恶而践行仁道。

3.言行一致

子曰：“君子耻其言而过其行。”(《宪问》)又曰：“……故君子名之必可言也，言之必可行也。君子于其言，无所苟而已矣！”(《子路》)

4.心怀宽广

子曰：“君子坦荡荡，小人长戚戚。”(《述而》)子曰：“富与贵，是人之所欲也；不以其道得之，不处也。贫与贱，是人之所恶也；不以其道得之，不去也。君子去仁，恶乎成名？君子无终食之间违仁，造次必于是，颠沛必于是。”(《里仁》)讲求安贫乐道，心安神泰。

(三)君子的人生智慧

人生智慧(life wisdom)是对人生的独特的理性思考，也是对人生的持久的创造性的智力活动。君子的人生智慧有哪些特点呢？

1.行中庸

子曰：“中庸之为德也，其至矣乎！民鲜久矣。”(《雍也》)在《中庸》中，仲尼曰：“君子中庸，小人反中庸。君子之中庸也，君子而时中；小人之中庸也，小人而无忌惮也。”

2.尊理性

“樊迟问知(智)。子曰:‘务民之义,敬鬼神而远之,可谓知(智)矣。’”(《雍也》)。《论语》中谈仁很多,谈智较少。但“知”与“智”的含义有相似之处。子曰:“知者不惑”(《宪问》),“择不处仁,焉得知”(《里仁》)。这里的知都有明智、智慧、理性的意思。《中庸》列出的三达德,智甚至排在首位,居仁之首,说明孔学是十分重视智慧、理性的,但孔学的智慧既不是技术思维,也不是聪明计算,更谈不上是探求科学的手段,而是一种修德从善的理性思考。

(四)君子的人生修养

人生修养(moral upbringing of life)指养成正确对待自己人生的行为方式,人生修养即修身。在《论语》中孔子关于君子修身的论述很多,下面择其要者而述之。

1.好学

子曰:“君子食无求饱,居无求安,敏于事而慎于言,就有道而正焉,可谓好学也已。”(《学而》)子曰:“有颜回者好学,不迁怒,不贰过。不幸短命死矣,今也则亡,未闻好学者也。”(《雍也》)

子曰:“由也！女闻六言六蔽矣乎?”对曰:“未也。”“居！吾语女。好仁不好学,其弊也愚;好知不好学,其蔽也荡;好信不好学,其蔽也贼;好直不好学,其蔽也绞;好勇不好学,其蔽也乱;好刚不好学,其蔽也狂。”(《阳货》)好学是君子必须具备的人格特征,在仁、知、信、直、勇、刚的形成中起着重要作用。同时,孔子还指出好学才能增长才干。子曰:“小子何莫学夫诗?诗,可以兴,可以观,可以群,可以怨。迩之事父,远之事君;多识于鸟兽草木之名。”(《阳货》)孔子还强调:“君子病无能焉,不病人之不己知也。”(《卫灵公》)

2.自省

子曰:“见贤思齐焉,见不贤而内自省也。”(《里仁》)

子曰:“君子有九思:视思明,听思聪,色思温,貌思恭,言思忠,事思敬,疑思问,忿思难,见得思义。”(《季氏》)又说:“君子有三戒:少之时,血气未定,戒之在色;及其壮也,血气方刚,戒之在斗;及其老也,血气既衰,戒之在得。”(《季氏》)曾子曰:“吾日三省吾身——为人谋而不忠乎?与朋友交而不信乎?传不习乎?”(《学而》)因此,“躬自厚而薄责于人”(《卫灵公》)便成了修身之方。

3.谨言敏行

子曰:“巧言令色,鲜矣仁。”(《学而》)“巧言、令色、足恭,左丘明耻之,丘亦耻之。”(《公冶长》)子曰:“君子耻其言而过其行。”(《宪问》)子曰:“先行其言,而后从之。”(《为政》)又曰:“古者言之不出,耻躬之不逮也。”(《里仁》)君子“敏于事而慎于言”(《学而》),“君子欲讷于言而敏于行”(《里仁》)。“子曰:‘能行五者于天下为仁矣。’……‘恭、宽、信、敏、惠。恭则不侮,宽则得众,信则人任焉,敏则有功,惠则足以使人。’”(《阳货》)

孔子虽然没有在《论语》中提出“修身”的概念,但却提过与之相类似的,如“克己”“修己”“正身”“求诸己”“自省”“自讼”等概念,十分重视人生修养。

2000年底,我在大学生中做过一个开放式问卷调查:“你认为什么样的行为是心理健康者的特征性行为? 依据你的看法,请写出5至10条。”收回问卷49份,提出的特征性行为共计393条,经内容分析可以看出当代大学生对心理健康的追求大多已超出了心理是否有疾病的标准。他们所追求的心理健康标准更高,可以将大学生的心理健康期盼概括为:

对世界抱开放态度,乐于学习和工作,不断吸取新经验;

以正面的眼光看待他人,有良好的人际关系和团队精神;

以正面的态度看待自己,能自知、自尊、自我悦纳;

以正面的态度看待现在和未来,追求现实且高尚的生活目标;

以正面的态度对待挫折,能调控情绪,心境良好。

综合孔子推崇的君子人格以及西方心理学家关于健康人格的理论和当代大学生对最佳的心理健康者的期盼,我提出了健全人格理论(perfect personality theory)。我认为,当代大多数大学生所追求的理想人格或优秀人格就是源自孔子推崇的君子人格。心理健康是一个连续体,连续体的一端是最差的心理健康状态,即心理疾病或心理障碍,而它的另一端是最佳的心理和行为状态,即健全人格。健全人格是个人最佳的心理和行为的有机结合,是当代大学生所期盼的人格,也是当代的君子人格。

健全人格是一个动态系统,它是由许多心理成分组成的复杂组织,其中最主要的是三个具有独立功能的成分。这三个成分可以用三个同心圆来表示,其中最核心的是正确的价值观。价值观是每个人区分好坏、美丑、对错的信念系统,它通常是充满情感的,不仅引导人们追求自己的理想,而且还决定着人生中的种种选择。健全人格的第二层次是积极的自我观,即个人积极主动地面对自己的人生,包含自爱、自立、自信、自省和自强等。健全人格的第三层次是追求未来梦想的优良品格,属于相对表层的要素,如好学、有责任心、肯实干、宽恕、同理心、互助合作、心境平和以及勇气、节俭等品格。上述这三类心理成分也就是健全人格的三个子系统,它们又是相互关联、相互影响的。我们还对健全人格系统的稳定性和可变性做过一些研究。

四、我与应用心理学的结缘

虽然我主要从事基础心理学的教学和研究,但对心理学的应用也一直十分重视。

因为我认为一门学科是否有生命力，它的影响力大小，在很大程度上取决于该学科对社会的贡献。中国心理学研究，不仅应当对学科的理论建设有更大的贡献，还应该更多地参与解决社会中的各种实际问题。无论是基础理论抑或是社会实用问题，我们都应努力进行探究。

2005年，由我担任首席专家的教育部哲学社会科学重大研究课题攻关项目“中国心理健康服务体系现状及对策研究”获得批准(批准号:05JZD00031)。我们用了五年时间完成该项目，在全国取样五万余份，其最终成果《中国心理健康服务体系建构》约50万字，内容包括第一编心理健康服务的理论基础(含三章)，第二编需求方分析(含四章)，第三编服务方分析(含三章)，第四编心理健康服务的影响因素(含三章)，第五编心理健康服务的效果与对策(含四章)，总计五编十七章构成。

20世纪初期，西方心理健康服务的理论和方法传入中国，但在我国古代典籍中早已有心理健康服务的理论和方法。例如在理论方面，孔子(前551—前479年)的仁学，倡导忠以克己，恕以待人，“知其不可而为之”的处世态度;《老子》是战国时期道家的一部经典著作，除了有其论述的修身养性之道外，还包含有丰富的辩证法思想，如以柔克刚、以弱胜强、祸福相倚、物极必反、要从反面入手才能取得正面结果等等。浩如烟海的我国儒释道经典著作无疑可以成为中国特色心理健康服务的理论根基。

关于维护心理健康的方法，我最近学习了早在春秋战国时期成书的《黄帝内经》，感慨很多。《黄帝内经》不仅是中医学的理论基础，而且在心理治疗方面也有许多独到的见解，很值得我们研究。

例如，《黄帝内经·素问》中阴阳应象大论篇和五运行大论篇都指出:“怒伤肝，悲胜怒”，“喜伤心，怒胜喜”，“思伤脾，怒胜思”，“忧伤肺，喜胜忧”，“恐伤肾，思胜恐”，这说明“情志相胜”的基本原理，即有意识地采用一种情志活动，去控制、调节因另外一种情志而引起的疾病，从而达到治疗心身疾病的目的。脏象五行学说把人的情志分为怒、喜、思、悲、恐五类，并用五行学说来表示它们的联系，但我们也不能机械地照搬五行相克之说，因为某种疾病可能是由某种情志之偏而导致的，也可能是多种原因造成的。例如情绪表达要适度，不可过度，“悲哀动中者，竭绝而失生。喜乐者，神惮散而不藏。愁忧者，气闭塞而不行。盛怒者，迷惑而不治。恐惧者，神荡惮而不收”(《灵枢·本神》)。对于过度的情绪，医家则设法加以制止。例如，一般而言，喜对身体有益，但喜乐过度，就会导致喜极气散不能收藏。《素问·举痛论》提出“恐则精却”“恐则气下”，以治疗喜乐过度而导致的精神疾患。

又例如，《素问·移情变气论篇》说:“闭户塞牖，系之病者，数问其情，以从其意。得神者昌，失神者亡。”即是说，关好门窗，向病人详细询问病情，使他愿意如实地说出病情。经过问诊并参考色脉之后，便可作出判断：如果病人面色光华，脉息和平，这叫“得神”，预后良好；如果病人面色无华，脉不应时，这叫“失神”，预后不佳。也就是说，在进行言语开导时，医生必须取得患者的信任，在安静无干扰的环境下以严肃、亲切的态度对待患者。这既有利于让患者诉说病痛，具有心理疏导之功效，同时也能使患者提升战胜疾病的信心。《灵枢·师传》中还说：“岐伯曰：人之情，莫不恶死而乐生。告之以其败，语之以其善，导之以其所便，开之以其所苦。虽有无道之人，恶有不听者乎？”岐伯说，人之常情，没有不怕死的，人们都喜爱活着。告诉他哪些对人有害处，哪些对人有好处，用适宜的方法指导他，解开他心中的苦痛。即使是不懂道理的人，难道会不听劝告吗？这正是心理疏导的精髓。医生通过阐述、解释、鼓励、安慰、保证、暗示等方法晓之以理、动之以情、喻之以例，这种开导式心理治疗对患者是很有帮助的。

从2013年起，我和陈红教授开始筹划和推进社区心理学专业委员会的建立。2014年10月10日，中国心理学会常务理事会批准筹建社区心理学专业委员会。2015年9月，中国心理学会社区心理学专业委员会(筹)首届学术会议在苏州大学召开。同年10月，在中国心理学会十一届八次常务理事会上，与会的常委们以全票通过社区心理学专业委员会(筹)的转正申请。社区心理学专业委员会挂靠西南大学心理学部，第一届主任是陈红，副主任包括马建青、王振宏、赵俊峰、刘电芝、夏凌翔(兼任秘书长，2016年底改由吕厚超担任)，标志着我国制度化的社区心理学正式建立。至今，中国心理学会社区心理学专业委员会已成功举办六届学术年会。社区心理学正在我国蓬勃兴起，重庆、江苏、北京、上海、天津、湖南等地先后建立了研究机构，并开展了大量关于社区心理学的研究和实践工作。2017年11月2日，中国社区心理学服务与研究中心(China Community Psychology Service and Research Center)在西南大学举行揭牌仪式，首个中国社区心理学服务与研究中心正式成立。

为了扩大学术影响力，促进社区心理学的研究和交流，2014年12月社区心理学专业委员会(筹)决定主办《社区心理学研究》集刊，并成立了以我为主编，陈红、韩世辉(后由苏彦捷担任)、马建青、毕重增(常务)为副主编的首届编委会，至今已出版了10卷；2021年4月被南京大学中国社会科学评价中心认定该刊为CSSCI(2021—2022)收录集刊。在中国心理学会社区心理学专委会成立初期，以我为顾问，陈红教授为主任，联合二十余位心理学家翻译出版了《社区心理学译丛》(共10本)。由我任主编，毕重增、苏彦捷、陈红任副主编的《社区心理学导论》教材即将在人民教育出版社付梓出版，全书涵盖了中国特色社区心理学的观点和方法、社区氛围与社区价值观、社区亚群体心理、社区应用心理以及社区心理学的未来方向等部分。我们决心把心理学的成果写在社区千家万户的心坎里，努力构建中国特色社区心理学的话语体系。

实事求是是中国特色社区心理学生存和发展的命脉。我们要到社区中去研究，把仁爱、正义、文明、和谐、诚信作为中国特色社区心理学的理论基础。这五项价值原则不仅符合新时代的社区建设的要求，而且它源自中华传统文化的核心价值观(仁、义、礼、智、信)，已经根植在中国人的内心，潜移默化地影响着我们的思维模式、情感倾向和行事风格，有助于中华优秀文化传统在我国社区的传承和弘扬。社区五价值理论(five-values theory of community psychology)弘扬了人性的真善美，鞭挞了假恶丑，为居民健全人格的养成及和谐幸福社区的建设提供理论支撑。心怀着服务国家富强、民族复兴、人民幸福安康的愿望，我相信中国特色社区心理学必定有大的发展，在理论建设和践行服务等方面取得辉煌的成绩。

心理学是一门探寻心迹、理解人生、点燃心灵真善美的学问。我热爱心理学，心理学成了我生命的一部分；它给了我欢乐和满足，也使我迷茫和焦虑。我从事心理学教学和研究61年的心得体会对于后来者少走些弯路可能是有益的。

是为序。

黄希庭 谨识

2021年5月于西南大学心理学部

序 言

人格心理学是心理学中一个重要的分支学科。它研究现实的人，探求、描述和解释个人的思想、情绪及行为的独特模式，并综合诸多足以影响个人的各种与环境交互作用的过程，包括与生物学的、发展的、认知的、情绪的、动机的和社会的种种交互作用，进而对现实生活中的个人做整体性的解释。人格心理学所要探讨的问题涉及层面极为广阔且十分令人神往，诸如人的本性是善的、恶的，还是非善非恶的；人的意志是自由的，还是由某种控制不了的原因所决定的；人的性格是一成不变的，还是可以改变的；人的行为是主动的，还是被动的；以及什么是健康人格、怎样测量人格、怎样改变异常行为等。这些问题持续地吸引着学者们不倦地探索。其研究成果也已不断地被广泛应用于生活实践之中。

本书是一本导论性质的著作。任何一本导论性著作都不宜试图包罗万象，但应当全面地阐述该学科领域的基本理论。本书的目的是为读者提供一本结构清晰，易于理解，反映当代新近研究成果，以多维度和多层次的研究视野对人格基本问题进行探讨的著作。为此，著者尝试着在以下三个方面做了一些努力：

第一，在结构体系上，力求兼容人格研究范型和研究专题的内容。当前人格心理学著作的结构体系有三种取向：第一种仍继承霍尔和林赛（Hall & Lindzey，1957）的传统撰写模式，以人格研究范型（或人格理论）来作为架构；第二种以人格研究专题如性别差别、年龄差异、攻击性、自我概念等主题来组织内容；第三种则是兼容人格研究范型和人格研究专题的内容。本书即采取第三种取向：第一编人格研究导言，第二编人格研究范型，第三编人格研究专题。这种结构体系既可以使读者了解到每一种人格研究范型对人格基本问题的某种诠释及其预测效度，也可以使读者了解到某些专题的研究现状和新近发展，可以从更宽广的研究视野来考察人格问题，而不至于把人格心理学的内容仅仅局限在人格研究范型或某些研究专题之上。

第二，在观点评价上力求公允，以符合当代人格心理学的综合研究取向。人格心理学是一门多范型的学科，无论哪一个研究范型都有其优点和缺点。无论是对整体人格的探讨还是对某项人格专题的论述，没有一个研究范型能统摄所有的层面且能为所有心理学家所赞同和肯定。对各种理论观点，本书坚持用实证资料进行分析，肯定其合理因素，否定其不合理因素，力求做到评价公允，使读者明确了解对人格进行综合研究的必要性。

第三，在资料选取上，力求反映新近的研究成果。所有本书引用过的研究资料都列入参考文献。人格心理学在国人的研究中还相当薄弱，目前尚难以撰写出具有中国特色的人格心理学著作。但本书也收纳了若干国人的研究成果，期盼着不久的将来能有深具中国特色的人格心理学著作面世。

《人格心理学》一书的成功出版，首先要感谢台湾师范大学教授张春兴先生与台湾东华书局负责人卓鑫淼先生。张教授花费五年多的时间与心力，邀集两岸心理学者共同努力，合作撰写；卓先生大力促成由繁简两种字体分别在两岸出版发行。这种为推进两岸文化学术交流，促进中国心理科学发展的崇高精神，令人敬佩之至！本人有幸受邀撰写丛书中之《人格心理学》一书，感到十分荣幸，使我得以将1985年起就开始着手研究、准备进行的工作付诸实现。本书在撰写过程中，还得到主编张教授的热心关怀和帮助。李宏翰硕士为本书第十三章提供了部分资料。东华书局和浙江教育出版社的编辑们付出了许多辛劳。本书采用了许多先行者的研究成果，没有他们的辛勤劳动，本书也无法完成。在此一并表示衷心感谢！

两年多来，本人虽然争分夺秒地投入本书撰写工作，但人格问题毕竟太复杂、太庞大了；加之教务繁忙，水平所限，书中的问题、缺点乃至错误在所难免，敬请专家和读者不吝指教。

黄希庭　谨　识
一九九八年八月于西南师范大学

目 录

第一编

人格研究导言

开宗明义，是本书第一编的内容。本编共有两章，将主要讨论本学科中具有普遍意义的两个基本问题：人格心理学的研究对象、认识人格的途径。读者学完这一编之后，将会对人格的性质和特征，人格的决定因素，人格心理学的研究领域以及人格理论、人格研究和人格评鉴三者之间的关系有初步的了解。

人格是一个有多种不同含义和多种属性的模糊概念。人们在日常生活中经常使用人格这个词，许多学科的学者也都在使用这个词，但是其含义往往很不相同。即使在心理学界，似乎每一位心理学家对人格都有不同的定义。在第一章中，首先考察了人格的词源含义和一些著名的心理学家对人格做的定义，分析了各家的人格定义各不相同的原因，在综合各家定义的基础上，得出了本书对人格的定义。人格(personality)是个体在行为上的内部倾向，它表现为个体适应环境时在能力、情绪、需要、动机、价值观、气质、性格和体质等方面的整合，是具有动力一致性和连续性的自我，是个体在社会化过程中形成的给人以特色的心身组织。以此作为本书进一步讨论的基础，并从这个定义出发，分析了人格的基本特征和人格的决定因素。所谓人格的基本特征，是相对于个别心理机能来说的。作为一个现实生活中的人，人格具有整体性、稳定性、独特性和社会性。人格的决定因素包括遗传生物因素和环境因素。人格是基因型和环境动力交互作用的结果。这种交互作用是十分复杂的。人格的内涵非常丰富，心理学家、哲学家、社会学家、伦理学家和法学家等都在研究人格。他们的研究既有联系又有区别。心理学家对人格研究的主要领域是：人格结构、人格动力、人格发展、人格适应以及人格研究和评鉴。人格心理学的知识将有助于我们对个人行为的评鉴和预测，完善我们的人格，促进人格健康。

第二章讨论认识人格的途径，即讨论人格理论、人格研究、人格评鉴及其相互关系。现代人格心理学是从西方开始发展起来的。如果从弗洛伊德发表他的早期人格结构论，即《潜意识》一文(Freud，1915)算起，已有一百多年的历史了。人格心理学家在人格领域辛勤耕耘，逐渐形成了一套认识人格的体系，即人格的理论、研究和评鉴。由于人格现象的极端复杂性，各学派的心理学家关于人格的理论各不相同。人格理论实际上是心理学家对人的一套假设系统。人格理论与人格研究方法、评鉴技术是密切联系的。因此，我们在考察研究方法和评鉴技术时要注意它们与人格理论的联系、人格理论中主要的争议问题，以及理论观点上的不同如何导致研究方法和评鉴技术上的差异。这些问题是第二章的一个重点，本书第二编中还将详细讨论。在人格心理学中，主要的研究方法有观察法、个案研究法、实验法、相关法和单个被试研究等；主要的评鉴技术有晤谈法、自陈测验、投射测验、行为评鉴、心理生理学技术和隐测量等。这些研究方法和评鉴技术各有其优缺点。在对人格进行研究时，不仅要根据研究的需要选用适当的方法和评鉴技术，更要注意发展我们自己的人格理论，并将几种方法和评鉴技术结合起来使用，以便取长补短、互相验证。这对我国发展人格心理学尤为重要。

在当代，心理学家已对人格进行了十分广泛的研究，有着重变量的研究也有着重个人的研究。而这些研究，从对人格的具体特征（如行为反应）到对抽象的特征（如独特的行为倾向和风格），根据迪格曼（Digman，1990）的观点可以分为四个层面：（1）在特定情境下发生的特殊行为和交互作用；（2）在典型情境下发生的典型反应（如习惯）；（3）量表因素或特征；（4）特质（如外倾、内倾）。不论是着重变量的研究、着重个人的研究，抑或从哪一层面的研究，当代心理学家对人格的研究大多持综合的观点。这也是现代心理学发展的基本趋向。

第一章　绪　论

本章内容细目

人系超然万物之上而最为天下贵。理解人、尊重人和关心人，是我们这一时代的要求。怎样才能做到理解人、尊重人和关心人？实是文江学海，这当中，人格心理学的知识将有莫大的助益。

人格是一个含义极为丰富的概念。譬如说“某某人格高尚，某某人格卑鄙”，这是从道德或伦理的角度给人的评价。或说“老板对雇员虐待欺凌，污辱人格”，这是从法律的角度陈述老板对雇员的尊严和人身的侵犯。在国外，人格这个词还有容貌、仪表、给人印象的意思。一些化妆品的广告上所谓“增进你的人格”，那是指经过化妆后使你的外表更吸引人。这些说法与心理学上所谓人格的含义相同吗？心理学上的人格的含义是什么呢？

人格是现实生活中个人心理倾向的总和，具有许多属性，可以从不同的侧面来进行分析。人格心理学注重个别差异和整体的个人。在本章中，我们将首先分析人格的诸多定义、人格的基本特征（整体性、稳定性、独特性和社会性）以及个性、气质和性格三个容易与人格概念相混淆的术语。接着，讨论人格的决定因素，分析遗传生物因素如遗传基因、神经系统的特点、体内的生化物质和身体外貌在人格成因中的作用，环境因素如胎内环境、家庭环境、学校教育、社会阶层和社会文化在人格成因中的作用，以及个体与环境动力交互作用的方式。人格心理学以完整的人为研究对象，它涉及的面很广，是心理学中包含内容最庞杂的分支学科，而且与许多学科相交叉。在本章的最后，讨论了人格心理学与哲学、社会学、伦理学、法学在研究对象方面的区别与联系，进而讨论了人格心理学的主要研究领域及其应用前景。

本章的主要内容是：

1.什么是人格，它有哪些基本特征。

2.人格与个性、气质、性格有何区别与联系。

3.怎样理解人格是基因型与环境交互作用的结果。

4.人格心理学与哲学、社会学、伦理学和法学等学科在研究人的问题上有何关系。

5.人格心理学有哪些主要研究领域。

6.人格心理学的应用前景何在。

第一节 人格的概念

人格是一个极为抽象的模糊概念(Peterson,1992)。这里,我们将对人格一词的来源、人格的诸多定义、人格的基本特征以及几个易与人格一词相混淆的概念进行分析,来阐述人格这个概念的内涵。

一、什么是人格

要回答什么是人格,可以从词源含义和人格理论家对人格的定义两方面来考察。

(一)人格一词的来源

从词源上看,我国古代汉语中没有"人格"这个词,但是有"人性"、"人品"、"品格"等词。例如,最早讲到"人性"的孔子曾说过"性相近也,习相远也"(《论语·阳货》),他认为素质是基础,个体差异来自环境和教育。"人性"、"人品"、"品格"等词虽然与"人格"一词在内容上有联系,但它们毕竟是不同的术语。中文中的"人格"这个术语是现代从日文中引入的,而日文中的"人格"一词则来自对英文"personality"一词的意译。

英语中的"personality"一词源于拉丁文的"persona",本意是指面具。所谓面具(mask),就是演戏时应剧情的需要所画的脸谱,它表现剧中人物的角色和身份。例如,我国京剧有大花脸、小花脸等各种脸谱,表现各种性格和角色。把面具指义为人格,实际上包含着两层意思:一是指个人在生活舞台上表演出的各种行为,表现于外给人印象的特点或公开的自我;二是指个人蕴藏于内、外部未露的特点,即被遮蔽起来的真实的自我。因此,从词源上来看,人格就是我国古代学者所说的"蕴蓄于中,形诸于外"。

(二)人格的定义

人格是一个有着颇多歧义、颇多界说的概念。不同的研究者对人格理解不同,对人格所下的定义也很不相同。奥尔波特(Allport,1937)最早对人格的定义做过综述,考察了50个定义。自奥尔波特之后还有不少心理学家综述或分析过人格的定义,又提出新的定义。例如,有人把人格看成是习惯化的行为模式,有人则把人格看成是一种控制行为的内部机制(如自我、特质等),还有人把人格看成是个人在社会中所扮演的角色等(参见补充讨论1-1)。迄今为止,没有一个人格定义是为学者们一致认可的。

补充讨论 1-1

人格的一些定义

根据发表时间的先后，下面列出一些学者对人格所下的定义。人格是：

1. 欺骗的假装或模仿。

2. 外表的吸引力。

3. 社会-刺激价值。

4. 个人在所有发展阶段的全部组织。

5. 个人的谈话、记忆、思维或喜爱的方式。

6. 个体内在心理物理系统中的动力组织；它决定一个人对环境独特的适应方式。

（以上均引自 Allport，1937，pp.25~48）

7. 对个人在特定情境中的行为的预测。（Cattell，1950，p.2）

8. 某科学家一次能给出的关于个人行为细节的最适当的理论解释。（McClelland，1951，p.69）

9. 对个体环境（包括其自身）的实际方面或感知方面的体验、分辨或操纵的相对持久的倾向系统。（Bronfenbrenner，1951，p.158）

10. 一个人特质的独特模式。（Guilford，1959，p.5）

11. 一个由各个部分或元素（子系统）组成的有机的整体（系统），因其内部活动以某种方式进行而从环境中分离开来。（Sanford，1963，p.489）

12. 个人的性格、气质、智力和体格的相对稳定而持久的组织，它决定着个人适应环境的独特性。（Eysenck，1970，p.2）

13. 能加以测量的个体差异的所有相对持久的维度的总和。（Byrne，1974，p.26）

14. 代表个人或人们的一般特征，说明对情境的反应何以是持久的模式。（Pervin，1980，p.6）

15. 个人心理特征的统一，这些特征决定人的外显行为和内隐行为，并使它们与别人的行为有稳定的差异。（Mischel，1986，p.4）

16. 个体内在的在行为上的倾向性，它表现一个人在不断变化中的全体和综合，是具有动力一致性和连续性的持久的自我，是人在社会化过程中形成的给予人特色的身心组织。（陈仲庚等，1986）

17. 一个人区别于另一个人并保持恒定的具有特征性的思想、情感和行为的模式。（Phares，1991，p.4）

人格的内涵极其丰富，其主要特征可以概括为：（1）整体性：认为人格是行为的有机整体；（2）结构性：认为人格具有按一定原则建构起来的组织结构；（3）独特性：认为人格反映人们适应环境的个别差异；（4）持久性：认为人格是持久而稳定的行为模式；（5）社会性：认为人格是在社会化过程中形成的。

人格定义的不同,反映了心理学家们对人格研究的侧重点的不同以及他们所采用的研究方法的不同。例如,如果以个体的生物和生理方面的操作来界定人格,那么他们所关注的便是个体的生物和生理方面的特点,采用适合于该领域的研究方法。如果以直接观察到的个人特征来界定人格,那么他们所关注的便是个体行为的差异性,采用的是对外显行为的观察方法。如果以潜意识过程来界定人格,那么他们所关注的便是个人的潜意识过程,采用根据有关行为进行间接推论的方法。例如,对压抑(repression)的研究,人们不能直接观察到事件因回忆起来感到痛苦而被遗忘,一些心理学家便通过间接推论的方法来研究这一过程的发生。因此,人格的定义实际上是心理学家用来界定自己从事研究的某一个范围。

人格定义的多样性,反映了人格的内涵的丰富性。从历史上和现今的人格定义来看,有的把人格定义为个人行为的全部品质,有的则认为是经验的主体;有的把人格定义为给人印象的特点,有的则认为是持久的、主观感觉到的自我;有的把人格定义为由个人所有行为而获得的理论解释,有的则认为是个人特质的独特形式;等等。其实,人格是一个复杂的系统。任何系统都可以做多种描述。人格定义的不同,反映了心理学家从不同的侧面对人格系统所做的描述。

从历史的观点来看,心理学家对人格的众多探讨与盲人摸象颇为相似,抓住尾巴的说大象和绳子一样,摸着腿的说大象像棵树,见仁见智,莫衷一是。心理学家正是从各个不同的方位向人格这一领域靠拢,按照自己的一孔之见给人格下定义。因此,所有各家的见解对于我们认识人格都是有益的。虽然,目前在人格研究领域中仍然存在着各种研究范型或研究取向,一时难以统一,但是各种观点走向融合的趋势同样是存在的。心理学家毕竟不同于摸象的盲人,他们的眼睛是明亮的并力求以科学方法论做指导。我们认为,人格是一个复杂的开放系统(open system),只有对这个系统进行全方位的研究,才能对人格这个概念下一个科学的定义。

综合各家的定义,可以认为,人格(personality)是个体在行为上的内部倾向,它表现为个体适应环境时在能力、情绪、需要、动机、兴趣、态度、价值观、气质、性格和体质等方面的整合,是具有动力一致性和连续性的自我,是个体在社会化过程中形成的给人以特色的心身组织。在这个定义中,我们强调了人格的四个主要方面:整体的人、稳定的自我、独特性的个人、具有心身组织的社会化的对象。

二、人格的基本特性

根据前文所述,人格具有整体性、稳定性、独特性及社会性等四个基本特性。

（一）人格的整体性

人格的整体性（unity of personality）是指人格虽有多种成分和特质，如能力、气质、性格、情感、意志、认知、需要、动机、态度、价值观、行为习惯等，但在真实的人身上它们并不是孤立存在的，而是密切联系，整合成一个有机组织（organic organization）。人的行为不仅是某个特定部分运作的结果，而且总是与其他部分紧密联系、协调一致进行活动的结果。正像汽车那样，它要顺利运行，各部分必须协调一致朝着一定的目标，作为一个整体而运作。

精神分裂症是一种最常见的精神病。布莱勒（Bleuler，1911）在提出精神分裂症这个术语时便认为，精神分裂症（schizophrenia）是精神内部的分裂，他将统一性的丧失、精神的内部分裂视为此病的本质，可以将精神分裂症患者的心理和行为比喻为一个失去指挥的管弦乐团。得了这种病，患者的感觉、记忆、思维和习惯这类心理机能虽不致丧失，但已是乱七八糟的了。由此可以充分地证明正常人的心理是多样性的统一，是有机的整体。

人的心理和行为的统一性和组织性是自我（self）的协调和监控的结果。由于自我的调节和监控作用，个人的心理和行为才能作为一个整体与其生活环境保持一致。而精神分裂症患者与外部环境的关系也是分裂的。一旦得了这种病，便不能与周围认同，也不能在环境中生活。因此，正常人的自我维持着个人心理和行为的整体性，使个人保持与现实环境的协调一致。

（二）人格的稳定性

人格的稳定性（stability of personality）表现为两个方面：一是人格的跨时间的持续性；二是人格的跨情境的一致性。这两个方面是密切联系的。在人生的不同时期，人格持续性（continuity of personality）首先表现为“自我”的持久性。每个人的“自我”，即这一个的“我”，在世界上不会存在于其他地方，也不会变成其他东西。昨天的我是今天的我，也是明天的我。一个人可以失去一部分肉体，改变自己的职业，变穷或变富，幸福或不幸，但是他仍然认为自己是同一个人。这就是自我的持续性。持续的自我是人格稳定性的一个重要方面。

人格的稳定性还表现在人格特征跨情境的一致性。例如，一个外倾的学生不仅在学校里善于交际，喜欢交朋友，在校外活动中也喜欢交际，喜欢聚会。而且不仅在中学时如此，在大学时也是如此。所谓人格特征，是指一个人经常表现出来的稳定的心理和行为特征。那些暂时的、偶尔表现出来的行为则不属于人格特征。例如，一个外倾的人经常表现为善交际、喜欢聚会和言谈，但他偶尔也会表现出安静、与他人保持一定距离。在这里善交际、喜欢聚会和言谈是他的人格特征，而安静、与他人保持一定距离则不算是他的人格特征。关于这一点,艾森克(Eysenck,1983)曾指出,古希腊哲学家西赛罗(Marcus Tullius Cicero,公元前106—前43)就曾把焦虑气质与焦虑状态加以区分,把易怒特征和发怒状态加以区分:前者是个体稳定的行为方式,后者则是个体在一定情境中的短暂表现。

人格特征的稳定性源于孕育期,它经历出生、婴儿期、童年期、青少年期、成人以至老年。随着年龄的增长,儿童时代的人格特征变得愈加巩固。由于人格的持续性,因而我们可以从一个人在儿童时期的人格特征来推测其成人时的人格特征以及将来的适应情况,同样也可以从成人的人格中来推论其早年的人格特征。

人格的稳定性并不排除其发展和变化。人格的稳定性并不意味着人格是一成不变的,而是指较为持久的一再出现的定型的东西。人格变化有两种情况:第一,人格特征随着年龄增长,其表现方式也有所不同。如同是特质焦虑(trait anxiety),在少年时代表现为对即将参加的考试或即将考入新的学校而心神不定,忧心忡忡;在成年时表现为对即将从事的一项新工作而忧虑烦恼,缺乏信心;在老年时则表现为对死亡和疾病的极度恐惧。也就是说,人格特性以不同行为方式表现出来的内在禀性的持续性是有其年龄特点的。第二,对个人有决定性影响的环境因素和机体因素。例如,移民异地、严重疾病等都有可能影响人格的某些特征,如自我观念、价值观、信仰等的改变。不过,应当注意,人格改变与行为改变是有区别的。行为改变往往是表面的变化,是由不同情境引起的,不一定都是人格改变的表现。人格的改变则是比行为更深层的内在特质的改变。

(三)人格的独特性

人格的独特性(uniqueness of personality)是指人与人之间的心理和行为是不相同的。由于人格结构组合的多样性,每个人的人格都有自己的特点。人心不同,各如其面。在日常生活中,我们随时随地都可以观察到每个人的行动都异于他人,每个人各有其能力、爱好、认知方式、情绪表现和价值观。

从人格的形成和发展来看人格的独特性。每个人都从其父母身上继承了特定的基因素质,遗传学上把这些基因素质称为基因型(或遗传型)(genotype)。基因型是人身上遗传下来的发展潜力,在成长过程中它形成人的体质和行为特点。但基因型仅是一个遗传蓝图,它与形成后的特点并不是一一对应的。人格的形成和发展是环境与基因型交互作用的结果,属于一种表现型(或现象型)(phenotype)。表现型不是基因型的复制,非常相同的基因型在不同环境作用下所表现出来的表现型是不同的。人的遗传特性只提供潜在的发展范围,通过遗传和环境交互作用,在这个潜在范围内形成和发展出行为的特点。换言之,人的遗传素质限定了发展的界限,环境只能在这个界限范围内发挥作用,决定表现型的发展结果。总之,除同卵孪生子外,每个人的基因型都是独特的;每个人所处的环境又都是千变万化的;他们都以各自独特的方式与环境相互作用。因此,每个人的表现型都是独特的,世界上每个人都是不相同的。

我们强调人格的独特性,并不排除人们在心理和行为上的共同性。正如克卢克洪和默里所说:"每一个人就某方面来说,a属性就像其他所有人一样,b属性像其他某些人一样,c属性不像其他任何人"(Kluckhohn & Murray,1953)。人类文化造就了人性。同一民族、同一阶级、同一群体的人们具有相似的人格特征,文化人类学家把同一种文化陶冶出的共同的人格特征称为群体人格(group personality)或众数人格(modal personality)。例如,许多研究表明,由于受传统儒家文化的影响,不论是中国人还是新加坡等地的华人都有不少相同的人格特征(李亦园、杨国枢,1972;沙莲香,1989;张世富等译,1990)。但是,人格心理学家更重视的是人的独特性,虽然他们也研究人们的共同性。

(四)人格的社会性

人格的社会性(sociality of personality)是指社会化把人这样的动物变成社会的成员,人格是社会的人所特有的。所谓社会化(socialization),是个人在与他人交往中掌握社会经验和行为规范,获得自我的过程。

人类的婴儿不同于其他动物的幼儿,具有一种与生俱来的对社会生活的需要和适应此种社会生活的能力。如学会使用语言,用概念进行思维,将学得的经验加以抽象、沟通和传递的能力。但是,如果出生后由于某种原因,婴儿的社会接触被剥夺,他就不可能成为真正的人。印度有一位牧师辛格在狼窝里发现两个小女孩。小的约两岁,很快死去了;大的约八岁,取名卡玛拉。卡玛拉以四肢爬行,像狼一样生活。经辛格的悉心照料与教育,她两年学会了站立,4年学会了6个单词,6年学会了直立行走,能讲出40个单词,到了17岁临死时,她仅具有相当于正常儿童4岁时的心理发展水平(Squires,1927)。社会剥夺(或社会性剥夺)(social deprivation)将会使人丧失人性,不能形成人格。

社会化的内容,就像人类社会本身那样复杂多样。因纽特(Inuit)儿童要学习对付北极严寒的生活方式;布须曼人(Bushmen)要学习应付非洲沙漠酷暑的生活方式。社会化与个人所处的文化传统、社会制度、种族、民族、阶级地位、家庭有密切的关系。通过社会化,个人获得了从装饰习惯到价值观和自我观念等人格特征。人格既是社会化的对象,也是社会化的结果。

人格的社会性并不排除人格的自然性,即人格受个体生物特性的制约。人格是在个体的遗传和生物性基础上形成的。从这个意义上也可以说,人格是个体的自然性和社会性的综合。但是人的本质并不是所有属性相加的混合物,或者是几种属性相加的混合物。构成人的本质的东西,是那种为人所特有的、失去了它人就不能成为人的因素,而这种因素就是人的社会性。即使是人的生物性需要和本能,也是受人的社会性制约的。例如,人满足食物需要的内容和方式也是受具体的社会历史条件制约的。

因此,可以做这样的概括:人格是个人各种稳定特征或特质的综合体,它显示出个人的能力、思想、情绪和行为的独特模式。这种独特模式是社会化的产物,同时又影响着他(或她)与环境的交互作用。

三、与人格有关的几个概念

个性、气质、性格这三个概念与人格概念关系密切且容易混淆。为了进一步理解人格概念,有必要对这些概念进行简要的阐释。

(一)个性

如果把个性(individuality)理解为一个人区别于他人的稳定的、独特的整体特性,那么个性这个术语往往作为人格的同义词来使用。例如,吴增芥认为,"对个性的全面理解是:个性包括许多因素,它们是智力、动机、情绪活动、态度、信仰和对道德的评价。由于这些因素的不同组合,产生不同的个性(个别差异)"(吴增芥,1983)。显然,这里是将个性与人格混同起来使用的。造成这种混同的原因,除了词义的接近外,翻译上的问题也是一个原因。1949年以来,我国心理学界从俄文著作中翻译了大量的心理学文献,把人格意义上的俄文单词都译为个性。例如,鲁宾斯坦关于个性这一概念历史的论述(赵璧如译,1965),其实这里所说的个性就是人格,即英语中的"personality"。

个性与人格是有区别的。这两个概念的主要区别在于:其一,个性是指人的个别差异(individual difference),从差别的角度来看一个人不同于他人的特点。人的各种心理现象,从反应时到价值观,从感知到思维以及人格等,都有个别差异。人格则是对一个人的总的描述或本质的描述。它既能表现这个人,又力图解释这个人的行为,阐明其心理倾向。从这个意义上讲,个性仅表达人格的独特性,但人格还有整体性等特点。其二,个性是相对于共性(generality)而言的,世界上的万事万物都有个性,人自然也有个性。但人格只是对人而言的,对其他事物和动物显然不能用人格来描述。人格就是一个真实的人。人是由某些其他人共同的或相似的特征以及完全不同的特征复杂地交织而成的,其中既有个人所独有的,也有与他人相似的或共同的。人格这个概念比个性具有更多的内涵和外延。因此,应当把个性和人格这两个概念加以区分。

(二)气质

气质是个人生来就具有的心理活动的动力特征,也就是我们平常所说的禀性、脾气。

例如，有人暴躁易怒，有人温柔和顺等。气质是一种人格特征，即依赖于生理素质或身体特点的人格特征。古希腊医生希波克拉底（Hippocrates，公元前460？—前377？）认为气质取决于人体内的4种液体，即血液（harma）、黏液（phlegma）、黄胆汁（chole xanthe）、黑胆汁（chole melania）的混合比例。后来罗马医生盖伦（Galen，130？—200？）将4种体液进行种种配合而产生13种气质类型，并用拉丁语"temperameteum"一词来表示气质这种现象。这便是近代气质（temperament）这一术语的来源。现在看来，用4种体液来解释气质是缺乏科学依据的。但希波克拉底对气质分类的术语"多血质（sanguine temperament）、黏液质（phlegmatic temperament）、胆汁质（choleric temperament）、抑郁质（melancholic temperament）"仍被一些心理学家用来说明自己的学术观点。

巴甫洛夫（Ivan Petrovich Pavlov，1849—1936）用条件反射实验探讨过高级神经活动的基本过程（兴奋和抑制）的三个特性：强度（strength）、均衡性（equability）和灵活性（mobility）。他认为有4种典型的高级神经活动类型分别与希波克拉底确定的气质类型相对应；气质类型就是高级神经活动类型的行为表现。后来巴甫洛夫学派的后继者对巴甫洛夫的观点做了一定的修改。捷普洛夫（许淑莲、匡培梓译，1963）和涅贝利岑（魏明庠译，1984）等主张研究神经系统的各种特性是主要的任务，而划分类型是次要的任务，并对神经系统特性的判定指标做了大量的工作。梅尔林（1964）则集中探讨神经系统特性与气质的关系，强调神经系统的几种特性的组织是气质产生的基础，认为气质包括下列特点：焦虑、内外倾、行动僵化、冲动、情绪激动性和情绪稳定性。这些研究大都采用实验心理学和生理心理学的方法，对气质的机制做了有益的探讨。此外，还有人将气质归因于体质、内分泌腺或血型的差异所致等。

气质与人格有密切的联系。气质是先天禀赋，是人格形成的原始材料之一。人格的形成不可能离开气质。气质作为人格形成的一项变量在新生儿阶段就表现出来。有些婴儿安静，有些好动好哭，这些气质特征必然会影响其父母或哺育者与婴儿的互动关系，因而影响其人格的形成。气质不仅表现在一个人的情绪活动中，而且也表现在包括智力活动等在内的各种心理活动中。它仿佛使个人的全部心理活动都染上了独特的色彩。气质与人格的区别在于：人格的形成除了气质、体质等先天禀赋做基础外，社会环境的影响起着决定性的作用；而气质仅属于人格中的先天倾向。

（三）性格

性格（或品格）（character），是指个人的品行道德和风格。它是人格结构的一个重要组成部分，是个人有关社会规范、伦理道德方面的各种习性的总称，是不易改变的、稳定的心理品质，如诚实、坚贞、奸险、乖戾等可做善恶、好坏、是非等价值评价的心理品质。

英语“character”一词源于希腊语“Kharaktér”，意为“印记”、“雕刻”或“雕成之物”。后来转意为“绘图”、“标志”和“特征”，意指由外界环境所造成的、深层的、固定的人格结构。我国古代思想家对性格有过不少描述。孔子曰：“质胜文则野，文胜质则史。文质彬彬，然后君子”(《论语·雍也》)。“君子怀德，小人怀土；君子怀刑，小人怀惠”(《论语·里仁》)。孟子曰：“君子所以异于人者，以其存心也。君子以仁存心，以礼存心。仁者爱人，有礼者敬人。爱人者，人恒爱之；敬人者，人恒敬之。”又曰：“大人者，言不必信，行不必果，惟义所在”(《孟子·离娄下》)。20世纪初期，美国心理学家罗巴克(Roback，1927)曾对性格做过系统的研究。他把性格定义为依据某种价值原则对冲动和狭隘的自私加以禁止的倾向。这个定义中包含了价值观、意志品质、对未来目标的追求，以及自制、自律等心理品质。这些内容都表现了一个人的道德品质与风格，说明性格是就个人的道德行为特征而言的。但也有的心理学家主张在探讨人格问题时要划清心理学与伦理学各自研究的重点。这种主张虽然有其合理性，但在实际生活中将性格与评价截然分开是很难做到的。我们总是以日常生活中的道德标准对一个人的性格进行评价的。诚实、坚贞是正面特征，而奸险、乖戾是负面特征。一般说来，性格特征都具有社会道德含义。

当代美国心理学文献中不常用“character”这一术语。在西欧的心理学文献中，“character”这个术语常与“personality”混同使用。在我国的心理学文献中，性格与人格是两个不同的概念：性格包含于人格之中，它是人格结构的一个主要成分。但在日常生活中，人们常常把人格和性格混同起来，如说“他天生是个懦夫和坏蛋”，或说“阴险刻薄是他的天性”。有的人格特征(如气质)是生而具有的，但性格却是后天形成的。因此，我们有必要把性格和人格这两个概念区别开来。

总之，个性是指人格的独特性，气质是人格发展的先天基础，性格乃是个人后天形成的道德行为特征。因此，这些术语的概念是有区别的。个性、气质、性格都属于人格所包含的内容。

第二节 人格的决定因素

一个人的人格必定具有两个基础：一是遗传生物基础；二是环境基础。性别、神经系统、内分泌系统和体型等因素是由遗传决定的。没有与生俱来的生物性的个体(包括它的生理器官和系统)，人格便无从产生。环境基础是个体所处的外部世界，凡能引起行为的各种事物和情景都包括在内。没有环境基础，人格也不能产生。人格是遗传和环境交互作用的结果。如果要进一步追问在这种交互作用中两者孰轻孰重，正确的回答是：要看情况而定。人格包含许多特质和特征。如喜欢看越剧甚于看评剧的戏剧爱好,显然主要是受文化环境和学习影响的结果。而像攻击则可能受生物因素的影响大,一个力气大的人对他人的攻击就容易得多。关于这个问题,在本书第十四章将详细讨论。下面让我们来讨论人格的遗传生物基础和环境基础。

一、人格的遗传生物基础

人格的形成离不开个体的遗传生物基础。个体的神经系统(特别是脑)的特性、体内的生化物质是人格形成的基础;身体外貌对人格的形成也有一定的影响。

(一)遗传因素的影响

1. 染色体和基因

人格的形成离不开个体的遗传基础。一个独特的个体是父方的精子(或精细胞)(sperm)成功地与母方的卵子(或卵细胞)(ovum)相结合形成受精卵(zygote)之后产生的。父母亲各给予受精卵23对遗传的基本单位,即染色体(chromosome)。这些染色体中,每一对都含有2万个基因(gene),它们是决定和影响个体特征的物质。染色体与染色体结合,基因与基因结合,按数学上的概率计算,总的可能组合数为16 777 216种不同形式。因此,两个人要具有相同遗传因素是不大可能的,即使是同父母的兄弟姊妹也很不相同。唯一的例外是同卵孪生(identical twins),他们是由同一受精卵发育而来,具有相同染色体和基因,遗传禀赋相同;而异卵孪生(fraternal twins)发育于不同的受精卵,遗传禀赋是不同的。

染色体的主要成分是去氧核糖核酸(或脱氧核糖核酸)(deoxyribonucleic acid,简称DNA)和蛋白质,其中去氧核糖核酸是遗传信息的保存者和传递者。在去氧核糖核酸分子结构中,基本构成单位是核苷酸;而每个核苷酸都由一个去氧核糖、一个磷酸和一个碱基构成。核苷酸彼此相连而成多核苷酸链,两条多核苷酸链以右手旋转方式围绕着同一中心轴盘旋,结果形成了少则数千,多则数百万个碱基对的双螺旋结构。去氧核糖核酸分子中不同的碱基对排列顺序蕴藏着遗传信息。在一定条件下,去氧核糖核酸能够自我复制(self-reproduction)。这样,两个复本的去氧核糖核酸分子随着它所在的染色体分别进入两个新细胞,就把两份完全相同的遗传信息传递给了后代。去氧核糖核酸还可让信使核糖核酸(messenger ribonucleic acid,简称mRNA)像录音机一样,把它的指令录下来,从细胞核带到细胞质里按照去氧核糖核酸的指示,准确又迅速地制造出特定的蛋白质和酶,从而使亲代的性状能在子代表现出来。每个基因在去氧核糖核酸分子内都有固定的位置,它是控制生物性状的遗传单位。就是这些基因决定了人的各种遗传特征,如身高、体重、肤色、内脏器官的结构和机能、细胞的数目和形状,以及某些酶的含量等。

基因的一种重要属性是显性(dominance)或隐性(recessiveness)。凡是显性基因(dominant gene)(A)控制的性状或疾病,其遗传方式称为显性遗传(dominant inheritance);隐性基因(recessive gene)(a)控制的性状或疾病,其遗传方式称为隐性遗传(recessive inheritance)。例如,人的耳朵,有的有耳垂,受显性基因(A)控制;有的无耳垂,受隐性基因(a)控制。基因型AA或Aa的个体都是有耳垂的,属显性遗传;基因型aa的个体是无耳垂的,属隐性遗传。人类的一些特性像头发的直曲和一些异常现象如超短的手指和脚趾、白化病(albinism)、镰状细胞贫血症(sickle cell anemia)、苯酮尿症(phenylketonuria)等是单基因遗传的;但人类的大多数特性是多基因共同作用的结果,而不是由单一的一对基因所决定的。

2.性染色体和性别决定

人的23对染色体中,有一对是决定性别的染色体,即第23对,男性为XY,女性为XX,称为性染色体(sex-chromo-some),其余的22对都是常染色体(autosome)。X染色体和Y染色体无论在大小和功能上都不一样。Y染色体只有X染色体的1/5大小,男性是由它决定的;而X染色体则带有其他许多遗传信息。男性能产生两种精子,即X精子和Y精子;而女性只产生一种卵子,即X卵子。受孕时,Y精子和X卵子结合形成带XY的受精卵,发育成男性;X精子与X卵子结合形成带XX的受精卵,发育成女性。男性与女性的比例在理论上是1∶1,生男生女概率是相同的。这一情况如图1-1所示。

正常人的染色体是46个(23对),但也有人的性染色体异常,从而导致性别畸形。性别畸形有以下几种:

(1)睾丸退化症(或克林非氏症候群)(Klinefelter's syndrome):患者有22对常染色体和3个性染色体,即XXY,比一般男人的XY染色体之外多了一个X染色体。由于有Y染色体,其外貌是男性,有阴茎、睾丸,但睾丸很小,发育不全,不能形成精子。患者带有明显的女性的乳房,智能一般较差。

(2)卵巢退化症(或杜氏症候群)(Turner's syndrome):患者有22对常染色体,但性染色体只有一个X染色体,没有Y染色体,外貌为女性,但第二性征(或次性征)(secondary sex characteristics)发育不良,卵巢缺如或仅有少量的结缔组织,原发性闭经,无生育能力。患者身材矮小,具颈蹼、盾胸、肘外翻,对人特别是对异性较淡漠。部分患者发育迟缓。

(3)XYY症候群(XYY syndrome):比正常的男人多了一个Y染色体,又称超雄体(或过度男性化)(supermale)。此种患者,身体比正常同龄男性高大,好斗,凶暴,皮肤多有结节状态,性腺机能减退,多数不育。

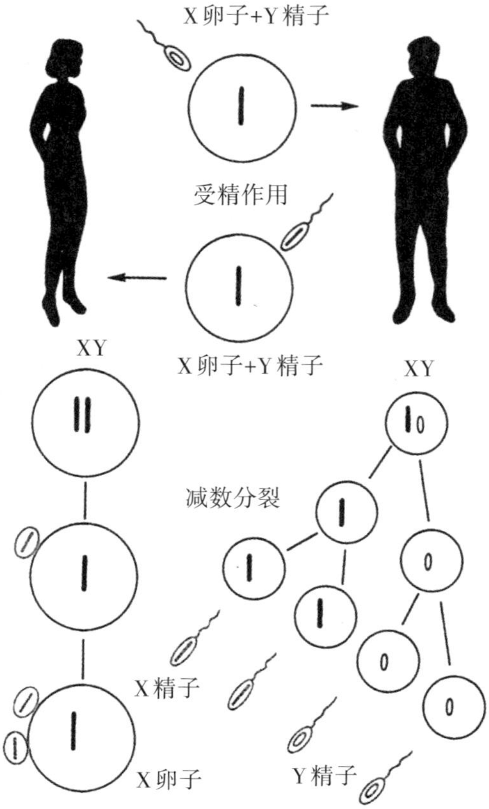

图1-1 人的XY型性别决定

（采自 黄希庭，1991）

（4）三X症候群（XXX syndrome）：X染色体多至三个以上，又称超雌体（或过度女性化）（superfemale）。此种患者，体型正常，除智力较差和有心理变态外，有月经，能生育，其子女中除个别出现XXY个体外，一般均正常。

（5）多X男性症候群（poly-X-male syndrome）：是克林非氏症候群的一种。表现为男性，睾丸退化，染色体组型为XXXY。此种患者，智力发育不良，常有斜视，眼间距宽，鼻梁扁平，凸颏，有先天性心脏病，生殖器官发育不良，小阴茎、小睾丸、隐睾症。

3.行为遗传学研究

行为遗传学（behavior genetics）也称心理遗传学（psychogenetics），是结合心理学和遗传学两方面知识，对个体身心变化进行系统解释的学科。有多种行为遗传学研究方法（见补充讨论1-2）。就遗传对人格影响的研究途径来看，大致可分为两种研究取向：遗传中心研究（gene centered approach）和特质中心研究（trait centered approach）。前者是从已知的遗传条件出发来探讨其行为的结果是什么；后者是从有关的行为变量出发来探讨是什么遗传在影响着这些变量（Loehlin，1977）。

补充讨论1-2

行为遗传学方法

为了探讨遗传对人格特质的影响，通常使用下列几种行为遗传学方法：

1.家谱法(pedigree method)就是通过对某一家族成员的调查，将所得的有关某种特质或生理特性发生情况的资料，按一定格式，绘制成系谱图(pedigree chart)，再对它进行分析，以确定所研究的特质或生理特性在该家族中是否有遗传因素和可能的遗传方式。高尔登(Galton，1869)曾根据名家传记和其他资料对977位名人的家系进行调查，他发现天才的出现是优秀家系遗传特质集结的结果。有的心理学家曾运用这种方法对有问题的家系的遗传病发生的特点进行过分析。

2.孪生子法(twin method)同卵孪生子具有相同的基因型，异卵孪生子的基因型是不同的。通过同卵孪生子可以研究不同环境因素对表现型的影响。通过异卵孪生子在相似环境中的生长、发育，可以研究不同基因型的表现型效应。通过比较同卵孪生子与异卵孪生子某一人格特质或生理特性发生的一致性，可以看出遗传因素和环境因素在这些特性发生中的比重。研究表明，在开始坐起的行为上，同卵孪生子与异卵孪生子无明显差异，说明这种行为与遗传无关。畸形足、原发性癫痫等，同卵孪生子性状的一致性显著地高于异卵孪生子，说明这些特性与遗传因素有关。

3.群体调查分析法(analysis of population investigation)就是调查某种异常现象在一般群体中的出现率和在患者亲属中的出现率，测验其显著性，以确定这种异常现象是否与遗传有关的方法。例如，根据杭州市精神病院(1973)统计，我国各地精神分裂症的一般群体发病率，最高的是5.3‰(205/38 564)，最低的是4.8‰(234/48 912)。上海市精神病院(1964)调查了1 196名精神分裂症患者的父母双方上、下五代亲属的发病率，发现在男性亲属29 636人中，精神病患者541人(占18.3‰)；女性亲属24 940人中，精神病患者415人(占16.6‰)。这956(541+415)名病人中，精神分裂症患者为562人。此外，上海市精神病院还调查了91名与正常人婚配的精神分裂症患者，婚后所生子女的发病情况。他们共生男孩220名，其中患精神分裂症的77人，发病率为350‰；共生女孩195人，其中患精神分裂症的41人，发病率为210‰。根据上述资料，在精神分裂症患者的家属中，该病的发病率显著高于一般群体发病率，说明该病与遗传因素有关。

4.细胞遗传学方法(cytogenetic method)就是把染色体技术和人类性染色质的研究结果应用于因染色体异常疾病而产生的行为异常等方面。这方面，医学遗传学的研究为行为遗传积累了不少资料。

目前，从已知的遗传因素来探讨其行为后果的研究尚不多，主要散见于临床文献，即从已知的遗传缺陷再系统地研究人格改变的情况。如果已知某一个体的性染色体X和Y数量上发生了变化，那就可以系统地考察其人格特质改变的情况。也可以利用那些不带社会烙印的遗传特性(如血型)来考察它们对人格特质的影响。例如，卡特尔等(Cattell, Young, & Hundleby, 1964)曾用高中生人格问卷(High School Personality Questionnaire，简称HSPQ)对已知血型的481名美国和意大利的男生做过研究，结果发现高中生人格问卷

(HSPQ)中的因子I(感受性-倔强性)可能与血型有联系。当然是否具有这种联系尚需进行重复验证才能确定。

探索遗传对人格影响的主要途径是特质中心研究,即测量人格特质,并用数量遗传学(quantitative genetics)方法来分解遗传和环境所起的作用。遗传力是数量遗传学中的一个重要概念。所谓遗传力(herilability),是用来测量一个群体内某种由遗传原因(相对环境影响而言)引起的变异在表现型变异中所占的比重。例如,在孪生子研究中估计遗传力,通常是根据同卵孪生和异卵孪生间的相关差而做出的。表1-1列出的是利用各种人格问卷对美国和欧洲的许多孪生子研究所得出的组内相关。所给出的值都是每个研究中被试在人格量表上得分相关的平均值。同卵孪生相关的平均值从0.26到0.60,均值为0.48;而异卵孪生相关的平均值从0.00到0.37,均值为0.24。这表明在人格问卷上同卵孪生子的平均相关值均大于异卵孪生子的平均相关值,说明同卵孪生子比异卵孪生子在人格特征上有更高的遗传力。有人(Atkinson, Atkinson, & Hilgard, 1983)甚至报道过,一对同卵孪生子出生后即被分开抚养,从未见过面;到了40多岁重聚时,竟然两人穿着极相似,发型相似,职业、嗜好也相似。

表1-1 同卵孪生子和异卵孪生子在人格量表上得分的组内相关

研究者	对数		平均相关		量表数	使用的问卷
	同卵孪生	异卵孪生	同卵孪生	异卵孪生		
卡特(Carter, 1935)	40	43	0.60	0.33	4	本罗伊特问卷
纽曼,弗里曼,霍尔津格(Newman, Freeman, & Holzinger, 1937)	50	50	0.56	0.37	1	武德沃斯问卷
范登堡(Vandenberg, 1962)	45	35	0.55	0.00	7	瑟斯顿问卷
戈特斯曼(Gottesman, 1963)	34	34	0.45	0.21	31	高中生人格问卷及明尼苏达多相人格问卷
怀尔德(Wilde, 1964)	88	42	0.50	0.34	4	阿姆斯特丹传记问卷
戈特斯曼(Gottesman, 1966)	79	68	0.48	0.31	18	加利福尼亚心理问卷
帕特内,布鲁恩,马克内(Partanen, Bruun, & Markkanen, 1966)	157	189	0.26	0.18	4	特殊问卷
尼科尔斯(Nichols, 1965)						
男	207	126	0.53	0.25	24	加利福尼亚心理问卷
女	291	193	0.50	0.35	24	加利福尼亚心理问卷

续表

研究者	对数		平均相关		量表数	使用的问卷
	同卵孪生	异卵孪生	同卵孪生	异卵孪生		
范登堡等(Vandenberg et al., 1967)	111	92	0.47	0.24	12	科姆里问卷
舍恩菲尔德(Schoenfeldt, 1968)						
男	150	53	0.40	0.36	7	因素式问卷
女	187	103	0.49	0.33	7	因素式问卷
坎特尔(Canter)	39	44	0.37	0.15	31	艾森克人格问卷 16种人格因素问卷
埃弗斯,艾森克(Eaves & Eysenck, 1975)						
男	120	59	0.42	0.21	2	精神质外倾神经质问卷
女	331	198	0.42	0.15	2	精神质外倾神经质问卷
霍恩,帕洛明,罗森曼(Horn, Plomin, & Rosenman, 1976)	99	99	0.46	0.18	18	加利福尼亚心理问卷
平均数			0.48	0.24		

(采自 Loehlin, 1977)

综观这类研究,总的来说,遗传因素的重要性是随着人格特征不同而异的。像气质和智力之类特征,遗传影响大;而像价值观、信念等特征,遗传影响甚小。

(二)生理因素的影响

身体生理因素是人格形成和发展的必要条件。身体器官的构造和机能,身体的外表都直接或间接地影响着人格的形成和定型。

1.脑与人格

一个人的人格和行为,无论多么复杂,都是脑工作的产物。个人的大脑是人格的主要物质基础。有一个著名的病例,很能说明这个问题。

1848年9月1日,美国佛蒙特州的一个小镇附近修筑路基时,工头盖奇在施工的过程中,铁杵从他的左眼下边穿入,从额顶穿出。据为他治疗的医生报告,从此之后盖奇的人格发生了变化。在受伤之前,他有本领又能干,是一位和善可爱的人。现在盖奇动静无常,无礼,有时爱说最粗俗的下流话(他以往没有这种习惯),对伙伴很少尊重,不能容忍约束或劝告,如果违反了他的愿望的话,时而极端顽固却又反复无常而犹豫不决;他为将来的工作设计许多方案,但由于其他似乎更为切实可行的方案而很快又都放弃了……他的心完全变了，因此他的朋友和熟人说他不再是盖奇了。(赵以炳等译，1974，423页)

后来的许多研究表明，脑的局部受伤会导致人格和行为的改变。

巴甫洛夫学派认为，神经系统的类型特点是人格的生物学基础(见补充讨论6-1)。人格特征与个体的大脑皮质细胞群配置特点以及细胞层结构的个体特点有关。这些特点既影响个体的高级神经活动特点，也影响个体的气质、性格和能力的特点(魏明庠译，1984)。艾森克(Eysenck，1967)则认为，外倾者与内倾者，其神经系统是不相同的，神经质的人与正常人的神经系统也不相同，其理由是他发现外倾者的大脑皮质的觉醒水平(或激发水准)(arousal levels)较低，因而比内倾者的抑制速度慢(详见第六章第三节)。

2. 生化物质与人格

人体内的生物化学物质(biochemical matter)的变化，例如内分泌腺(endocrine gland)分泌的激素(hormone)过多或过少，神经介质(neurotransmitter)分泌的异常都会影响一个人的行为模式或人格特征。临床上因幼年时患脑垂体(pituitary gland)疾病分泌生长激素(growth hormone，简称GH)过多或缺乏，在成年后身材变成异常高大的巨人或身材异常矮小的侏儒。甲状腺(thyroid)分泌甲状腺素(thyroxine)亢进，会导致神经系统兴奋性增高，表现为易紧张、失眠、烦躁、多言、情绪不稳定；而甲状腺素分泌缺乏则导致智力减退、记忆力下降、联想和言语活动减少、嗜睡、性欲减退。如果胰腺(pancreas)分泌胰岛素(insulin)的过程受到干扰则导致精神状态的混乱。有研究表明，精神分裂症是由于神经介质多巴胺(dopamine)分泌过量所致，某种治疗精神分裂症的有效药可以降低多巴胺的分泌；而过低的多巴胺的分泌量则会引起帕金森氏综合征(或震颤麻痹)(Parkinson's disease)，其特征是严重的肌肉颤抖和行动失调等。接受多巴胺治疗的精神分裂症患者也常出现帕金森氏综合征的副作用(Davison & Neale，1990)。这些都表明生化物质会影响人格。

但是，人体内的生化物质是否会直接导致某种人格特征呢？这种因果关系的推论，必须谨慎。在脑内和机体大部分组织中有一种单胺氧化酶(monoamine oxidase，简称MAO)，如果使用药物抑制单胺氧化酶的活动，则常会产生如欣快情绪、攻击、烦躁和幻觉等行为。许多研究(Zuckerman，Buchsbaum，& Murphy，1980)证实，单胺氧化酶与感觉寻求分数呈负相关。感觉寻求分数就是被试在感觉寻求量表(Sensation Seeking Scale，简称SSS)(见第七章第二节)上的得分。感觉寻求分数高的人倾向于高生理冒险，强烈地追求新异经验和快乐刺激而厌恶例行的活动，其单胺氧化酶含量则较低。假设这种发现是可信的，这两者之间的关系意味着什么？什么是原因？什么是结果？单胺氧化酶的多少与感觉寻求倾向之间的关系是否还有第三个因素在起中介作用？这些问题，都尚需研究才能回答。

3. 身体外貌与人格

身体外貌与人格特征的联系，古今中外都有人做过推测。成书于春秋战国时期的《内经》就对身体外形与人格特征的联系做过描述。它把人分为金、木、水、火、土五种类型：金型之人，脸方肤白、头小肩背小、腹小手足小、足跟坚厚大，为人清廉，急躁刚强，办事认真果断；木型之人，肤色苍白、头小脸长、两肩广阔、背挺直、身体弱小，多忧虑而勤劳；水型之人，肤黑头大、脸不光整、颊腮清瘦、两肩狭小、腹大、尻骨和脊背很长，禀性无所畏惧，但不够廉洁；火型之人，肤赤脸长、脊背肌肉宽厚、肩背髀腹匀称，理解敏捷，真诚朴实，多气轻财；土型之人，肤黄、头大脸圆、肩背丰厚、腹大，内心安定，乐于助人，诚恳忠实。在20世纪上半叶，德国精神病学家克雷奇默尔（Kretschmer，1925）和美国心理学家谢尔顿等（Sheldon & Stevens，1942），也把人格特征与体型联系起来（详见第六章第四节）。现在看来，这些猜测是缺乏科学依据的。

不过，肤色、脸型、身高、体重等身体外貌的特点，具有社会适应的意义，有的符合文化的社会价值，有的则不符合并经常受到人们的品评，因而也会影响一个人的人格。例如，符合社会期望的身体外貌可能使人形成自信、自尊的特点，而有生理缺陷（跛子、哑巴、兔唇、身材矮小等）的人往往被人们讥笑或怜悯，则容易产生自卑感。但是生理缺陷也会激发人去追求优越，以补偿身体的缺陷（参见第四章第二节）。因此，身体外貌与人格特征的联系主要是依个人如何对待自己的身体特点而定的。

二、人格的环境基础

人格的形成和表现，离不开个体生存的环境。人所处的环境包罗宇宙间的一切现象。在一定场合下能被个体感觉器官感知的那一部分环境称为情境（situation）。有些环境因素影响着所有个体，有些则仅影响特定的个体或某些个体。人格的形成和表现都是人与环境交互作用的结果。这种交互作用是个体在发展的每个阶段都影响着环境，同时又受环境的影响。

（一）胎内环境的影响

每一个婴儿都是遗传与环境的共同产物。从受孕的那一时刻起，环境因素就对人格的形成起作用。最早的环境是子宫（womb），婴儿生长在充满羊水的胎盘里，通过脐带从母亲那里得到养料。不同母体的子宫环境是不一样的。有的母亲很健康，有的则营养不良或受药物影响。母亲健康上的差异会深刻地影响子宫的环境，从而影响新生儿的某些特征。例如，母亲血清中的锌含量严重偏低会导致婴儿患各种先天性畸形；有毒瘾的孕妇会使婴儿天生染上毒瘾。这些特征虽然出生时便已存在，却不是由遗传决定的。

(二)家庭环境的影响

出生后,个体最早接触的环境是家庭(family)。家庭的各种因素,例如家庭结构的类型(如残缺家庭、寄养家庭等)、家庭的气氛、父母的教养方式、家庭子女的多少等都会对儿童人格的形成起着重要的作用。

从小与父母之一分开,或从小失去了父母或其中之一,会对儿童的人格和行为有重大的影响。有研究(Provence & Lipton,1962)比较过育婴院的婴儿和在自己家中的婴儿,发现一岁时育婴院的孩子与成人的关系有障碍,很少对成人依附,并且言语落后、情绪冷漠等。还有研究(Burnstein,1981)发现,弃儿有更多的心理疾病,较可能变得攻击、反叛和难以相处。孩子生活在残缺家庭或寄养家庭中往往得不到父(母)爱,很可能对人格的早期发展产生许多负面的影响。

不少研究表明,体贴、温暖的家庭环境能促进儿童成熟、独立、友好、自控和自主等特征的发展。家庭气氛近乎无形,却能从各种不同角度向儿童传递信息,对儿童的人格发展起着潜移默化的作用(黄希庭,1992)。父母的教养方式对儿童人格的影响不可低估。研究表明,过度焦虑的孩子常有过度保护、对子女反应十分幼稚化的母亲。只要不惹麻烦,父母便漠不关心的孩子,其成就动机和自我价值感都较低。受父母溺爱的孩子,常缺乏爱心、耐性和挫折容忍力。经常受到体罚,孩子会变得难以管教,而且会发生更多的攻击行为。

一项对精神分裂症患者的家庭沟通方式的研究结果表明,与正常家庭相比,患者的家庭成员之间在交谈方式上较少彼此感应并且缺乏人际感受性;成员之间不愿意倾听对方的话语,很少有信息交往。在有退缩性的青少年家庭中发现,成员间较无法预测彼此在一个测试情境中的反应(Goldstein & Rodnlick,1975)。

(三)学校教育的影响

学校教育对人格形成和定型有深远的影响。德育(moral education)使学生形成一定的思想品德,树立正确的人生观和价值观。智育(intellectual education)使学生掌握系统的科学文化知识与技能,促进智力的发展。课堂教育是学校教学的主要环节。在传授知识的过程中,训练学生习惯于系统地、有明确目的地学习,克服学习中的困难,可以培养坚定、顽强等性格特征。体育(physical education)不仅使学生掌握运动技能,也能培养意志力和勇敢精神。美育(aesthetic education)使学生掌握审美知识,形成一定的审美能力,通过对美的理解和欣赏,正确区分美与丑、真与假、高尚与低级、文明与野蛮,形成审美情操。劳动教育(labour education)使学生形成正确的劳动观点和劳动态度,养成良好的劳动习惯。

校风(school climate)也影响学生人格的形成。良好的校风、班风促使学生养成勤奋好学、追求上进和自觉遵守纪律等人格特征;不好的校风会使学生形成懒散、无组织、无纪律等特性。

教师是学生的一面镜子,是学生经常学习的榜样。学生往往以各种情感和猜测,盯着教师。教师的言行对学生的人格的形成会产生潜移默化的作用。有威信的教师,学生言听计从,他的高尚的品格、渊博的知识、强烈的事业心和责任感、富于同情心、谦虚朴素等,都会对学生产生深刻的影响。没有威信、缺乏责任心的教师,学生不愿接受其教育,但他的消极性格,如粗暴、偏心、神经质等,可能对学生产生自暴自弃、不求上进等不良的影响。

(四)社会阶层的影响

差不多每个社会都存在社会阶层(或社会阶级)(social class)。较高阶层的人比较低阶层的人拥有更多的物质财富和个人声誉,享受更多的教育并较能控制自己的命运。研究发现,心理疾病与社会阶层有显著相关。例如,就整体而言,在美国,心理疾病较多地发生在较低的社会阶层的人们之中。这是因为社会阶层较低者的生活中有引起心理疾病的很多压力,例如贫穷、歧视、失业、缺乏医疗服务等(Kohn,1973)。

布罗芬布纳(Bronfenbrenner,1958)曾研究过中产阶级和工人阶级家庭培养孩子的方法,结果发现,中产阶级的父母对待孩子比较随和灵活,喜欢和孩子根据事实讲清道理,并在一些规矩上往往向孩子妥协;而工人阶级的父母则倾向于不准孩子提问,只要求服从和遵命,还常常施行体罚。在培养孩子方法上的阶级差别,很大程度上可能是由于他们在社会生活中所处的地位、所受的教育和在工作中所担当的角色不同之故。这肯定会给他们的下一代的人格打上深刻的烙印。

(五)社会文化的影响

人类创造了自己的文化,又把自己置身于一定类型的文化环境中。人类文化是指全人类创造的文化,它是形成人性的决定性条件。一个身体健全的儿童,虽然有继承文化财富的可能性,但是,如果出生后由于某种原因,被剥夺了与人类文化环境接触的机会,就不可能形成人的心理和行为及人性。狼孩(或狼童)(wolf children)的事例,便充分说明了这一点。

民族文化是一个民族经过世世代代而积累起来的。民族文化陶冶着一个人的民族性。民族性(或国民性)(national character)是指一个民族或一个国家的国民的常见的独特的性格,并且是异于其他民族或其他国民的。例如,德国人冷静、法国人热情、日本人勤奋等,就是就民族性而言的。文崇一(1972)分析了我国的儒家文化传统,认为这种文化传统形成了中国人的权威性格和顺从、勤俭、保守、谦让等性格。中国的文化传统与中国民族性关系研究,还可见补充讨论1-3。

补充讨论1-3

中国民族性

孙本文(1946)在他的《社会心理学》中把中国人的民族性格归纳为下列四项。中国人的民族性格是我国传统文化的结晶。他的主要观点摘录如下:

尊理性 我国人民最尊重理性,凡事必求其合乎理性。所谓理性,就是是非之心、曲直之心、义利之心、善恶之心,以及邪正之心。能依此等区别者,就是理性的表现。孟子所谓"良知",就是理性的自觉。现代语中所谓的"正义感",就是良知,也就是理性的感觉。中国人自古以来,最富有理性,最富有"正义感"。中国社会因注重"理性"之故,宁可牺牲"利害"关系。这真可以说是中国社会的特长。

主中庸 中国人极重中庸之道。所谓中庸,就是不偏不倚、无过不及的意思。中庸篇称舜"执其两端,用其中于民",最能说明中庸的意义。孟子称"子莫执中,执中为近之"。执中就是执两者之中,是中庸之道。中庸除上述一义外,还有因时因地制宜的意思。所谓"君子之中庸也,君子而时中"。时中便是因时适中的意思。关于这点,《论语》及《孟子》二书,均有极透彻的说明。总之,中庸实包含"执中"与"适中"二义,而为我国社会自古及今崇高的思想行为的准绳。我国人所以爱好和平,实由于中庸之德的表现。

重自治 中国人向重自治。所谓自治,就是自己管束自己的意思。自己管束自己,所以需要克己修身。古人所谓"躬自厚而薄责于人",所谓"其责己也重以周,其责人也轻以约",都是表明做人之道,首重自治。由个人克己修身,养成谨慎小心、俯仰无愧、光明磊落的人格,古代儒家以及后世社会称为"君子"。中国社会自古迄今,以"君子"为一种公认的标准人格,鼓励一般人由修身自治以养成这样的人格。

崇德化 所谓德化,就是道德感化的意思。中国人对己重自治,对人——无论是个人或社会团体——重道德感化。《尚书》中说:"惟德动天,无远弗届。"只要有道德,不畏人家不感服。所以在日常生活中,应注重"以身作则"。可见中国社会在思想与行事方面,都注重以道德去感化别人。(孙本文,1946)

沙莲香(1990)参照历史上有关中国人研究的基本观点和现实中常见的中国人的人格特点,以仁爱、气节、侠义、忠孝、理智、中庸、私德、功利、勤俭、进取、实用、嫉妒、屈从和欺瞒14种特质对全国13个省市的1 815名被试进行了测试。结果表明,被试对14种人格特质,评价最高者是气节,最低者是欺瞒。其序列依次是:气节、仁爱、忠孝、理智、勤俭、进取、侠义、中庸、实用、功利、私德、屈从、嫉妒、欺瞒。这表明中国的传统文化对人格的深刻影响。

每一种文化都试图塑造它所崇尚的人格特征。每一种文化为了使自己延续和发展起来,都崇尚它所需要的人格特征。巴里等人(Barry, Child, & Bacon, 1959)的研究表明,因纽特人生活在冰天雪地的北极,以渔猎为生,需要坚定、独立、敢于冒险的性格。他们以仁慈宽大的方式管教孩子并鼓励其个性化,以培养出成人所具备的人格特征。而生活在西班牙南部山区的塞姆人(Themne),以种植粮食为生,需要老实、服从、保守的性格。他们对孩子的关爱似乎只在断乳期之前,之后便严厉管教,甚至排泄也严格训练,不允许有任何个性化,以便造就出农家所需要的人格特征。巴里等人还考察了6个不同社会中教养孩子的特点与粮食贮存程度(农业社会贮存食物多、狩猎社会很少贮存食物)之间的关系。如表1-2所示,高食物贮存社会教养孩子时注意责任和服从;低食物贮存社会则强调成就、自信和独立。

为了检验不同社会文化是否真正塑造了其成员的人格特征,巴里还对来自两种文化的被试呈现一种视觉服从作业,要求他们从几条长短不一的线段中辨认出一条与标准线段相等的线段。在判断之前告知被试哪一条线段经常为其相同文化成员所选择,在某些场合这些线段明显地与标准线段不相匹配。结果表明,农业社会的塞姆人比渔猎社会的因纽特人,更倾向于服从其他人的判断,即使其他人的判断明显是错的。

表1-2 教养特点与食物贮存的相关

教养孩子所强调的特点	与食物贮存的相关	
	男孩	女孩
责任	+0.74	+0.62
服从	+0.50	+0.59
关怀	−0.01	+0.10
成就	−0.06	−0.62
自信	−0.21	−0.46
独立	−0.41	−0.11

(采自 Barry, Child, & Bacon, 1959)

三、个体与环境的交互作用

在个体的发展进程中,环境不断地影响着人格和行为。人格的形成离不开环境的影响。但是个体对环境的影响并非被动地加以接受,而是能主动地作用于环境。个体与环境的动力交互作用随时随地在进行着。人格的发展和表现是个体与环境不断交互作用的结果。个体的基因型与环境的交互作用有多种方式,这里只讨论三种交互作用方式,即反应的交互作用、唤起的交互作用和超前的交互作用。

反应的交互作用(reactive interaction)是指面对同样的环境,不同的个体会以不同的方式感受、体验和解释来反应这一环境。敏感的、神经质的孩子与和顺的、适应性强的孩子对于父母的体贴关怀,其反应是不同的。一起听同样的故事,聪明的孩子比不太聪明的孩子能从中获得更多的知识。处于同样的人际环境中,外倾的孩子比内倾的孩子与周围的人和事的联系更多、反应频繁。每一个儿童的人格都能从客观环境中选取主观的心理环境。这种主观心理环境便构成了其以后的人格发展。即便是父母为其孩子们所提供的环境完全相同(实际上是做不到的),孩子们在心理上所感受、体验到的环境也是各不相同的,因而其反应也各不相同。

唤起的交互作用(evocative interaction)是指个体的人格特征和行为会引起周围的人对他的特异反应。易哄、爱笑的婴儿比烦躁不安、大哭大叫的婴儿自然会得到父母和周围人们更多的关怀。温顺的孩子比惹是生非的孩子自然会受到父母较少的限制和训斥。父母的教养方式往往是由孩子的人格特征和行为所唤起的。有人说父母的某种教养方式塑造了儿童的某种人格特征,例如说,父母民主、宽容的教养方式造就了有领导能力的儿童或权威的父母塑造了自我肯定的儿童。这种说法欠全面。因为实际上,儿童的人格特征也在形成父母的教养方式,而这种教养方式又塑造了儿童的人格。这种唤起的交互作用,自始至终贯穿于人格发展的全部过程。

超前的交互作用(proactive interaction)是指个体主动选择和建构自己所喜爱的环境,而这些环境反过来又进一步塑造其人格。孩子在长大、有了一定的主动性之后,便产生了超前的交互作用。一个攻击性强的儿童常选择能与小伙伴们在一起打架闹事的地方,而不会独自一个人待在家里,这一环境反过来又强化和维持了他的攻击性的人格特点。如果不允许他外出到能惹是生非的地方去找小伙伴们,那么他将创造条件,例如把小伙伴们邀请到家里来;主动地促成有利于攻击性发展的环境。

在人格发展的过程中,上述三种个体与环境交互作用方式在不同阶段其表现强度是不同的。幼小儿童仅限于在父母所提供的环境中活动的时候,其基因型与环境的内在相关最为强烈。随着儿童的成长,在他们开始选择和建构自己的环境时,基因型与环境的最初相关逐渐为超前的交互作用所代替。而反应的交互作用和唤起的交互作用在生活中仍经常起作用(Scarr,1988;Scarr & McCartney,1983)。环境不会满足人。个人能够有意识、有目的地选择和建构环境,使之满足自己的需要。环境影响着、制约着个人,同时个人也选择着、改造着环境。个人与环境的动态交互作用造就了一个人的人格。

第三节 人格心理学的概念

人格是许多学科的研究对象。本节将讨论人格心理学是从哪一个角度来研究人格的、它的主要研究领域及其应用前景。

一、人格是心理学的研究对象

人格是一个真实的人，是一个整体统一的人。人的心理，复杂多变；人的行为，千姿百态；人与世界的联系，千丝万缕。人格是心理学的研究对象，也是哲学、社会学、伦理学、法学等众多学科的研究对象。它们从不同的侧面研究人格，既有区别又有联系。这里我们先讨论哲学、社会学、伦理学、法学等学科是从哪些侧面来研究人格的，然后再讨论心理学是怎样研究人格的。

人格的问题，一直是哲学家所关注的问题。虽然，在我国“人格”一词是现代才有的，但是，对人或人格的探讨则源远流长。远在先秦时期，我国古代思想家孟子就提出了“人之所以异于禽兽者”和荀子“人之所以为人者”的观念。从先秦开始，诸子百家议论的中心问题是阐述社会和国家的理想形式。儒家主张定礼仪，道家主张等性适道，阴阳家主张观天象与四时，墨家主张君民并耕，纵横家主张合纵连横，杂家摘取各家之说并主张完善国家和政府等，形式不一，但其中心是人，阐述人之所以为人之理、成人之道。此后的西汉经学、魏晋玄学、隋唐佛学、宋明理学、明清实学，也始终以人为中心，阐述人及其与社会和国家的关系。中国哲学强调，人是群体的人，个人应服从家庭和国家，通过“修身、齐家、治国、平天下”(《礼记·大学》)的途径达到人格的完善。西方哲学中的人本主义哲学就是以研究人为中心，并以抽象的人为基础去解释一切问题的哲学学说。从古希腊普罗塔哥拉(Protagoras，公元前490?—前420?)的“人是万物的尺度”开始，到法国哲学家萨特(Jean-Paul Sartre，1905—1980)的存在主义的人生哲学，都是探讨人的。西方哲学强调，人是独立的个体，“上帝面前人人平等”，社会不可侵犯个人的权利，个人通过自我实现(self-actualization)以达到人格的完善。总之，作为世界观的哲学，对人格的探讨是从人与外部世界(自然界、社会)关系的角度，对人的本质进行抽象概括的。因此，在怎样看待人的问题上，哲学和心理学是密切联系的。心理学家对人看法的哲学观点必然影响着他们对人格的心理学研究，但他们对人格所提出的问题和寻求答案的方法则是不同的。

社会学研究人类的社会生活。它把社会生活的分析分为人际的、群体的和全社会的三个层次。社会学也研究人格，研究个体社会化问题。但社会学主要是从社会的角度来研究个体社会化的问题。从社会的角度来看，社会化是使新生的个体适应有组织的生活方式并教给他社会的文化传统的过程。通过社会化,大多数幼儿成长为完全的社会人,能够使用其父母的语言,能够适应他们的社会和文化。而心理学则主要是从个体的角度来研究个体社会化的问题。从个体的角度来看,社会化是发展自我的过程。通过社会化,个人形成自我意识、兴趣、爱好、价值观和各种能力。社会学和心理学在研究人格、研究个体的社会化问题上是有联系的,但它们研究的侧重点和途径是不同的。

伦理学是从道德评价的角度来研究人格的。张岱年说:

> 一个人的人格亦即一个人的"为人"。《论语》记载:"叶公问孔子于子路,子路不对。子曰:女奚不曰,其为人也,发愤忘食,乐以忘忧,不知老之将至云尔。"孔子的"为人"即孔子的人格。一个人的人格包含一个人的心情胸怀和德行事业。(张岱年,1992)

张岱年这里讲的人格是指为人品格,即心理学上所说的性格。如前所述,性格属于人格的一部分,并不等于人格。因此,伦理学和心理学对人格的研究是有联系的,但也不相同。

从法学上看,人格被认为包括两个基本内容:(1)享有法律地位的,并且享有权利和承担义务的个体;(2)享有权利和承担义务的法人。与此相应,法律上有人格权的概念,即法律给予保护的、个人的人格不受侵犯的权利。这些权利包括生命权、健康权、姓名权、肖像权、名誉权、荣誉权等。显然,一个人如果没有法律上的人格权,心理学也就无从对他的人格进行研究。但法学与心理学对人格的研究的侧面则是截然不同的。

人格是心理学的研究对象。心理学家以自己的理论框架、研究程序和方法以及收集资料的手段,在人格这个领域进行了大量的研究,包括理论研究和应用研究的各个方面,形成了人格心理学。人格心理学(psychology of personality)是以心理学的范型来研究人格的结构、动力、发展和适应等领域中的事实和规律的一个心理学分支学科。所谓心理学的范型,是指按照心理学中某一比较公认的路线或观点所采取的研究方向或研究步骤。例如,对于某种人格特征(如吝啬、慷慨)形成的研究,心理学家可以采用某种范型来对它进行概括。心理学的范型有精神分析的、学习论的、特质论的等。如果采用精神分析范型来研究某种人格特征的形成,就是指用精神分析的理论观点和研究方法(如自由联想、分析早期经验资料等)来研究这个问题。如果采用学习论的范型研究某种人格特征的形成,就是指用学习论的理论观点和研究方法(例如通过可测量的刺激和可测量的行为之间的函数分析)来研究这个问题。不论人格心理学家对人格研究采用何种范型,当代大多数心理学家对人格的研究都强调必须进行科学的研究和概括,把研究置于可测量和可验证的基础上。他们的研究都侧重于人格结构、人格动力、人格发展和人格适应等领域中的事实和规律,也就是说,人格心理学的研究重点是人的心理品质和行为倾向。因此,虽然心理学在研究人格的问题上与哲学、社会学、伦理学和法学等学科有密切的联系，但它们的研究途径和方法以及研究的侧重点则是不同的。

二、人格心理学的主要研究领域

人格心理学的主要任务，一是寻求描述和解释个别差异，即构成个体彼此不同的种种表现方式；二是综合众多影响个体与环境交互作用的过程，以便综合地描述完整的人。具体地说，人格心理学的主要研究领域包括人格结构、人格动力、人格发展、人格适应以及人格评鉴和人格研究六个方面。

（一）人格结构

结构这个术语是从物理学、化学中借用来的。人格结构（personality structure）是人格心理学家用来解释个别差异的假设性概念。大多数人格理论家都认为人们在心理特征和行为倾向上存在着稳定的个别差异。但他们解释这种个别差异所提出的人格结构的观点并不一致。一些人格理论家用特质（trait）或类型（type）来解释人们稳定的个别差异，而另一些人格理论家则用自我（self）或需要（need）来解释人们稳定的个别差异。但也有的心理学家如斯金纳（Burrhus Frederick Skinner，1904—1990）则完全拒绝人格结构（如特质、类型、自我、需要等）的概念。在他看来，人格只不过是一些反应组合而成的行为模式。不过，这种观点现在在人格心理学中已较少受到注意。

人格结构的性质怎样？它由什么要素构成？人格结构是否包含诸种要素？诸要素是怎样组织的？是否有某些要素高于（或控制着）其他要素？这些问题是人格心理学的一个研究领域，也是人格理论的一个重要内容。人格理论家对人格结构的阐述，见解不一。人格的五因素模型（five-factor model of personality）是近年来为不少学者所推崇的一种人格结构理论。从该理论（详见补充讨论1-4）中，我们可以看出人格理论家是怎么理解和使用人格结构这一术语的。

补充讨论1-4

人格结构的五因素模型

根据人格特质形容词建立人格结构的因素分类工作，近些年来已取得了长足的进展，被称为人格心理学中的“一场静悄悄的革命”（Goldberg，1992）。一系列采用特质术语的研究，无论是以这些术语进行自我描述，对它们进行语意判断，或是应用于临床研究，大多数结果都得出了相似的五个主要因素。表1-3列出的是自1949年至1990年学者们对人格的五个主要维度的命名。

迪格曼（Digman，1990）对这些资料进行了分析，把这五个主要维度概括为：外倾-内倾（extraversion-introversion）、友善-敌意（friendliness-hostility）、谨慎性（conscientiousness）、神经质-情绪稳定性（neuroticism-emotional stability）、才智（intellect）。这五个维度又分为四个层次，如图1-2所示，水平1（即基础水平）是对特定情境的特定反应，称为反应。水平2是对典型情境的典型反应，这种反应称为习惯。水平3是指一类行为的聚合或对量表中的某特定项目的稳定反应，称为品质或量表因素。水平4是五个广义的人格结构。从图1-2中我们可以看到，人格是一个复杂的多维度多层次的结构系统。用图示来描述人格结构，看起来很抽象，这是一种比拟的表示方式。而把人格设想为一个复杂的系统，则是当代心理学研究的一个方向。

目前，人格的五因素模型仍有不少争议。例如，这种研究结果主要是从英语国家获得的，非英语国家的词汇研究能否获得相同的人格因素？为什么人格结构是由五个维度构成的？五因素是从成人研究中获得的，它能否用来描述儿童的人格？该模型的应用价值何在？对于这些问题，研究者目前正在探究之中。

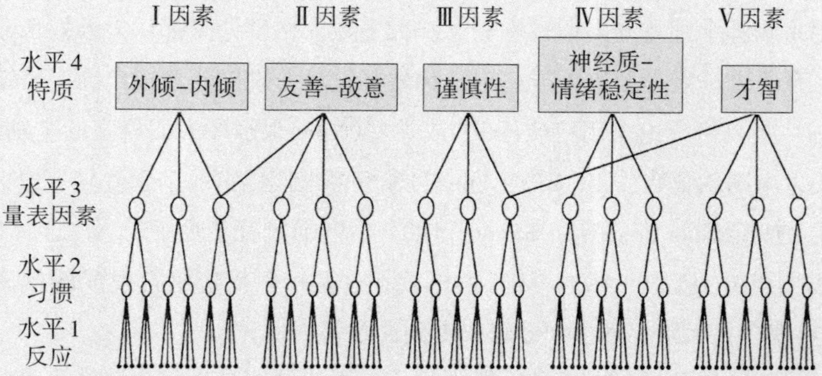

图1-2 人格结构的五因素模型

（采自 Digman，1990）

表1-3 1949—1990年学者们对人格五个主要维度的命名

学者	维度Ⅰ	维度Ⅱ	维度Ⅲ	维度Ⅳ	维度Ⅴ
非斯克（Fiske，1949）	社会适应性	顺从性	成就愿望	情绪控制	探究性才智
艾森克（Eysenck，1952）	外倾性	精神质		神经质	
图普斯和克里斯特尔（Tupes & Christal，1961）	感情起伏	宜人性	可靠性	情绪性	文化
诺曼（Norman，1963）	感情起伏	宜人性	谨慎性	情绪稳定性	文化
博格大（Borgatta，1975）	过分自信	可爱性	工作兴趣	情绪性	智力
卡特尔（Cattell，1957）	外倾性	友善	超我强度	焦虑	智力

续表

学者	维度Ⅰ	维度Ⅱ	维度Ⅲ	维度Ⅳ	维度Ⅴ
吉尔福特(Guilford, 1975)	社会活动性	偏执狂偏向	思维内倾性	情绪稳定	
杨国枢和彭迈克(1984)	精明干练	善良纯朴		冲动任性	智慧文雅
迪格曼(Digman, 1988)	外倾性	顺从朋友	成就愿望	神经症	才智
霍根(Hogan, 1986)	好交和野心	可爱性	智虑谨慎	适应性	智慧
麦克雷和科斯塔(McCrae & Casta, 1987)	外倾性	宜人性	谨慎性	神经质	开放性
皮博迪和戈登堡(Peabody & Goldberg, 1989)	权力	爱	工作	感情	才智
巴斯和普洛明(Buss & Plomin, 1984)	活动性	社会能力	易冲动性	情绪性	
特尔根(Tellegen, 1985)	积极情绪		拘束	消极情绪	
洛尔(Lorr, 1986)	人际卷入	社会化水平	自我控制	情绪稳定	独立性
约翰(John, 1990)	外倾	愉快、利他	公正克制 拘谨	神经质	率直、创造性 思路新
戈登堡(Goldberg, 1990)	外倾性	宜人性	谨慎性	情绪稳定性	才智

（采自 John,1990； Digman,1990等资料综合）

(二)人格动力

人是积极能动的主体,从事着各种各样的活动。是什么力量促使人去从事各种各样的活动？人格动力就是要解答这个问题的。所谓人格动力(personality dynamic),是指个体特征性行为的内在原因。一些人格理论家认为人的一切行为,包括社会行为,都是由内在的本能冲动所驱动的;另一些人格理论家认为人格动力源于有机体的驱力降低(drive-reduction);还有些人格理论家把人格动力归于自我效能(self-efficacy),即个人对自己从事某种工作所具有的能力及对该工作可能达成的一种主观评价。早期的理论家曾推崇人格动力的驱力降低说(或驱力减降论)(drive-reduction theory),认为生理缺失(需要)促使有机体产生某种恢复体内平衡的紧张驱力,而驱力的降低则表示个体的需要获得了满足。后来,人们又发现,在生理需要获得满足之后,人们还有寻求刺激、追求好奇的需要。感觉剥夺的研究表明,在没有任何刺激的情况下,人是难以忍受的。对动物的研究也表明,猴子会解决复杂的问题而无须给予外部的奖赏;引入外部奖赏反而会降低其作业成绩。根据这些研究,怀特(White,1959)提出一个概念叫能力动机(competence motivation)。他认为，能力动机是一种重要的人格动力。所谓能力动机，是指个人能胜任某项工作的动机。此种观点称为能力动机理论（competence motivation theory）。有人可能会问：人格动力是用驱力降减理论还是用能力动机理论来解释好呢？抑或是将这两种理论综合起来解释好呢？看来，这种提法是不恰当的，因为人类的行为动机是十分复杂多样的。除了上述提到的之外，还有哪些人格动力机制呢？人格动力是怎样形成的？其表现形式如何？等等。这些问题构成了人格心理学研究的第二个领域。

一些人格理论家用人格过程（personality process）来代替人格动力这一术语。其用意一是与弗洛伊德的动力心理学相区别，二是与人格结构相区别。人格过程是动态性的，而人格结构是稳定性的。不过，近年来，人格过程这个术语所包含的内容又扩大了，除了通常所说的动机外，有的心理学家还把智力、焦虑、攻击行为、利他行为、自觉控制力、性别角色化等都包含在内（Phares，1991）。因此，人格过程也是人格心理学的研究领域。

（三）人格发展

人格发展（personality development）是指个体自出生至衰老死亡的整个生命全程中人格特征的表现，随着年龄和习得经验的增加而逐渐改变的过程。一些理论家认为人格是人生而具有的；另一些理论家认为人格有一个形成和发展的过程；还有的理论家则认为人格是由婴幼儿时期的早期经验决定的。对人格发展的研究是与对人格结构、人格动力的研究相联系的。因为研究人格的发展必然要涉及从婴儿到成人人格结构、人格动力的变化。在上一节中我们已经讨论过，人格的发展是遗传和环境的许多因素交互作用的结果。有一种观点认为，遗传决定了人格特征发展变化的范围；在这个范围内，人格特征是由环境因素决定的。例如，对精神分裂症发病情况的研究表明，一个人与患病亲代的遗传基因越相似，其发病的可能性越大；文化背景与该病的外显症状有显著相关；就家庭因素而言，一些证据表明，生活在权威的母亲、被动的父亲以及家庭成员冲突不断、对孩子的要求不一致家庭中的儿童易患精神分裂症。对于人格发展，有两种研究取向，一种是着重变量的研究（variable-centered approach），另一种是着重个人的研究（person-centered approach）。前者是在不同的时间测量同一变量或特征，比较跨时间的测量分数，以考察这一变量或特征的变化情况；后者是在不同的时间测量个体不同的行为特征，比较各种行为特征跨时间的测量分数，以考察这一个体人格剖析图（personality profile）的变化情况。人格是如何发展的？发展是否有阶段性？如果有阶段性，那么经历哪些阶段？遗传和环境如何具体地交互作用，从而产生各种人格特征？婴幼儿时期的经验对人格的发展有何意义？等等。这些问题构成了人格心理学的第三个研究领域。

(四)人格适应

人格适应(personality adjustment)是指个体与其生活环境保持和谐状态所表现出来的行为反应。人类能够通过对环境采取主动的改造而与其环境相适应。因此,人格适应与动植物对环境的被动顺应(adaptation)具有本质的区别。个人与环境保持和谐状态,心情愉快、情绪积极有助于形成健康人格;而不能与环境保持和谐状态则表现为适应障碍(adjustment disorder)。适应障碍可能是暂时性的,也可能是持久性的。持久性的适应障碍属于人格障碍(personality disorder)。人格障碍表现形式不一,其显著特点是行为怪僻异常,对工作环境与人际关系均难以适应,但又无明显的精神症状。人格障碍往往给周围的人们和患者自己带来痛苦和不幸。人格心理学家不仅研究适应良好的正常人格,而且研究适应不良的人格,研究心理疾病的形成并从事诊治工作。人们都希望过幸福的生活,都希望与自己的生活环境保持和谐状态,也都希望有一个适应良好的人格。那么,人格适应的本质是什么?怎样才能有适应良好的人格?心理疾病是如何形成的?采用哪些方法来治疗心理疾病?等等。这些问题构成了人格心理学的第四个研究领域。

(五)人格评鉴和研究

人格心理学家究竟是从哪些方面来获取信息使他们能够对一个人的人格特征进行描述和解释的呢?这就需要用各种测量方法来收集资料。人格评鉴(personality assessment)可以采用多种方法,如自陈测验、投射测验、行为评鉴等(见第二章第三节)。没有研究,就无法确定我们对某个人格课题的了解程度。大多数人格心理学家都主张探讨人格问题应进行实证研究,以摆脱描述和思辨的困境。但也有不少人格心理学家认为用实验法研究人格是不合适的,对人格的研究应寻求不同资料来源和研究取向。从现已发表的许多人格研究报告来看,有实验的,也有非实验的;有采用一种方法的,也有综合几种方法的;有只对个人进行几分钟测验的,也有长达数年、数十年的追踪研究的;等等。除了已有的评鉴技术和研究方法外,寻求新的评鉴技术和研究方法,是人格领域极重要的课题。人格评鉴和人格研究是人格心理学研究的两个重要领域。这两个领域的研究进展对人格心理学的科学化起着十分重要的作用。这个问题我们将在第二章中详细讨论。

上述六个领域的研究,既是理论探讨,也能广泛地应用于我们的工作和生活之中。因此,人格绝不是一个“象牙塔”里的概念,人格心理学的研究成果不仅具有重要的理论意义,而且具有重要的应用价值,对人们的生活实践产生巨大的影响。

三、人格心理学的应用方面

人格心理学是心理学的基础学科之一，但它也可以应用于人们的社会生活的许多方面。概括地讲，人格心理学的应用方面有二：一是评鉴和预测；二是完善个人的人格。

(一)评鉴和预测

由于人格心理学家力求以科学研究的程序来研究人格，其理论观点具有可测量性和可验证性。人格心理学的研究成果能应用于对一个人的人格评鉴和预测。例如，在人事决策过程中对员工甄选预测，人格评鉴就颇有帮助。管理人员常常要与他人打交道，需要通过他人来发现问题和解决问题，因此一定程度的外倾性格对成功管理是十分必要的，而极端内倾性格者则不适合于担任管理工作。利用艾森克人格问卷(Eysenck Personality Questionnaire)就可以进行这方面的甄选。人格测验对员工甄选上的另一项重大贡献是测出情绪不稳定、行为适应不良、态度倾向偏颇等现象，以免他们危害企业或公司的安全与发展。使用如明尼苏达多相人格问卷(见第七章第二节)、贝尔适应量表(Bell Adjustment Inventory)、瑟斯顿气质量表(Thurstone Temperament Schedule)、斯特朗职业兴趣量表(Strong Vocational Interest Blank，简称SVIB)、价值观问卷(见第七章第二节)、态度量表等，可以进行这方面的甄选和预测，从而做到人适其职，职得其人，人尽其才，才尽其用。

在临床和咨询工作中，人格心理学的研究成果对疾病的防治也颇有应用价值。例如，人格与疾病关系的研究表明，癌症倾向人格(cancer prone personality)中的“丧失-抑郁-无望”特质是导致癌症的危险因子；冠心病倾向人格(CHD-prone personality)中的敌意、愤怒和攻击特质是导致冠心病的危险因子(见第十六章第四节)。这就可以为医生和研究者找出高危险人群，为研究提供信息。

在教育工作中，人格心理学的研究成果将有助于教师对学生进行因材施教，进行个别指导，使他们学会为人处世，发展其健康人格。例如，怀特利(朱深潮等译，1993)曾连续多年对美国加州大学欧文分校的大学生的人格发展和人格教育做过系统研究，专门用一幢学生宿舍楼招收男女学生进行实验，对这些学生开设按照人格理论而设计出的一系列课程(例如，为了发展集体意识，发展讨论冲突的价值和观点的技能以及学会取得成功的技能，而安排了生存技能、集体建设、解决冲突、同理心和社会观确立等单元的课程)，有一系列相应的教育活动(例如，由高年级学生承担授课、做社会模拟游戏，并对社会模拟游戏进行评价和讨论等)，并定期进行专项(例如，对学生的焦虑、人际关系特点、解决冲突的技能、成就动机等)测试，再根据这些专项测试信息进行有针对性的教育训练。这种综合性的养成教育取得了较好的成效。

(二)完善个人的人格

有关人格的知识有助于人们提高自我修养,完善个人的人格。例如,清代林则徐认识到自己有时发怒会影响工作和人际关系,就用横匾上的“制怒”两字以控制情绪,加强自我修养。人格心理学的知识还有助于人们在受挫折后进行情绪调节。人生逆境,十之八九。小到在公共汽车上自己的脚被人踩了一下、有事打不通电话,大到不善于交际、找不到知心朋友,乃至高考落榜、招工无名、情场失意、家庭变故、事业失败、病魔缠身等,这各种挫折都会使人产生焦虑、忧郁、压抑、沮丧等负面情绪,从而使学习和工作效率降低,甚至引起身心疾病,导致行为失常。人格心理学的知识将告诉人们心理健康的标准、心理障碍的根源,如何对待挫折、保持心理健康,如何摆脱事业上的困境,如何发展独立和完善的自我、提高生活质量等。

本章摘要

1. 人格一词有多种含义,多种定义。在心理学上,人格是指个体在行为上的内部倾向,它表现为个体适应环境时在能力、情绪、需要、兴趣、态度、价值观、气质、性格和体质等方面的整合,是具有动力一致性和连续性的自我,是个体在社会化过程中形成个人特色的心身组织。

2. 整体性、稳定性、独特性和社会性是人格的基本特征。

3. 人格的整体性是指人格虽然有多种成分和特质,但它们并非孤立地存在,而是密切联系,整合成一个有机的组织。

4. 人格的稳定性包含两层意思:一是指人格特质跨时间的持续性;二是指人格特质跨情境的一致性。当然,人格也是发展变化的。人格的变化有两种情况:一是表现方式发生变化,但深层的内在特性没有变化;二是深层的内在特性发生了变化。

5. 人格的独特性是指人与人之间在心理和行为倾向上各不相同。强调人格的独特性并不排斥人们在心理和行为上的共同性。

6. 人格的社会性是指社会化把人类的婴儿变成社会的成员。人格是社会的人所特有的。

7. 个性是指人格的独特性。气质是个人生来就有的心理活动的动力特征,是人格发展的基础。性格即品格,是指个人的品行道德和风格,是后天形成的。个性、气质和性格虽与人格有联系,但不等同于人格。

8.染色体和基因是决定个体遗传的基本物质。除同卵孪生子具有相同的染色体和基因,其遗传基础相同外,其他任何两个个体的遗传基础均不相同,个体差异均有其遗传基础。

9.一个人的性别差异是由性染色体决定的。受孕时,如果精子和卵子结合形成带XY的受精卵,便发育成男性;如果X精子和X卵子结合形成带XX的受精卵,便发育成女性。性别畸形均由于染色体异常所致。

10.研究遗传对人格的影响有两种取向:遗传中心研究和特质中心研究。一般认为,遗传因素的重要性因人格特质的不同而异。例如,气质、智力等特质,受遗传的影响较大;而价值观、信念等特质,受遗传的影响甚小。

11.神经系统的类型特点是人格的生物学基础。机体内的生物化学物质也会对人格产生影响。而肤色、脸型、身高、体重等外貌特征对人格的影响,则是依社会评价和个人如何对待自己的这些身体特点而定的。

12.人格的发展离不开个体的生存环境。个体的胎内环境、家庭环境、学校教育、社会阶层和社会文化背景都会对人格的发展产生深刻的影响。

13.个体对环境的影响不是消极被动地接受,而是积极能动地反作用于环境。人格是个体与环境交互作用的结果。主要的交互作用方式有:反应的交互作用、唤起的交互作用和超前的交互作用。

14.人格心理学是以心理学的范型来研究人格结构、人格过程(动力)、人格发展和人格适应等领域中的事实和规律的一个心理学分支学科。人格心理学与哲学、社会学、伦理学和法学等学科虽然都研究人格,但侧重点有所不同。

15.人格结构是人格理论家用来解释个别差异的假设性概念,所描述的是个体内在的稳定的人格层面。

16.人格动力系指个体特征性行为产生的内在原因。一些人格理论家用人格过程这一术语来概括人格动力机制方面的内容。

17.人格发展是指个体自出生至衰老死亡的整个生命全程中人格特征的表现,随着年龄和习得经验的增加而逐渐改变的过程。

18.人格适应是指个体与其生活环境保持和谐状态所表现出来的行为反应。人格适应与动植物对环境的被动顺应有本质的区别。

19.人格心理学的主要研究领域包括人格结构、人格动力、人格发展、人格适应以及人格评鉴和人格研究六个方面。这些研究既是理论探讨,也有广泛的应用价值。

20.人格研究的应用前景包括两个方面:一是评鉴和预测;二是完善个人的人格。

建议参考资料

1.余昭(1985):人格心理学。台北市:三民书局。

2.陈仲庚、张雨新(1986):人格心理学。沈阳市:辽宁人民出版社。

3.张春兴(1991):现代心理学。台北市:东华书局(繁体字版)。上海市:上海人民出版社(1994)(简体字版)。

4.高玉祥(1989):个性心理学。北京市:北京师范大学出版社。

5.高觉敷(1995):西方心理学史论。合肥市:安徽教育出版社。

6.黄希庭(1991):心理学导论。北京市:人民教育出版社。

7.Aiken, L.R.(1993).Personality: Theories, research, and applications. Englewood Cliffs, Prentice-Hall.

8.Allport, G.W.(1937).Personality: A psychological interpretation. New York: Holt.

9.Magnusson, D.(1990).Personality development form an interactional perspective. In L.A. Pervin (Ed.), Handbook of personality: Theory and research, PP.193-224. New York: The Guilford Press.

10.McCrae, R.R., & John, O.P.(1992).An introduction to the five-factor model and its applications. Journal of Personality, 60, 175-215.

11.Pervin, L.A.(1990).A brief history of modern personality theory. In L.A.Pervin.(Ed.), Handbook of personality: Theory and research, pp.3-20. New York: The Guilford Press.

12.Peterson, C.(1992).Personality(2nd ed).Ft Worth TX: Harcourt Brace Jovanovich.

13.Revelle, W.(1995).Personality processes. Annual Review of Psychology, 46, 295-328.

第二章　认识人格的途径

本章内容细目

人格心理学的研究目标是综合地描述完整的人，描述和解释人的个别差异，即构成个体彼此不同的种种表现方式。以完整的人作为研究目标是很有价值的。但是，实际做起来却困难重重。因为完整的人有许多特性，我们往往只看到其中的某种或某些特性。哪些特性是主要的？哪些特性是次要的？如何进行综合？要正确地把握复杂的人格，做起来十分困难。心理学家们一直在寻求能够充分认识人格的有效途径。认识人格的途径便是人格的理论、研究和评鉴。

人格理论是心理学家们对人的一些看法。但他们的看法并不一致，分歧很多，他们提出了各种陈述来描述和解释人格结构、人格动力、人格发展、人格适应等问题。在这些描述和解释中，人格理论必然要阐述某些现象之间的关系。所阐述的各种现象之间的关系也并不都是以事实为依据的，有的以一定的事实为依据，有的甚至完全缺乏事实依据。人格研究就是运用收集到的事实资料来分析有关现象，并采用研究设计（research design）来决定现象之间的关系是否确实存在。而人格评鉴也就是以一定的步骤来收集有关个人资料的方法。因此，人格理论、人格研究和人格评鉴是密切联系的、三位一体的，是我们认识人格的途径。显然，理论如果没有研究，那必定流于臆测；而只做研究，不建立理论，或没有以一定的理论做指导，那也只是无意义地收集资料，成了资料的堆积。本章将讨论人格理论、人格研究、人格评鉴三者之间的关系。

本章的主要内容是：

1.人格理论是一种什么性质的理论。

2.哪些有争议的问题困扰着人格研究的进展。

3.人格理论与人格研究有什么关系。

4.什么是科学研究的基本程序。

5.人格领域中的特殊规律研究和共同规律研究的侧重点何在。

6.可以用哪些方法来研究人格，它们各具有哪些优缺点。

7.什么叫人格评鉴，为什么说人格评鉴是很困难的。

8.什么是测验的信度和效度，如何检验测验的信度和效度。

9.有哪些评鉴人格的方法。

第一节 人格理论

从弗洛伊德(Freud,1915)发表《潜意识》一文至今,心理学家提出了许多人格理论。人格理论是一种什么性质的理论?其价值何在?人格理论中有哪些颇具争议的问题?如何评价人格理论?在这一节里我们将讨论这些问题。

一、人格理论的性质

初次接触人格心理学的学生,常常感到迷惑不解,为什么人格竟然可以用这么多的方式来描述?难道不能用一种统一的方式来进行阐述吗?要回答这个问题,还是让我们先看看下面这个例子:

> 假设有三个人:房地产商人、农夫和艺术家。他们在一个小山头上看着脚下未开垦的土地。对于房地产商人来说,这片景色预示着发展一个新的房地产计划的机会。对于农夫来说,这片景色暗示着获得可耕地生产粮食的机会。对于艺术家来说,这片景色正是自然美的体现。在下山的路上,房地产商人会询问土地的价格、市政公共事业中心在何处以及建筑工人的提供情况等。农夫则会把土壤样品带回去检验。艺术家则取出画架,回到山顶开始作画。这三个人都"看到"同样的东西,然而每一个人却按照个人的参照系进行反应,按照对自己的意义体验做出反应。(Shoben,1954,pp.42~43)

人们对人或物的理解是受其经验、兴趣、期望和目的所制约的。人格心理学同房地产商人、农夫和艺术家一样都是如此。以三位著名的人格心理学家弗洛伊德(Sigmund Freud,1856—1939)、罗杰斯(Carl Ransom Rogers,1902—1987)和斯金纳(Burrhus Frederick Skinner,1904—1990)为例,他们都在人格领域探索并以自己的方式做出贡献,但他们的理论却截然不同。弗洛伊德把人看成是受性和攻击冲动支配的,而这些冲动总要竭力表现出来。罗杰斯则认为人的内心有自我提升和成长的需要。斯金纳却认为从人们对奖惩的反应来看,人与动物其实没有什么区别。如果我们再考察一下这三位理论家的个人背景和所研究的对象,就不难理解其理论对立的原因。弗洛伊德的工作开展于19世纪晚期,其研究对象是奥地利社会禁欲主义所引起的精神病患者,在他所接受的教育中特别强调本能对行为的控制作用。罗杰斯的研究对象不是严重的精神病患者,而是年轻的大学生,他们有知识,生活对他们来说才刚刚开始。而斯金纳则是在严密控制的实验条件下用动物进行实验的。因此,从某种意义上来说,这三位心理学家的人格理论也就是他们的个人背景、经验和研究目的的产物。

人格理论(theories of personality)是人格心理学家用来描述或解释人的心理和行为的一套假设系统或参考框架。由于人的心理和行为的复杂性以及人格心理学家对人看法的不同,因而便产生了各不相同的人格理论。这与每个人对他人的看法有某些相似性。在日常生活中,每个人经常对他人的人格特征进行判断或对把他人看成什么样的人做出假设。例如,有人以为三角眼的人奸诈,或者说矮子聪明,也有人以为漂亮的人是不可靠的。这类想法被称为内隐人格理论(implicit personality theory)。内隐人格理论并非依据他人的外显特质的分类,也不是以某种人格理论所进行的有意识推论,而是不知不觉所形成的印象。它有助于我们理解这个世界。但这类对他人的印象通常是很片面的、表面的。

虽说心理学家的人格理论与普通人的内隐人格理论有某些相似性,但心理学家的人格理论毕竟是一套用来描述或解释人类心理和行为的假设系统,而不是某一个别的观念。它与内隐人格理论的区别主要表现在以下三个方面:它力求对人类的大部分行为做出一致性的解释,对不同的行为做出恰当的说明;它不仅想要说明一个人现时的或过去的行为,而且力求预测其未来;它不仅仅停留于推测,而且力求以实证资料加以检验,经得起实践的验证。而每一个人的内隐人格理论的知识则是混乱的、直觉的、很难解释的。

当然,并不是人格心理学中的各种人格理论在上述三方面的性质是完全相同的。例如,有的人格理论的一套假设很有系统性,而有的人格理论的一些假设却相当随便,看起来像一堆声明的松散组合。有的人格理论概括了不少实证资料,而有的人格理论的实证资料则很少,甚至完全不以实证资料为基础。因此,人格理论也就是人格心理学家对人的看法的一套尚需证实的假设系统。

二、人格理论的价值

尽管人格理论是人格理论家用来描述和解释人的心理特征和行为倾向的一套假设系统,但它们仍具有相当的价值。

首先,人格理论有助于人们之间的沟通。虽然每个人都有其内隐的人格理论,但这些知识毕竟是零散、不系统和难以解释的,只有当事人明白。而人格心理学中的人格理论,其假设、主张和推论是相当系统化和有组织的,其理论含义是清楚的,因而便于人们就每种人格理论进行交流和讨论。

其次,人格理论为我们了解人类的行为提供了某种解释框架。各种人格理论实际上是从各种不同的侧面和水平,例如从生物学的角度,从外部奖励和惩罚的角度,从认知的角度等,对人格现象提出的描述和解释,力求回答某种人格现象的“什么”、“为什么”、“怎样”的问题。虽然这些描述和解释都有其局限性,但仍不失为了解人类行为的解释框架。

最后,人格理论可以为我们扩展知识。人格心理学家发展人格理论的一个目的是预测在某种情况下人的行为。例如,根据测验得知某人属于外倾型,那么据此可以预测此人在车站候车室或在娱乐场所一定是喜欢言谈、善交际的。预测是对新事实的提示,是指向未知的。虽然不少人格理论陈述空泛、预测效度(predictive validity)低,但是一个好的人格理论能为我们探索未知提供思路和研究假说,从而有助于扩展和加深我们对人格的认识。

三、人格理论中有争议的问题

人为万物之灵。人格心理学家以发展理论来解释和预测人的心理品质和行为,必然会遇到一些棘手的问题。在人格理论中,人格心理学家经常遇到一些颇具争议的问题,如何解决这些问题将决定人格理论的性质。因此,在讨论人格理论时,必须牢记这些有争议的问题,并以此来考察人格心理学家是否关注这些问题以及是如何加以解决的。

(一)如何看待人性

所有的人格理论,都会探讨应如何看待人性这个基本的哲学问题。人是由本能驱动的动物,还是社会性的人?人的行为是随心所欲的,还是由某种已知的、未知的原因或力量所激起的?人的行为是简单的、机械式的,还是复杂的、具有动力性的?人是有理性的个体,还是受非理性力量所支配的?人像机器那样对外界刺激进行自动反应,还是像计算机那样进行信息加工,抑或什么都不像,人不能与机器或计算机相类比?上述观点在人格理论中各有表现,至今仍在争论。

那么,为什么人格理论都无一例外地要从不同的侧面涉及人性这个问题呢?首先是因为人格心理学的研究对象是人,试图对人的行为进行解释和预测的理论不可能不涉及人的本性。其次,人格理论是由具有不同的哲学观念的心理学家发展起来的。如前所述,他们有不同的生活经历,受不同的文化传统熏陶,因此除了科学证据和事实以外,人格理论都会受到理论家的个人经验、时代精神(Zeitgeist)及其所持的哲学观点的影响。虽然理论是依据了观察到的资料的,但各个理论家却总是凭着自己的观点和经历,有选择地强调某种观察资料,并超出事实加以概括的。因而从某种意义上讲,人格理论就是人格理论家在阐述他自己。这样说也不无道理。从内省的角度来看,人格理论家分析自己的人格也无可厚非。但是,作为一种理论,如果把个人的经验变得比实证材料还重要,那就有失客观了。

影响人格理论的,除人格理论家的个人因素外,时代精神的影响也不可低估。心理学研究的各分支学科往往在一个时期内强调一种理论观点，例如在人格研究中有一个时期强调人格的生物学基础（内驱力、需要）的重要性，最近一个时期又强调认知的重要性。这种时代精神也反映到人格理论中来。不同时期的人格理论家所收集的资料、所强调的实证材料甚至研究路线也都因受到时代精神的影响而有所不同。

（二）行为由内部决定还是由外部决定

行为是由内部决定的还是由外部决定的？人格理论家对这个问题的答案是不同的。例如，弗洛伊德的理论认为人是受不可知的内部因素控制的；斯金纳的理论则认为"个人不作用于世界，而是世界作用于人"（Skinner，1971，p.211）。弗洛伊德的理论认为有机体是主动的并对行为负责的；斯金纳的理论则认为有机体是由环境事件所控制的被动的牺牲品。弗洛伊德的理论主张我们应当集中注意于个人的内部事件上；斯金纳的理论却认为这种努力是徒劳的，我们应当明智地将注意集中于环境变量上。弗洛伊德的理论和斯金纳的理论代表着对这个问题回答的两个极端。而大多数心理学家则在这两个极端间权衡，有时重视这种答案，有时又重视另一种答案。例如，20世纪40年代，有的心理学家反对当时盛行的高估内部因素的重要性而低估外部因素的重要性。到了70年代，有的心理学家则高喊"人格研究中的人到哪里去了"（Carlsor，1971）。这个问题依然是：行为是由内部决定的还是由外部决定的？

该问题的另一种提法是：人格特征是由遗传（heredity）决定的还是由环境决定的？一些理论主张人格特征取决于遗传，强调用遗传特征（heredity trait）、体格（body build）或生理结构（biological structure）来解释人格特征；另一些理论则认为人格特征是由于环境影响而形成的，是人在社会中学会的反应的总和。现在上述提法已经过时。大多数心理学家都承认，人格特征是遗传与环境交互作用的结果，但争论并没有结束。遗传的哪些方面与环境的哪些方面交互作用以及如何交互作用才产生某种人格特征的呢？这些问题现在仍在探讨之中。因此，在考察各种人格理论时，我们仍然要关注这个问题。

（三）人格的整体性和自我概念

大多数心理学家都赞同，人类的行为不仅是特定部分运作的结果，而且也是与其他部分相互联系、协调一致的结果。人的种种心理机能是以协调的方式与其他的心理机能联系起来进行活动的。人格是个人的心理和行为的综合整体。如果一个人的心理和行为变得无组织和非一体化，我们就会怀疑这个人的精神有问题了。那么是什么原因使人格具有整体性的呢？或者说，人的行为的整合作用是如何产生的呢？为了回答这个问题，心理学家常常运用"自我"这个概念。对于"自我"这个概念，有些人格理论十分重视，而另一些人格理论则根本不予以考虑。

自我(self)之所以被强调,从历史上来看,大致有三方面的原因:(1)我们对自己的认知是我们的主观经验的一个重要方面;(2)不少研究表明,在许多情境下人的行为是受其自我感受影响的;(3)自我这个概念能用来解释人格的组织和综合的功能。在心理学史上,是否有必要运用自我这个概念曾经历过激烈的论争。在一个时期,由于没有运用自我这个概念,使得心理学家无法解释人格的综合性、组织性和统一性。例如,行为主义心理学家否认自我,因而他们就无法将人作为一个整体来研究。他们之所以拒绝这个概念,是因为他们无法理解人的行为怎么是由一个奇怪的内部的自我来控制的。其实,如果没有自我这个概念,那么理论家们也必然会发展出其他的概念或原理来表达人类行为的一致性、综合性和目标指向性的。

现在,自我这个概念已被运用于人格心理学中,并被用来解释人格的整体性。但是,自我是怎样使人格具有整体性的呢?其机制又是什么?这些问题仍然困扰着人格心理学家。

(四)如何看待潜意识

除行为主义心理学家之外,大多数的其他心理学家都赞同人有不同的意识状态。药物的作用、对入静(samadhi)和冥思(meditation)的兴趣,提高了人格心理学家对不同的意识状态的关注。但是,不少心理学家都对弗洛伊德的潜意识(或无意识)(unconscious)理论反感,认为潜意识不能进行实证研究,像弗洛伊德那样用潜意识来解释人类的各种行为是难以令人信服的。那么,我们又怎样解释如梦、口误、笔误以及在某种情况下不能忆起往事等现象呢?这些都是相关的现象还是不同的现象?除了用潜意识来解释之外是否可以用别的来解释呢?这个有异议的问题不仅与人格理论有关,而且与人格评鉴技术有关。如果人的行为是由潜意识动机驱使的,那么被试的自陈报告到底有多大的可信性?我们能否避开自我防卫来测量被试的潜意识动机?这些问题也困扰着人格心理学家。

(五)时间对行为的影响

时间如行云流水,永远不会停歇。时间从过去经现在直指未来,一去不复返。时间无处不在,无事不在,它对人类行为的影响不可低估。在时间维度上,人们对过去、现在和未来的关心程度是不同的,因而也就表现出不同的人格特征。同样,人格理论家也因为他们是把过去还是现在或者是将来,看作行为的决定因素而不同,其理论取向也不同。精神分析理论家强调人的过去,强调早期经验对行为的决定作用,这是一个极端。认知理论强调个体对未来的计划,这是另一个极端。行为主义者推崇奖惩的作用,强调现在因素对行为的决定作用。在这个颇具异议的问题上,人格理论家能否把自己的观点与现实生活中的人在对待时间问题上的态度统一起来呢?

四、如何评价人格理论

对于人格理论的评价，我们应把人格理论在科学发展史上的地位和对人格理论的评价标准结合起来加以考虑。

（一）人格理论与科学发展阶段

从科学发展史的角度来考察人格理论，将会加深我们对人格理论的性质的理解。当代科学哲学家库恩（Kuhn，1962）认为，科学的发展经历了三个截然不同的阶段：早期发展阶段、规范科学（normative science）阶段、科学进化时期。在早期发展阶段，科学活动的特征是：对自然界持有不同观点的许多学派，壁垒森严，不断竞争；每一个学派都相信科学和观察的作用。但事实上，各学派的差异不在于对科学方法的忠诚程度，而在于不同的世界观和科学实践方法。在早期发展阶段，没有系统的资料和一致的信念；各学派都从自己的基础上建立起新的领域并且选择有利于本学派的观察和实验资料；收集的资料是随机的，很少有知识的系统积累；没有公认的范型（或范式）（paradigm）。

规范科学阶段开始于对一种范型的接受并以明确的科学成就为基础。在这一阶段，一个公认的范型被普遍接受，它确定了需要研究解决的问题领域和进行研究的方法；研究领域更严格，研究更集中，观察更受限制，积累的知识也更多；所获得的每一点知识都为今后的知识积累奠定基础。在这一时期，学派对立和相互竞争的局面结束了，科学家们都按照一种范型从事科学研究。

但是，没有任何一个范型是能够解释所有事实的。在规范科学阶段还会存在一些与范型不相符合的观察结果。这些观察结果或"异常资料"会危及传统。当一个范型受到另一个新范型的挑战时，就会产生不同的学派，出现科学危机。这时便会爆发一场科学革命，最后新的范型成为主导思想，并指导下一时代的科学研究，这就是科学进化时期。哥白尼（Nicolaus Copernicus，1473—1543）时代的物理学属于早期发展阶段。牛顿（Sir Isaac Newton，1642—1727）时代的物理学，其范型是经典力学原理和经典的时间、空间观念。到了爱因斯坦（Albert Einstin，1879—1955）时代，经典的时空观念又为相对论的范型所取代。

今天，在人格研究领域，心理学家在对待一些重大问题（例如，什么是人格，如何看待人性，什么是行为的决定因素等）上仍然意见分歧，导致各学派对立。这种学派纷争的局面，不可能因辩论或实证证据增多而很快消除。人格心理学不属于规范科学，而是处于科学的早期发展阶段（荆其诚，1990）。如果这种论断是正确的，那么我们就不应当为人格理论家的意见分歧而感到惊异。应当说，人格研究的不同范型都有可能对该领域的发展做出自己的贡献。

(二)评价人格理论的标准

在人格心理学中,有许多理论。那么,哪一个或哪一些理论较好些呢?综合许多人格心理学家的意见,评价人格理论的主要标准有以下几个。

1.重要性

重要性即能够处理重要的、范围较广的事件,而不只限于处理范围狭小的事件。

2.简洁性

简洁性即尽可能用较少的假设(或概念)来解释人格,也不过分依靠比喻。

3.可操作性

可操作性即利用可观察和可度量的形式去叙述有关人格的概念,使这些概念能够被操纵、控制和检验。

4.激发性

激发性即能够激起研究者的热情、兴趣和激情去从事人格研究。

人格理论对于我们理解和解释人类行为是十分重要的。但是,目前的人格理论存在的问题较多,关键是理论家们对人性的理解分歧甚大。人性确实是很复杂的。下面是克雷克和克瑞奇菲尔德的一段话:

> 事实上,人既是生物学上的动物也是社会的产物,既是命运的主宰者也是命运的奴隶,既是理性的也是非理性的,既是驱动者也是被驱动者。只有将每一方面的行为放在它适当的位置上,人的行为才能够完全解释清楚。在构成宇宙的一切动态物质系统中,人是最复杂的。(Krech & Crutchfield,1958,p.272)

对于已经提出的理论,我们可以对它们进行批判,也可以将它们抛弃一边而潜心于具体问题的研究,正如许多心理学家正在做的那样。但不论怎样做,对人格的研究必然要涉及对人性的看法,即便是研究具体的问题,在最后的分析阶段,理论还是必需的,而且一个好的人格理论将得到进一步的发展。因此我们评价理论的目的不是在这些理论之间做非此即彼的选择,而是吸取它们当中的合理的因素,进一步导出对许多问题的严谨的科学研究。

第二节 人格研究

在上一节中,我们讨论了人格理论的性质、它所争论的问题以及如何评价人格理论。但是如果人格理论没有人格研究的支撑,那么这种理论便只是一种玄想。在这一节里,我们将讨论研究的重要性、科学研究的基本程序、人格的特殊规律研究和共同规律研究以及几种主要的人格研究方法。

一、人格研究的重要性

所谓研究(research),是为了探索迄今为止人类对该门学科中尚未掌握的知识以及对现今思想和行动所依据的理论和原理进行检验的一种活动。人格理论和人格研究是密切联系的。研究不仅有助于我们发展和修正已经提出的理论,而且也检验着理论的相对有效性。人格理论是心理学家对人格的结构、过程、发展、适应等问题的描述和解释。这些描述和解释带有假设的性质,它们是否符合客观实际,只有通过研究才能确定。从这个意义上来讲,理论既是启发研究者进行研究的思路,也有助于研究者将研究中收集到的各种事实资料整理成有意义的形式。理论如果没有研究做基础,则这种理论是空洞的、思辨的;而如果仅仅进行研究而不建立理论,那研究便限于收集零散的事实而已。

在人格领域中,研究将使我们摆脱纯思辨的争论和对权威的迷信。事实胜于雄辩。各种假设所引起的无休止的争论将为实证的检验所取代。这就是说,通过研究我们就能对理论假设进行检验(参见补充讨论2-1)。同时,研究是以系统的、可信的程序进行的,这样,他人就能按照研究者的方法和程序进行验证。能重复进行验证,这是科学研究的精华。因此,人格研究对人格心理学的发展至关重要,它将加深或澄清我们对人格本质的认识。

补充讨论2-1

关于自觉控制力的研究

为了保持对环境的自觉控制力(perceived control),人类在不断地奋斗。缺乏自觉的控制力可能会导致各种反应,包括抑郁、冷漠以至愤怒、攻击,进而产生压力和焦虑。如果完全丧失自觉控制力,则会导致一连串的悲剧结果,有时甚至导致死亡(Seligman,1975)。缺乏和丧失自觉控制力会影响心身健康。怎样来证实这一理论假设呢?

有人以老年人为研究对象试图验证上述理论假设。他们认为,老年人之所以被视为年老体衰的许多现象是由于他们丧失了对环境的自觉控制力所做出的反应。为此,兰格和罗丁(Langer & Rodin,1976)做了一个研究,他们以居住在新英格兰某养老院中的两组老年人为对象,其年龄由65~90岁。实验组的成员被详细告知他们对自己的日常生活要担当起相当大的责任,即他们可以决定布置自己的房间和会客的地方,安排自己的时间(阅读、看电视、访友等),向管理员提出有关居住情况的各种要求，以便尽速加以改善，还可以选择某个晚上去看电影，并且每人负责照管一株盆景。对照组则得到包含相同要点的指示语，但给他们的印象是所有事情大多是工作人员应该做的事，他们只是由工作人员更好地照顾，包括照顾他们的那株盆景。在此项实验中，研究者用指导语所操纵的自变量（或自变项）(independent variable)是自觉控制力，即被试对自己的日常生活要担当起或不用担当起相当大的责任；而被试的行为反应和情绪变化是因变量（或因变项）(dependent variable)。

该实验使用两个问卷，每个问卷施测时间分别在进行上述沟通前一周和三周之后。第一个问卷问及这些院民的个人控制感和他们的快乐、主动的情况。第二个问卷由养老院中的护士填写，题目内容是对每个院民的快乐、警觉、依赖、社交和主动性进行评鉴等，还询问院民每周的活动内容和时间。此外，还要求工作人员做一些行为评定，如每个院民看电影、到治疗室、参与团体活动的次数及主动性情况。无论是工作人员还是护士都不知道这是实验的一部分。

当然，在实验开初，两组就各变量（如健康）进行了配对，但三周后的结果表明，实验组比对照组更为敏捷、快乐，而且情绪也较好，工作人员所做的有关进步与活动水平的评定也得到类似的结果。

罗丁和兰格（Rodin & Langer，1977）在18个月后所做的追踪研究发现：实验组中死亡的人数（47人中有7人死亡）只为对照组死亡人数的一半（44人中有13人死亡），两组之间的差异达到统计显著性的边缘。这说明，有意提高自觉控制力可以产生长达18个月之久的正面效果，虽然两组中都出现了某种衰退，但这些衰退乃是一般老年人的常见现象。因此，实验已经证明，对自己生活中某些重要事件拥有控制力可以减缓老年人的衰退速度；而缺乏和丧失自觉控制力不利于心身健康。通过类似的实验研究，我们就可以对人格心理学中的理论假设进行验证。

二、科学研究的基本程序

科学研究（scientific research）是一种创造性的活动。它没有一成不变的法则，不能把科学研究看成是科学家简单地奉行某种常规的活动。尽管如此，但从大量的科学文献中，我们仍然能够分析出科学研究通常遵循着一个基本的逻辑程序，这个基本程序包括：(1)提出问题和假说；(2)设计研究方案；(3)收集资料；(4)整理与分析资料；(5)解释结果并检验假说。

任何研究都开始于试图回答某个问题。问题通常以假说的形式来陈述，假说（或假设）(hypothesis)中阐明所要预期的两个或两个以上变量之间有什么关系。所谓变量（或变项）(variable)，就是人类行为中变异的来源，是研究者用以研究的对象。在设计实验方案时，研究者都必须决定如何测量或评估假说中的自变量和因变量，选择怎样的被试作为研究对象，考虑如何控制或排除无关因素的干扰。所谓自变量（或自变项）(independent variable)，是指由研究者做有系统的操纵而造成的改变，而因变量（或依变项）(dependent variable)则是假定由操纵自变量而引起的变异(比如,反应的正确率、速度和频率、言语报告的内容等)。有了一个研究方案之后,研究者便根据此方案,用适当的工具或评量技术来观测和收集资料。将收集到的资料加以整理、分类,使之系统化和简约化以便于统计分析。经统计分析之后,研究者接下来的工作是将研究结果与已知的事实或理论联系起来,并加以解释,说明研究结果是否证实了原先提出的假说。如果假说得到了证实,这个假说的可信度便提高了。如果研究结果不能或只能部分地证实假说,那么研究者就必须回到先前的研究阶段,对所获得的资料进行认真的分析,或重新提出假说,或对假说做必要的修正。有时假说是正确的,只是由于在研究的某一步骤上出了差错而导致研究的失败。在这种情况下则需要找出发生错误的环节加以纠正,再对假说进行检验。

总之,科学研究的上述五个步骤是互相联系的,我们可以把这五个步骤看成螺旋式上升的循环过程(见图2-1)。每完成一个循环,人们对人格现象的认识就向真理接近了一步。

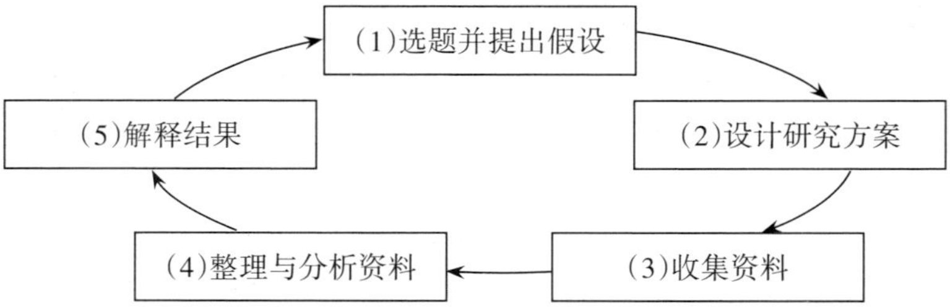

图2-1　科学研究的基本程序

(采自 黄希庭,1991)

虽然有系统的人格研究的基本程序通常遵循的是上述五个步骤,但是由于人格心理学家对人格理解的不同,他们对人格的研究取向也不相同。因此,在研究的基本程序上也不尽相同。

三、特殊规律研究和共同规律研究

在人格研究领域中一直存在着特殊规律研究(或个人记述研究)(idiographic research)与共同规律研究(或建立法则研究)(nomothetic research)的对立。在20世纪50—80年代,这两种研究取向的争论相当激烈,以后曾停息了一段时间,80年代以来这种争论又有了新的发展。

从本质上看,特殊规律研究与共同规律研究的争论是由于持这两种研究取向的学者们对人格的理解各不相同,从而导致如何进行研究和研究的目的等方面的不同。概括地说，特殊规律研究与共同规律研究至少有下列四个方面的不同：

第一，从研究出发点来看，特殊规律研究取向认为每一个人都是独特的，强调研究人格的独特性；共同规律研究取向则认为人与人之间有共同性，强调研究所有人共同的特质。

第二，从研究方法上来看，特殊规律研究取向由于主张对每个人单独地进行研究，因而特别重视个人的书信、日记、传记、生平事实和个案记录等材料。因为要了解一个特定的人，最重要的是要研究这个人本身。共同规律研究取向则主张对个体资料的测定、团体资料的平均以及组间的比较，注重客观精确的测量，用统计分析方法对群体进行比较，找出共同规律。

第三，从预测方法来看，特殊规律研究取向主张用临床法如直觉和设身处地地着想，对个人的人格进行预测；而共同规律研究取向主张用统计分析来进行预测。

第四，从人格心理学的性质来看，特殊规律研究取向强调个人法则，以及由于机遇、自由意志和个人的独特性，认为不可能找到适合于众人的共同规律，人格心理学就像历史和自传那样的学科；共同规律研究取向则强调研究某个团体或所有人的共同规律，一旦找到了共同规律，那么对人类行为预测的准确性就能提高，机遇之类因素也就会逐步消失。

自20世纪80年代以来，特殊规律研究与共同规律研究的争论有了新的发展。其主要表现在：(1)现在已经排除了过去那种对特殊规律研究和共同规律研究争论的性质的错误提法。例如，过去不少人认为这种论争是科学与非科学、还原论(reductionism)与非还原论(irreductionism)、主观与客观之争。这种提法，已不再有人提了。(2)特殊规律研究和共同规律研究都取得了成果。前者如对潜意识的实证研究有了新的进展(参见补充讨论3-1)；后者如人格领域中对认知变量的研究也取得了新成果。其实，特殊规律研究和共同规律研究都以自己的方式对人格心理学建设做出了贡献；这两种研究取向有互补作用。正如赫曼斯(Hermans，1988)指出的，心理学能够从特殊规律研究和共同规律研究两方面的综合中得到益处。这也是当前人格研究的一种趋向。

四、人格研究方法

研究人格的主要方法有观察法、个案研究法、实验法、相关法和单个被试研究等。这些方法，各有其优缺点。在确定使用何种方法来研究人格时，应考察其适用性及限制。最佳的办法是将几种方法结合起来运用，做到取长补短。

(一)观察法

观察法(observational method)是收集科学事实,获取经验资料进行科学研究最基本的方法。观察法被广泛用于对人格的研究,无论是实验或是个案研究都要使用观察法。观察法可分成非系统观察、系统观察和控制的实地观察。

非系统观察(unsystematic observation)是日常生活中人们常用的一种方法。许多研究的观点源于非系统观察。只要观察自己和别人的反应就有可能产生某个假设。例如,我们几次看到某个学生在校园里打架,后来又发现该生喜欢看暴力电影,是不是看暴力电影造成这个学生的攻击行为呢?这样,非系统观察就有可能激发我们进一步进行系统的研究。

系统观察(systematic observation)是指将观察和测量方法结合起来,记录被试的自然行为的观察。在自然状态下不借助摄像(摄影)机等仪器要把被试的所有行为都记录下来是很困难的。系统的自然观察必须首先建立起一个记录各种行为的等级量表,并且要设计出记录的方法。只有这样,不同的观察者才会对所发现的事情有一致的看法。例如,仅规定要记录"友好行为",记录就会遇到困难。如果把"友好行为"界定为"对别人微笑"、"愿意与别人一起玩玩具"、"扶起跌倒的人"等,这样的观察记录就比较客观一致。

观察法是在科学研究中应用最广的一种方法,其主要优点是被试在自然情况下的行为反应真实自然。其缺点是:(1)观察资料的质量往往受观察者的能力和其他心理因素的影响;(2)希望观察到的行为通常是不能预先测知的,因而很费时间且枯燥乏味;(3)能观察到的人或事十分有限,研究者往往难以做出概括性的结论。

为了处理这些缺点,有些研究者使用了控制的实地观察(controlled field observation),即在自然情境下加上适当的实验控制所进行的观察。例如,有人(Matthews & Canon, 1975)做过环境噪声对助人行为(helping behavior)影响的研究。一位观察者隐藏于角落,并记录进入研究情境中被试的行为表现。当一位设定的被试走到街上,一位研究的合作者在人行道上撒落了一箱书,另一位合作者在附近做出两种动作:(1)操作割草机发出很嘈杂的声音;(2)趴在一台没有声音的割草机上。观察的结果是:在没有割草机噪声时有50%的被试去帮助捡书,而有噪声时则只有12.5%的被试去帮助捡书。这样的研究由于操纵了有关变量且有定量分析,因而有较高的科学价值。

(二)个案研究法

个案研究法(case study method)是收集单个被试各方面的资料并进行定性分析的方法。收集资料的内容虽然根据研究问题而有所侧重,但一般都很重视被试从出生到现在的生活史、家庭关系、生活环境及人际关系的特点等资料。根据需要,也常对被试做智力和人格测验，从熟悉被试的亲近者那里了解情况，或者对被试的书信、日记、自传或他人为被试写的资料（如传记、病历等）进行分析。总之，这种方法就是围绕着一定的目的，收集单个被试过去和现在各个方面的资料，然后进行周密的分析。它不同于用同一种方法对许多被试进行调查、收集资料，然后用统计分析方法发现一般倾向的研究。

个案研究法的优点是：能加深对特定个人的了解，因而被一些人格心理学家所推崇，并作为心理治疗的依据。此外，个案研究法也往往有助于研究者获得某种假设，然后依据这个假设做进一步的研究。个案研究法的缺点是：所收集到的资料往往缺乏可靠性。例如，个人写的日记和自传往往因自我防卫而缺乏真实性。他人为被试写的传记也会因记忆误差和情感上的好恶而失真。

（三）实验法

实验法（experimental method）是指实验者创设一定的情境，系统地操纵自变量的变化以观测因变量的研究方法。例如，许多证据证明，A型行为类型（type A behavior pattern）者和B型行为类型（type B behavior pattern）者对时间表现出明显的行为上的差异。A型行为类型者的时间紧迫感强，B型行为类型者则不然。但有研究（张伯源，1988）表明，A型行为类型者与B型行为类型者对短时距的再现差异不显著，梅传强（1991）怀疑这是因为被试使用了内部时间量尺（internal time scale），如运用数数、数脉搏、唱一支歌等策略来计时之故。如果剥夺了被试使用内部时间量尺，不让他使用某种策略来计时，A型行为类型者和B型行为类型者对复制短时距的再现反应就会不同。他用修订过的A型行为类型问卷（Questionnaire of Type A Behaviors）选择出A型行为类型者和B型行为类型者两个组各40人，让他们在自然状态下和在剥夺内部时间量尺（即前者没有要求被试完成分心作业而后者则要求被试完成分心作业状态）的条件下再现短时距。结果发现，再现时距的平均值，在没有做分心作业的自然状态和自然状态下A型行为类型组与B型行为类型组间差异不显著，而在剥夺使用内部时间量尺的条件下两组间的差异十分显著，从而证实了研究者最初提出的假设。实验法的主要优点是能够控制实验条件、操纵自变量、观测因变量，使我们能做出结论说，某个特殊的变量是某个特殊结果的原因，以验明一个变量如何影响另一个变量的假设。

用实验法对人格进行研究从20世纪60年代开始流行，并取得了一定的成绩。但也存在不少问题：（1）实验法的特点是排除无关因素的干扰，孤立地研究某种行为，如何将这种片段的行为在人格的框架中加以整合，目前仍是一个难题；（2）由于实验情境、实验者的特征以及被试的期望等因素的影响，实验结果不能重复验证也是常见的；（3）将每个被试的结果总和起来，给出一个平均值的研究结果往往不能用来预测单个被试的行为。

由于实验研究存在着上述局限性,不少心理学家主张,人格研究应当走出实验室,到现实生活中去,在真实的社会环境、学校环境和家庭环境中去进行生态学的研究。这也是导致特殊规律研究新发展的一个原因。

(四)相关法

相关法(correlational method)是考察两个变量共变关系的统计分析方法。如果一个变量值的增加伴随着另一个变量值的增加,则这个关系称为正相关(positive correlation)。同样,如果一个变量值的下降伴随着另一个变量值的下降,则这个关系也称为正相关。就是说,正相关是两个变量在同一方向上变化的相关。可是,如果一个变量值的增加伴随着的是另一个变量值的下降,则这种关系称为负相关(negative correlation)。例如,如果教育程度的提高伴随着的是对民主要求的增加,则这种关系是正相关。而如果教育程度的提高伴随着的是盲从程度的下降,则该关系为负相关。两个变量是正相关还是负相关,以相关的符号"+"或"-"来表示。

当证实了两个变量确有相关之后,下一个问题是如何确定它们的相关程度。如果在两个变量之间进行预测,而不是判断其伴生变化,那么相关强度的概念便可以清楚地表达。如果变量A和B相关,则通过了解一个变量值,便能对另一个变量值做出较准确的预测。如果两个变量不相关,则了解其中一个变量(如变量A)的值无助于预测另一个变量(如变量B)的值。例如,如果拥挤程度与攻击频率相关,那么,我们知道一个人居住的街道的拥挤程度便能准确地预测其攻击频率。预测的正确率通常高于0而低于100%。这种预测正确的程度称为相关强度(correlation strength)。测量相关强度用的一般统计称为相关系数(correlation coefficient)或皮尔逊积矩相关系数(或皮尔逊积差相关系数)(Pearson's product-moment correlation coefficient)。相关系数以希腊字母γ表示,在-1.00和+1.00之间变化;0.00表示不相关或预测为0%准确,+1.00表示在预测两个变量之间的正相关时为100%准确,而-1.00表示在预测两个变量之间的负相关时为100%准确。

相关法的主要优点是:(1)它比实验法能收集到有关问题领域中更多的资料。例如,在许多人中,如果收集到16种有关人格特征的变化材料和20种不同行为的测量数据,那么我们运用相关分析就可以在短时间内探明它们之间的大量联系。与此相反,如果用实验法去研究每一种人格特征对每一种行为的影响,那就会花很多时间,相当麻烦。(2)相关法能用来研究实验法不能研究的问题。例如,要考察已经发生的某事件(如父母的教养方式)对一个青年人格特征的影响,显然实验法不能研究该问题。但如果我们能用一种人格量表和教养方式量表分别对这个被试及其父母进行测量,那么我们就能对父母的教养方式与这个被试的人格特征做相关研究。

相关法的缺点是:(1)它只能表明两个变量间的关系,但不能确定两个变量间是否有因果关系存在。例如,如果我们发现父母的教养方式与这个青年的某种人格特征有相关,那么是否就可以判断因父母的教养方式而导致该青年有某种人格特征?这个问题尚需做进一步的研究才能确定。(2)两个变量之间的相关,也可能是不相关的。上例中,实际上我们尚未考察的某个第三因素与父母教养方式及某种人格特征两者都有关系,从而导致这两者一起发生变化。很可能是遗传基因(或教育程度)同这对父母的教养方式与该青年的某种人格特征都有高相关,从而导致这两者看起来相关,而其实是不相关的。如图2-2(a)所示,变量A和变量B之间仅因一个第三变量C之故而似乎相关,这种关系称为伪相关(或假相关)(spurious correlation)。两个变量之间的相关也可能是由一个中介变量(或中介变项)(intervening variable)导致的。即是说,变量A和变量B有高相关,仅仅是因为变量A导致了一个第三变量C的变化,而第三变量C又导致变量B的变化。在这种情况下,第三变量C被称为中介变量。图2-2(b)表示中介变量相关,变量A导致第三变量C,第三变量C又导致变量B。在人格研究中,相关分析方法应用范围很广,我们必须充分认识相关法的局限性。

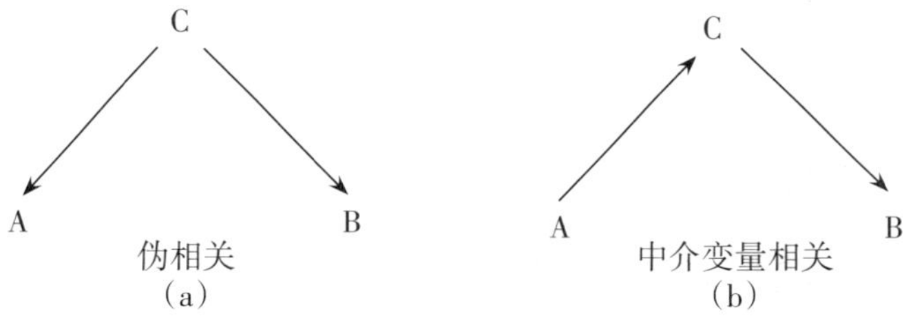

图2-2　伪相关和中介变量相关

(采自 许真译,1986)

(五)单个被试研究

单个被试研究(或单受试者研究)(single-subject research)是一种兼有实验法和个案研究法特点的研究方法。像实验法那样,这种方法允许对自变量进行操纵,实验者在控制的条件下对被试的行为进行客观的测量。它常被用来评价行为治疗的效果。但是,由于这种方法只处理单个被试,因而又与个案法相似,不能由此项研究结果而导出一个可以应用于整个总体的原则。这种方法有助于研究个体的独特性,同时也能为今后的实验做些有益的探索。

例如,在一项研究(Brown, McLaughlin, & Harman, 1979)中,被试是特殊教育班上一个九岁多的儿童。该儿童的行为障碍是涂改拼写和数学作业中的字母和数字,因而影响其阅读作业。研究者认为(假设),如果在作业之前给该儿童以某种指导,使他不涂改数字和字母,他的这种行为是可以加以矫正的。在这个研究的基线(base line)阶段,不给这个孩子以特殊指导;然后引入干预,即给予特殊指导使他不涂改数字和字母。研究者发现,这种特殊指导能够消除涂改行为。如图2-3所示,从上和中的两组曲线可以看出,在给予特殊指导的干预期(即中间虚线框内),拼写和数字的涂改行为都明显少于基线期,而且涂改行为的明显减少在不再给予特殊指导之后的收回期也保持下来,表明行为得到了矫正。图2-3下面一组曲线是拼写和数学两项作业涂改百分数的综合,分析的结果也表明涂改行为明显减少。统计的结果也支持了上述的发现。从这项研究可以看出单个被试研究既具有个案研究的特点也具有实验的特点。

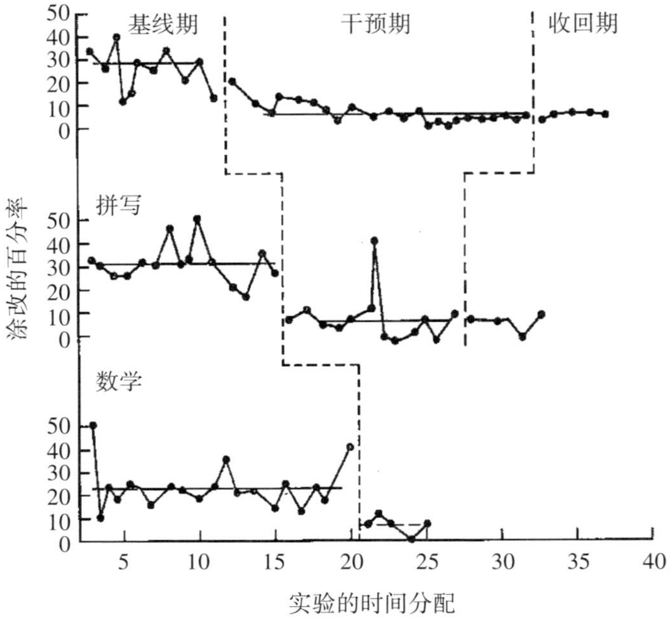

图2-3 涂改的百分数是实验条件的函数

(采自 Brown, McLaughlin, & Harman, 1979)

说明:基线期:未给儿童指导;干预期:学习前给儿童以特殊指导;收回期:不给予特殊指导,回到基线期的条件。

需要指出的是,并非所有的运用单个被试研究的心理学家都是运用统计分析来检验自己的研究结果的。许多从事临床治疗的心理学家更喜欢用图表来表示自己的研究结果。他们依据自己的专业经验而不是依据统计技术来判断自己的治疗结果是否达到显著疗效,这种与统计显著性检验相对的分析方法称为临床显著性(clinical significance)。许多从事临床治疗的心理学家认为,统计上的显著并不等于临床上的显著。他们所关心的是行为上的治疗效果。这种研究的主要价值是能为研究者提供较多的假设来源,因为临床显著性所涉及的因果关系尚需加以探明。

第三节 人格评鉴

不论心理学家信奉何种人格理论,偏爱何种研究方法,都需要运用系统的方式来收集资料。在这一节里,我们将讨论何谓人格评鉴、人格评鉴的信度和效度以及几种主要的人格评鉴方法。

一、人格评鉴概述

要了解人格评鉴的性质,必须把人格评鉴与人格理论联系起来考察,同时还应认识到人格评鉴是一项十分困难的工作。

(一)何谓人格评鉴

人格评鉴(personality assessment)是指在具体的条件下以系统的方式来收集有关人格的资料。系统地收集这个人或这些人的有关资料,涉及的变量很多。所要收集的资料最起码要涉及下列四种变量:情境的性质、刺激的性质、指导语的性质和被试反应的性质。收集到资料之后,还要根据资料进行评分、分析和解释,然后才有可能对一个人或许多人的人格特征做出评定。人格评鉴是一项极其繁杂的工作,稍有不慎便会产生误差。但是,如果我们对要评鉴的人格特征的概念与某种人格理论联系起来加以界定,并进行系统的观察,那么就有可能对被试的人格特征做出中肯的评定。相反,如果观察缺乏系统性,又不能显示与某种理论假设的联系,那么收集到的资料便毫无价值。因此,人格理论与评鉴技术(assessment techniques)总是密切联系的。一种人格理论如果不涉及收集有关人们资料的途径和方法,那么它就毫无用途;同样,收集到的资料如果不能说明一种理论,那么它们就与人格研究毫不相干,也毫无意义。

人格评鉴、评鉴技术、测量(measure)或测验(testing),这些术语可以交替使用。它们都表示一种程序,即系统地获得有关某个人或许多人的人格资料。测量这个术语表示对具体行为或行为片段的记录。测验是指用标准化工具来获得更广泛的人格资料。评鉴或评鉴技术是指收集有关个人的各种资料,以达到对其人格的了解。这些术语的使用是与心理学家对人格的探讨途径相联系的。临床心理学家喜欢用评鉴这个术语,而在实验室工作的研究者则喜欢用测量这个术语。这是因为无论是人格评鉴,抑或测量、测验,都具有某些共同的特征:一是使心理学家对人格做出有价值的观察;二是有着与这些观察有关的某种科学目的,即证实或证伪某种理论假设。正是后者导致了不同的心理学家对这些术语的偏爱。

(二)人格评鉴的困难

人格评鉴的困难很多,其中较大的难题有以下几个。

1.怎样评量完整的个人

目前,人格心理学中所发展出来的人格测量都是以不同的人格维度来设计的。所评量的是个别的人格维度,例如评量价值观。价值观这个术语系指个人用来区分好坏的标准以及指导行为的心理倾向。这种心理倾向可以是相当广泛的、整体的心理倾向,几乎包含生活的各个方面,例如理论的、经济的、伦理的、人际的等。如果是这样,量表所要测量的项目便是一套相当广泛的生活情境样本,而不是某一生活情境样本。但也可以用一个或几个生活情境样本来测量价值观,这通常是测量某一个或某几个特定情境中的行为表现(例如,经济价值或人际价值观)。无论是以一套相当广泛的生活情境所发展出来的量表,还是以某一特定生活情境所发展出来的量表,对评鉴个别差异都是有助益的,但对综合地描述一个完整的人、解释整体的人却相当困难,因为即便是一个很广泛的术语也难以反映完整的人的全貌。

2.怎样让被试如实反应

在测量人格时,心理学家都希望被试能如实地进行反应。但这往往是做不到的。其原因是我们无法知晓被试以什么样的动机来接受测验。即使是客观测验,例如,要求被试用"是"、"否"或是"不确定"来回答"我总是满腔热情地开始实施一项新的计划"之类的题目,对自己的心理品质和行为倾向做出评定。被试往往按社会期望来回答,即使是投射测验,呈现的刺激模棱两可,被试较难决定哪一种反应是好的或不好的。但这里仍有两个问题有待解决:一是我们无从知晓被试以什么样的动机来接受测验;二是能否真正防止主试对被试的有意或无意的误导,从而造成对测验不诚实的回答。

3.能否评量各种人格特征

人格的内涵十分复杂。对于人格结构及其成分,心理学家们迄今未取得一致的结论。有时,往往有这样的情况,理论家们提出的某种人格结构真不知如何下一个好的定义,因而测量也就遇到了困难。例如,有的理论家把人区分为已经发现自我的人和正在寻找自我的人。如何下定义?如何进行测量?已经发现自我的人在测验中或在晤谈中说些什么和做些什么,并与正在寻找自我的人相区别。像这类模糊的概念是无法用一个好测验来评量的。又如,像倔强性(toughness)、反省察性(anti-intraception)之类的人格特质,就难以对它们下一个好的操作性定义。

二、信度和效度

(一)信度

信度(reliability)是指一个测验多次测得的结果的一致性程度。它是测验的必备条件之一。如果测量方法不变,所要测量的概念在值上也保持不变,这种测验就是可信的。然而,所要测量的概念在值上发生了变化,那么可信的测量法就会显示出这种变化。一种测量手段怎么可能是不可信的呢?举例来说,如果你的体重是75公斤,但你用浴室里的磅秤反复测量却显示出你的体重上下波动,这表明这种测量是缺乏信度的,很可能磅秤内的弹簧出了故障。一般说来,物理测量的信度都是高的,但心理测量要想几次得到完全一致的结果是办不到的。所以,心理学家十分重视测验的信度。如果我们建立了一个可信的人格测验,那么不同研究者使用这个测验就能得到同样或相似的测量结果。当然,这些研究者必须观测同样的东西,并以同样的方式评分,进行同样的分析和解释。换言之,如果一个研究者假设他所测量的人格特征是相对稳定的,那他必定期望在不同的测验场合观测到的结果是一致和稳定的。

测验信度的高低,通常用相关系数(correlation coefficient)来表示。由于相关系数求法的不同,因而有多种信度,最常用的有:(1)重测信度(或复测信度)(test-retest reliability),就是同一种测验前后施行两次的测验分数的相关系数。(2)折半信度(或劈半信度)(split-half reliability),指采用分半法估计所得到的信度系数。这种方法估计信度系数只需用一种测验施测一次,然后在测验施测后将测验分为等值的两半,分别求出两半测量上的分数,再求其相关系数。这个结果反映了该测验本身的一致性,因而称为一致性系数(consistent coefficient)。(3)复本信度(alternate-forms reliability),即一种测验和其另一种形式(复本)的测验分数之间的相关系数。一个测验可以有多个复本,但它们必须有相似的内容、同样形式的题目和同样的难易程度。(4)评分者信度(interjudge reliability),由两个评分者对被试的反应进行独立评分,然后求出两个分数的相关系数。在有些情况下,评分者也是误差的来源之一。例如,某些临床评鉴工具、投射测验等,都依赖于评分者的判断,这种判断往往会使评分很不一致,因此必须充分考虑评分者信度。

(二)效度

对于任何一种测量,必须提出一些基本的问题:它测量什么?它所提供的数据同我们所感兴趣的特征是否有关?记分值在何种程度上反映了我们正试图测量的特征的程度?它们在什么程度上还反映其他因素的影响?所谓效度(validity),是指所测量的与想要测量的两者之间的相符合程度,是指一个测验的准确性。

效度包含两个部分的内容:一是指测量手段实际上正在测量所研究的概念,而不是其他概念;二是指该概念被准确测量的程度。很明显,一个测验可以有第一部分而无第二部分,但是不可能反过来只有第二部分而无第一部分。例如,假定我们想测量智力,某甲是聪明的(譬如说,他的实际智力是100个单位),我们用一个智力测验测出他的智力是85个单位。这至少可以说该测验测量了我们想测的概念(智力)。但它有误差,如果加以完善,则可能成为有效的智力测量工具。而如果用焦虑量表来测量某甲的智力,即使它测出的分数恰好是100,那也不能说该测验是有效度的。

可以用多种方法来鉴定效度,并且每一种都有其特殊的效用和缺点。

1.内容效度

内容效度(content validity)是指测验项目的内容与欲测概念内容相符合的程度。例如,一个自信心测验的项目内容与我们想测量的自信心的内容符合到何种程度。内容效度基本上是属于知识相关(epistemic correlation)的范畴。在下列情况下内容效度会出现问题:一是对所测量的概念的定义未能获得一致的同意;二是所测量的概念是由几个子概念组成的多维度概念。内容效度只比表面效度(face validity)进了一步,后者是指一个测验表面上看起来是有效的。

2.效标效度

效标效度(或效度标准)(criterion validity)是指测验分数与外在效标之间的符合程度。所谓外在效标(external criterion),就是测验所计划测量的某些行为,或代表该行为的量数。例如,创造力测验可用实际生活中的创造成就为效标;机械性向测验可用熟练机工的作业表现为效标。由于效标效度是以经验的方法,经统计分析测验分数与外在效标之间的关系而建立的,因而称为实证效度(empirical validity)或统计效度(statistical validity)。效标效度有两种:同时效度和预测效度。同时效度(concurrent validity)是指测验结果与现存的行为效标的相关程度,如智力测验的分数与教师同时测得的能力具有相关性,即表明该测验具有同时效度。预测效度(predictive validity)是指测验能预测未来某种效标的能力,如智力测验能准确预测未来的学业分数,即表明该测验具有预测效度。

3.构念效度

构念效度(construct validity)是指测验的结果能否证实或解释某一理论的假设或概念,以及证实或解释的程度如何。当我们想测的一个概念来自某种人格理论,或者我们想建立某种人格理论中某个概念的效用性时,就要用到构念效度。例如,艾森克(Eysenck,1967)的人格理论中的内外倾(或内外向)(introversion-extroversion)概念认为,内倾的人较容易形成条件反应,因而内倾的人在所有的学习活动中总是较强的,他们开口较早,学校作业完成得较好,在学习游泳、溜冰、讲法语、演奏小提琴等方面学得较快,并且还会较快地学会社会规则。如果所建构的内外倾测验确实测出定义了的概念之内容,那么这个测验就具有构念效度。构念效度是一种理论效度，测验内的题目必须与所界定的某种行为相符合，否则便不合逻辑。因此，构念效度也称为逻辑效度(logical validity)。

三、人格评鉴方法

主要的人格评鉴方法有晤谈、自陈测验、投射测验、行为评鉴、心理生理学技术和隐测量。

(一)晤谈

晤谈(interview)是访员(interviewer)和来访者(或受访者)(interviewee)面对面的直接交谈以获取资料的过程。虽然晤谈过程中谈话者与听话者的角色经常变换，但访员主要是听话者，来访者主要是谈话者，则是不变的。用晤谈来收集资料的主要优点是它的灵活性。晤谈可以探索具体的回答，如果来访者对所提问题有误解或有疑虑，访员可以重提该问题或进行解释。访员还可以根据晤谈情境提出适宜的问题，这样既可以在预定的晤谈主题下收集资料，也可以收集到来访者的自发性谈话资料，还可以现场观察来访者的非言语行为并评估其谈话资料的有效性，从而了解来访者的人格特点，并进一步给予辅导与治疗。

晤谈有多种形式，主要的可分为三种：结构式晤谈、非结构式晤谈和半结构式晤谈。结构式晤谈(structured interview)是按照一定程序，通常是根据问卷或晤谈表(interview schedule)进行的，因而也称为列表式晤谈(scheduled interview)。半结构式晤谈(semi-structured interview)是事先有一定的题目和假设，但实际问题事先并未具体化的晤谈。在临床晤谈(clinical interview)或个人史晤谈(personal-history interview)中，访员选择来访者个人生活史的某些方面向其提问题。这种提问完全是非结构式的。非结构式晤谈(un-structured interview)比个人史晤谈更无结构，事先完全没有一定的题目和假设，其中的试探提问也尽可能是中立的、很简短的，譬如说些“为什么”或“啊哈”或“真有趣”之类的话，因而也称为非导向式晤谈(nondirective interview)。它通常应用于心理治疗之中。

晤谈被临床心理学家广泛用于人格评鉴中。晤谈不仅需要科学而且需要艺术。好的评鉴晤谈是谨慎而有计划的，并有整体性的目标取向。评鉴技术不是为了达成个人的满足感或提高名气，而是为了收集资料。因此，要使晤谈在人格评鉴中发挥作用，访员必须受过专门的训练，掌握晤谈的专门知识和技能，否则容易使晤谈内容失真，产生访员偏差(interviewer bias)。造成访员偏差的原因主要是：(1)访员对来访者抱有偏见；(2)访员想要来访者做出某种回答所产生的期望效应；(3)访员采用暗示或诱导性提问。这种晤谈所获得的资料，大大降低了评鉴的价值。

（二）自陈测验

自陈测验（self-report inventory）是一种由被试根据所列题目的叙述是否符合个人情况进行回答的问卷。它经常被人格心理学家用来要求被试提供有关动机、感情、行为或认知方面的资料。测验中所列的题目陈述着一种思想、情感或行为特征，被试根据陈述的问题是否符合自己的情况——自己最赞同的或觉得最能反映自己实际情况的，做出相应的回答。回答的方式可以为是非式，也可以为选择式。例如，明尼苏达多相人格问卷（Minnesota Multiphasic Personality Inventory，简称MMPI）是一种常用的自陈测验（见第七章第二节）。下面是明尼苏达多相人格问卷的一些问题，被试在每题的"是"、"否"或"?"（表示无法肯定）三种答案中圈选一项。

（1）我早上醒来觉得睡眠充足，精神愉快……………………是 否 ?

（2）我易被声音闹醒……………………………………………是 否 ?

（3）我喜欢阅读报上关于犯罪的文章…………………………是 否 ?

自陈测验可以测量一种人格特质，但更多的是用来测量多种人格特质。自陈测验的编制以人格特质论为基础，建立常模，编制时比较注重规范化和标准化。

自陈测验的主要优点是：（1）既可用于个别测验，也可用于团体测验，并能用计算机进行测验和评分，因而能取得大量的数据；（2）测验实施简单，评分客观，解释比较容易，评分者的信度也较高。自陈测验的主要缺点是：（1）测验项目的意义是明确的，被试容易饰伪，只表现他想要的印象；（2）被试只能报告自己意识到的，而不能报告自己的潜意识动机；（3）由于这是客观测验，被试不能对自己的反应进行定性描述，难以对反应做进一步的分析。因为同样的行为反应在不同人身上，其原因可能不同，因而导致测验的效度较低。

（三）投射测验

投射测验（projective test）是探索个体心灵深处活动的一种人格测验。其特点是：采用一种暧昧的刺激（如墨渍、无结构的图片），让被试在不受限制的条件下对其做出自由反应，通常被试不能察觉到测验的真正目的，因而要做假就比较困难，然后心理学家以自己的理论假设对被试的自由反应做出解释。投射测验的基本假设是：个人内部深处的心理活动（如动机、欲望、感情、价值观等），是不能靠外部刺激直接引出的，而只能以暧昧的刺激为线索，在不知不觉中投射出来。在投射测验中，最著名且应用最多的是罗夏墨渍测验和主题统觉测验（详见第五章第二节）。

投射测验通常应用于临床治疗中。它适用范围广，从儿童到成人，从有文化者至文盲均可使用。但这类测验结果大多依临床心理学家和精神病医生的经验加以解释,其信度和效度都较低。

(四)行为评鉴

行为评鉴(behavioral assessment)主要收集被试在具体情境中的具体行为,而相对不重视被试对自己的描述资料。行为评鉴借助于观察法,观察被试在特定情境中的行为。行为评鉴通常以行为取样(或行为抽样)(behavior sampling)方式进行观察。所谓行为取样,就是收集个体在某一时间或情境下的行为表现。行为取样可以有不同的形式。可以用时距取样(或时限抽样)(duration sampling),即在一定的时限内记录被试在一定情境下的行为表现(例如,在一个小时的游戏中儿童的社会参与行为);也可以用事件取样(或事项抽样)(event sampling),即记录完整的行为事件,而不以时间为限(例如,记录儿童的一次完整的助人行为,而不以时间为限)。行为评鉴是行为论学者收集资料的方式。在行为论人格理论家看来,所有的行为都是由情境中的奖赏和惩罚来决定的。

行为论学者的行为评鉴主张只考察外显行为和维持行为的特定刺激,而反对把行为反应作为征兆(sign)来分析行为的动机或内在的人格特质。虽然传统的行为评鉴技术也相当借重传统的自陈法,如要求患者监督自己的行为表现,并系统地记录特殊行为或刺激情境的出现率,有时还采用写日记的方法,但它强调的是外显行为和行为发生时的情境,而不是个体内部的需要、自我概念或某种特质等。这样的行为评鉴对评定一个人的人格,其可用性就很有限,因为人是有主观能动性的。人的行为不是一义的,而往往是多义的:对不同的刺激情境,人可以有相同的行为;对同样的刺激情境,人可以有不同的行为。对人的研究,对人格的研究,必须既要考察人在特定刺激情境下的行为反应,也要考察其内部的心理结构和心理状态,并且应当把这两方面的考察紧密地联系起来。这样,在评定一个人的人格时,行为评鉴才有价值。

(五)心理生理学技术

心理生理学技术(psychophysiological technique)是收集与人格特质有关的生理因素的过程。例如,程莎、汤慈美等(1990)以艾森克人格问卷(EPQ)为依据,测定了高、低神经质,内、外倾被试在考试时尿内儿茶酚胺的分泌量,并用考试焦虑量表(TAS)对被试在考试中的紧张程度及主观体验进行评定。结果表明,高神经质组在紧张性刺激条件下尿内去甲肾上腺素、肾上腺素和多巴胺的分泌量均显著高于低神经质组;在平静状态下高神经质组的去甲肾上腺素分泌量高于低神经质组;内倾组在紧张性刺激条件下,多巴胺的增加高于外倾组。另外,高神经质组的考试焦虑量表分数显著高于低神经质组,内倾组高于外倾组。上述结果提示,由于人格差异的存在,对同样的紧张性刺激可产生不同的认知评价和主观体验,并引起尿内儿茶酚胺含量的差别,高神经质组的应激(或压力)反应大于低神经质组,内倾组的应激反应大于外倾组,而以高神经质的应激反应尤为显著。心理生理学技术有助于揭示人格特征的生理机制。这方面的研究应引起重视。

(六)隐测量

用上述方法对被试进行人格测量时,都存在着主试与被试的相互作用,因而影响被试对测验情境的反应。基于此,韦伯等人(Webb, Campbell, Schwartz, & Sechrest, 1966)提出,收集被试不知道要对其进行人格测量但多少反映其人格特征的资料,以评鉴一个人的人格特征,这种方法称为隐测量(或无干扰测量)(unobtrusive measure)。所谓隐测量,是指收集间接反映人格特质的资料来推论个人人格特征的评鉴方法。韦伯等人举出的例子如:(1)根据教授办公室的地毯磨损的程度可以测量该教授受学生喜爱的程度,因为地毯的磨损程度表示进出办公室人的多少;(2)根据图书馆的借书记录可以发现学生对课程的喜爱倾向;(3)从自杀遗言可以了解自杀的原因。这种间接推论的方法有相当大的局限性,只能作为人格评鉴的一种辅助方法。

活动产品分析(activity product analysis)也可以说是一种隐测量。一个人的活动产品(如书信、日记、文学作品及其草稿、手工制品等)能反映其人格特点,如对待自己、他人的人格特征,能力,技能和创造性等。奥尔波特(Allport, 1965)曾对珍妮写给她儿子的两位朋友的301封信的内容做过分析,认为珍妮有好争吵、多怀疑、自我中心、感情用事等人格特征(见第七章第一节)。列维托夫认为,学生练习簿外表的情况如封面、书写的情结性和工整性对判断其性格具有不小的意义(余增寿译,1959)。

本章摘要

1. 人格理论是人格心理学家用来描述完整的人,描述和解释个体差异的一套假设系统。其目的是试图解释和预测人的心理品质和行为倾向。

2. 人格理论中颇具争议的问题有:如何看待人性;行为由内部决定还是由外部决定,人格的整体性与自我概念;如何看待潜意识;时间对行为的影响。人格心理学家如何看待这些问题将决定其人格理论的特点。

3. 人格心理学处于早期发展阶段,学派林立,一时难以统一。可以用重要性、简洁性、可操作性和激发性来评价人格理论。

4. 人格研究有助于验证理论,加深或澄清对人格本质的认识。一些人格理论家强调人格的独特性，主张对各个人单独进行研究，这种研究取向称为特殊规律研究。另一些人格理论家则强调人格特点的共同性，关注个体资料的测定、团体资料的平均以及组间的比较，这种研究取向称为共同规律研究。这两种研究取向对于正确认识人格是互补的。

5.人格研究就是运用收集到的事实资料来分析有关人格现象并采用研究设计来决定现象之间的关系是否确实存在的过程。所有的研究方法，各有其优缺点。

6.应用于人格研究的观察法有非系统观察、系统观察和控制的实地观察。其主要优点是被试反应真实自然；缺点是易受观察者的主观因素影响、费时、难以做出概括性的结论。

7.个案研究法是收集单个被试各方面的资料并进行定性分析的方法。其优点是能加深对特定个人的了解，有助于研究者获得某种假设；其缺点是可靠性较差。

8.实验法是实验者创设一定的情境，系统地操纵自变量的变化以观测因变量的研究方法。其主要优点是能够探明变量间的因果关系；主要缺点是人工环境下片段的研究成果难以在人格的框架中加以整合，难以预测单个被试的行为。基于实验法的局限性，不少心理学家主张到现实生活中进行生态学的研究。

9.相关法是考察两个变量共变关系的统计分析方法。其主要优点是比实验法能收集到更多的资料，能用于实验法不能研究的问题。其主要缺点是不能确定两个变量间是否有因果关系存在，易被伪相关和中介变量相关所混扰。

10.单个被试研究兼有实验法和个案研究法的特点，其主要价值是能为研究提供较多的假设来源。

11.临床显著性是临床心理学家不依据统计技术而依据自己的专业经验来判断行为治疗效果是否达到显著疗效的一个术语。

12.人格评鉴是指在具体条件下系统地收集个人资料的过程。评鉴、测量和测验三个术语可以交替使用，都是指收集个人资料的一种程序。

13.人格评鉴的主要困难是：(1)难以测量完整的人；(2)难以消除被试答题时的饰伪；(3)难以评量各种人格特征。

14.信度是测验的必备条件之一，是指测验结果的稳定性和一致性。测验信度的高低，通常由相关系数来表示。最常用的信度有：重测信度、折半信度、复本信度和评分者信度。

15.效度是指测验的准确性。测验的效度主要有三种：内容效度、效标效度和构念效度。

16.晤谈是访员和来访者面对面直接交谈，以评鉴来访者人格特征的一种方法。

17.自陈测验是指被试根据标准化测验所列题目的叙述是否符合个人情况进行回答

的问卷。这些测验中的题目都是描述人格特质的。

18.投射测验是探索个体心灵深处活动的一种人格测验。其特点是:采用一种暧昧的刺激,让被试在不受限制的条件下自由反应,然后心理学家以自己的理论假设对被试的自由反应做出解释。

19.行为评鉴主要是评估被试在具体情境中的具体行为,而不以被试自己的描述为依据来推断其人格特征。

20.对人格的评鉴,可以从人格特质与生理因素关系的角度来进行探讨,这种评鉴方法称为心理生理学技术。

21.隐测量是一种收集间接反映人格特质的资料来推论个人人格特征的评鉴方法。活动产品分析也是一种隐测量。

建议参考资料

1.杨国枢、文崇一等(1989):社会及行为科学研究法(上、下册)。台北市:东华书局。

2.郑日昌(1987):心理测量。长沙市:湖南教育出版社。

3.黄希庭(1987):心理学实验指导。北京市:人民教育出版社。

4.董奇(1992):心理与教育研究方法。广州市:广东教育出版社。

5.Alexander,I.E.(1990).Personality:Method and content in personality assessment and psychobiography.Durham:Duke University Press.

6.Carver,C.S.(1988).Perspective on personality.Boston:Allyn & Bacon.

7.Kline,P.(1993).The handbook of psychological testing.London:Routledge.

8.Maddi,S.R.(1989).Personality theories:A comparative analysis(5th ed.).Chicago:Dorsey Press.

9.Pervin,L.A.(1996).The science of personality.New York:John Wiley & Sons.

10.Phares,E.J.(1991).Introduction to personality(3rd eeL).New York:Haper Cnllins.

第二编

人格研究范型

人格心理学是一门多范型的科学。所谓范型(或范式)(paradigm),其实就是一套科学习惯,是某一科学共同体公认的在一定时期里作为进一步研究的基础,并为以后几代的工作者暗暗地规定了一个领域里应当研究什么问题,采用什么方法(Kuhn,1962)。在人格心理学领域存在着多种研究范型。在这一编中,将讨论四种主要的研究范型:精神分析论范型(包括经典精神分析论和新精神分析论)、特质论范型、学习论范型和现象学范型。

精神分析论范型(psychoanalytic paradigm)是由弗洛伊德(Sigmund Freud,1856—1939)创立的,其内容十分庞杂。简而言之,该学派强调潜意识、性本能等人格动力的重要性;其研究的主要问题集中在焦虑、防卫机制、早期经验对日后人格发展的重要性以及个人发展出来处理内部驱力和外部刺激的自我适应功能。该学派的研究方法是临床的个案研究,其评鉴技术主要采用梦的分析、自由联想和投射测验等。新精神分析论虽然反对弗洛伊德以泛性论为动力的生物主义和对人的悲观主义,强调自我的重要性以及社会和文化因素对人类行为的重大影响,但新精神分析论在一些基本概念、研究的主要问题以及研究方法和评鉴技术上并没有脱离弗洛伊德所创立的经典精神分析论。在这一编中,将用三章篇幅讨论精神分析论范型,其中第三章和第四章分别讨论经典精神分析论和新精神分析论的人格理论,第五章讨论精神分析论的研究方法、评鉴技术和简评。

特质论范型(trait paradigm)强调人的个别差异和个体的整体功能,以特质的概念来假定行为的跨情境的一致性和跨时间的持续性。虽然特质与类型这一术语经常有联系,但特质论并不把人格分为绝对的类型,而通常认为存在一些特质维度;人们之间的差异,就在于他们在这些特质维度上表现程度的不同所形成的不同特质构型。特质论研究的主要问题是特质的分类和表现以及特质产生的基础。特质论者主要采用因素分析、多变量分析研究以及自陈测验的人格评鉴技术。在这一编中,用两章篇幅讨论特质论:第六章讨论特质论的人格理论(包含若干类型论的观点),第七章讨论特质论的研究方法、评鉴技术和简评。

学习论范型(learning paradigm)强调个体的外部力量而忽视个体的内部动力,认为个体行为的差异来自或主要来自个体在成长过程中所面临的学习经验的差异;其研究的主要问题是行为是如何习得的。这一学派所采用的研究方法是严格的实验法,即强调提出可验证性的假设,操纵实验变量,控制无关变量,以观测行为反应的变化。在这一编中,以两章的篇幅讨论人格研究的学习论范型:第八章讨论学习论的基本理论观点,第九章讨论学习论范型的治疗、评鉴技术和简评。

现象学范型(phenomenological paradigm)关注人的主观经验,关注个人对世界的看法,通常不关心人的动机、特质、强化史或对行为的预测。现象学范型包括人本主义的人格理论、存在主义的人格理论和认知论的人格理论。这些人格理论家既反对以精神疾患为基础的精神分析论,也反对以动物与幼儿简单行为研究为基础的行为主义。他们主张以正常人为研究对象,研究人的经验、自我、自我实现、生命的意义等重要问题。在研究方法上,他们主张观察当前经验并且不加解释地予以描述,反对还原分析法(或简化分析法)(reductive-analytic method),采用访谈和自我报告等评鉴技术。在这一编中,以两章篇幅讨论现象学范型:第十章讨论现象学范型的人格理论,第十一章讨论现象学派的研究、评鉴和简评。

上述四种主要范型都不是团结一致的学派,每一种范型中的心理学家除了在"应当研究什么,采用什么方法"这个问题上具有一致或相近的观点外,他们之间还存在着不少的分歧。读者在学习时不仅要注意每一种人格研究范型的共同点,还应注意同一种范型中不同的理论家在理论、研究方法和评鉴技术上的差异。每一种人格研究范型都是探讨人格的一条途径。读者在学习时还应注意吸收其合理的因素,摒弃其不合理的因素,并将合理的因素综合起来,对人格做全面的理解。

第三章　经典精神分析论

本章内容细目

精神分析(或精神分析论)(psychoanalysis)是一种治疗神经病(neurosis)的方法,也是一种重要的心理学理论,同时还是一种研究人格的范型。精神分析论的创始人弗洛伊德是奥地利著名的精神病学家。他根据自己的临床治疗实践,精心地建立了一个庞大的理论体系,试图解释人格结构、人格动力、人格发展、人格变态以及如何改变人格。弗洛伊德创建的精神分析的人格理论是在所有的人格理论中内容最丰富、影响最大的人格理论。他的著作不仅影响心理学,而且几乎影响现代人类文化的各个方面。弗洛伊德不仅自己享有世界性的盛誉,而且培养了许多颇有名望的弟子。但弗洛伊德的弟子们在许多方面却修正乃至改变了弗洛伊德的经典性理论的宗旨和信条。所以弗洛伊德的理论也被称为经典精神分析论(classical psychoanalysis),而他的弟子们的精神分析则称为新精神分析论(neo-psychoanalysis)。

虽然波林(高觉敷译,1981)在其《实验心理学史》中把弗洛伊德列为世界上四大心理学家之一,但是弗洛伊德的理论刚出现的时候,并不受人们的欢迎。当时心理学家们所熟悉的是冯特(Wilhelm Wundt,1832—1920)的观点。这位科学心理学的创始人把对意识的分析视为心理学的研究任务;而弗洛伊德却反其道而行之,提出潜意识动机的重要性。弗洛伊德的著作完成于19世纪欧洲禁欲主义盛行的维多利亚时代。不难想见他当时的处境,因为他强调性本能和攻击本能是人类行为的主要动机。从弗洛伊德创建精神分析论至今,经历近一个世纪风风雨雨的磨难,有些人把它捧上了天,也有人把它贬在脚底下。无论人们怎样评说,不可否认的事实是:这个理论在人格领域影响很大。

弗洛伊德的精神分析论规模十分庞大,本章将介绍他的人格理论中的一些重要概念。

本章主要内容如下:

1.弗洛伊德是一位怎样的学者。

2.弗洛伊德是怎样看待人的本性的。

3.弗洛伊德是怎样描述人格结构的。

4.弗洛伊德是怎样论述人格的动力过程的。

5.弗洛伊德是怎样论证童年早期在人格发展中的意义的。

6.弗洛伊德认为人格不适应的根源是什么,怎样进行心理治疗。

第一节　弗洛伊德生平及其对人的看法

一、弗洛伊德略传

弗洛伊德1856年5月6日生于摩拉维亚的弗莱堡(现属捷克),4岁时随全家迁居维也纳,在那里一直生活了78年。他的父亲杰克布·弗洛伊德,是个普普通通的犹太皮毛商人,对人十分严厉。弗洛伊德出生时,其父已40岁,而其母(其父第二个妻子)才20岁。弗洛伊德的母亲阿玛莉娅生了6个孩子,弗洛伊德是老大。弗洛伊德父亲的前妻生过两个儿子。当弗洛伊德出世时,他父亲同时也当上了祖父。弗洛伊德与其同父异母的哥哥菲利浦关系很不好。菲利浦比弗洛伊德大20岁,比他母亲小1岁,弗洛伊德非常厌恶他。据说,弗洛伊德在一次关键性的自我分析中,发现自己一直相信菲利浦可能是他的生父,因而他妒忌他所爱的母亲和菲利浦的关系,进而由嫉生恨。弗洛伊德与其母亲有深厚的感情,他一生始终热爱和尊敬他的母亲。

精神分析论创始人弗洛伊德(Sigmund Freud,1856—1939),1856年生于摩拉维亚(现属捷克)。1881年获得医学博士学位以后,即私人开业治疗精神疾病。1896年正式提出精神分析的观念,1909年应邀去美国讲学。1938年因逃避纳粹迫害,举家亡命伦敦,次年去世。

图3-1　弗洛伊德

弗洛伊德智力超众、勤奋好学、兴趣广泛,17岁时便以优异成绩被保送进入维也纳大学医学院。在当时的奥地利,行医是犹太人可供选择的几种职业之一。弗洛伊德进入医学院并没有对医学真正产生兴趣,而只是把医学作为从事科学研究的一种手段。由于他在几方面的兴趣与其医学训练没有直接关系,他用了近8年时间才学完4年的医学课程。最初,他专注于生物学并解剖了400多条雄鳝研究睾丸的精细结构,发表了关于鳝鱼性腺结构的论文。这是他第一次致力于性的研究。在维也纳大学近8年的学习期间,他有6年左右时间是在著名生理学家布吕克(Ernst Wilhelm von Brücke,1819—1892)指导下从事神经生理学研究,深受其学术思想的影响。在大学期间,他坚持不盲从、勇于独创的治学精神。弗洛伊德发现可卡因的止痛特性，但是他没能使自己成为眼科手术中第一个使用可卡因的内科医生。对于错过这次成名的机会，他非常后悔。此外，他还连续3年听了布伦塔诺（Franz Brentano，1838—1917）的哲学课。

弗洛伊德在恋爱和婚姻问题上是既严肃又认真的。他与玛莎在1882年订婚，但直到1886年才完婚。在这4年多的漫长恋爱时期，他们几乎每天都相互写信，甚至一天写两三封信，每封信短至4页长至22页。弗洛伊德给玛莎写了900多封情书。他们白头偕老，生有三男三女。女儿安娜（Anna Freud，1895—1982）后来在伦敦继承父业，成为知名的精神分析家。

弗洛伊德曾希望在大学里从事科学研究，并发表过一些受到高度评价的论文。但他发现，作为一个犹太人在学术研究方面晋升机会甚少，从事学术研究不能赚到更多的钱，而这时他正与玛莎恋爱，准备结婚，需要有较多的钱，于是他便放弃了从事学术研究。1881年弗洛伊德获得医学博士学位后，次年他便以一名临床神经病医生的身份开始私人营业。在行医初期，弗洛伊德和布鲁尔（Josef Breuer，1842—1925）有着非常深厚的友谊。

布鲁尔是一位有较高成就的医生。他帮助穷困而年轻的弗洛伊德排忧解难，并借钱接济他。他们经常讨论布鲁尔的某些病人，其中有一名叫安娜①的病人在精神分析论的发展中起着极重要的作用。

安娜患癔症，有多种症状：瘫痪、记忆缺失、精神颓废、厌恶感以及视觉和言语紊乱等。癔症（或歇斯底里症）（hysteria）这个词是从希腊文“hystera”衍生而来的，意为“子宫”。传统的观点是把癔症作为妇女特有的一种疾病。布鲁尔发现，在催眠情况下，只要病人谈出引起某些症状的有关经验，这些症状就消失了。安娜说，她和布鲁尔的谈话就像“扫烟囱”一样，这种“谈话疗法”治好了她的病。这种程序后来称为疏导法（或宣泄）（catharsis）。由于病人的病情有好转，布鲁尔深感兴趣，在一年多的时间里他几乎每天都花几个小时去看望安娜，而安娜开始把自己对待父亲的感情转移到布鲁尔身上。安娜所表现出的那种情感后来被称为对布鲁尔的正移情（见第五章第三节）。在弗洛伊德看来，这是治疗过程中必不可少的一个部分。但是布鲁尔认为，这种情境是对他的事业的一种威胁，因而决定停止对她的治疗。安娜为此受到强烈刺激，以致突然爆发歇斯底里分娩症状。布鲁尔用催眠治好了她的这个幻想后，就和他的妻子逃到维也纳去度第二次蜜月了。

1885年，弗洛伊德得到一笔小额研究补助金，这使他有机会跟随法国著名精神病学家沙科（Jean Charcot，1825—1893）学习4个半月。这对弗洛伊德产生了巨大影响：(1)从沙科那里他学到把癔症作为心理失调而不是作为器官失调来治疗是可能的。(2)在一次晚宴上，弗洛伊德听到沙科充满激情地断言他的一位病人的障碍有重要的性原因，这使他茅塞

①安娜的真名是Bertha Pappenheim，她后来成为德国的一名社会工作者。

顿开,引起他后来对病人性问题的特别注意。

弗洛伊德从巴黎回到维也纳继续与布鲁尔合作。他试用了一段时间的催眠术,但效果不佳。最后弗洛伊德放弃了催眠术,保留了所谓谈话疗法或疏导法,逐渐发展出他所谓的"精神分析法基本法则"——自由联想(free association)。弗洛伊德的工作大致可分为下述三个时期。

第一个时期是1895年布鲁尔与弗洛伊德出版了《癔症研究》一书。此书通常被认为是精神分析论的开端。书中包含他们一起治愈的包括安娜在内的5个个案史。此书的出版,当时遭到不少非议。出版后13年中仅销售626册。由于弗洛伊德坚持性冲突是癔症的根源,1898年前后,这对极亲密的朋友分手了。

弗洛伊德工作的第二个时期以《梦的解析》(Freud,1900)一书出版为标志,进一步扩展其理论。该书被许多人推崇为弗洛伊德最伟大的著作。但当时,此书也遭到了大量的批评,8年间只售出600册。该书后来在全世界广泛流传。《梦的解析》出版之后,精神分析运动逐步发展起来。1909年,他应美国著名心理学家克拉克大学校长霍尔(Granville Stanley Hall,1844—1924)的邀请,参加克拉克大学20周年校庆,并做5次连续讲演,会上被授予名誉博士学位。他会见了许多著名的心理学家,如詹姆斯(William James,1842—1910)、铁钦纳(Edward Bradford Titchener,1867—1927)、卡特尔(James Mckeen Cattell,1860—1944)等。他的5次讲演,题名为《精神分析的起源和发展》,第二年发表在《美国心理学杂志》上。这次访问使他获得了很高的荣誉。他认为克拉克大学之行对精神分析运动的发展有着极其重要的意义。

弗洛伊德工作的第三个时期以《超越快乐原则》(Freud,1920)一书出版为开始,直至他去世。这一时期他的工作包括进一步发展和修改理论,并试图将其理论应用于社会问题中。1923年,弗洛伊德患了口腔癌,这与他每天抽20支雪茄的习惯有关。在生命最后的16年中,他几乎都在痛苦中度过,其间他接受了33次手术。虽然非常痛苦,但他坚持拒绝用止痛药,因而头脑仍十分清醒,并一直工作到生命的最后一息。

至1933年希特勒上台,纳粹政权视精神分析论为大逆不道,对弗洛伊德也进行了迫害。他们公开焚烧弗洛伊德的著作。纳粹于1938年3月入侵奥地利,弗洛伊德的家遭到匪徒的蹂躏。一周之后,他的女儿被捕,他不得不决定离开奥地利。但纳粹政权提出,在他未把当时还没有售出的书从瑞士带回烧毁以前,不许他离开。通过驻法国的美国大使调停,纳粹才同意弗洛伊德去英国。在英国,他受到了优厚的待遇。1939年12月23日,弗洛伊德在伦敦逝世,享年83岁。

弗洛伊德一生都在不停地写作,几乎每年都有一本重要著作出版或一篇重要文章发表。现在出版的他的标准英文版全集,就有24大卷。我们之所以较详细地介绍弗洛伊德的生平,是因为他是一个很有争议的人物,同时其理论与其生活经历密切相关。

二、弗洛伊德的人性观

弗洛伊德对人的一个基本看法是:人是一个能量系统,就像一个水力系统,能量由这里流出,在这里转换,或以水坝拦阻起来。从整体上看,能量是有限的,如果以某种方式释放了能量,那么以另一种方式释放的能量就会相对地减少。一个人用于文化目的的能量是从用于性目的的能量中抽取出来的。一个人用于文化方面的能量增多,那么用于性目的的能量就相对地会减少;反之亦然。如果释放能量的某一途径受阻,它就寻找阻力最小的另一途径释放。虽然人类的行为多种多样,但所有的行为都可以简化为共同的能量形式,并且人类的所有行为都是按照快乐原则(或唯乐原则)(pleasure principle)行事的,即寻求紧张的减弱或能量的释放。他认为,像物理事件那样,人的所有心理和行为甚至口误和梦都是被决定的;没有任何行为会由于机遇或由于自由意志而发生。每一个动作、每一种动机都有某种原因,而这些原因多数是潜意识的。

弗洛伊德关于人的机械论观念显然深受赫尔姆霍茨(Hermann von Helmholtz,1821—1894)及其师布吕克的影响。19世纪中叶,赫尔姆霍茨提出能量守恒定律(conservation law of energy):能量可以转换形式,但不能被消灭;当能量在一个系统的某部分里消失时,它就一定会在该系统的其他地方出现。能量守恒定律对当时学术界的影响很大。前已述及,弗洛伊德在医学院的8年学习中有6年是跟随著名生理学家布吕克学习。布吕克认为,人的各种力是根据能量守恒定律来推动的。这种观点被弗洛伊德用来解释人的心理和行为。在弗洛伊德的著作中可以看到,他常常使用动力学、电学和力学的术语,仿照物理学来解释人的行为,营造他的心理学。

弗洛伊德把人看作和其他动物一样是受本能(instinct)所驱动的。各种本能归根结底可以分为两类:生的本能和死的本能。所谓生的本能(life instinct),是指一切与保存生命有关的本能。与生的本能有关的心理能量统称为力必多(或欲力)(libido)。在弗洛伊德早期著作中,力必多和性欲是等同的。但后来由于来自各方面的严厉批评,他把这一概念扩展为所有与生的本能有联系的能量形式,包括性欲、饥饿和口渴。弗洛伊德最后的结论是:力必多是用于延长生命的能量,它驱使人去追求快乐。生的本能也称为厄洛斯(Eros),即希腊神话中的爱神。死的本能(death instinct)驱使人回到有生命之前的无机物状态。死亡就是这种最终极的稳定状态。死的本能也称为塞纳托斯(Thanatos),即希腊神话中的死神。由死的本能衍生出的最重要的本能是攻击(aggression)。弗洛伊德认为,攻击是指向外部对象而不是指向自身的一种自我毁灭的需要。在弗洛伊德看来,人性是恶的。他在《文明及其不满》一书中对人性做了如下的评价：

> 人们急于否认，在这一切背后的一点真理是人并非仁慈、友善、追求爱情的动物，也并非遭到攻击被动防御的动物，而是怀着强大的攻击欲，这种攻击性可以看作人的天赋本能的一部分。（Freud，1930/1961，p.85）

弗洛伊德甚至认为，人类的科学活动、文学艺术乃至于全部文化的产物，都是本能（特别是性和攻击）能量的表现，是性和攻击本能不能直接表现的一种结果。他说：

> 本能的升华是文化进化的特别突出的特征；正是由于升华才有可能使较高级的心理操作，使科学的、艺术的和意识形态的活动在文明生活中起到如此重要的作用。（Freud，1930/1961，p.63）

而本能能量的释放与社会限制冲突的另一种结果则导致人的痛苦和精神病。在弗洛伊德看来，文明进步的代价是人类的痛苦、快乐的丧失和罪恶感的增多，甚至值得放弃文明而返回到原始状态。

总之，弗洛伊德认为，人是一个能量系统，由性和攻击的本能所驱动，根据快乐原则，倾向于把紧张减弱至恒定的较低水平；人的所有行为不仅是被决定的，而且多数行为是由意识之外的潜意识力量所决定的。

第二节 人格结构和人格动力

弗洛伊德对人格结构的描述在不同的时期有不同的说法。早期他用潜意识、前意识和意识来描述人的精神生活的性质，后期他认为人格由本我、自我和超我三部分组成。不论弗洛伊德对人格结构的描述如何发展变化，他始终认为，意识并不重要，它只代表整个人格的外表方面，而深藏在意识背后的潜意识则包含着种种力量，这些力量即本能乃是个人人格的动力。在这一节里，我们将概要介绍弗洛伊德关于人格结构和人格动力的理论。

一、人格结构

在弗洛伊德的理论中，人格也称为精神或心理生活。他把精神划分为潜意识、前意识和意识的理论，被称为"地形观"（topographical view）；而把心理生活划分为本我、自我和超我的理论，被称为"结构观"（structural view）。有人以形象图示的方式来表示弗洛伊德对人格结构的这两种描述，见图3-2。

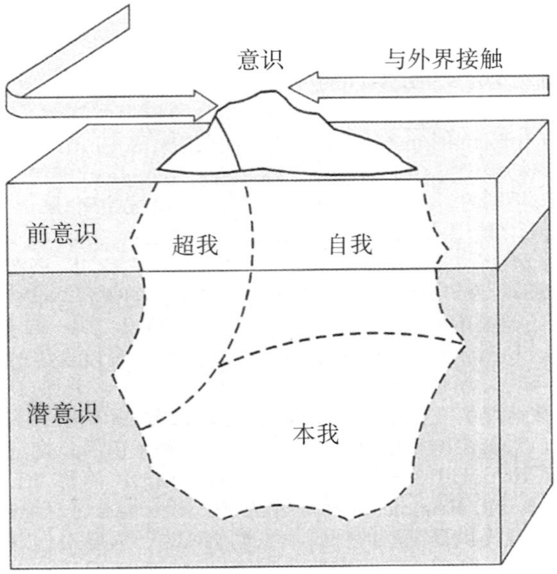

图3-2 弗洛伊德的人格结构示意图

（根据Healy，Bronner，& Bowers，1930年资料绘制）

(一)意识与前意识和潜意识

意识（conscious）由个人当前觉知到的心理内容所组成。人的心理就像漂浮于海上的冰山，露在水面上的只是一小部分，是各种意识到的心理活动；而藏在海水底下无法意识到的绝大部分属于潜意识领域。意识的内容是不断改变的，有些意识是从外部世界得来的，而大多数则是从底层升上来的。

前意识（preconscious）是我们加以注意便能觉察到的心理内容。从整体来讲，前意识更像意识而不像潜意识，然而前意识的内容变为意识的难度不同，它一方面由于联想强度不同所致，另一方面则视稽查者（或省察）（censorship）将阻止多少成分的痛苦潜意识观念进入意识。前意识在一定意义上充当稽查者，其工作是除去不合适的潜意识内容，并把它们压回到潜意识中去。

潜意识（unconscious）是精神分析论的一个主要概念，是指个人不可能觉察的心理现象，但它对个人的思想和行为影响极大。潜意识不是弗洛伊德首先提出的，但它在弗洛伊德的理论中有特殊的含义。弗洛伊德是最先详细研究潜意识的本质并强调它的重要性的心理学家，这也说明精神分析论与在它之前所有的心理学理论之间的主要区别。他根据对梦、失言、精神官能症、艺术作品等的分析来研究潜意识的本质，并勾画出它在行为中的重要性。弗洛伊德认为，潜意识是人的精神机构中最初级、最简单、最低级、最基本的因素,也是一种被压抑的强大的内驱力,具有一种努力进入意识状态的冲动。它“充满了本能所提供的能量,但是没有组织,也不产生共同的意志,它只是遵循快乐原则,力求实现对本能需要的满足”(苏晓离等译,1987,82页)。它没有时间感、地点感和是非感,就像一个不受管教的孩子一样,只知道千方百计立即满足自己的需求,而不顾及其他。潜意识的内容主要是以性为中心的各种本能冲动,其来源少部分是由意识压入的,绝大部分是从未意识到的。弗洛伊德认为,虽然意识属于我们人格的一部分,但潜意识在人们的人格上却占着优势,它有力地操纵着我们的思想和行为。尽管人们的行为看来似乎出自意识,然而真正起作用的却是潜意识。

补充讨论3-1

潜意识的概念

在心理学中对潜意识有两种研究取向:认知取向和心理动力学取向。

在19世纪的心理学中,詹姆斯也许是最早提倡研究潜意识的学者。他认为,心理状态可以是潜意识的,这至少包含两种含义:(1)某个心理事件处于注意或意识的范围之外;(2)他对癔症和多重人格的个案进行研究后认为意识能分为初级意识(primary consciousnesses)和次级意识(secondary consciousnesses),但只有其中之一是任何时候都能作为现象被知觉到的。为了避免否定意识的矛盾修饰词,詹姆斯更喜欢用“subconscious”(可译为下意识)来表示潜意识(unconscious)心理状态。

后来,由于行为主义的统治,人们中断了对潜意识的研究。但随着认知心理学的兴起,潜意识的研究兴盛起来。例如,经典的信息加工多储存模型(multistore model of infobrmation processing)(Atkinson & Shiffrin,1968)实际上是将意识、注意和初级记忆(或原初记忆)(primary memory)联系起来;而潜意识的精神生活则与早期的、前注意的心理过程,例如特征检测(feature detection)和模式识别(或形之辨识)(pattern recognition)相联系。思维的适应性控制模型(model of adaptive control of thought),简称ACT模型(ACT model)(Anderson,1983),为研究潜意识心理活动提供了新的视野。该模型认为,人类的知识由两种不同类型的知识构成,一种是陈述性知识,另一种是程序性知识。陈述性知识(declarative knowledge)主要是指那些可以言传的知识,包括我们所知道的事实。程序性知识(procedural knowledge)是关于怎样去做的知识,在绝大多数情况下它们是不可言传的,如我们的各种技能。根据思维的适应性控制模型,头脑中的程序性知识绝大多数是潜意识的。晚近的平行分布加工模型(model of parallel distributed processing),简称PDP模型(PDP model)(McGlelland,Rummelhart, & The PDP Research Group,1986),为潜意识结构和过程提供了更宽广的视野。该模型认为,人脑对信息是平行加工的,而不是系列加工的。这就是说,在任何时候,同时处于激活状态的加工单元的数量是大量的,它们传递信息的速度远远超过了意识的范围。因此,在PDP模型看来,大多数信息加工(不仅是感知觉,也包括记忆、言语、思维等)都是潜意识的。

弗洛伊德认为，潜意识是生物性本能能量的仓库，是人类一切活动的动力源泉。一些研究具有明确的心理动力学倾向，例如早期麦金尼斯（McGinnes，1949）曾做过这方面的实验。他以速示器将中性词和恶感词随机地呈现给被试看，先以很快速度呈现，随后逐渐降低速度，并记录被试辨认出每一个词的速度及辨认前、后的皮肤电反应（GSR）。结果发现，被试辨认恶感词的时间比辨认中性词的时间长，辨认恶感词之前的皮肤电反应比中性词的大。麦金尼斯认为，这表明被试对这些恶感词在口头表示认出之前，早已有情绪反应，由于防卫机制而抗拒对这些词的知觉。

（二）本我与自我和超我

1923年，弗洛伊德建立了精神分析论中更为正式的结构模式，用本我、自我和超我来描述成年人的人格结构。

本我（id）是人生下来时的心理状况，它由原始的本能能量组成，是生和死两种本能的储藏库，并且完全处于潜意识之中。本我不能忍受同肉体需要有关的紧张状态，要求立即消除紧张，立即满足肉体的需要，并且是根据快乐原则行事的。本我消除紧张的途径有两种：反射作用和愿望满足。反射作用（reflex action）是感官受刺激释放出身体能量以达到本能的满足。例如，婴儿打喷嚏对鼻腔中的刺激物做出反应，以便消除这种刺激；或通过小便以解除膀胱来自体内的压力。在这两种情况下，反射作用对消除紧张是很有效的。愿望满足比较复杂。当有机体没有满足某种生理需要时，本我便产生一种满足这种需要的物体或事件意象（image），从而降低与这种需要有关的紧张。例如，对食物的需要会自动在本我中触发与食物有关的意象，这种意象可以暂时降低对食物需要的紧张状态。这就称为愿望满足（wish fulfillment）。既然本我过去、将来都是完全潜意识的，那么本我怎么会被触发起某种意象以反应各种需要呢？弗洛伊德的答案是：本我可获得从前辈那里遗传得来的体验残余，产生满足人类需要的那些事物的意象。这种观点与荣格的集体潜意识概念十分接近。本我企图通过幻觉（能满足需要的事物的心理图像）降低（或抑制）需要引起的紧张，这被称为原始过程（或原始历程）（primary process）。但是本我的原始过程不能最终消除由需要而产生的紧张，它不能区分意象和外界现实间的差异。因为对本我而言，它的意象就是唯一的现实。

自我（ego）是由本我分化出来的，其能量也来自本我。它一部分位于意识之中，另一部分位于潜意识之中。自我在婴儿期小而弱，由于与现实接触，借助于认同作用，模仿其父母而逐渐成长。自我是理智的，遵循现实原则（reality principle）的，只有在现实允许快乐的情况下它才允许降低紧张状态。自我的存在是为了使个人与能真正满足其需要的经验发生联系。当人感到饥饿时，自我就去寻找食物；当人感到干渴时，自我就去寻找水。自我遵循现实原则来寻找合适对象。自我能够意识到本我的意象和外部现实的区别，并使事物的主观意象与外界的事物等同一致起来，以满足本能的需要。自我产生真正生物需要满足的努力过程称为次级过程（或次级历程）（secondary process）。由于自我使本我的愿望得到满足，这样本我的能量便逐渐转入自我。当自我从本我那里取得足够的能量时，它可以用于消除满足本能之外的其他目的，发展如感知、注意、学习、记忆、判断、推理和想象等。此外，自我能量还用于阻止本我能量的立刻释放，整合超我、自我和本我三个系统，使之融合为一个统一的、组织良好的整体，从而对环境做有效适应。

超我（superego）从自我分化而来，是父母向儿童灌输的传统价值观和社会理想的一个人格结构。弗洛伊德认为，超我是在约5岁时因反对本我，特别是恋母情结（Oedipus complex）而发展起来的。它是儿童在模仿父母的道德观的过程中形成的。超我大部分属于人格的潜意识部分，它是人格道德的维护者。这个结构告诉人们什么是合乎道德的、什么是不道德的。它像一个监督者或警戒者，设法引导自我走向更高尚的路径。充分发展的超我有良心（conscience）和自我理想（ego-ideal）两个部分，分别掌管罚与奖。良心是儿童受惩罚而内化了的经验。如果这个人再次产生这些行为，或甚至想要实施这些行为，他就会感到内疚或羞愧。自我理想是儿童受奖赏时内化了的经验。如果这个人再次产生这些行为，甚至想要产生这些行为，他就会感到骄傲和自豪。

超我追求至善至美，所以它同本我一样是非现实的。超我的主要功能是用良心和自豪感等去指导自我，限制本我的冲动。弗洛伊德曾幽默地说，有一句谚语说，一仆不二主。可怜的自我，日子更不好过，它要服侍三个严厉的主人，还要尽力调和三位主人的要求。这些要求总是背道而驰，而且常常是水火不容的；这就无怪自我常因任务太重而被压垮。这三个暴虐的主人是外部世界、超我和本我。正因为如此，自我也被称为人格的实际执行者。

总之，在弗洛伊德看来，整个人格中的能量是一定的，如果自我得到了能量，那么本我或超我就会失去能量。人格中某一系统获得能量，即意味着其他系统丧失了能量。一个人的行为取决于能量在三个系统中的不同分布。如果大部分能量被超我控制，这个人的行为就是很有道德的；如果大部分能量为自我所支配，这个人的行为就显得很实际；如果大部分能量还停留在本我，这个人的行为就表现出原始冲动性。一个人的人格特点取决于能量在其人格结构中的分布状况。

二、人格动力

前已述及，弗洛伊德把人看作一个复杂的能量系统。该系统的能量源泉均来自本能。

而本能总是寻求立即解除紧张,求得满足,求得快乐。但是现实世界不可能让本能立即获得满足,因而便产生了焦虑。在弗洛伊德看来,人格动力过程的核心概念是本能和焦虑。

(一)本能

1.本能的性质及特点

关于本能的性质,在弗洛伊德的著作中有很多表述,归纳起来,本能的性质有三层基本含义:(1)本能是精神结构中固有的动力能量,而不是一种暂时的冲击;(2)这种力不断地来自生物体内部,源于肉体组织,表现为一种"肉体欲求";(3)这种肉体欲求是作用于心灵时所表现的力。总之,在弗洛伊德看来,本能是来自生物体内部的一种固有的驱力,并通过心理器官决定着人的心身活动的态势。本能是人的所有活动的最终原因。

弗洛伊德认为,任何本能都有其根源、目的、对象和动量四个方面。

本能的根源(source)是人体的需要或冲动。一种需要或冲动表现为人体的某个组织器官的兴奋过程,而这一兴奋过程必将储存在体内的能量释放出来。例如,饥饿的内部状态使体内肠胃器官组织兴奋并释放能量,这就激活了饥饿本能的冲动。

本能的最终目的(aim)是消除该本能刺激的根源,即满足体内需要或解除由此产生的兴奋和紧张过程。例如,饥饿本能的目的是消除体内饥饿的生理状态。除了最终目的外,弗洛伊德指出本能还有其他从属的目的,这些目的的实现必须先于最终目的,如饥饿消除前,必须先找到食物并送进口。找到和吞吃食物从属于消除饥饿这一最终目的。弗洛伊德把本能的最终目的称为内在目的(internal aim),把从属目的称为外在目的(external aim)。

本能的对象(object)是指本能行为为达到目的所利用的对象以及所采取的手段。饥饿本能的对象就是吞吃食物;性欲本能的对象就是性结合;攻击本能的对象就是拼搏。在本能中,最容易产生变化的是其对象或手段,因为本能可以对不同的对象采取多种方式来达到目的。

本能的动量(impetus)是指本能所具有的力或强度,其大小由本能拥有的心理能量多少来决定。饥饿越甚,对精神所产生的冲动就越强。可以根据一个人在寻求本能目的时能克服阻碍的多少来观察本能能量的强弱。

总之,本能的根源是来自体内的一种兴奋或紧张状态;本能的目的是释放或消除这一紧张状态;但从根源到它的目的达成过程中,则需要借助本能的对象和采取的手段,这种行为机制则取决于本能所拥有的能量的大小。这就是弗洛伊德关于本能特点的论述。

2.能量的投注和反投注

在弗洛伊德看来,每一种行为都可以用能量的投注和反投注来描述。所谓投注(cathexis),是指能量或力必多倾注于某种对象而使需要得到满足的过程。投注的对象有三种:(1)自我投注(ego cathexis):把力必多倾注于自己,例如自恋者。(2)幻想投注(fantasy cathexis):把力必多倾注于虚无的幻想中,例如白日梦者。(3)对象投注(object cathexis):把力必多倾注于某人、某物或某些团体活动上。所谓反投注(anti-cathexis),是指自我或超我对能量或力必多倾注的抑制。例如,如果本我产生性欲需要,它就要求立即给予满足。但在大多数情况下,超我的反投注则全力阻止这种能量的释放。自我的反投注将以某种延迟策略,产生使本我和超我双方都满意的行为。因此,本我只有能量投注,而自我和超我则同时具有能量投注和反投注。

从功能的动力来看,一个人的本能可能会暂时受阻而不表现出来,也可能不加修饰地表现出来,最大的可能是改变本能的方向或性质而表现出来。例如,有的本能只有部分而不是全部表现出来:情感可能是性本能的部分表现而抑制了原来的目的;讽刺可能是攻击本能的部分表现。有的本能可能是曲折地表现出来;对母亲的爱可能转移为对妻子的爱;对老板的怒气可能转移到向其他人和物发泄怒气。每一种本能都可以转移或加以修饰,几种本能也可能融合为一种本能。例如,足球能满足性和攻击的两种本能,而医生动手术则可能是爱和破坏的融合。总之,在弗洛伊德看来,人的一切活动都是由本能能量的投注和反投注决定的。本能在行为中的表现可能是曲折的、偏离正道的,或乔装假借的,也可能是直接的。相同的本能可以许多方式来满足,而相同的行为对不同的人可以达到不同的满足,或者对同一个人达到多重的满足。因此,本能能量的投注和反投注的交互作用,便成了精神分析论的动力过程的重点。

(二)焦虑和自我防御机制

1.焦虑

焦虑(anxiety)是一种由紧张、不安、焦急、忧虑、惊恐等感受交织在一起的情绪体验。焦虑与恐惧虽然都是个体面临威胁或危险情境时产生的反应,但恐惧多由明确的对象引起,而焦虑的原因则是模糊的,只觉惶悚不安,但不了解所怕的是什么。弗洛伊德说:

> 我以为焦虑是就情绪而言,不问对象;恐惧则集中注意于对象;至于惊悸似乎有其特殊的含义——它也是就情境而言,但危险突然而来,没有焦虑的准备。(高觉敷译,1986,316页)

根据弗洛伊德的理论,婴儿出生时与母体分离,是人类体验到的最大焦虑。这种体验被称为出生创伤(或产伤)(birth trauma)。这时婴儿从一个非常安全与满意的环境突然进入一个对需要的满足很少能预知的环境。弗洛伊德认为,由出生所产生的分离感是一切后来出现的焦虑的基础。

依据对自我造成威胁的根源来自外界环境、本我和超我三种情况，弗洛伊德把焦虑分为三类：

（1）现实性焦虑（reality anxiety）：是感知到环境中真实的、客观的危险所引起的情绪反应。这些危险如毒蛇、野兽、火灾、考试等。这种焦虑主要是害怕。如果威胁的来源消除了，现实性焦虑就会减轻或消失。

（2）神经性焦虑（neurotic anxiety）：是担心本我的冲动会战胜自我时所引起的恐惧感。霍尔（陈维正译，1985）写道，这种焦虑在神经质的人身上尤为显著，他们总是杞人忧天地担心着什么可怕的事情要发生。实际上他们所害怕的是本我不断向自我施加压力并可能控制住自我。也就是说，感到自己的本能可能导致某种危险而产生的焦虑。弗洛伊德认为，自我对付本我的威胁主要用两种方式：第一是压制冲动使其不表现为有意识行为；第二则为干扰本我冲动原来的强度，使其明显减弱或转向他方。这是防卫机制的主要形式。

（3）道德性焦虑（moral anxiety）：是个人良心上的不安所产生的罪恶感和羞耻感。例如，如果一个人已经确信尊老爱幼是件好事，那么他想不照顾自己年迈的父母就会产生道德焦虑。道德性焦虑是个人害怕做违背超我的事情而产生的痛苦体验。将内化了的价值观、道德观付诸行动就可以避免道德性焦虑。

2. 自我防御机制

焦虑是一种相当痛苦的情绪，当自我用正常的和理性的方法来降低和解除焦虑而不起作用时，它就转向采用非理性的自我防御机制。所谓自我防御机制（或自我防卫作用）（ego-defense mechanisms），是指一些为保护自我免受冲突、内疚或焦虑之累的潜意识反应。防御机制有多种方式，但所有的自我防御机制一般都具有下列两个特点：（1）它们都是潜意识的，即个人通常是不知不觉地加以运用的；（2）它们都是伪造或曲解现实的，以防止本我的冲动。弗洛伊德的女儿安娜·弗洛伊德（Anna Freud，1895—1982）在其《自我与防御机制》一书中，对其父提出的防御机制做了补充和系统化的工作。主要的防御机制有以下几种：

（1）压抑（repression）：是指自我阻止激起焦虑的那些念头、情感和冲动达到意识水平。这些不愉快的东西，可能来自本我中的遗传部分，也可能来自个人的痛苦记忆。对前一种情况的压抑称为原始的压抑（primal repression）；对后一种情况的压抑称为真正的压抑（repression proper）。压抑是最基本的防御机制，因为只有发生压抑，其他的防御机制才能发生。

补充讨论3-2

压抑的实验研究

关于压抑的性质，安娜·弗洛伊德认为，压抑首先是一种有目的遗忘，而这种目的和动机又是在潜意识作用下不知不觉将某些令人不愉快的情形忘掉。其次，这些被压抑的念头、感情或冲动，虽然不被人意识到，却不知不觉地影响着人的日常生活，对人格发生影响。再次，区分出压抑(repression)和压制(suppression)。压制不同于压抑，是指有意识地抑制自己认为不该有的冲动和欲望，即将其压抑在前意识之中。她认为：

> 压抑能够控制强有力的本能冲动……压抑不仅是最有效的机制，也是最危险的机制。意识从全部本能生活和感情生活中退出所造成的自我的分裂会永久地毁坏人格的完整。因此压抑便成为折中作用和神经症的基础。(Anna Freud，1936，p.54)

由于压抑的重要性，因而它在精神分析论中是被研究得最多的一个概念。在早期的一项研究(Meltzer，1930)中，让大学生在圣诞假日后回忆其假期经历，分为愉快和不愉快两类。六周后再让他们回忆，结果发现愉快经验比不愉快经验回忆得多。在晚近的一项研究(Morokoff，1985)中，让高性罪恶感和低性罪恶感的妇女观看一部色情录像片，要求她们报告自己的性欲唤醒水平，同时记录其生理反应。结果是：高性罪恶感的妇女报告自己的性欲唤醒水平都低于低性罪恶感的妇女所报告的性欲唤醒水平，但她们却显示出高生理唤醒水平。研究者认为，与性欲唤醒有关的罪恶感使高性罪恶感的妇女产生了压抑，或阻碍了对自己的生理唤醒的意识。但是，这个分析是有疑问的。因为高性罪恶感的被试也可能采用压制的结果，而不是压抑。在另一项研究(Davis & Schwartz，1987)中，要求被试回忆自己的童年，说出所有能忆起的经历或情景，并回忆与高兴、悲哀、愤怒、惧怕、困惑五种情绪有关的经历，指出每种情绪的最早经历。通过被试在显性焦虑量表(Manifest Anxiety Scale)和马洛-克朗社会优点量表(Marlowe-Crown Social Desirability Scale)上的反应分数，将被试分为压抑者和非压抑者。研究发现，压抑者回忆的消极经历较少，回忆出最早的消极经历的出现时间也明显晚得多。研究者认为，这一结果证明了压抑包含着对消极情绪记忆的不可获得性的假设，并进一步认为压抑还以某些方式同对一般的情绪经历的压制或抑制(inhibition)有联系。因此，压抑包含着对消极情绪记忆的不可获得性的假设，是有一定的限度的。

霍姆斯(Holmes，1974)曾对有关压抑的研究文献做过综述。其结论是：极少有证据支持压抑这个概念的预测效应。虽然许多研究提到与威胁有关联的材料不能很好地被回忆出来，但这些结果通常能以其他假设做更好的解释。

(2)否认(denial)：是指个人潜意识地阻止有关自己痛苦的事实进入意识。这样可以逃避现实，不必面对生活中那些无法解决的困难和无法达成的愿望，从而减低内心的焦虑。例如，一位失去丈夫的女人在吃饭时总是给丈夫摆上一个座位和一套餐具，经常幻想与丈夫谈话等。安娜认为她实际上在否认她的丈夫已经去世。

(3)移置(displacement)：是指将一种引起焦虑的冲动投注改换为另一种不引起焦虑的

冲动投注。对某一对象的情感或愿望无法对其直接表现时,有时会转移到其他较安全的对象上,以便减轻个体精神上的负担。例如,一个人受老板责备后,就向自己的妻子、孩子、猫或餐具出气。有时能量的移置也可以指向自己本身,这时就会出现抑郁或自我轻视的思想或行为。例如,一个人受老板责备后,就打自己的耳光,骂自己不中用等。

(4)认同作用(或自居作用)(identification):是指个体潜意识地向别人模仿的过程。弗洛伊德认为有四种认同作用:一是自恋认同(narcissistic identification),是指个人对那些与他自己有相同特点的人的认同。例如,一个男孩如果喜爱自己的男性特征,那么他就很可能以赞赏的目光去看待其他男人的男性特征。自恋认同导致同一团体中成员之间的紧密结合。二是目标定向认同(goal-oriented identification),是指个人对某个成功者或伟人的认同。它对人格的发展有重大影响。如果一位父亲被他的儿子作为渴求的目标,那么这个儿子便会越来越像他的父亲。三是对象丧失认同(object-loss identification),是指个人为了恢复某一失去的对象而去认同他。这种认同作用在被父母厌弃的儿童中较为常见。他们为了重新得到父母的爱抚而按照父母所希望的那样去做。四是强制性认同(identification with an aggressor),指个人同权威者的禁令保持一致,其目的是通过顺从潜在敌人的要求以避免惩罚。前三种认同作用是出于爱,强制性认同作用不是出于爱而是出于恐惧。弗洛伊德认为,正是这种认同作用奠定了个人良心的基础,让人懂得如何在社会中遵守规矩,从而避苦求乐。

(5)升华作用(sublimation):是指将本能(包括性本能和攻击本能)的冲动或欲望转移到为社会许可的目标或对象上去。例如,性冲动的能量可以升华为诗歌、音乐、艺术创作;攻击冲动可以升华为拳击运动等。

(6)投射作用(projection):是指把自己内心不被允许的态度、行为和欲望推给别人或其他事物。这种自我防御机制可以把自己的错误、失误归咎于他人,也可以把自己的欲望、态度加诸他人。因此,在表现上可能是"借题发挥",也可能是"以小人之心度君子之腹",还可能是"以五十步笑百步"。

(7)合理化作用(或文饰作用)(rationalization):是指用一种自我能接受、超我能宽恕的理由来代替自己行为的真实动机或理由。它常采用错误的推理使不合理的行为合理化。但合理化作用并不是欺骗,因为个体本人相信这是真的。合理化作用可分为两种:一是酸葡萄机制(或酸葡萄作用)(sour grapes mechanism),指希望达到某种目的而未能达到时否认该目的的价值和意义。《伊索寓言》中狐狸想吃葡萄但又吃不着,便说葡萄是酸的。二是甜柠檬机制(或甜柠檬作用)(sweet lemon mechanism),指因未达到预定目的,便苟且偷安,抬高现状的价值。狐狸吃不着葡萄,只好吃柠檬,便认定柠檬是甜的。

(8)反向作用(reaction formation):是指为了掩藏某种欲念而采取与此欲念相反的行

为。这种防御过程分两步进行:一是压抑不得体的欲念;二是将其反面显露于意识水平。“矫枉过正”、“此地无银三百两”都可视为反向作用的表现。

(9)固着作用(或固着)(fixation):是指行为方式发展的停滞和反应方式的刻板化。固着作用分两种情况:一是个人习得行为不能随年龄的增长而变得渐趋成熟的现象;二是个体一再遇到同样的挫折而学习到一种一成不变的反应方式,以后情况发生变化,这种刻板的反应方式仍盲目地继续出现。

(10)退化作用(或退化)(regression):指个人遇到挫折时以显得较为幼稚的行为来应付现实的困境。例如,四至五岁的儿童大小便、穿衣、吃饭等日常生活习惯已经形成,但这时如果家里又添一个新生儿,他可能会出现尿床、吮手指、动辄啼哭、要人喂饭穿衣等幼稚行为,借以博得父母的关注。退化和固着是同时发生的,因为一旦某个人发生退化时,总是退化到他曾被固着的那个发展阶段。

第三节　人格发展和人格适应

弗洛伊德认为,所有人的人格之发展都源于婴幼儿时期心理性欲发展的变态。性欲的发展就是力必多能量投注于人体有关部位的变化和发展的过程。人类的性欲起源于婴儿期,并经历着不同的发展阶段,最后才进入成熟期。一个人的人格适应程度可以追溯至通过心理性欲发展各阶段所经历的挫折的多少。在弗洛伊德的理论中,一个人人格的发展和适应都源于力必多能量的变化和发展。在这一节里,我们将概要介绍弗洛伊德关于人格发展和人格适应的理论。

一、人格发展

弗洛伊德认为,人格发展(personality development)是沿着所有人从出生到成人所经历的若干先后有序的阶段而前进的。这些阶段都有一个身体的相应部位成为力必多兴奋和投注的中心,这些部位称为性感区(erogenous zone),对人格的发展有独特的意义。因为性感区不仅是紧张和快乐体验的最重要的根源,而且对性感区的操作活动使儿童与父母发生冲突,产生焦虑,从而刺激了儿童人格的发展。

每一个性感区都与一个特殊的冲突相联系,必须解决这一冲突,儿童才能进入下一阶段。如果当前的需要没有得到适当的满足,儿童就会产生挫折感,因而仍突出地存在于人格结构中。如果需要得到过多的满足,儿童就不愿离开这个阶段,产生固着,结果代表那个阶段特征的行为将继续存在。因此，过多的挫折或过多的满足，都会造成儿童在某一阶段的固着和退化，虽然其实际年龄已经超过了它。弗洛伊德认为，成人的人格特征是由各种婴幼期经验决定的，五岁时人格业已形成。

弗洛伊德把人格的发展阶段命名为心理性欲阶段（或性心理发展期）（psychosexual stages），以便强调性本能活动在人格形成中的重要性。他认为，性本能在婴儿出生前就已存在，出生后立刻开始活动。每个人都将经历下列发展有序的心理性欲阶段。

（一）口腔期

口腔期（或口唇期）（oral stage）是指从出生到1岁左右，婴儿的大部分活动在口腔，其性感区是口腔。口腔主要有五种活动方式：摄入、吸吮、撕咬、吐出、紧闭。每一种活动方式都将成为某种人格特征的原型（prototype）。口腔的摄入是获取的原型；吸吮是坚韧和决定心的原型；撕咬是破坏的原型；吐出是排斥和蔑视的原型；紧闭是拒绝和抗拒的原型。这些特征是否将发展成为个人的人格特征，取决于人在与这些原型相关的经验上所遇到的挫折。如果遇到挫折，就会固着于某种原型。

口腔期分初期和晚期。口腔初期（不满8个月），快感主要来自嘴唇与舌的吸吮和吞咽活动。根据弗洛伊德的观点，一个固着在口腔初期的成人会从事大量的口腔活动，如沉溺于吃、喝、抽烟与接吻，以及对爱情、知识、金钱、权力和财产的贪婪和获取。这种人被称为口欲含合型性格（oral-incorporative character）。所谓口欲含合（或口腔并合）（oral incorporation）是指通过口腔把周围的东西与自己合并，成为自我的一部分。在口腔晚期（从8个月到1岁半），快感来自如咬和吞嚼等活动。一个固着在口腔晚期的成人会咬指甲、贪吃，以及出现与撕咬相类似的行为，如挖苦、讽刺与嘲弄他人。这种人被称为口欲施虐型性格（oral-sadistic character）。

（二）肛门期

肛门期（anal stage），1~3岁幼儿的性感区在消化道的底端——肛门。在这一时期，幼儿应当学会控制排泄过程，使之符合于社会的要求。因此，便溺训练便成为这一时期的关键。如果排泄被严格训练，幼儿情绪受挫折产生反向作用，就会形成过分整洁、吝啬、小气、极端守规矩、对时间和金钱严格预算以及其他过分控制的行为。这种人被称为肛门滞留型性格（anal-retentive character）。如果幼儿大便受到母亲的过分夸奖，那么他就会像以解大便来讨母亲的欢心一样，形成慷慨大方、喜赠礼物、乐善好施和慈善博爱等行为。这种人被称为肛门排出型性格（anal-expulsive character）。

补充讨论3-3

早期经验与日后人格发展

哈洛(Harlow,1958,1962)以猴子为实验对象,来证明早期经验影响日后行为的重要性。他制作了一些假母猴,有些是用钢丝编制而成的,有些是在木架上覆盖着海绵状橡皮和毛巾布而做成的。这些假母猴以暖气加温,用奶瓶授乳。将一些刚出生的小猴放在一些各有一个钢丝母猴和一个布母猴的笼子里。其中半数幼猴由钢丝母猴喂奶,另一半则由布母猴喂奶。它们可以自由地在任一假母猴跟前停留。结果发现,在幼猴的情绪反应发展上,布母猴的接触舒适感十分重要,甚至比授乳还重要。无论由哪个假母猴授乳,这些动物几乎全部时间都依偎在布母猴跟前,只在喂食时才离开她。此外还发现,从小由假母猴哺育长大的小猴,长大后表现出异常的社会反应,包括不合作、攻击行为、性反应缺失、刻板动作和自我毁伤等。这一研究结果似乎支持了精神分析论的发生说。

在一项研究(Lewis, Feiring, McGuffog, & Jaskir, 1984)中,考察了儿童早期的依附(attachment)与日后精神症状的关系。研究者先按标准来观察一岁的男、女幼儿的依附行为,观察内容包括在非结构情境中的母子交往、在游戏活动室里幼儿的单独活动,以及在第二次非结构情境中的母子交往,然后对儿童的三类依附行为(安全的、回避的和无所适从的)进行评分,最后在六岁时由母亲以儿童行为剖析图对儿童的行为进行评估。母亲的评分同教师的评分相参照。根据剖析图的评分,将儿童分为正常组、危险组和临床失调组。早期依附行为与日后症状的关系有两方面的结果较引人注目:(1)男童与女童的结果是不同的。男童1岁时的依附分类同日后症状有显著相关。缺乏安全依附的男童比有安全依附的男童在6岁时有较多的症状,而女童则无此种结果。(2)从早期依附的资料来预测症状,其结果不同于从日后的症状来理解早期的依附类型。6岁时被评定为危险组和临床失调组的儿童中有80%属于1岁时的回避组和无所适从组中。相反,1岁时被评定为回避组和无所适从组的儿童,到6岁时只有40%属于危险组或临床失调组。这表明,日后行为症状与早期经验之间有明显关系。但从预测的角度看,这种关系不明显。这是因为其中有许多其他变量在起作用。研究者的结论是:虽然儿童的依附关系在症状发展中是一个很重要的因素,但是儿童不会因为早期的安全依附关系而免疫,也不会因为缺乏安全依附关系而注定有某种症状。

早期经验对日后人格的影响是很复杂的。寻求解决这个问题的方法应是多样化的,而不是简单的有或无的回答。例如,我们应如何定义发展的一致性、稳定性和连续性?成人的人格是怎样从儿童期发展而来的?或者成人的人格表现了儿童期哪些明显特征?此外,还应就某种具体的早期经验对日后人格影响的重要性进行研究。例如,在考察失去母亲对儿童的影响时,就应考虑失去母亲的时间有多长,是如何失去的,失去母亲前后有什么样的经验,等等。这样才有可能较准确地阐明早期经验对日后人格可能带来的影响。

(三)性器期

性器期(phallic stage),3~5岁之间的儿童从换衣和淋浴中知道两性器官上的差异,摸生殖器(手淫)可产生快感。此一时期的性感区在生殖器。弗洛伊德认为,这一时期的冲突是儿童占有双亲中异性一方的性欲,以及对来自双亲中同性一方的报复所引起的焦虑。

在这一时期,男孩有恋母情结,企图杀父娶母,产生阉割焦虑(castration anxiety)。这种焦虑使他放弃对母亲的性渴求,并通过对父亲的认同作用,产生了超我,从而使恋母情结消失。男孩在认同父亲的过程中获得了许多与父亲相同的价值观,形成自强、自夸和攻击性等男性性格;而裸露和攻击行为则是掩盖阉割焦虑的反向作用,也可以由升华作用变得像母亲一样柔情。

在这一时期,女孩因有所谓阴茎妒羡(或阳具妒羡)(penis envy)而产生恋父情结(Electra complex),企图杀母嫁父。由于阴茎妒羡,她可能仿效父亲,变成"假小子"性格。如果女性冲动占优势,她就更倾向于模仿母亲,形成女性性格。

口腔期、肛门期和性器期合称为前生殖期(pregenital period),相当于5岁以前。这一时期,性欲以自己身体为对象,吮吸拇指、排便和闭便、手淫是快乐的源泉。所以,这一时期也称为自恋期(narcissism period)。同时,这一时期也包含对同性和异性成人即父母的性欲。

(四)潜伏期

潜伏期(latency stage),从6岁到12岁左右。一方面由于超我的发展,另一方面由于活动范围的扩大,儿童的性欲被移置为替代性的活动,例如学习和体育等。其性欲对象为年龄相似的同性别者,并有排斥异性的倾向。因此,这一时期也称为同性恋期(homosexual stage)。

(五)生殖期

生殖期(或两性期)(genital stage)是性本能发展的最后阶段。个体经过一段潜伏期之后,已进入青春期,随着性成熟,两性之间在身体上的差异日益明显。生殖器成为主要的性感区,此时个体已摆脱儿童时期的性对象,并以异性为性对象。力必多方向的改变也是逐渐形成的。弗洛伊德说,这一发展期的明显回音就是青年男子第一次严肃的爱情常常是对一位成熟的妇女,而少女第一次严肃的爱情则常常是对一位有威望的长者。这一时期持续时间最长,从青春期直至走向衰老为止。到那时,人又开始向前生殖期退化。弗洛伊德认为,潜伏期和生殖期对人格基本结构的发展是无关紧要的。

二、人格适应

弗洛伊德根据他的人格理论提出了对人格适应的性质的看法及心理治疗的目的和方法。

(一)适应的性质

弗洛伊德认为,个人的完善和人格的健康,取决于人格各部分关系的和谐一致,以及个人与他必须生存于其中的现实世界的协调。故在弗洛伊德精神分析观点下的适应乃在于自我必须调节本我、超我和外界,为满足本我的本能要求而发觉和选择机会,但又不违反超我所要求的准则。

另一方面,如果外界是不适宜的,没有提供任何这样的机会,那将导致痛苦。即使环境是适宜有利的,如果人格的各部分之间存在内在的冲突,也会产生精神失调。弗洛伊德以为,适应不良的产生源于心理性欲发展阶段的过程中遭遇过多或过少的挫折,导致力必多能量投注不均而产生心理疾病。在弗洛伊德看来,如果挫折是适度的,那么个人的人格便循着正常的过程发展。能在爱和工作中体验快乐是人格适应的标志。弗洛伊德还进一步分析了如果在心理性欲发展阶段中的某一阶段,遇到过多或过少挫折在成人的人格中留有该阶段特定的印迹和容易产生的适应问题。

因此,成人的人格特征乃是童年时期性本能活动受到压抑、升华、反向作用、固着、退化等的结果。表3-1表示心理性欲阶段与成人性格特征的一些潜在关系。

表3-1 心理性欲阶段与成人性格特征的潜在关系

性心理发展期	成人时的表现	升华	反向作用
口腔期	吸烟,贪吃,接吻,贪喝,注重口腔卫生,嚼口香糖	渴求知识,幽默,讽刺,机警,成为食品或酒类品尝专家	说话小心谨慎,饮食追求时尚,禁饮酒,不喝牛奶
肛门期	喜欢解大便,极端肮脏	喜爱绘画或雕塑,慷慨大方,乐善好施,精打细算	极度恐惧污物,整洁癖,近乎悭吝的节俭,过分规矩,脾气暴躁
性器期	经常手淫,爱调情,男子气的表现	喜爱诗歌,钟情,喜欢表演,追求成功	对性的清教徒式的态度,过分羞怯

(采自 Phares,1991)

在力必多能量投注方面,弗洛伊德则指出,由于人的潜意识本能活动一直都停留在婴儿水平,所以在潜意识中,人仍然以婴儿的方式寻求性和攻击的满足。当自我觉察到这些本能活动时，就加以压抑。如果自我是强大的，那么这种威胁就不会严重。但是如果心理性欲发展不完全，自我很弱小，那么就会采用一个或多个自我防御机制。自我防御机制运用的多少可以度量本能冲动或自我的强度。如果自我长时间地、经常地运用防御机制，就会过多消耗能量，导致内在人格结构的不平衡，进而产生适应不良。这些能量原本可以更好地花费在适应的、健康的活动上。

（二）治疗的目的和方法

前已述及，在弗洛伊德看来，成人的神经官能症状是内在的，是患者在儿童期没有解决的创伤和“本我”与“超我”之间冲突的外在显露。因此，治疗的目的就在于建立内在心灵的协调，以扩展个人对本我力量的觉知，减少对超我要求的过分顺从并加强自我的力量，从而达到本我、自我和超我的动力平衡。分析师的治疗就是要了解患者怎样以压抑来处理冲突，把不被接受的欲望压入潜意识中，从而帮助患者把压抑的想法带到意识层面来，使患者能洞察现有症状与长期压抑的冲突之间的关系。一旦患者能够从压抑（大部分是童年期形成的）中解脱出来，就表示治疗已发挥了功效，心理疾患已经治愈。由于此种治疗的主要目的是引导患者洞察现有症状与过去起源之间的关系，因此精神分析的治疗也被称为洞察力疗法（insight therapy）。此种疗法与我们将要讨论的其他疗法不同。其他疗法通常强调现时存在的问题，注重行为层面并主张对患者给予直接的建议。

精神分析的治疗听起来是很有抱负的，它不仅要消除个别症状，而且对整个人格也要进行重组，从而达到像弗洛伊德所说的提高个人的爱和工作能力。传统的精神分析由于试着重建患者长期被压抑的记忆，以便找到一条疏通痛苦的有效途径，因而治疗要花很长时间（至少好几年，每周1~5次晤谈）；患者也必须要有较强的言语能力、很强的治疗动机以及能支付昂贵治疗费的经济实力。而新的精神分析治疗则在时间上要短得多。不论是传统的或新式的精神分析治疗的目的都是帮助患者把被压抑的冲突带到意识层面，然后帮助患者解决这些冲突。精神分析的治疗方法主要有自由联想、梦的解释以及移情技术。关于这些治疗方法，我们将在第五章中讨论。

本章摘要

1. 弗洛伊德的工作生涯可分为三个阶段，反映了弗洛伊德人格理论的产生、成熟和进一步扩展的情况。

2. 弗洛伊德认为，人是一个能量系统，由本能所驱动。人类的科学文化也是本能能量的表现。人的所有行为都是有动机的，是由潜意识决定的。

3. 弗洛伊德把本能区分为生的本能（它驱使人去追求快乐）和死的本能（它驱使人回到无机物状态）。在弗洛伊德看来，人性是恶的。

4. 弗洛伊德把个人精神分为意识、前意识和潜意识。意识是人格的外表，前意识充当稽查者的作用，潜意识是正在被压抑的或从未变成意识的本能冲动。个人的人格是由潜意识决定的。

5. 在弗洛伊德的后期理论中，成人的人格结构由本我、自我和超我三个系统构成。

6. 本我包括所有追求直接满足的本能欲望；超我包括良心和自我理想；自我调节本我、超我和外界现实之间相互冲突的要求，是人格的执行者。一个人的人格特点取决于能量在本我、自我、超我中的分布状况。

7. 弗洛伊德认为，任何本能都有其根源、目的、对象和动量四个特点。它源于身体的需要或冲动，朝着立即求得满足以获得快乐的目的，而满足本能的对象和手段是变化的。每一种行为都可以用本能能量的投注和反投注来描述。

8. 在弗洛伊德看来，焦虑在人格动力和发展中都起着重要的作用。根据对自我造成威胁的根源来自外界环境、本我和超我三种情况，把焦虑分为现实性焦虑、神经性焦虑和道德性焦虑。

9. 自我防御机制的特点是它们都是潜意识的、伪造的或歪曲现实的，其功能是防止本我的冲动。

10. 自我防御机制有很多，其中主要有压制、否认、移置、认同作用、升华作用、投射作用、合理化作用、反向作用、固着作用、退化作用。

11. 弗洛伊德认为，人格的发展是沿着先后有序的心理性欲阶段前进的。如果某个阶段中受到过多的满足或挫折，就会形成成人的某种人格特征。

12. 心理性欲的发展阶段分为口腔期、肛门期、性器期、潜伏期和生殖期。成人的人格特征是由五岁前婴幼期经验决定的。潜伏期和生殖期对人格基本结构的发展是无关紧要的。

13. 在弗洛伊德看来，人格的健康取决于人格结构中的本我、自我和超我之间的和谐一致，以及个人与其外部世界的协调。人格适应者能在爱和工作中体验到快乐。

14. 弗洛伊德治疗心理疾病的主要方法是自由联想、梦的解释和移情技术。这种方法的特点是强调通过对以前经验的再分析来解除压抑，使潜意识欲望化为意识并在情绪上有所领悟。

建议参考资料

1. 车文博(1988):弗洛伊德主义原著选辑(上卷)。沈阳市:辽宁人民出版社。

2. 车文博(1992):弗洛伊德主义论评。长春市:吉林教育出版社。

3. 西格蒙德·弗洛伊德(林尘、张唤民、陈伟奇译,1986):弗洛伊德后期著作选。上海市:上海译文出版社。

4. 弗洛伊德(高觉敷译,1987):精神分析引论新编。北京市:商务印书馆。

5. 西格蒙德·弗洛伊德(顾闻译,1987):弗洛伊德自传。上海市:上海人民出版社。

6. C.S.霍尔(陈维正译,1985):弗洛伊德心理学入门。北京市:商务印书馆。

7. Cloninger, S.C.(1993).Theories of personality: Understanding persons. Englewood Cliffs, NJ: Prentice Hall.

8. Maddi, S.R.(1989). Personality theories: A comparative analysis (5th ed.). Chicago: The Dorsey Press.

9. Ryckman, R.M.(1989).Theories of personality(4th.ed).Pacific Grove, CA: Brooks/Cole.

第四章　新精神分析论

本章内容细目

新精神分析论(neo-psychoanalysis)是西方现代的一种哲学思潮,也是西方现代人格心理学的一个学派。它主要是在20世纪30年代后从经典精神分析论中(除弗洛姆外)分化出来的。新精神分析论有广义和狭义之分。就广义而言,新精神分析论是指在一些基本概念、原理和方法方面并没有脱离弗洛伊德的体系,而同时又对经典精神分析论有所变通、修正和扩充的理论;主要包括1911年从弗洛伊德体系中分化出来的阿德勒的个人心理学(individual psychology),1914年离开弗洛伊德的圈子而独立的荣格的分析心理学(analytical psychology),霍妮、沙利文和弗洛姆的精神分析社会文化学派,以及埃里克森的自我发展理论等。就狭义而言,阿德勒的个人心理学和荣格的分析心理学是经典精神分析论转向新精神分析论的过渡阶段。而美国的社会文化派(social-cultural psychoanalysis)则属于新精神分析论的特有范畴。本章论述的新精神分析论是就广义而言的。

新精神分析论并不是一个统一的整体。虽然这个学派的代表人物们在理论上的侧重点各不相同,但他们反对弗洛伊德的精神分析论中的四个论点却是共同的特征:(1)弗洛伊德坚持本能论(instinctive theory)和泛性论(pansexualism),新精神分析论反对这种主张,强调社会文化因素对人格形成的重要作用。(2)弗洛伊德坚持先天本我的作用,新精神分析论则强调后天自我的作用。(3)弗洛伊德坚持先天生物决定论的悲观主义态度,而新精神分析论相信人自己有能力克服冲突和挫折,不断地向积极方向发展,对未来持乐观主义态度。(4)弗洛伊德坚持早期经验的决定性作用,新精神分析论认为不仅要重视儿童的早期经验,而且要探讨人的一生发展。

新精神分析学派的人格理论内容十分广泛,本章将主要讨论:

1.荣格分析心理学的人格理论的基本要点。

2.阿德勒个人心理学的人格理论的基本要点。

3.霍妮的精神病的文化决定论的基本要点。

4.沙利文的人际关系理论的人格观。

5.弗洛姆的人本主义精神分析论对人格的分析。

6.埃里克森的自我发展论对人格的分析。

第一节　荣格的分析心理学

荣格(Carl Gustav Jung,1875—1961)是瑞士精神分析学家和分析心理学的创始人。他出生于瑞士开斯威尔的一个宗教家庭。宗教信仰是荣格早年生活中的一个重要的主题。他于1900年获巴赛尔大学医学博士学位,接着到苏黎世大学精神病诊所任职。弗洛伊德的《梦的解析》一书出版后,他开始在实践中运用弗洛伊德的观点,并将应用效果写成《早发性痴呆心理学》(1907)一书。1906年荣格与弗洛伊德有了通讯联系,次年他俩在维也纳首次会面,倾谈足足持续了13个小时之久,很快成为挚友。1909年荣格陪同弗洛伊德访问美国克拉克大学,在此期间两人都发表了演讲。1911年荣格在弗洛伊德的全力支持下出任国际精神分析协会第一任主席。但是,荣格对精神分析、潜意识和力必多的理解与弗洛伊德是不同的。在荣格出版了《潜意识心理学》(1912)之后,他与弗洛伊德之间的矛盾不断加剧。1914年荣格辞去国际精神分析协会主席并退出该协会,两人关系决裂。此后,荣格不再支持精神分析论,转而大力倡导分析心理学。他在去世那年出版的一本自传《回忆·梦·思考》中的第一句话"我的一生就是潜意识自我实现的故事"(Jung,1961),道出了他的心理学特点。荣格的分析心理学在研究方法和许多基本论点上,大体上沿袭了经典精神分析论,同时也有不少修正和发展。

分析心理学创始人荣格(Carl Gustav Jung,1875—1961),1875年生于瑞士开斯威尔,获得医学博士学位后,在苏黎世大学研究精神分裂症。1906年起开业行医,并与弗洛伊德交往密切。两人于1909年应邀去美国讲学,但1914年他与弗洛伊德关系决裂,此后转而倡导分析心理学。

图4-1　荣格

一、人格结构

在荣格心理学中,人格作为一个整体被称为精神(或心灵)(psyche)。精神包括所有的思想、感情和行为,无论是意识到的或是潜意识的。它的作用是调节和控制个体,使之与环境相适应。人生来就有一个完整的人格。他在一生中应该做的是，在这种固有的完整人格基础上，最大限度地发展其多样化、连贯性和和谐性，警惕不让它破裂为彼此分散的、相互冲突的系统。分裂的人格是一种病态人格。

精神由意识、个人潜意识和集体潜意识三个相互作用的系统所组成。在荣格看来，人格是一个极其复杂的结构。这一结构不仅由无数要素所组成，而且这些要素之间的相互作用也是错综复杂的。同时这个结构还受到外部环境和来自身体内部的不断刺激。对于荣格的人格结构理论，有人用图示的方式做了生动的描述，见图4-2。

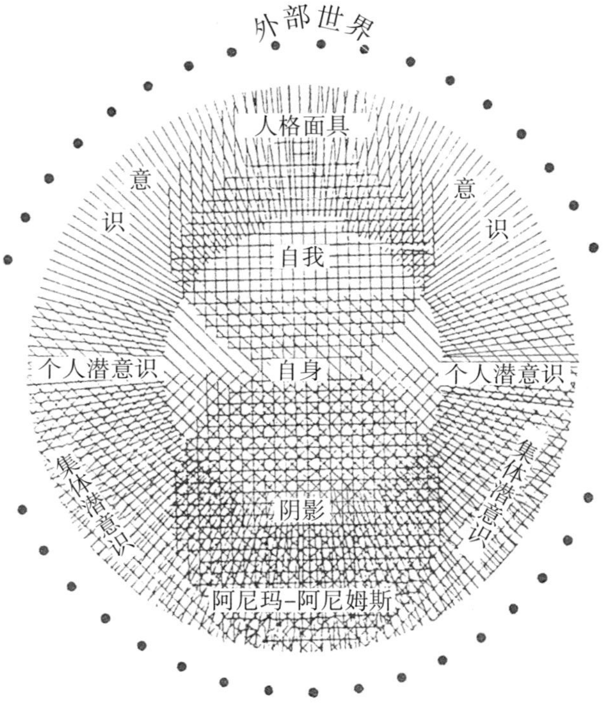

图4-2 精神的结构要素

（采自 Jacobi，1962）

（一）意识

对荣格而言，意识是人心中唯一能够被个人直接知晓的部分。它在生命过程中出现较早，很可能在出生之前就已经有了。这种自觉意识，通过个性化的过程，产生出了一种新要素，荣格将其称为自我。自我（ego）就是我们能够意识到的一切心理活动。自我是意识的中心。尽管自我在整个心理中只占一小部分，但它作为意识的门卫却担负着极为重要的任务。某种观念、情感、记忆和知觉，如果不被自我所承认，就永远也不会进入意识。它像过滤器那样，具有高度的选择性。正是由于自我的这种重要功能，才保证了人格的同一性和持续性。在对自我的理解上,荣格与弗洛伊德的观点颇为相似。

(二)个人潜意识

个人潜意识(personal unconscious)是由曾经被意识到但又被压抑或遗忘,或在一开始就没有形成有意识的印象的内容所构成。荣格的个人潜意识概念与弗洛伊德的前意识概念相似。个人潜意识的内容对个人来说是极易获得的,它与自我是相互作用的。

在个人潜意识中,有一种对个人生活至关重要的特性,荣格称之为情结(complex),即富有情绪色彩的一连串的观念或思想。当说某人具有某种情结时,意思是指他执意沉溺于某种东西而不能自拔,像是上了"瘾"。情结对人们行为的影响是不同的。有恋母情结的人会把大量的时间和精力花在与母亲这个概念有关的活动中。有恋父情结、性爱情结、权力情结、金钱情结或其他类型情结的人,情况也是如此。

情结可以成为人的调节机制的障碍。荣格认为,有许多情结深深根植于他的病人的神经病症状中。情结也往往是灵感的动力源泉,对在事业上取得显著成就有重要意义,因为对事业的迷恋是事业取得成功的关键。

关于情结的形成,最初荣格认为它起源于童年时期的创伤经验。后来他认为情结起源于人性中某种比童年时期的经验更深邃的东西,即他所谓的集体潜意识。

(三)集体潜意识

集体潜意识(collective unconscious)是荣格理论的核心概念。它是人类种系发展的整个过程的沉积物,荣格认为:

> 一种不可计数的千百亿年来人类祖先经验的沉积物,一种每一世纪仅增加极小极少变化和差异的史前社会生活经历的回声。(Jung,1928,p.162)

> 与个人潜意识不同,集体潜意识对所有人来说都是共同的,因为它的内容到处都能找到。(Jung,1917/1953,p.66)

这些镂刻在人脑中的祖先经验,荣格称之为原型。原型(archetype)是那些经历许多世代一直保持不变的经验累积于心中的结果,是一种对世界某些方面进行反应的先天倾向。例如,自从人类诞生以来,每天看着太阳东升西落,这种深刻印象,最后凝结在集体潜意识中,成为一种太阳神或上帝的原型。我们对太阳神或上帝的崇拜,是千万年来的经验镂刻在人脑的结果。每一个时代中每一个成员所经历过的经验,都有相应的原型,例如出生、死亡、上帝、太阳、男人、母亲、英雄等。人生中有多少典型情境就有多少原型,它们代代遗传,决定着个人对世界反应的倾向性。荣格认为,有一些原型对形成个人的人格和行为特别重要,并进行了详细的描述。这些原型是人格面具、阿尼玛、阿尼姆斯、阴影、自身。

1. 人格面具(或人物)(persona)

这是一个人公开展示的一面或精神的外部形象(outward face of psyche)。其目的是给人一个好的印象以便得到社会的承认。它是人在社会中扮演某种角色而发展起来的,是别人据以了解那个人的那部分精神。人格面具只是个人精神的一部分。一个人如果过分偏重人格面具,必然会牺牲人格结构中其他组成部分的发展。

2. 阿尼玛(或阴性基质)(anima)

这是男性精神中所带有的女性特征。阴性基质是男人在漫长岁月中与女人交往时所获得的经验的沉积。其作用是:(1)使男人具有女性特征;(2)为男人在男女交往(包括母子交往、朋友和爱人间的交往)时提供参照系。这种原型的第一个投射对象差不多总是自己的母亲。它会极大地影响男人对女人的选择,影响他对某个女人是喜欢还是讨厌。

3. 阿尼姆斯(或阳性基质)(animus)

这是女性精神中所带有的男性特征。阳性基质是女人在漫长岁月中与男人交往时所获得的经验的沉积。其作用是:(1)使女人具有男性特征;(2)为女人在男女交往中提供参照系。这种原型的第一个投射对象差不多总是自己的父亲。它会极大地影响女人对男人的选择。

相对于人格面具,荣格把阿尼玛和阿尼姆斯称为精神的内部形象(inward face of psyche)。它们的心像总是投射到异性身上,并决定两性关系的性质。

4. 阴影(或阴暗自我)(shadow)

这是代表一个人自己的性别,并影响这个人与同性别的人的关系的原型。它是精神中最黑暗、最深入的部分,比任何其他原型都更多地容纳人的最基本的动物性。它很可能是一切原型中最强大、最危险的一个,是人身上所有那些最好和最坏的东西的发源地。在荣格看来,阴影的动物本性是生命力、自发性和创造性的源泉。他认为,不利用自己阴影的人容易变成忧郁的毫无生命力的人。像一切原型一样,阴影也寻求外部的表现形式。它象征妖魔鬼怪等形象并投射于世界。

5. 自身(self)

这是集体潜意识中的一个核心原型。它把所有别的原型都吸引到它的周围,使它们处于和谐状态,即把人格统一起来,使人格统一、平衡和稳定。荣格认为,自身可以用曼荼罗(见补充讨论4-1)一词表示。自身就像曼荼罗一样,位于构成精神的许多对立部分的中间位置,使精神和谐而均衡。荣格认为,要达到自身充分完善的境界,只有极少数人能够做到。

补充讨论4-1

曼荼罗

曼荼罗(mandala)是印度教密宗与佛教密宗所用的象征性图形,供举行宗教仪式和修习禅定时使用。曼荼罗表征宇宙诸神聚会的圣地和宇宙力量的聚焦点。作为宇宙缩影的人的精神"进入"曼荼罗并向其中心"前进",象征经历宇宙的分解与复合。在日本和我国西藏地区,曼荼罗基本上分为两类,分别代表宇宙的胎藏界和金刚界,前者的运动是从一到多,后者则是从多到一。西藏的唐喀(卷轴)曼荼罗绘有外圈,其内侧有一个或几个同心圆,围绕一方框,有线条从中心延伸到四角,将方框内部隔成四个三角形,每一个三角形的中央和中部绘有五个圆圈,内有神的象征物或神像,最常见的是五尊自生佛。荣格认为,作为最古老的宗教象征的曼荼罗,在全世界任何一个地方都能找到。一个曼荼罗常以回环的环状出现,但有时它也可能是一个正方形或圆形,甚至还包括其他的几何形状。最早的曼荼罗是太阳光轮。在西方,曼荼罗常是十字形、三位一体的象征性标记、哥特式大教堂的玫瑰窗上的彩色图案等。自然界中也有许多曼荼罗,如原子结构和雪花。不论其结构形式如何,它们都有一个中心。在荣格看来,这个中心就像精神中的自身原型。因此,个人的曼荼罗便体现了他的人格。

荣格认为,曼荼罗象征常常自发地出现在患者的梦和想象中。他相信,曼荼罗是一个整体性的原型符号,它把人格统一起来,给它以稳定感和一体感。因此,他强调,每个人都有必要创造出一个自己的曼荼罗。荣格的学说中充满了神秘主义的思想。他的这一原型概念后来不曾有回响,没有引出相关的研究。

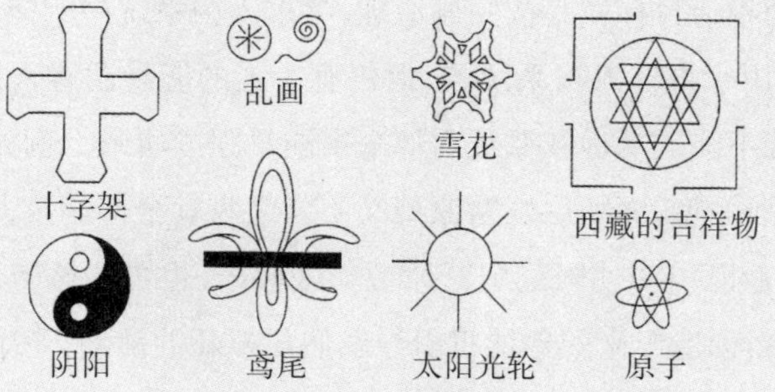

图4-3 各种曼荼罗

(采自 Engler,1985)

二、人格动力

人的精神并不是像岩石那样坚固不变的,而是不断变化的动力系统。荣格认为,人的整个人格或精神是一个相对的封闭系统，其动力源泉则是心理能。心理能在整个精神系统中的分配是由等值原理和熵原理决定的。

（一）力必多

人格的动力是心理能（或心理能量）（psychic energy），荣格用力必多来称呼这种心理能。但是，荣格所说的力必多与弗洛伊德把力必多仅限于性欲是不同的。他把力必多（或欲力）（libido）定义为一般生物的生命能量。它从身体新陈代谢过程中产生，为个人的心理发展提供能源，是人格的动力。不同量的心理能被分配到不同的心理活动中去。被分配给不同心理活动的心理能，在量上是随时发生变化的。

（二）等值原理和熵原理

在荣格看来，人格系统中的能量分配是由两条原理决定的。第一条原理称为等值原理（principle of equivalence），即是说，每一个人能应用的力必多是固定的，如果它被投入人格系统的某个结构，那么就会在其他结构中显示出来。如果在意识中集中了较多的力必多能量，那么潜意识活动中的力必多能量就会减少。力必多能量是守恒的。第二条原理称为熵原理（principle of entropy）。熵是热力学上的一个概念，意思是说能量是依据均衡原则分布的。熵原理说明：心理能总是倾向于从高能量的心理结构向低能量的心理结构转移，直到能量趋于均衡。例如，一个人的人格面具过分发展而阴影呈低度发展，那么心理能就会从人格面具原型流入阴影原型之中。

荣格以为，人的生活目标就是按照熵原理，寻求人格系统中的能量分配达到平衡。虽然力必多是完全被用于维持人格系统的，但仍有一定的能量闲置未用。力必多有这种剩余，是由于人格系统不能成功地在系统内部平衡能量强度所致。例如，如果心理能由人格面具输送到阿尼姆斯原型，而阿尼姆斯原型又不能吸收其全部能量，就会有一些能量剩余出来。这些剩余能量既可能使阿尼姆斯原型膨胀起来，也可能被疏导转移来创造新的象征或类似物。这些新创造出来的象征将引导我们从事新的活动，产生新的兴趣，获得新的发现和走向新的生活方式。

三、心理类型

荣格认为，在与世界的联系中，人的精神有两种态度（attitude）：一种态度指向个人内部的主观世界，称为内倾（或内向）（introversion）；另一种态度则指向外部环境，称为外倾（或外向）（extroversion）。前者性格迟疑、爱思考、孤僻、退缩、常提防戒备、不愿抛头露面；后者性格开朗、爱交际、坦率、随和、乐于助人、常做无把握的冒险。一个人只是或多或少地属于外倾或内倾，而并非整个都是外倾的或整个都是内倾的。“只有当外倾机制占优势时，我们才把一种行为模式称为外倾的”(Jung,1921/1971,P.575)。

荣格还提出四种思想功能(functions of thought)：(1)感觉(sensing)：指明事物存在于什么地方，但不说明它是什么事物；(2)思维(thinking)：指明感觉到的客体为何物，并给它命名；(3)情感(feeling)：反映事物是否为个体所接受，决定事物对个体有何种价值，与喜欢和厌恶有关；(4)直觉(intuiting)：在没有实际资料可以利用时，对过去和将来事件的预感。

荣格认为，思维与情感对立，两者属于理性的功能；感觉与直觉对立，属于非理性的功能。按照两种态度与四种思想功能的组合，荣格描述了人格的八种类型：

思维外倾型(thinking extrovert type)：按固定规则行事，客观冷静；善于思考问题，但固执己见；感情受压抑。

情感外倾型(feeling extrovert type)：极易动感情，外界的细小变化都可能导致情绪波动，多愁善感；寻求与外界的和谐，爱交际；思维受压抑。

感觉外倾型(sensing extrovert type)：寻求享乐，无忧无虑，社会适应性强；不断追求新异感觉经验，情感浅薄，沉溺于各种嗜好；直觉受压抑。

直觉外倾型(intuiting extrovert type)：做决定不是根据事实，而是凭预感；异想天开，喜怒无常，好改变主意；富于创造性，对自己许多潜意识的东西了解很多；感觉受压抑。

思维内倾型(thinking introvert type)：离群索居，沉溺于玄想；实际判断力缺乏，社会适应性差；智商高，忽视日常实际生活；情感受压抑。

情感内倾型(feeling introvert type)：安静，有思想，感觉敏感；情感深藏在内心，沉默寡言，态度既随和又冷淡；属于那种所谓“水静则深”的人；思维受压抑。

感觉内倾型(sensing introvert type)：沉浸于自己的主观感觉之中，对外界世界淡漠寡味，了无生趣；不关心人类的事业，只顾身旁刚发生的东西；直觉受压抑。

直觉内倾型(intuiting introvert type)：偏执而喜欢做白日梦，观点新颖但稀奇古怪；苦思冥想，很少为人理解，但不为此烦恼；以内部经验指导生活。

荣格认为，一个人的态度和思想功能的模式是由儿童身上的先天因素决定的。这种先天固有的模式由于受到父母和社会的影响可能会发生改变。但是他强调，对一个人天性的任何强制性改变都是有害的。

四、人格发展

荣格有关人格发展问题的关键概念是个性化(或个别化)(individualization)。所谓个性化，是指个人的精神的各种成分经历完全分化并充分发展的过程。个性化的过程就是逐步认识诸如阿尼玛、阿尼姆斯、阴影、人格面具、思维的四种功能以及精神的其他组成部分。只有当这些以前是混沌的、未分化的精神组成部分都被认识、被分化,它们才能找到表现的机会。一旦个性化过程出现后,超越功能(transcendent function)就发挥效力。超越功能是一种对人格中所有对立倾向和趋向加以统一、完善和整合的能力。人格发展中的个性化和整合作用(或统整)(integration)总是相互交织在一起的,都是人生而固有的。个人的精神从一种混沌的、未分化的统一状态开始,逐渐发展为一个充分分化了的、平衡的和统一的人格。虽然发展的这个目标很难达到(荣格认为,只有耶稣和佛祖才达到了这种水平),却是人格自我实现的努力方向。

荣格以力必多能量的聚散为依据来划分发展阶段。他把人生划分为四个阶段,人生的第一阶段称为前性欲期(presexual stage);从儿童期后几年到青春期称为前青春期(prepuberal stage);从青春期到成年期称为成熟期(maturational stage);以后还有一个老年期(aging stage)(Jung,1913/1961)。荣格认为,从40岁左右至晚年,是人追求生命意义的最关键时期。人格的发展受到许多条件,包括遗传和父母的影响,以及教育、宗教、社会、年龄等积极或消极的影响。

第二节 阿德勒的个人心理学

阿德勒(Alfred Adler,1870—1937)是奥地利的精神分析学家,个人心理学的创始人,人本心理学的先驱。他出生于维也纳的一个犹太人家庭,1895年获得维也纳大学医学博士学位,后来成为一名精神科医生。1902年,当他写了一篇评论弗洛伊德《梦的解析》的文章后,弗洛伊德邀请他加入维也纳精神分析协会(Vienna Psychoanalytical Society)。阿德勒接受了这一邀请,成为弗洛伊德最早的同事之一。1910年,阿德勒出任该协会主席,但由于在很多观点上与弗洛伊德有很大的分歧,仅隔一年他就正式从弗洛伊德派系中分裂出来。此后,他另组成他所谓的个人心理学学会,吸引了许多追随者。1926年他离开欧洲大陆赴美担任哥伦比亚大学的客座教授,后来定居美国。早在人们提出精神分裂症是一种社会心理现象之前,阿德勒就将精神病视为一种文化现象进行深入的探讨。他说:“社会生活的适应不良,是由……社会原因引起的”(Adler,1929/1969,p.104)。

个人心理学创始人阿德勒(Alfred Adler, 1870—1937),1870年出生于奥地利维也纳,获得医学博士学位后成了一名精神科医生,因仰慕弗洛伊德而加入精神分析行列,不久因意见不合,1911年两人关系决裂。1935年定居美国,任长岛医学院教授,1937年病逝。

图4-4 阿德勒

阿德勒把自己的理论体系称为个人心理学(individual psychology),以区别于弗洛伊德的理论。他所说的个人是一个整体的人,是一个与他人和社会和睦相处,选择和追求与社会理想相一致的人;而不是一切为"性"的动物。弗洛伊德推崇潜意识的本能决定论;阿德勒强调意识的作用,认为人格的动力是社会动机(自卑感和追求优越),并提出创造性自我的概念。弗洛伊德主张治疗的目的是发掘受压抑的早年记忆;阿德勒认为治疗的目的是鼓励将生活格调置于社会利益之上。下面讨论阿德勒人格理论的基本概念。

一、自卑感与补偿

阿德勒反对弗洛伊德把性本能作为人格的动力,认为自卑感(feelings of inferiority)是人格发展的动力。自卑感驱使人产生对优越的渴望。在他的早期理论中,他把自卑感与身体的缺陷联系起来。如果一个人的某种器官功能不足或有缺陷,就会遇到许多生活困难,产生自卑感,因而想变得更有力量。在他看来,变得更有力量就是具有更多的男性品质,而更少带有女性品质。他把这种追求更多的男性品质称为男性反抗(或男性钦羡)(masculine protest)。在他看来,男性反抗、争取权力以补偿(compensation)机体之不足在生命开始时即已具有。由于有机体是作为一个整体单位进行活动的,因而补偿可有两条基本途径:(1)觉知到自己的生理缺陷后,集中力量在低劣的器官上发展其功能。例如,体弱者通过持久的体育锻炼以增强体质。(2)承认自己的某种缺陷,发展自己的其他机能以弥补有缺陷的机能。例如,失明者通过发展听觉或触觉来进行弥补。有时,人通过极大的努力把原先的弱点改变成为自己的优势。例如,古希腊名人狄摩西尼(Demosthenes,公元前384—前322)原有口吃的毛病;他口含一颗石子对着大海演讲,经过艰苦卓绝的努力而成为一位伟大的演说家。这种补偿,阿德勒称为超补偿(overcompensation)。所谓超补偿,是指个人通过极大的努力使原先的缺陷成为优势的过程。

后来,阿德勒扩大了自卑感这个概念的范围,认为自卑感起源于个人生活中所有不完全或不完美的感觉,包括身体的、心理的和社会的障碍,不管是真实的障碍或是想象的障碍。补偿或超补偿就是直接指向个人真实的或想象的自卑感。

阿德勒认为,个人的自卑感起源于婴幼时期的无力、无能和无知。婴幼儿完全依赖成人才能生存,所以生命之初就有自卑感。有了自卑感,人也就有了补偿的需要;不断地补偿又不断地发现新的自卑,于是又向新的优越努力。一方面感到自卑,另一方面有优越目标的引导,这种一推一拉的过程持续不止,这就是一个人发展的基本动力。自卑感不仅不说明一个人是不正常的,而且它也是全部人类文化的基础。阿德勒说:"自卑感并不是变态的……依我看来,我们人类的全部文化都是以自卑感为基础的"(黄光国译,1984,109页)。

那么,是不是自卑感越重,人就越力争上游呢?阿德勒认为,自卑感一方面是积极的驱动力,同时也可能导致精神病。沉重的自卑感可能使人束手无策、心灰意懒,甚至导致万念俱灰、万事皆休的结果。在这种情况下,自卑感便成了阻碍个人积极成长的障碍力量和破坏力量,阿德勒称这种情况为自卑情结(inferiority complex)。总之,在阿德勒看来,自卑感和补偿是人格发展的动力。每个人都有不同程度的自卑感。它可以是力争上游的动力,也可以导致精神病。

二、追求优越与生活格调

阿德勒认为,每一个人生来就有的基本动机是追求优越。为了克服自卑感,个人便以其生活格调来获得优越感。

(一)追求优越

一个人从婴幼儿时期就开始不断产生自卑感,同时又不断进行补偿,他或她所要达到的目的是什么呢?阿德勒认为,每个人奋力追求的目标就是优越(superiority),包含更加完美的发展、成就、满足和自我实现。他把追求优越称为"我们生活的基本事实"(Adler,1930,p.399)。在阿德勒的早期观点中,追求优越(或追求卓越)(striving for superiority)就是追求更多的攻击、力量或男性品质。但后来,他把追求个人优越改为追求一种优越而完善的社会。

在阿德勒看来,追求优越是人的本性,是先天遗传的。正是这种与生俱来的本性使所有人不断追求优越和完美。不仅个人,而且整个人类都永远在追求优越。

同自卑感一样，追求优越既能导致积极的发展，也能引起优越情结(superiority complex)。如果一个人一心一意只追求自己的优越而忽视其他人和社会的需要，那么这个人就产生了一种优越情结。有优越情结的人表现为专横跋扈、爱虚荣、言过其实、骄傲自大、自以为是。这种人缺乏社会兴趣，令人讨厌。

(二)生活格调

所有人的最终目标是追求优越，但是怎样去追求优越则取决于个人独特的条件。每个人试图获得优越的独特手段被称为生活格调(或生活方式)(style of life)。生活格调是一种管辖结构，它决定了个人重视和忽视生活的哪些方面以及如何重视和忽视，还有个人的未来目标和以何种手段和方式去追求目标。生活格调表现了一个人人格的整体性和独特性。

个人的生活格调是在什么时候形成的？在这个问题上阿德勒与弗洛伊德的观点是一致的。他认为，个人的生活格调在4~5岁时就已完全定型。一个儿童形成怎样的生活格调取决于他个人的条件。如果一个儿童由于某种原因产生自卑感(无论是真实的还是想象的)，他的生活格调就会针对这种自卑感进行补偿和超补偿。如果一个儿童把他的母亲或父亲当作强者来模仿，他就会形成与其母亲或父亲类似的生活格调。因此，可以认为，获得一种生活格调也就是获得一种同一性(identity)。在本章第四节中，我们还可以看到埃里克森也是用同一性概念来描述个人如何整合生活统一主题的另一位人格理论家。他们在这个问题上的主要分歧是：阿德勒认为这种同一性(生活格调)在5岁时已形成，而埃里克森则认为它是在青春晚期才形成的。

补充讨论4-2

最初记忆事件与个人的生活格调

在阿德勒看来，每个人追求优越的目标是不同的，个人所处的环境也千差万别，因而导致每个人试图获得优越的方法也迥然不同。阿德勒把个人追求优越目标的方式称为生活格调。既然生活格调是在一个人追求优越的奋斗过程中建立起来的，那么，通过童年生活的回忆，便可以发现过去的记忆与现在行为之间的关系。由于人的记忆带有主观选择性，具有想象和创造的成分，因此，通过最初记忆，可以发现个人所感兴趣的东西，使我们找到通往人格的一条线索。阿德勒对于用个人能回忆起的最初往事来发现个人生活格调的起源曾说过这样一段话：

"偶然的记忆"是不存在的:个人从自己碰到的数以千计的印记中选择记忆的仅是与他所处的情境中最有联系,却是模糊的事情。因此他的记忆表征着他的"生活经历";为了警告和安慰自己,为了使自己致力于奋斗目标,为了用过去的经历培养自己用一种经受考验的行动风格来迎接未来,他常常对自己多次复述这个经历。(Adler,1931,p.73)

阿德勒曾谈到他自己的最初记忆(Adler,1924),所回忆出的是:他五岁时在上学的路上要穿过一个墓地总感到十分害怕。每次上学时,他都很害怕,但是其他同学似乎一点儿也不在乎墓地,这使他更感到不安和害怕,增强了自卑感。有一天他决定不再害怕了。他将书包放在地上,然后来回12次穿过墓地,直到克服了恐惧感为止。从那天起,他上学时再也不害怕墓地了。阿德勒认为,这个最初记忆似乎表明他个人人格的某些东西。他从很小的时候起,就努力克服自卑感和恐惧感,以勇敢的行为进行补偿,使自己坚强起来而不是低人一等。

30年之后,阿德勒同一位老同学交谈时,询问那块墓地是否现在还在。他的那位同学十分惊异地说,那里从来就没有什么墓地。阿德勒自己也十分吃惊。他的回忆是那样生动清晰。后来,他还询问过其他老同学,都说从来就没有墓地。最后,阿德勒认识到,虽然他回忆的事情是错误的,但是它反映了他童年时的瘦弱、自卑以及战胜它们的勇气和努力。他认为这些就成了他一生的特点。最初记忆揭示了他的生活格调的一个重要方面。

阿德勒以最初记忆事件来探讨个人的生活格调,也反映了他的人性观。在阿德勒看来,认识和理解某个人的生活格调,就意味着把握了这个人的本质。阿德勒认为,人类是由自卑感和不完善推动的,以其独特的生活格调作为达到某种未来目标的手段,而朝着完美发展而奋斗的。在理解人类的行为上,他注重未来,但并不忽视过去的作用。最初记忆的事件,即使是虚构的目的,对个人企图解决生存中的问题也十分有用。

阿德勒把生活格调分为健康的和错误的。健康的生活格调(healthy style of life)使个人趋于完美,使他与他人和睦相处,有利于社会目标的实现。错误的生活格调(mistaken style of life)是建立在自私自利基础上的,是与社会目标相违背的。

三、创造性自我与社会兴趣

阿德勒用创造性自我的概念来说明每个人都有决定自己生活的自由。虽说他把社会兴趣视为人类的天性,但他认为,只有在社会生活中才能得到发展,并强烈主张发展为人类谋福利的社会兴趣。

(一)创造性自我

霍尔和林赛把阿德勒的创造性自我称为是他"作为人格理论家所取得的最辉煌的成就"(Hall & Lindzey,1978,p.165)。创造性自我(creative self)是指人格中的自由成分,它使得个体能在可供选择的生活格调和追求目标之间进行选择。阿德勒认为,人类不是环境或遗传的简单被动的接受者。相反,每一个人都自由地作用于这些影响,按照个人自己

“创造”的方式将它们加以组合。因此，即使两个人的遗传与环境相似，个人的人格结构成分相似，也决不会存在两个完全相同的人。正像前已述及的，某些有生理缺陷的人经过补偿，成为对社会有益的人；但另一些人却因生理缺陷形成了自卑情结，一事无成。在阿德勒看来，差别就在于选择，即创造性自我上的不同。

阿德勒确信，每一个人都能自由地选择自己的生活格调和追求目标。对生活的许多可能的解释展现在人们的面前，个人完全可以从中自由选择对自己最有效用、最适合的一种。每个特定的个体都有其生物遗传因素和环境影响，但是，正是创造性自我对这些变量的作用和解释决定了个人的人格。阿德勒的这种观点为后来的存在主义人格论（见补充讨论10-4）所继承。

（二）社会兴趣

阿德勒认为，人是社会动物，在本性上人具有天生的社会兴趣（social interest）。社会兴趣是全人类和谐生活、友好相处、渴望建立美好社会的天生需求。“社会兴趣不仅是一种情感，也是一种对生活的评价态度”，一种“用他人的眼睛去看的能力”（Adler，1956，p.135）。

虽然社会兴趣是遗传而来的，但它必须加以认识才能得到发展，并且只有当儿童处在社会生活中才能得到发展。如果这种潜能没有被认识，社会兴趣得不到充分的发展，这样的人就会过着最不幸的生活。阿德勒认为：

> 所有失败者——神经病患、精神病患、罪犯、酗酒者、问题少年、自杀者、堕落者、娼妓——之所以失败，就是因为他们缺乏从属感和社会兴趣。（黄光国译，1984，11页）

阿德勒认为，在社会生活中，每个人在其一生中都必须解决三个重大问题：职业任务、社会任务、爱情和婚姻任务。这些问题的解决都需要有充分发展的社会兴趣。阿德勒提倡，我们生活的意义“应该是奉献、对别人发生兴趣和互助合作”（黄光国译，1984，13页）。

阿德勒从人格早期决定论的观点出发，认为母子相互作用的性质决定了儿童社会兴趣的程度。根据人们所具有的社会兴趣的程度，他把人分为四种类型：（1）统治支配型（ruling-dominant type）：这种人倾向于统治支配他人。（2）索取依赖型（getting-learning type）：这种人总是竭力从别人那里获得他想要的一切。（3）躲避型（avoiding type）：这种人以碌碌无为、回避问题的方式在人生中避免失败。（4）社会有益型（socially useful type）：这类人正视问题，试图以一种有益于社会的方式解决问题。前三种人的生活格调是错误的，因为他们缺乏社会兴趣；只有社会有益型者才有充实而有意义的生活，因为他们是为人类谋取更多福利的人。

四、人格适应

从追求优越和社会兴趣等概念出发，阿德勒阐述了人格适应的性质。在人格适应和治疗方法问题上，如何对待潜意识和性本能的角色，阿德勒与弗洛伊德有明显的分歧。

（一）适应的性质

阿德勒认为，适应良好的个人有勇气面对问题，追求优越和完美，形成健康的生活格调和社会兴趣。适应不良的个人只追求个人的优越而缺乏足够的社会兴趣。各种心理疾病都是由错误的生活格调所导致的。无论是健康的或是错误的生活格调都是在童年期形成。阿德勒认为，生理缺陷、娇宠、被忽视等童年条件都可能产生错误的生活格调。

（二）治疗的目的和方法

在阿德勒看来，如果不健康的人对自己的生活格调缺乏理解，那么即使他有最多的痛苦经验也不会改变其生活格调。因此，治疗的目的是让患者对自己的生活格调全貌有透彻的了解，把自己的生活格调置于社会利益之上。而要对患者进行治疗，首先要评鉴其生活格调。阿德勒评鉴一个人的生活格调的主要方法是出生顺序、最初记忆和梦的解释。

1. 出生顺序（birth order）

儿童在家庭中的排行会使他们在家庭中的地位不同，因而在他们的生活格调上留下无法拭去的印记。阿德勒曾研究过长子、次子、幼子和独生子的各种生活格调，认为出生顺序决定着一个人的生活格调。其实，出生顺序对一个人人格形成的影响，还与儿童如何对待这种影响密切相关。儿童有可能把不利因素变为有利因素，也可能把有利因素变为不利因素。

2. 最初记忆（first memories）

阿德勒认为，诊断患者生活格调的一种最佳方法是要求他说出他能够记住的最早事件。回忆出的事件无论是真实的还是幻想的，都无关紧要。因为在这两种情况下个人生活的主要兴趣都围绕着他所记住的事件上，而最初记住的事件乃表现了这个人的生活格调。关于这个问题，请参阅补充讨论4-2。

3. 梦的解释（dream interpretation）

阿德勒赞同弗洛伊德关于梦在理解人格中的重要价值的观点，但不赞同弗洛伊德的解释。他认为梦是个人生活格调的反映，它定向于现在和未来，即指向目标，而不是愿望的满足或反映深层的冲突。因此，对梦的解释的目的在于确定个人的生活格调。

在了解患者生活格调的基础上，为了使患者面对自己的自卑感，阿德勒学派的治疗主要是采取鼓励和肯定，以帮助患者提高克服困难的勇气。阿德勒总是力图使患者打破自我偏见，鼓励他们在应付生活中的问题时做出有意义的选择。此外，阿德勒的治疗不像弗洛伊德那样只是被动地听、问或做些解释，他除了解释之外还把主要时间用于对患者的劝告上。虽然他也同患者谈及过去经验，但更强调改变现状，选择和追求未来行为的目标。他治疗儿童问题行为的方法，最著名的是采用直接指示，改变儿童生活中有显著影响的成人（父母或教师）的行为。阿德勒的治疗方法与当代的行为疗法、认知疗法有相当大的共同性。

第三节 精神分析的社会文化论

精神分析的社会文化学派（sociocultural school）的主要代表人物有：霍妮（Karen Horney，1885—1952）、沙利文（Havry Stack Sullivan，1892—1949）、弗洛姆（Erich Fromm，1900—1980）。其共同特点是修改和抛弃了弗洛伊德的本能论和泛性论，把文化、社会条件和人际关系等因素提到了精神分析的人格理论和治疗原则的首位。下面介绍他们的观点。

一、霍妮的神经症文化决定论

德裔美籍精神分析学家霍妮的许多概念是对弗洛伊德学说的进一步阐释和修正。她特别反对弗洛伊德漠视文化因素，把神经症视为由生物因素决定的观点；主张文化决定论（cultural determinism），认为文化因素对常态行为和神经症行为的形成都起着决定性的作用。霍妮除强调人格发展的社会文化因素外，还提出了基本焦虑论（basic anxiety theory）用来解释人格的发展和异常。

基本焦虑的创始人霍妮（Karen Horney，1885—1952），1885年出生于德国的汉堡，毕业于柏林大学医学院，随后执教于柏林精神分析研究所。1932年赴美，任芝加哥精神分析研究所副所长。1934年任教于纽约精神分析研究所，直至1952年逝世。

图4-5 霍妮

(一)神经症的起因

霍妮认为,神经症是由紊乱的人际关系而产生的;神经症行为起源于早期的亲子关系。儿童期有两种基本需要,即安全(safety)和满足(satisfaction)。儿童的这两种需要要得到满足完全依赖于父母。但父母对待儿童的需要则有两种类型:(1)给儿童以真正的爱和温暖,满足其安全需要;(2)对儿童冷漠,厌恶甚至憎恨儿童,使儿童的安全需要受挫。在前一种情况下,儿童正常发展;而在后一种情况下则会引起神经症。因此,霍妮认为,父母对待孩子的态度是决定孩子人格健康与否的重要因素。"在全部环境因素中,涉及性格形成的最主要的因素是一个孩子成长于其中的人际关系"(Horney,1939,p.78)。

霍妮把父母损害儿童安全需要的行为称之为基本罪恶(basic evil)。例如,如果父母以漠视、遗弃、厌恶、偏爱、惩罚不公等行为来对待孩子,他们对其父母就会产生基本敌意(basic hostility)。这样,一方面孩子依赖父母,另一方面又对父母抱有敌意,生理冲突便由此产生。由于无能为力而压抑敌意的儿童似乎在说:"因为我需要你们,所以不得不压抑我对你们的敌意"(Horney,1937,p.86)。由于恐惧而压抑敌意的儿童似乎在说:"因为我怕你们,所以我必须压抑我的敌意"(Horney,1937,p.86)。

那么,什么是基本焦虑呢? 霍妮认为,基本焦虑(basic anxiety)就是儿童觉得自己生活在这个潜伏着敌意的世界上所体验到的孤独和无能的感情。

总之,按照霍妮的观点,神经症源于儿童与父母的相互关系。如果儿童真正得到父母的关爱与家庭的温暖,就会感到安全,人格就正常发展。如果儿童从小就没有享受到父母的关怀与爱护,就会产生不安全感,对父母抱有敌意,这种态度最后又泛化到周围的所有事物和人身上,进而转变为基本焦虑。一个具有基本焦虑情绪的儿童很容易在成年时表现出神经症。

(二)控制基本焦虑的策略

既然基本焦虑的根源是无助感和恐惧感,那么体验到这种焦虑的人总是想方设法使其减弱到最低的程度。霍妮提出了10种控制基本焦虑的策略,其实也是10种神经症倾向(neurotic trends)或神经症需要(neurotic needs)(Horney,1942,pp.54~60)。

1.感情和赞赏的神经质需要

这类人的行动常取悦于他人和迎合于他人,他们所关心的是使他人对自己有良好的印象。他们对被拒绝或失去朋友极为敏感。

2.寻求能够照管他生活伙伴的神经质需要

这种人常寻求和别人生活在一起,要别人保护他,使他免于危险,并满足其需要。他们通常极害怕孤独、被弃之不顾。

3. 把自己拘限于狭小生活领域内的神经质需要

这种人的生活空间极为狭小并且尽可能不去惹人注目。他们特别谨慎、小心，以免他人注意自己。

4. 权力的神经质需要

这种人为了寻求权力常不惜去伤害他人，他们唯一关心的是他人的驯从性，以为有了权力就可以随心所欲、为所欲为。

5. 利用他人的神经质需要

这种人生怕别人沾自己的光，他们总是利用别人以达到个人自己的利益。

6. 获得声望的神经质需要

这种人的自我评价是由社会认可的程度来决定的。

7. 寻求别人赞美的神经质需要

这种人常夸张自己的形象并期望别人对自己的吹捧和恭维。

8. 获得个人成就的神经质需要

由于本质上的不安全感，这类人对名望、财富或举足轻重的作用怀有强烈的兴趣，常迫使自己寻求更高的成就而不顾及后果。

9. 自负和不依靠他人的神经质需要

这类人当他们试图去寻求满意的人际关系而失败时，就会拒绝与他人往来，而变成孤独寂寞的人。

10. 寻求完美无疵的神经质需要

这类人由于害怕犯错误而受到他人的批评，总是力求完美。他们会尽力搜寻自身的弱点，在别人未发现前加以掩饰或改正。

事实上，正常人也有上述需要。但是正常人的需要是适当的，或适可而止的，不像神经症患者那样，一种强烈的需要完全排斥了其他的需要。正常人不会把自己的生活完全局限于一种需要；当条件发生变化时，他们也会改变自己的需要。

(三)神经质的三大类型

霍妮将上述10种神经质需要归为三大类型：第一类是接近众人；第二类是远离众人；第三类是反对众人。她还描述了神经质者对其他人的适应情况。

1. 接近众人(moving toward people)

这种适应模式包括感情和赞赏的神经质需要，寻求能够照管他生活伙伴的神经质需要，以及把自己拘限于狭小生活领域内的神经质需要。霍妮把这种类型的人称之为依从型(compliant type)。这种人可能会说:“如果我依从，那我就不会受到伤害”(Horney,1937,p.97)。

2.远离众人(moving away from people)

这种适应模式包括自负和不依靠他人的神经质需要，寻求完美无疵的神经质需要。霍妮把这种人称为超脱型(detached type)。这种人可能会说:“如果我隐退，那什么也不会伤害我”(Horney,1937,p.99)。他们不以任何方式在感情上与他人发生联系，在自己周围筑起一道任何人都无法穿透的魔圈。

3.反对众人(moving against people)

这种适应模式包括权力的神经质需要、利用别人的神经质需要、获得声望的神经质需要、寻求别人赞美的神经质需要、获得个人成就的神经质需要。在许多方面，这种类型的人与依从型相反。霍妮把这种人称为敌意型(hostile type)。这种人可能会说:“如果我有权力，那谁也不能伤害我”(Horney,1937,p.98)。

10种神经质倾向或简化了的三种神经质类型被霍妮看作为消除基本焦虑而采取的原级防卫(primal defense)，神经质者会将其当作必不可少的生活方式，他们不是去驾驭这些需要，而是受其驾驭。这就给患者带来许多生活的问题和内心的缺陷。

总之，霍妮抛弃了弗洛伊德的生物本能论和泛性论，强调社会文化因素对人格形成的决定作用。她提出的神经症倾向，其实就是个人的自我障碍以及个人与他人关系的障碍而导致的人格障碍。心理学家沃尔曼认为:

> 霍妮对心理学理论的贡献是相当大的，这是由于她引进了一种强调社会因素的人格模式，很少或者根本就不把人格模式归因于内在因素。(沈德灿等译，1981,376页)

二、沙利文的人际关系理论

沙利文(或译苏利文)(Harry Stack Sullivan,1892—1949)是美国著名的精神病学家，也是精神分析社会文化学派的主要代表之一。他的心理学理论被称为人际理论(或人际关系论)(interpersonal theory)。他认为，精神障碍源于人际关系或社会关系，因此富有成效的心理治疗方法就必须从人际关系入手。他关于人格的性质、人格动力的论述颇具特点，下面介绍沙利文这方面的观点。

精神病的人际理论创始人沙利文（Harry Stack Sullivan，1892—1949），1892年出生于纽约市郊，获得芝加哥大学医学博士学位后在军中服兵役。1922年任职于华盛顿一医院，1923年任教于马里兰大学医学院并从事精神分裂症研究。1949年在参加国际性会议后，逝世于巴黎。

图4-6　沙利文

（一）人格的性质

与霍妮一样，沙利文也反对弗洛伊德的本能论和泛性论，认为人格的形成和发展是人与人之间相互作用的结果。他对人格的定义是：

> 人格是重复的人际情境的相对持久的模式，重复的人际情境是一个人生活的特性。（Sullivan，1953a，p.111）

> 人格可以看作假设的存在，它是在人际关系中表现出自身的。人际关系包括与真实的或想象的他人的相互作用，与其直接或间接地一体化为动能的复合，还包括与人创造的传统、习俗、发明和制度的相互作用。（Sullivan，1962，p.302）

在沙利文看来，人格作为假设的存在是从造成行为的基本人际关系中抽象出来的。我们只能根据个人的人际关系才能了解人格，除了人与人之间所传达的内容之外，便无法了解个人的人格。实际上他把人格化解在人际关系和社会关系中。他说："每个人有多少种人际关系，他就有多少种人格"（Sullivan，1950，p.329）。此外，他不同意弗洛伊德关于人格早期定型这一观点，认为人格发展可持续到10岁以后。人格是在人际相互作用过程中发展的，不能说人格是固定的因为它依赖于被一体化了的社会环境。

（二）人格动力

沙利文认为，人格发展的动力是个体和他人之间的关系，同时人格通过人与人之间的相互交往而表现出来；没有社会上其他人的影响，人格是不存在的。他提出重要他人（significant others）的概念，用来说明影响人格发展的人不仅是现实生活中的人，也可能是记忆、想象、文学作品中的或理想化的人物形象。沙利文认为，人格的形成与发展最初源于个体生理和心理上的紧张感，造成紧张的原因是生理需要（对食物、空气、水和性等的需要)和社会不安全感(主要为人际焦虑)。婴儿为了满足自己的生理需要,获得安全感,就必须和母亲建立最初的人际关系。他特别强调母-婴之间的相互关系,认为婴儿生理需要的满足和安全感的获得,都有赖于母亲的行为和态度,而婴儿对母亲的行为态度是非常敏感的。如果母亲在满足婴儿需要时行为粗暴或流露出紧张、愤怒和不愉快,那么婴儿就会感觉到这些情绪,产生焦虑和不安全感。焦虑影响婴儿生理需要的满足,影响母-婴之间的正常关系,而婴儿却无力回避或摆脱它,这种焦虑会在儿童以后的成长中进一步扩散,影响个体正常的人际关系和人格发展。在沙利文看来,生理需要的满足是人格发展的基础,而出现较晚的、更复杂的安全感的需要,则是重要的人格发展动力。

他还创造了动能的概念来阐述人格能量的转换。所谓动能(dynamism),是指在人际交往过程中产生的使个体人际关系特征化的能量转换结构,也指个体生理或心理上重复持续的行为习惯或整体性的人格倾向。它控制个体的生理能量,根据需要而对能量进行转换,以此决定人际关系的特征,引导人格发展的方向。动能也是沙利文分析人格的基本单位,动能的种类很多,主要可分为生理的和人际的,其中最重要的是自我动能。生理区域动能(zonal dynamism)是指个体与某些环境有关的躯体生理部位的能量转换结构。它与吃、喝、性等行为活动密切相连,是一种与生俱来的动能。其活动主要是为了满足生理需要。人际动能(interpersonal dynamism)是指个体从人际交往的经验中所获得的一种能量转换结构,表现为个体对自己与他人之间人际关系的意识,对人际行为的调节和改变等能力。其活动主要是为了满足人际交往的需要。自我动能(self dynamism)也称自我系统(self-system),是指以个体的人际经验为基础所建立起来的一种自我印象。最初源于母-婴之间的焦虑,即婴儿为了满足生理需要,获得安全感而竭力愉悦母亲,并逐步服从母亲所代表的社会规则,因奖励和惩罚而区分出“好的我”与“坏的我”。自我系统是社会道德规范和文化的产物,其活动主要是为了减轻焦虑,认识外界环境中的种种人际关系,并加以对付和适应。

在沙利文看来,个体以人际经验为基础便形成了对自己和对他人的习惯性印象(包括情感、态度和思维等),这一过程,他称为人格化(personification)。但这种印象受个体自我系统特征的影响,并不一定是个体或他人的真实表征。同时在人格发展的不同阶段中,人们感知和认识外部世界的经验模式(mode of experience)也不同,从而使个体表现出对己、对人、对事的不同人格特点。

关于心理疾患,沙利文认为不只涉及受创伤的内在精神核心,而且也涉及不安的社会关系,甚至强大的社会压力。在心理疾病的治疗方面,沙利文认为精神病医生的工作是尊重患者,通过精神分析的方法引导病人正确认识自己,树立起对前途的信心。

三、弗洛姆的人本主义精神分析论

德裔美籍著名人格心理学家弗洛姆和霍妮一样，也反对弗洛伊德的本能论和泛性论，强调社会文化因素对人格发展和神经症致病的作用。但弗洛姆将社会影响从家庭的直接影响扩大到社会关系和社会制度的影响，并从历史发展的角度说明社会文化对人格的影响。他说："无论是人类最丑恶的还是最美好的倾向，都不是人类固有的、由生物因素决定的本性，相反，它们是人类自己创造的社会过程的产物"（Fromm，1941，p.12）。弗洛姆的著作甚丰，内容广泛。其主要特点是从人本主义出发，将精神分析揭示的病态问题与对资本主义的道德批判结合起来。其中，他对人的心理需要和性格类型的论述颇具特色。

弗洛姆（Erich Fromm，1900—1980），1900年出生于德国法兰克福。获海德堡大学博士学位后，在柏林精神分析学院接受训练。1933年移居美国，先在芝加哥精神分析学院讲学，而后自行开业，1951年任墨西哥国立大学教授，1974年迁居瑞士，1980年逝世。

图4-7 弗洛姆

（一）人的心理需要

弗洛姆认为，人作为一个动物，他具有与动物相同的生理需要；而作为一个人，他具有觉知、推理和想象能力。这两方面构成了人类生存的基本条件。弗洛姆所说的人的需要就是指人的独特的心理需要。他认为，人性的最基本的特征是自我实现的倾向，要使这种倾向得以实现，就得发挥自我觉知和理性的能力，以充分满足人的心理需要。这种源于人类生存基本条件的需要，如果不能以某种方式得到满足，人就会精神失常以至于患神经症。他在《健全的社会》（1955）一书中提出了人的五种独特的心理需要：

1.关联的需要（或相属需求）（need for relatedness）

关联的需要（或相属需求）指与别人发生关联的需要，即需要去爱和关心他人。爱既是一种归属，也是一种结合。

2.超越的需要（need for transcendence）

超越的需要指人期望自己能超越动物的被动性而成为创造者的需要。

3.归根的需要(或生根需求)(need for rootedness)

归根的需要(或生根需求)指人总有寻求归宿感的需要,即与别人建立手足情谊,谋求团结,以摆脱孤独和不安全感的需要。

4.同一性的需要(或独立需求)(need for identity)

同一性的需要(或独立需求)指人追求自己掌握自己的命运,自己做出决定,真正感受到自身生活的需要。

5.定向框架的需要(或定向需求)(need for a frame of orientation)

定向框架的需要(或定向需求)指人对环境有一种形成稳定的、一致的认知结构的需要。为此他应用理性的方法替自己树立一个忠诚的对象、一个目标甚至一个上帝,以寄托生命的价值和意义。

这些需要与特定的社会结构遥相呼应,对个人作用的结果便形成了每种社会方式的社会性格。

(二)社会性格

弗洛姆认为,性格存在于人的潜意识之中,是左右行为的内在机制。每个人的性格均可分为个人性格和社会性格两个部分。个人性格(personal character)用以区分人与人之间的差异,是一个人在其文化中的经历同气质、生理结构等因素共同作用的结果。社会性格(social character)是同一文化中所有成员的共同特征,是人格结构中的核心部分,源于群体的基本和共同的经验。弗洛姆在《为自己的人》(孙依依译,1988)和《人心》(1964)两部著作中提出了五种基本的性格类型:

1.接纳性格(或依赖性格)(receptive character)

这种性格类型的人以被动、屈从、怯懦、贪婪、轻信和伤感为特征,凡事依赖他人,生活靠别人供给,行动听别人支配,其人生格言是一切依赖外界。他们只是接受者而不是施予者。

2.囤积性格(hoarding character)

这种性格类型的人以吝啬、多疑、迂腐、顽固、懒惰和占有为特征。他们视消费为威胁,把安全感建立在囤积和拥有物的基础上。其人生信条是"世上没有新东西"。

3.剥削性格(或掠夺性格)(exploitative character)

这种性格类型的人以敌意、挑衅、利己、强占、窃取、粗鲁和傲慢为特征。他们以强力或狡诈夺取他人的物质财富和精神财富,其人生信条是"获取我所需要的"。

4.市场性格(marketing character)

这种性格类型的人以投机、应变、空想、虚无、冷漠和浪费为特征。他们把自己当作可出售的商品，所关心的不是自己的生命和幸福，而是他自己的销路。其人生信条是“买卖主义至高无上”。

5.生产性格(productive character)

这种性格类型的人以独立、自主、完整、自发、爱和创造为特征。他们能运用自身的力量去实现自己的潜在能力，能把自身与他人、与宇宙融为一体，能体验到生活的幸福和人生的意义。

以上前四种性格属非生产性取向(nonproductive orientations)，是不健康的性格类型，主要是由当代资本主义经济制度的既定状况所造成的。第五种性格属生产性取向(productive orientation)，是健康的性格类型，这也是弗洛姆寄予人类的希望。弗洛姆还认为，性格类型并没有纯粹的形式。一个人心理健康与否，端视他身上的消极和积极性格特性的比例而定。积极的性格占优势，人的心理就健康；反之，其心理就不健康。

第四节　埃里克森的自我发展理论

埃里克森(Erik Homburger Erikson，1902—1994)在精神分析领域的主要贡献是他的自我发展理论(theory of ego development)或心理社会同一性理论(theory of psychosocial identity)。他出生于德国法兰克福，父亲为丹麦人，但在他出生后不久，父母就离了婚。母亲在他3岁时嫁给了一位曾给他治过病的儿科医生，他俩都是犹太人，而埃里克森看起来却更像丹麦人。念完高中后他在欧洲漫游一年之久，试图寻找自己的人生道路。最后决定要做个艺术家并从事艺术教学工作。25岁时他应聘到维也纳一所由安娜·弗洛伊德等人创办的学校任教，从此结识了弗洛伊德一家，并开始跟随安娜从事精神分析工作。1933年，他和家人迁居美国，成为波士顿第一位儿童精神分析家。1939—1944年，他参加了加利福尼亚大学儿童福利学院著名的纵向“儿童指导研究”，他的人格发展渐成说就是在这一时期形成的。1950年，他离开加利福尼亚州转往马萨诸塞州的欧斯汀雷格中心担任高级会诊医生，这是一个著名的精神障碍青少年治疗中心。1960—1970年，他在哈佛大学任人类发展学和精神病学教授。埃里克森因其工作和著作而享誉学界。他的《少年路德：一个精神分析和历史的研究》(1958)和《甘地的真理：论好战的非暴力根源》(1969)两本书的出版使他在心理传记领域也有重要贡献。埃里克森的理论中最驰名的是自我心理学和人格发展的八个阶段的理论，本节将讨论这两个主题。

心理社会发展论创始人埃里克森(Erik Homburger Erikson，1902—1994)，1902年出生于德国法兰克福，念完高中后在欧洲浪迹一年，后跟随安娜·弗洛伊德学习精神分析。1933年赴美，在波士顿开设儿童精神分析诊所，同时任职于哈佛医学院，接受耶鲁大学委托从事专题研究。1960年起任哈佛大学教授，1994年去世。

图4-8　埃里克森

一、自我心理学

埃里克森经常称自己为弗洛伊德理论的热忱拥护者，把弗洛伊德的著作比作“磐石”，认为一切有关人格的理论都是建基于其上。他的确也接受了弗洛伊德的人格结构理论，也承认人格结构的形成源于力必多。但是，埃里克森与弗洛伊德的侧重点和赋予自我的功能是大不相同的。

在弗洛伊德看来，自我的功能是在不侵犯超我的道德要求的情况下来寻求满足本我冲动的现实途径。自我只是“本我的雇佣”，它没有自己的需要。整个人格的能量由本我供给。个人做的所有事情，其根本目的是降低本我的需求。但是，埃里克森则赋予自我以特征和它自身的需要。他认为，自我以为本我服务作为出发点，但在为本我服务的过程中发展出它自身的各种功能。例如，自我能够组织个人的生活，保证个体生理环境和社会环境的和谐一致等。他强调自我对健康成长和适应的影响，同时自我也是个人自我觉察(self-awareness)和同一性的根源。由于埃里克森强调自我的自主性，而与弗洛伊德早期把自我仅作为降低本我引起不安的观点形成鲜明的对照，因而他被誉为自我心理学(ego psychology)的创始人之一。埃里克森关于人生八个阶段的描述，其实就是阐述自我如何获得或丧失力量的发展变化过程。

二、人生八个阶段

在有关精神分析人格发展理论的各种进展中，没有人能比埃里克森做出更具实质性进展的。他不仅增添了三个成人期的新阶段，还将弗洛伊德的每一个阶段的内涵扩大，给出了新的解释。埃里克森认为，人格的发展包括有机体成熟、自我成长和社会关系三个不可分割的过程，经受着内外部的一切冲突。人格的发展按渐成的固定顺序分为八个阶段。每一发展阶段都存在着一种发展危机（developmental crisis）。危机的解决标志着前一阶段向后一阶段的转化。顺利地渡过危机是一种成功的解决，反之则是一种不成功的解决。成功的解决有助于自我力量的增强和对环境的适应；不成功的解决则会削弱自我的力量，阻碍对环境的适应。前一阶段危机的成功解决将为以后的发展发挥良好的基础作用；不成功的解决会造成发展障碍，累积起来，将导致人格适应能力的丧失。发展危机的解决不是按全或无方式进行的。每一种发展危机的解决都存在着成功的和不成功的两种成分。所谓成功的解决只是在这种解决中成功的成分占优势，反之亦然。虽然八个阶段产生的时间是由生物基础决定的，但与某一特定阶段相联系的发展危机能否得到成功的解决则是由自我成长和社会环境决定的。基于此，埃里克森把人生八个阶段称为心理社会发展阶段（psychosocial stages of development），以区别于弗洛伊德的心理性欲阶段。埃里克森的心理社会发展阶段如下。

（一）信任对不信任

第一阶段的年龄是从出生到1岁半，这相当于弗洛伊德的口唇期。这一阶段的婴儿是用口部来接触社会的。此外还通过双眼、触觉去接受外界的刺激。在母亲给予照料和婴儿接受照料的相互作用中形成本阶段的发展危机：信任对不信任（trust vs mistrust）。如果母亲对婴儿给予爱抚和有规律的照料，婴儿将产生信任感；反之，如果母亲的爱抚和照料有缺陷、反复无常，婴儿就会产生不信任感。

埃里克森说，如果婴儿发展的信任感居多，就达到了他的第一项社会成就。这时他不会因母亲离开而焦虑和哭闹，因为婴儿内心已发展出：即使母亲离开了视线，如果自己需要母亲，她自会到场。这种恒定的、连续的、一致的体验使婴儿有了自我同一性（或自我统合）（ego identity）的最初感觉。埃里克森认为，自我同一性的最初形成是儿童内心记忆中的、可预见到的感觉和心像，与外界已熟悉的、可预见到的事物及人物的统合。

在这一阶段，婴儿既产生信任感，也产生不信任感，如果信任感比率居多时，就成功地解决了发展危机。埃里克森认为，一定比率的不信任感有利于人的健康发展，但是信任感应当超过不信任感。这一原则也适用于其他发展阶段。成功地解决了发展危机，人格中便形成了希望的品质（virtue of hope）。这种儿童敢于冒险、不怕挫折和失败。而如果不成功地解决发展危机，则在人格中形成恐惧（fear）的特质。

(二)自主性对羞怯和疑虑

第二阶段的年龄从1岁半到3岁左右,相当于弗洛伊德的肛门期。埃里克森同意弗洛伊德的观点,认为这一阶段活动的基本方式是保持和排除、坚持和放弃。但是,他指出,这些方式不仅限于肛门区,还包括坚持用自己的双手和双脚的活动。这一时期的儿童反复用"我"、"我的"和"不"等词来表示自己的自主性。但父母则不允许自己的孩子为所欲为,而要按照社会的要求来训练他们,控制他们的行为。埃里克森把这一阶段的危机界说为自主性对羞怯和疑虑(或自主行动对羞怯怀疑)(autonomy vs shame and doubt)的冲突。自主性意味着一个人能按照自己的意愿行事的能力,例如控制自己的括约肌,用自己的双足站立行走,使用自己的双手等。羞怯和疑虑感则来自社会的期待和压力。如果父母训练过严和不公正地体罚就会使儿童产生羞怯和疑虑。因此,明智的父母对本阶段儿童的态度要注意掌握分寸,既给予适度的自由,同时也要在某些方面加以有节制地控制。

如果自主性对羞怯和疑虑的危机得到成功的解决,在儿童的人格中就形成意志品质(virtue of will)。埃里克森把意志解释为"进行自由选择和自我抑制的不屈不挠的决心,尽管在幼儿期不可避免地要体验到羞怯和疑虑"(Erikson,1964,p.119)。埃里克森认为,若不成功地解决危机,则在人格中形成自我怀疑(self-doubt)。无论是成功地解决或不成功地解决,其结果都会影响一个人如何生活。

(三)主动性对罪疚感

第三阶段的年龄从3岁至6岁左右,相当于弗洛伊德的性器期。这一阶段的儿童表现出制订计划,订立目标,并积极保持以达到目标。他们对性别差别有特别的好奇心和求知欲。本阶段的发展危机为主动性对罪疚感(或自动自发对退缩愧疚)(initiative vs guilt)。

埃里克森认为,顺利渡过前两个阶段的儿童已认识到自己是人,在这一阶段中,他们面临的问题是他们能成为什么样的人。他们检验各种限制,以便确定什么是允许的,什么是不允许的。如果父母鼓励儿童的主动性和想象力,他们便会获得创新精神离开这一阶段。如果父母嘲笑或挖苦儿童的创造性和想象力,儿童就会丧失自信心。当他们回想起自己被父母讥笑的行为时,就容易产生罪疚感,因而只能生活在别人为其安排好的狭隘的生活圈子。

如果在这一阶段中儿童发展了较多的主动性或进取精神,就会在人格中形成目的的品质(virtue of purpose)。埃里克森把目的定义为"正视和追求有价值的目的的勇气,尽管这种目的曾被幼儿期的幻想、被罪疚、被惩罚的失魂落魄的恐惧所阻止"(Erikson,1964,p.122)。若不成功地解决本阶段的发展危机,则在人格中形成无价值感(unworthiness)。

(四)勤奋对自卑

第四阶段从6岁至12岁，相当于弗洛伊德的潜伏期。在本阶段，儿童转向学习各种必要的谋生技能和使自己成为社会生产者所应具备的专业技能。在这一阶段从儿童所要学习的课程中，儿童产生了一种勤奋感，这种感情将使儿童满怀信心地在社会中寻找自己的工作。如果儿童不能发展出勤奋感，就可能产生自卑感。因此，本阶段的发展危机是勤奋感对自卑感(或勤奋进取对自贬自卑)(industry vs inferiority)。

勤奋感占优势的儿童，其人格中就形成了能力的品质(virtue of competence)。埃里克森说："能力……就是灵巧和智力在完成任务时的自如运用，它不为儿童时期的自卑感所削弱"(Erikson，1964，p.124)。若不能成功地解决本阶段的发展危机，则在人格中形成无能感(incompetency)。

埃里克森认为，好的教师在这一阶段对儿童的影响很大。他说："不止一次，我观察到在那些独具天赋和富有灵感的人们生活中，大多是教师燃起了一个末被发现的天才的内心火焰"(Erikson，1959，p.87)。

(五)同一性对角色混淆

第五阶段从12岁至18岁左右，相当于弗洛伊德的生殖期。埃里克森赞同弗洛伊德的说法，承认青春期驱力的增加是破坏性的，但他认为问题的另一方面：青年还因新的社会冲突和要求而变得困扰和混乱。埃里克森强调，青春期的主要任务是建立一种新的自我同一性，其发展危机是同一性对角色混淆(或自我统合对角色混乱)(identity vs role confusion)。

什么是自我同一性？埃里克森曾有不同的解说，例如："一种熟悉自身的感觉"；"一种知道自己将会怎样生活的感觉"；"在说明被预期的事物时出现的一种内在的自信"(Erikson，1959，p.118)。自我同一性这个词含义非常广泛，包括社会与个人的统合、个人的主体方面与客体方面的统合、自己的历史任务的认识与个人愿望的统合，等等。

虽然，同一性的形成是一个终生过程，但这个问题在青春期出现了危机。其原因是：(1)各种本能冲动的高涨助长了青年同一性危机。青年人突然觉得仿佛他们的那些冲动已受自己意志的约束，不再为所欲为了。(2)青春期身体的急剧变化导致了青少年急切地要认识自己。也许正是这个缘故，这一时期的青少年总是花很多时间对镜左顾右盼，或者耗费不少时间整理自己的仪容。(3)承担社会义务压力的青年急切地想了解自己在他人心目中的印象，是否符合他人的心意，并为自己将在社会中占有什么地位而苦恼。

如果青年在这一阶段不能建立自我同一性，就会产生角色混淆和消极的同一性。角色混淆(role confusion)是以不能选择生活角色为特征的，或者只是口头上承担一定的角色，但很快又改变角色。消极的同一性（或反向认同）(negative identity)就是获得为一定的社会文化所不予认可的、令人厌恶的角色。青年往往痛苦地感到他们没有能力持久地承担义务。他们感到要做出的决断来得太多太快。为了避免同一性的提前完结，避免过早接纳四分五裂的社会角色，他们有时就进入了一个心理社会的合法延缓期(psychosocial moratorium)。例如，有些青年人，在做出最后决断之前，暂时离开大学去旅行，或者去经历各种不同的工作。这是青年寻求某种同一性的时期。

随着自我同一性的形成，青年就具备了忠诚的品质(virtue of fidelity)。忠诚就是"尽管价值体系有着不可避免的矛盾，仍能效忠发自内心誓言的能力"(Erikson，1964，p.125)。如果不能成功地解决本阶段的发展危机，就会在青年人格中留下不确定感(uncertainty)。

补充讨论4–3

我是谁？——对青少年同一性危机的一种看法

也许你能记起当你在十几岁的时候常常被"我是一个什么样的人"、"我为什么是这样的一个人"、"我将成为怎样的一个人"等问题所困扰。你还可能记起你自己是怎样解决这些问题的，也可能你尚未解决这些问题呢！再请回忆一下：是什么样的角色经验对你在大学生活里的同一性形成起作用。

马西娅(Marcia，1966)曾仔细分析过埃里克森有关青少年同一性危机的看法，认为在任意给定的时间里，所有青少年都可以归为四种同一性状态（或统合状态）(identity statuses)中的一种。

1. 同一性混淆（或迷失型统合）(identity diffusion)

处于这种状态的青少年既没有从同一性危机中取得经验，也没有解决同一性危机。他们对未来方向彷徨迷惑，不知所措，没有确定的目的、价值或打算。这是一种最不成熟的同一性状态。

2. 同一性强闭（或早闭型统合）(identity foreclosure)

这类青少年没有从同一性危机中取得任何经验，但对特定的目标、价值观和信仰及社会角色过早地接纳许诺。例如，父母向青少年提出一种职业角色，而他或她没有真正加以评价便接受了这种要求。

3. 合法延缓期（或未定型统合）(identity moratorium)

处于这种状态的青少年正经历着同一性危机，并积极探索自己的价值定向，努力发现能够增强自身竞争力的稳定的同一性。

4. 同一性达成（或定向型统合）(identity achievement)

处于这一状态的青少年已解决了同一性危机，他们对职业、性别定向和/或政治、宗教观念已有明确的定向。马西娅和埃里克森都认为，在同一性达成之前都有同一性危机和合法延缓期。而从同一性混淆跳过同一性强闭而到达合法延缓期则是可能的。

埃里克森认为，同一性危机大多发生在青春期，在15岁至18岁就已经解决。看来这种估计是太乐观了些。默尔曼(Meilman，1979)用结构访谈法(或结构式晤谈)(structured interview)对已定为入大学的12岁至18岁的男生、21岁的男大学生和24岁的成年男子的同一性类型进行调查，结果显示，只有20%的18岁男生、40%的大学生和稍多于50%的24岁成年男子达成了成熟的同一性。近25%的18岁被试，尚处于合法延缓期。阿彻(Archer，1982)在更大范围内的取样所做的研究结果与默尔曼的结果相似，而且发现同一性形成过程也不是一致的。被试在职业选择、性别角色态度、宗教信仰和政治观念方面处于相同同一性状态的仅占5%，而在上述四个领域处于不同的同一性状态的却占90%。这说明，同一性的达成需要很长的时间，通常贯穿于整个青少年时期。

(六)亲密对孤独

第六阶段从18岁至24岁，也称为成年早期。埃里克森所说的这个阶段及以后两个阶段与弗洛伊德心理性欲发展论没有相应阶段。埃里克森认为，只有建立起良好同一性的青年才能担当起成年早期的任务——与异性伴侣的亲密关系。只有当一个人确保自己的同一性时，才能在与别人的真正共享中忘却自己。例如，一个青年人只关注自己的男子汉气概，就不能成为一个最好的情人。他会过分注意自己，不能毫无牵挂地无私而温柔地对待异性伴侣，因而难以与异性伴侣达到真正的感情共鸣。他所体验到的是孤独。本阶段的发展危机是亲密对孤独(或友爱亲密对孤僻疏离)(intimacy vs isolation)。

为了有益于个人和社会，埃里克森认为应当发展下列的亲密关系：(1)感情共鸣的情欲高潮；(2)一个值得爱的伴侣；(3)异性；(4)能够并乐意与他分享相互的信任；(5)能够并乐意与他严格遵守：a.工作周期，b.生殖周期，c.娱乐周期；(6)还应使后代在所有发展阶段安全满意地发展。在埃里克森看来，真正的亲密感是两个人都愿意共享和互相调节他们生活中的一切重要方面(Erikson，1963，p.266)。

如果一个人在第五阶段形成的友爱亲密胜过孤僻疏离，那么他就形成爱的品质(virtue of love)。埃里克森把爱定义为“永远抑制内在分裂机能的互相献身”(Erikson，1964，p.129)。如果不能成功地解决本阶段的发展危机，就会导致青年乱婚(promiscuity)。

(七)繁殖对停滞

第七阶段为成年中期，从25岁至65岁。这一阶段的男女成人已建立了家庭，他们的兴趣开始扩展到下一代，生儿育女，关怀下一代的健康发展。用埃里克森的话来说，他们进入繁殖对停滞(或精力充沛对颓废迟滞)(generativity vs stagnation)的阶段。所谓“繁殖”，具有广泛的含义，不仅指对下一代的照料，而且指通过工作创造事物和思想。但埃里克森更侧重于照料儿童。

没有繁殖感的人是以"停滞和人际贫乏"为特征的(Erikson,1963,p.267)。如果一个人的繁殖感高于停滞感,那么在其人格中就形成关心的品质(virtue of care)。具有这一品质的人,能自觉自愿地关心他人的疾苦和需要,能给他人以温暖和爱。反之,则形成自私(selfishness)的品质。

(八)自我整合对失望

第八阶段为老年期,从65岁直至死亡。通常把老年期看成身心衰老时期。老年人丧失了体力和健康,失去了工作,减少了收入,随着时间的流逝,还丧失了配偶、亲戚和朋友。埃里克森意识到老年人必须做出身体和社会的适应,但他侧重于内心的斗争——即保住潜能,用以维系生存甚至智慧的斗争。他把这种斗争称之为自我整合对失望(或完美无缺对悲观沮丧)(integrity vs despair)。

埃里克森认为,前面七个阶段都能够顺利渡过的人,是有幸福生活和有所贡献的人,他们有完善感和充实感,而不怕死亡。这种人在这一阶段回首往事时,自我是整合的,怀着充实的感情准备告别人间。而回首以往的失败人生者则体验到失望感。由于他们生活中的某一或某些主要目标尚未达到,因而不愿匆匆离开人间,没有面向死亡的准备。

在埃里克森看来,人生八个阶段以循环的方式联系在一起。在第八个阶段中,老年人对死亡的态度会直接影响下一代婴儿期的信任感。如果一个人的自我整合胜过了失望,他就有了智慧的品质(virtue of wisdom)。所谓智慧,就是"以超脱的态度对待生活和死亡"(Erikson,1964,p.133);反之,则导致无意义感(meaninglessrless)和失望(despair)。表4-1是对埃里克森人格发展八个阶段及其相应品质的概括。

表4-1　埃里克森的人格发展八个阶段及其相应的品质

人格发展阶段	年龄(岁)	品质	
		成功地解决危机	不成功地解决危机
I 信任对不信任(口唇期)*	0~1.5	希望	恐惧
II 自主性对羞怯和疑虑(肛门期)*	1.5~3	意志力	自我怀疑
III 主动性对罪疚感(性器期)*	3~6	有目的	无价值感
IV 勤奋对自卑(潜伏期)*	6~12	能力	无能感
V 同一性对角色混淆(生殖期)*	12~18	忠诚	不确定感
VI 亲密对孤独	18~24	爱	乱婚
VII 繁殖对停滞	25~65	关心他人	自私
Ⅷ 自我整合对失望	65~死亡	智慧	无意义感和失望

*为弗洛伊德的阶段

(采自 Phares,1991)

本章摘要

1.弗洛伊德的弟子们对弗洛伊德的本能论、泛性论、先天生物决定论和早期经验决定论等观念表示不满，进行了修正，发展出一个强调社会文化和后天自我作用的新精神分析论。

2.在荣格看来，人格是一个由意识（自我）、个人潜意识和集体潜意识组成的极其复杂的结构。他特别强调人类祖先经验的沉积物——集体潜意识的作用。

3.集体潜意识中的五种原型——人格面具、阿尼玛、阿尼姆斯、阴影、自身对每个人的人格和行为都特别重要。它们之间的相互作用也极为复杂。

4.荣格认为，人格是一个相对的封闭系统，其动力是心理能（力必多）。人格系统中的能量分配是由等值原理和熵原理决定的。

5.荣格的心理类型学包括内倾和外倾两种态度和感觉、思维、情感、直觉四种思想功能。共有八种人格类型：思维外倾型、情感外倾型、感觉外倾型、直觉外倾型、思维内倾型、情感内倾型、感觉内倾型、直觉内倾型。

6.荣格认为，人格的发展包括个性化和整合作用两种过程的交互作用。他把人的一生划分为前性欲期、前青春期、成熟期和老年期。

7.在阿德勒看来，自卑感是人格发展的动力。人是以其独特的生活格调作为达到某种未来目标的手段去追求优越的社会动物。

8.阿德勒坚信，所有的人都有与他人和睦相处的先天需要，他称这种需要为社会兴趣。根据社会兴趣的程度，他把人分为四种类型：统治支配型、索取依赖型、躲避型（以上属于错误生活格调的人）和社会有益型（属于健康生活格调的人）。

9.阿德勒以为，健康的人具有完善发展的社会兴趣，不健康的人缺乏这种社会兴趣。人格适应就是要勇敢地面对问题。

10.阿德勒用出生顺序、最初记忆和梦的解释来评定个人的生活格调。治疗的目的是使患者了解其生活格调，促进社会兴趣的发展。

11.霍妮的文化决定论强调早期亲子关系对人格发展的重要性。如果儿童的基本需要得不到满足，就会形成基本焦虑。他们对付基本焦虑的方式便形成了三种人格类型：依从型、超脱型和敌意型。

12.沙利文把人格定义为重复的人际情境的相对持久的模式，并用动能来说明在人际交往过程中使个体人际关系特征化的能量转换。

13.弗洛姆认定人类的独特的心理需要包括关联的需要、超越的需要、归根的需要、同一性的需要以及定向框架的需要。

14. 弗洛姆也强调社会文化对人格发展的重要性。他把社会性格区分为五种类型：接纳型、囤积型、剥削型、市场型和生产型。前三种是不健康的性格类型，最后一种是健康的。

15. 埃里克森强调自我的自主性，与弗洛伊德把自我说成是本我的奴仆形成对照。

16. 埃里克森把人格的发展说成是发展危机的解决，按渐成的固定顺序分为八个阶段：(1)信任对不信任；(2)自主性对羞怯和疑虑；(3)主动性对罪疚感；(4)勤奋对自卑；(5)同一性对角色混淆；(6)亲密对孤独；(7)繁殖对停滞；(8)自我整合对失望。

17. 在人格的形成过程中，如果发展危机得到成功的解决，自我就获得希望、意志力、有目的、能力、忠诚、爱、关心他人和智慧等品质；反之，就会使自我形成恐惧、自我怀疑、无价值感、无能感、不确定感、乱婚、自私、无意义感和失望等特质。

18. 埃里克森认为，虽然同一性的形成是一个终生过程，同一性问题却在第五个阶段(青春期)达到了它的危机。如果自我同一性危机没有解决，那么就会形成角色混淆和消极的同一性。

建议参考资料

1. 车文博(1996)：西方心理学史。台北市：东华书局(繁体字版)。杭州市：浙江教育出版社(1998)(简体字版)。

2. 车文博(1989)：弗洛伊德主义原著选辑(下卷)。沈阳市：辽宁人民出版社。

3. 艾·弗罗姆(李健鸣译，1987)：爱的艺术。北京市：商务印书馆。

4. 埃·弗洛姆(孙依依译，1988)：为自己的人。北京市：生活·读书·新知三联书店。

5. 张述祖等(1983)：西方心理学家文选。北京市：人民教育出版社。

6. 阿德勒(黄光国译，1987)：自卑与超越。台北市：志文出版社。

7. C. 荣格(黄奇铭译，1987)：现代灵魂的自我拯救。北京市：工人出版社。

8. 荣格(刘国彬、杨德友译，1988)：回忆·梦·思考——荣格自传。沈阳市：辽宁人民出版社。

9. 高觉敷(1987)：西方心理学的新发展。北京市：人民教育出版社。

10. Erikson, E.H. (1968). Identity, youth, and crisis. New York: Norton.

11. Horney, K. (1945). Our inner conflicts. New York: Norton.

12. Jung, C.G. (1968). Analytical psychology: Its theory and.practice. New York: Pantheon.

13. Sullivan, H.S. (1953b). The interpersonal theory of psychiatry. New York: Norton.

第五章　精神分析论的研究方法与评鉴技术

本章内容细目

精神分析论包含的范围很广。它既是指与布鲁尔合作时期的弗洛伊德理论,也指弗洛伊德经过不断修改,直至后期系统化了的理论;既指正统弗洛伊德学派的理论,也指新精神分析学派从荣格至埃里克森的理论。精神分析理论是包含若干个小学派理论观点的混合物。但它们的基本点是相同的,这就是潜意识理论。基于这个基本理论,精神分析学派在治疗神经症人格时发展出了一套与传统的实验心理学迥然不同的研究方法。它们是个案法、心理传记分析法、心理历史学分析法和文化人类学方法。精神分析既是一种心理学理论,也是一种评鉴技术。精神分析运动产生了像梦的解释、自由联想、移情等评鉴技术,这些评鉴技术也是这个学派的治疗手段。此外,像日常生活中的过失分析以及主题统觉测验等投射技术也都是从精神分析论的基本理论中产生出来的。从本章中,我们将可以看到,精神分析学家们是怎样用他们的研究方法和评鉴技术来解答他们感兴趣的问题和论证其人格理论的。

从弗洛伊德开创精神分析论至今,精神分析论的科学地位问题一直是有争议的。有人把它捧上了天,有人则视为其诅咒的对象,那么我们应当如何评价这个学说呢?鉴于新精神分析论的基本理论、研究方法和评鉴技术并没有脱离弗洛伊德的体系,本章的评价将主要针对弗洛伊德的理论。

通过本章的学习,希望读者能明确以下问题:

1.精神分析学家所用个案法的特点。

2.心理传记法的性质。

3.心理历史学分析法与个案法、心理传记法的异同。

4.精神分析学家使用文化人类学方法的特点。

5.精神分析论的评鉴技术的特点。

6.精神分析学的人格理论与研究方法、评鉴技术之间的关系。

7.怎样评价精神分析论。

第一节 精神分析论的研究方法

虽然弗洛伊德曾受过严格的科学训练,从事过多年的生理学研究,并且肯定熟悉实验心理学方法,但他从来不收集控制实验的资料,也不对他的研究结果进行统计检验,而只是仔细地聆听患者的叙述，从他自己对受分析的病人的叙述和行为的观察中推导出他的理论，用他的内在一致性标准（criterion of internal consistency）进行研究。所谓内在一致性标准，是指“从材料中某部分所得出的推论，要由材料的其他部分得出的证据加以核对，以便从一个个案中获得的最终结论建立在事实和推论的互相联结的网络上”（Hall & Lindzey，1978，p.59）。弗洛伊德就像侦探那样，从患者的叙述和行为中不断寻求一致性以证实自己的假设。只有当他发现一致的重复的主题时，他才对所做的解释感到满意。具体地说，精神分析论的主要研究方法有：个案法、心理传记分析法和心理历史学分析法以及文化人类学方法等。

一、个案法

弗洛伊德采用个案研究法（或个案法）（case study method），不用实验程序来收集患者的有关资料，而只是聆听患者的叙述、观察患者的行为，然后从这些明显矛盾的、不连贯的言行中，推断出其中的一致性的主题，即潜意识动机的支配。而他的患者的病态行为的减少，便是对他的结论的显著性检验。不过弗洛伊德所做的个案研究并不多，其中最长久的个案研究是他自己。

下面让我们来看看弗洛伊德对小汉斯（Hans）的个案研究程序（Freud，1909/1955）。这一研究一直受到精神分析学家们的称赞，并已成为他们进行个案研究的榜样。其实，弗洛伊德也只是根据小汉斯父亲的来信进行分析的，他仅见过小男孩一次，并未直接参与治疗过程。

在3岁的时候，小汉斯对自己的阴茎特别感兴趣，把它称之为“小摇铃”。他喜欢摸它，也经常注意别人的阴茎，还问他母亲是否也有一个“小摇铃”。他看到马的阴茎很大，然后对母亲说：“我想，你（母亲）这么大，你的‘小摇铃’一定和马的一样大。”他发现动物有阴茎，而桌子、椅子没有。他对许多事情都感到好奇。汉斯3岁半时，他的妹妹出生了，他说：“她的‘小摇铃’太小了。等她长大后，反正就会变大。”后来，他母亲告诉他不要摸自己的阴茎并威胁说要把它割掉。当汉斯4岁半时，在一次洗完澡，他母亲在他的阴茎周围扑痱子粉时，他问为什么她不摸他的阴茎。他母亲解释说这里脏，而汉斯却笑着说它很好玩。

大约在6个月后的一天，汉斯同他的保姆一起外出散步。当一架马车驶过时，他大哭起来，要赶紧回家找母亲。此后不久，他对马十分恐惧，怕马会咬他。在此之前，他常做噩梦，他母亲常把他抱过来同自己一起睡。他开始怕马会闯进他的房间，并很快发展成为典型的对马恐惧症。他对马嘴边的黑圈和马的眼罩感到恐惧；对拖着笨重货车的马以及马跌倒了并跌坏了腿等都感到恐惧。

上述是小汉斯一些明显症状，在弗洛伊德的长篇个案研究中还可以找到更多的细节。弗洛伊德在考察了这一个案的详细资料后，就小汉斯的马恐惧症做了解释。简言之，小汉斯对他的阴茎很感兴趣，他对母亲有强烈的性依恋，想母亲摸他的阴茎并同她一起睡觉。会咬人的马象征他父亲，马嘴边的黑圈和眼罩象征他父亲的胡子和眼镜，马会咬他象征被阉割。从这些要素及其他要素中，弗洛伊德认为小汉斯的恋母情结十分强烈，同时把父亲看作他的情敌。他十分惧怕这些欲望会受到父亲阉割，因此他内心希望父亲也像那匹马一样跌倒而死。他对马的恐惧，在潜意识中是想避开父亲，即避开马，以减轻其对被阉割的焦虑。总之，小汉斯的恐惧症最主要的起因是恋母情结的冲突。

显然，弗洛伊德对小汉斯的分析有许多问题，例如小汉斯的个案资料是由其父（弗洛伊德理论的信徒）提供的，他根据第二手资料进行解释难免失之偏差。即使是第一手资料，在用精神分析法治疗神经病时也无法保证患者的报告不是揣摩医生的要求，符合医生的愿望而做出的。批评家们指出，小汉斯对其母进行性窥探是受其父暗示的结果（高觉敷译，1986，225页）。但是，这个个案能充分说明精神分析的研究程序。弗洛伊德的思维方法是：人的行为除了具有它表面的应有意义外，它还有其他的隐义甚至有相反的含义。因此，必须寻找各种证据甚至相反的证据来建构自己的解释，只有当找到了有关一致的、反复出现的主题的强有力的证据时，他才会满意地认为，他发现了患者问题的关键之所在。如果他假设有某个一般性原则，那么他会以同样的方法从一个个的个案身上所得到的资料中来寻找证据，直到他相信此原则能够成立时为止。

二、心理传记分析法和心理历史学分析法

精神分析学家为了证实自己的理论，还对历史人物的个案史进行研究。在第二章中，已经论及个案史的研究对了解一个人的人格会有所帮助。但是精神分析学家所从事的心理传记分析法和心理历史学分析法研究却是另一种情景。

（一）心理传记分析法

心理传记分析法（method of psychobiographical analysis）又称为传记法（biographical method），是根据个案的传记资料对其心理动力特征进行分析以了解其人格的方法。许多精神分析学家都曾采用过这种方法。弗洛伊德曾经多次运用这种方法研究俄国小说家陀思妥耶夫斯基（Dostoevsky，1821—1881）、意大利文艺复兴时期的艺术大师达·芬奇（Leonardo da Vinci，1452—1519），以及古代希伯来人的先知摩西（Moses）等历史人物的生活，用来证实自己的理论并探讨这些人物的心理动力（Freud，1909/1953，1928/1961，1939/1964）。

弗洛伊德对达·芬奇的同性恋做过研究(Freud,1947)。相传当达·芬奇还是维罗卡奇(Verrocchio)的一名学徒的时候,就因与别的男孩发生被禁忌的性关系而受到指责。这一传说一直流行到弗洛伊德生活的年代。根据有关的传记,弗洛伊德重建了达·芬奇的潜意识活动,并开始了他的研究。他坚信早期经验是人格发展的关键,并把研究重点放在达·芬奇唯一的一篇描写自己早期生活的资料上。当达·芬奇在绘画兀鹰飞翔的时候,他突然打断了自己的思路并道出了自己的一个早期记忆:

> 似乎命中注定我的思绪就会被这只兀鹰占据,因为它早已作为一个早期记忆进入我的头脑中,当我还在摇篮里的时候,一只兀鹰落在我的身边,用尾巴弄开了我的嘴,还多次用它的尾巴来击打我的唇。(Freud,1947,pp.33~34)

弗洛伊德认为,若从达·芬奇在这段幻想的内容方面来看,在意大利语中"尾巴"(tail)或"尾"(coda)是人们最熟悉的一个象征,代表雄性性器官。幻想中兀鹰打开小孩的嘴,并用尾巴击打他的唇,正好同将男性性器官放入另一个人的口中的性行为(即口淫)的意思相一致。他还认为达·芬奇的这个幻想是完全被动的,幻想的性质同妇女所做的梦和幻想很相似,因此具有被动同性恋的性质,即在性关系中扮演女性角色(Freud,1947,p.38)。此外,他认为,在埃及的象形文字里,兀鹰代表"母亲",说明达·芬奇记住了母亲(兀鹰)紧抱着还是婴儿的他,并动情地亲吻他的嘴唇的情景。成年后,他将母亲对待自己的行为投射到性对象的选择上。于是,弗洛伊德认为他已经证明了达·芬奇是一位同性恋者,他的正常性生活已通过他与母亲的非常亲密的关系而被压抑。为了证实这一推论,弗洛伊德还用达·芬奇曾严格挑选英俊男子作为自己的学徒作为佐证,认为他像自己的母亲那样爱护学徒,已将他自己被压抑的性欲升华了。

很明显弗洛伊德的这种推论是十分牵强附会的。他只抓住一点,不及其余,"旁征博引",无限夸大,以其潜意识决定论和泛性论来重建历史人物的心理和行为。这是一种以偏概全,以点代面的主观主义的思维方法。正如许多学者所指出的,弗洛伊德的结论是不正确的。因为纵向的追踪研究才是研究儿童早期母子经验与成年期行为发展关系的科学方法,而弗洛伊德的这种回溯性的象征化解释完全是从他的泛性论出发的主观臆测。不过,心理传记分析法也有一定的价值。在正确的、科学的方法论指导下并详尽地占有有关资料,这种方法是可以对历史人物的人格特征进行分析的。

(二)心理历史学分析法

心理历史学分析法(method of psychohistorical analysis)是指在更广的历史活动和历史背景中对个人人格进行分析的研究方法。这种研究方法是由埃里克森创造的。他把这种方法定义为将精神分析学方法和历史学方法结合起来对个体生活和集体生活所进行的研究(Erikson,1974)。他认为,历史学家在研究历史事件时经常忽视了个体活动在这些事件中所起的作用,而精神分析学家却又过于看重个人的早期发展,在解释个人行为时低估了历史过程的作用。为了克服这种缺点,就需要将精神分析学的理论,特别是埃里克森的自我发展危机理论,同历史人物的生活背景、社会文化背景结合起来对历史人物进行分析。在埃里克森看来,对历史上的重要人物进行心理历史学分析,不仅能使我们理解历史人物是如何克服自己的心理冲突、解决自身的问题的,同时也有助于我们理解他是怎样促使历史事件的发生和如何改变世界历史的。

埃里克森曾用心理历史学分析法对甘地做过研究(Erikson,1969)。他十分看重同一性在甘地生活中的作用,认为甘地在不同时期的衣着反映了甘地为达成某种同一性的努力。当甘地在英国求学的时候,这位年轻的印度人完全模仿英国人的穿着:头戴礼帽、身穿黑色大衣,目的是同英国人保持同一性;他甚至还参加了交际舞培训班,学习上流社会的交际技能以加强此种同一性。但是,随后在南非的两次经历,使他真正发现了自己的同一性危机。一次是一位南非白人法官因为讨厌甘地模仿英国人的穿着而把他赶出了法庭;另一次是甘地也因同样原因被赶下火车。正是这两次令甘地十分痛心的经历促使他反省,并决心解决自己的同一性危机。同时也使他在南非领导反种族歧视的运动之后,无论是在南非,还是回到印度领导反对英国殖民统治的"非暴力抵抗"运动中,甘地的穿着又同印度民众完全一样:戴方形披巾、穿缠腰布。埃里克森认为,这样的穿着说明甘地找到并树立起了自己的同一性,又重新返回到"印度的同一性"中了。

心理历史学分析法和心理传记分析法虽都是个案研究,但仍有不同。首先,心理历史学分析法同精神分析学家对神经病患者所做的个案分析不同。精神分析学家对患者进行个案分析的目的在于了解疾病产生的原因,通常以儿童期性欲压抑作为疾病的根源。而在心理历史学分析法中,分析的对象主要不是性欲问题,而是自我同一性危机对历史人物的影响以及伟人性格对历史进程的影响等。其次,心理历史学分析法也不同于心理传记分析法。心理传记分析法很少考虑到个体生活的社会文化历史背景,其重点也是分析神经病的成因,而心理历史学分析法则正如埃里克森(Erikson,1974)所指出的那样,分析家们必须考虑政治、经济、社会和文化等因素对个人的发展和人格的影响。但是,心理历史学分析法和心理传记分析法都属于文献研究法(analysis of document),其研究资料都来源于有关人物的传记,其研究视角也都是回溯式的。关于文献研究法的优缺点参见补充讨论5-1。

补充讨论5-1

文献研究法的优缺点

心理传记分析法和心理历史学分析法都属于人格研究中的文献研究法(analysis of document)。所谓文献,就是我们希望加以研究现象的信息的任何书面材料。文献的内容多种多样,例如日记、信函、自传、家谱记录、企图自杀者的笔记以及小说或非小说(如传记、随笔等)文学作品等。目前在人格研究中文献研究法是一种常用的方法。例如,我国心理学家胡寄南(1985)曾用这种方法研究过我国优秀人才的品质。结果表明,现代中国优秀人才具有下列人格品质:(1)远大的理想;(2)高尚的情操;(3)坚强的意志;(4)才能与勤奋;(5)待人接物的风度;(6)自尊心和自信心特强。

文献研究法的主要优点:(1)可以研究不能接近的研究对象。除文献研究法之外,任何其他方法都不能对那些早已去世了的人的人格进行研究。(2)无反应倾向。对文献进行分析研究不会产生对人进行实验时所产生的实验者效应(experimental effect)之类的反应倾向。(3)适合于做长时期的研究。例如,埃里克森对甘地自我同一性变化的研究即是。(4)自发性。文献研究法同观察法一样都是对自发的行动或感觉的记录所进行的研究,而不是由研究者在特定的时间加以引发的研究。因而这种方法比问卷法具有较高的坦白程度。

文献研究法的主要缺点:(1)偏见。许多用于人格研究的文献,原本不是为研究目的而撰写的。撰写文献有各种目的意图,可能以某种方式使文献带有偏见。(2)不完全和不易获得。文献一般是用纸写的,如果不注意维护,所获得的文献仅为损坏后的残留部分。许多个人文献如信件和日记,都不是为研究目的而是为私人撰写的,甚至是保密的,因而不易获得。(3)取样误差。文献分析所选取的样本通常是受教育水准较高的和社会地位较高的人。这一点与个案研究极相似。(4)缺乏标准形式,对文献的分析易犯主观性错误。各种文献的形式和内容各异,通常只做定性分析,因而易犯主观性错误。关于这一点,埃里克森曾对使用心理历史学分析法的分析家提出过一个忠告:必须时刻注意自己的价值观、经验以及自己所处的历史背景会微妙地影响对历史人物的分析(Erikson,1974)。这个忠告对使用文献研究法的研究者来说,也是重要的。

对定量的假设检验方式感兴趣的研究者不满足于定性描述,而将用非数量表示的文献转换为用数量表示的资料。这种结构式的文献分析法称为内容分析(content analysis),即对文献资料中的象征行为做客观的、系统的和数量的描述。要进行内容分析,首先应确立一套可用于分析文献的相互排斥的和穷尽无遗的类别;然后以这些类别的观点检查文献,记下文献中每一类别的频数。各类可用频数或百分数图示来表示。这种方法较系统,也较客观。

不过,精神分析学家无论是弗洛伊德、荣格还是埃里克森,都不用此种实验的研究方法,而是运用释义的方法,对文献资料的象征进行解释,使人格中的潜意识动力显现出来,使自己的推论得到论证。

三、文化人类学方法

对精神分析论而言，人类文化正像个人的直接生活资料，可以告诉我们许多有关潜意识的事情。弗洛伊德等人还用文化人类学方法来为自己的理论寻找证据。所谓文化人类学方法（method of cultural anthropology），就是观察并收集自然地存在于世界不同地区、不同自然环境和不同历史时期人类文化资料以创立并检验人格理论的一种研究方法。

弗洛伊德在《图腾与禁忌》（1913）一书中采用文化人类学方法，推论原始民族与神经病患者之间有着明显的相似性，并断言，原始人对乱伦的畏惧是其图腾崇拜和族外婚的原因；强迫性神经病与源于禁忌的某些习俗非常相似。于是他推论史前人的心理和行为以及当前神经病患者被压抑的欲望都可以从史前人类弑父之罪的角度来理解；从人类起源到现代，恋母情结一直是人类普遍存在的潜意识。所以，在弗洛伊德的恋母情结中包含图腾崇拜、禁忌、现代神经病等问题，同时他还以某些人类学的资料来论证宗教、伦理甚至艺术和社会本身都起源于恋母情结。

荣格关于集体潜意识内容的原型的概念，也是依据文化人类学的分析而得出的。荣格发现，某些表现在古代神话、部落传说和原始艺术中的意象，反复出现在许多不同的文明民族和野蛮部落之中。例如，在许多民族的远古神话中都有力大无比的巨人、预卜未来的先知、半人半兽的怪物和给人们带来罪孽和灾难的美女。从这些文化现象出发，结合临床观察，荣格推断这些共同的原始意象就储藏在集体潜意识中。此外，荣格还广泛收集历史传说、神话和祭祀仪式等来发展自己的理论。

在众多精神分析学家中，埃里克森是第一个走出诊所和书斋，实地进行文化人类学考察的人格理论学家。1938年，他刚到美国才四年，便离开耶鲁大学人类关系研究所前往南达科他松脊居留地与当地苏族印第安人住在一起，并对他们进行研究。20世纪40年代初，他还上溯加利福尼亚海滨去研究以捕鱼为生的鲁克族印第安人，探讨弗洛伊德所未曾研究过的领域——正常儿童和在不同文化背景下成长的儿童的生活，结果发现社会文化因素对人格形成起着重要的作用。苏族印第安人很鼓励孩子自由活动，很晚才对他们的行为加以约束，并为儿童提供了一个漫长而溺爱的哺乳期，培养孩子大方慷慨、不计较财产、回避竞争的品质。他们教男孩子自信、勇敢、成为好猎手，教女孩子成为好妻子和好母亲。这些教养方式显然同白人教育者的教养方式不同，因此苏族儿童很难接受白人的教育。而鲁克族印第安人的儿童教养方式却与苏族不同。鲁克族儿童的母亲在六个月的时候就停止用母乳喂养婴儿，他们鼓励孩子自律，强调对拥有物的获得和保留，强调节约、怀疑，教育儿童将自己的本能冲动服从于经济上的考虑。由于他们的价值观在许多方面同白人相似，他们同白人相处较好，容易接受白人的教育。总之，埃里克森没有像弗洛伊德那样,将苏族印第安人和鲁克族印第安人分别简单地描绘成“口唇人格”和“肛门人格”,而是从文化人类学的角度和同一性危机的概念出发,分析不同文化背景下儿童人格形成的特点(Erikson,1945)。

为了检验社会性格的理论,弗洛姆及其同事曾深入墨西哥城西南的一个小村庄对居住在那里的西班牙—印第安血统的村民做过文化人类学研究。他们运用的测验工具是:访谈、纸笔测验、罗夏墨渍测验等。该村居民除少数是渔夫和陶工外,大多数是农民。贫穷、挫折、难以维持生计是大多数村民的特点。研究发现,在村民中最多的性格是非生产性的接纳型。他们主要是无耕地的、处于社会最底层的劳动者,其行为特点是屈从、被动。这种人认为不能控制自己的命运,除了依赖他人、讨好他人之外,别无他法。其次是囤积型性格,约占村民的30%。他们拥有土地,在经济和社会上是独立的并有生产能力。只要有一点儿余粮,他们便贮藏起来,以备不测。非生产性剥削型性格的村民很少,他们有破坏倾向,男人常常械斗,女人则搬弄是非。但没有发现有市场型性格的村民。弗洛姆等认为,这并不奇怪,因为市场型性格只有在20世纪资本主义文化中才普遍存在,在原始村落里是不会有的(Fromm & Maccoby,1970)。总之,这次研究中发现的性格类型基本上同他的早期著作中对这些类型的描述一致。

后来,弗洛姆的同事麦柯比(Maccoby,1976)在与墨西哥村截然不同的文化环境——美国的商业领域,对大公司的经理所做的研究发现了与弗洛姆描述的市场型性格相似的性格类型,他称之为公司人(company man)。他还发现这种人在不同的历史时期具有不同的特点:20世纪60年代美国社会动荡,这类人的特点是愤世嫉俗、反抗、超然、不守纪律、自我纵容、缺乏忠心、不关心他人。到了80年代,这类人认为独立和竞争最有价值,对他人的需要和问题不敏感,不喜欢官僚主义,把个人责任和自尊看得比高工资更有价值(Maccoby,1981,1988)。这些研究表明,随着社会文化的变迁,性格类型也会随之发生变化。

从上述研究历史来看,用文化人类学方法来研究人格与文化的关系正像盲人摸象似的,抓住尾巴的说大象和绳子一样,摸着腿的说大象像棵树,真是见仁见智,莫衷一是。精神分析学家从各种不同的角度探讨人格本质,由弗洛伊德的本能决定论开始,然后转向重视文化因素对人格的作用,强调文化与人格相互影响、相互作用。应当说,对这个问题的认识是在不断深化的。因此,在用文化人类学方法研究人格与文化的关系时,关键是要以正确的科学方法论做指导。

第二节　精神分析论的评鉴技术

在精神分析师看来，人类的行为，无论是正常的或病态的，都是由潜意识动机决定的。而潜意识动机既不能通过他人的感知直接观察，也不能通过个人的自我观察或内省而捕捉。那么，如何才能评鉴一个人的潜意识动机的特征呢？总的来说，精神分析论的人格评鉴技术都具有以下一些特点：一是尽量排除外界情境的影响，使潜意识动机的运作在不受情境刺激的干扰下自然地显露出来。二是利用象征，通过解释其意义来揭示潜意识的内容。这种方法是主观的、直觉的而非客观的或合乎规范的。在这里，临床直觉扮演着重要的角色。三是致力于探究病人行为的整体性。即使在测验行为、会谈反应和真实生活行为间有不一致性，但仍然认为它们在根本上是一致的。精神分析师的工作就是发现此种一致性的要素。下面让我们来考察精神分析论的具体的评鉴技术。

一、自由联想与梦的解释和移情

（一）自由联想

自由联想（free association）是精神分析师常用来评鉴病人特征的一种方法。从弗洛伊德到霍妮，这种技术不仅用于临床诊断和治疗，并且也成了他们创建和检验理论、收集资料的方法。

自由联想作为一种评鉴技术，是指在分析师的指导下患者说出在头脑里刚刚想到的所有一切，无论这些事件多么猥亵、多么零碎、多么缺乏逻辑。自由联想并不容易，患者常常需要一定的时间来学习。应当说明的是，英文的"free association"实际上是对德文"freier Einfall"的误译。德文"Einfall"原意为"突然想起"、"闪念"，也就是在放松的条件下自然产生的一些想法和念头，并不是什么"联想"。在弗洛伊德看来，这些突然想起的闪念是潜意识力量的自然发展结果。这些闪念会引导出儿童早年的记忆，就像弗洛伊德的自我分析之案例。这种长期被遗忘的早年记忆为精神分析师提供了患者的人格结构及其发展的线索，能帮助分析师重造患者的过去。补充讨论5-2的例子可以说明自由联想所导致的结果。从该例中也可以看出，患者的自由联想总要受到自我防御机制的干扰而产生抗拒（resistance），因此分析师对这些抗拒的关注、化解和解释就成了自由联想技术的一项重要任务。

补充讨论5-2

自由联想的一个实例

下面的这个实例摘自精神分析学家沃尔伯格(Wolberg,1977,p.536)对患者所做的自由联想的记录。

患者:……于是我开始出去走走,并决定散步到博物馆后面,然后穿到中央公园。我走着,穿过后面一片平地,感到很激动和美妙。我看见灌木丛旁有一张公园椅子,于是走过去坐下。有一阵沙沙声在我背后,吓了我一跳。我猜想灌木丛里藏有人。我想我曾经读过中央公园里有过性变态者。我想我后面的某个人会不会暴露自己。这个念头令人反感,但它也令人兴奋。我现在想到了我的父亲并感到兴奋。我想到了一个勃起的阴茎,这和我父亲有关。我的思绪中好像有什么关于这一点的东西就要出来了。我不知道它是什么,好像是在记忆的边缘(停顿)。

分析师:嗯,嗯,(停顿)在你的记忆边缘上吗?

患者:(呼吸急促,好像极其紧张)当我是个孩子的时候,我同父亲睡在一起。我从我的皮肤上获得一种古怪的感觉,像刺痛感。一种奇怪的感觉,像瞎了一样,像看不见似的。我的头脑模糊起来并传遍了所有我看见的东西。我在公园里散步时这种感觉一会儿有一会儿没有。我的头脑似乎空白一片,使我无法思想,也无法专注于任何事情(这听起来像压抑的表现形式,智力功能被抑制,也许是对付因返回到被压抑的念头而产生焦虑的一种手段)。

分析师:你思绪模糊也许是在将你不想要的什么东西推开(把她的症状解释为抗拒)。

患者:我正好想起什么。当我父亲死的时候,他是裸体的。我看着他,但我什么也不能看见。我不能清楚地思维。我被抚养成长的过程中不知道男人和女人的差别。我害怕父亲,但我爱他。当我很小的时候,星期六和星期天同父亲睡在一起。一种温暖和安全的美妙感觉。没有任何东西更温暖或更安全的了。极其快乐。现在我浑身震颤。当我被允许同父亲睡在一起的时候,那真是一个美妙的假日。我现在什么也记不起来了。我的头脑一片模糊。我感到紧张和害怕。

分析师:那一片模糊污染了你的生活。你害怕某些事或害怕记起某起事(关注她的抗拒)。

在整个晤谈过程中,患者被鼓励表达出强烈的感觉(通常发泄的对象是一些权威人物),由于害怕被处罚或报复,患者一直在压抑对这些人物的真正感觉。分析师除了关注患者的抗拒之外,极少向患者表露自己所想到的原因,让患者不停地谈话,谈出她刚想到的每一件事。这时患者的潜意识感觉不断地进入思想,在自由联想过程中说了许多不同于寻常的话。这些话常给分析师找出患者潜藏的问题和提供了治疗线索。

(二)梦的解释

弗洛伊德把梦的解释(dream interpretation)看作“通往认识潜意识的捷径”(Freud,1900/1953,Vol,p.608)。在他看来,所有的梦都是愿望的满足,梦里充满了用各种象征伪装起来的潜意识动机。梦的内容可分为两类:显性梦境(或显性内容)(manifest content),

它是梦者意识到的感觉形象(通常是视觉的);潜性梦境(或潜性内容)(latent content),它是梦者没有意识到的、被压抑的愿望和动机。由于梦的潜意识愿望属于人性中的一些恶念,被自我和超我所禁止,因而只能以伪装、歪曲的形式出现在梦中。弗洛伊德把歪曲梦的真实意义的各种机制称之为梦的工作(或梦程)(dream work)。

梦的工作包括以下几个机制:(1)压缩(condensation):即将许多不同的思想凝缩并组成一个单一的整合思想。(2)相反机制(mechanism of opposites):即不被自我接受的潜在内容以相反的形式在显性梦境中表现出来。(3)象征化(symbolization):指潜性内容以象征的方式出现在显性梦境中。(4)次级精致化(secondary elaboration):即为了让显性内容更为完整、有序,梦者常在梦的主干框架中添加一些要素形成某些有情节的部分,但是这些部分同潜性内容没有关系。因此做梦好比制作谜语,用显性梦境来掩盖潜性内容,显性内容相当于谜面,潜性内容相当于谜底。

梦的解释就是从显性梦境探寻其隐意,也就是剥掉显性梦境的伪装去了解潜性内容的含义。对于梦的解释技术,弗洛伊德不仅对自己和患者的梦做过大量示范性分析,并且详细说明过梦的解释的原则和方法。归纳起来有以下几条:

第一,要把梦的内容解析为各个部分,并以各个部分作为注意目标,不论它是否合理、是否明晰。

第二,要了解梦者的生活经历、兴趣爱好以及日常琐事。因为梦只重现过去,只有了解梦者的过去经历,才能了解梦的各部分的隐意。

第三,要利用自由联想。潜意识愿望受到自我稽查机制的压抑,不能进入意识领域。一旦自我防御机制产生的抗拒化解,潜意识愿望将会在意识中出现。因此需要通过自由联想予以揭露。

第四,要充分利用象征知识。对梦的解释大部分时间用在探究梦的显性内容的象征上,以探明其潜意识含义。弗洛伊德认为,梦里的许多象征对梦者来说是唯一的。但是,有几类象征对每个人来说是通用的,例如手杖、伞、竹竿、匕首等象征男性生殖器;坑、穴、箱子、口袋等象征女性生殖器;如此等等。

当然,并非所有精神分析学家对梦的解释都持弗洛伊德一样的观点。例如,荣格认为,梦不是伪装,梦的内容正是它的表现形式。他更注重原型的作用,认为梦的含义源于集体潜意识。在技术上,荣格更强调放大作用(amplification),即要求治疗师具有渊博的学识,来了解梦者的知识结构、梦者的提示和联想,或通过历史资料,人类学和考古学的发现,以及文学、艺术、神话、宗教等有关知识来分析梦的含义。

(三)移情

移情(或移情作用)(transference)几乎是所有成功的精神分析的重要因素。有时患者将隐藏中对他人的爱慕、崇拜、依恋之情转移到分析师身上,这种现象称为正移情(positive transference)。如果分析师和患者是异性的话,正移情很容易被看成患者爱上了分析师(如果患者是同性恋者,分析师与其同性,也会出现这种移情)。有时患者将隐藏中对他人的憎恨、抵抗和攻击的情绪转移到分析师身上,这种现象称为负移情(negative transference)。通常,患者的态度是正负两种感情交互并存的,可以说是一种包含有正向感觉和负向感觉的复合体。弗洛伊德认为,移情是患者在接受分析治疗的过程中产生了他或她在童年时有过的对其父母的情感。他把这种对分析师形象的爱慕(或憎恨)的现象解释为患者早年对父母爱恋(或憎恨)的重演。因此,对移情的分析使得患者重建其婴儿时对其父母的态度成为可能,因为治疗的主要意图是发现或重建患者的早期童年经验。移情作用也可能产生在分析师本人身上,经过与患者相处,有的分析师将自己隐藏中对他人的情感转移到患者身上。这种现象称为反移情(或反移情作用)(counter transference),这种移情会导致治疗的失败。

总之,精神分析的人格评鉴贯穿于整个治疗过程之中。通过自由联想、梦的解释、移情作用,患者把心理生活披露给分析师,而分析师则尽力捕捉潜意识动机的线索,从个别症状追溯患者早年创伤经验的整体意义,帮助患者意识到潜意识的致病因素。随着治疗的进程,不断验证对人格的评鉴。因此,精神分析的人格评鉴不是一种预先确定的程序,而是治疗过程进行中的一种自然发展。

二、日常生活中的过失分析

在日常生活,中人们难免要犯各式各样的过失(或失误)(slip),如舌误、笔误、暂时遗忘人名或约会,以及误放物件等。弗洛伊德(Freud,1901/1960)认为这些过失都不是偶然的,“过失是两种不同意向互相牵制的结果,其一可称为被牵制的意向,另一个可称为牵制的意向”(高觉敷译,1986,41页)。这些过失是深层潜意识愿望的流露。它们看来细小,但往往具有十分重要的含义,不能用疲倦、兴奋或不注意等来进行解释。通过过失的观察和分析可以发现个人心理生活隐情,揭示个人隐藏的真正动机。弗洛伊德把日常生活中的过失行为分为三类:(1)舌误、笔误、读误及听误;(2)遗忘(如忘记名字、外文词、决心和印象以及预定要做的事);(3)误放、误取及失落物件等。

(一)舌误和笔误

舌误(或失言)(slip of the tongue)就是说话走了嘴或失言。最常见的舌误是把某一个词说成另一个与它相似的词,或把自己打算说的话说成了正好相反的话。弗洛伊德在《日常生活的心理奥秘》(1901)一书中举过一个例子:那个时代,澳洲众议院议长在致开幕词时说:“诸位贤达先生们!我有幸介绍某某及某某先生来参加我们的会议,我就此宣布会议‘闭幕’!”在哄堂大笑中,他发觉自己说错了,才赶快改正(林克明译,1986,53页)。弗洛伊德认为,他的潜意识的牵制倾向是“闭会”意念,而意识中的被牵制倾向是“开会”意念,因而把本该说的“开幕”说成了“闭幕”。因此,通过口误可以揭示潜意识的意念。

笔误(slip of the pen)就是写错别字。弗洛伊德认为笔误和口误的内在机制是一致的。任何笔误都是有意义的,都是行为者潜意识动机的流露。他举过这样一个例子。有一个杀人犯H冒充是细菌专家,从科学院里骗取到危险病菌,用来杀人。有一次,他给某学院的职员写信抱怨送给他的培养菌太无效力,却把字写错了,本应写“我在实验老鼠和豚鼠时”,笔误为“在我实验人类时”(高觉敷译,1986,48页)。这个笔误无疑是这个杀人犯潜藏的杀人动机的反映。

总之,弗洛伊德认为,舌误和笔误都具有动力学的意义,都是两种意图相互干扰的结果。对舌误、笔误进行细致深入的分析,其潜在的目的就会被揭示出来。

(二)遗忘

遗忘(forgetting)指在某种情况下,一个人把本来很熟悉的印象、决心、人名等以及预定好的计划全然忘记的情形。弗洛伊德认为,遗忘是压抑之故,也具有动力学的意义。他曾举过这样两个例子,第一个例子是:弗洛伊德曾因为他的妻子在他所厌恶的人面前说了蠢话而大为光火。但后来当他向他的一位亲戚抱怨他的妻子不懂事,说起了这件事的时候,却再也想不起有关他妻子所说的蠢话。弗洛伊德认为他是个善于自寻烦恼的人,不轻易忘记那些令人困惑的经历。这次遗忘,无疑是他尊重其妻不愿失她面子的结果。另一个例子是:物件失而复得。一位年轻人几年前曾与妻子常闹别扭,讨厌她的冷漠。有一次其妻带了一本书回来送给他读,年轻人当时殷勤致谢,保证好好读。但一经放下,那本书就消失得无影无踪。其后的几个月中,偶尔想起那本书,但无论如何总是记不起书放在何处。差不多6个月后,年轻人的母亲病倒了,其妻精心服侍。某夜,年轻人想着其妻的美德,怀着对妻子的感激之情,走近书桌,打开抽屉,虽没有什么明确的用意,颇有几分模糊的信心。那本销声匿迹已达6个月之久的书竟呈现在他面前。书失而复得,其背后反映的是他对其妻感情上的转变。动机既已消失,遗忘之物便可寻得(高觉敷译,1986,36页)。

(三)误放和动作失误

弗洛伊德认为,误放、熟悉的东西突然找不见了等行为,尽管有着不同的理由和目的,但都有一个共同失物的愿望。一个人失物,也许是由于此物已破旧,或想借此换一个好的,或对此物不喜爱,或对赠送礼物的人有不快感,或不愿回忆起取得此物时的情境。失落或错放物件,都是某种潜意识动机的作用,即利用过失并以各种方式来达到自己的目的。弗洛伊德举过这样一个例子。有一个青年遗忘了一支他很喜爱的铅笔。几天前,他收到姐夫寄给他的一封信,他姐夫在信中责备了他,并且在信的结尾这样写道:“我现在可没有时间和兴致鼓励你浮薄游荡”(高觉敷译,1986,54页)。这支铅笔正是这位写信的姐夫的赠品。弗洛伊德分析说,这位遗失铅笔的青年正是由于在潜意识里对姐夫有抵触情绪,借遗失铅笔满足此种愿望。

总之,在弗洛伊德看来,透过对失误行为的分析,发掘深层潜意识的动机,从而揭示出过失行为的目的意义。失误行为的产生是内心中两种不同意图相互矛盾干扰的结果。这两种相互矛盾的意图表现为意识与潜意识的冲突。

三、投射技术

精神分析派心理学所呈现的评鉴问题,一般会使用投射技术(projective technique)。各种投射技术所呈现的问题都是模棱两可的,被试能自由地以多种方式进行回答,减少了以有利的观点或制造自己想要的印象来进行回答的可能性,从而可以反映出其人格核心决定因素的潜意识过程。而分析师对被试反应的判断则是主观、直觉的。

下面介绍荣格的单词联想法、罗夏墨渍测验以及莫根和默里(Morgan & Murray,1935)的主题统觉测验。

(一)单词联想法

单词联想法(或单字联想测验)(word association technique)最先由高尔登(Galton,1879)提出,荣格(Jung,1910)最早将它作为一种评鉴人格的技术加以实际运用。其基本做法是:根据某一刺激词,要求被试立即说出或写出在头脑中最先联想到的单词。临床上,选用的刺激词可以是有情绪色彩的或与被试有特殊关系的,也可以是中性词。对刺激词的反应时间过长或产生异乎寻常的联想则表明有情绪失调的症候。

荣格选择了100个他认为可以诱发情绪的单词,例如,绿色、水、唱歌、死亡、法律、陌生人等。除记录对刺激词的反应外,他还用秒表记录患者对每个刺激词的反应时间,并测定患者对每个刺激词的生理反应,如呼吸率和皮肤导电率,用以确定患者的情结。

荣格把下列指标当作情结指示器(或情结指标)(complex indicators),即用来指示情绪的存在:

1.对某个刺激词的反应时间比平均反应时间长。

2.以重复刺激词作为反应。

3.不做任何反应。

4.用笑来表现机体反应,呼吸率或皮肤导电率增快。

5.说话时口吃。

6.以曾使用过的刺激词继续做反应。

7.毫无意义的反应,如编造词语。

8.表面反应,如用一个听起来像刺激词的单词来反应。

9.用多个单词来反应。

10.把刺激词错误地理解为其他的单词。

荣格发现,同一家庭成员对刺激词的反应十分相似;男性对刺激词的反应快于女性;受过教育者比未受过教育者的反应快。表5-1是对部分刺激词的正常反应和神经症反应。

表5-1　单词联想测验的正常反应和神经症反应

刺激词	正常反应	神经症反应
蓝色	可爱的	颜色
树	绿色	自然
面包	好	用来吃
灯	亮	用来照明
富有	美丽	钱—我不知道
犯罪	多	这个观点完全和我的信仰相左,我不赞同
针	刺	用来缝衣
游泳	健康	水

(采自Jung,1910)

(二)罗夏墨渍测验

罗夏墨渍测验(Rorschach Inkblot Test)是瑞士神经病学家罗夏(Rorschach,1921)编制的一种投射测验(projective test)。该测验由10张对称的不同墨渍图形组成,其中5张为黑白图片,墨渍的深浅不一;2张为黑色加红色的墨渍图片;另外3张为彩色的墨渍图片。墨渍图位于7×10平方英寸白底卡片的中央。图5-1是罗夏墨渍测验图片示例。

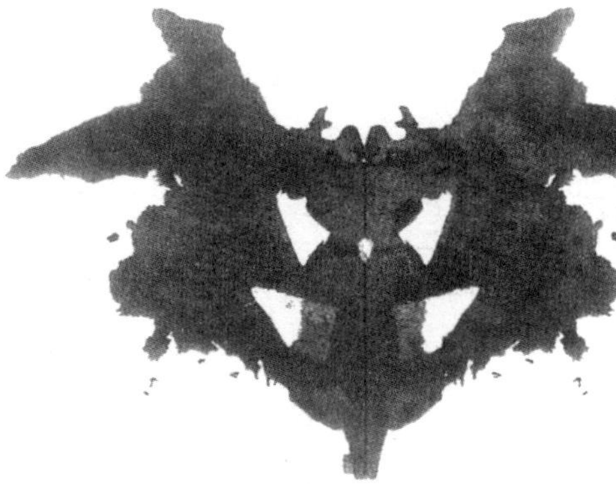

图5-1　罗夏墨渍测验题目示例

测验的实施通常分为两个阶段：第一阶段为自由联想阶段（free association period），主试说完指导语之后，按图片规定的顺序和方位交给被试一张图片，被试自行说出看到了什么。主试记录其反应时间和反应内容。被试对10张图片作答后，进入第二阶段——询问阶段（inquiry period），主试再将各图片逐一交与被试进行询问："你是根据墨渍的哪一部分引起这种反应的？""引起这种反应的因素是什么？是墨渍的形状？色彩？还是几种因素都起作用？"主试记录被试的反应和态度等。

墨渍测验的计分方法目前尚不统一，常用的一种记分体系（Klopfer & Davidson，1962）是以反应部位、决定因素和内容三方面来记分。反应部位（location）是指被试的反应包括墨渍哪些部位，例如，是整体反应（W）、明显局部反应（D）、细微局部反应（d）、特殊局部反应（Dd），还是空白部分反应（S）。反应的决定因素（determinant）是指被试做出各种反应的主要依据，是什么促使他做出反应，例如，墨渍的形状（F）、人的动作（M）、彩色（C）或阴影（K）等。反应的内容（content）是指被试回答的内容，例如，动物、人体、性器官、物品、自然景物、建筑等，是普遍的反应（popular response，简称P）还是独创的反应（original response，简称O）。

主试则依据各类反应中所含反应的数目，一类反应数与另一类反应数之比例，及多种类别间的相互关系等方面进行分析。记分和解释十分复杂。

虽然罗夏墨渍测验从1921年到现在有了很大的发展，运用的范围也日益扩大，但是它仍存在许多问题，其主要的缺点是：（1）再测信度低；（2）缺乏内部一致性高的客观记分体系；（3）预测效度低；（4）构思效度低；（5）评分者的信度低；（6）不能区分正常被试等（Gamble，1972；Jensen，1972）。

由于罗夏墨渍测验存在的问题较多，这种测验在国外心理测验中的地位近年来有下降的趋势。有人（Anastasi，1976）认为它在临床诊断中只是一种辅助工具。针对罗夏墨渍测验存在的缺点，霍尔兹曼等人（Holtzman，Thorpe，Swartz，& Herron，1961），发展出了效度和信度较高、能将正常人与神经病患者区分开来的霍尔兹曼墨渍测验(或贺茨曼墨迹测验)(Holtzman Inkblot Technique)。该测验有下列几个特点:(1)图片刺激丰富且多样化,共计90张,其中有对称的和非对称的,彩色的和黑白的图。(2)对每一张图片都要求被试做出一个反应;原本有测验项目的常模,评分和临床诊断较客观。(3)有正本和复本两种形式,有助于评鉴被试或患者的发展变化和治疗效果。(4)可应用于5岁至成人的各种被试,并对各年龄的正常人和各种神经症患者做了对比分析。虽然有学者(Aiken,1991)仍认为霍尔兹曼墨渍测验的效度问题还没有得到很好的解决,但是,它确是目前符合统计要求的一种好测验。

(三)主题统觉测验

主题统觉测验(Thematic Apperception Test,简称TAT)是由美国心理学家默里和摩根(Murray & Morgan,1935)编制的。全套测验共有30张内容暧昧的图片(参见图5-2),另有一张空白卡片。大多数图片上画着一个或两个人物,他或他们都在某种重要的生活情节之中,有的画面非常抽象。测验时要求被试按照画面编造故事,用讲故事的形式叙述画面中正在发生的事情。指导语很简单,主试告诉被试:“我要请你看一些图片,并且要你根据每张图片讲一个故事,说明图片中所表现的是怎么回事,为什么会造成那种情况,以后会有什么结果。你可以随意讲,故事愈生动、愈戏剧化愈好。”主试将被试的行为反应加以记录(或用录音设备),然后进行分析。

图5-2 主题统觉测验图例

按照默里(Murray,1938)的原意,由主题统觉测验所取得的故事应按需要-压力方法(need-press method)进行分析。主要是找出故事中主人翁表现的需要及其所遭受的压力。不过,这项分析工作颇为繁难,要一句句地斟酌。这就要求测验者从临床的角度,应用自己所知道的一切,包括人类社会的一般知识、生活经验和心理学知识来解释故事,推断出被试的人格特征和某些潜在动机。当然,推论是否合理,这是有争议的。因为这种推论既可能显示被试的动力过程,也可能显示解释者的动力过程。其主观臆断性实难排除。

四、游戏作为一种评鉴技术

埃里克森把儿童的游戏(play)作为评鉴人格的一种技术。他认为,游戏能使儿童将某些他们所关心,而不能言传的潜意识内容表露出来。于是他设计出一种标准化的桌面游戏情境,让儿童将桌面想象成舞台,玩具是演员和道具。然后指示儿童“在桌子上建构幻想的一场电影中激动人心的场面”(Erikson,1963,p.80)。这种游戏情境既有投射性质,又有客观测量性质,要求儿童根据一些模棱两可的刺激构成一个连贯的故事。同时它也有客观的特征,即所分析的对象是对儿童行为的记录。不仅分析儿童说出有关情节的内容,还分析游戏最后一幕的成型以及达成最后这一幕的行为变化系列。埃里克森更重视对儿童的行为及其对行为的陈述,而不把注意力放在隐藏于行为后面的潜意识动机。

在早期的研究中,埃里克森发现,10~12岁的男童和女童所建构的游戏场景不同。一般说来,男孩倾向于建构的场景周围往往设有高高的围墙,还有许多其他的高耸于场景中的尖塔或加农炮筒等物体,而很少创设出围拢的物体(如围墙或篱笆)。男孩子创设的场景是动态的,并体现出这些建构物倒塌和推垮的某些幻想。而女孩子创设的游戏场景典型地含有一个围墙,有时围墙还附设一处精致的入口,围墙内有人、动物等东西。女孩创设的场景倾向于静态与和平的气氛,尽管场景有时会被动物、男孩或男人的入侵所打扰(参见图5.3)。据此埃里克森断言,儿童创设的游戏场景是他们生殖器的外部表现形式。他把这种现象称为身体的基本计划(ground plan of the body)。

但是,埃里克森(Erikson,1968)很快就指出:生物学因素不是构造游戏场景的性别差异的唯一决定因素。同样重要的因素还有性角色的训练、社会角色以及儿童的志向。因此,儿童创设游戏场景的不同是他们的生物学因素、文化因素以及心理诸因素的复杂相互作用的结果。显然,这种解释比他早期的生物学解释较符合实际情况。同时这一研究也反映了精神分析向实验心理学接近的倾向。

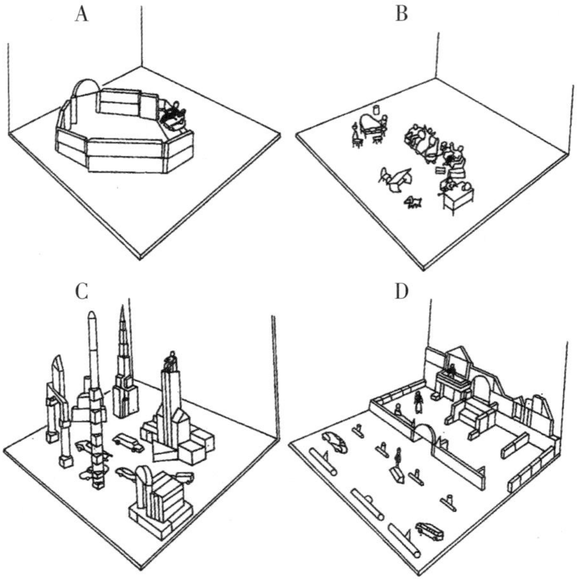

图5-3 儿童创设游戏场景的图例

（采自 Erikson，1963）

说明：A和B为女孩创设的图例，C和D为男孩创设的图例

五、迈尔斯-布里格斯类型指标

迈尔斯-布里格斯类型指标（Myers-Briggs Type Indicator，简称MBTI）（Briggs & Myers，1976）是一套根据荣格的类型理论而发展起来的量表，分为F卷（含166个二择一式题项）和G卷（含126个二择一式题项）。该量表适用于10岁至成人的各类被试，其项目举样见表5-2。按照荣格的类型理论，MBTI分为四个子量表：内倾型-外倾型（I-E），感觉型-直觉型（S-N），思维型-情感型（T-F）（只在F卷中有），以及判断型-知觉型（J-P）。因此共有16种可能的人格类型。例如，ENFS类型，就是指某人主要的人格类型是外倾型（E）、直觉型（N）、情感型（F）和感觉型（S）。

表5-2 迈尔斯-布里格斯类型指标项目举样

内倾（I）-外倾（E）项目：

1. 当你与陌生人见面时你是否感到

   a. 高兴，或至少是不困难（E）　　b. 是一件困难的事（I）

2. 你的本性是不是

   a. 一个好合群者（E）　　b. 在公司里图个清静和缄默（I）

3. 在人群中你是否经常

   a. 介绍他人（E）　　b. 被他人介绍（I）

续表

感觉(S)-直觉(N)项目:
1.与你经常在一起的是
a.富有幻想的人(N)　　b.崇尚实际的人(S)
2.你是否更讨厌
a.幻想的理论(S)　　b.不喜欢理论的人(N)
3.你更喜欢被看作是
a.讲求实际的人(S)　　b.有创造天才的人(N)
思维(T)-情感(F)项目:
1.你觉得哪一种人更值得称赞
a.有真实情感的人(F)　　b.思维严密的人(T)
2.你觉得哪一种人更差劲
a.太热情(F)　　b.太缺乏热情(T)
3.你是否经常让
a.情感控制理智(F)　　b.理智控制情感(T)

(采自 Ryckman,1989)

迈尔斯-布里格斯类型指标实施手册中还给出了依据小样本的中学生和大学生被试所得出的四个子量表的百分常模。迈尔斯-布里格斯类型指标中四个子量表的折半信度在0.70~0.80之间;也有该问卷的效度的研究,但结果不一。有人称迈尔斯-布里格斯类型指标的最大缺点是不能测量参与测验的态度,因此,会给诊断与检查带来误差,有人对该测验的实用性也提出了疑问(McCrae & Costa,1989)。

第三节　对精神分析论范型的评价

每种人格研究范型都有其优点和缺点。在本节中,我们将从精神分析论的科学地位以及精神分析论对人格研究的贡献,对精神分析论范型做一个简短的评价。

一、精神分析论的科学地位

精神分析论对正常人格研究的描述和对神经官能症患者的治疗一直受到各方面的批评。精神分析学家们宣称,精神分析既是一门科学,又是一种疗法,这里我们仅就它的研究方法的科学性和疗效问题进行讨论。

(一)研究方法的科学性问题

弗洛伊德的基本研究方法是个案法。个案法的缺点是在无控制的条件下非系统地获得资料,个案研究的情境不能重复验证。例如,我们不能系统地控制和改变父母教养儿童的条件,也不能在实验室里复制个人的生活环境加以重复研究。一般说来,临床观察也不能在有控制的实验条件下加以重复。

弗洛伊德收集资料的性质存在着严重的问题。他在治疗的时候不做记录并告诫分析师们在治疗时不要做记录,因为这会分散他们的注意力。通常,弗洛伊德与患者晤谈后几个小时才做记录。这样的资料不可能是完整的,很可能只是他记住的,或只是有选择地记住支持他自己理论的那些东西。这样的资料也不可能是准确的。因而便无法将他的个案报告同他的患者的实际陈述加以比较。

退一步说,即使在治疗时加以记录,我们也不能确定患者陈述的效度。弗洛伊德在治疗时从不确证患者陈述内容的真实性。而作为科学研究,这是他应该做的,例如,他应当向患者的朋友、亲人询问患者陈述的事件是否发生过。然而从弗洛伊德的个案研究来看,他从不这样做。因此,从科学研究的第一步来看,弗洛伊德所收集的资料是不全面的、不准确的。

弗洛伊德的研究对象太少,取样缺乏代表性。从出版的弗洛伊德的著作中可以看到,弗洛伊德研究过的对象只限于他自己以及在他那里接受过分析的人,总共约有12个个案。他们处于性全面压抑的维多利亚时代,其中大多数是年轻、单身、受过良好教育的上层妇女。将这个特定时代如此小样本的研究结果推广到整个人类,显然是不科学、不可信的。此外,弗洛伊德也从来没有充分地解释过他的研究程序,他的资料是不能量化的。

值得指出的是,弗洛伊德的治疗记录与他发表的个案报告有着明显的差异。如果说这些个案报告就是他所进行治疗的记录,那么这样的研究也令人怀疑。一项研究比较了弗洛伊德的记录与发表的一个著名的个案研究,结果发现两者之间有许多差异。例如,分析期被虚构加长了,在分析中的事件顺序有错误,无根据地宣称分析导致痊愈(Eagle,1988;Mahoney,1986)。人们怀疑,已出版的个案与每次分析之后几小时弗洛伊德所做的记录不同,这种歪曲事实的做法,是弗洛伊德有意用来支持其理论之所为还是他的潜意识能量的产物?是只在他的个案中有所表现还是在他的所有著作中都存在?这是一个谜,因为弗洛伊德在完成写作后不久便把他的患者档案几乎都销毁了。

弗洛伊德宣称,他的工作是科学的,并认定他有足够的证据可以得出结论,只有使用同他一样方法的分析家才能判断其工作的科学价值。他写道,精神分析依据了“无数的观察和经验，只有那些对自己和他人重复这些观察的人才有资格做出自己的判断”（Freud，1940/1949，p.144）。如前所述，弗洛伊德的观察是不能重复的，他收集资料、导出结论的方法都不符合现代科学研究的程序。因此，他的上述断言是令人怀疑的。

（二）治疗的效果问题

治疗效果也可以用来考察精神分析的科学性问题。艾森克（Eysenck，1952a）曾综述过大量的临床文献，评定精神分析的治疗效果。他对7 000例患者的个案史进行了研究，认定精神分析治疗不能显著地加速神经病患者的痊愈。他发现，66%的患者通过精神分析，病情有显著好转或痊愈，这似乎是很好的。但是，艾森克还发现，72%的患者即便没有用正规的治疗方法治疗，在发病两年之内也有显著的好转或痊愈。因此，约2/3的患者无论他们有无接受精神分析都在很大程度上有好转或痊愈。这篇论文导致了一场持久的争论。在随后的几年中，出现了对艾森克的重要批评，某些证据表明他的原始资料不准确。伯金和兰巴特（Bergin & Lambert，1978）总结了艾森克论文中的许多重大缺陷，并对艾森克的数据进行了再计算，他们认为自然缓解率是43%，而不是艾森克所说的72%，同时经过心理治疗患者的痊愈时间要缩短很多。

还有许多研究证明心理治疗是有效的。在一项研究中，史密斯和格拉斯（Smith & Glass，1977）详尽地评述了在此以前所有的心理治疗研究，从25 000名男女患者的治疗结果中排除了个案报告，只对其中的375个在控制下的治疗结果进行了分析。结果发现，无论用什么样的治疗手段都获得了改善的程度，其中精神分析治疗也是有效果的。有的研究表明，心理治疗对抑郁症、恐怖症、神经病、心身疾病有更高的疗效；各种心理治疗手段的疗效大致相似（Garske & Lynn，1985）。

尽管仍有综述（Rachman，1971；Erwin，1980）证明艾森克的结论是有效的，但大多数学者认为，精神分析对治疗心理疾病是有显著的临床实用价值的。

二、精神分析论的实证效度

实证研究向来不为精神分析家们所重视。从弗洛伊德开始，精神分析家普遍对实证研究持否定态度。他们认为，临床个案和自我分析才是发展、佐证精神分析论的主要来源；而实验、问卷调查等研究，都不能对精神分析的理论观点进行分析（见补充讨论5-3）。但是，仍有不少心理学家对精神分析的理论观点做过实证研究。这里将讨论弗洛伊德理论中的几个重要概念的实证效度（empirical validity）。

补充讨论5-3

弗洛伊德对实证研究的否定态度

弗洛伊德对用实验法来检验精神分析学的命题持否定的态度，可以从1934年2月28日他对一位青年心理学家的回信中看出来。年轻时代的罗森茨韦格曾给弗洛伊德寄去自己的两篇研究报告：一篇是研究所谓从快乐原则向现实原则的转化（Rosenzweig，1933）；另一篇是关于压抑的实验研究（Rosenzweig & Mason，1934）。弗洛伊德在简短的回信中写道："我津津有味地研读了你对精神分析命题检验的实验研究。我不能对这样的证据给予多高的评价，因为这些命题依据于大量可信的观察，它们不依赖于实验验证。虽然实验验证不会有什么损害"（Rosenzweig，1985，pp.171~172）。1937年，罗森茨韦格写信给弗洛伊德询问有无必要创建一本实验心理病理学杂志时，他回信道："在我的定向领域中，我看不出创建一本专门杂志直接面向心理病理学中的实验研究的需要"（Rosenzweig，1985，pp.174~175）。很明显，弗洛伊德一向对实证研究持否定态度。

虽然1914年弗洛伊德曾把荣格的单词联想测验视为把实验心理学与精神分析学联系起来的第一座桥梁，但随后他又抛弃了这种方法，并认为这种方法既不能对荣格自己也不会对精神分析带来什么好处。1937年，即在弗洛伊德去世前两年，他表示了坚决反对实验心理病理学的态度，尽管大多数研究变态行为的学者都不赞同他的观点。

很明显，弗洛伊德对实证研究的否定态度与其临床实践及对人性的理解有关。弗洛伊德对人格的研究既不采用自然科学的实证方法，也不采用探究人的意识确定无疑性的现象学方法（参见第十一章），而是采用介于艺术和科学之间的诠释学方法（高觉敷，1995）。

诠释学（hermeneutics）是一种对人类精神活动产品的理解和释义的理论。这种理论早在古希腊时代就有思想萌芽了，最初是指阿波罗神庙中对神谕的诠释，后经法国哲学家施莱尔马赫（Friedrich Erns Daniel Schleiermacher，1768—1834）和狄尔泰（Wilhelm Dilthey，1833—1911）等人的发展，逐渐成为与实证主义（positivism）相对立的诠释学方法论。诠释学方法论的主要含义是：（1）诠释学的对象是人创造的、传达一定意义的符号。但符号的象征是不能直接观察到的，需要加以解释。精神分析对梦和病症的看法符合这一前提。（2）诠释包括重新体验，即重建创作者的创作经验，设身处地地同化创作者。一个诠释者如果有足够的历史知识和语言知识，他就能比创作符号的本人更好地理解创作者，即是说，诠释者可以通过创造性的重建来把握创作者没有意识到的心理活动。弗洛伊德对梦的解释及整个治疗过程都体现了这一思想。（3）诠释是从个别符号出发，扩展到整体意义，并联系整体的意义确立个别符号的地位。弗洛伊德所使用的方法也遵循这一原则。尽管弗洛伊德很少提及诠释学，但他熟知德国的这一思想传统，所采用的就是诠释学的方法。

（一）潜意识的实证研究

补充讨论3-1中已经论及对潜意识的研究有两种取向：一是认知的研究取向；二是心理动力学的研究取向。已有许多研究证明认知活动中的信息加工大多是潜意识的（Meichenbaum & Gilmore,1984;Messer,1986)。从20世纪70年代起,对潜意识的研究与日俱增。阈下知觉就属于这类研究。所谓阈下知觉(subliminal perception),是指刺激强度极其微弱,被试几乎无从感觉其存在,但它却影响被试的意识过程和行为。例如,用攻击性的言语和图画作为阈下刺激(subliminal stimulus)向抑郁的被试呈现后,让被试用自我评定量表进行评量,结果发现他们比看中性刺激后更加抑郁。这项研究(Silverman,1976),支持了弗洛伊德关于抑郁是由于潜意识的攻击感造成的,即对他人的攻击转向内部并影响自我的观点。

在另一项研究(Shevrin,1977)中,以极短的时间向被试呈现一系列单词和图片,使被试不能有意识地知觉到它们,然后请其自由联想。结果被试谈到了那些呈现过而他们却没有真正看到的刺激。例如,呈现一幅一只蜜蜂图画的阈下刺激后,被试自由联想的内容中有“蛰”和“蜂蜜”等单词。虽然被试没有真正看到它们,但其思想过程却受到这些刺激的影响。

潜意识启动实验(priming experiment)也证明潜意识的存在。实验是这样做的:两种刺激(词、图形等)连续地(从间隔数毫秒到数秒)向被试呈现并要求其对第二种刺激做出反应,当两种刺激具有某种联系(形状、声音或意义上的联系)时,被试做出反应的时间要比两个刺激无联系时短。这种时间上的节省就称为前一个刺激对后一个刺激的启动效应(priming effect)。在一个实验中,先呈现给被试一幅画作为启动刺激,间隔一段时间后再呈现第二幅画作为目标刺激,启动刺激有的与目标刺激有关联(如先猫后狗的顺序),有的则无关联。要求被试说出第二幅画的名称并测量被试的反应时间。启动刺激与目标刺激之间的时间间隔是变化的,从能够完全识别(意识到)启动物到根本不能识别(低于1/3零阈,完全意识不到)启动物。结果发现,当启动物的呈现时间低于2/3零阈时,尽管在这样短的时间内被试并未认出启动刺激,启动效应仍为30毫秒;对比之下,完全识别启动物时的启动效应为33毫秒,与30毫秒无显著差异。这表明,无意识的启动对后来的加工具有和有意识的启动同样深刻的影响。

阈下知觉的许多研究表明,人们的许多认知活动是受潜意识影响的。大量的日常事件,即使我们没有真正有意识地知觉到,也影响我们的行为(Jacoby & Kelley,1987)。潜意识是客观存在的。但有关的实验却无论如何也没有证实弗洛伊德所强调的潜意识中性本能冲动对人的心理和行为起决定性的作用。

(二)梦的研究

弗洛伊德断言,梦是愿望的满足。现代生理学研究表明,睡眠具有两种不同的时相:一种是浅睡眠(light sleep),也称为非快动眼睡眠(或非快速眼动睡眠)(nonrapid eye movement sleep，简称 non-REM sleep）；另一种为深睡眠（deep sleep），也称为快动眼睡眠（或快速眼动睡眠）（rapid eye movement sleep，简称 REM sleep）。梦大多产生于快动眼睡眠的时相。有研究（Aserinsky & Kleitman，1953）认为，眼睛的不停移动似乎正在注视梦中事件的发展。如果梦境是一场网球比赛，眼睛似乎随着飞来飞去的网球而移动（Dement & Kleitman，1957）。

在检验弗洛伊德关于梦的观点的研究中，被试在快动眼睡眠时被叫醒，并询问其梦的内容。结果并未发现像弗洛伊德所说的，梦代表愿望的满足（Dement & Wolpert，1958）。某些研究证实了阿德勒关于梦与我们解决当前问题有关的观点。在这类研究中，由主试给被试有意安排一些无法解决的难题。这些难题被认为是对自我（ego）的威胁。然后让被试睡眠，并在他们非快动眼睡眠和快动眼睡眠时被叫醒，结果发现，那些做梦的被试更多地回忆起解决问题时的失败。研究者认为，做梦能够使被试更有效地对付那些威胁自我的情境。在另一项研究里，两组被试都报告了自己的梦。一组是参加压力心理治疗的大学生，另一组是马上要进行大手术的患者。这两组被试的梦都集中在他们意识到的担心、惧怕和希望上。也就是说，被试梦到的都是目前所面临的问题（Breger，Hunter，& Lane，1971）。

20世纪70年代以来，对梦的研究早已跨越了精神分析论的范畴，更多的研究采用生理学观点。一些研究者认为做梦是右脑的功能。梦能降低焦虑，消除情绪冲突，还能将白天的情绪事件组合起来。这些假设倾向于强调做梦能为我们降低紧张，处理情感危机（Cartwright，1978ab；Cohen，1979；McGrath & Cohen，1978；Webb & Cartwright，1978）。另一些研究者则认为，梦是大脑神经细胞被激活所产生的认知内容拼合所创造出来的故事。即是说，脑干中控制睡眠中枢的某些细胞在快波睡眠时被激活，其兴奋便传到邻近掌管机体其他机能的细胞；这些细胞又将信息传送到大脑皮质；被激活的大脑有关区域在处理脑干传来的互不相干甚至相互矛盾的信息时就按照以往的经验，将强烈的神经活动赋予一定的意义。这一假设被称为激活-合成理论（activation-synthesis theory）（Hobson & McCarley，1977；McCarley & Hobson，1977）。更多的研究者认为，现在对梦的性质下一个结论还为时过早（Schumer，1984）。

（三）恋母情结的研究

有些研究者（Hall & Van de Castle，1965）用梦境的内容来研究恋母情结，即他们想要确定男性的梦境是否有更多的阉割焦虑，女性的梦境是否有更多的阉割愿望和阴茎妒羡。他们让受过训练的记分者对大学生的梦的内容就阉割焦虑、阉割愿望和阴茎妒羡出现的情况进行评定。例如，在梦中有类似于男性生殖器的物体或对男性身体特征的妒羡，则被解释为阴茎妒羡(或阳具妒羡)(penis envy)的指标。痛、失落,或身体某部分受伤被看成是阉割焦虑(或阉割恐惧)(fear of castration)的指标。研究者断言,他们的结果是支持弗洛伊德观点的,即大多数男性的梦反映了阉割焦虑,而大多数女性的梦反映了阉割愿望和阴茎妒羡。

如果说4~5岁儿童能体验到阉割焦虑和阴茎妒羡,那么他们就必然了解男孩和女孩在解剖上的差异。在一项研究中,要求儿童把从解剖角度拆散了的玩具娃娃重新组装成一个娃娃,其中主要是看他们将生殖器装在娃娃哪一部位。例如,在娃娃的裸体躯干的下部装上生殖器,在躯干上部装上隆起的胸。结果发现,大多数4~5岁的儿童不能正确组装玩具娃娃。甚至6岁儿童也常常出错(McGonaghy,1979)。可想而知,在弗洛伊德时代的儿童就更加不知道两性之间解剖上的差异了。

弗洛伊德认为,男孩只有通过对父亲的认同作用(identification),才能消除恋母情结。一项研究表明,如果父亲对孩子的态度温和并且关心,那么4~6岁儿童就会形成对父亲强烈的认同;如果父亲严厉、好惩罚,那么儿童就不容易与父亲认同(Hetherington & Frankie,1967)。这些研究都不能证明恋母情结的理论。

(四)成人性格类型的研究

对弗洛伊德的性格类型的实证研究大多采用相关法而不是实验法。研究一般分为两个步骤:首先主试向被试提出一些与弗洛伊德性格特征有关的问题,要求被试回答。然后将被试的回答与理论上的性格特征求相关,如果与口唇型性格特征呈高相关,则该被试被确定为口唇型性格;如果与肛门型性格特征呈高相关,则该被试就被评定为肛门型性格。评鉴的工具通常用布莱克测验(Blacky Test)(Blum,1949,1962;Blum & Hunt,1952)。这是一种投射测验,专门用于研究精神分析论的性格类型。为了避免测验内容引起被试的防卫反应,图片上画的是一条狗(名叫布莱克)。该测验由12张图片组成,每幅画面都为与心理性欲发展有关的情境,例如喂奶、大便、一把大刀正威胁着狗的尾巴(测量阉割焦虑)等(见图5-4)。研究是这样进行的:先要求被试"看图说话",即进行投射测验,主试记录故事内容并对其中有关口唇型性格特征和肛门型性格特征的内容进行评分,然后将被试分为口唇型性格和肛门型性格两类。此后,还观察被试的实际行为,考察测量结果与实际行为是否一致。结果表明,虽然测量结果与实际行为有不一致的,但一些研究发现,被评定为口唇型性格者易受暗示、易患肥胖症、有烟瘾、爱吃冰激凌(Blum & Hunt,1952)等,而被测定为肛门型性格者则表现出细节记忆能力强、爱整齐、不易受暗示(Tribich & Messer,1974)等。

图5-4 布莱克测验中的一张图片

（采自 Blum，1968）

但是总的说来，许多研究都表明，成人的性格特征变化并不是弗洛伊德的心理性欲发展阶段理论所能解释的（Fisher & Greenberg，1977；Kline，1972）。

弗洛伊德曾断言，儿童到了5岁之后人格就已经形成，不能改变。人格毕生发展的研究却发现，学前儿童人格的许多方面在随后的6~7年有急剧的改变（Kagan，Kearsley，& Zelazo，1978）。另一些研究者强调指出，在形成成人人格方面，儿童中期（约7~12岁）比儿童早期更为重要（Olweus，1979）。即是说，人生最初的5年虽然对人格形成有影响，但5岁后对人格继续发展的影响显然超过5岁前所受的影响。

此外，还有对弗洛伊德其他观点的实证研究。例如，大量的研究表明，虽然挫折会引起攻击，但挫折并不总是引起攻击，攻击可以通过训练来调节。后一点支持了学习在攻击中的作用。班杜拉（Bandura，1986）的研究发现，攻击可以像其他社会行为一样通过学习而获得。在现今心理学中，弗洛伊德的攻击本能论已没有多少市场；大多数心理学家相信攻击行为是学会的，首先是在家庭中，随后是在他的同辈中学会的（Singer，1984）。

总的来说，精神分析论的许多概念是含糊不清的，有不少概念（如生的本能、死的本能、本我、自我、超我等）是用生动的文学笔调或隐喻来描述的，缺乏操作性定义，也难加以实证研究。从现有的研究来看，得到的结果也很不一致。即使有的概念被某些研究证实，但它又可以做另外的解释。例如，一项研究预测女人将比男人囤积较多的笔状物，因为笔状物是性器期的象征，而女性又被认为具有阴茎妒羡。研究结果的确发现女性被试有较多的囤积行为（Johnson，1966）；但根据弗洛伊德的理论，囤积也是肛门滞留型性格的特点。

那么以哪一种因素来解释此种行为呢？由于精神分析论的一些主要假设无法验证其真伪,因此其科学地位普遍受到怀疑。

三、精神分析论的贡献

如前所述,精神分析论不是一个科学的理论,它的许多概念和命题缺乏实证效度,所采用的研究方法也缺乏科学的严谨性。但这并不意味着这个理论是完全不正确的,精神分析论也有合理的因素。历史上,精神分析论的主要贡献如下。

(一)开辟潜意识心理学的新研究领域

尽管弗洛伊德把人的一切活动都归因于潜意识性欲的观点,使他完全陷入了泛性论和反理性主义的错误,但他确实唤醒了人们对潜意识的研究兴趣。在传统的心理学中,除行为主义外,其他的如意动心理学(或行动心理学)(act psychology)、构造心理学(或结构心理学)(structural psychology)、机能心理学(或功能心理学)(functional psychology)和格式塔心理学(或完形心理学)(Gestalt psychology)等,都是研究意识经验的,而不研究潜意识活动。弗洛伊德打破了传统心理学的研究定向,把潜意识活动摆在人类精神生活中的首要位置进行系统的研究,这对我们深入洞察人类的精神生活的丰富内涵,科学地揭示认识过程的整体机制,拓宽被传统心理学限制了的研究领域,无疑都具有重要的意义。虽然,潜意识这个概念不是弗洛伊德最先提出的,但是,真正以潜意识为研究对象创建心理学体系则始自弗洛伊德。弗洛伊德为潜意识心理学体系的建立开创了新纪元。

传统心理学注重对认知、行为的探索,往往忽视对情感、欲望的探讨;弗洛伊德反其道而行之,把人看作一个动力系统,把本能、欲望作为人格发展的动力,极力倡导对潜意识动机的研究。虽然,1914年武德沃斯(Robert Sessions Woodworth,1869—1962)开始应用动力心理学(dynamic psychology)这一名词,并以动力心理学为题发表了一系列讲演(Woodworth,1918),但是真正推进动力心理学研究的源头是弗洛伊德。正如美国著名心理学史家波林所指出的:

> 动力心理学的主要来源当然是弗洛伊德。……弗洛伊德之所以多年来似乎自外于心理学,是因为他孜孜于动机探究,应用一套专门的术语而对于忽视动机的正统心理学则是置之不理。(高觉敷译,1981,797页)

> 正是这个弗洛伊德,他把动力概念引进了心理学,使心理学家们看到了它,又采用了它。(高觉敷译,1981,814页)

精神分析论对人格领域中的动机和潜意识研究的推动作用,功不可没。

(二)创立心理治疗的新理论和方法

传统的生物医学模式认为,人是一个生物体,任何疾病都可以找到组织器官、系统上的局部器质性病变。弗洛伊德异军突起,提出"精神创伤"是引起精神疾病的主要原因,创立精神分析法,挖掘患者的潜意识动机来治愈疾病。精神分析论破除了心理失调是妖魔作祟、上帝惩罚等的神话,指出所有稀奇古怪的变态行为同正常的适应行为一样都源于同一根源,而且有相同的发展过程。正常行为和变态行为之间的区别只是程度上的差异,而不是种类上的差异。这一观点促使了心理健康新概念的诞生:心理健康是从适应到不适应的一个连续体,并不是"疾病"和"健康"的二分法概念。

弗洛伊德创立了精神分析技术,针对患者的潜意识,促使患者对自己的行为有更大的控制。但是弗洛伊德对现代心理治疗的贡献可能不在于正统的精神分析,这种正统的精神分析现已不常用了。他的贡献在于许多治疗方法都源于精神分析。例如,家庭治疗(family therapy)、婚姻治疗(marital therapy)、团体治疗(group therapy)以及所有高度灵活的一周一次或两次的心理治疗(这是当今美国最流行的治疗方式),都是以精神分析论为基础的。即使那些完全拒绝弗洛伊德理论的治疗师在咨询室里也会受到弗洛伊德的影响。一对一的患者与治疗师的关系是目前流行的治疗技术,其目的是促进患者对自我的认识。这一技术就隐含着弗洛伊德的理论。今天大多数心理治疗都有弗洛伊德的烙印。

(三)开创西方的人格心理学

弗洛伊德开创了西方的人格心理学。弗洛伊德以后的人格理论学家的观点,我们都可以把它理解为主要是对弗洛伊德的反应。其中,有的理论支持和扩充了他的思想,另一些理论则是批驳他的思想。弗洛伊德的人格理论有一定的合理因素。例如,弗洛伊德把人格看作多维度、多层次的动力系统,已成为当代人格心理的一种重要观点。尽管他的潜意识、本我、自我和超我等概念缺乏科学根据,但人格结构毕竟不是单一维度的心理构成物。又如,弗洛伊德认为人格的发展不是单纯的量的积累,而是有质的变化过程(强调早期经验的重要性),这种发展观点也有合理性,尽管弗洛伊德对人格发展过程的具体阐述缺乏科学依据。现在,弗洛伊德的一些概念已得到广泛的承认,并且被吸收到人格心理学之中。例如,潜意识动机的作用、童年经验在形成成年人行为中的重要性和防卫机制的作用等。对这些领域的兴趣引起了人们的许多研究。此外,精神分析学研究人格的方法和评鉴技术也已成为当代人格心理学的一种研究方法和评鉴技术,尽管它仍有缺点。精神分析是研究人格的一条途径和方式。

本章摘要

1.精神分析的主要研究方法是个案法，即从患者的口语表达和报告中不断地寻求一致性的主题，以证实分析师的假设，找出针对性的处理办法。

2.为了分析历史人物的潜意识动力，弗洛伊德使用了心理传记分析法，即根据个人的传记资料对其心理动力特征进行分析。埃里克森进一步发展出心理历史学分析法，这是一种在更广的历史活动和历史背景中对个人人格进行分析的研究方法。

3.文化人类学方法是观察和收集自然地存在于世界不同地区、不同自然环境和不同历史时期人类文化资料以创立并检验人格理论的研究方法。弗洛伊德、荣格、埃里克森和弗洛姆都使用过此种方法。

4.自由联想、梦的解释和移情既是治疗手段，也是精神分析的研究方法和评鉴人格的技术。通过自由联想、梦的解释和移情，患者理解当前的问题和行为与潜意识根源的关系，从而治愈疾病，这就是精神分析的结论显著性的检验。

5.在精神分析治疗过程中，有时患者将隐藏中对他人的爱慕转移到分析师身上，称为正移情；而将隐藏中对他人的憎恶转移到分析师身上，称为负移情。移情有助于了解病因，有助于治疗。有的分析师将自己隐藏中对他人的情感转移到患者身上，称为反移情。反移情将导致治疗的失败。

6.在弗洛伊德看来，在日常生活中舌误、笔误、遗忘、误放和动作错误等失误行为是被压抑的牵制倾向与意识到的被牵制倾向之间冲突的结果，都是潜意识的产物。因此，分析失误行为可以评鉴潜意识动机。

7.投射技术是一种受精神分析论欢迎的评鉴工具。其特点是：所用的刺激都是模棱两可的，被试的反应是开放式的，记分主要依据主观的临床判断。

8.荣格的单词联想法是投射技术之一。该测验要求被试根据某一刺激词立即说出或写出最先联想到的单词，研究者则根据被试对刺激词的反应时间或是否产生不寻常的联想词来鉴定被试是否有情绪障碍。

9.罗夏墨渍测验是投射技术之一，由瑞士神经病学家罗夏于1921年编制而成。使用时要求被试凭主观知觉回答，研究者按其回答解释可能投射出来的心理含义，诊断其人格特点。

10.主题统觉测验是投射技术之一，由美国心理学家默里和摩根于1935年编制而成。使用时让被试根据对图片的知觉自由地编造故事。研究者则按其回答解释可能投射出来的心理含义，诊断其人格特点。

11.埃里克森把儿童的游戏作为评鉴人格的一种技术。这种测验既有投射性质又有客观测量性质，表明精神分析向实验心理学接近的倾向。

12.迈尔斯-布里格斯类型指标是迈尔斯和布里格斯根据荣格的类型理论而发展起来的量表。该量表适用于10岁至成人的各类被试，用以评定16种可能的人格类型。

13.精神分析的研究方法缺乏科学的严谨性，许多概念和命题都缺乏实证效度。尽管精神分析学是不科学的理论，但它对人格结构、人格动力、人格发展和人格适应的探讨具有开创性的意义，其中也有合理的因素。

14.在创建精神分析人格理论的过程中，弗洛伊德既否定自然科学的实证方法，也不采用现象学方法，他所采用的是诠释学的方法。

建议参考资料

1.车文博(1992)：弗洛伊德主义论评。长春市：吉林教育出版社。

2.卡尔·波普尔(傅季重等译，1986)：猜想与反驳——科学知识的增长。上海市：上海译文出版社。

3.郑日昌(1987)：心理测量。长沙市：湖南教育出版社。

4马克·柯克(李维译，1988)：人格的层次。杭州市：浙江人民出版社。

5.高觉敷(1986)：弗洛伊德及其精神分析的批判，见《高觉敷心理学文选》。南京市：江苏教育出版社。

6.凌文辁、滨治世(1988)：心理测验法。北京市：科学出版社。

7.Nanda，S.(1987).Cultural anthropology.Palo Alto，CA：Wadsworth.

8.Pervin，L.A.(Ed.)(1990).Handbook of personality：Theory and research.New York：Guilford.

9.Peterson，C.(1992).Personality.San Diego：Harcourt Brace Jovanovich.

10.Phares，E.J.(1988). Clinical psychology：Concepts，methods，and profession(3rd ed.).Chicago：Dorsey.

第六章　特质论范型

本章内容细目

第一节　奥尔波特的特质理论

一、人格及其结构

（一）什么是人格

（二）特质及其特点

（三）特质的种类

二、人格动力

三、人格发展

四、健康成熟的人格

第二节　卡特尔的特质因素理论

一、人格结构

（一）独有特质和共同特质

（二）表面特质和潜源特质

（三）体质性特质和环境养成特质

（四）能力特质与气质特质和动力特质

（五）团体特质

二、人格动力

（一）动机的成分

（二）动机的种类

（三）行为的成因

三、人格发展

（一）遗传和环境的作用

（二）人格特质形成的年龄趋势

四、心理疾病和治疗

第三节　艾森克的人格维度理论

一、人格结构

（一）人格定义及其层次模型

（二）人格维度

补充讨论6-1　艾森克的人格维度与巴甫洛夫的类型学

二、人格发展

三、消除心理障碍的行为疗法

第四节　类型论

一、体型类型论

（一）克雷奇默尔的体型类型论

（二）谢尔顿的胚叶起源人格类型论

二、认知类型论

（一）冲动型和思索型

（二）场依存型和场独立型

补充讨论6-2　鉴定场依存型和场独立型的测验

本章摘要

建议参考资料

如果有人问你:你的某位朋友或你的某位同班同学是怎样的一个人?你将如何回答呢?你大概会像大多数人那样,一一列出符合那个人的一些人格特质。例如,“某人勤奋、办事认真、富于进取精神”,“某人懒惰、做事没精打采、意志薄弱”。特质论(trait theory)是以特质概念为基础建立起来的一种人格理论,该理论认为人格是由许多不同特质所构成的。但理论家们对特质的定义却不一致。通常,特质(trait)被看作持久(具有时间的延续性)而稳定(具有情境的一致性)的行为倾向。这种神经心理结构或先天的行为倾向,使个体以相对一贯的方式对刺激做出反应。因此,对一个人的人格特质的了解,便可以预测其行为反应。特质论者认为,人格特质是所有的人所共有的,但各人所具有的每一种特质则因人而异,这就形成了人与人之间的人格差异。外倾、内倾、开朗、聪慧、稳定性、支配性、兴奋性、敏感性、幻想性等,都被认为是人格特质。特质论研究范型由美国和英国的学者开创和推广,其代表人物是奥尔波特、卡特尔和艾森克。

对特质的研究可以追溯到古希腊时代。亚里士多德(Aristotle,公元前384—前322)的朋友提奥夫拉斯塔(Theophrastus,公元前4至3世纪)曾从性格学(characterology)的角度描述过30种特质,例如伪装、谄媚、“枯燥无味的讲述者”等(奈增寿译,1959)。不过这种观点是以类型划分为依据的。虽然特质与类型这一术语经常有联系,但特质论者一般不把人格分为非此即彼的类型,而通常认为存在着一些特质维度,每个人在这些连续性维度上的表现程度不同。对各种各样的人进行概括和分类,会使我们对人的认识变得经济而简便。因而类型论的人格研究便发展起来。但是这种以少数的单一变量来解释复杂的行为的做法也有不少弊病。

本章将讨论人格特质论和类型论的基本观点,其主要内容包括:

1.奥尔波特的特质理论。

2.卡特尔的特质因素理论。

3.艾森克的人格维度理论。

4.几种人格类型划分的探讨。

第一节　奥尔波特的特质理论

奥尔波特(Gordon Willard Allport,1897—1967)是美国心理学家、人格特质理论的创始人。他出生于美国印第安纳州的蒙地如满。家中四兄弟中他排行最小。父亲是内科医生,自己开设家庭诊所并以孩子充当助手。母亲是教师,经常鼓励孩子们进行哲学探索并强调宗教的重要性。奥尔波特形容他的家庭是一个清苦、勤劳、信任、博爱的家庭。1915年奥尔波特中学毕业后就考入哈佛大学,由于第一次世界大战曾一度中断学业。1919年获得文学学士学位,随即任教于土耳其伊斯坦布尔的罗伯特学院,讲授英语和社会学。翌年回到哈佛大学,归国途中得以会晤精神分析大师弗洛伊德,对精神分析论在人格解释上过分强调潜意识和童年经验深为厌恶。他24岁时获得心理学博士学位,其博士论文题目为《人格特质的实验研究》。从1922年到1924年他得到奖学金的资助到德国和英国研究。1924年返回哈佛大学,在美国最早开出有关人格的课程,课程名称为"人格:它是心理和社会的领域"。除了1926年至1930年在达特摩斯学院任职四年外,他的整个学术生涯都是在哈佛大学度过的,曾担任该校心理学系系主任多年。1939年曾当选为美国心理学会主席,1967年10月9日去世,享年70岁。

(Gordon Willard Allport, 1897—1967)人格特质论创始人奥尔波特,1897年生于美国印第安纳州,1921和1922年先后获得哈佛大学文学硕士和哲学博士学位。从1922年到1924年他到德国和英国研究,回到美国后任教于达特摩斯学院。1931年转入哈佛大学心理系任教而终其余年,于1967年去世。

图6-1　奥尔波特

奥尔波特的思想深受詹姆斯(William James,1842—1910)的影响。两人在写作方式、折中主义倾向、对自我的兴趣和对人道主义的热忱等方面都颇为相似。在他的一生中获得了许多心理学家的专业性荣誉。他的著作颇丰,其中最重要的两部著作是:《人格:心理学的解释》(1937)以及24年后的修订本《人格类型和成长》(1961)。

一、人格及其结构

(一)什么是人格

奥尔波特在《人格:心理学的解释》一书中,回顾了神学家、哲学家、法学家、诗人、社会学家和心理学家对人格的48种解释，最后提出他自己的看法——人格就是“一个真实的人”，但又嫌太简洁和含糊，于是提出一个更精确的著名定义：“人格是个体内在心理物理系统中的动力组织，它决定一个人对环境独特的适应”（Allport，1937，p.48）。后来，奥尔波特把“对环境独特的适应”改为“独有的行为和思想”（Allport，1961，p.28）。奥尔波特认为，他的人格定义是对大多数重要概念的综合，并对这个定义做了如下解释。

1. 动力组织（dynamic organization）

为了避免不胜枚举的烦琐定义列举，强调人格是活动的组织，此组织是整体化的并且是不断发展变化的，因而是动力性的。

2. 心理物理系统（psychophysical systems）

心理物理系统即心理生理系统，表示人格既不是完全心理的，也不是完全生理的，它是“心”、“身”不可分割的统一体。

3. 决定倾向（determine）

人格不是一种抽象或一种随便的虚构，也不同于行为或活动，它是藏于活动之后的东西，是蕴藏于个人内部的东西。人格由大量的决定倾向构成，一旦给予适当的刺激，就会唤起适应行为和体态表现，由此便可以了解一个人的人格。

4. 独特性（unique）

严格地讲，每个人的适应无论是在时间、空间和性质方面都是独特的、个性化的，因此提出独特的表现看来似乎是多余的；但是，在处理人的共同特质时却很有意义，所以要指出来。

5. 独有的行为和思想（characteristic behavior and thought）

前已述及，这一点是奥尔波特对1937年著作中的“对环境独特的适应”的修改。改动的原因是过去的定义太强调生物需要的满足。这一修改概括了全部的行为和思想，而不仅仅是与适当环境有关的问题。前后两种提法都强调人格的独特性。强调研究个别的人，而不强调研究制约全人类的规律，这是奥尔波特的人格理论的核心。他曾多次说过：没有两个完全相同的人。因此，要了解一个特定的人的唯一途径就是研究这个特定的人。

（二）特质及其特点

什么是特质？奥尔波特认为，完备的人格理论必须具有能够代表生活综合（living synthesis）的测量单位。这种测量单位就是特质（trait）。他把特质定义为：

> 一种概括化的和聚焦的神经生理系统（特定的个体），它具有使许多刺激在机能上等值的能力，具有激发和引导适应性和表现性行为一致的（等同的）形式。（Allport，1937，p.295）

在奥尔波特看来，特质是一种神经生理结构，虽然我们看不见它，但可以通过观察个人的行为的一贯表现而推断其存在。特质除了反应刺激而产生行为外，还主动激发和引导行为使一个人的行动具有指向性。通过特质使许多刺激在机能上等值起来，而且反应也有了一致性。在刺激和反应的机能的变化上，特质是动力，是行为的原因。图6-2表示特质的一般操作方式。一个人的害羞特质，可以从他缺乏同辈的友谊，回避社会聚会，喜爱如读书、集邮等单独活动，厌恶参加讨论会等行为反应中推断出来。总之，个人以特质来迎接外部世界，以特质来组织经验。特质也就是每个人都具有的内在的一般行为倾向。

奥尔波特认为，特质并不是只与少数的特殊刺激或反应相联系。由于特质联络多数刺激与多数反应，因此特质在行为上会产生很广泛的一致性，这样行为就有持久性和跨情境的特点。但是同时，特质也有聚焦。例如，支配特质是在某些特殊场合和人群（如同事、同学、家庭、孩子）中出现，在其他场合则出现其他特质。因此，不能将人格看成固定不变的东西。

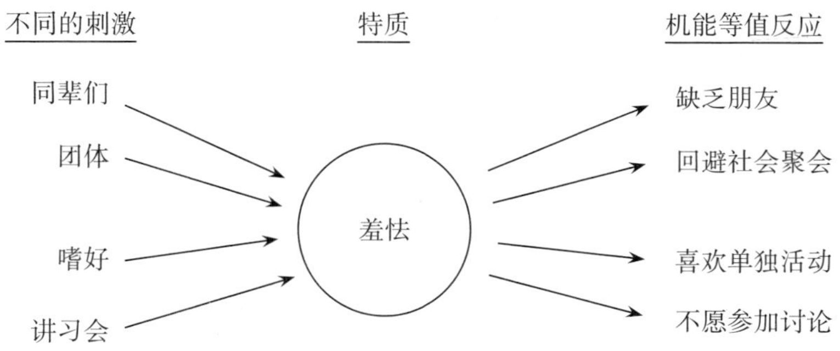

图6-2　羞怯特质对不同刺激所产生的机能等值反应

（采自 Ryckman，1989）

（三）特质的种类

首先，奥尔波特区分出个人特质和共同特质。个人特质（individual trait）是某个特定的个体所具有的那些特质，故而又称独有特质（unique trait）。共同特质（common trait）是许多个体共有的那些特质。这两种特质的区别主要取决于被说明的对象。任何群体都能用它的特质加以描述，例如，可以把一个群体描述为守旧的、懒惰的或勤劳的群体。同样，任何个体也能用他或她所具有的特质加以描述，例如，一个人可以被描述为守旧的、懒惰的或勤劳的人。当特质被用来描述一个群体时，就被称为共同特质；而把它们用来描述个人时，便被称为个人特质。虽然奥尔波特承认这两种特质都是存在的，但他极力主张人格心理学家应该集中研究个人特质，而不是探讨共同特质。人格心理学家应采用特殊规律研究法对特定的个人进行深入的研究，而应避免用共同规律研究法来研究人格。因为共同规律研究法是一种探讨共性的方法。奥尔波特认为，共性仅是一种抽象，不能对任何个体进行真正精确的描述；而世界上就根本不存在两个具有完全相同特质结构的人。

奥尔波特认为并非所有的个人特质都对人格起同样的作用，因而他将特质又区分为首要特质、中心特质和次要特质。在奥尔波特后期的著作中，个人特质也称为个人倾向（personal disposition）。

1. 首要特质（或枢纽特质）（cardinal trait）

首要特质（或枢纽特质）是指个人生活中具有渗透性占优势的特质。如果一个人具有某种首要特质，它几乎会影响这个人全部活动的所有方面。例如，如果一个人具有压倒一切的权力欲望，这种权力欲望就会渗透到他生活的各个方面。他不仅奋力去获得社会中的权力地位，并以类似的方式与他的球友、棋友、孩子、妻子争强斗胜。他会努力统治他的妻子，甚至尽力赢得与他的五岁女儿的一场乒乓球赛。首要特质就是主要动机、优势倾向、显著特质（eminent trait）（Allport，1961，p.365）。显然，首要特质只在少数人身上可以观察到。

2. 中心特质（或核心特质）（central trait）

中心特质（或核心特质）是指渗透性稍差一些，但仍具有相当概括性的重要特征。如果有人请你写封推荐信真实地介绍你所熟悉的人，你在信中扼要地罗列出你所熟悉的人的某些特征，例如聪明、负责任、整洁、有创造性。你所列出的这些特征就是中心特质。奥尔波特发现，每个人的中心特质是很少的。他让93名学生对自己熟悉的同性别者，以词、短语、句子描写其代表性特征，结果发现，90%的学生列出5~10个特征，平均为7.2个（Allport，1961）。

3. 次要特质（secondary trait）

次要特质是指不甚明显的、一致性和概括性都较差的那些人格特质。与首要特质和中心特质相比，次要特质对刺激的适应范围较窄。次要特质接近于习惯或态度，但比这两者都更具有概括性。次要特质包括个人的独特偏好（例如，偏好某种食品或服装）、一些偏向看法以及其他由情境制约的特性。

奥尔波特认为，人格是一种网状的、相互牵连的、重叠的特质结构。一种特质对另一些特质仅是相对独立的，它们之间的区分没有固定的界线。

二、人格动力

奥尔波特用机能自主这个概念来表达他对人的动机的看法（Allport，1937）。所谓机能自主(或功能独立)(functional autonomy),是指那些独立的动机,即这些动机与它原先赖以产生的需要已没有依赖关系。奥尔波特举例说,一个人起先为谋生而当水手,后来产生了对航海的热爱,即使他富有了,没有继续航海的物质需要了,但仍喜爱航海活动。儿童开始是被迫练钢琴,而后来却为自己的兴趣爱好而练琴。在这些例子中,手段已成为活动的动机;而这种动机的作用是与原来服务的目的和需要相独立的,因而称为机能自主。他认为一个好的动机理论应当回答下列问题。

1.动机必须是现实的

奥尔波特不赞成精神分析学派所断言的人格是由早期经验决定的,儿童时代的动机决定他后来的行为。相反,他主张过去的动机只有在现在还存在才能解释行为。动机作为行为的动力,必须是现实的。

2.几种动机可以同时存在

奥尔波特认为,把人的动机都归结为一个因素,如驱力降低或追求优越,都是愚蠢的。他反对其他学派把所有的动机归为一种类型的做法,认为"动机的种类是如此的广泛以致难以发现普遍的公共特性"(Allport,1961,p.221),要了解人的动机必须采取多种动机并存的观念。

3.必须承认认知的重要性

奥尔波特认为,如果不了解一个人的计划、价值观和意图,就不能真正了解他或她的动机。要了解一个人的人格结构,最好的办法是问"你打算在五年内做什么"。在奥尔波特以前从未有学者像他那样注重个人认知过程的重要性。

4.必须承认每一个人都具有独特的动机形式

正像没有两个人有相同的特质一样,两个人也不会有相同的动机结构。奥尔波特不像其他学者那样强调人类共同的动机形式,他强调的是个人独特的动机形式。

奥尔波特认为,他提出的机能自主的动机理论符合上述的四项要求。他说:"动机自主认为成人的动机是变化的,是自我维持的同时系统,由先前的系统发展而来但机能上又独立于它们"(Allport,1961,p.227)。在奥尔波特看来,一个成人的行为动机是变化的,他现在的行为动机不同于先前的行为动机。他们不再依靠父母,而是机能自主的。也就是说,他们的行为独立于父母的愿望,同时也不再需要使用防卫策略来保护其自我评价免受他人的攻击。因为他们是独立于其他人的,他们有能力靠自我生成规则(self-generated rule)来判断自己的行动。

针对行为主义的观点,奥尔波特强调健康成人的动机是自行其是的自我维持系统,而不是依靠外部的鼓励和奖赏的。把健康人对目标追求的原因说成受到奖励或强化是十分可笑的。他写道:

> 这是多么空洞可笑,说巴斯德[1]投身于他的工作的原因是想要奖赏、报酬,或者是为了健康或食物、睡眠,或者是为了家庭等。从很长的时间起,所有这些他全部都已有了,而他仍然忘我地投身于工作之中。历史上许多天才人物也用同样的热情,把他们的毕生贡献于自己的事业而极少有或根本没有奖励。(Allport,1961,P.235)

奥尔波特关于机能自主的概念已被当代心理学所接受。当代的动机理论认为,人的动机不一定与生理需要相联系,在个体发展的任何一个阶段都存在着像好奇、探索、操纵、控制、感觉寻求、自我实现等动机。

三、人格发展

奥尔波特认为,人格是一种动力组织,它由生物结构和心理结构(例如,个人倾向等)所组成。人格的各个方面都是连续的并正在组织建构之中。这就意味着假设有一个人格组织机构使人格特质统一和整合成为一体。这一假设是合理的。这个组织机构,在古代被称为灵魂,后来被称为自身(self)或自我(ego)。奥尔波特认为这些用语都太晦涩,因而他把人格的组织机构重新命名为统我。统我(proprium)包括使个人具有独特性的所有事实,"包括人格中导向内心统一的所有方面"(Allport,1955,p.40)。统我不是天生的,而是后天发展成的。他认为,完善的统我在个体发展中经历了八个阶段。

1.躯体我的感觉阶段

躯体我的感觉(sense of bodily self)是指在1岁时婴儿逐渐地认识到自己身体的存在。当我们饥饿、困倦和碰触到物体时,我们认识到自己身体的局限性。躯体我的感觉为我们的自我觉知提供了一个固着点(或凭据点)(anchoring point)。我们在健康时几乎不能注意到这些感觉;我们生病时才深刻地意识到我们的躯体(Allport,1961,p.114)。

2.自我同一感阶段

自我同一感(或自我认同感)(sense of self-identity)是指儿童在2岁时认识到虽然他们的身体在长大,经验在变化,但自己仍然是同一个人,即认识到自我在时间上的延续性。自我同一感的发展是与语言的发展密切联系的。当孩子学会自己的名字时,名字就成了他的自我同一感的支撑点。奥尔波特说:"今天我记得我昨天的一些思想,明天我会记得我昨天和今天的一些想法;我敢肯定它们都是同一个人——我自己的想法"(Allport,1961,

①巴斯德(Louis Pasteur,1822—1895),法国化学家、细菌学家,近代微生物学的奠基人。

p.114)。关于自我同一感的发展,精神分析学家埃里克森曾有详细的论述,可参见补充讨论4-3。

3. 自尊感阶段

自尊感(sense of self-esteem)是指3岁时儿童知道能独立地做一些事情,在完成任务中所体验到的自豪。奥尔波特认为,这一阶段具有典型的否定性,儿童往往要寻求全面的独立,并摆脱父母和其他成人的监护。

4. 自我扩展感阶段

自我扩展感(sense of self-extension)是指4岁时儿童的自我意识被扩展到外部事物上。这时儿童不仅认识到自己的身体是属于他自己的,而且玩具、宠物、房间、父母、兄弟姊妹也同样是属于他自己的。自我扩展的最早发展阶段是自私的,在以后的阶段它不一定是自私的。

5. 自我意象感阶段

自我意象感(sense of self-image)是指4~6岁儿童出现的按头脑中自我意象行事的认识。奥尔波特认为,自我意象有两种成分:要求儿童扮演习得角色的期待和寻求获得对未来的某种热望(Allport,1955,p.47)。在此阶段,儿童形成了“好的自我”和“坏的自我”道德感的参照系。这时儿童学习去做大人期望他们做的事,并避免招致反对的行为。儿童开始为自己的未来提出愿望,开始计划未来,对未来有所打算。

6. 自我理智调适感阶段

自我理智调适感(sense of self as rational coper)出现在6~12岁,儿童开始逐渐觉察到自我是能够克服外界 影响,用理智思考来解决问题的。他们喜欢检验自己的智力技能。这个阶段儿童还会武断地相信自己的学校、家庭、同伴是对的、好的等。

7. 统我追求的显露阶段

统我追求(propriate striving)是指经由生活目标的选择以追求自我提升的倾向。从12岁起,儿童形成未来目标,开始以未来目标组织自己的生活,即显露出统我追求。从治疗的角度看,奥尔波特把人类的动机区分为外周动机和统我动机。外周动机(peripheral motives)是指向基本需要(如饮食、御寒等)获得满足的努力。这类动机要求立即得到满足以降低紧张。这是一些简单的自动行动。相反,统我动机(propriate motives)则是自我涉入(ego-involved)行为。这类动机要求我们对重要目标的紧张关注以及努力的提高和维持而不是降低。如果一个学生确定要攻读硕士学位,他就要进行紧张的学习,有时甚至要付出个人的代价。当追求主要目标时,统我追求使整个人格特征化,使人格获得统一。所以,奥尔波特说:“长远目标的拥有,被视为一个个人存在的中心,它使人类和动物相区别,成人和儿童相区别,健康者和病人相区别”(Allport,1955,p.51)。统我追求的出现与意识的发展紧密关联。这是儿童从“必须”的意识向“应该”的意识的过渡。这一过渡并不是自动的。不少人在年龄上已是成人但行动却仍为儿童，他们按照父母和权威者的指令行事，而没有学会依据自己的判断并调整自己的行动去获得竞争目标（Allport，1955，p.74）。

8. 知者自我的显露阶段

知者自我的显露（emergence of the self as knower）是人格发展的最后阶段。当自我认识到已统一并超越了自我的前述7个方面时，便出现了知者自我。知者自我综合了所有的统我机能。统我就是自我这8个方面的综合。虽然统我的前述的7个方面出现在生命的不同阶段，但这时自我已能同时操纵它们，使它们综合地发挥作用。

四、健康成熟的人格

奥尔波特认为，成熟的人格有一个发展过程，仅在成年期才可能实现。健康的或成熟的人在性质上不同于病态的或不成熟者。因此，他强烈主张健康成熟的人格原则上是不能由动物、儿童或神经病的研究中引申出来的。奥尔波特为判断一个人的人格是否健康成熟提出了六项标准（Allport，1961，p.288）。

1. 自我扩展能力

健康成熟的人会参加超越他们自己的各种不同的活动。他们不仅关心自己的福利，而且关心他人的福利。

2. 与他人热情交往的能力

奥尔波特把热情分为爱和同情。他认为，健康成熟的人能够与他人保持亲密关系，而不侵犯他人的隐私和权利，也不抱怨、指责和讽刺他人。这种人富有同情心。他们能容忍自己与他人在价值观和信仰上的差异。

3. 自我接纳能力和安全感

健康成熟的人能接受自己，有安全感，有较高的挫折容忍力。所谓挫折容忍力（frustration tolerance），是指个人受到挫折时免于行为失常的能力。他们不冲动行事，不把自己的过错归咎于他人；他们有积极的自我意象，能经得起一切不幸的遭遇。

4. 实际的现实知觉

实际的现实知觉（realistic perception of reality）是指健康成熟的人能真实地看待各种事物，而不歪曲事物。他们能有效地运用生活中所必需的知识和技能，进行忘我的工作。这种人以问题为中心，而不以自我为中心。

5. 自我客观化

自我客观化(self-objectification)是指健康成熟的人能够客观地了解他们自己,能洞察自己的能力与不足。与这种洞察力相关的是幽默感。他们能看出生活中的荒唐,但不被其吓倒;他们能够以自己的过错取乐,而不以伪装来欺骗自己和他人。

6. 统一的人生哲学

奥尔波特认为,健康成熟的人生是“遵照和沿着某个或几个经过选择的目标前进。每个人都有一些为之而生活的很特殊的东西,都有一种主要的意向”(Allport,1961,pp.294~295)。他们有相当清晰的自我意象和一套指导行动的标准。

从以上列举的六个特点来看,奥尔波特关于心理健康的观点与人本主义的自我实现的要求是十分相似的(参见第八章)。

第二节 卡特尔的特质因素理论

卡特尔(Raymond Bernard Cattell,1905—1998)出生于英国的斯塔福郡。他的全部教育都是在英国完成的,16岁时考入伦敦大学,主修化学,但对社会问题极感兴趣;到了研究生阶段改学心理学,跟随“因素分析之父”斯皮尔曼(Charles Edward Spearman,1863—1945)研究因素分析法;于1929年获伦敦大学哲学博士学位。从1928年到1937年担任大学教授和心理中心主任。由于他在人格方面的研究贡献,1937年被伦敦大学授予科学博士学位,同年他接受桑戴克的邀请到哥伦比亚大学做其研究助理一年。从1938年到1944年,卡特尔担任克拉克大学心理学教授和哈佛大学讲师,1945年转往伊利诺伊大学担任心理学研究教授兼人格与团体分析实验室主任,直到1973年退休为止。

卡特尔的概念大都是由其研究结果发展出来的。他所采用的方法称之为多变量分析(或多变项分析)(multivariate analysis)。这种方法就是在许多不同的测验情境中去测量一个人或一群人的行为。测量的结果常有变异,因为大多数是纸笔测验的分数,但也有行为评定量表、问卷和心理测量的分数;然后再用因素分析法(factor analysis)加以处理。除应用因素分析法外,他的人格研究的另一特点是强调采用自然科学的方法。他认为,对人格问题的探讨,正像对其他心理学问题(如知觉或学习)的探讨一样,应采用极严格的探讨途径。卡特尔的人格研究的特点与其在大学和研究生期间所受的教育是分不开的。

特质因素论创始人卡特尔(Raymond Bernard Cattell,1905—1998),1905年出生于英格兰,1924年和1929年先后获得伦敦大学理学学士和哲学博士学位,1937年应桑戴克邀请任教于哥伦比亚大学,1945年起任伊利诺伊大学心理学教授兼人格与团体分析实验室主任,直到1973年退休为止。

图6-3 卡特尔

卡特尔一生勤奋工作,从不浪费时间,他写过300多篇学术论文和20多部专著。他1928年发表第一篇论文时是23岁,在此后的50年工作时间中,平均每隔1个月就出版一部专著或一篇论文。他的著作,不仅数量惊人,而且质量极高。他堪称世界公认的人格理论家。

一、人格结构

卡特尔是相当重视人格结构的。他认为人格的基本结构元素质是特质。所谓特质,是指人在不同时间和情境中都保持的某种行为形式和一致性。这种人格结构可由个体表现在外的行为而推知。人格特质的种类很多,可以区分为如下几类。

(一)独有特质和共同特质

与奥尔波特的观点一样,卡特尔认为,人类存在着所有社会成员所共同具有的特质以及个人所独具的特质;前者为共同特质(common trait),后者为独有特质(unique trait)。卡特尔认为,虽然社会所有成员都具有某些共同特质,但共同特质在每个人身上的强度是各不相同的。事实上,卡特尔等(Cattell & Cross,1952)发现,即使在同一个人身上的特质强度在不同时间也不相同。在一个研究的44天时间里,对同一个人的8种特质进行了80次测量。被试在实验期间每天写日记。如图6-4所示,纵坐标上标出了他的8种人格特质,横坐标标出的是他的几次主要活动感受。例如,第15次测量时,在他生活中发生的事件是他担任排演剧本的主角;第28次测量时,他得了感冒;第53次测量时,他父亲发生了车祸;第57次测量时,他因没有帮家里干活而受到姑妈的批评;第75次测量时,他因教师对他有意见而感到烦恼。从图6-4可见,一个人在不同时间里由于情境的变化,其特质强度也在发生变化。

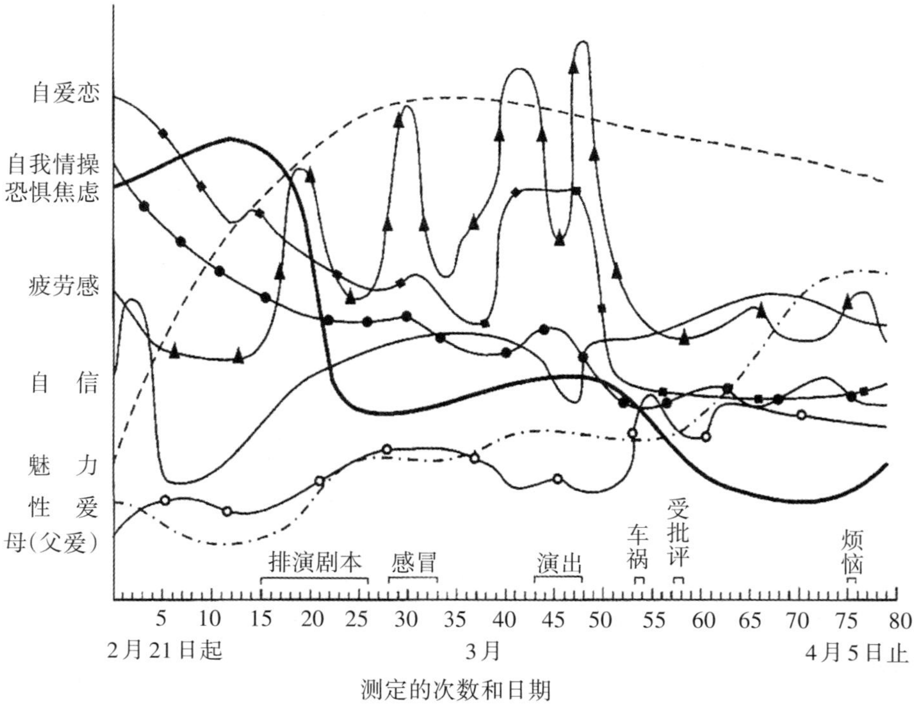

图6-4 个人的特质强度在不同时间里因情境变化而异

(采自 Cattell,1957,p.553)

(二)表面特质和潜源特质

表面特质(surface trait)是指一群看上去是关联的特征或行为。例如,一个人在街上跟人打招呼、微笑、向对方致意,看上去有一种友善的特质。表面特质不是一种解释的概念,而是一种观察。同属于一种表面特质的特征或行为,其间的关系很复杂。这些特征或行为虽然彼此有关联,但不一定会一起变化,也非源于共同的原因。

潜源特质(或根源特质)(source trait)是指行为之间成为一种关联,会一起变动,从而成为单一的、独立的人格维度。它是内蕴的行为原因,因而具有解释的含义。潜源特质是人格结构的最重要部分,控制着个人所有的惯常行为。例如,我们也许发现一个学生在语文、数学、化学等学科的表现上有某种关联,但这种表面特质可以归于两种独立的潜源特质——智力和受教育的年数。因此,表面特质是潜源特质的表现,潜源特质是表面特质的原因;每一种表面特质都来自一种或几种潜源特质,而一种潜源特质则可以影响多种表面特质。每一个人所具有的潜源特质是相同的,但是它们在各人身上的程度则是不同的。

经过卡特尔及其同事在几十年时间里对不同年龄、职业和文化背景的人们的测量,发现差不多有20种基本的特质。后来又收集到更多的证据,确定了16种最基本的潜源特质(见表6-1)。

表6-1 潜源特质(16种人格因素所测量)

1.服从性对支配性	9.平静对忧虑
2.保守性对试验性	10.注重实行对富于想象
3.情绪性对稳定性	11.松弛对紧张
4.权宜性对真心实意	12.缄默对开朗
5.直率对机灵	13.胆小对冒险
6.团体志向对自负	14.清醒对听天由命
7.谦恭对武断	15.坚强对柔弱
8.低智力对高智力	16.信任对多疑

(采自 Peterson,1988,p.314)

(三)体质性特质和环境养成特质

有些特质是由内部的生理状态或遗传因素决定的,称之为体质性潜源特质(constitutional source trait);而有些特质则是由于环境的影响而形成的,称之为环境养成特质(environmental-mold trait)。卡特尔认为,环境的影响包括构成社会文化模式的社会制度和物质状况等(Cattell,1950,pp.33~34)。因此,16种潜源特质中有一些特质属于体质性特质,而另一些则是环境养成特质。

(四)能力特质与气质特质和动力特质

有些特质是决定一个人处理问题或事情的成效的,称为能力特质(ability trait)。最重要的一种能力特质是智力。卡特尔把智力区分为两种:液态智力和晶态智力。他把液态智力(或流动智力)(fluid intelligence)定义为"主要是先天的,能适应不同的材料并与先前经验无关的一般的智力形式"(Cattell,1965,p.369)。而晶态智力(或固定智力)(crystallized intelligence)则是"一种一般的因素,大部分属于从学校中学到的那种能力,代表了过去对液态智力应用的结果以及学校教育的数量和深度;它一般是在诸如词汇和计算能力测量的那些测验中呈现出来"(Cattell,1965,p.369)。

气质特质(temperamental trait)是由遗传决定的,它表现为一个人的风格,例如情绪性、速度、冲动性、支配性、敏感性和自信心等特征。气质特质属于体质性潜源特质,通常不受特定情境因素的影响。

动力特质(dynamic trait)是一种启动人格的特质,也是人格的动机因素。它推动个体朝着目标前进。关于这个问题,我们将在下面"人格动力"中详细讨论。

(五)团体特质

正如同每个人都具有某种人格一样,团体特质(syntality trait)是指某一个团体所具有的某种特质结构。家庭、学校、职业、宗教以及民族等团体都具有某种特质群。团体特质的重要性在于它会直接影响团体成员的人格,特别是个人家庭中的团体特质很可能是塑造个人人格的最主要的影响因素。

二、人格动力

前已述及,动力特质是促使人朝着一定的目标行动的倾向,是人格的动机因素。动机是单成分的还是多种成分的？人有多少种动机？人的动机是怎样起作用的？下面是卡特尔对这些问题的看法。

(一)动机的成分

卡特尔对一种动机的多种测验所得的分数进行因素分析的结果发现,任一动机均由许多不同的成分所构成,其中主要有五种成分。他的临床经验使他接受了许多精神分析论的概念。这五种主要成分是:(1)意识的本我(conscious id):与精神分析论中的本我概念一样,这一成分表示未统合的欲望。所表达的行为大多是"我想要做"或"我要得到"这类原始欲望的行为。(2)自我表达(ego expression):与精神分析论中的自我概念一样,这一成分表示一种成熟的成分,已与现实有联系。(3)理想自我(ideal self)或超我(super ego):这一成分中含有"我应该感兴趣"的性质。超我的形成,可能在表示早期父母专权下僵化的不合理教育。(4)生理需求表达(physiological need expression):这一成分表现在生理反应的测量和决定的快速上。(5)压抑情结(repressed complexes):这一成分表现为生理反应强而记忆差,显示出由于某种冲突的结果而被压抑到潜意识中去了。这五种成分又可区分为统合成分和未统合成分。统合成分主要反映自我和超我因素,而未统合成分主要反映本我、生理需求和压抑情结因素。此外,卡特尔还发现,动机的统合成分大半是意识的,而未统合成分大半是潜意识的。虽然每一种动机都包含上述数种成分,但不同的动机中各种成分所占的比例是不同的。

(二)动机的种类

卡特尔把人格的动机归为两大类:能和外能。

1.能

卡特尔所谓的能(erg),实际上是本能的同义词。他认为本能一词的意义含混,已为心理学家所滥用。因此他从希腊文中另选一个术语来代表这一概念。他把能定义为"一种先天的心理–生理倾向"(Cattell,1950,p.199)。能是一种体质性动力潜源特质。它与原始内驱力、生理需求或本能很相似。

能具有四个方面的含义:(1)它使个体产生选择性感知,即引导个体注意某些事物而忽视另外的事物,例如饥饿者对与食物有关的事物更加注意。(2)它能激起个体对某些事物的情绪反应,例如饥饿者想到吃或看见食物就有愉快的情绪反应。(3)它指引个体趋向有目的的行为,例如饥饿者总是设法寻找食物。(4)能的结果是完成或达到这些反应,例如饥饿者找到食物进食。

根据卡特尔的研究,人具有多种能的形态,主要有下列11种:好奇、性、合群、保护、自信(包括自作主张)、安全、饥饿、愤怒、厌恶、吸引力、自我屈服。卡特尔的这一思想明显是受社会行为本能论者麦独孤(Willian McDougall,1871—1938)的影响。麦独孤试图用冲动、好奇、逃避、好战、自贬、自信和养育7种基本的本能来解释人类的行为。把受社会动机支配的人类高级行为说成由本能决定的,这显然是不科学的。

2.外能

外能(metaerg)也是一种动力潜源特质,但来自外界环境因素,属于环境养成潜源特质。能和外能都是预先引起指向一定目标的动机倾向。它们的区别只在于来源的不同。前者为先天的,后者为习得的。外能又可分为情操和态度。

(1)情操(sentiment):被卡特尔认为是学习得来的动力潜源特质。例如,宗教情操(我想要崇信上帝)、事业情操(我想要学习某种职业所需的技能)、自我情操(我绝对不损害我的自尊)等。情操使个体注意某种或某类事物,以固定的感受对待它们,并以一定的方式进行反应。例如,一个人的家庭情操可以从他对待妻子、孩子的态度,对婚姻的一般看法,对家庭环境和室内外的装饰和修缮等方面看出来。情操是经过长时期学习而形成的,属于环境养成的特质。卡特尔认为情操主要集中在一个人对待自己的职业、家庭、配偶、所属的团体、宗教信仰以及自己的事情上。其中对待自己的自我情操(self-sentiment)特别重要,是整个人格中所有的能和其他情操的基本统一结构。

(2)态度(attitude):比情操更具有特异性,由情操衍生而来。而情操则衍生于能。态度是在特定情境下,对特定事物,以特定方式进行反应的一种倾向。在卡特尔看来,态度是具有某种强度的兴趣,或者说它表现了对某一特殊动作过程所具有的兴趣强度。例如,人们对家庭、影片、职业、政治、宗教等方面的兴趣强度是不同的。态度和兴趣是人格动力结构元素。一个人的态度也就表示这个人在一定情境下将有某种行动。

(三)行为的成因

卡特尔用动力格状(dynamic lattice)的概念来解释人类行为的成因。所谓动力格状,是指人格的态度、情操和能的错综复杂的关联。在一个动力格状里(见图6-5),一个人可能表现出许多不同的态度,例如对一部影片、对妻子的发型、对某项原则等。这些态度可能和许多不同的情操有关联,例如审美、宗教、政治和事业情操等。最后,情操又和各种能有关联,例如对妻子的情操可能和性、合群、保护、自信的能有关联。从动力格状的概念中可以看出,卡特尔在努力表明人类动机的复杂性。他认为,行为在满足当前和长远的目标。一种行为可以表达许多态度,每一种态度都可能和许多情操以及许多能有关。由于动机的复杂性,因此不仅一种行为可能同时满足几种能,同时也会产生冲突——满足了某一种能而使另一种能受到挫折。

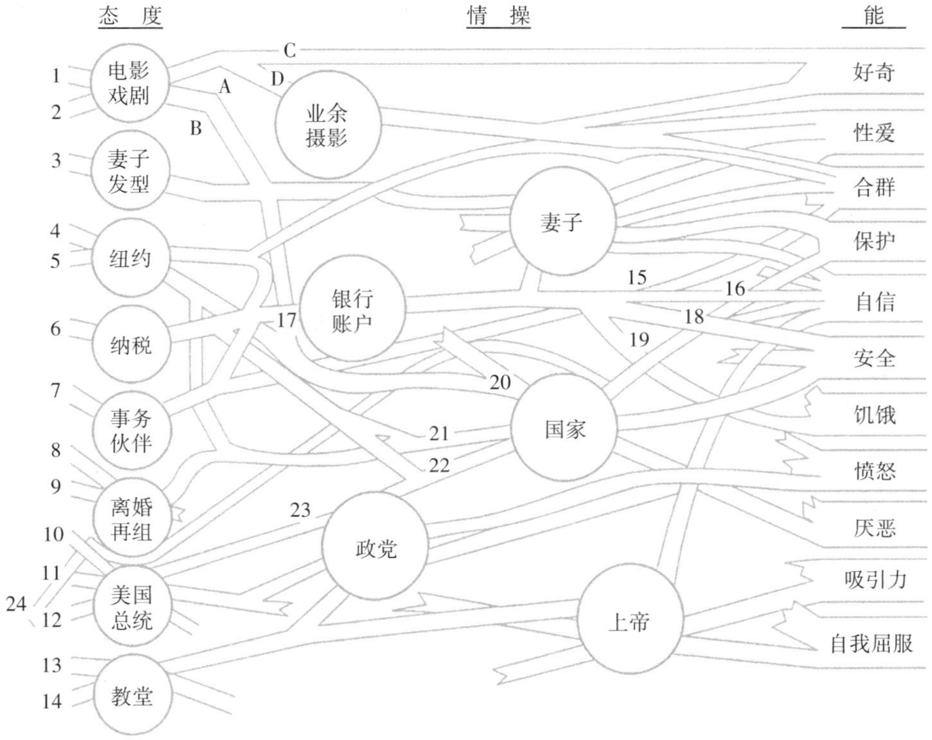

图6-5 说明能、情操和态度之间关系的一个动力格状

(采自 Cattell,1950,p.158)

卡特尔认为,在预测行为上很重要的几种力量可以用特征公式来表示。人格使人的行为具有一致性,因而能预测一个人在某种界定的情境下会做什么。特征公式(specification equation)就是表示一个人的各种人格因素在某一特定情境中的行为表现。具体地说,卡特尔的特征公式如下(Cattell,1966,p.265):

$$P_j=S_{jA}A\cdots+S_{jT}T\cdots+S_{jE}E\cdots+S_{jM}M\cdots+S_{jR}R\cdots+S_{jS}S$$

在此公式中

P_j:在j情境中的表现　　　　A:能力特质

T:气质特质　　　　E:现时的"能"紧张

M:外能(情操和态度)　　　　R:在该情境中的作用

S:当时的心境和身体状态,例如焦虑、疲劳或疾病

S_j:j情境中上述各特质和状态重要性的加权因素

如果我们知道了一个人有哪些特质,这些特质在特定情境中的重要性,他当时的心境和身体状态,当时的情境要求他起什么作用,卡特尔认为只要测量可靠,人的行为无论多么复杂都是可以预测的。因此,从特征公式可以看出,卡特尔并不是只依据人格因素或情境因素来看行为的,而是依据人格因素和情境因素的交互影响来看行为的。虽然卡特尔也承认影响行为的所有因素是难以全部测知的,但是他相信对这些因素知道得越多,预测的行为就越准确。

三、人格发展

与大多数人格理论家一样,卡特尔也主张遗传与环境均为人格的决定因素,同时他还探讨过人格特质形成的年龄趋势。

(一)遗传和环境的作用

卡特尔在强调遗传和学习在人格形成中的重要性时,他与其他学者最大的不同是他并不停留于表面的抽象推论,他还创造了一种统计方法,叫作多重抽象变异数分析法(multiple abstract variance analysis method)来分析人格测量得到的数据,以确定遗传与环境的影响在每一种特质中的确实比率。例如,他发现,遗传对智力特质的影响约占80%~90%,对神经质的影响也相当大,但只有在智力特质中所发现的一半。而整个人格约有2/3决定于环境,1/3决定于遗传。

卡特尔认为,在人格的形成中学习起着重要的作用。他认为学习有三种类型:经典条件作用(或古典制约学习)(classical conditioning)、操作条件作用(或操作制约学习)(operant conditioning)和整合学习(integrative learning)。他把经典条件作用定义为这样的一种学习:"一个新的刺激通过稍微发生在旧的刺激之前来与旧的反应相联结"(Cattell,1965,p.266)。操作条件作用也称为酬赏学习(reward learning),即一个反应(通常是新反应)的习得,是由于它给个体以酬赏。卡特尔认为,相对于整合学习,经典条件作用和操作条件作用对人格形成并不重要,因为这两种传统的学习一次只考虑一个刺激或一个反应,但整合学习"则是在学习一套有层次组织的反应或反应的组合,能给整个人格以最大的满足,而不仅仅是满足一种驱欲"(Cattell,1965,p.30)。由于整合学习是影响整个人格结构的学习,因而也称为人格学习(personality learning)或结构学习(structured learning)。

卡特尔认为，人格的发展是遗传和环境交互作用的结果。一个人的先天特性会影响他人对他的反应，影响他本身的学习方式，也限制了环境力量对他的人格造成的可变性。卡特尔所谓的生物社会性均数的强制性原则（principle of coercion to the biosocial mean），即他发现遗传造成的差异与环境造成的差异之间呈负相关，表明社会对先天不同的人所施加的压力是使他们均趋向于社会上的大多数人，例如，天生支配性强的人，社会鼓励他不要那么支配人；而对天生较服从的人，则鼓励他多一些自我肯定。

（二）人格特质形成的年龄趋势

卡特尔研究过人格特质形成的年龄趋势。他认为，自我和超我是在2岁至5岁发生的，并赞同弗洛伊德的观点，认为这一时期有许多冲突，是人格发展的危机时期，这一时期的经验对人格的形成特别重要。

在6岁至13岁阶段，儿童开始是无忧无虑的，继续发展自我，并把爱扩展到对父母和其他人。到了青春期，身体结构发生迅速变化，增加了情绪的不稳定性，对社会难以把握和对性的兴趣，也产生了利他主义和对社会做贡献的念头。

从25岁至55岁是成熟阶段，也是基本人格很少改变的时期。虽然这一时期生理机能（如视、听和新陈代谢方面）有所下降，但由于经验的积累，很可能创造力有所增加。男女在情绪稳定性方面增加了。这一时期也是调节适应的时期。

卡特尔赞成现代精神医学的一些观点，认为老年人有下列典型的特点：担心经济状况和健康状况；感到无所希求，寂寞孤独；多疑；兴趣狭窄；记忆力减退；思想僵化，保守；多话，特别喜欢谈论过去；喜欢收藏（特别是琐碎的东西）；感到身体功能不足，导致不安全感和焦虑感；自罪感，易激怒；性活动减少，但对性兴趣增加（特别是男性）；不整洁；对条件改变不能适应；社会联系和社交活动减少。

四、心理疾病和治疗

卡特尔认为，心理疾病（mental disease）是由于无法解决的冲突造成的。因此治疗心理疾病的技巧，依赖于对人格因素的评鉴，评鉴越客观精确，治疗也就越有效。因为客观精确的测量在治疗过程中可以帮助治疗者做出更好的判断，从而了解病人在治疗前后行为改变量的不同。卡特尔认为，虽然所有的治疗都依赖于精确的测量，但敏锐的临床观察结果仍有价值，不过它应当与测量相结合。他鄙视那些“爱空想的，先于测定、先于实验就提出假想”的理论家。

在治疗方法上，卡特尔持折中主义的立场，采用各种有效的治疗方法，而不拘泥于某一种治疗方法。他既应用精神分析的个案分析法,认为治疗者对患者早期创伤经验的研究将有助于治疗,因为重新提起这些经验,患者可能会从较好的角度重新认识自己的情绪反应以改变其行为;他也应用直接条件作用如行为疗法。卡特尔的治疗观点是:精神病人的整个人格机能都有障碍,测量和治疗方法都必须针对其整体的人格结构,而不能仅针对其某些具体的行为方面。治疗必须以可靠、有效的测量为基础。

第三节 艾森克的人格维度理论

艾森克(Hans Jurgen Eysenck,1916—1997)是英国心理学家。1916年出生于德国柏林,并在德国接受早期教育。1934年迁居英国,1935年入伦敦大学学习心理学,1938年获得学士学位,1940年获得博士学位。在他的一生中,伯特(Cyril Burt,1883—1971)的智力遗传观、斯皮尔曼的统计学、荣格和克雷奇默尔(Ernst Kretschmer,1888—1964)的类型论以及赫尔(Clark Leonard Hull,1884—1952)的学习论对他都有较深刻的影响。1955年任伦敦大学心理学教授兼伦敦精神病研究院心理学部主任。艾森克的著作很多,写了45本书,发表了600篇论文。在伦敦大学退休后仍在继续写作和积极进行研究工作。

艾森克主张人格心理学和实验心理学应紧密结合,而不应当各做各的。他认为,我们虽有许多"人格理论",却没有支持这些理论的具体事实(Eysenck,1967,p.27)。要克服这种可悲的现象,首先应辨明人格的主要维度,然后设计出测量,最后用实验的定量程序把它们结合起来。这样才可能建立一个完善的人格理论。艾森克的人格理论就是这样建立起来的。

人格三维特征理论创始人艾森克(Hans Jurgen Eysenck,1916—1997),英国心理学家。1916年生于德国柏林,1934年移居英国,1938年获得伦敦大学心理学学士学位,1940年获得博士学位。自1955年起担任伦敦大学心理学教授,至退休为止。

图6-6 艾森克

一、人格结构

(一)人格定义及其层次模型

艾森克把人格定义为一个人的性格、气质、智力、体格稳定的持久的组织,它决定一个人对环境的独特适应方式。性格是稳定持久的意动行为(意志)系统;气质(temperamental)是稳定持久的情感行为(情绪)系统;智力(intelligence)是稳定持久的认知行为(智力)系统;体格是稳定持久的身体外貌和神经内分泌腺的禀赋系统(Eysenck,1970,p.2)。

艾森克的定义强调特质(稳定持久的特点),当这些特质群聚在一起时便组成一些类型。他主张人格结构受少数类型支配,这些基本的人格维度(personality dimension)对行为有巨大的影响力。艾森克的人格理论主要是属于层次性质的,它包括类型、特质、习惯反应和特殊反应四级水平(见图6-7),称为人格层次模型(hierarchical model of personality)。特殊反应(specific response,简称SR)是个体对一次实验的反应或是日常生活经验的反应,这种反应见到过一次,可能是个体的特征,也可能不是个体的特征。习惯反应(habitual response,简称HR)是在相同环境中导致再次发生的特定反应,即图6-7中HR1,HR2,……相同的实验情境和生活情境产生相同的特定反应。特质是通过观察一些不同习惯反应而有共同联系的基础上得出来的。类型则是通过观察一些不同特质而有共同联系的基础上得出的。类型最抽象,其次是特质,再其次是习惯反应和特殊反应。例如,外倾是一种类型,是基于对观察到的社交性、活泼性、活动性、武断性、感觉寻求等特质的内部联系而抽象出来的。每一种特质又是从各种习惯反应(如喜爱聚会、活泼健谈、办事武断等)中抽象出来;而每一种习惯反应又是从各种特殊情境中所观察到的特殊反应中抽象出来的。

(二)人格维度

1.三个人格维度的行为表现

艾森克认为,各种人格类型不是相互排斥、非此即彼的;相反,人格类型包含基本的人格维度(personality dimension),即外倾-内倾、神经质-稳定性和精神质-超我机能。每个人在这些维度上都有不同程度的表现,而极少有单纯类型的人。例如,某人可能表现得非常外倾,有些神经质和极少的精神质;而另一个人则表现出极少外倾,有些神经质和精神质。大多数人的人格特征都在人格维度的平均值范围内,处于16%~84%之间,很少有人落于两个极端——0%或100%,因而单纯的人格类型是很难找到的。人们在三个人格维度上的表现程度可以通过艾森克人格问卷来测定。

(1)外倾-内倾(extraversion-introversion):是人类性格的基本类型。外倾的人不易受周围环境影响,难以形成条件反射,具有情绪冲动和难以控制、爱交际、喜社交、渴求刺激、冒险、粗心大意和爱发脾气等特点。内倾的人易受周围环境影响,容易形成条件反射,情绪稳定，好静、不爱社交、冷淡、不喜欢刺激、深思熟虑，喜欢有秩序的生活和工作，极少发脾气等特点。虽然这些描述与荣格的描述（参见第四章第一节）相似，但艾森克并不接受荣格对这些态度起因的描述，更不接受荣格关于个人潜意识的操作方式（Eysenck & Eysenck，1985，p.48）。

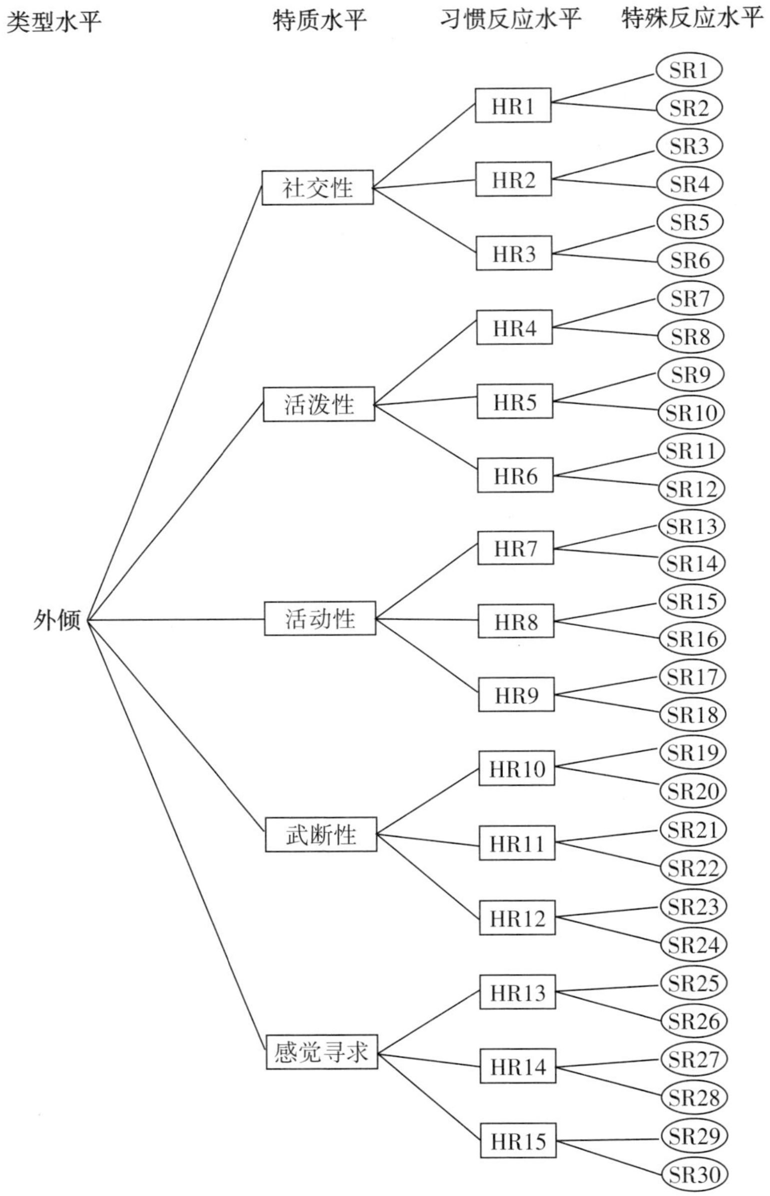

图6-7　人格的层次模型

（采自 Eysenck，1967，p.37）

(2)神经质-稳定性(neuroticism-stability):这一维度表明从异常到正常的连续特征。艾森克指出,情绪不稳定的人表现为高焦虑。这种人喜怒无常,容易激动。情绪稳定的人,情绪反应轻微而缓慢,并且容易恢复平静。这种人不易焦虑,稳重温和,容易自我克制。

(3)精神质-超我机能(psychoticism-superego functioning):这一维度表明从异常到正常的连续特征。高分精神质者具有倔强固执、凶残强横和铁石心肠等特点,这种人有强烈愚弄和惊扰他人的需求。低分精神质者具有温柔心肠的特点。艾森克认为,所有精神质者的共性是思维和行为各方面都非常迟缓(Eysenck,1965,p.27)。

2. 三个人格维度的生理基础

(1)内外倾的生理基础:在早期,艾森克主要把大脑皮质的兴奋和抑制过程看作内外倾的生理基础。他从巴甫洛夫(中科院心理研究室译,1954)和捷普洛夫(许淑莲、匡培梓译,1963)的著作中得到借鉴,提出外倾者的大脑皮质抑制过程强而兴奋过程弱,其神经系统属于强型,因而忍受刺激的能力强。而内倾者的兴奋过程强而抑制过程弱,其神经系统属于弱型,因而其忍受刺激的能力弱。由于外倾者的大脑皮质的抑制过程较强,其反应慢且弱,他们渴求刺激,渴求接触外界环境,以参加聚会、交友和冒险等方式以寻求感觉刺激。而内倾者生来就有较高的兴奋性,大脑皮质对刺激的反应既强又快,仅能忍受微弱的刺激。因此,他们总是避免从外界环境中获得刺激,用很多时间苦思冥想,例如从事读书、写作和下棋等。这就是艾森克早期提出的抑制理论(inhibition theory),用以解释内外倾者在行为上的不同。

有不少实验证实了抑制理论。例如,在一项痛觉忍受力的研究中,以同等强度的痛觉刺激(电击)作用于内倾者和外倾者,要求他们能忍受多久就忍受多久。结果艾森克发现,外倾者更能忍受痛觉刺激,感到疼痛的被试少于内倾者。他的解释是外倾者的神经系统强,更能抑制这些痛觉刺激(Eysenck,1965,p.83)。

在感觉剥夺(sensory deprivation)实验中,将被试单独置于一个小隔音室里,将其蒙住眼睛、堵塞耳朵、双手戴上硬纸板手套一直戴到指尖以限制其接受任何刺激。一些研究表明,有强烈感觉刺激需求的外倾者比内倾者忍受这种环境的时间短,正如理论所预期的那样(Eysenck,1965,p.84)。但另一些研究表明,外倾者比内倾者对这种情境的忍受时间更长。对于这种异常结果,艾森克的解释是:外倾者在这一过程中比内倾者更早地讨厌这种环境,于是他们就通过做白日梦或不停地躁动来提高觉醒水平,因此看起来忍受的持续时间较长。换言之,被试体验到的感觉剥夺时间与实际的感觉剥夺时间是不相等的,外倾者感觉被剥夺的时间只是其中的一部分。艾森克认为,情境剥夺的总时间不是感觉剥夺忍受力的一个合适的测量指标。

为了解释内外倾者行为上的不同，艾森克还从霍尔（Clark Leonard Hull，1884—1952）的学习理论中引进了反应抑制的概念。所谓反应抑制（或反应性抑制）（reactive inhibition，简称 I_R），是指个体对某刺激重复多次反应之后，即使连续强化（reinforcement），其反应强度也因多次反应而趋于降低。这是一种负内驱力，近似于组织的伤害、疲劳或疼痛。艾森克把反应抑制与巴甫洛夫的抑制等同起来，断言外倾者比内倾者的反应抑制更敏感，因而更易于对给定的活动感到厌倦而转向另一项活动。

虽然抑制理论能解释内外倾者的不同行为，但是对兴奋和抑制却极难测量，后来艾森克使用觉醒的概念来进行解释。觉醒（arousal）是指个体身心随时准备反应的惊觉状态，又称为激醒状态（或激发状态）（arousal state）。一般认为觉醒状态与中枢神经系统中的上行网状激活系统（ascending reticular activating system）有关。艾森克认为，内倾者的大脑皮质的觉醒水平天生比外倾者的高。因此，当同样强度的客观刺激作用于内倾者和外倾者时，内倾者所体验到的强度就比外倾者要强（Eysenck，1976，p.113）。因为任何刺激都被内倾者的皮质高觉醒状态而扩大，他们体验到的强度都比外倾者强，因而对刺激更敏感。艾森克还进一步提出：①极弱和极强水平的刺激产生消极情调（消极情感和经验的消极评价）；②只有中等强度的刺激才产生积极的快乐情调（积极情感和经验的积极评价）。图6-8表示刺激强度水平与内外倾者的快乐情调之间的关系。

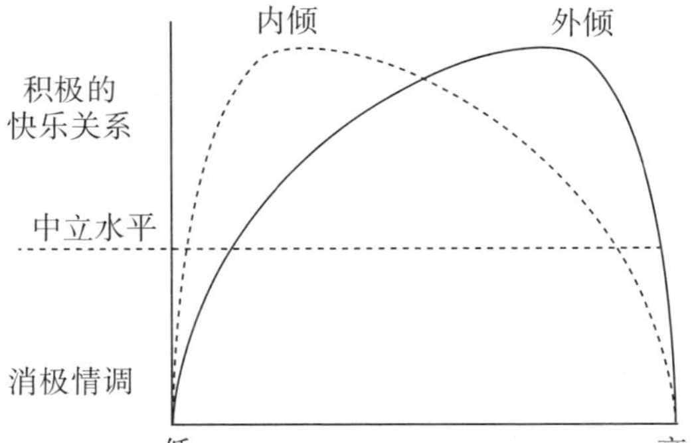

图6-8　刺激强度水平与内外倾者的快乐情调的关系

（采自 Eysenck & Eysenck，1985，p.249）

觉醒理论不仅能解释前述痛觉忍受力和感觉剥夺的实验结果，而且能解释一些新事实，例如学生的学习习惯。在一项研究（Campbell & Hawley，1982）中，要求大学生填写艾森克人格问卷并要求他们按照从0（少）至10（多）的等级量尺指出他们每小时“读书分心”的多少，按照从1（低）至6（高）的等级量尺指出他们在图书馆学习时对噪声、拥挤、社交的喜爱程度，还要求他们按照从1至6的等级量尺指出选择学习地点时交际活动对于他们的重要性。结果表明,内倾者喜欢学习场所外面较安静,喜欢不允许交谈的个人学习室,读书的分心次数少;而外倾者则喜欢学习场所有较多的视觉和听觉刺激,喜欢摆设沙发椅进行交际的大阅览室,读书时分心次数多,更容易产生反应抑制(疲劳)。根据艾森克的理论,内倾者比外倾者的网状激活系统的觉醒阈值较低,因此对刺激的反应比外倾者来得更强烈。上述结果证实了觉醒理论的预期。

(2)神经质的生理基础:开始时,艾森克把自主神经系统(autonomic nervous system,简称ANS)作为神经质的生理解剖基础,因为自主神经系统是控制情绪的,包括恐惧和焦虑等。于是他预言,神经质维度上得高分者在心率、呼吸、皮肤电反应、肌肉张力、血压、瞳孔放大,甚至在消化方面反应都更为强烈,并举出一些例证来证明他的论断。但评论家们认为,自主神经系统的测量由于缺乏相关,难以将其反应假设为一般的特质。后来艾森克又提出内脏脑(visceral brain)即边缘系统(limibic system)(包括海马、杏仁核、扣带回、中隔和下丘脑)是神经质的解剖结构。边缘系统与自主神经系统协同活动,与内外倾的生理基础——网状系统(reticular system)相邻,并与之联系。高神经质者的边缘系统的激活阈值较低,交感神经系统的反应性较强,因此他们容易对微弱的刺激做出典型的过度反应(Eysenck & Eysenck,1985,p.206)。图6-9说明了个体在神经质-稳定性和内外倾两个维度上行为差异的生理解剖基础。

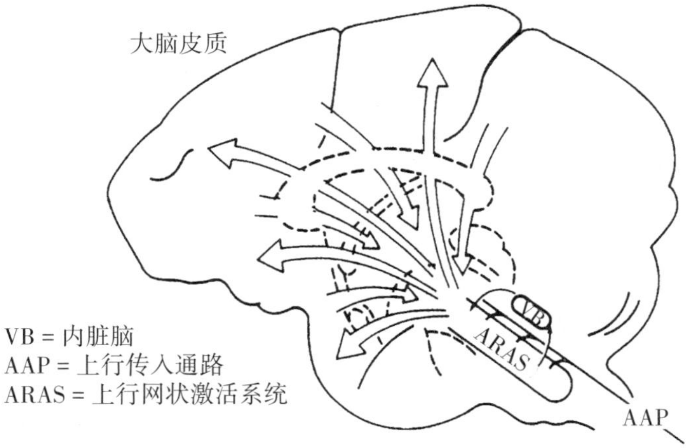

图6-9 边缘系统、网状系统与感觉通路、大脑皮质的关系

(采自 Eysenck,1967,p.231)

补充讨论6–1

艾森克的人格维度与巴甫洛夫的类型学

艾森克的人格理论实际上是一种气质理论。他的人格维度理论源于古希腊医学家希波克拉底和盖伦的抑郁质、胆汁质、多血质和黏液质四种气质。在探讨内外倾、神经质和焦虑的本质时，艾森克曾以经典条件反射概念为基础做过许多实验。探讨与条件反射有关的人格维度，往往涉及巴甫洛夫的神经系统类型学的研究。

1935年，巴甫洛夫在《人和动物的高级神经活动的一般类型》一文中论述了他以神经过程（兴奋和抑制）的三个基本特性（强度、均衡性和灵活性）为分类标准的类型学说。神经过程的强度（strength）是指整个神经系统的工作能力和界限。兴奋强的动物对强烈刺激仍能形成条件反射，已经形成的条件反射也能继续保持；而兴奋弱的动物对强烈刺激难以形成条件反射，已形成的条件反射当刺激强度增加到一定限度时，就出现抑制。抑制强的动物对要求持续较久的抑制能够忍受；而抑制弱的动物在这种情况下就可能导致抑制的破坏，甚至引起病理性反应。神经过程的均衡性（equability）是指兴奋和抑制两者的相对关系。均衡的动物其兴奋和抑制的强度是相近的。不均衡的动物表现为或兴奋相对占优势而抑制较弱，或抑制占优势而兴奋较弱。神经过程的灵活性（mobility）是指兴奋或抑制更迭的速率。它保证有机体能适应外界环境的迅速变化，表现在各种条件反射的更替速度上。

根据神经过程的强度、均衡性和灵活性，巴甫洛夫把动物和人类的高级神经活动类型划分为四种，并认为与传统的气质类型相当，如表6–2所示。

表6–2　气质类型与神经类型的关系

神经类型（气质类型）	神经过程的强度	神经过程的均衡性	神经过程的灵活性	行为特点
兴奋型（胆汁质）	强	不均衡		攻击性强、易兴奋、不易约束、不可抑制
活泼型（多血质）	强	均衡	灵活	活泼好动、反应灵活、好交际
安静型（黏液质）	强	均衡	惰性	安静、坚定、迟缓、有节制、不好交际
抑制型（抑郁质）	弱			胆小畏缩、消极防御反应强

（采自 黄希庭，1991）

艾森克的人格维度与巴甫洛夫的类型学是怎样的一种关系呢？波兰心理学家斯特里劳（阎军译，1987）曾对内外倾、神经质、焦虑同神经系统特性的关系做过文献综述，其结论是：兴奋强度与外倾呈正相关，而与焦虑和神经质呈负相关；抑制强度与外倾无相关，与神经质和焦虑呈负相关；神经过程灵活性与外倾呈较高的正相关，而和神经质和焦虑呈较低的负相关；神经过程均衡性与焦虑和神经质无相关，与外倾的相关尚不明确（一些研究证明呈正相关，而另一些研究结果相反）。艾森克在利用经典条件反射划分人格维度时虽然没有参照巴甫洛夫的类型，但他提出的人格维度理论与巴甫洛夫类型学是有联系的。

焦虑(anxiety)是一种条件性恐惧反应。艾森克认为,神经质与焦虑有许多相似之处。焦虑源于神经质和内倾的混合物,它是在神经质量表中得分很高的内倾者的典型特征。

(3)精神质的生理基础:相对于前述两个人格维度来说,精神质是艾森克人格维度理论中晚近提出的一个维度,至今尚未发现人脑中有关精神质的解剖结构。但是,男性在艾森克人格问卷中精神质维度上的得分总是高于女性。罪犯和精神病患在精神质维度上的得分高,这些人也往往是男性。女性(至少在停经前的女性)比男性较不易患精神分裂症。艾森克根据这些事实提出精神质可能与男性,特别与雄性激素(androgen)分泌有关。精神质高分者,例如精神分裂症患者体内5-羟色胺缺乏并有一定抗原的存在。这些事实暗示精神质与精神分裂症的高度相关。按照艾森克的说法,这是探讨精神质生理基础的关键。但不幸的是,目前还缺乏系统的、有控制的研究证据来支持艾森克关于雄性激素与精神质联系的推测。

二、人格发展

在艾森克看来,人是生物社会性的动物。人与生俱有以特殊的方式对环境产生反应的倾向,但这些倾向(或特质)能在社会的要求下有某种程度的改变。因此,环境和遗传交互作用才产生行为,其中遗传的生物因素起着特殊的重要作用。

艾森克用以下三种方式来证明基本的人格类型具有强的遗传基因基础:(1)尽管不同国家的各种社会文化因素迫使个体行为与其民族性相一致,但人格的三个维度仍被广泛地发现;(2)尽管个体在一段时间里产生了各种各样的经验,但其基本的反应类型却没有明显的改变;(3)对双生子的研究表明,基本人格类型具有很强的遗传基因基础。

考虑到文化的影响,艾森克将翻译成各种语言的艾森克人格问卷在许多国家,包括希腊、法国、西班牙、埃及、伊朗、冰岛、斯里兰卡和乌干达等24个国家进行大样本测试,然后对测试结果进行因素分析。可以预期,如果环境和文化是决定人格的主要因素,那么将会发现许多不同的因素;如果遗传是主要因素,则不论文化如何不同,仍将会发现三个主要因素。结果表明,尽管有各种文化上的差异,还有年龄和性别差异,仍得到三个主要因素:内外倾、神经质和精神质。此外,艾森克还综述了用青少年艾森克个性问卷(Junior Eysenck Personality Questionnaire)(Eysenck,1965)对包括匈牙利、西班牙、日本、新加坡、希腊在内的不同国家的儿童所做的测量,其结果与成人的研究结果相同(Eysenck & Eysenck,1985)。

艾森克在报告中还指出,一系列纵向研究表明,从童年到成年三个人格维度仍保持稳定,尽管在两次测量之间有较长的时间间隔,并有各种文化影响,但被试对问卷项目的回答仍保持一致。

艾森克对许多同卵双生子和异卵双生子以及一起抚养和分开抚养的双生子的研究资料进行了分析，对这些儿童做同样的测试以评定其内外倾和神经质。艾森克推断，内外倾、神经质和精神质主要是遗传的。在他的一项关于外倾项目得分的研究中，一起长大的同卵双生子同类间相关为0.42，分开长大的同卵双生子同类间相关为0.61，而异卵双生子之间的相关仅为0.17。这样，无论是一起抚养还是分开抚养，同卵双生子都比异卵双生子在外倾上更相似（Eysenck & Eysenck，1985，pp.93~95）。而在神经质方面，相关系数则为0.38、0.53、0.11。尽管分开抚养的同卵双生子的相关值比一起抚养的要大一些，与人们的直觉相反，但实验再次证实了基因假说。关于双生子在精神分裂症和躁狂抑郁症的生理基础方面，研究也同样表明遗传在这些疾病发生中的重要作用（Eysenck，1967）。

在谈及社会经历对行为的影响时，艾森克认为，社会化行为是由个人的"意识"促成的，也就是说，这时个人觉察到他所习得的反应总和。正确的反应是由父母、教师等权威人物谆谆教诲而习得的。为了避免受到这些人的惩罚，人们学会了与自己愿望相反的行为方式，例如学会不随地大小便、控制性和侵犯行为；还学会不撒谎、不偷盗等。因为这类行为会受到惩罚。后来，当他们想到这些行为也会产生不愉快的感情，因而就不再产生这类行为了。接着，同样的情感反应还发生在类似的行为中，这样这些继发的行为也避免了。总之，在艾森克看来，通过对外界要求的适应，人们学会了不做有害于社会的事情。社会成员也奖励揭发这种行为的行为，用这种方式来塑造社会认可的行为方式。

个人学习社会规则的程度是不同的。艾森克认为，在学习社会规则时，内倾者比外倾者较快且有效，并认为导致这种差异的基础是遗传。内倾者比外倾者的皮层觉醒水平较高。觉醒水平高，学习就较容易，因而内倾者比外倾者学得较多（Eysenck & Eysenck，1985，p.241）。由于外倾者学习社会规则较困难，他们有社会化不足（undersocialized）倾向，而极度内倾者则有超社会化（oversocialized）倾向。这样，总的说来，内倾者比外倾者更成熟。即是说，内倾者能在更小的年龄就学会按社会要求行事；而外倾者在学会正确行为之前却要经历较多的撒谎、偷窃或其他行为而导致惩罚。外倾者学会正确行为的年龄一般要大一些。

由于难以形成条件反射，外倾者较少压抑对反社会行为的崇拜，因而容易犯罪。艾森克写道：外倾神经质者很容易犯罪，因为神经质倾向焦虑，而焦虑驱使人习得反社会行为。他的研究还表明，精神质与反社会行为和犯罪行为的直接联系（Eysenck & Eysenck，1985，pp.330~332）。内倾者容易形成条件反射，已经形成的强烈意识使他们无论何时一想到违反社会规则就被犯罪感或焦虑所折磨，因而不易犯罪。

艾森克非常强调行为的遗传基础，认为内外倾、神经质和精神质维度，无论对儿童或是成人都是相对稳定的。例如，个体在童年时内倾，成年时也是内倾的。虽然人格具有持续性，但是艾森克还强调指出人格也是发展变化的。遗传决定某些行为倾向，但环境也能使个体行为发生改变。例如，外倾者难以形成条件反射，但是，如果被父母或其他人进行长期严格的训练，他们也能把社会规则学得很好，也不会做出反社会行为。相反，如果内倾者的父母不对他们进行恰当的训练，他们也会做出犯罪行为。

三、消除心理障碍的行为疗法

艾森克提出消除心理障碍的三种行为疗法：恐怖情境法、系统脱敏法和示范法。这三种方法能够成功地治疗多种心理障碍，包括恐惧症，特别是怕黑、怕高、怕封闭的场所、怕蛇、怕蜘蛛、怕狗、怕医院、怕牙医、遗尿、强迫症，以及学生的考试焦虑和当众说话的焦虑等。在示范法（modeling technique）中，患者观看电影或实际情境中他人有效控制恐怖的情况以达到减轻或消除恐惧症（详见第十二章社会学习论）。

恐怖情境法（或泛滥治疗法）（flooding technique）就是让患者长时间地暴露于恐惧的情境下以消除其恐惧症。对于减轻或消除恐惧症，长期暴露比短期暴露更有效。因为可怕的刺激出现开始引起强烈的消极情绪反应，而长时间的暴露则使这种恐惧减弱。恐惧一旦减弱，患者就会重新审查和评价环境，认识到不会有什么可怕的事情发生（O'Leary & Wilson，1987；Marshall，1985）。因此，在使用恐怖情境法时是禁止患者逃避反应的。

在一项用恐怖情境法治疗恐高症的研究（Marshall，1985）中，治疗之前对恐高症患者进行行为测验，要求他们尽量地攀登上消防梯。消防梯最高点离地30英尺。多数患者攀登到离地6.5英尺时就开始非常不安；他们停下来，不再上爬。然后，治疗者把他们带到一个四周有3英尺高护栏的高层建筑的楼顶上。治疗者指导患者走向护栏，然后要求他们朝下面的街道看。患者无论多么焦虑都必须留在那儿，直到治疗者说时间到为止。一些患者只能在恐怖情境下待很短时间（大约9分钟），而另一些则待得长些（大约30分钟）。随后，所有患者再做攀登消防梯的试验。结果是：长时间停留在恐怖情境下的绝大多数患者能爬到20英尺高，有些甚至爬到了30英尺高的顶部。恐怖情境下停留时间短的患者行为改变不大，仅能爬到7或8英尺高，有的甚至更差。一个月后进行再测，恐怖情境下停留时间长的患者保持了他们的进步，而停留时间短的则毫无进步。

与恐怖情境法相反，系统脱敏法（systematic desensitization）就是一步一步地逐渐消除神经症反应的方法。当患者面对引起较弱焦虑的情境时，会在生理上产生一种抑制焦虑的放松状态。当引起较弱焦虑情境能忍受之后，再逐渐增加刺激强度，直到最强的刺激情境也不会引发焦虑为止。系统脱敏法可以治疗非人际关系方面的神经症，如恐惧症等。

系统脱敏法一般包括四个步骤:(1)深度的肌肉放松。放松的目的是对抗焦虑反应。(2)建立焦虑的主观量表。根据患者病史建立一些包括问题情境在内的焦虑主观量表。(3)建立焦虑反应的等级。根据患者对前面提到的情境的主观评定,按不愉快主观单位(subjective units dissatisfactory)分数大小排出一个情节谱。(4)重新学习,就是将焦虑等级中引发焦虑的事件与放松反应真正对应起来,进行放松训练,直到消除神经症为止。

雷德(Redd,1980)报道过用系统脱敏法治疗一位癌症患者在成功地切除肿瘤后不能吃东西的病症。这位患者在癌症治愈后已开始吃东西但吞咽时感到不适,她认为这是由癌症引起的,于是焦虑不安,吃东西就吐。这样,她的体重减轻了25磅,由于极度虚弱,又重新住进了医院。在用系统脱敏法治疗时,训练患者学习放松,等放松后给她少量食物。她喝了一勺汤,没有噎住也没有反胃。然后给她一匙鸡蛋,噎了一下,吃第二勺时便反胃了。她开始哭,并说知道自己再也不能吃东西了。治疗者向她解释后进入下一个疗程,患者经历了一些焦虑,但完成了放松任务。之后她开始能吃下一个鸡蛋了。经过14个疗程,渐渐地患者已完全能吃东西了,体重也增加了。出院后的追踪调查表明,治疗是有效的,没有出现新问题。

第四节　类型论

根据某种标准将具有相似人格特性的人加以归类,归类后即以该类最具代表性的特性加以命名的理论,称为人格类型论(theories of personality type)。类型既不是指一般人的特性,也不是个人的特性,而是一群人都具有的特性并与另一群人相区别。例如,我们已经讨论过的古希腊学者根据所谓的四种体液的不同比例混合把人们区分为多血质类型、胆汁质类型、黏液质类型和抑郁质类型;荣格根据力必多的指向把人区分为外倾型和内倾型;阿德勒根据社会兴趣的性质把人区分为统治支配型、索取依赖型、躲避型和社会有益型;巴甫洛夫根据神经过程的特性把人区分为活泼型、兴奋型、安静型和抑制型等,都属于人格类型论。从类型的角度出发,我们对人的认识就显得经济而简捷,但也容易产生以偏概全的弊病。下面简要讨论体型类型论和认知类型论。

一、体型类型论

在西方,克雷奇默尔(Ernst Kretschmer,1888—1964)和谢尔顿(William Herbert Sheldon,1899—1977)所提倡的人格体型论最为驰名。

(一)克雷奇默尔的体型类型论

克雷奇默尔是德国精神病学家。他根据对精神病患者的临床观察于1921年出版了《体格和性格》一书,提出了体型类型说。以后此书数次修订再版,是世界上颇有影响力的性格心理学著作。他认为,体型与患某种精神病有一定的关系,而精神病患者与正常人只有量的差别,没有质的区别。

他的测定和记述体型的指标是:身高、体重、身体各部位的长度和周围的幅度、颜面和头型、骨骼、筋肉、皮肤、脂肪、毛发、腺体等。根据这些标志的相互搭配,他把人分为四种类型。

1.瘦长型

瘦长型(或虚弱型)(asthenic type)者身材高,体重轻,身体各部分幅度窄小,肋骨明显,皮肤缺乏血色,高瘦纤弱。

2.矮胖型

矮胖型(pyknic type)者头、胸、腹的周围特别发达,四肢短小,躯干蓄积着大量脂肪,尤其以腹部最为显著。

3.强壮型

强壮型(或健壮型)(athletic type)者骨骼、肌肉、皮肤都十分发达,肩宽,胸厚,体态与身高成比例。

4.发育异常型

发育异常型(dysplasia type)者属于发育不全,也称为混合型(mixed type)。

克雷奇默尔发现在躁狂抑郁症患者中,矮胖型者占大多数,而瘦长型和强壮型则较少;在精神分裂症患者中,瘦长型、强壮型和发育异常型较多,矮胖型则较少。表6-3是克雷奇默尔的追随者对世界各地8 099例精神病患者所做的调查结果。从表6-3可以看出,精神分裂症患者的半数是瘦长型,躁狂抑郁症患者的2/3是矮胖型,癫痫症患者属强壮型和瘦长型,两者相差无几。

表6-3 体型和精神病(世界各国8 099例)

	例数	矮胖型	瘦长型	强壮型	发育异常型	没有特征
精神分裂症	5223	13.7%	50.3%	16.9%	10.5%	8.6%
躁狂抑郁症	1361	64.6%	19.2%	6.7%	1.1%	8.4%
癫痫症	1515	5.5%	25.1%	28.9%	29.5%	11.0%

(采自 高玉祥,1989)

克雷奇默尔的理论发表以后，许多学者曾在这方面做过研究，从积累的材料来看，目前尚不能说明精神分裂症和瘦长型有必然关系，躁狂抑郁症虽和肥胖型有一定的关系，但也难以得出明确的结论。他把临床观察到体型与精神病症之间有某些一致性，作为规律推广到正常人身上，那更是缺乏科学的依据。

（二）谢尔顿的胚叶起源人格类型论

谢尔顿是美国心理学家和医学家，曾经追随荣格学习，也曾拜访过弗洛伊德和克雷奇默尔，深受克雷奇默尔的影响。他与斯蒂文斯在1942年出版了《人类气质的种类》一书，提出胚叶起源的人格类型论。他对18~21岁的约4 000名男大学生从前、后、侧三个方面拍裸体照，并对其身体的17个部位的测定进行计算，按其生理特征把体型分为三类。他认为形成体型的基本成分是胚叶。胚叶的内、中、外三种成分的发育程度（分配的比例）决定三种体型：内胚叶型、中胚叶型、外胚叶型。与克雷奇默尔不同的是，谢尔顿没有把人绝对地划为某一类体型，而是用一个人在多大程度上表现出某种体型的特征来说明其人格。他把内胚叶型（endomorphy type）占主导体型的人划为“内脏紧张型”，把中胚叶型（mesomorphy type）占主导体型的人划为“身体紧张型”，把外胚叶型（ectomorphy type）占主导体型的人划为“头脑紧张型”。表6-4是三种体型与三种人格类型的相关程度和行为特征。

表6-4　谢尔顿的三种体型和三种人格类型的相关

胚叶的三种成分	依据胚叶各成分发达程度的差异特性	体型	人格类型	特征
内胚叶（型）	消化器官特别发达	矮胖型	内脏紧张型*（+0.79）	悠闲，多思虑，镇静，行为随和，喜爱社交、美食和睡觉
中胚叶（型）	骨骼肌肉和结缔组织发达，皮肤厚，动脉粗	筋骨型（强壮型）	身体紧张型*（+0.82）	体格强壮，精力充沛，大胆坦率，好自作主张，有强烈权力欲，好冒险，好斗及缺乏自我洞察
外胚叶（型）	神经系统、皮肤组织、感觉较发达，骨骼长而细	瘦长型	头脑紧张型*（+0.83）	时而抑制时而神经过敏，思想灵敏，深思熟虑，内倾，不善社交，工作热心负责，难以安眠，有疲劳感

*表示体型和该种人格类型的相关

（采自 高玉祥，1989）

虽然体型与人格有某种相关，例如，体型的差异受人们的社会态度的影响，因而造成个人行为表现上的不同。但这不能说明体型与人格之间存在着因果关系。这种理论对人格并没有多高的预测效度。我们不能从一个人的体型来预见其行为，判定其人格。这种理论只能助长人们的刻板观念甚至偏见，因而未被科学界所接受。

二、认知类型论

认知(或认识)(cognition)是指通过感知、记忆、判断和推理获取信息和运用信息的操作过程。它包括感觉、知觉、注意、表象、学习记忆、思维和言语等。从周围世界获取信息,不仅与感官刺激有关,而且与个体内部的过去经验或通过学习而形成的概念、表征、图式等心理结构有关。人们在认知活动中通过上述心理结构所表现出来的个体特征,称为认知风格(或认知类型)(cognitive style)。心理学家已经发现认知风格有数十种之多,今略述两两相对的二组于后。

(一)冲动型和思索型

冲动型(impulsive style)和思索型(或沉思型)(reflective style)这两个概念是卡根等人(Kangan, Rosman, Day, Albert, & Phillips, 1964)提出来的,通过选配相同图形测验(matching familiar figure test)来测定,即给被试呈现6张看上去一样但相互之间有极微小差异的图形,同时又呈现一张标准图形,让被试从6张图形中选出和标准图形完全相同的那张来。很多研究表明,冲动型被试注意问题的大体情况,急于作答,解答问题快,常出错;思索型被试注重答案的正确性,注意问题的细节,解答问题较慢,犯错误较少。例如,在一项皮亚杰测题中,呈现一串含有3颗白珠子和5颗红珠子的项链。问是红珠子多还是珠子多时,5~6岁儿童会回答错,说是红珠子多。他们犯错误的原因主要与认知风格有关(急于回答而不注重答案的确实性,受某些局部信息的误导所致)。

在周润民(1990)的一项研究中,对冲动型和思索型的儿童(平均年龄为6岁7个月的小学一年级学生)分别进行预试、启发(告知正确答案并加以解释)和再测,做性质相同的推理测验。结果表明,认知风格在一定情况下影响了儿童的推理成绩:预试时由于题的难度大,思索型和冲动型儿童的成绩都不好;启发阶段两组儿童的进步都很大;然而再测时,冲动型儿童退步,而思索型儿童却保持了启发阶段的水平。这就是说,在做一定难度的推理题时,思索型认知风格会有助于提高儿童的成绩,而冲动型认知风格会掩盖儿童的能力。如果对冲动型儿童随时多提醒,让其自主支配时间,鼓励他们注重答案的准确性,那么就有可能改变认知风格而提高判断能力。

(二)场依存型和场独立型

场依存型(或场地依赖型)(field dependent style)和场独立型(或场地独立型)(field independent style)是威特金(Witkin, 1949)提出的。威特金认为,心理分化主要表现之一是自我从非我中的分裂。自我与非我分裂意味着个体已经形成内外界限,认识到自己具有与别人不同的特性。自我与非我分裂程度的差异导致一个人利用自我或外界作为行为参照程度的差异。场依存型者往往倾向于以外界的参照作为信息加工的依据，而场独立型者则往往倾向于更多利用自我内部的参照。这两种对立的信息加工方式通常用倾斜小屋倾斜椅子测验、棒框测验和镶嵌图形测验等来鉴定(参见补充讨论6-2)。大量研究表明，场依存型者和场独立型者依靠自我和场(外界)的程度在上述鉴定测验中的表现都相当一致。这两种认知加工方式也在人际交往中起作用。场依存型者比场独立型者往往更多利用外在的社会参照确定自己的态度和行为，特别是在模棱两可的情况下是这样。他们的行为是社会定向的，比较注意别人提供的社会线索，优先注意他所参与的人际关系的情况，对其他人有较大的兴趣，表现出善于与人交往的能力。而场独立型者往往是非社会定向的，对社会线索不敏感，比较喜欢孤独的与人无关的情况，比较关心概念和抽象原则，社交能力较差(参见谢斯俊、张厚粲，1988)。

随着年龄的增长，场依存型者和场独立型者的行为特征往往是稳定的。在威特金等(Witkin，Moore，Oltman，Goodenough，Friedman，Owen，& Raskin，1977)的一项追踪10年的研究中，某大学学生1 584人(男女各半)在入学时进行集体镶嵌图形测验，确定每个人的认知风格。结果发现在大学入学初选中，在最后的大学选科中以及在研究院或专科学校中，场独立型学生往往偏爱需要认知改组技能的、与人无关的学科(如自然科学)，而场依存型学生则往往偏爱不重视这种技能而重视人际关系的学科领域(如初等教育)。同时还发现，学生从事与他们认知风格相一致的学科学习，其成绩比较好。这说明人们的这种认知风格的一致性和稳定性。

场依存型-场独立型认知风格是一个独立的人格维度还是某一人格维度(如内外倾)的反映，存在着两种不同观点。一种观点认为场依存型-场独立型与内外倾人格维度有一定的相关，另一种观点则认为两者没有相关。张厚粲、郑日昌、李德伟(1988)的研究表明，场依存型-场独立型的认知风格与内外倾人格特质是两种不同的人格维度，但两者又存在着某种程度的一致性。这可以从威特金对场依存型-场独立型认知方式的描述与艾森克对内外倾的描述的比较中看出来(参见表6-5)。

表6-5　威特金的描述与艾森克的描述的比较

威特金的描述	艾森克的描述
场依存型者特点	外倾者特点
1.更多地利用外在的社会参照确定他的态度和行为 2.比较注意别人提供的社会线索 3.优先注意他所参与的人际关系的情况 4.对他人有兴趣 5.善与人交往	1.老是注意外界所发生的事情；追求刺激，富于冒险 2.无忧无虑，随和，乐观，爱开玩笑，易怒也易平息，不加思考地行动 3.有与别人谈话的需要，好为人师，喜欢冲动 4.喜欢变化，有许多朋友 5.善交际，不喜欢独自学习

续表

威特金的描述	艾森克的描述
场独立型者特点	内倾者特点
1.对别人提供的社会线索不敏感 2.喜欢孤独的与人无关的情况 3.对他人不感兴趣,喜欢关心概念与抽象原则 4.行为是非社会定向的 5.不善与人交往	1.倾向于事先计划,三思而后行,严格控制自己的感情,很少有攻击行为 2.性情孤独,内省,生活有规律 3.对书的爱好甚于对人,除亲密朋友外,对人总是冷漠,保持一定距离 4.很重视道德标准,但有些悲观 5.安静,不喜欢刺激,不善交际

(采自 张厚粲、孟庆茂、郑日昌,1981)

补充讨论6-2

鉴定场依存型和场独立型的测验

鉴定一个人是属于场依存型还是属于场独立型认知风格主要使用下列三种测验。

1.倾斜小屋倾斜椅子测验(tilting-room tilting-chair test)

在一间小型的倾斜小屋内,让被试坐在一把可以调整方位的椅子上。要求被试自己将身体调正。实验结果表明,场依存型的被试,在确定身体的位置时,往往以倾斜的小屋为主要参照物,最终把自己的身体调整成与倾斜的小屋看齐。而场独立型的被试在调整身体时,主要不是参照屋子的位置,而更多地以自己身体的内部经验作为参照。

2.棒框测验(rod and frame test)

早期的棒框测验是在暗室中做的。后来设计出棒框测验仪。仪器内装面对着一个可调倾斜度的亮框,框中心安装有一个能转动的亮棒。实验时被试端坐在仪器前,双眼紧贴观察孔。适应5分钟后,要求被试把这条倾斜的亮棒调整到与地面垂直。结果表明,场依存型者往往把亮棒调整来与亮框看齐,即根据框的主轴来判断垂直;而场独立型者则利用所感觉的身体位置,把亮棒调成接近于垂直地面。

3.镶嵌图形测验(embedded figure test)

要求被试把隐蔽于复杂图形中的简单图形(参见图6-10)分离出来。这就需要被试对刺激进行认知改组,把一个项目从组织好的场中分离出来,这也称为克服隐蔽的能力。研究表明,场依存型者在完成这项任务时较为困难,而场独立型者容易从组织好的复杂图形的影响中解脱出来,找到简单图形。

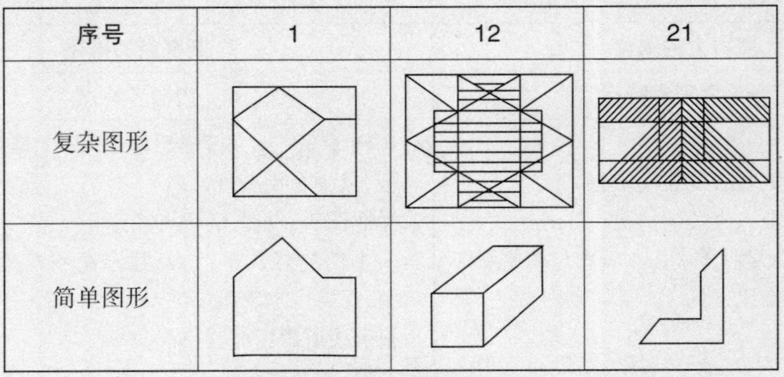

图6-10　镶嵌图形测验图例

（采自 张厚粲、孟庆茂、郑日昌，1981）

类型是全或无现象，非此即彼，两者必居其一；以某一标准划分出的不同类型之间不能交叉重合。这种观点与人们的日常生活经验和习惯认知最为接近，为人们观察人提供了一个观点。但是，人是非常复杂的，人的行为具有多种特性，人们之间有多方面的联系，因而，对人格分类的标准也应是多方面的。人们可以根据不同的标准对人格进行不同的分类。例如，除了前述的人格类型外，还可以根据人们的价值观和生活方式对人格进行分类（参见第十六章）等。人格是非常复杂的现象。各种类型之间有交叉、有渗透，两种对立的类型之间还有中间类型等。我们对人格的分类不能仅仅停留在根据人的行为的外部标志或外部联系上（如人格的体型论），而应根据人的行为的本质特性或内部联系来进行分类。以行为的本质特性或内部联系所确定的类型，才可能具有高的预测效度，我们应朝着这个方向努力。

本章摘要

1. 以特质概念为基础建立起来的人格理论称为特质论。特质理论家把特质视为持久而稳定的行为倾向。虽然特质与类型有联系，但特质论者一般不把人格分为非此即彼的类型。

2. 特质论创始人奥尔波特把人格定义为个体内在心理物理系统中的动力组织，它决定一个人独有的行为和思想。特质是一种神经生理结构，它使刺激在机能上等值，在行为反应上具有一致性。

3. 奥尔波特主张人格心理学家应集中研究个人特质而不是探讨共同特质。他把个人特质区分为首要特质、中心特质和次要特质。它们对行为影响的渗透程度是不同的。

4. 奥尔波特用机能自主来表达他对人类动机的看法,并提出一个好的动机理论应具备的四个条件。

5. 奥尔波特认为,个体人格发展经历了下列八个阶段:(1)躯体我的感觉阶段;(2)自我同一感阶段;(3)自尊感阶段;(4)自我扩展感阶段;(5)自我意象感阶段;(6)自我理智调适感阶段;(7)统我追求的显露阶段;(8)知者自我的显露阶段。统我就是自我这八个方面的综合。

6. 在奥尔波特看来,健康成熟的人格应具有自我扩展能力、与他人热情交往的能力、自我接纳能力和安全感、实际的现实知觉、自我客观化、统一的人生哲学等特征。

7. 特质因素论的创始人卡特尔把特质视为人格的基本结构元素。特质使行为具有跨时间和跨情境的一致性。

8. 卡特尔区分了表面特质和潜源特质。表面特质是一群外表看来似乎有某种特征的有关行为;潜源特质是解释行为的内在原因。受遗传因素决定的潜源特质称为体质性特质。从环境学习而获得的潜源特质称为环境养成特质。

9. 卡特尔还区分出能力特质、气质特质和动力特质。能力特质决定个人解决问题的成效。气质特质决定个人的情绪特征。动力特质驱使个人朝着某个目标行动,它决定个人的动机结构。

10. 卡特尔认为智力是最重要的能力特质。他把智力分为液态智力和晶态智力。前者由遗传因素决定,后者是后天习得的。

11. 卡特尔把人的动机归为两大类:能和外能。能是一种先天的心理–生理倾向,大致相当于本能。外能是习得的内驱力,分为情操和态度。

12. 卡特尔还用动力格状的概念来表示能、情操和态度之间的复杂关系,说明动机的复杂性;并用特征公式来表示个人的各种人格因素在某特定情境中的行为表现,试图预测行为。

13. 卡特尔强调遗传和学习在人格形成和发展中的重要性,认为人格特质是遗传和环境复杂交互作用的结果,并与成熟因素有关。

14. 卡特尔认为心理疾病是源于无法解决的冲突,治疗应依据对人格因素的客观测量。因此在治疗方法上,他持折中主义的立场。

15. 艾森克的人格层次模型中包括类型、特质、习惯反应和特殊反应四级水平。类型最抽象,其次是特质,再其次是习惯反应和特殊反应。

16. 艾森克把人格类型视为包含人格维度的而不是非此即彼的类别。他认为每个人在外倾–内倾、神经质–稳定性和精神质–超我机能三个维度上都有不同程度的表现。

17.艾森克猜想大脑皮质的兴奋和抑制过程以及觉醒与内外倾有关,自主神经系统可能是神经质的生理解剖基础,而精神质可能与雄性激素的分泌有关。这些探讨都尚待实验检验。

18.艾森克十分强调行为的遗传基础,认为内外倾、神经质和精神质都是相对稳定的,虽然环境也能使行为有某种程度的改变。

19.艾森克曾用恐怖情境法、系统脱敏法和示范法来治疗心理疾病。

20.人格类型论是根据某种标准将有相似的人格特性的人进行归类的理论。本章第四节介绍了人格体型类型论和人格认知类型论。

建议参考资料

1.陈仲庚、张雨新(1986):人格心理学。沈阳市:辽宁人民出版社。

2.谢斯骏、张厚粲(1988):认知方式——一个人格维度的实验研究。北京市:北京师范大学出版社。

3. Allport, G.W.(1937).Personality: A psychological interpretation. New York: Holt.Rinehart & Winston.

4. Allport, G.W.(1961).Pattern and growth in personality.New York: Holt, Rinehart & Winston.

5. Allport, G.W.(1968).The person in psychology: Selected essays.Boston: Beacon Press.

6. Cattell, R.B.(1965).The scientific analysis of personality. Baltimore: Penguin.

7. Cattell, R.B.(1966).Psychological theory and scientific method.In R.B. Cattell(Ed.), Handbook of multivariate experimental psychology. Chicago: Rand McNally.

8. Cattell. R.B.(1990).Advances in Cattellian personality theory.In L.A. Pervin(Ed.), Handbook of personality: Theory and research.NewYork: The Guilford Press.

9. Eysenck, H.J.(1967).The biological basis of personality. Springfield, IL: Charles C. Thomas.

10. Eysenck, H.J., & Eysenck, M.W.(1985). Personality and individual differences. New York: Plenum Press.

11. Pervin, L.A.(1996).The science of personality.New York: John Wiley & Snns.

第七章　特质论的研究方法与评鉴技术

本章内容细目

特质论的产生是与心理学中的个别差异研究、实验趋向和心理测量的发展分不开的。由于对特质的理解不同和对特质研究的侧重点的不同，因而特质论者的研究方法也各具特色。奥尔波特认为世上没有两个完全相同的人，强调人格的独特性，认为一般规律只是一种抽象，不能对任何个体进行真正精确的描述，极力提倡特殊规律研究。卡特尔既注重个人特质也注重共同特质，其研究方法是尽可能以多种形式对个体和大量的个体进行测量，收集各种日常生活资料、问卷资料和客观测量资料进行因素分析来探讨人格特质。艾森克主要是从自然科学的角度从事内容十分广泛的资料研究，其工作重点是人格维度或人格类型。与精神分析论的缺乏实证观察和客观测量的人格研究不同，特质论者对人格的研究是建立在严谨的科学测量和复杂的数学程序上的。

在评鉴技术上，与精神分析学者所采用的没有明确结构和固定意义的测验不同，特质论者所采用的是结构明确和意义确定的自陈测验。人格问卷种类繁多，有的是建立在内容效度上，根据逻辑分析的方法来选择题目编制成的问卷；有的是根据因素分析的方法编制成的问卷；也有的是根据经验效标的方法编制成的问卷。本章将介绍这些方面的人格问卷及其信度和效度，同时还介绍自奥尔波特等人编制的价值研究量表以来的其他几种价值观的测量工具。无论是奥尔波特、卡特尔、艾森克或是其他的特质理论家，总是强调基本的人格特质的稳定性，即不因时间、情境的改变而变化。但是1968年米歇尔对此种观念提出了异议，认为人的行为几乎没有一致性，情境因素比人格特质对行为更具决定性。这就从根本上对特质论的科学性提出了挑战。本章还将讨论人格特质论的科学地位问题，并对特质论范型做简要评价。

本章将讨论人格特质论的主要研究方法、评鉴技术，其主要内容包括：

1.奥尔波特的研究方法。

2.卡特尔的研究方法。

3.艾森克的标准分析法。

4.特质论的人格评鉴技术的特点。

5.人的行为是由情境决定的还是由特质决定的。

6.对人格特质论的简评。

第一节 特质论的研究方法

由于特质理论家对特质理解的不同，他们的研究方法也各有特色。下面着重讨论奥尔波特的特殊规律研究法（或个人记述研究法）、卡特尔的因素分析法和艾森克的标准分析法。

一、奥尔波特的研究方法

奥尔波特认为，人格是一个动力的相互联系的整体，只注意人格的一两个剖面是没有什么意义的。人格的复杂性，使他相信必须用“合理的方法”来研究它（Allport，1961，p.395）。所谓合理的方法，就是在客观系统地观察研究对象的基础上，运用信度和效度高的评鉴程序。奥尔波特认为，可以用多种方法和途径收集资料（参见补充讨论7-1）来研究人格。这些方法中有些是集中于研究典型的个案，有些则集中研究一般的人。但他关心的中心是人格的独特性，极力主张人格心理学家应该集中研究个人特质，而不是探讨群体特质。他坚决反对当时美国心理学中普遍流行的观点——人格科学应该寻求建立人类机能的一般规律的主张，强调人格心理学家必须进行特殊规律研究（或个人记述研究），即对单个个案做深入的研究；而应当避免进行共同规律研究（或建立法则研究），即避免对群体的一般规律进行研究、分析平均值和一般情况。他认为，平均值和一般情况只是一种概括，实际上它不能对任何个人进行精确的描述。他对珍妮的信件和表现性行为的研究，就是特殊规律研究的样板。

补充讨论7-1

人格研究方法概观

奥尔波特认为对人格的研究，最基本的方法是观察及其对意义的解释。他列举出了许多研究方法，其中大多为测试途径和评鉴技术。这些研究方法可以列成圆形大致成为一个连续系统，其内容包括：从记录个人的外部表现到内心活动，从对某些个别特征的记录到对个人的总体评定。如表7-2所示，在14个大类下共包括52种人格心理学的分析方法，自第1至第52项。奥尔波特认为，心理学家为了全面了解人格也采纳在其专业训练之外的材料。每一种方法都不能单独使用；实验方法必须有统计处理结果；外表（如表情）记录应附有深度分析的技术和理论……这些方法都是围绕着观察与解释这一中心进行的。当然，这一分类是大体而论的。

表 7–2　人格研究方法概观

14大类	52种方法
1.文化模式研究	1.社会规范分析 2.成语、格言、文艺作品分析 3.语言分析 4.心理描述(形容词核对、量表分析)
2.生理记录	5.遗传分析 6.生物化学相关物 7.内分泌学研究 8.体型 9.面型、动作分析
3.社会记录	10.个人档案记录(学校、医院、工职、资历、组织等) 11.工作分析 12.时间分配 13.行为频率 14.社会测量学 15.拓扑心理学(对人、对阻碍物的反应)
4.个人记录	16.日记 17.自学系统指导 18.个人信件 19.主题写作
5.表情活动	20.第一印象 21.外表过细分析(快速摄影分析) 22.外表模式分析 23.字相学 24.风格分析
6.量表	25.等级量表 26.记分量表 27.心理图示
7.标准化测验	28.标准化问卷 29.心理测量(动作测验、迷津测验、语言测验等) 30.行为量表(想象、联想、情境测验等)
8.统计分析	31.差别心理学 32.因素分析 33.内部因素分析
9.生活情境微型	34.时间样本 35.职业微型 36.欺骗性情境
10.实验室实验	37.一元记录 38.多元记录
11.预测	39.外观预报 40.趋势预报
12.深层分析	41.精神科晤谈 42.自由联想 43.梦的分析 44.催眠术 45.潜意识书写 46.幻想分析
13.理想型	47.理解的图式 48.文艺性格分类
14.综合法	49.辨别法 50.匹配法 51.全过程会谈 52.个案分析

(采自 陈仲庚、张雨新,1986,350页)

(一)珍妮的信件

奥尔波特认为,要了解现实的、特定的个人,唯一的办法是研究这个人本身。怎样才能研究某个特定个人的人格呢?他认为行之有效的方法是利用个人的忠实记载,如日记、自传、信件、采访报道等。为此他收集了珍妮·格若维·玛斯特桑(假名)在58~70岁期间给她儿子罗斯的两位朋友写的301封信。这些信件为他提供了洞悉珍妮的人格以及她与罗斯的奇特关系的材料。

珍妮1868年生于爱尔兰,5岁时移居加拿大。她有5个妹妹和1个弟弟,18岁时父亲去世,弟妹6人的生活全靠她挣钱来维持。当时她对这种家庭生活十分讨厌,就同一位美国铁路巡警结了婚。婚后她发现不适应整天待在家里无所事事的生活。她经常向丈夫抱怨她的处境,但毫无用处。丈夫像生活在19世纪上半叶的绝大多数男人一样,他强烈反对妻子寻找工作。在这件事尚未解决之前,她的丈夫便去世了。一个月后她的儿子出生了,取名罗斯。

珍妮以其艰辛的劳动来维持母子俩的生活。她甘愿守寡,拒绝了几位求婚者,把自己全部的爱都倾注在儿子身上。她的亲戚都说她过分宠爱罗斯。为了此事,她与其亲戚争吵过几次,并断绝了与他们之间的亲戚关系。罗斯17岁前往普林斯顿大学读书时,母子俩仍亲密无间。但当大学二年级的罗斯应征入伍后,再从部队返回家时,他前后已判若两人,除了继续完成学业外,他爱上了别的女人并与母亲经常争吵。最后罗斯瞒着母亲结了婚。不久珍妮发现了这件事,十分气愤,公开粗暴地指责罗斯并将他赶出了家门,还威胁说如果他胆敢再来,就要向官方申告。几年之后她动了恻隐之心,开始去看他并与其通信,直至他过早地去世为止。下面是珍妮写给罗斯两位朋友的几封信中的一些内容。

珍妮1928年写的第一封信是罗斯抛弃了他的妻子并与另一个女人有了关系之时,她感到失望,求助于罗斯的两位朋友,信中解释了她与罗斯之间冲突和对抗的原因。

> 但是在罗斯和我之间并不是为了钱,绝对不是,是女人,更多是女人。(我字迹难看——我神经过敏。)有时我怀疑罗斯是否有点丧失常态——性狂。最初他高兴地谈着积蓄钱,赞扬生意上的特点这类事,我乐得像在天堂那样。他存了钱,在银行里以我们共同的名义存有几百美元。这就是我如此节俭的原因。但他一直与一个女人保持暧昧关系……是很坏的暧昧关系,在他从那里走出来之前,他是那样怕动笔。我帮他解脱了出来……
>
> 现在,这个玛丽,是托莱多的屠夫的女儿……在罗斯抛弃他妻子时他就给玛丽写信。(现在)玛丽说今年冬天来纽约并租一间房子。罗斯和我发生了口角——我拒绝那样做。玛丽永远不能进我住的房子……
>
> 我并不打算说这么多,但我心酸、患病了,真的失去了勇气。罗斯绝对不关心我任何事情——我对他来说是一个巨大的障碍和负担。(Allport,1965,pp.51~53)

在1929年的第二封信中,珍妮提到罗斯的健康状况很糟,耳朵感染动了手术,医生发现他内耳的大片乳突炎和大脑表面有脓肿。在信中她把罗斯的女友称为娼妇。

> 罗斯上周说要见我——他仍在医生手中。他看起来身体很差。我请他……与我吃饭,他来了……那是一流的午餐,看起来他很喜欢。
>
> 你知道……使罗斯醒悟的方法就是给他想要的东西然后别再管他。
>
> 现在我但愿去年五月他把那娼妇带到布朗克斯时我就离开他。但即使现在他娶了她(她可以强迫他那样),他也不会与她共同生活很久。那是我的地方,我

为什么要邀请他进午餐——这样他可以不很孤独直至他找到新的娼妇。真的，我知道我对他没有一点用处——他奚落我、鄙视我，但是血缘联系仍然存在，我相信他对此不是没有感情的。（Allport，1965，p.70）

很不幸的是，罗斯没有康复，之后不久便死了。在1929年底的那封信中，珍妮对罗斯女友的敌意爆发了。

虽然这娼妇完全泡在泪水里，当然心碎，但并不因悲伤流泪而忘了物质财富在这个尘世上的重要性。瞧！她说罗斯的衣服和罗斯的车子……（她声称她是罗斯最亲密的亲属）如果她是罗斯最亲近的亲属，那她就会得到救济金，那真是一场足以令人笑死的悲剧。她认识罗斯仅6个月。他们的"伟大罗曼史"是从二月开始的——他们的作为肮脏下流——这下流卑鄙的街头野狗。她在道德上和肉体上杀死了罗斯。（Allport，1965，pp.73~74）

罗斯死后，珍妮和罗斯的女友为不动产问题陷入了一系列的法律纠纷之中。在1930年罗斯生日这天珍妮写的信中，回忆起上一年和罗斯在一起的快乐时光。

去年10月16日罗斯与我一起度过——我等了他整个上午，我的心都要跳出来了。然而下午他较早地来了，带了一束可爱的红玫瑰——我喜欢的东西。他总是给我红玫瑰。我心里乐开了花。他没有忘记我——他选择与我一起吃饭——没有与那娼妇。他带我到一个美好的地方……在百老汇，然后看了一场演出——一场精彩的演出——他来到我有屋顶的房间，在星星下吻（我）晚安——我好梦想第二年会再有这些！我总是想念着他……（Allport，1965，p.88）

奥尔波特请了36位鉴定者来阅读珍妮的信件。他们与奥尔波特一起用了198个特质名称来描述珍妮的人格特征。但把相同的特质归并之后，发现只有8个主要特质。后来有人（Baldwin，1942）从统计学的角度分析了奥尔波特的资料，进一步证实了这8个主要特质。佩奇（Paige，1966）用计算机对珍妮信件进行复杂的因素分析得出8种因素特质（见表7-1）。对于佩奇的因素特质，奥尔波特认为，计算机的运用，除了使人们感到鉴定者的主观印象成分更多外，并没有得到什么新东西。

虽然奥尔波特花了许多精力从事鉴定研究，但他认识到，鉴定研究并没有揭示出人格的全部秘密。然而他认为这些研究将使我们与该门学科所提供的材料更接近了。

表7-1　由两种方法分析出的珍妮的中心特质

常识特质(奥尔波特)	因素特质(佩奇)
1.好争吵的—多疑的;攻击的	攻击性
2.自我中心的(占有欲的)	占有欲
3.感情用事的	归属需要;家庭认可需要
4.独立的—自主的	自主需要
5.美学的—艺术的	感觉性
6.自我中心的(自我怜悯的)	殉道性
7.(无比较项)	性欲
8.怀疑人生价值的—病态的	(无比较项)
9.戏剧性的—紧张的	(“爱夸张”)

(采自 Allport,1966)

(二)表现性行为

与强调人格独特性相一致,奥尔波特把所有行为区分为两种成分:一种是适应功能(adaptational function),即由行为所产生的影响;另一种是表现性行为(expressive behaviors),即代表行为特征的风格。奥尔波特对表现性行为特别感兴趣,他认为如果我们分析一个人的行为特征风格,就有可能发现这个人的人格潜在结构。虽然一个人做某件事的原因可能仅仅反映了当时的短暂要求,但是执行行为的方式却是由他的倾向性所导向的。他与弗农(Allport & Vernon,1933)做过一项著名的研究,即对25名被试在三种不同场合进行测试,所有的测试都被大约四周的时间间隔分开。测试的项目包括对重量的估计、走路的速度、握力、言语的风格以及笔迹等。结果发现,各种行为在不同情境下具有相对的一致性和跨时间的稳定性。奥尔波特和弗农认为,表现性行为与个人的态度、特质、价值观以及人格“内部的”其他倾向性是相一致的。

与对中心特质的强调相一致,奥尔波特强调我们需要一个统一的人生哲学和价值系统,他与他的合作者曾设计出一种量表,用来测定个人在生活中对6种价值的重视程度(参见本章第二节)。此外,他还研究过宗教、偏见和谣言。

二、卡特尔的研究方法

卡特尔认识到,人类行为的不明确性和易变性,使人格的研究会遇到重重困难。他认为必须排除空洞的哲学臆测,将理论探讨和科学测量结合起来,强烈主张采用归纳-假设—演绎法。由于人类行为的极端复杂性,并表现出多变量的交互作用,他认为传统的二变量的实验设计对人格的探讨没有多大意义，而强烈主张多变量的因素分析法。

（一）归纳-假设-演绎法

在卡特尔看来，理论与测量之间、自由探讨与假设求证之间具有十分复杂的相互作用过程。他批评某些教学计划，使学生相信科学发现一定遵循一种程序——从假设到发现，到进一步的假设。这种说法忽视了科学研究中的偶然发现，也忽视了假设形成前的探索作用。针对此种倾向，卡特尔提出归纳-假设-演绎法（inductive-hypothetical-deductive method）。根据此种方法，研究始于探索期，从中归纳出一些规律，逐步形成假设，这是整个研究过程中最具创意的部分；所形成的假设通过实验或观察之后，对其中显示出的结果进行演绎，而后又进行实验或观察，对其中的规律性做进一步的归纳，归纳出的假设又进一步进行实验观察。归纳-假设-演绎每循环一次，对人格的认识便前进一步。因而此种研究模式也称为归纳-假设-演绎螺旋式法（inductive-hypothetical-deductive spiral）（图7-1）。这种研究模式不同于第二章中讨论的假设-演绎研究模式。因为后者始于一个总命题导出假设，并对假设进行检验。虽然在社会科学中广泛应用着这种研究程序，但是卡特尔认为，任何科学研究在开始之前都会有一个发展假设的探索期，因为实际上人的行为是由多种原因引起的，而传统的研究程序对行为原因的探讨只涉及单个事件。卡特尔认为，这种过分依赖二变量实验（bivariate experiment）对假设的检验导致对现实中事件作用方式解释的过分简单化，只有多变量实验（multivariate experiment）才能解释人们的复杂行为。为了研究多变量问题，卡特尔主要依靠了因素分析法。

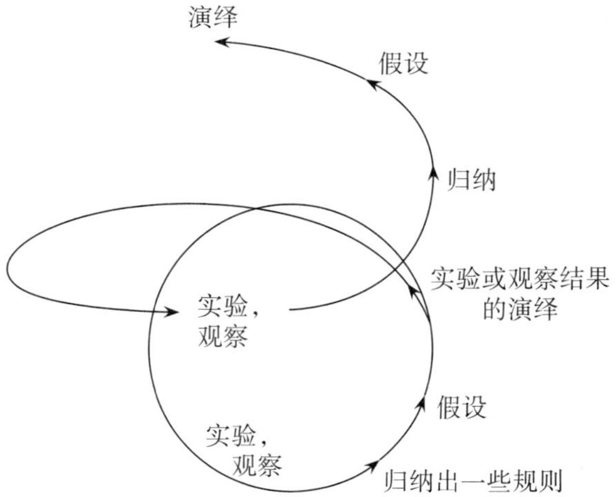

图7-1 归纳-假设-演绎螺旋式法图示

（采自 Cattell，1966，p.16）

（二）因素分析

因素分析（factor analysis）就是从大量的相关变量中抽取出最基本的维度或因素并加以分析的统计方法。现代因素分析法始于斯皮尔曼（Spearman，1904）对智力的研究，后来卡特尔和艾森克等用因素分析法来研究人格结构。在卡特尔的大量工作中主要运用了两种方法：R方法和P方法。

R方法（或R技术）（R technique）就是对许多被试的许多变量进行测量并探寻其相关的因素分析法。R方法通常是对许多被试进行多种人格测试，然后求出他们得分的相关系数。例如，我们假定对学习心理学的一大班学生进行犹豫性、沉思性、抑郁性、攻击性、竞争性和自负6个测验的测量，根据被试在这些测验中的得分，求出所有被试被测项目得分的相关系数（如表7-3所示）。从表7-3可以看出，被试在犹豫性上得分高，在沉思性和抑郁性的测验中得分也高，即是说它们是高度相关。但是，它们与被试的其余三个测验（攻击性、竞争性和自负）的得分基本上不发生联系。而被试在攻击性、竞争性和自负测验上的得分则是高度相关的。变量间的高度相关或群集暗示着某种隐含的因素使被试在这些高度相关的测验中所做出的反应方式。这样，研究者就可以从大量的表面变量（表面特质）中寻求其变化的某些共同根源（潜源特质）。高度相关的变量被认为在很大程度上是测量同一的本质或因素。最后研究者必须根据推理来标明这些隐含因素的含义。

表7-3　6个测验变量之间的相关

测验	A	B	C	D	E	F
A 犹豫性	—					
B 沉思性	0.72	—				
C 抑郁性	0.85	0.67	—			
D 攻击性	0.02	0.04	0.07	—		
E 竞争性	0.08	0.18	0.00	0.83	—	
F 自 负	0.16	0.04	0.01	0.92	0.68	—

一旦相关已经确定，进一步的因素分析就是计算出如表7-4所示的因素矩阵（factor matrix）。每个表面变量和因素的联系程度称为因素负荷（factor loading）。0.30负荷以上通常被认为是显著的。从表7-4中可以看出，犹豫性、沉思性、抑郁性都显著地负荷于我们暂时命名为犯罪倾向（因素I），而攻击性、竞争性和自负则显著负荷于我们暂时命名为支配倾向（因素II）。

表7-4 6个测验在两个因素上的负荷

测验	犯罪倾向(因素I)	支配倾向(因素II)
A犹豫性	0.68	0.14
B沉思性	0.76	0.07
C抑郁性	0.86	0.04
D攻击性	0.11	0.88
E竞争性	0.03	0.69
F自　负	0.12	0.59

因素命名(factor name)具有相当的推理性,往往会导致许多问题和争议。暂时的因素命名之后,研究者还通过对其他被试样本的进一步研究来提炼这些因素。还可以通过对不同年龄、种族和文化背景的被试的进一步研究,使这些因素具有广泛的效度。此外,初级因素(primary factor)还可以做进一步的分析产生卡特尔所谓的次级因素(second-order factor)。这些较高级的因素在测验分数的行为中比初级因素控制着较多的变量。例如,焦虑和内外倾是两个关键性的次级因素。初级因素如犯罪倾向、内心紧张和怀疑都是负荷于总的次级因素——焦虑的。

如果说R方法是用来评定许多人所具有的共同特质,那么P方法就是用来评定个人独特特质结构的(Cattell,1965,p.372)。P方法(或P技术)(P technique)就是在不同场合对同一个体的几种特质维度进行追踪研究的因素分析法。对一个人的表面特质的因素分析可以发现其独特的基本特质,还可以用这种方法来评定一个人动机的变化过程。

(三)资料来源

不论因素分析多么尖端复杂,但是如果资料来源是肤浅的、可疑的,最好的统计方法也是毫无意义的。卡特尔从三种基本的来源中获得人格测量的资料:生活记录资料、问卷资料和客观测验资料。生活记录资料(life record-data,简称L资料)由很广的来源组成,包括学校的分数记录、健康记录和法庭记录等,以及参加几个社会团体、发生过多少起事故、外出旅游多少次等也都是重要的来源。问卷资料(questionnaire-data,简称Q资料)来源于被试本人对问卷的等级评定以及被试本人对他或她自己的行为、情感或思想的陈述。问卷资料依赖于被试本人的内省报告。客观测验资料(objective test-data,简称OT资料)来源于客观测验。所谓客观,是指独立的记分者对被试行为反应做出同样的记录和同样的结论。客观测验资料来源于被试完成纸笔测验任务的情况或在实验室情境下的行为反应,例如动作反应时间、联想值、注意广度、对紧张刺激的生理心理反应等。卡特尔认为,在人格研究中客观测验资料最为合用。客观测验代表了情境的缩样,被试的行为反应就是其日常行为的微型,但是被试本人并不知道这些行为与正在测量其人格特点之间的关系。

如果多因素分析确实可以确定人格的基本结构,那么无论从生活记录资料,还是从问卷资料或客观测验资料都应该获得同样的因素(特质)。这一点对特质理论来说是合乎逻辑的推论。人格研究最先从生活记录资料开始,目的是获取人的行为的各方面的资料。卡特尔将此称为人格领域(personality sphere)。人格领域的大量材料,最大可能来源于生活记录资料,而不是问卷资料或客观测验资料。因此,先运用生活记录资料探寻潜源特质,然后再发展出测试和鉴定这些特质的问卷和客观测验。

对生活记录资料研究的假设依据是:整个人格领域所包括的行为都会在语言中有其表征。如果能够收集描述行为的全部词汇,那就包含了整个人格领域。卡特尔从奥尔波特和奥伯特(Allport & Odbert, 1936)用语言分析法(参见补充讨论7-2)所得出的人格特质形容词,经过多年大量的分析和实验,最后获得生活记录资料的15种因素。

研究的第二步是探寻问卷资料是否也能找出相同的因素。结果是从问卷资料中获得16种人格因素,由此制订出一项16种因素调查表。后来卡特尔再用原始的生活记录资料设计某些量表,设立若干问卷项目。先是拟出成千个问卷项目在大量正常人身上试测,探求哪些问卷是有相关的。根据因素分析得到16种独立的特质(潜源特质)。16种因素中有12种与生活记录材料得到的很相似,有4种是问卷资料所独有的。

卡特尔十分相信自己问卷的信度和效度。他也指出在对问卷的反应中有说谎和动机干扰等问题。由于生活记录资料和问卷资料存在的问题,后来卡特尔对客观测验资料的人格结构问题做了深入的探讨。他用操作、作业、运动等许多动作测验来测定潜源特质,发现21种潜源特质。它们与其他资料所获的特质有着复杂的联系(Cattell & Johnson, 1986)。

补充讨论7-2

语言分析法

语言分析法(method of language analysis)就是从人们所使用的语言中探寻人格特质的方法。其基本假设是稳定的人格特质都会被编码到人们长期使用的语言之中。对此,奥尔波特曾说过:

> 语言符号已经证明是有用的;由于它们代表了经验中稳定的事实,这些符号已经历了多年的考验。事实上如果许多人不是自私的、攻击的、怯懦的话,这些形容词就不会在语言中找到一个永久的位置。如果特质确实存在,那么给它们定名称是自然的、正当的。(Allport & Odbert, 1936)

从字词的角度研究人格特质的最早努力可以追溯到高尔登用1 000个词组成的词单，真正按心理学途径对特质名称进行分类的是德国心理学家鲍姆加登(Baumgarten，1933)，接着是奥尔波特和奥伯特从1925年版的《韦氏国际字典》中选出17 953个能区分人类行为差异的词语。这个词单的分类系统是：

1.明确表示真正人格特质的词语，反映的是个体的一致和稳定的行为，主要是中性词，不带明显的评价色彩。

2.虽然不描述人格特质，但却是对人格特点进行评价的词语。

3.描述目前活动和心理状态的词语。这些词语通常不被看作稳定的特点，但却可以同时区分不同人的行为。

4.不能归入前述三组的词，包括影响人格发展的各种条件及隐喻词。

卡特尔早期的生活记录资料研究也假设，人格领域的所有行为在语言中都有其语词符号，如果将人们用来描述行为的所有词汇收集起来，就能涵盖整个人格领域。他经过多年的努力来建立这套词汇以达到这个目的。开始时他以一套基本的特质名称，包括奥尔波特和奥伯特所编辑的描述行为的4 504个词，再加上来自精神医学和心理学文献的形容词，然后通过同义词分析，将词表简化为不到200个特征词。再就每一个特征词对100位成人进行评量，经资料分析，得到42个双极变量，例如适应的-僵化的、情绪的-平静的、果断的-服从的。然后再从广泛的群体中抽取大量成人被试评量他们在这些双极变量上的分数，再将评量结果进行因素分析，得出12个因素。经过一系列有关实验后，得出总的15个L资料因素，似乎能解释人格领域中的大部分行为。值得一提的是，由图普斯和克里斯托尔(Tupes & Christal，1961)最先提出的五因素模型(参见补充讨论1-2)也是由语言分析法而得到的。

我国学者也曾用语言分析法对人格特质做过一些研究。杨国枢和李本华(1973)从小说、报纸以及西方学者的词表中得到900个中文人格词汇，经压缩后对得到的557个人格特质形容词的好恶度、意义度和熟悉度做过测定。陈仲庚和王登峰(1987)、黄希庭和张蜀林(1992)也用类似的途径对中文人格特质形容词的好恶度、意义度和熟悉度做过测定。杨国枢和彭迈克(1984)、王登峰、方林等(1995)用中文人格特质形容词对不同目标人进行评定所得出的人格因素结构与西方学者得出的结论有相似性，但也有其独特性。

三、艾森克的研究方法

艾森克的人格层次模型所注重的是基本的人格维度和类型。不同于卡特尔把研究重心放在特质上，艾森克的工作集中于更概括的人格类型或人格维度上。艾森克主要是从自然科学的角度从事内容十分广泛的资料研究，包括多种实验测试数据、问卷评定和观察询问等的研究分析。他认为，因素分析的各种研究往往过分强调自我评定、问卷和主观资料。只要有可能，在任何时候他都喜欢把对行为的客观观察包括到自己的研究之中。为了研究整个人格，必须应用许多不同的资料来源。

艾森克对标准分析的运用，最能表示其研究方法的特色。所谓标准分析（criterion analysis），就是通过因素分析检验基本假设。艾森克的方法是：首先从某个基本人格维度或类型开始研究；然后选择出一系列与该潜在维度相关的测量；再选出在这个维度方面已知的不同的标准组；然后再考察每一种测量与这两个标准组之间的相关。这些相关也就表明了这些测量之间的一致程度及其潜在维度。为了说明这种方法，让我们来研究一下神经质维度。艾森克及其同事选出两个被试组，每组200多人。正常组是男性士兵，其智力至少为中等；神经质组是因精神疾病问题而被解雇了的士兵，智力低于正常组。在两天的时间内对被试进行了大量的人格测量。所有这些测量都是经过选择的，使它们在某些方面表现出与神经质潜在维度相关。这些测量得到的主要结论是：(1)有几种问卷和行为的客观测量区别出了这两个组；(2)从表现性动作（expressive movements）中获得的测量是无效的；(3)两种罗夏墨渍测验区分出了正常个体和神经质个体。在这些分析的基础上，艾森克选出了28种相互关系，列出相关矩阵进行因素分析。从这些以及其他的研究结果中，艾森克得出结论："我们在神经质者中测量的人格因素，就像对智力测量那样准确可靠"（Eysenck，1952b，p.155）。

四、因素分析法存在的问题

因素分析的数学推导十分烦琐，曾一度限制了这种方法的推广。近几十年来由于研制出各种专门程序软件（或磁碟），应用这些软件（或磁碟）可以很快得到因素分析的结果。因此，因素分析在心理学研究中得到相当广泛的应用。但这种方法也有其局限性，而受到一些心理学家的批评，归纳起来有如下四点。

1.数据的来源问题

与任何统计方法一样，因素分析法也依赖于其数据的质量，如果数据来自不可信的测试或设计，那么因素分析结果便毫无意义。因为"数字不是魔术。我们不能希望通过数字的摆弄，就能幻变出稀世的珍宝"（陈立，1985）。此外，不同的数据来源（例如，生活记录资料、问卷资料、客观测验资料）有时会产生不同的因素。而且，几乎不能保证来自不同人群和不同年龄组的数据分析总是产生出同样的因素结构。这与全人类普遍具有的人格结构理论（参见补充讨论1-4）也是矛盾的。

2.方法的客观性问题

在因素分析的某些阶段，研究者需做出决定。这种决定往往取决于研究者的主观判断。例如，抽取因素有多种方法，最常用的正交旋转（orthogonal rotation）和斜交旋转

(oblique rotation),而旋转角的确定在很大程度上依赖于研究者的主观判断,依赖于某一学科的实际模型,并不是完全客观的。

3.人性的本质问题

长期以来,临床心理学家批评说,从因素分析中抽取出的因素,似乎很少与临床分析出的特质相符合。人本主义者对因素分析的批评是:因素分析破坏了存在于个体身上的基本的人性,得出来的仅是各种没有人性意义的孤立因素。这些心理学家认为,因素分析所抽取出的因素没有特殊的心理学意义,没有真正揭示出人性的本质。当然,目前的所有人格理论都没有完全揭示出人性的本质。正如赫尔和林赛(Hall & Lindzey,1978)所说,如果卡特尔或艾森克的特质真的与其他人的观察相符合,那么他们的工作就太没有价值,要不然就是我们早已知晓的理论的复制品而被人们忽视了。

4.行为的复杂性问题

因素分析的核心是相关概念。但是两种同时变化(增加或减少)的相关行为,情况是十分复杂的。一些行为在某种环境条件下会同时变化但在另一些条件下则不同时变化。例如,个人的爱和恨在一种人际关系中是可以确定的关系,但在另外不同的情境中则可能是很不同的。强调特质稳定性的因素分析理论能否解决行为的复杂性,仍是一个谜。

第二节　特质论的评鉴技术

特质论者主要采用自陈测验或自陈量表来评量人们的个体差异。这种评量技术,就是让被试根据题目中所述的内容是否适合个人自己的情形进行回答。自陈测验的基本假设是只有被测者自己最了解自己,因而最受特质论者的青睐。最早的自陈量表是武德沃斯个人资料表(Woodworth Personal Data Sheet)。它是在第一次世界大战期间设计的个人资料调查表,用于淘汰军队中的情绪障碍者,是一种单一分数的测量工具,由116个是非题组成,涉及病态恐惧反应、强迫观念和强迫行为、抽搐、梦魇和其他身心症状等问题。自1930年以来,人格问卷逐渐增多,直至今日名目繁多难以统计。为了便于讨论,我们将以自陈量表发展的三种方式——内容效度的人格问卷、因素分析的人格问卷和经验效度的人格问卷来介绍几种问卷,另外还介绍价值观问卷。

一、内容效度的人格问卷

这类问卷的题目是根据某个或若干个人格概念而编制的,其题目选择的依据是它的内容是否测量了编制者欲测量的人格特质。也就是说,这类问卷是编制者从一个或几个人格概念出发,找出与这些概念有明确联系的行为、态度和情感等方面的题目而编制成的。这类人格问卷的编制借助于理论推理方法。下面介绍两种形式的内容效度(content validity)的人格问卷。

(一)爱德华个人偏好量表

爱德华(Edwards,1959)编制的爱德华个人偏好量表(Edwavds Personal Preference Schedule,简称EPPS)是根据默里(Murray,1938)的人类的15种需求理论而编制的。全量表包括225个题目(其中有15个重复题目,用以检查反应的一致性),每题包括两个第一人称的陈述句,要求被试根据自己的个人爱好从两者中圈选其一。从被试对题目的选择上来鉴定他或她在15种心理需求上的倾向,从而了解其人格特质。这15种需求是:成就、顺从、秩序、表现、自主、亲和、省察、求助、支配、谦逊、助人、变通、坚毅、性爱和攻击。全量表的题目平均分配以测量这15种需求,构成15个分量表。根据个人获得的15个分数绘制人格剖析图。所谓人格剖析图(personality profile),就是将被试在该种测验中所获得的各特质的分数用曲线式表示出来的图示,以显示其各种特质之多寡。这样就可以了解被试的心理倾向。

爱德华个人偏好量表的主要特点是同一个题内的两个句子在社会期许性上大致相等,用迫选法来控制社会期许性。所谓社会期许性(social desirability),是指题目的内容被社会大众赞许和反对的程度。题目举例如下:

1.A.每当我做错事时,便感到歉疚。

B.我喜欢与朋友间有深交。

2.A.我喜欢逃避责任与义务。

B.我喜欢做和事佬。(Edwards,1959)

由于采用迫选法(forced-choice method),该量表具有总和恒定性,因此在解释分数时要加以注意。虽然该量表在一定程度上控制了社会期许性,但被试常常发现这种配对选择判断很困难。爱德华个人偏好量表的效度研究尚未完全解决,有些分量表的分数与其他类似变量的测量之间的相关不是很高。该量表的重测信度为0.74~0.88。

爱德华个人偏好量表已有中译本(1967),并在台湾使用,适用于高中生、大学生和有一般阅读能力的成人。测验时间约需40~50分钟,可以团体施测。

(二)感觉寻求量表

感觉剥夺(sensory deprivation)的实验结果表明,人需要有不断变化的刺激输入,而对贫乏的刺激会做出抗拒反应,这种需要称为感觉寻求(sensation seeking)。感觉寻求较显著的人,经常使自己保持较高的觉醒状态,并为此而寻求不断变化的新异经验。当类似或相同刺激反复出现时,他会感到厌烦,反应速度也会大为减慢,表现出稳定的行为形式。因此,感觉寻求被认为是一种人格特质。高感觉寻求者积极寻求能增加其感觉的刺激,处于感觉贫乏状态(如感觉剥夺情境)时将会以各种可能的方式寻求刺激,如吹口哨、围绕着床转圈子、触摸墙壁或沉醉于丰富的幻想世界。这种人对自己的内部感受十分敏感、痛阈极低。他们的行为很少受约束,放荡不羁,藐视社会规范(参见陈仲庚、张雨新,1988)。而低感觉寻求者则害怕奇异的或危险的情境(Mellstrom,Cicala,& Zuckerman,1976)。

感觉寻求量表(Sensation Seeking Scale,简称为SSS)是由朱克曼(Zuckerman,1969a,1969b)编制用来测定感觉寻求这种人格特质的一种自陈量表。该量表经过五次修订补充,形成了感觉寻求量表第V式。有72个题目,除测定一般特征外,还包括下列四个特点:(1)刺激性和冒险性寻求(thrill and adventure seeking,简称TAS):渴望参加户外活动和其他一些激烈的、具有危险性的活动。这些活动大多是社会认可的。(2)经验寻求(experience seeking,简称ES):通过独自思维和感觉而不是通过从众或模仿去寻求各种新异经验,包括事先不做计划或没有安全保证的旅行、穿奇装异服、行为怪异、服用致幻剂或毒品、热衷于现代极端形式的音乐和绘画等。(3)去抑制(disinhibition,简称Dis):对情绪激动的、不受任何限制的事物极有兴趣,如性对象、狂欢、赌博等。(4)对单调的敏感性(boredom susceptibility,简称BS):对重复单调、令人乏味的不变环境极度厌烦。该问卷采用迫选法,每题都有两个选择项A和B,要求被试从中选出最能描述自己的喜好或感觉方式的一项。举例如下:

1.A.我不喜欢一个人飞行时获得的感觉。
  B.我喜欢娱乐公园的许多乘骑。
2.A.我不会在寒冷天待在室外等待入室。
  B.强烈的寒冷天令我振奋。
3.A.我渴望成为一名登山运动员。
  B.我不理解那些登山冒险者。
4.A.我不喜欢所有的身体气味。
  B.我喜欢一些肮脏的身体臭味。(Zuckerman,1969a,1969b)

感觉寻求量表第V式的信度、效度总的来说都达到了一定的要求。刺激性和冒险性寻求(TAS)的折半信度为0.77~0.87;经验寻求(ES)的折半信度为0.72~0.88;去抑制(Dis)的折半信度为0.68~0.75;一般特征(Gen.)的信度为0.68~0.81。重测信度则普遍高于上述数字。包含的四个量表具有完全的独立性。该问卷已由北京大学心理学系陈仲庚译成中文,正在测试和标准化。

二、因素分析的人格问卷

这类问卷是编制者从大量的各种类型的项目开始,测试众多的被试,然后找出相关的项目构成一个因素;每一个因素代表一种人格特质;因素内的项目都高度相关,不同因素中的项目很少或完全不相关。由此而构成的问卷即为因素分析的人格问卷。卡特尔16种人格因素问卷和艾森克人格问卷等都属于此类问卷。

(一)卡特尔16种人格因素问卷

卡特尔16种人格因素就是卡特尔用因素分析方法所得出的16种潜源特质,这16种因素的名称和符号是:乐群性(A)、聪慧性(B)、稳定性(C)、恃强性(E)、兴奋性(F)、有恒性(G)、敢为性(H)、敏感性(I)、怀疑性(L)、幻想性(M)、世故性(N)、忧虑性(O)、实验性(Q_1)、独立性(Q_2)、自律性(Q_3)、紧张性(Q_4)。卡特尔16种人格因素问卷(Sixteen Personality Factor Questionnaire,简称16PF)现在英文版有五种复本。A、B卷本是齐全本,每卷各有187个题目;C、D卷本为缩减本,每卷各有106个题目;E卷本为适用于文化水平较低的被试的实验样本,包括128个题目。这些题目都是从数千个测题中,经过多次取样测验和因素分析,从信度与构想效度较高的题目中选择出来的。每一种人格因素由10个左右的题目组成的量表测量之。每个题目有三种可供选择的回答,被试可以从中自由选择自己的回答。问卷中的许多题目表面上似乎与某种人格因素有关,但实际上却与另外的人格因素密切相关,使被试不易猜度每个题目的用意而据实回答。

中文版的卡特尔16种人格因素问卷有刘永和、梅吉瑞1970年的修订本及辽宁教科所李绍衣等1981年的修订本。下面是李绍衣等的修订本的几个题目举例(编号为原号):

1.我很明了本测验的说明:A.是的;B.不一定;c.不是的。

6.我总是不敢大胆地批评别人的言行:A.是的;B.有时如此;C.不是的。

16.受人侍奉时我常常局促不安:A.是的;B.介于A、C之间;C.不是的。

39.我愿意把我的生活安排得像一个:A.艺术家;B.不确定;C.会计师。(李绍衣等,1981)

该问卷可以个别施测,也可以对团体施测。测验不限定时间,但要求被试读完问题后尽快回答，不要拖延。该测验一般采用模板记分。每一记分的心理学意义在卡特尔的测验手册中有明确说明。如果16种因素全都记分，放在一起，就可看作包含人格的主要方面。使用记分模板只能得到各个量表的原始分数，然后查常模表将原始分数换算成标准分数，再按标准分数在人格剖析图上找到相应点。将这些点连成曲线，即可得到一个人的人格轮廓型（见表7-5）。

表7-5　16种人格因素测验轮廓型

人格因素	原分	标准分	低分者特征	标准拾 1 2 3 4 5		(至拾) 6 7 8 9 10	高分者特征
A			缄默孤独	. . . . . .	A	. . . . . .	乐群外向
B			迟钝、学识浅薄	. . . . . .	B	. . . . . .	聪慧、富有才识
C			情绪激动	. . . . . .	C	. . . . . .	情绪稳定
E			谦逊顺从	. . . . . .	E	. . . . . .	好强固执
F			严肃审慎	. . . . . .	F	. . . . . .	轻松兴奋
G			权宜敷衍	. . . . . .	G	. . . . . .	有恒负责
H			畏怯退缩	. . . . . .	H	. . . . . .	冒险敢为
I			理智、着重实际	. . . . . .	I	. . . . . .	敏感、感情用事
L			信赖随和	. . . . . .	L	. . . . . .	怀疑刚愎
M			现实、合乎成规	. . . . . .	M	. . . . . .	幻想、狂放不羁
N			坦白直率、天真	. . . . . .	N	. . . . . .	精明能干、世故
O			安详沉着、有自信心	. . . . . .	O	. . . . . .	忧虑抑郁、烦恼多端
Q_1			保守、服从传统	. . . . . .	Q_1	. . . . . .	自由、批评激进
Q_2			依赖、随群附众	. . . . . .	Q_2	. . . . . .	自立、当机立断
Q_3			矛盾冲突、不明大体	. . . . . .	Q_3	. . . . . .	知己知彼、自律谨严
Q_4			心平气和	. . . . . .	Q_4	. . . . . .	紧张困扰

卡特尔16PF。A、B种修订合订本 修订者：刘永和、梅吉瑞	标准分 约等于	1 2.3%	2 4.9%	3 9.2%	4 15.0%	5 19.1%	6 19.1%	7 15.0%	8 9.2%	9 4.4%	10 依统计 2.3% 之成人

（采自 郑日昌，1987）

卡特尔16种人格因素问卷不仅可以对16种主要因素记分，还可以对次级因素记分。次级因素目前有8项，其中4项为：Q_1内倾—外倾，Q_2焦虑轻—焦虑重，Q_3心肠软而富于情感—心肠硬，Q_4顺从—独断，一般为临床心理医生感兴趣。李绍衣等（1981）的测试结果表明，其主要优点是该问卷的信度和效度较高，编制较科学，施测较简便。重测信度方面，最高信度系数为0.92(O因素),最低信度系数为0.48(B因素)。在效度方面,16种人格因素之间的相关系数较低,这说明人格因素确实是由许多不同的特质组成的。其次,随机抽取8个测试题进行施测,分别统计与其所属因素量表及其他量表的相关系数,同样表明,各题目与所属量表相符合。国外对卡特尔16种人格因素问卷的信度、效度的报道也大致相近。

(二)艾森克人格问卷

艾森克人格问卷(Eysenck Personality Questionnaire,简称EPQ)是艾森克夫妇根据其人格维度理论逐渐发展起来的。该问卷分为成人和幼年两式。成人式有101个题目,幼年式有97个题目。每种问卷均包括E、N、P、L四个量表,用来测定内外倾(E)、神经质或情绪稳定性(N)、精神质(P)和效度(L,测定掩饰、虚假或社会性朴实幼稚水平)。每一量表分别包括一定数量的题目。被试根据自己的情况对每个题目回答是或不是。记分为1分或0分。E分高表示人格外倾,E分低表示人格内倾;N分高表示情绪不稳,N分低表示情绪稳定;P分高说明是精神质人格,反之则无;L分高表明回答中有掩饰和虚假。国内学者(陈仲庚,1983;龚耀先,1984)对艾森克人格问卷做过修订,测试结果表明其适用于我国,艾森克的人格维度在我国文化特点下也同样存在。但艾森克人格问卷中也有少数项目与我国的社会习俗不符合,其中以P量表中的题目淘汰最多。下面是龚耀先修订本(成人)(1983)的几个题目举例(编号为原题号):

1.你是否有许多不同的业余爱好?是□,不是□

7.你曾无缘无故觉得“真是难受”吗?是□,不是□

15.你容易激动吗?是□,不是□

20.你所有的习惯都是好的吗?是□,不是□(龚耀先,1983)

根据记分得到被试的各量表粗分后,在相应的性别和年龄T分数表中便可以查出T分数(T-score)。根据这些T分数便可画出人格剖析图,对被试做出解释。

三、经验效度的人格问卷

这类问卷就是用一系列题目施测于不同类型的被试组,一组被试在某一方面(如精神障碍、事业成就、犯罪行为等)与另一组被试不同,以这些不同方面为效度,选出能把不同被试组区别开来的题目。由此所构成的问卷即为经验效度的人格问卷。最著名的经验效度问卷是明尼苏达多相人格问卷。

明尼苏达多相人格问卷(Minnesota Multiphasic Personality Inventory,简称MMPI)是由

美国明尼苏达大学教授哈撒韦和麦金利(Hathaway & Mckinley,1943)编制的。该问卷从1930年开始研究,从大量病史、早期出版的人格量表、医学档案、病人自述、医生笔记以及一些书本的描述中搜集了1 000多个题目,将这些题目施测于效标组(心理异常的住院病人)与对照组(正常人),并比较两组对每题的反应。如果两组对某题之反应确有差别,则该题保留;如果反应无显著差别则淘汰。每个题目都通过两组的实际反应来确定。明尼苏达多相人格问卷共有566个自我报告形式的题目,其中16个为重复题目(检验被试反应的一致性),实际上有550题。题目的内容范围很广,包括身体的各种情况(如神经系统、心血管系统、消化系统、生殖系统等的情况)、精神状态和对婚姻、家庭、宗教、政治、法律、社会等的态度。

该问卷是由10个临床量表和4个效度量表组成的。10个临床量表均采用效标组命名:(1)疑病(Hs);(2)抑郁(D);(3)癔症(Hy);(4)精神病态(Pd);(5)男性化—女性化(Mf);(6)妄想狂(Pa);(7)精神衰弱(Pt);(8)精神分裂(Sc);(9)轻躁狂(Ma);(10)社会内向(Si)。其中Mf与Si量表只能说明人格的趋向,与疾病无关。从上述10个量表中,可得到10个分数,即代表10种人格特质。

明尼苏达多相人格问卷的主要特征是设置了4个效度量表(不是指心理测量的效度),用以识别被试是否粗心、不明题意、掩饰、反应定势以及参加测验时的态度。这些量表是:

说谎分数(L):共15个题目,由一些过分好的自我报告题目组成,若被试偏向于选择讨人喜欢的报告,说明他的回答不真实,结果不可靠。

诈病分数(F):共64个题目,多为一些较古怪或荒唐的题目,其中有些题目还包括在精神分裂(Sc)与妄想狂(Pa)量表内。在该量表上得高分可能是为了增加接受治疗机会或者逃避法律责任而蓄意装病,当然也可能是回答不认真(随便答"是")或真的有病,如妄想、幻觉、思维障碍等。

校正分数(K):由30个对假装敏感的题目组成,测量被试做测验时的态度。高K分可能表示防御或装好人,低K分可能表示过分坦率、自我批评或蓄意装坏。

疑问分数(?):表示漏答、无法答或"是""否"均作回答的题目数量,如超过30题,则此答卷无效。由于大多数的被试未答的题目极少,此量表一般已不再使用。

除上述几种效度量表外,还可用其他方法来鉴别分数的有效性。由于量表上题目是根据经验效度(empirical validity)选择的,有些题目与量表间具有明显的逻辑关系,称为意义"明确"的题目。有些题目与量表间没有任何逻辑关系,称为意义"模糊"的题目。同一个临床量表可有两个分量表,一个由意义明确的题目组成,另一个由意义模糊的题目组成。这两个分量表上的分数差异可以作为识别作假的一种新方法。

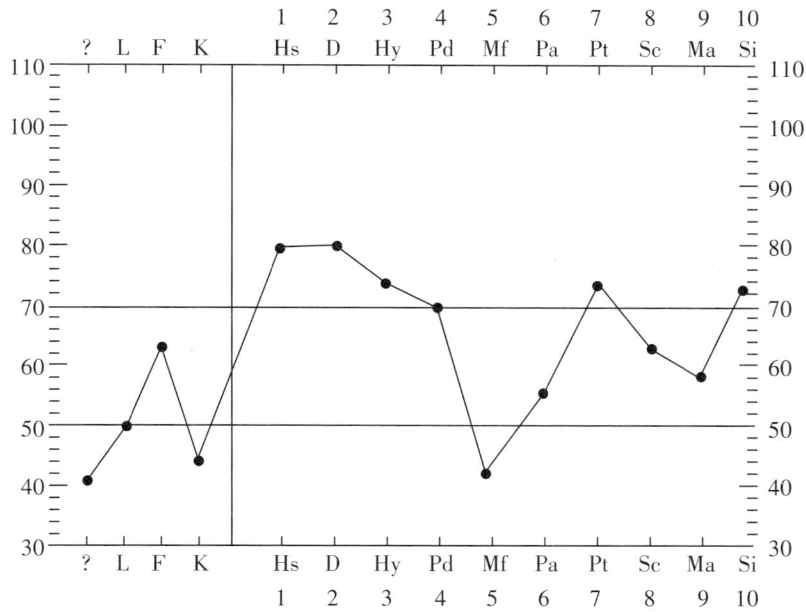

	?	L	F	K	Hs 1	D 2	Hy 3	Pd 4	Mf 5	Pa 6	Pt 7	Sc 8	Ma 9	Si 10
原始分数	0	4	9	9	23	35	32	23	40	10	30	23	18	47
校正分数					5			4			9		2	
T分数	41	50	64	44	80	80	73	69	43	55	73	64	58	74

编码号　12″　037′　48-96/5:F-L/K?

图7-2　被试A的明尼苏达多相人格问卷得分剖析图示意

（采自　彭凯平，1990）

明尼苏达多相人格问卷适用于16岁以上具有小学毕业以上文化水平的人。测验没有时间限制，正常成人一般为45分钟左右，很少超过90分钟。

明尼苏达多相人格问卷各量表的分数最后都要转换成标准T分数（以50为平均数，10为标准差），并标绘在人格剖析图上（参见图7-2）。解释可以直接按得分进行，也可以与常模比较。较先进的手段是利用计算机解释并做出报告。一般说来，T分数超过70，表明有严重的心理问题存在，但这并不一定表明被试具有量表所称的那种障碍。在新的明尼苏达多相人格问卷各量表中，多用数码而不用诊断分数表示，其解释方法也不是一个一个量表地解释，而是用一组量表分数进行诊断和人格分析。因此，明尼苏达多相人格问卷的解释是从被试的剖析图特征编码开始的。最常用的编码系统是哈撒韦和韦尔什（Hathaway & Welsh）设计的，它根据被试在10个临床量表上T分数的高低，自左至右排列。如图7-2所示，该被试的剖析图编号是1203748965，更精确的编码是：70分以上的量表数码后加上记号“′”，在60分以上的数码后加“-”，即每一个标准点（10分）都要表示出来，然后再加上（F-L）/K？的分数。这样一个完整的问卷编码是：12″ 037′ 48-96/5：（F-L）/K?。再将编码输入计算机，就可以做出解释。

明尼苏达多相人格问卷对分数的解释以经验为基础,较为客观,是目前应用最广的人格问卷,其应用领域包括医疗、临床心理、企业、教育、军事上的人员选拔等。现在使用该量表的国家和地区超过65个,被115种语言所翻译。在我国大陆宋维真(1982,1985)于1980年开始修订明尼苏达多相人格问卷,并于1984年正式确定了该问卷的中国标准。

四、价值观问卷

自从1931年奥尔波特、弗农和林赛(Allport,Vernon, & Lindzey,1931)编制的价值研究(Study of Values)量表发表以来,心理学家发展出不少量表用来测量人们的价值观。价值观(values system)是人区分好坏、美丑、益损、正确与错误、符合或违背自己意愿等的观念系统。它通常是充满情感的,并为人的正当行为提供充分的理由。目前国外使用较广的测量价值观的问卷有下列四种。

(一)奥尔波特等人的价值观研究量表

奥尔波特等人(Allport,Vernon, & Lindzey,1960)的价值观研究量表是依据斯普兰格(Spranger,1928)的6种理想价值类型(理论的、经济的、政治的、社会的、审美的和宗教的)而编制的。该量表包括两个部分:第一部分有30个选择题,每一题有两个答案,其记分为3与0或2与1;第二部分有15个选择题,每一题有4个答案,依被试的判断记为4、3、2、1分。根据被试的选择以测量其在上述6种基本价值观上的相对强度。下面是该量表第一部分的几个测题:

1.科学研究的主要目的应该是发现规律而不是规律的实际应用:

(a)是;(b)不是。

4.假如你有必备的能力,你愿成为一个:

(a)银行家;(b)政治家。

14.假如你有足够的闲暇时间,你愿把它用来:

(a)组织社团活动;(b)参加社会公益劳动。

30.将来你有了孩子,你认为对他(她)进行哪方面的训练更重要?

(a)宗教;(b)竞技。(Allport,Vernon, & Lindzey,1960)

(二)莫里斯氏生活方式问卷

莫里斯氏生活方式问卷(Morris's Ways to Live Questionnaire)(Morris,1956)包括13种生活方式,并对每一种生活方式分别以长度相近的文字加以界定和描述。这13种生活方式是:保存人类最好的成就;培养人和物的独立性;对他人表示同情和关怀;轮流体验欢乐与孤独;通过参加团体活动来实践与享受人生;经常控制变化不定的环境;将行动、享乐和沉思结合起来;在无忧而卫生的环境中享受生活;在安静的接纳中等待;坚忍地控制着自己;静观内心的生活;从事冒险活动;服从宇宙的旨意。后来,日本心理学家田宗介(1966)将此13种生活方式简化命名为中庸型、达观型、慈爱型、安乐型、接受型、协作型、努力型、多彩型、享乐型、克己型、冥想型、行动型、服务型。根据莫里斯的分析,"价值"一词有三种不同的含义,即实选价值、想象价值和客体价值。实选价值是对不同生活方式所表现的差异的喜好倾向,即对不同生活方式所表现的选择行为的实际方向。想象价值的意义局限于能够预见后果的选择行为。客体价值强调价值对象本身的属性,即根据生活方式本身的条件来决定什么是值得选取的,而不是当事人是否事实上在选取该生活方式(实选价值)或想象中认为应选的生活方式(想象价值)。因此,该问卷让人来评定对各种生活方式的喜好程度,测量的是想象价值;评定各种生活方式的真实程度,测量的是实选价值。

(三)罗克奇氏价值调查表

罗克奇氏价值调查表(Rokeach's Values Survey)(Rokeach,1968)包含两种价值体系:终极性价值观(terminal values)和工具性价值观(instrumental values)。每种价值体系各有18个项目,每一个项目均有简短的文字进行意义界定。要求被试根据对自己的重要性分别对18个项目排出顺序,以考察他们的价值观状况。终极性价值观的内容和界定,如舒适的物质生活(过富裕的生活)、兴奋的生活(刺激性的、活跃的生活)、平等(兄弟姊妹般的、人人机会均等)、国家安全(祖国不受任何侵犯)等。工具性价值观的内容和界定,如雄心壮志的(努力工作、有上进心的)、勇敢的(无畏地坚持自己的信念)、诚实的(诚挚的、真诚的)、自我控制的(拘谨的、自我约束的)等。

(四)塞普尔氏职业价值观量表

塞普尔氏职业价值观量表(Super's Work Values Inventory)(Super,1970)把职业价值观分为三个维度:(1)内在职业价值观(与职业本身性质有关的因素);(2)外在职业价值观(与职业性质有关的外部因素);(3)外在报酬。共计15个因素,即智力刺激、利他主义、经济报酬、变动性、独立性、声誉、美感、同事关系、安全性、生活方式、监督关系、工作环境、成就、管理和创造性;由45个项目构成。要求被试用5级评分法对45个项目逐一进行评定。记分方法是:被试视为极重要的记5分,重要的记4分,不能确定的记3分,不重要的记2分,极不重要的记1分;以考察被试在选择职业时最看重哪些因素。该量表的项目举例如下:

1.工作中能经常面对新问题。

8.工作中能结交许多朋友。

17.能发挥自己的专长,有所作为。

28.自己的工作能被他人看重。

黄希庭、张进辅、李红等(1994)根据我国大陆的情况对上述量表都进行了修订,并进行信度和效度检验,应用于我国青年价值观的测评。

五、影响自陈测验效度和信度的因素

影响自陈测验的效度和信度的有关因素很多,其中主要的有以下三项。

1.社会期许性偏向

人格特质往往有好坏之分。如果自陈问卷涉及好坏的社会评价,很容易产生社会期许性偏向。所谓社会期许性偏向(social-desirability bias),是指被试按照社会大众认可的价值或标准来回答问题,以不实的意愿代替真实意愿的心理倾向。减少社会期望性偏向的流行策略是:将问卷重新改写,使同一问卷的不同反应具有同等的社会期望。然后将改写后的问卷所得分数与其他问卷所得分数相比较,以考察两者的等同程度和社会期望所起的作用。

2.反应定势

反应定势(或反应心向)(response set)是指被试的回答与问题的内容无关,只是按照自己的特定方式进行回答的一种心理倾向。在自陈测验中,反应定势有下列几种类型:(1)默认:只选择“是”,表示赞同。(2)极端化:在等级量表中选择极端项。(3)回避:以“?”、不回答等谨慎地回避问题。(4)粗心:回答前后不一致。(5)离题:有许多离题的回答。(6)位置定势:倾向于在相同的位置上做记号。通过改变特定测验或交叉测验中的问题形式,可以减少反应定势。

3.无法测定潜意识动机

自陈测验的基本假设是被试自己最了解自己的人格。但是,事实上一个人不可能知晓与人格有关的所有事实,不能知晓自己的潜意识动机。自陈测验对被试的潜意识动机是毫无意义的。

第三节　对特质论范型的评价

在对人的看法问题上,我们通常倾向于用特质论和类型论来叙述自己的见解。但是,常识不等于科学。近年来学者们纷纷怀疑有关人格的行为是否真的具有一致性。首先对特质论发难的是美国哥伦比亚大学心理学教授米歇尔(Walter Mischel,1930—),他认为行为是随情境而异的。接着特质论者做了不少研究以反驳米歇尔特质一致性的观点。在本节中,我们将讨论这场论争所提出的研究并对特质论范型做个简短的评价。

一、特质论的科学地位问题

(一)米歇尔对特质论的批判

特质论者的基本观念是:基本特质的主要特征是具有跨时间的稳定性和跨情境的一致性。一个聪明的人不仅仅今天聪明,而且昨天、明天也是聪明的;一个盲从的人在许多场合都有此特性,而且维持很长时间。因此,根据一个人的基本人格特质和已知的情境线索就可以预测其行为。是否存在着跨时间的稳定性和跨情境的一致性的人格特质呢?从根本上说,这涉及特质论的科学地位问题。

对特质论的科学地位提出强烈挑战的是米歇尔(Mischel,1968)在他的《人格和评鉴》一书中所阐述的观点。该书讨论的主题是:如果人格特质存在,那么反映某种特质的思想、情感和行为就应该具有跨时间、跨情境的高相关。米歇尔认为,除了智力行为具有跨情境的一致性、场独立性或场依存性行为的相关系数高达0.50以外,其余像所有的对他人态度的特质、性别认同、依赖性、攻击性、刚强性、逃避性以及支配性等特质都是值得怀疑的,几乎没有证据证明反映这些特质行为的一致性。这些特质在不同情境下的行为的相关系数不超过0.30。

米歇尔认为特质论者在研究方法上存在着严重的问题:用自陈问卷测量很容易混淆标准,"构造"出行为之间的相关,其实是毫无意义和价值的。他的理由是:

第一,问卷法中大量使用含糊的副词和修饰词(例如:常常、有时、偶尔等)。这些词所表示的频率极不相同,用问卷法测量特质时,一个连续的"反应组"在所测量的特质之间会增大相关系数。

第二,许多问卷中,不同的量表交错使用,使每一个项目都由两个以上的量表来评分,这就必然使各个量表之间获得相关。甚至量表内的各个项目常常重复出现,因为一个量表必须要有足够的长度,才能达到可以接受的"时间"信度。

第三,问卷项目常使被试产生戒备的心理,并由此做出迎合主试心意的回答,结果要测量的特质却被忽视了。

第四,有些被试不考虑问卷内容,对问题均说“是”,这样,通篇是肯定回答的问卷可能会造成单一的“默认状态”的相关。许多问卷要求被试尽快填写,不要多加思考,也会增加此项弊端,导致不真实的相关。

第五,在问卷中大多数项目本身就已经假设行为在不同情境中会保持一致性。例如,“你常常感到愉快吗?”要用“是”或“不是”来回答。然而被试也许想说,这要看他们在哪里,和谁在一起,一天中什么时候,每星期、每月、每年的什么时候等。

采用等级评定量表也会产生类似的问题。

其一,等级评定有一种压力,促使被试做出社会期许的回答。

其二,等级评定总是假定行为在不同的情境中保持一致性,并且大多数只包括特质或者表现在语言方面的特质。

其三,被试对量表的某些部分常有“选择倾向”,一般来说,倾向于做出中性评鉴而避免对自己做极端评鉴。

米歇尔断言,特质不是人们行为的基础。那么,为什么会有这么多人(包括许多心理学家)都相信特质是存在的呢?他认为,这是由于行为一致性在观察者看来是存在的。换言之,“人是有特质的”这种观念使得人们看到的行为一致性比事实上真正存在的一致性要多得多。人们在观察时,各种偏见会影响他们观察的客观性,这些偏见导致了“一致性”行为的形成,因而得出了“人是有特质的”错误结论。查普曼夫妇(Chapman & Chapman, 1969)的研究也说明了米歇尔的以上观点。研究者给被试呈现一系列精神病患者对不同罗夏图片的反应,还让他们看每一个精神病患者的诊断。但患者的反应与对患者的诊断之间是随机搭配的,其间没有任何的联系。但是,当主试要求被试报告呈现的一系列图片反应与对患者的诊断的关系时,大多数被试坚信他们看到了很明显的联系。例如,对同性恋的诊断被想象成与罗夏图片的某一部分的反应相联系等。查普曼把实际上没有联系而看作有联系的刻板印象称为错觉相关(illusory correlation)。米歇尔认为,正是这种错觉相关和类似的偏见使人们相信特质是存在的。在《人格和评鉴》一书的结束部分,米歇尔曾号召人格心理学研究应抛弃过时的特质论研究范型:“这种人格理论,除了哲学般的枯燥乏味外,还受到大量实验资料的批驳”(Mischel, 1968, p.301)。后来米歇尔声称,他并不反对人格一致性的概念,并说:“没有人会真的怀疑生活是合乎逻辑的,我们觉知自己和他人都是相当稳定的个体,具有真实的同一性和时间上的连续性”(Mischel & Mischel, 1977, p.335)。但米歇尔认为最好把人格视为暂时的稳定性(即在一段时间内不会改变),而不要将其视为具有跨情境的一致性。

(二)特质论者的反驳

米歇尔的观点引发了将近20年的争论。特质论者进行了各种研究,试图证明特质论是符合实际的。有些特质论者认为解决行为一致性问题的办法是建立较好的行为效标和较严格的测试程序,并对各种情境做更多的测试。另一些特质论者则接受米歇尔和其他情境论者的批评,用人格变量与情境变量交互作用的观点来研究人格特质。下面这些研究都可以视为对情境论的反驳。

1.行为的稳定性

不少研究(Kagan & Snidman,1991;Conley,1984;Pervin,1985)再一次表明,个体差异在气质、职业兴趣、成就追求、神经质、精神质、反社会行为、性别角色定型、表情丰富性、道德行为、外倾、内倾、攻击性、利他主义等方面持续几十年不变。布洛克(Block,1971)克服了长期研究的许多困难,对大约170名个体作为青春早期、青春晚期和成年期的被试进行了调查。此时期几乎跨越了近30年。通过晤谈、客观测验、他人描述、学校或工作的记录等,将生命的每一个阶段有关每个被试的各种各样的信息都收集起来,比较被试在某一年龄阶段的显著特质(或不显著特质)与其在另一年龄阶段的显著特质(或不显著特质)是否一致。虽然这项研究十分复杂,但经过两年的研究,他得出的结论是:很多特质都是稳定的。布洛克及其他进行长期追踪的研究者的被试环境总是在变化的,但他们的稳定人格使其行为具有稳定性,也就是说行为具有跨情境的一致性。一个易激动的年轻人变成一个易激动的老年人,是因为有易激动的人格特质,而不是由于他住在易激动的环境所致。即使一个人在两种情境中行为反应不同,其内在的特质很可能是相同的。例如,一个具有攻击性的男人在酒吧常动手打人,而在家中与其身材高大的邻居相处却没有打人行为。表面上看,其行为表现不同,而在这之下却有着相同的特质。

2.行为频率研究法

为了避免自陈问卷的缺陷,巴斯和克雷克(Buss & Craik,1984)用行为频率研究法(act-frequency approach)研究人们的特质。其假设是:特质乃人的思想、情感和行为概括化的动力机制,根据在一定时间内某种特质行为产生的总数量就可以确定该种特质是否存在。其研究程序是:首先让许多被试回答“你所熟悉的最外倾的人(男性或女性),写出他们最具代表性的五种外倾行为”,然后将这些行为名称罗列起来,大约有100种外倾行为;再让另外的被试评判每一种行为是否属于典型的外倾行为。某个特定的人的外倾分数则根据他在给定的时间(如两个星期或四个星期)里外倾行为的多少来评定。这可以用监视器不断加以记录,但由于技术上的困难,巴斯和克雷克让被试用回溯评定其行为频率,再将这种评定与其亲属、朋友的评定相参照并做出修正,意见一致的内容便加以确认。他们对外倾、内倾、支配性、服从性、爱争吵、快乐、合群、冷漠等特质的行为研究结果表明,这些特质组成是不同的，一些特质（如快乐）有很典型的行为；典型行为的稳定性和一致性均高于其他行为。他们的研究表明，在不同情境下典型行为的相关系数超过了米歇尔所说的 $r=0.30$ 的界限。

当然，行为频率研究法也有缺点。行为频率不是人格特质的唯一参数，一种行为可能反映几种特质，有些特质（如冷漠）不一定反映在行为上；而由精神分析论建立起来的有关潜意识倾向则更难研究；此外，用回溯法评定行为易带主观性等。尽管如此，这毕竟是传统的人格特质研究法的改进与发展，为我们探究特质与特质行为的关系提供一条更为复杂精致的新途径。

3.聚合研究法

聚合研究法（aggregation approach）就是每隔不同的天数对多种行为进行重复评定，将多次重复评定的平均分数与这些行为所反映的特质问卷的测量结果求相关，以确定某种特质概念的方法。例如，爱泼斯坦（Epstein，1979，1980）让被试每天评定他们自己的冲动性、爱交际和社会联系的数量。将14天评定的平均数和卡特尔外倾问卷测量结果求相关，得到的相关系数分别为 $r=0.45$、$r=0.47$、$r=0.52$。这样个体在冲动性、爱交际和社会联系上的行为表现，就为外倾特质的概念提供了强有力的例证。爱泼斯坦不同意米歇尔的观点，认为如果采取简洁而严谨的措施提高测量反映特质行为的信度，那么在多数情况下是能够预测人们的行为的。

聚合研究法也有缺点：一是被试对自己行为的主观评定可能不一定是准确的；二是以每隔一段时间测得数据的稳定性来推断跨情境的一致性也不完全合适。后来，爱泼斯坦（Epstein，1984）对这些缺陷做了修正，对许多情境下的行为进行客观测量，以显示结果的一致性，表明聚合研究能提高对行为的预测能力。

4.相互作用研究法

自从米歇尔提出特质测量并不能预示行为以来，情境决定行为论者认为人格是不存在的；行为是由外在的社会力量促成的；人不过是受他人、社会力量、经验或不可捉摸的命运牵动的木偶而已。针对这种观点，互动论者提出，行为是个人及其所处情境交互作用的结果。例如，假设有两个人：一个是典型的外倾者，另一个是典型的内倾者；有两种情境：拥挤的聚会和安静的图书馆。假定研究快乐的行为。我们能说哪一个更快乐吗？除非我们知道他们所处的情境，才能回答。我们能说哪一种情境导致快乐吗？除非我们知道在这个特定的情境中的是哪一种人。这就是人和情境的相互作用研究法（interaction approach）。个体差异的效果依赖于情境，情境的效果依赖于个体差异（见图7-3）。其实，这种观点奥尔波特和卡特尔等早就提出过，他们认为任何特定的人格特质间的相关都是依赖于情境的。

例如，在一项研究(Magnusson & Endler,1977)中，给新招收的被试每人一份人格测验。根据他们所得的测验分数，将他们分为两组——某种特质(如成就动机、焦虑等)的高分组和低分组，然后将他们随机地分到两种实验训练中，以考察两种训练因素在研究中同人格特质的相互作用，评鉴所有被试的适应性行为。鲍尔斯(Bowers,1973)总结过许多类似的研究，发现用相互作用研究法所得到的研究结果与图7-3的描述是一致的。

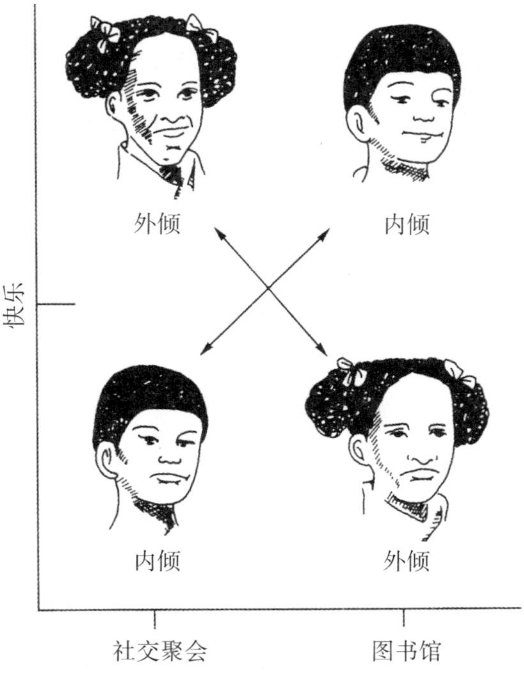

图7-3 人和情境的相互作用

(采自 Peterson,1988)

可见，尽管特质是稳定的，但如果缺乏情境信息，特质对预测行为便没有任何用处。当然，不同的情境对人的重要性，对行为的影响也不同。有些情境更易与人格维度产生相互作用，有些情境则不然。例如，在高度强制性的环境中，一个人在巨大的压力下所表现出的某种行为方式便不会显示其真正的特质。在葬礼和终考中都会出现这种情况：现场的大部分人都表现出高度一致的行为，显示不出人们的真正特质。情境特质论者对这些是很少去研究的。然而，另外的一些情境却能使人的行为表现出更大的变化性，并且个体行为一致性也很明显。例如，在第一次跳伞时的恐惧情境下，人格特质和行为的相关就很高，但在实验室的恐惧情境(如预期电休克)下，特质和行为间的相关几乎不可能是很高的(Epstein,1983)。有些人更易受情境的影响。例如，在一项研究自我警戒(self-monitoring)人格特质中，高自我警戒者通过注意情境反馈来指引行为，他们反馈一个适宜行为，然后再修正自己的表现。低自我警戒者则注意自己的内心状态和情感来指引自己的行为。高自我警戒者由于对情境敏感,他们在各种情境下表现是不一致的;而低自我警戒者由于对情境变化不敏感,所以他们在各种情境下的表现是一致的(Snyder,1983)。因此,当特质与其表现的情境相适应时,我们对行为的预测的准确度就大为提高,反之则大大下降。

二、总的评价

特质论者运用综合观察、自陈问卷、实验和因素分析等统计方法直接从个体本身行为特点出发来探讨人格问题,把研究对象的各种变量纳入可操作的程序之中,这是符合当代科学研究逻辑的,它使人格心理学摆脱长期以来对现象的描述和讲解的困境。特质论的研究发现表明,个体在人格上的差异是能够测量的。人格上的许多差异都是与适应环境的好坏相联系的。同时也使我们对个体差异的生物学起源有了一些了解。总的来看,特质论的构想至少部分是成功的。当然,特质论范型确实也存在一些问题,该理论中的一些重要问题,我们仍知之甚少或一无所知。

特质论者对人格所持的是一种静态的观点,认为人格是由一组持久的特质所构成。那么人们最基本的特质到底有多少?卡特尔的16项人格因素问卷、艾森克的人格问卷以及明尼苏达多相人格问卷都声称测量基本的个体差异,但是,它们测出来的人格的基本因素并不一致。有些研究者只发现5个特质,另一些研究者则发现20个特质,分歧甚大。是否不同的人格维度需要用不同的评鉴策略?用同一种问卷形式测量所有特质是否会遗漏重要的人格维度?总之,特质论在寻求基本的个体差异上仍没有取得一致的意见。

业已确定的维度与其他维度的关系怎样,尚需进一步研究。一些人格维度是重叠的,例如,前面讨论过的外倾、感觉寻求与场独立性的关系如何?是不是重叠的?一种特质能否从另一种特质中获得?几种特质是否反映一种更基本的特质?目前的研究尚不能回答这些问题。因为大多数一种特质和另一种特质之间的相关研究只是想建立起判别效度(或区别效度)(discriminant validity),对特质不同方面的关注远远超过对特质相同方面的关注。此外,特质论者对构成人格特质之间的动力关系的研究也甚少。

特质论者对与社会评价好坏相联系的特质研究得多,而对那些中性的特质研究甚少。在现实生活中,大多数人都属于中间类型。某些典型的人格特质能用来描述大多数人吗?这也是需要进一步明确的问题。

个体差异的起源是什么?特质论者虽然并不否认环境的作用,但他们过分强调遗传基础或先在倾向,而没有强调文化因素和家庭环境对人类行为的影响。其实,人格特质的形成在很大程度上是依存于环境的。例如,社会阶层、职业、种族、宗教和家庭等都影响着我们人格的形成。特质论者在这些方面都研究得相当少。

本章摘要

1.奥尔波特强调人格心理学家必须做特殊规律研究(或个人记述研究);对特定的个人的研究,有效的方法是利用个人的忠实记载,譬如日记、自传、信件、采访报道等。

2.基于人类行为的易变性和复杂性,卡特尔提出用归纳-假设-演绎法和多变量实验以及因素分析统计方法来研究人格。

3.因素分析是从大量的相关变量中抽取出最基本的维度或因素并加以分析的统计方法。卡特尔主要运用了两种方法:(1)R方法,即对许多被试的许多变量进行测量并寻求其相关的因素分析法;(2)P方法,即在不同场合下对同一个体的几种特质进行追踪研究的因素分析法。

4.卡特尔的统计资料来源包括:生活记录资料(L资料)、问卷资料(Q资料)、客观测验资料(OT资料)。

5.艾森克的标准分析是一种从人格结构的假设开始,然后选择出与这一假设相一致的一些测量进行研究的方法。

6.因素分析法也有其局限性,曾受到一些心理学家的批评。这些批评包括数据来源的可靠性、抽取因素方法的客观性以及能否处理人性的本质与行为的复杂性等。

7.特质论者主要采用自陈量表来评定人们的个体差异。最早的自陈量表是武德沃斯个人资料表,目前人格问卷种类很多。

8.内容效度的人格问卷是根据某个或若干人格概念而编制的,其题目选择的依据是它的内容是否测量了编制者欲测量的人格特质。

9.爱德华个人偏好量表属于内容效度的人格问卷,是根据默里的人类的15种需求理论而编制的人格问卷。

10.感觉寻求量表也属于内容效度的人格问卷,是根据人们需求不断变化的刺激输入,而对贫乏刺激会产生抗拒反应这个概念而编制的人格问卷。

11.从大量的项目开始,测试很多被试,找出相关的项目构成一个因素,每个因素代表一种人格特质,由此构成的问卷即为因素分析的人格问卷。卡特尔16种人格因素问卷和艾森克人格问卷均属之。

12.用一系列题目施测于不同类型的被试组,选择出能把公认的效标组区别开来的题目所构成的问卷即为经验效度的人格问卷。明尼苏达多相人格问卷是最著名的经验效度的人格问卷。

13.价值观是人区分好坏、美丑、益损、正确与错误、符合或违背自己意愿等的观念系统。

14.自从奥尔波特等人编制出价值观研究量表之后,又发展出莫里斯氏生活方式问卷、罗克奇氏价值调查表和塞普尔氏职业价值观量表,用来测量人们的价值观。

15.影响自陈测验效度和信度的主要因素是社会期许性偏向和反应定势;它的一项缺点是无法测定潜意识动机。

16.对特质论的科学地位提出强烈挑战的是米歇尔。针对米歇尔关于行为随情境而异的观点,特质论者用诸如行为频率研究法、聚合研究法和相互作用研究法来论证了特质的行为表现具有跨时间的稳定性和跨情境的一致性。然而,特质论还有不少需要进一步研究加以解决的问题。

建议参考资料

1.杨中芳、赵志裕(1987):中国受测者所面临的矛盾困境:对过分依赖西方量表的反省。中华心理学刊,29卷,2期,59~78页。

2.宋维真(1989):明尼苏达多相个性调查表使用指导书。北京市:中国科学院心理研究所。

3.宋维真(1985):中国人使用明尼苏达多相个性测验表的结果分析。心理学报,17卷,4期,346~354页。

4.陈仲庚(1983):艾森克人格问卷的项目分析。心理学报,15卷,2期,211~218页。

5.Allport,G.W.(1965).Letters from Jenny.New York:Harcourt,Brace & World.

6.Allport,G.W.(1968).The person in psychology:Selected essays.Boston:Beacon Press.

7.Cattell,R.B.(Ed.)(1966).Psychological theory and scientific method.In R.B.Cattell(Ed.),Handbook of multivariate experimental psychology.Chicago:Rand McNally.

8.Cattell,R.B.,& Kline,P.(1977).The scientific analysis of personality and motivation.New York:Academic Press.

9.Eysenck,H.J.(1976).The measurement of personality.Lancaster,England:Medical & Technical Publishers.

10.Eysenck,H.J.,& Eysenck,M.W.(1985).Personality and individual differences:A natural science approach.New York:Plenum.

11.Kline,P.(1993).The handbook of psychological testing.London:Routledge.

12.Pervin,L.A.(1996).The science of personality.New York:John Wiley & Sons.

第八章　学习论范型

本章内容细目

我们经常可以看到在一个家庭成员间具有某些行为模式。儿童不仅在外貌上，而且在智力、情绪、成就动机、兴趣爱好以及社会性等方面也常常与其父母相似。这些相似的行为模式有时被归因于遗传，但是，更有可能是学习的结果。例如，孩子并不能通过遗传继承其母亲对绘画的爱好，也不能通过遗传继承其父亲对象棋的兴趣。从遗传学的观点来看，父母也不能把诚实或虚伪、勇敢与怯懦、腼腆或惹是生非以及抱负、反社会倾向等遗传给子女。子女的这些行为模式是通过学习逐渐形成的。

人格是遗传和环境交互作用的产物。我们的知识经验、社会技能和智力技能是学习得来的；我们的自我概念、道德品质是学习得来的；我们与其他人的交往方式、忧伤烦恼等感情是学习得来的；我们的兴趣、爱好、态度、信念和价值观也是学习得来的。广义地讲，学习（learning）是个人因与外界接触或与其他人交往而使行为和行为倾向产生比较持久改变的过程。这些变化了的行为既包括外显行为，也包括认知、情感、态度、信念等内隐行为。

当代人格研究的学习论范型（learning paradigm）主要有两种研究取向：行为论取向和社会学习论取向。行为论取向首先要提到的人物当推斯金纳（Burrhus Frederick Skinner，1904—1990）。斯金纳用动物实验得出的操作条件作用原理，来解释动物和人类的所有学习，解释人格的发展和改变。他的理论被称为人格的操作条件作用理论（operant conditioning theory of personality）。当代人格的行为学习取向的第二种主要影响来自多拉德（见本章第二节）和米勒（见本章第二节）。他们把精神分析论与学习论结合起来，发展了关于人类习惯形成的一套理论。然而，这种学习理论都是基于对动物的实验室研究而建立起来的，因而有许多明显的缺点。例如，忽视了认知的作用，把人看作受强化支配的有机体；而事实上人类是有思维、会谋划和想象，并能对强化进行预测、评价和权衡的。又如，以简单的实验装置中的动物研究结果来解释人类的学习；而事实上人类的学习和行为表现大多发生在复杂的社会环境中，人与环境交互作用而且人会根据环境表现其行为。针对这些缺点，社会学习论便应运而生。虽然哪些人称得上是社会学习论理论家尚有争议，但是罗特（见本章第三节）和班杜拉（见本章第四节）在当代人格的社会学习论研究取向中的重要地位乃是毋庸置疑的。

本章的主要内容包括：

1. 斯金纳的理论在人格领域中的含义。
2. 多拉德和米勒的研究对人格心理学的启发。
3. 罗特的人格社会学习论的内涵。
4. 班杜拉的人格社会学习论的内涵。

第一节 斯金纳的操作性条件作用理论

斯金纳的研究被称为实证主义(positivism)和操作行为主义(operant behaviorism)。他根本排斥任何理论探讨,并排斥对有机体内部机制(例如,“自我”“认同危机”等)的研究,只研究环境事件和行为之间的联系。在斯金纳的理论中,没有明确的人格定义和解释,有的只是用强化(或增强)来说明人格的发展和改变。人格只不过是人们所见到的一个人的行为模式。在斯金纳看来,有机体是一个“空的盒子”。什么进入盒子,什么从盒内出来,通过可观察测量的环境和行为之间的函数分析(functional analysis)就能获得有机体的完整信息,而无须到盒子里去寻找对行为的解释。他既否定对人格结构的探讨,也否定对人性潜能的探讨,因此严格地讲,斯金纳并不是一位人格理论家。

斯金纳坚持极端的决定论,深信行为完全是由其后果(奖励或惩罚)决定的;曾经强化过什么,他的行为就是什么。人类没有任何自由意志选择来控制自己的行为,对行为的控制也不是某种心智实体或特质。所有的行为都是由环境事件决定的,都是按照一定的法则发生的。他还身体力行地从事行为控制(见补充讨论8-1)。

虽然斯金纳并不完全否认遗传的作用,但在他看来,行为模式上的个别差异是由于人们所处的学习情境的不同。两个人彼此不同,不是由于他们素质上的不同,而是由于他们所处的环境不同。如果出生时将他们对换环境,他们的行为模式在20岁时也就对换了。这种人格理论是极端的环境论。

斯金纳著作等身,其中最主要的有《有机体的行为》(1938)、《沃尔登第二》(1948)、《科学与人类行为》(1953)、《言语与行为》(1957)、《超越自由和尊严》(1971)等。

补充讨论8-1

从育婴箱到沃尔登第二

斯金纳相信控制人类的行为是完全可能的,他坚信他的操作性条件作用原理可以用来改良社会、为理想的儿童教育服务,并进行了大胆的尝试。

当他的第一个孩子出生时,他决定做一个新的、经过改进的摇篮。这就是斯金纳的“育婴箱”。他的在实验箱里“长大”的女儿过得很快活,很快就成为一名颇有名气的画家。于是,斯金纳把它详细介绍给了美国《妇女家庭》杂志,他的研究工作第一次受到大众的普遍注意和赞扬。在题为《育婴箱》的论文中,他描述道:光线可直接透过宽大的玻璃窗照射到箱内,箱内干燥,自动调温,无菌无毒隔音;里面活动范围大,除尿布外无多余的衣布,婴儿可以在里面睡觉、游戏;箱壁安全,挂有玩具等刺激物。可不必担心着凉和湿疹一类的疾病。这种机械照料婴儿的装置是斯金纳研究操作性条件作用的又一杰作。这种设计的思想是要尽可能避免外界一切不良刺激,创造适宜于儿童发展的行为环境,养育身心健康的儿童。

后来，斯金纳把控制人类行为的思想扩展到改造社会上，写成一部小说《沃尔登第二》。沃尔登第二是一个由一千户人家组成的理想化公社。在这个公社里，没有私有制家庭，居民住在联合公寓里；儿童不与他们的父母住在一起，他们最初住在托儿所，而后住进集体宿舍，13岁左右搬进他们自己的公寓；一切用餐都在公社餐厅，个人从做饭的单调工作中解放出来；妇女摆脱了家务劳动；鼓励17岁左右的青年人结婚生育；由于夫妇志趣相投而结合，因而能白头偕老；儿童不与父母住在一起，而是由专家抚育，实行个别教育。专家则应用操作性条件作用原理于儿童的培养与教育，并塑造他们，使他们对人生的价值具有正确的看法。因而，在这个公社里，美好生活所必需的物质保障充裕，艺术和科学将得到繁荣发展；并且没有猖獗的个人主义和现代技术所带来的一切弊端。这个乌托邦社会是怎样形成的呢？在这部小说中，斯金纳通过主人翁道出了他的法宝。在接近结尾处，小说主人翁弗雷泽（一位实验心理学家、沃尔登第二这个实验型乌托邦社会的创立者）对伯里斯（一位持怀疑观点的访问者，他最后获得了沃尔登第二的成员资格）说："我在自己的一生中只有一个信念——一个真正执着的信念，……这就是随心所欲的信念。我觉得可用'控制'一词来表达这个信念。这就是对人类行为的控制。"弗雷泽进一步把沃尔登第二描述为行为实验分析的最终实验室和证明场所，最后他高声喊道："好吧，你要设计怎样的人格？要控制什么样的秉性？给我规格好了，我将拿出这个人来！……想一想这种可能性吧！将要有一个没有失败、没有厌倦、没有无效努力的社会……让我们来控制我们孩子的生活，看看我们能够怎样造就他们吧。"（Skinner，1948，p.197）这种控制人类行为的执着信念，其实并不新鲜，早在1930年行为主义的鼻祖华生就夸过海口。

一、基本概念

斯金纳的基本概念来自实验中对动物行为的观察。在斯金纳看来，人类的复杂的行为（如神经症、自我意识、思维、问题解决等）通过适当的分析之后，都可以按照他的基本概念及其相互作用来理解；当然，也可以用来理解人格。

操作条件作用理论创始人斯金纳（Burrhus Frederick Skinner，1904—1990），1904年出生于美国宾夕法尼亚州。1926年获得汉密尔顿学院文学学士学位，1931年获得哈佛大学心理学博士学位。先执教于明尼苏达大学，1946年担任印第安纳大学心理学系主任，三年后返回哈佛大学任心理学教授迄退休，1990年逝世。

图8-1　斯金纳

(一)操作性行为

斯金纳把由某种特殊的可观察到的刺激所引起的行为称为反应性行为(respondent behavior)。这类行为的发生和先于它可观察到的刺激之间存在着一种直接的联系。它们之间存在着一种刺激-反应的直接联结。例如,课堂上老师向你提出一个问题使你紧张起来;突然的一声巨响使你不由自主地注视巨响的方向等,都是反应性行为。

与巴甫洛夫(Ivan Petrovich Pavlov,1849—1936)和华生(John Broadus Watson,1878—1958)不同,斯金纳强调的是与反应性行为相对立的操作性行为。所谓操作性行为(operant behavior),是指个体操作其环境的行为,它在没有任何能够观察到的刺激情境下发生。有机体的这种反应是自发的,无法确定反应的出现是由何种刺激引起的。当然,这并不是说的确没有引起这种反应的刺激,而是说当反应发生时没有觉察出任何刺激。唯一能肯定的是:个体的反应一定与整个情境有关。操作性反应与反应性行为的另一个区别是:操作性行为能以某种形式来改变环境从而获得刺激,而反应性行为则不能。在巴甫洛夫实验室里,狗除了做出反应性行为外,不能做别的,狗不能凭自己的动作来获得刺激。但是在斯金纳箱(Skinner box)里,老鼠的操作性行为是获得刺激(食物)的工具。老鼠压杆便获得食物,而在它压杆之前则不能得到任何食物。所以斯金纳曾经说:"如果一个操作发生以后继之呈现一个强化刺激,这一操作的强度就会增加。"(Skinner,1938,p.21)这种反应强度的变化受反应结果控制的条件反应,称为操作性条件作用(或操作性制约作用)(operant conditioning)。斯金纳认为,人类的绝大多数行为都是通过操作性条件作用而形成的。

(二)辨别刺激

辨别刺激(discriminative stimulus,简称S^D)是一种线索或信号,它表明如果做出某种特定的反应将得到奖赏。例如,在标准的压杆实验中,假定灯光亮,压杆就能得到一粒食丸,而当这个辨别刺激不出现时,压杆得不到食丸。这种只发生在某一特定情境而不发生在其他情境的操作反应称为辨别操作(discriminative operant)。例如,如果红灯亮(辨别刺激),司机停止行车(辨别操作)就不会被罚款,也不会出车祸。斯金纳认为,辨别刺激是操作性行为的一个特殊时机,但不是这种行为真正地引发刺激。不是辨别刺激控制着行为,而是行为的结果控制着行为。但是,一个辨别刺激确实向个体表明应当选择哪些行为以获得愉快的结果。

(三)强化

强化(或增强)(reinforcement)是指在一种刺激情境中动物的某种反应后果有使该反应出现的概率提高的作用。能起到强化作用的反应结果(例如,得到食物或奖励等)称为强化物(reinforcer)。强化有正强化和负强化。在个体反应后带来的刺激物能强化该反应时,这种刺激物称为正强化物(positive reinforcer)。食物、水、性接触等都是受过适当剥夺的个体的正强化物。正强化物的出现对个体反应所产生的强化作用,称为正强化(positive reinforcement)。在个体反应后能使厌恶性刺激停止从而强化了该反应时,这种刺激物称为负强化物(negative reinforcer)。负强化物的消失对个体反应所产生的强化作用,称为负强化(negative reinforcement)。很响的噪声、强烈的光线、极冷或极热、电击等都是负强化物。应当注意,虽然负强化物与惩罚在性质上都是个体所厌恶的,但两者的实施方式不同,因而效果也不同;前者是因负强化物的停止出现从而强化了个体既有的适当行为,后者则是因惩罚的实施试图阻止个体再次表现出不当行为。因此考察一个人的生活史确定其各种强化线索,就可以了解这个特定的人。一旦发现了这些强化物,就可以调节和控制个体的行为。

(四)强化程式

并不是每次操作性反应之后都会得到奖赏的。生活中这样的事例很多。当人们正在忙碌的时候,儿童寻求父母的称赞,这时他几乎不被注意,更不用说被强化了。家庭主妇也不能期待每一次烹饪都会受到称赞。动物有时也是如此,有时装置被卡住了或出了问题,正确反应之后不出现食物。因此,斯金纳除了对动物进行压杆或开关啄击的基本实验外,还进行种种强化时间安排的研究。

强化程式(或增强方式)(schedule of reinforcement)就是给动物建立操作性条件反应时对动物的反应进行强化的不同方式。例如,白鼠在斯金纳箱中压杆后给食物的强化方式可以有多种。通常是白鼠压一次杆就给一次食物,这称为连续强化程式(或连续增强)(continuous reinforcement)。特殊的强化方式,就会使白鼠形成特殊的反应模式。最常见的强化程式及其在生活中的例子如表8-1所示。

表8-1 常见的强化程式

强化程式	说明	实例
1.固定时距fixed-interval(FI)	按间隔一定的时间进行反应才能得到一次强化	计时付工资,理论上讲工人会出工不出活、磨洋工
2.固定比率fixed-ratio(FR)	必须做一定次数的反应才给予一次强化	计件付工资,理论上讲工人会生产许多产品以增加工资
3.变动时距variable-interval(VI)	不按固定时间给予一次强化	如渔夫平均每一小时打一网鱼,但有时隔15分钟,有时隔2天
4.变动比率variable-ratio(VR)	每隔几次(次数不定)正确反应之后给予一次强化	如自动售货机平均每次售10个,但有时售5个,有时售15个

(采自 Duke & Nowicki,1979)

乍看起来,强化程式似乎仅是实验室实验的某种说明或仅涉及几个简单的人类行为实例。然而,斯金纳认为强化程式能说明人类的所有行为。"人格"行为也不例外。如果一位父亲仅在足球赛开始前和结束后才关注他的孩子,那就把孩子置于固定时距的强化程式中。但如果这个孩子很活泼、爱提问且固执,那就会出现某种比率的强化程式,小孩的提问行为也许会得到奖赏。总之,一个人的行为模式是由强化程式确定的。

(五)二级强化

一级强化物(或原增强物)(primary reinforcers)是同有机体生存有关的事物,如食物、水、氧气和异性等。从生物学意义上看,这些事物不是中性的。如果有机体长期缺乏其中任何一样东西,就无法生存下去。二级强化物(或次增强物)(secondary reinforcers)最初在生物学上是中性的,不具有强化作用,只是后来通过与一级强化物的结合而获得了强化的性质。换言之,任何一种与一级强化物持续多次结合的中性刺激物,其本身也具备了强化性质。例如,母亲总是与满足儿童的基本需要相联系,因此母亲就成了二级强化物。这样,便产生出大量的二级强化物,如微笑、赞誉、金钱、奖品等。

一些二级强化物与不止一种的一级强化物相联系。例如,母亲的出现与饥饿的消除、身体不舒适的消除等相联系。这种不依赖于某一特殊动机状态的二级强化物称为概括性强化物(generalized reinforcer)。金钱也是一种概括性强化物,因为它几乎与所有的东西(如身体舒适、食物、饮料等)相联系。这里有一个连锁化(chaining)过程,即通过配对,二级强化物可以产生另外的二级强化物。母亲与饥饿的消除相联系,然后也许母亲与音乐相联系,这样音乐也成了二级强化物。音乐再与一定的餐馆相联系,它也就有了强化的性质……如此继续下去。这一连锁化的观点也许可以解释人一生强化物的复杂系统。

(六)行为塑造

从上面的讨论可以看出,相当简单的反应是如何被强化并且如何经常地发生的。但是由许多简单行为组成的以前未曾发生过的复杂行为是怎样发生的呢?以前不存在的行为能被强化吗?斯金纳发现了一个好的驯兽师现在都懂得的东西,即行为塑造(behavior shaping)。通过强化一些反应而不强化另一些反应,强化愈加接近人们最终所期望的那些反应,就可以做到这一点。例如,赫根汉(Hergenhahn,1974)用下列程序来塑造老鼠按压门闩的行为:(1)当老鼠走到安置门闩的实验箱一侧时,给予强化;(2)当它向门闩方向移动时,给予强化;(3)当它在门闩前直立时,给予强化;(4)当触及门闩时,给予强化;(5)当它用双爪触及门闩时,给予强化;(6)当它试图按压门闩时,给予强化;(7)在它做出按压门闩的反应时,予以强化。

人类的一些复杂技能必须经过长期的塑造,并且每次以小步子的训练方法逐步进行

才能形成。下面是赫根汉(Hergenhahn,1972,pp.40~41)塑造幼儿阅读技能的一个程序:

1. 备制一些儿童读物,把它们放在儿童最可能看到的地方。

2. 如果儿童避开书本,就奖赏与阅读有关的活动,如注视各种符号,说出或指出各类事物的名称等。

3. 当上述第二项中的活动得到奖赏时,儿童就会倾向于更经常地进行这类活动。在他做这些活动中,必须对所期望的行为进行严格的要求,方才追加奖赏,例如,读出更长的文字符号和注意更详细的名称。

4. 接着,可以要求儿童为你拿取某本书,诸如那本红色的书,或者封面上印有鸭子的那本书,或印有A、B、C的那本书。当他这样做时,就给以奖赏。

5. 这一步是使儿童更多地同书本接触,例如,要求他在书中找到红色的谷仓、狗等。同样,儿童这样做时就应以某种形式进行奖赏。

6. 使上述程序继续进行,并不断完善,直到儿童能自己阅读。

7. 上述训练一旦引起了儿童的阅读兴趣,那么,重要的乃是在儿童开始独立阅读时就继续对他进行奖赏,最起码也得在儿童最初开始阅读时注重奖赏他,以便使儿童保持阅读兴趣。最后,应当使所阅读的故事内容从一开始起就对保持儿童阅读兴趣起到足够的奖赏作用。

根据操作性条件作用理论,行为塑造对于教育和儿童的抚养来说是极其重要的。这可以从斯金纳所举的例子中看出:

> 做母亲的总不会情愿促进她所不喜欢的行为的发展。例如,当她很忙时,她可能对轻声呼唤或要求置之不理。她可能只在儿童提高嗓门叫喊时才做了反应。儿童言语行为的平均强度由此上升到高一级水平……最后这位母亲就逐渐习惯了这个水平,于是又只有在更大声地叫喊时才做出强化。这种恶性循环导致越来越响的言语行为……这位母亲所做的实际上就像一直在履行一项教会儿童惹人恼怒的任务一样。(Skinner,1951,p.29)

这位母亲不知不觉地在孩子身上塑造了不良行为。

(七)人格结构

前面几章讨论过的人格理论家都强调人格结构,用这个概念来解释个别差异。例如,弗洛伊德所用的人格结构是本我、自我和超我;荣格所用的人格结构是自我、个人潜意识和集体潜意识;卡特尔所用的人格结构概念是特质。但是行为主义取向的心理学家则不同。他们强调情境的特殊性,注重外部环境中的刺激,强调由实验来操纵变量,因此在斯金纳的理论中,我们看不到像特质那样的类化的反应倾向,有的只是一个个的反应。在斯金纳看来，传统的“人格”仅仅是行为的集合，而这些行为模式乃是由一些特殊的反应所组成的。

斯金纳特别反对用人格特质、动机和基本冲突来解释行为，认为特质、动机、自我等概念是没有什么用处的假设结构(Skinner，1953)。他提出，我们要分析支配着当前行为的可观察事件、条件、情境变量和过去的经历。根据当前的刺激复合体和个人在类似情境中过去的训练经历就可以解释行为的原因。而神经症患者则已经学会以个人、法律和社会所不容许的方式行动，因而被认为是反常的人。总之，斯金纳不相信有人格结构的说法，他的主要兴趣是单个反应如何获得、如何改变和如何控制。

二、人格发展

在对人格发展(personality development)的看法上，斯金纳仍然强调强化程式对行为模式的获得和表现的重要性。他认为，没有必要再引入其他特殊的概念来解释人类社会行为的形成和发展。个人的社会行为的获得方式与老鼠压杆的行为获得都同样受操作性条件作用原则的支配。只不过在这一特定环境中精确地确定什么是社会刺激或者什么是二级强化物很困难而已。

为了说明斯金纳学派对人格领域中行为发展的理解，让我们来看看他们在这方面所做的一个实验(Azrin & Lindsley，1956)。选取20名儿童(7~12岁)，把他们分成10组。一组中的两个儿童轮流坐在一张桌子的对面。在每个儿童面前的是三个小洞和一支铁笔。如果两个儿童把他们的笔插入洞中并与另一个儿童直接相对(合作反应)，红灯闪亮，一份点心呈现在桌子上。当他们的笔在洞中不直接相对时(非合作反应)，没有奖赏。10组儿童很快地学会了合作。几乎同样快地，8组儿童分吃了这份点心，而在其他两组中，一个儿童一直独吞这份点心直到另一个儿童拒绝合作。后来，他们达成协议并开始分这份点心。这一简单实验例子可以说明在儿童时代许多反应是如何通过简单的条件作用而形成的。

斯金纳一派也承认，行为未得到直接的强化，也可能被模仿。但是，这种情况只发生在模仿本身已具有强化物的性质。也就是说，许多模仿反应的正强化作用能造成一种模式反应倾向。例如，一个儿童的父母是很焦虑的，整天忧心忡忡；担心家里的门会被撬开，食品会变质，走路会把脚打湿，上街会遇到小偷，乘车会出车祸等。儿童注意到了这些，并模仿父母的行为。比如，出门后回家去看看门是否关好了。这种行为得到父母的赞许(强化)。随着时间的推移，儿童不断习得父母的这类行为，就成为一个焦虑者。当然，父母对儿童这些行为的强化程式可能是不同的，因此，当这些儿童离开家不与父母在一起时可能是无忧无虑的，而当他在家里与父母在一起时就表现为一个焦虑者。

三、人格适应

在行为主义者看来，适应不良的行为既不是潜在疾病的产物，也不是自我、本我、超我之间冲突的结果。适应不良的行为只是不能产生适宜的反应(Ullmann & Krasner，1969)。不适宜的反应与适宜的反应都是以同样的方式而习得的。有些人学会了产生不适宜于特定情境的行为，或者他们没有学会合适的反应，因而产生了神经质行为。如果他们的学习是完全歪曲的，就会导致精神病。因此，只要改变反应，或改变反应与刺激的关系，异常行为就能除去。

这里让我们以迷信行为为例，说明异常行为是如何获得的。在斯金纳箱中，如果强化程式固定时距，食物强化将自动呈现。根据操作性条件反应原则，无论白鼠以什么方式活动，到一定的时间就会得到强化；如果得到食物强化，这种活动方式便有重复的倾向。经过多次强化，于是某种仪式行为就形成了。例如，有的白鼠转个圈、有的白鼠点点头，以获得强化。这就是迷信行为，因为似乎动物把它们当成与强化有关的反应。这种反应和强化之间偶然的关联称为偶然随因增强(accidental contingency of reinforcement)，迷信行为便是此种强化程式的结果。在人类行为中，我们同样也能看到许多此类迷信行为或仪式行为。例如，一位在演唱中得到观众喝彩的歌唱家，喜欢以同样的打扮出现在下一场演出中；对日食现象以击鼓反应的土著人，每当日食便击鼓，在土著人看来这种活动似乎能使太阳复圆。

斯金纳一派认为，适应不良行为的产生大致有下列几个因素：(1)贫乏的强化史造成行为匮乏(behavioral deficits)。这经常被看作社会化不充分，使个体不能充分应付环境的需要。(2)有缺陷的强化程式造成各种适应不良。例如，忧郁症患者虽然具备正确或适宜的反应，但环境未给予正强化或反而给予惩罚，因而其反应便逐渐减少导致抑郁。(3)线索辨别的失败导致精神分裂症和其他精神病。这些患者不像你我那样观察环境。在他们那里，正确线索与惩罚相联系，而错误线索却与奖赏相联系。例如，一位精神分裂症者很久以前习得了注意他人导致拒绝和痛心，但注意无生命的物体避免了这一痛苦，这就是奖赏(reward)。因此，如果我们了解个人的强化史，那些看起来非常奇怪的行为也许就会很清楚。(4)习得了一套不适宜反应。数心跳的神经症患者之所以这样做，是因为这一行为通过阻止不愉快的思考从而得到了强化，因为这个人不能同时数数而又想其他事情。这样，全神贯注于数数便被强化了，尽管这种行为是完全不适宜的。

第二节 多拉德和米勒的刺激-反应论

由于多拉德(John Dollard,1900—1980)和米勒(Neal Elgar Miller,1909—2002)在学习和模仿方面的合作研究,所以人们时常将他们二人联系在一起。多拉德1922年获得威斯康星大学文学学士学位,1931年获得芝加哥大学社会学博士学位。米勒1931年获得华盛顿大学理学学士学位,1935年获得耶鲁大学心理学博士学位。1932年,多拉德任耶鲁大学人类学助理教授,1933年任耶鲁大学人类关系研究所助理教授,尔后一直在耶鲁大学工作,直到1969年退休后仍任该校荣誉教授。米勒一直在耶鲁大学工作到1966年,尔后他离开耶鲁大学到洛克菲勒大学担任心理学教授、生理心理实验室主任。

多拉德(John Dollard,1900—1980)1900年出生于美国威斯康星州,1922年获得威斯康星大学文学学士学位,1930年和1931年先后获得芝加哥大学文学硕士和社会学博士学位。一直在耶鲁大学任教,1969年退休后仍任该校荣誉教授,1980年逝世。

图8-2 多拉德

在耶鲁大学期间,多拉德和米勒开始他们的合作。他们把赫尔(Clark Leonard Hull,1884—1952)的学习理论、精神分析论、人类社会学观点和实验心理学的方法结合起来,形成关于人类习惯形成方式的一种独特理论。在多拉德和米勒看来,人类的习惯(habit)是刺激和反应之间的稳定联结,并以此来解释或描述潜意识过程、动机、冲突、防卫等。他们的理论观点主要反映在他们合著的《挫折和攻击》(1939)、《社会学习和模仿》(1941)、《人格和心理治疗:关于学习、思维、文化的分析》(1950)中。

米勒(Neal Elgar Miller,1909—2002)1909年出生于美国威斯康星州,1931年获得华盛顿大学理学学士学位,1932年获得斯坦福大学文学硕士学位,1935年获得耶鲁大学心理学博士学位。后曾在维也纳心理研究所接受精神分析,担任耶鲁大学心理学教授、洛克菲勒大学生理心理实验室主任。

图8-3 米勒

一、基本概念

对许多实验心理学家来说，精神分析有两个致命的缺点：一是用语模糊，不可能对它进行研究；二是难以对行为做出精确的预期。多拉德和米勒熟悉精神分析，也知道这一理论的缺陷。但是他们认为，这一理论是以对人类行为的大量观察为依据的，如果将这些极有价值的观察置于客观研究的框架之中，那它将成为有力的工具。他们选择的框架是赫尔的学习理论，并且非常巧妙地将动物的实验结果与弗洛伊德的临床观察结合起来，提出了他们的学习理论。

（一）学习的四个基础

多拉德和米勒说："只有当一个人想要些什么、注意些什么、做些什么以及获得些什么时，学习才能发生。"（Dollard & Miller，1941，p.2）多拉德和米勒的人格学习理论就是以驱力、线索、反应和强化四个概念为基础而建立起来的。

1. 驱力

驱力（drive）是迫使有机体行动的任何一种强刺激。它的消除或降低就是强化作用。驱力可以分为内部驱力（internal drive），如饥饿或干渴；外部驱力（external drive），如喧闹、炎热或寒冷等。驱力还可以分为原始驱力（primary drive）和二级驱力（或衍生驱力）（secondary drive）。前者是由个体种族遗传所决定的，如饥、渴、痛和性等；后者是习得的，如恐惧、忧虑、对成功的需要和引起他人注意的需要等。原始驱力是建造人格的基石，全部习得的驱力以它们为基础。这同弗洛伊德的主张很相似。在多拉德和米勒的理论中，驱力是一个动机概念，是人格的能量单位。刺激越强，驱力越强，动机也越强。

2. 线索

线索（cue）是决定有机体产生什么反应，何时、何地做出反应的刺激。驱力驱使行为，线索则指导行为。线索可以是外部刺激，也可以是内部刺激。事实上，驱力不仅能激发有机体，而且也能成为线索。不论是外部刺激或是内部刺激，只要是有机体能加以辨别的刺激，都可以充当线索。

3. 反应

反应（response）是由驱力和即时的线索诱发出来的，旨在降低或消除驱力。例如，饥饿（驱力）的人看见一个餐馆（线索），在饥饿驱力降低前，一定会走进这个餐馆（反应）。反应可以是外显的，表现为降低驱力的直接的手段；也可以是内部的，包括思维、计划和推理。内部反应也称为线索性反应（cue-producing response）。

当新生儿遇到刺激时，就会产生一连串的反应，它是由遗传模式规定的而与学习无关。这种反应称为天赋反应等级（innate hierarchy of responses）。一个饥饿的婴孩起初可能烦躁不安,然后啼哭,继之强烈地扭动身体,并发出尖叫。天赋反应等级只保持一个很短的时期,当这一等级的某些反应被强化后,它们在这一等级中的位置就改变了。在这个反应等级中,最有可能发生的反应称为优势反应(dominant response),这是一种最能成功地导致驱力降低的反应。学习就是不断重新组合反应等级的过程。

4.奖赏

奖赏(reward)即强化,它与降低驱力具有相同的意义,任何能引起驱力降低的刺激都是强化物。强化可以是原始性的(与满足生存的需要有关),也可以是二级的。例如,母亲是二级强化物,因为她同原始驱力的降低相联系。

如果一个线索导致一个反应,这个反应又导致强化作用,这一线索和这一反应之间的联系就会增强。如果多次重复这一过程,那么有机体就形成一种牢固的习惯。

讨论了驱力、线索、反应和奖赏的概念后,现在就可以按照多拉德和米勒的思想来理解什么是学习理论了。

什么是学习理论呢?简言之,它研究某种情境,在这种情境下,反应和线索刺激之间形成了联结。学习完成之后,线索和反应密切结合起来,以致线索出现就引起了反应……学习按照一定的心理学原理发生。练习并不都是完美无缺的。线索和反应的联结只有在一定的条件下才能得到增强。学习者必须被激起做出反应并在线索出现时由于完成反应而得到奖赏(Dollard & Miller,1941,p.1)。

现在让我们举个例子来说明这个理论。假如把一只老鼠放在一个白色笼子里,笼子的底板装着通电用的栅条,用以电击老鼠(Miller,1948)。紧挨着白色笼子的是一个黑色笼子,两个笼子用一扇开着的门隔开。开始时老鼠在白色笼子里没有表现出任何恐惧。现在给它电击,很快老鼠就学会了通过开着的门逃入黑色笼子中。重复这一程序几次之后,再把老鼠放到白色笼子里时,即使没有电击,它也表现出恐惧症状,并逃入黑色笼子里。开始时白色笼子里是中性刺激,老鼠对白色笼子的恐惧是习得的,这样,恐惧成了促使老鼠行动的习得驱力(acquired drive)。在此例中,老鼠在乱窜的过程中,逃入黑色笼子中,其奖赏是降低恐惧。但是,即使电击已经停止,老鼠在白色笼子中仍表现出恐惧。这一恐惧是作为指导老鼠逃入黑色笼子的线索,随之而来的是降低恐惧的强化。因此,在这个例子中,习惯养成的所有条件都具备了。

老鼠的习惯养成之后,在偶然的观察者看来,这一动物的行为完全是不正常的。它为什么会在一个无害的笼子里乱窜?如果这位观察者从一开始就了解整个实验,那他就会认为这一行为是完全合理的,是这个老鼠经历的合理结果。有些人把神经症患者的行为看作愚蠢的或不合情理的,如果了解了患者的经历,那就能看出似乎是不合理行为的意义了。关于人类的例子见补充讨论8-2。

补充讨论8–2

一个飞行员的恐惧症

多拉德和米勒曾描述过恐惧症是如何形成的，认为这类行为与其他行为的获得大致相同。

> 在第二次世界大战期间，一位飞行员执行一项非常危险的任务。在他去轰炸一个炼油厂的途中，他所在的班遇到了敌人的密集火力射击。此外，他们的飞行高度很低，离轰炸目标很近，油桶爆炸，炸弹轰响，火光冲天，许多飞机都消失在一片火海之中。由于飞机受伤，这位飞行员不得不减速飞回。在返航途中又遭到敌人的数次攻击，几个同伴死去了。最后他不得不在地中海上空弃机跳伞，被一救生艇所救。在执行这一任务之前，这位飞行员对飞机没有任何恐惧，回到基地后，他开始表现出一个恐惧症患者的所有典型特征。现在他怕飞机、怕飞机失事。这是怎么一回事呢？(Dollard & Miller，1950)

多拉德和米勒的分析如下：

> 在飞行过程中，这位飞行员不断遇到恐怖的刺激(如爆炸、火、同伴之死等)。这时处于那种情境中的线索与强烈的恐惧联结起来了。飞机、引擎声，甚至是飞机的图形、飞行任务都会唤起恐惧。这样，强烈恐惧的驱力便在对这些线索做出反应的过程中形成了。但是，这种恐惧并不限于那些特定的线索，而是扩及其他相似的线索与情境，并与飞机联系在一起。靠近其他飞机、想起飞行、人们关于飞机的询问等都成了引起恐惧的线索。(Dollard & Miller，1950)

但我们知道，如果我们离开恐惧事件，恐惧便会消失。因此，这位飞行员很快发现，当他避开飞机时，他会感到好些；当他谈到飞机时，恐惧又产生了；当他改变了话题时，恐惧也消减了。这些以及其他逃避反应成了习惯，导致降低恐惧习得性逃避反应的形成。

从多拉德和米勒的分析中，可以了解到学习理论是怎样解释人格变态的。不过，多拉德和米勒对刺激-反应的理解与斯金纳的理解是不同的。在多拉德和米勒看来，刺激不仅是爆炸，还包括对飞机的记忆，对过去恐惧的回忆；反应不仅是避开飞机，还包括改变话题。前已述及，多拉德和米勒还把表象、知觉和言语称为线索性反应。通过刺激和反应的含义的扩展，多拉德和米勒力图把学习理论从一套干巴巴的仅解释有机体简单的片段行为的概念，变成对许多复杂人格问题也有一定意义的理论。尽管如此，这个理论仍有明显的不足。例如，为什么不是所有的飞行员都因这些经历而患恐惧症呢？显然，这与个体差异有关；而这正是学习论者(也包括多拉德和米勒)所忽视的。

(二)消退

如果某种行为将要发生，那么当它发生时就必须得到强化；如果没有奖赏，那么它就会逐渐消失。因炫耀而得到他人注意(强化)的儿童，如果得不到他人的注意便会不再炫耀。这种现象称为消退(或削弱)(extinction)。但是,假如这个儿童获得他人注意的驱力很强,那他就会设法来满足这一驱力。这个儿童会四处搜索,进行新的学习,或学习一种好的行为(如在学校里使学习成绩更好),或学习一种不好的行为(如在班上搞恶作剧),来引起他人的注意。因此,当旧的反应不能降低驱力时,行为就会发生改变。

有时某种行为不断出现,特别难以消退。造成这一强习惯的原因,包括驱力的强度,这一反应过去获得奖赏的频率、奖赏满意度以及其他反应的可获得性等。有一种部分强化(或部分增强)(partial reinforcement)的行为,特别难以消退。因为这种行为虽然没有得到全部的强化却得到了部分的强化。例如,一位父亲决定不再注意他的儿子的"小聪明",但他经常不这样做,多数时候不注意儿子,但有时又给予注意,或者这个小机灵使他的父亲不得不注意他。这种部分强化很难使旧反应消退,因为该儿童不相信对他的行为强化会停止。

(三)二级驱力

原始驱力是由生物因素决定的,二级驱力是由学习和文化因素决定的。二级驱力有两个特别有趣的特点:第一,与原始驱力得不到强化会变得强烈相反,二级驱力得不到强化就会逐渐变弱。例如,对渴的驱力不进行强化不会使我们停止寻找水源,我们会不断寻找水源。但是,如果经常发现自己的努力没有给父母留下好的印象,就会减弱这方面的努力。第二,有时寻求二级驱力强化的行为是如此坚持不懈,不易消失。即使一些二级驱力与饥、渴、生理舒适的需求有早期联系,但当面临挨饿或痛苦时,这些二级驱力仍然十分强烈。例如,对真理和公正的追求是如此强烈,有些人甚至牺牲生命也在所不惜。对此,多拉德和米勒认为,这似乎是自相矛盾、不可理解的。其实这正是人类的特点。人类是有理想、有追求的,用动物的学习原理显然是无法解释的。

(四)刺激泛化

早在多拉德和米勒之前,巴甫洛夫就已发现当条件刺激单独作用确能引起条件反应之后,与条件刺激相类似的其他刺激,无须经过条件作用学习,也可以引起同样的条件反应。多拉德和米勒仿效巴甫洛夫,认为刺激泛化(或刺激类化)(stimulus generalization)是指一个习得的反应不仅可以由实际学习过程中的线索引起,也可以由其他相类似的刺激引起。一个线索同在训练中实际使用的那个线索越相似,它能诱发同样反应的概率也越大。因此,在一种情境中习得的行为、情绪、思想或态度,会在其他相似的情境中发生。

多拉德和米勒把泛化分为一级泛化和二级泛化。一级泛化(primary generalization)是建立在刺激之间的物理性质的相似性上,两个刺激的物理属性越接近,它们产生相同反应的概率越大。一级泛化是天生的,是受个人的感觉器官制约的。二级泛化(secondary generalization)是建立在言语符号基础上的,而不是建立在刺激物理属性的相似性上的。二级泛化也称为间接泛化(或中介类化)(mediated generalization),是“通过经验思考”得出的。在这个问题上,多拉德和米勒也效法巴甫洛夫,认为言语是实际事物的符号(巴甫洛夫称言语为信号的信号或第二信号刺激物)。当这种符号系统建立以后,个人就能“通过经验思考”而不必亲临其境。言语使刺激泛化越过了物理上的相似性,产生线索性反应。

多拉德和米勒认为,标记、想象、计划、推理都是重要的线索性反应,它们使我们能考虑我们的生命之路,而不是用尝试错误的办法来对付每一个问题。这些线索性反应也是人与动物相区别之所在。我们利用这些间接过程越少,就越可能有适应问题,越可能遭受失望和痛苦,或者变成事情的奴隶而不是它们的主人。总之,多拉德和米勒试图使学习理论成为解释人类认知行为的有用工具。

(五)人格结构

多拉德和米勒没有描述过人格结构、人格特质和人格类型。他们的研究重点是学习过程,试图解释人类行为的获得和改变的过程。在他们的著作中经常强调的结构性元素是习惯,即刺激-反应的稳固联结。他们的理论重点是探讨习惯形成的条件和消除习惯的条件。

二、人格发展

多拉德和米勒对人格的发展有许多观点。下面介绍他们关于发展的性质以及四种早期社会情境对人格发展影响的观点。

(一)发展的性质

多拉德和米勒认为,婴儿有三个基本特征:(1)每个婴儿生来就具有一套在特定情境下的特殊反射(specific reflexes),这些反射使婴儿在很有限的范围内产生反应;(2)婴儿具有天赋反应等级,这些反应不学而能,是由遗传模式规定的;(3)婴儿有一套原始驱力。那么,仅仅具有上述特征的新生儿如何才能变成一个复杂的成人呢? 多拉德和米勒的答案很明确:学习。通过随时起作用的驱力降低机制,已有的反应与新的刺激联系在一起,新反应得到强化,从原始驱力中产生出二级驱力,高级的心理过程和行为通过间接刺激泛化而发展起来。由于这些过程的剧增,一个幼小的人类有机体就慢慢地、不知不觉地发展成为成人。

任何学习都是在一定的情境中发生的。不了解一个人的家庭环境和文化环境,想要预期其学习结果乃是不可能的。在学习过程中,无论一个人习得主动性还是被动性,都是环境提供的某种奖赏的结果。行为的改变则是以新的奖赏代替旧的奖赏的结果。

> 旧的、受到过分奖赏的各种习惯必须加以阻止,新的学习才能够产生。一旦那种习惯了的奖赏被诸如革命等不寻常的环境取消时,各种新的反应就可能发生。如果它们受到奖赏,就会变成习得行为。俄国的伯爵可以学会驾驶出租汽车,伯爵夫人可以成为厨工。(Dollard & Miller,1950,p.46)

(二)童年时代的四个关键性训练

多拉德和米勒赞同弗洛伊德关于早期童年经验对成人人格具有深远影响的观点。童年是人生中特别脆弱的时期。儿童对环境的敏感性起源于无助感。他们需要的满足完全依赖于父母,成人控制着儿童。因此儿童习得什么行为在很大程度上取决于成人提供的训练情境的性质。多拉德和米勒认为下列四个关键性训练对成人人格有着深远的影响(Dollard & Miller,1950,pp.132~156)。

1.喂食情境

饥饿驱力得到满足的各种情境将使人习得许多东西。例如,当儿童处于主动状态时喂食,他们就可能成为积极主动的人;如果在儿童处于被动或冷漠的状态下喂食,他们就可能成为被动或感情冷漠的人;如果儿童饥饿驱力的满足是不可预测的,长大后他们会认为这个世界是深不可测的;如果喂食时母亲总是严厉和惩罚性地对待儿童,孩子长大以后可能会讨厌别人,竭力回避他人;如果儿童饥饿时被单独丢在一旁很长时间,他们可能会发展为害怕孤独。但是,如果母亲在喂食情境中是仁慈的、温和的、积极的,那么这个孩子长大以后就会以积极的态度待人接物,并与他人为友。所有这一切都同弗洛伊德、霍妮和斯金纳关于早期童年经验及其对后来人格发展的影响的论述十分相似。

2.大小便的训练

多拉德和米勒认为,如何训练儿童的大小便对其人格的形成极为重要。如果父母对儿童不能控制大小便的反应是否定的,那么就会产生下列情况:

> 这些儿童可能不能区分父母是讨厌他的排泄物,还是讨厌他自身。如果儿童学会接受这些反应,那就会产生可耻、低微、绝望和邪恶的情感——这种情感经常以精神病患者的内疚表现形式如此神秘地反复出现。(Dollard & Miller,1950,p.140)

3.早期性教育

对儿童进行早期性教育大多是与儿童早期手淫相联系的。在多数情况下,这种行为将受到惩罚和训斥。儿童做的其他有关性色彩的活动也都受到同样的惩罚,例如对同性恋的禁忌。性驱力是天赋的,但对性观念和活动的恐惧则是在童年期习得的。

4.愤怒-焦虑冲突

多拉德和米勒认为,对挫折的最通常反应形式是攻击(参见补充讨论8-3),但是,儿童的攻击行为通常会遭到父母的反对和惩罚。儿童一方面想进行攻击,但又因为害怕惩罚而抑制这种冲动,这可能导致逆来顺受、过分被动,因而妨碍在现代社会中成功地进行竞争,"因为某些愤怒能力似乎是积极的人生所需要的"(Dollard & Miller,1950,p.149)。

总之,在多拉德和米勒看来,父母如何对待同儿童的饥饿、排泄、性和愤怒相关联的需要,将决定着他成为正常的成人还是成为神经症患者。这些观点显然大多来自弗洛伊德的理论。

补充讨论8-3

挫折-攻击假说

多拉德等人在其合著的《挫折和攻击》一书中,分析了弗洛伊德关于挫折导致攻击的思想,提出挫折-攻击假说(frustration-aggression hypothesis)。他们在书中说:

> 这个研究是以攻击始终是挫折的结果的假设为出发点。更明确地说,这个命题是说,攻击行为的引起始终以挫折的存在为先决条件。反之,挫折的存在总要导致某种形式的攻击。(Dollard,Doob,Miller,Mowrer, & Sears,1939,p.1)

挫折(frustration)被定义为"目的性反应遭到阻碍时的伴随状态"(Dollard,Doob,Miller,Mowrer, & Sears,1939,p.11)。

攻击(aggression)被定义为"行为的反应目标是伤害一个有机体(或有机体的代替物)"(Dollard Doob,Miller,Mowrer, & Sears,1939,p.11)。可以设想,目的行为的受阻引起挫折感,挫折感引起的攻击行为指向阻碍这个人达到其目标的人或其他对象。

多拉德等人认为,挫折引起攻击行为在很大程度上依赖于下列四个因素:

1.受挫折驱力的强度

一个人想达到目的的动机越强烈,当指向目的活动受限时,其所受的挫折就越大,因而越具有攻击性。

2.受挫折驱力的范围

目的性反应仅部分受阻,只会产生小挫折,因而此时的攻击行为的攻击性比整个目的性行为受挫时所产生的攻击行为的攻击性小得多。

3.以前遭受挫折的频率

以前遭受的许多小挫折叠加起来会产生严重的挫折,并导致强烈的攻击行为。例如,假如有一个想到饭馆吃饭的人,路上开头就被一位想同他聊天的朋友拉住,然后又被严重的交通阻塞耽搁，最后发现这个饭馆已经关门了。那么，这个人就可能比直接走到饭馆而发现关门的人受到更大的挫折。

4.攻击反应可能受到惩罚的程度

如果因直接攻击而受到惩罚的可能性增加，则攻击行为将被转移到较少威胁的人和对象上去。多拉德等人认为："它总是遵循着一条规律：对较直接的攻击行为的抑制程度越高，较间接攻击行为发生的可能性就越大。"(Dollard，Doob，Miller，Mowrer，& Sears，1939，p.40)

后来的研究发现，挫折和攻击之间的联系并不像多拉德等人所设想的那样直接。例如，经过进一步的研究，米勒(Miller，1941)认为，攻击只是挫折的一种后果，其他可能的反应还有退缩、冷漠、退化和固结(刻板的行为)。其实，攻击只是挫折引起的一种主要反应。挫折引起的反应大致可以分为两类：一类是情绪性反应，如攻击(直接攻击或间接攻击)、冷漠、退化、固执、幻想、逃避、自戕等；另一类是理智性反应，如坚持目标继续努力、改换目标以取代之等。挫折是否会引起各种消极的情绪反应，一方面与挫折的性质有关，同时也与人对这一事件的想法、解释和评价有关。如果个人对挫折持不合理的认识，那么挫折将导致消极的情绪反应；如果个人能学会并扩大自己的理性思考、合理的信念，减少不合理的念头，那么挫折引起的消极情绪反应就会减少甚至消除。挫折是否导致攻击是以认知为中介的。

三、人格适应

多拉德和米勒力图把弗洛伊德的理论与学习理论结合起来的努力也反映在他们对人格适应的性质和心理治疗方法的论述上。

(一)适应的性质

多拉德和米勒在其合著的《人格与心理治疗》一书中，尝试综合弗洛伊德和赫尔的理论来解释人格适应问题。他们写道：

> 强烈的情绪冲突是神经症患者行为的必然基础。而且这种冲突肯定是潜意识的。像通常的情况一样，这种冲突只是在童年时期产生。……神经症患者的冲突是受父母影响和儿童习得的结果。(Dollard & Miller，1950，p.127)

1.冲突

从精神分析的观点来看，冲突是适应不良的重要特征。多拉德和米勒也持同样的观点。他们用动物实验研究过四种冲突。个体必须对同时出现的两个具有同等吸引力的目标进行选择时所产生的"鱼与熊掌"难以取舍的冲突，称为双趋冲突(approach-approach conflict)。个体必须对同时出现的两个具有同样强度的否定目标进行选择时所产生的冲突，称为双避冲突(avoidance-avoidance conflict)。例如，学习差的学生视读书为畏途，对考试失败又十分害怕，两者都想逃避，但他必须选择其一。个体同时被同一目标物所吸引和拒斥时所产生的冲突，称为趋避冲突(approach-avoidance conflict)。例如，饮酒者又害怕得心脏病，吸烟之瘾君子又怕得肺癌。双重趋避冲突(double approach-avoidance conflict)是指个体同时对两个目标产生趋避冲突的矛盾心理。多拉德和米勒(Dollard & Miller，1950)对趋避冲突的主要特征做了如下描述：

(1)越接近目标，趋近正向目标的倾向越强。

(2)越接近目标，回避恐惧刺激的倾向越强。

(3)随着接近目标，回避负向目标的力量逐渐超过趋近正向目标的力量。

(4)趋近或回避倾向的强度直接随它们所依赖的驱力的变化而变化。

(5)在学习的渐近线底下，增加强化次数将提高被强化反应的倾向。

(6)当两个不相容的反应发生冲突时，较强的反应将会发生。

图8-4概括了趋避冲突的一些特征。从图8-4上可以看出，只要趋近梯度(approach gradient)高于回避梯度(或离避梯度)(avoidance gradient)，那么这个人就将趋近目标；但是一旦回避梯度高于趋近梯度，这个人就将回避目标。因此，一个人离开目标愈远，趋近梯度就变得愈高，他就会产生强烈的趋近倾向。但是，当一个人趋近目标时，回避倾向随之提高，最后又超过趋近倾向。这时，这个人又畏缩不前了。因此在这两个梯度的交叉点上将出现犹豫不决。

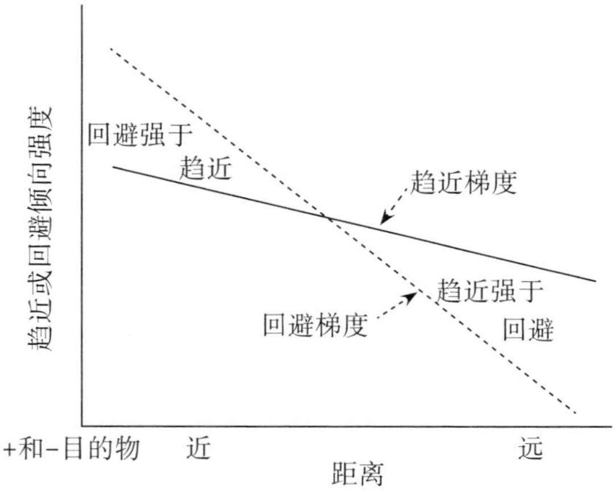

图8-4 趋避冲突图解

(采自 Dollard & Miller，1950)

2. 潜意识

神经质行为使个体寻求解决冲突或降低冲突的方法，然而这些冲突大多数是潜意识的。例如，如果儿童因性活动受到严厉惩罚，他将像成人那样会压抑性行为和性观念。这样一方面强烈的性驱力驱使着他的性活动；另一方面又惧怕受到惩罚。因而性活动的观念就被压抑。这种被压抑的强烈的趋避冲突就留存在潜意识中。

在多拉德和米勒看来，被压抑的思想之所以不能够进入意识领域，是它不能与语言相联系之故。因而患者不能对自己的思想进程进行监督和控制，也不能理解和分析自己的行为和原因。

多拉德和米勒讨论过两类主要的潜意识资料，即非文字符号经验和被压抑的经验。在尚未有效学会使用语言之前的相当长时间里，儿童的社会学习以潜意识为主。这种非文字符号的经验，不能被回忆，但会对一个人后来的有意识生活产生极其深远的影响。使成年人产生焦虑的痛苦思想则是以停止思考而被压抑的。压抑是潜在的痛苦思想在进入意识之前就被消退了的习得反应，它与通过意识或意志努力来制止痛苦思想所起的抑制过程是不同的。

(二)治疗的方法

多拉德和米勒推断，神经症是学会的。由于它是学会的，因而就能够被遗忘。因此，心理治疗就是建立一套这样的条件：使神经症行为习惯被遗忘的同时又学会正常的行为习惯。他们说：

> 我们视那些治疗师为老师，视病人为学员。众所周知，一个优秀的网球教练能够去掉运动员不好的动作习惯，同理，一个治疗师也能纠正那些不好的心理和情绪习惯。当然，区别也是有的：世界上只有少数人想打网球，然而全世界的人都希望有一个清晰的、自由的和有效能的头脑。(Dollard & Miller, 1950, p.8)

要消除一个学会的反应，唯一的方法是在它出现时不要跟着给予强化。要消除各种无端的恐惧，必须使那些原先产生这种恐惧的类似条件不要跟着出现。但是，个体已学会了压抑这种恐惧，不让其表现出来，于是仍不能消失。因此，治疗师应创设情境，鼓励患者将被压抑的思想说出来，努力帮助患者理解这些被禁锢的思想及其形成的机制。

要说服患者讲出被压抑的思想绝非易事。在多数情况下，要运用逐渐接近程序。例如，一位患者无端地惧怕他的母亲，甚至当谈论他母亲及与其有关的任何事情时都感到恐惧。按照多拉德和米勒的理论，治疗师在治疗时开始的谈话中不正面涉及他的母亲，而仅仅间接涉及他的母亲。至于间接到何种程度，要视患者对其母亲的回避趋向的程度而定。通过谈话，患者的回避反应减少，治疗师把话题引向同他母亲稍微接近的话题上，但仍保持一段安全的距离。随着回避反应的进一步减少，治疗师把话题进一步接近其母亲。逐渐地，通过多次谈话后，治疗师终于能直接谈论其母亲了。随着大部分回避反应的消失，患者也能公开地、合乎逻辑地谈论他对母亲的病态恐惧的原委了。

通常当压抑得到释放后，治疗并未终止。因为患者已带着压抑的思想度过了漫长的岁月，要完全弄清楚被压抑的东西是不可能的，所以，即使在成功的治疗之后，在患者的生活中仍有重大缺陷。这就需要给患者一些调整其行为的指导。多拉德和米勒把这种指导也看成治疗过程的重要部分。

第三节　罗特的社会学习论

罗特(Julian B. Rotter，1916—2014)出生于纽约的布鲁克林。中学时代的罗特花许多时间留在图书馆，阅读了大量的小说，也读过阿德勒和弗洛伊德的著作，并对心理学产生了强烈的兴趣，但进入布鲁克林学院，他主修的是化学。在大学期间，罗特听过阿德勒的讲演，从而更坚定了对心理学的追求。大学毕业后，他先后就读于艾奥瓦大学和印第安纳大学的研究所，并于1941年获得临床心理学博士学位。1946年，罗特成为俄亥俄州立大学的一名教师，与凯利共同研究制订出当时美国最好的临床心理学训练计划，并开始其社会学习理论的研究。他于1963年前往康涅狄格大学任教，提出了他现在的观点。罗特是一名心理治疗师，他在临床心理学、学习理论和实验研究方面的经验，使他形成了独特的人格社会学习理论。罗特的论文和著作相当多，其中最著名的有《社会学习与临床心理学》(1954)，《人格社会学习理论的运用》(Rotter，Chance，& Phares，1972)，以及他的论文选集《社会学习理论的发展和应用》(1982)。

社会学习论的创始人之一罗特(Julian B. Rotter，1916—2014)，1916年生于纽约，大学本科主修化学，后来就读于艾奥瓦大学和印第安纳大学的研究所，1941年获得临床心理学博士学位，后在军队中从事心理学工作。1946年任教于俄亥俄州立大学，自1963年起任教于康涅狄格大学直到逝世。

图8-5　罗特

一、理论要点和基本概念

要了解罗特的人格社会学习理论，必须先了解其理论要点和基本概念。

(一)理论要点

虽然罗特和斯金纳都赞成大多数行为是习得的,但是,罗特不赞成斯金纳把行为视为完全由外部变量塑造的。罗特认为,行为是由机体内部的认知过程和外部强化决定的。在研究人格时,罗特援用了内部的主观经验。

罗特把他自己的工作称为人格的社会学习理论(social learning theory of personality),以指明其信念:我们主要的或基本的行为模式是在社会情境中学得的,个人在寻求满足时必须有他人作为媒介。他批评斯金纳隔离被试的研究取向,认为这种研究没有充分代表真实世界的学习。在这个世界中,每一个人都在社会依赖和社会互动的情境中起作用。同时,罗特还批评斯金纳用动物进行简单的刺激反应研究。他认为,这类研究对了解更复杂的人类社会行为,仅仅是个起步。罗特及其同事在发展社会学习理论时用多种方法对人类被试(主要是儿童和大学生)进行了研究。同时,罗特也不满意精神分析论和现象学派那种用语模糊的人格理论。他决意发展出一套给出客观定义的既清晰又精确的概念,使不同的观察者使用其概念考察某一事件时能达成彼此之间的共识。他的理论至少有部分是经过严密控制实验的结果,这种研究反映了行为论的特点。

虽然罗特重视主观事件,但他并不贬低外部事件的作用。因为我们追求最大限度的正强化而回避惩罚,外部强化条件为我们的行为提供了指导。罗特试图在研究人格时把强化理论(reinforcement theories)和认知理论(cognitive theories)结合起来。他相信人类的一个基本特性是会思维和预期。人类行为不只由随行为之后而来的强化所决定,而且决定于对所选择的行为将导致强化的预期。每个人的行为都受几种这样的因素的影响,我们可以根据随行为之后的强化,对自己行为结果的主观预期,对以某种方式行动会产生某种特殊强化的重要性的评价,来选择或表现某种行为。

罗特关心的重点不是行为是如何学得的,而是人们如何选择或表现某种行为方式,而不是另一种行为方式。也就是说,罗特试图建立一种可以帮助人们预测和理解某一社会情境中人的行为表现的理论。

要理解罗特的社会学习理论,首先得了解该理论的基本概念。罗特的社会学习理论主要有四个基本概念:行为潜能、预期、强化价值和心理情境。

(二)行为潜能

行为潜能(behavior potential)是指在达成某种目标的特定情境中出现某种行为的可能性。这种可能性是随行为之后所伴随的强化或强化定势所决定的。例如,一位学生想要给老师留下好的印象,他可能出现下列行为:上课专心听讲,认真做作业,帮助老师做事,向老师讲讲自己的学习心得等。这里,每一种行为都可能发生。在某一特定情境中可能出现的每一种行为都有其潜能。潜能愈高,这位学生出现该行为的可能性愈大。很明显,某种行为出现的潜能可能在某种场合很强,而在另一种场合却很弱。在上体育课时蹦蹦跳跳的行为潜能可能很高,但在上语文课时则不然。表面上看,在行为潜能这个概念上,罗特和斯金纳的观点颇为相似。但罗特的理论较斯金纳的理论优越之处在于:除了环境变量外,还考虑到内部的认知变量。

罗特对行为的定义也不同于斯金纳。斯金纳所定义的行为只是客观可观察的事件。罗特所定义的行为不仅包括可直接观察的行为,也包括那些不能直接观察的个人内部的认知过程。行为"可以由真正的动作行动、认知、言语行为、非言语表达行为、情绪反应等组成"(Rotter & Hochreich,1975,p.96)。像合理化、压抑、考虑的选择、计划和再分类等都属于行为变量。罗特认为,通过间接方法,诸如根据外部的行为进行推测,这些内隐的行为是可以被观察和测量的。要考察被试解决问题的行为,我们可以安排被试去完成某项任务,然后观察其完成任务的行为,再根据观察结果来进行推测。

(三)预期

预期是罗特理论的第二个基本概念。预期(expectancy,简称E)是指个体对自己在某特定情境中以某种方式行动就会产生预测强化所抱的信念。预期是一种主观概率,受人们经历过的强化的影响。但个人的预期并非总是与实际相符合。有些人经常对自己在某种情境中的成功过分自信,或有不切实际的高预期;而另一些人则总是低估自己成功的可能性。因此,如果我们要正确地预测一个人的某种行为是否会出现,就必须考虑到这个人的主观预期,而不是其他人所认为的真实可能性。

罗特把预期区分为特殊预期(specific expectancy,简称E′)和类化预期(generalized expectancy,简称GE)。前者是对某种特定情境的预期,后者是运用于数种情境中的预期。在个人面对新情境时,类化预期显得尤为重要。如果个人以前从来没有经历过此种情境,那么,他或她怎样才能预测自己的行为是否会导致特定强化的产生?这时人们往往把自己的预期建立在过去类似情境中所发生事件的结果之上。例如,有一位女运动员第一次跑百米冲刺,她怎样预期比赛获胜的结果呢?按照罗特的看法,如果她没有这方面的经验,她可能根据参加其他运动项目的一般情况,即在其他比赛项目中她的成绩如何来预期。如果她已参加过多次百米比赛,她就可能由这一项目过去的经验即特殊预期做出决定。也就是说,当我们面对新情境时,与此情境相关的类化预期起着主导作用;随着我们对此情境取得更多的经验,特殊预期便开始取而代之。

但是,个人每一次所经历的情境不可能是完全相同的。上例中的这位女运动员虽然多次参加过百米比赛,但这次比赛在观众、气候、时差等方面可能与以往的比赛有所不同。

因此,对成功的预期通常是特殊预期和类化预期共同作用的产物。

(四)强化价值

罗特理论的第三个基本概念是强化价值。强化价值(reinforcement value,简称RV)是指当几种强化出现的概率相同时,个人偏向某种强化而不是另一种强化的程度。在大学里除了读书是强化外,跳迪斯科、听交响乐、踢足球也是强化。假如上述各种强化出现的概率相同,你对任何一项的偏好程度,便是罗特所说的强化价值的含义。每个人对不同的强化所赋予的价值是不同的。有的学生喜欢跳迪斯科,有的学生喜欢听交响乐,还有的学生喜欢踢足球,因此强化价值是相对而言的。个人的这种偏好来自过去强化和当前强化相联系的经验,由于过去强化和当前强化之间形成了联系,才会产生对未知强化的预期。所以,预期和强化价值这两个概念之间是相互联系的。

罗特注意到,在某些条件下,强化价值和预期中的任一变量都可作为其他变量的线索。他举了一个例子:有一个人因买了一张彩票中奖而得到了一部新汽车,就彩票的低成本来说,潜在的强化是巨大的。由于这种非同寻常的高强化价值,大多数人对获奖都抱低的预期,因为只有极少数人才能获得如此高价值的奖品,多数人只赢得一些强化价值较低的物品。所以,奖品的强化价值越低,我们对获奖所报的预期就越大。在此情况下,预期受强化价值的影响。

(五)心理情境

罗特理论的第四个基本概念是心理情境(psychological situation),它是行为的一个重要的决定因素。罗特承认个人所具有的持久性行为倾向的重要性。但是,他认为人格心理学家一直忽视了情境背景结构的作用,及其对人类行为的影响。罗特之所以把情境看作“心理的”,是因为在他看来,人们总是根据自己对外部刺激的感知而对情境做出反应。所有的情境都包含着线索,这些线索使我们每一个人了解到:与某种特殊情境相联系的某种强化价值,某种强化在哪一种情境下更容易获得,在哪一种情境下出现的强化更有价值。

罗特的这个概念也是对精神分析论和特质论的批评。如果有一个人被弗洛伊德主义的理论家评定为肛门-攻击型人格,那么,在精神分析论和特质论者看来,这个人无论在什么样的情境中,都会有攻击行为。但罗特认为,个人的行为会随情境而变化。如果情境中的线索表明,一旦表现出攻击,就会受到严惩,那么,个人将不会有攻击行为。他同时批评了激进的行为论者,因为他们完全忽视了预期和内部的其他认知变量,看不到某种刺激在不同的情境中对行为有不同的影响可能性。

(六)预测公式

罗特的理论试图解释个人对已有的各种可能行为是怎样做出选择的。他综合了前述四个概念及其关系,用下面的公式来预测目标导向行为:

$$BP_{X,S1,Ra}=f(E_{X,Ra,S1}\ \&\ RV_{a,S1})$$

该公式可以用文字叙述为:“行为X在情境1,相关的强化a下所出现的潜能,是情境1中,行为X随后会出现强化a的预期,以及强化a的价值的函数”(Rotter,1967a,p.490)。举例来说,如果周末你正面临着去参加舞会还是去图书馆做作业之间的选择,怎样预测呢?潜能较高的行为将会出现。如果我们知道与这两种行为相联系的强化价值,以及它们将导致该强化的有关预期,那么我们便能预测到哪一种行为将会发生。

上述公式只能处理与单一强化有关的个别行为。但是在日常生活中,人们往往会产生一系列类似的行为。要预测这类行为,上述公式便受到了限制。例如,咨询人员要预测某个学生对所有的课程都不想学的行为,如旷课、迟到、不做作业等,要弄清该生厌学行为的原因,就必须考虑多重行为、预期和强化价值。对此,罗特(Rotter,1954)使用了下列公式:

$$NP=f(FM\ \&\ NV)$$

上式表示,使某种需要得以满足的某一类行为发生的潜能(需要潜能,need potential,NP)是下列两个因素的函数:一是对这些行为将导致目标的预期(运动自由度,freedom of movement,FM);二是构成此需要的一些个别目标的价值(需要价值,need value,NV)。仍依上例,咨询人员不明白为什么该生以各种行为方式来逃避学习。或者说,该生对学习需要的潜能为什么如此之低。通过晤谈,结果发现:该生关于得高分、老师的表扬、同学的承认等强化所赋予的价值是相当高的。但是,他对学习将会有收获的预期却很低,他根本不相信如果他表现好,教师将会信任他,同学们会认可他。总之,他对自己努力学习会真正带给他在学业上被认可的总预期(运动自由度)极低,因而导致他旷课、迟到、学习不认真、做白日梦等。

(七)人格结构

罗特没有阐述人格结构的概念。不过,他提出的两种问题解决类化预期——人际信任和控制观,实际上可以视为两种类特质(traitlike)。问题解决类化预期(problem-solving generalized expectancy)是个人在过去独特经验的基础上所形成的较持久的问题解决的预期倾向。人际信任(interpersonal trust)是指个人对他人言语承诺的信赖程度(Rotter,1971)。一般来说,较信任他人的人,较少说谎,较少欺骗或偷窃;他们倾向于给他人第二次机会,并尊重他人的权利;他们的心理较健康,常被他人视为朋友。而不信任他人的人,则总是以怀疑的眼光来看待他人。控制观(或控制源)(locus of control)也称强化的内外控(internal vs external control of reinforcement,简称IE),是指个人日常生活中对自己与周围世界关系的看法(Rotter,1966)。内控者相信凡事操之于己,将成功归因于自己的努力或能力,把失败归因于自己的疏忽或能力不足,即将行为的结果视为自己的努力或个人的特征之故。外控者相信凡事不操之于己,把成功归因于幸运,把失败归因于外部因素,即将行为结果视为运气、命运或其他力量的产物。因此,当内控者面对问题时,便倾向于主动去解决,因为他相信个人的努力能有所作为。外控者面对问题时则更可能听天由命,因为他相信问题解决的结果是自己无法控制的。

二、人格发展

根据罗特的观点,我们所有的心理需要都是习得的,对婴幼儿来说,这些需要来自反射性强化和其他习得行为间的经验联系。这些需要也包含一些基本的心理需要。早期的心理需要产生于同满足诸如饥饿、口渴、回避痛苦、消除感觉刺激等基本需要有关的事件。当儿童成长起来,并学会了语言,发展了认知的技能时,他们的心理需要逐渐摆脱同生理需要的联系,更多地同其他习得的心理需要相联系。外部环境中的线索逐渐比内部的生理状态更为重要。

罗特认为,习得心理需要是依赖他人的。显然,婴儿依赖其父母或保姆,以获得满足和强化。他们逐渐长大,要获得强化就逐渐依赖更广泛的人群,包括自己的朋友和老师,结果人们不断地依靠他人,以获取自己对需要的强化。由于人们对需要的满足深受他人的影响,因此,儿童很早就产生了对爱、注意、保护和认可等的心理需要。罗特曾描述过6种较为广泛的需要(Rotter,1954)。

1.认可-地位的需要(need to recognition-status)

认可-地位的需要即被视为有能力的、好的,或在学校、职业、运动、社会地位、外貌上比他人优越的需要。

2.支配的需要(need to dominance)

支配的需要即控制他人,对他人施以力量和影响力的需要。

3.独立的需要(need to independence)

独立的需要即为自己做决定的需要,靠自己而不靠别人帮忙达到目的。

4. 保护-依赖的需要(need to protection-dependency)

保护-依赖的需要即希望有他人来预防挫折,提供保证和安全并帮助个人达到有价值目标的需要。

5. 爱与感情的需要(need to love and affection)

爱与感情的需要即被他人接受、喜爱的需要;对他人投注兴趣、关切和感情。

6. 身体舒适的需要(need to physical comfort)

身体舒适的需要即回避痛苦,享受与安全感、完好感相联系的身体满足的需要。

罗特认为,我们每一个人都以其独特的心理环境而起作用。因此,同样的强化对不同的人来说具有不同的价值,而个人又不断地接受新的经验。因此,人格是不断变化的,但他同时承认人格也有高度的稳定性或连续性。他相信,人格受过去经验的影响,并采用他所谓的人格的历史研究(historical approach to personality),探讨父母态度、家庭环境对儿童问题解决的类化预期的影响。

三、人格适应

罗特并没有提出不适应行为的清单,他把不适应行为看作违反文化标准(cultural norm)或个人态度的问题。据此,法尔斯(Phares,1991)认为,从罗特社会学习论来看下列行为均可视为人格上的不适应:一个人对某种需要的满足赋予高价值,导致能满足该需要的行为通常具有高的运动自由度,但是此人对行为可导致获得该需要满足的运动自由度(预期)却极低,这时便可认为他有人格上的不适应。一个十分渴望得到女性爱的男子,不去接近女性也不相信自己有能力达到此目标,而只是千方百计躲避女性,这种极低的运动自由度显然有适应问题。某些人对不相容的需要都给予极高的价值。例如,一个既有强烈的成就需要又有强烈的依赖需要的女性,就可能使自己陷入种种不适应行为的冲突之中。在某些情况下,缺乏某种能力也会产生适应问题。例如,一个口吃的孩子,缺乏交往能力,无法与其他孩子进行互动并发展良好的社会关系,从而导致某些适应上的问题。在缺乏能力的情况下,如果个人的最低目标水平极高,将会使其经常体验到失败和失望。而如果一个人的最低目标水平极低,也会被看作偏离文化标准的怪人。罗特的最低目标水平(minimal goal level)是指个人认为在一系列强化中最低的强化目标。有的人把某种需要的价值看得特别高以至于支配了他或她的整个生活,从而造成种种对现实的扭曲或无法区别各种情境的怪异行为。例如,有强烈权力需要的人不仅在家庭内外追求权力,甚至在与其两岁的孩子的相处中也争强斗胜,这种行为可能被认为是异常的。

因此,罗特认为,治疗不适应行为就是改变不同需要的价值,改变满足这些需要的预期。想要改变行为,首先必须改变运动自由度或需要的价值。在具体治疗技术上,罗特主要采用行为治疗,特别是认知行为疗法(cognitive behavior therapy)。他认为,治疗基本上是一个学习过程,是社会互动的一种形式,通过这一过程,治疗师帮助病人达成计划中的行为和思想的改变。他还对不同的病人采用不同的技术,例如,通过增进病人问题解决的技能,对病人进行解释或直接强化,引导病人在实际生活中改变不适当的行为以及发展内控、提高对人际的信任、了解他人的动机、分辨情境间的差异等认知方式来进行治疗。

第四节　班杜拉的社会学习论

班杜拉(Albert Bandura,1925—2021)生于加拿大艾伯塔省的一个小城镇。他早年毕业于温哥华不列颠哥伦比亚大学,旋即赴美在艾奥瓦大学从学于斯彭斯(Kenneth Spence,1907—1967),1952年获博士学位。1953年他到斯坦福大学与西尔斯(Robert R. Sears,1908—1989)一起从事儿童研究。在西尔斯的影响下,班杜拉将学习理论应用于社会行为的研究。班杜拉是现代社会学习理论的奠基人之一。他吸收了多拉德和米勒等人的思想,并突破了传统的行为主义的理论框架,从认知和行为联合起作用的观点上去看待社会学习。看来,班杜拉的研究重点与罗特的研究重点是互补的。罗特的研究重点是行为选择,班杜拉则是行为习得。在班杜拉看来,社会学习(social learning)就是个体通过观察、模仿而学到别人的行为。他的社会学习理论(social learning theory)是一种把信息加工理论和强化理论综合起来以解释个人社会行为的理论。他反对把行为归因于人内部的潜意识冲突,像精神分析论者所主张的那样,或归因于外部的环境刺激,像行为主义者所主张的那样。他认为,行为是个体的主观因素和环境因素交互作用的结果。即使没有强化,人们仍然能学会各种行为;即通过模仿或观察别人,但是,是否去做个人学会的事则在很大程度上取决于这个人对强化的期望。班杜拉研究了自我效能在个体行为中的作用和功能,认为自我效能对人们的行为、采取行为的方式和情感激发都会发生较大的影响。

班杜拉的著作等身,其中最主要的有《社会学习与人格发展》(Bandura & Walters,1963),《攻击:一种社会学习分析》(1969),《社会学习理论》(1977),《思维和行动的社会基础:一种社会认知理论》(1986)等。

班杜拉(Albert Bandura,1925—2021)1925年出生于加拿大北部艾伯塔省,1949年获得英属哥伦比亚大学学士学位,后来进美国艾奥瓦大学,1951年获得硕士学位,1952年获得哲学博士学位,后进入斯坦福大学任教,1964年晋升教授,2021年逝世。

图8-6　班杜拉

一、理论要点和基本概念

与精神分析论和特质论者不同,班杜拉并没有描述过人格结构。在他看来,个人的人格就是人们所见到的表现在行为上的心理特征。他的理论重点在于人类行为的形成和发展以及人类行为的控制和调节。下面让我们来看看班杜拉人格社会学习论的理论要点和基本概念。

(一)理论要点

班杜拉的理论由几部分组成,其中有些重要方面需要解释。

1.交互决定论

班杜拉注意到,当代心理学家中有一种一致的看法,即认为,行为在某种程度上是个体与环境相互作用的结果,而不是上述两个因素中的任何一个因素的产物。但是他认为,在这两个因素如何相互作用决定行为的问题上,专家们的看法很少一致。这里主要有三种观点(参见图8-7)。第一种观点是单向决定论(one-directional determinism),即把个人与环境看成两个自变量,两者的结合才产生行为。行为是某个无联系的情境冲击某个无关联系的有机体的产物。例如,为什么这个人在酒吧打架?这种观点认为,是由于这个人有攻击的特质,同时又恰好碰上了那个不讲理的家伙,这两个因素一结合便产生了这场打架。

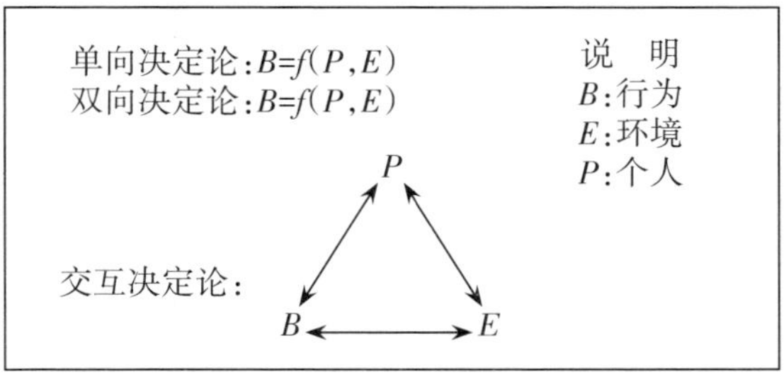

图8-7　行为、个人、环境交互作用模式图解

（采自 Bandura，1978）

第二种观点是双向决定论（two-directional determinism），即把个人和环境看作某一行为相互依存的原因，但又各自具有单向作用的特点。根据这种观点，一个有攻击需要的人常去满足攻击需要的场所，因而常去光顾酒吧，在那里常有许多惹是生非的人，这正好迎合了那些想与其他顾客打架的人的需要。

班杜拉认为，上述两种观点并非十分合理，于是，他提出了自己的第三种观点：交互决定论（reciprocal determinism），即把相互依存的行为、个人因素和环境因素看作互相连锁的决定因素在相互作用的过程中共同起作用。个人的内部因素与行为是交互作用的。例如，人们的期望影响着他们将怎样去行动，而他们的行为结果又改变着他们的期望。班杜拉认为，环境影响着行为：

人们不仅抗拒环境，也激发和创造环境。

> 跟片面的观点相反，人的成就来自外部环境和许多个人的决定因素彼此相互作用，其中个人的决定因素包括禀赋的个性特点、习得的能力、沉思性思维和高度的创造精神。（Bandura，1974，p.867）

总之，班杜拉认为，行为、个人因素和环境因素总是相互联系、不断交互作用的。但是，上述相互依存的三个因素中的每一个因素，对于不同背景和不同行为所施加的相互影响是不相同的。有时候，环境因素对行为产生很大的制约作用；而在另一些时候，个人因素却成了环境事态发展的重要调节者。在交互作用的过程中，人们学会预测事件，并对事件做出预期的反应。“有效的心理机能部分地建立在预见不同行动方向的可能后果的能力的基础上。”（Bandura，1977，p.311）

2.无须强化的学习

社会学习论不同于传统的学习理论，如赫尔和斯金纳的学习理论，班杜拉认为，学习在没有强化的情况下也会发生。虽然强化有重要的作用，但是强化不是人们获得行为的唯一方式。人们往往直接通过观察别人的行为而学习。例如，儿童学习歌曲或做娃娃家游戏，几乎与他们父母的活动毫无二致，儿童常常从他们的父母那里学到很多新行为。在班杜拉看来，人类无须强化或奖赏，甚至无须经过实践，就能学得新的行为。

当然，班杜拉并不认为强化与复杂行为是无关的。相反，他认为，行为习得之后，强化对这种已习得的行为再次表现则起着重要的作用。如果儿童通过观察别人学会某支歌曲或会做娃娃家游戏后，大人们给予奖赏，那么他们就会继续唱这支歌曲或做这种游戏。

3. 能思维的有机体

班杜拉的理论既不像斯金纳的强化理论那样把人看成环境力量的机械产物，也不像人本主义个人决定论那样认为人是能够完全控制外界事物的。他认为，人既不是中性的被动的有机体，也不是完全主动的人；人是能思维的有机体。与传统的学习论否定认知在学习中的作用截然不同，班杜拉十分强调认知过程在行为的获得、保持以及表现中所起的重要作用。他认为，人类具有应用符号去对付内部和外部各种事件的非凡能力，人们通过言语的和想象的符号，在表象形式中加工和保持所获得的经验。经过这些符号的中介，人们不必尝试所有的方法就可以解决问题。人也不是受他人强化所控制的机器。人有知识，会运用表象、思想、计划进行思维，能为自己的未来制订计划，能用内部的标准调节自己的行为，并能预见自己行为的结果。总之，班杜拉强调认知的重要性。人们的高级心智能力使他们运用思想而不是运用行动去解决问题。

（二）观察学习

观察学习（observational learning）或模仿（imitation）是观看他人的作为而学到新行为的过程。班杜拉认为，在社会情境中，人的大多数行为都是通过观察而学会的。人们在观察他人的行为中形成了有关新行为如何操作的观念，这一编码信息在以后的生活中就作为一个行动的导向。这种学习无须对每个细小的反应进行强化，也无须尝试错误去摸索。这种直接获得新行为的过程，班杜拉称之为无尝试学习（no trial learning）。例如，有时我们通过电视学到了最新的舞蹈，儿童能通过观察父亲如何抽烟、打麻将而学到这些行为，以及年轻人学到的流行、时尚等。

如果认为示范作用只能产生行为的实际摹本，那么示范者的影响就十分有限。实际上，示范者除了通过身体演示传递信息外，还可以通过言语的和符号的描述来传递信息。从这些抽象的示范模式中所习得的行为的一般规则，无论在人们的语言学习或道德行为学习中都具有十分重要的作用。同时，由于观察者各自选择吸收示范者的不同特点，形成不同的组合，示范作用就显示出无限的多样性，从而促使行为的创新，形成不同的组合，形成新的行为方式（Bandura，1974）。例如，一个正在拼搏的年轻歌手也许是从模仿某位歌星的无创造性风格开始其唱歌生涯的。但是，逐渐地，她的歌唱风格便不仅仅是一位歌手的风格，而且往往多少还带有其他歌手的风格了。最终，她的歌唱风格便不只是不同歌手风格的混合物，而且形成了她自己的独特风格，我们很难分辨出哪些成分是哪位歌手的风格了。因此，观察学习包含着内部认知过程的各种变量。那么，观察学习的过程是如何进行的呢？班杜拉（Bandura，1977）认为，观察学习经历了四个阶段。

（1）注意过程（attentional processes）：只有当观察者注意到示范者的行为时，模仿才有可能。注意过程决定了一个人从示范者那里选择什么、吸取何种信息。在各种决定注意的因素中，最重要的是有关联的示范影响，它会限定一个人的学习。例如，斗殴团伙成员学习攻击行为与仪态文静的群体成员学习这类行为就明显不同。不同示范者的行为的价值也有重要的作用。有威望、权力装饰和其他迷人特色的示范者往往被人们注意和模仿，而那些社会地位很低下或者被其他人看作不重要或没有价值的人不大可能引起人们的注意。当然，注意也受观察者的心理特征的驾驭，例如观察者的需要和兴趣，不过有关这种变量目前尚知之甚少（Bandura，1977）。

（2）保持过程（retention processes）：因为个体能在没有示范线索的情况下复现示范者的行为，他必然以某种象征性的形式保持原先观察到的输入信息。班杜拉认为，观察者是以心象表征系统（imaginal representational system）和言语表征系统（verbal representational system）两种方式在记忆中将示范行为的重要线索进行编码的。除了符号编码外，复述对于输入信息的保持有重要的意义。有些示范行为，由于社会禁令不能用外现的手段而形成，因此人们便把这种行为看在眼里，在心里进行复述，以便很好地记住（Bandura，1971）。

（3）动作复现过程（motor reproduction processes）：就是将以前编码的心象和言语表征转化为动作的再现。心理表征第一次转化为行为，很少是精确无误的。因而只通过观察，技能是不完善的。在大多数的日常学习中，人们都需要花费一些时间进行练习，先部分地复现习得的某种技能，借助于反馈信息，经过自我矫正，最后使这一近似行为精确化。例如，一个小女孩看到母亲在给小弟弟喂奶，她学着喂奶，但她模仿得不一定好，因为她缺乏这方面的经验，经过练习她才可能掌握这种技能（见图8-8）。

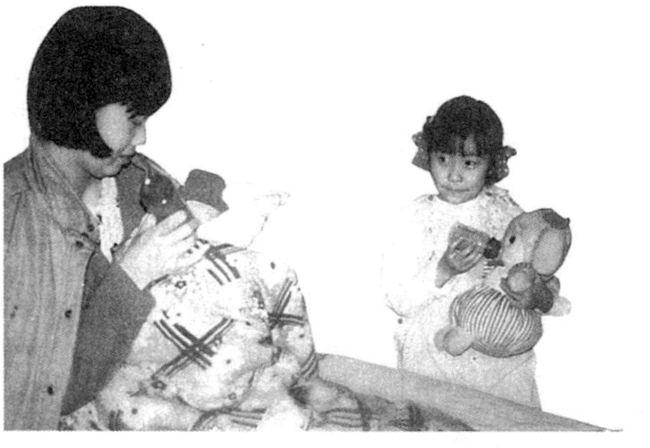

图8-8 观察学习的一个例子

（谢正强摄，1996）

（4）动机过程（motivational processes）：虽然在没有强化的条件下可以发生观察学习，但是，这并不是说在观察学习过程中动机是不重要的。对示范者行为的注意明显地受动机的影响，是否表现习得的行为也受动机的影响。班杜拉像其他的认知学习理论家一样，把新行为的习得和对新行为的表现加以区分。人们能够观察示范者而获得新行为，但是人们可能表现也可能不表现这种新行为。这是由动机来控制的。

总之，上述四个阶段不是完全分离的。在任何特定的情境中，观察者不能复现示范行为很可能是由于下列的某种原因所致：没有注意有关的活动，记忆表征中对示范行为的编码不当，不能保持所学的东西，缺乏必要的技能，或没有足够的动机。

(三)替代性强化

替代性强化(或替代性增强)(vicarious reinforcement)是指观察者在学习的过程中，不必直接受到外在强化，只要看到仿效对象的行为受到强化就等于自己也受到强化。替代性强化的性质相当复杂。第一，强化的性质不仅影响个人的行为，而且也影响个人的满意度。一般说来，看到他人行为的成功能增加自己以同样的方式行事的倾向，而看到他人这一行为受惩罚，则减少这种行为倾向。但是这种结果并不总是一致的。例如，有些人看到他人的类似操作成绩得到很高的赞扬时，可能感到泄气；而看到他人类似的操作成绩未能获得赞誉时，可能具有奖赏的性质。第二，强化与预期有关。人们在预期结果时，无奖赏在预期惩罚的背景上出现可能起着正强化的作用，而在期待奖赏的背景上可能起着惩罚的作用。第三，在很多情况下，示范者的行为即使在不是由别人批评而是由自己批评自己时，也能对观察者产生抑制作用。法律上的威慑系统主要依赖于戒律性惩罚的抑制性效应，惩罚的威胁和戒律都是为广泛的防治功能服务的。第四，直接经验到的后果与观察到的后果在效能上并不是绝对的。一般说来，观察者从留心他人的成败模式中会比操作者本人学得更快，如果操作的任务更多地依赖于概念性技能而不是手工技能的话，情况更是如此。但是在长时期维持行为方面，直接诱因比替代性诱因具有更大的动机力量。为什么替代性强化能改变个人的思维、情感和行动呢？班杜拉认为，由于观察到的奖赏和惩罚不仅给人以信息，也给人以动力，而且观察者往往容易受示范者在接受奖赏或惩罚经验时表现的情绪反应所触动。采用强化示范行为的方法还能形成观察者个人的价值观和改变已有的价值观。

(四)自我调节

班杜拉认为，人具有自我反应的能力，能够为自己确定某些行为标准，并且以自我奖赏(self-reward)和自我惩罚(self-punishment)的方式来做出自己的行动。这种以个体内在行为标准和期望结果来解释个体有目的行为的过程称为自我调节(self-regulation)。个人自我调节功能的建立是很复杂的，主要表现为以下几个方面：第一，在讲授或示范的影响下，人们学会部分地根据别人如何对他们行为的反应来评价自己的行为。研究证明，人们也倾向于采用别人所示范的评价标准来判断自己的操作,当人们看了坚持高标准的榜样后,他们就只是在获得优异成绩时才奖赏自己;看了低成就便满足了的榜样后,他们会对自己哪怕最小一点的成绩也进行强化。一般说来,人们更喜欢那些与自己相近的榜样,不太喜欢那些与自己相差很大的榜样,因为要花很大努力才能与这类榜样的行为相匹配。尽管如此,人们还是经常预定一些高的标准。因为高标准是在社会奖赏中培养出来的,所以尽管它们会招致某些苦恼的后果,它们还是会被竞相仿效,人们并为坚持这样的标准而自豪。第二,在社会环境中示范影响产生冲突的时候,儿童可能喜欢同辈的标准,因为成人的标准高,会使他们经受自我失望。当自我评价标准高到不现实的程度而仍然坚持这一标准时,人们就会自由地奖赏自己,而把这些标准置之度外。第三,不同的人所例示的自我评价标准的不一致会使学习标准的过程更为复杂。人们始终一致地规定并示范高标准时,会倾向于接受严格的操作要求,对自己的奖赏也会有节制;但若宽己律人,就会降低榜样的吸引力,加强对所宣扬的标准的抵制;伪善的形式则具有更强烈的消极作用。第四,把行为标准和自我强化措施泛化到各种活动中,由于人们对名誉、金钱、物质占有、社会地位、免除束缚等所赋予的价值各有不同,就形成了不同的价值。为人所珍视的诱因能促动那些用来获得它们的活动,没有价值的诱因则不能;诱因的价值越高,操作的水平也就越高。在那些提倡竞争和个人成就的社会里,社会比较(social comparison)是不可避免的。第五,外部的与自我产生的强化源之间的关系也很复杂。对某些信念赋予很强自我价值感的人会忍受长期的虐待而宁死不屈。那些坚信其活动的价值的人宁愿备尝艰苦,在长时间几乎完全得不到一点奖赏和认可的境况下用自我鼓励来维持他们的工作。

(五)自我效能

自20世纪80年代以来,班杜拉逐渐开始强调自我效能的作用。他认为人类的行为不仅受行为结果的影响,而且受通过人的认知形成的对结果的期望的先行因素的影响。行为的出现不是由于随后的强化,而是由于人认知了行为与强化之间的依随关系后对下一步强化的期望。他的期望概念除了对结果的期望外,还包含效能期望。所谓结果期望(outcome expectation),是指人对自己的某一行为会导致某一结果的推测。所谓效能期望(efficacy expectation)或自我效能(self-efficacy),是指个人对自己从事某项工作所具备的能力和可能做到的地步的一种主观评估。人总是对自己的能力的评估反复权衡之后才决定自己的行动。评估正确,十分重要;否则就可能会使所从事的工作失败。根据班杜拉等人(Bandura,1982;Schwarzer,1992)的研究,自我效能具有以下功能:(1)决定人们对活动的选择,以及对该活动的坚持性。自我效能水平高者倾向于选择富有挑战性的任务,在困难面前坚持自己的行为;而自我效能水平低者则相反。(2)影响人们在困难面前的态度。自我效能水平高者敢于面对困难,富有自信心,相信通过坚持不懈的努力可以克服困难;而自我效能水平低者在困难面前缺乏自信,畏首畏尾,不敢尝试。(3)影响新行为的习得和已习得行为的表现。(4)影响活动时的情绪。自我效能水平高者信心十足,情绪饱满;而自我效能水平低者充满着恐惧和焦虑。

个人自我效能的形成受很多因素的影响,其中最主要的是个人行为的成败经验。一般说来,个人的成功经验会提高自我效能,反复的失败会降低自我效能。而个人的成败经验对自我效能的影响还受其归因方式的影响。如果把成功归因于外部的不可控的因素,就不会增强自我效能;把失败归因于外部的不可控的因素,就不一定会降低自我效能。

(六)人格结构

班杜拉的社会学习论主要包括了两大部分:一是学习理论;二是动机理论。学习理论(theories of learning)论述了人类行为的形成;动机理论(theories of motivation)阐述了人类行为的控制和调节,自我效能则是该理论的核心概念。他并没有阐述人格结构的概念。班杜拉理论中的自我并不是一个固定的结构,而是一组认知过程,例如自我称赞、自我批评、自我控制等。正如米歇尔所说,社会学习论中的自我并不意味着"在人里面有另一个肇因个体,以独立于'它'所居住的个体之方式来引发行为"(Mischel,1977,pp.49~50),自我是个人心理过程的一部分。米歇尔关于个体差异的见解见补充讨论8-4。

补充讨论8-4

米歇尔对个体差异的探讨——个人变量

米歇尔(Walter Mischel,1930—)是哥伦比亚大学心理学教授,现代社会学习论的第三号代表人物,他的学术思想明显地受罗特、班杜拉和凯利的影响。社会学习论者把每一个体的人格视为其独特的强化史的特殊产物,并认为同一行为在不同情境下的可变性。他们只探讨人格的动力过程而不讨论人格结构,不用特质或类型来划分人们的个体差异。如前所述,米歇尔对特质论的攻击便突出地反映了这一研究取向的特色。但是人们之间的个体差异是客观存在的。怎样解决这个问题呢?米歇尔强调个人的认知组织与环境互动的主动作用,并用个人变量(person variable)概念来解决个体差异问题。按照米歇尔的说法,人们对特定的环境刺激的反应完全取决于个人的下列变量。

1.能力(competencies)

能力指个人知道自己能够做什么。包括智力、社会技能和身体技能以及其他特殊的能力。

2. 编码策略(encoding strategies)

编码策略指个人是怎样认识事物的。人们在捕捉信息及对信息进行编码、分类和解释上是千差万别的。例如,对于同一信息如"下周我们要考试",有的学生把它视为挑战,有的则将其视为威胁。

3. 预期(expectancies)

预期指个人意识到将会发生什么。主要的预期有:(1)对行为结果的预期:如果在考场上作弊会被抓,那么我在考试时就不会去做这种事。(2)对刺激结果的预期:如果他的微笑意味着对我的好感,那么我们之间的关系就会增进。(3)对自我效能的预期:对自己从事某项活动能力的信心也将影响我们的行为;相信自己有能力去完成,做起来就会劲头十足。

4. 主观价值(subjective values)

主观价值指个体觉得什么是有价值的。具有相似预期的个体可能会选择不同的行为,因为在他们的心目中,行为后果被赋予了不同的价值。例如,两个学生都预期表现出某一行为使教师感到高兴,但在一个学生看来,这一结果很重要;而在另一个学生看来,这件事毫不重要。

5. 自我调节系统和计划(self-regulatory systems and plans)

自我调节系统和计划指个人怎样规范自己的行为以实现自己设定的目标。人们在调节行为时会采取不同的目标和标准(包括自我实施对成功或失败的奖励)。同时,个人在实现目标、执行实际的计划时,其能力也有很大差异。

米歇尔认为,虽然上述个人变量会不断地影响着我们的行为,但我们仍然能够依据新的环境要求来改变反应,以适应环境。如果情境中的线索是模糊不清的,那么个人变量对人们的反应将会有最大的影响;而如果情境中的线索是十分明确的,那么人们的反应将较不会因个人因素而变异。例如,在牙科诊所等候室里,由于情境要求十分明确,大多数人都会倾向于相当一致的行为。而在海滨沙滩度假时,有许多行为都是适宜的,因而个人变量将会导致种种不同的行为。(Mischel,1973,1986)

二、人格发展

班杜拉既不赞同皮亚杰的发展阶段理论,也不赞同弗洛伊德的人格发展阶段理论。他认为,个人不一定是以固定的、有次序的方式来学习各种行为的。个人的认知机能也不一定在某一时期便怎样表现出来。他强调社会影响这一变量的作用,强调相同年龄个体间的差异并且试图从社会、文化、经济、种族等方面来加以论证。例如,皮亚杰提出的道德判断的两阶段理论认为,第一阶段幼儿容易根据事情的结果做出错误的判断,第二阶段较大的儿童根据实际行为背后的意图来做出判断。比如,幼儿很可能说,偶尔失手打破15个杯子的这个男孩比想偷窃而打破一个杯子的那个男孩更坏,即较大些的儿童通常根据行为动机来判断。班杜拉曾做过一个实验。他给5~11岁儿童12个类似这样的题目,让儿童观察成人的示范和他们自己占优势的方式。但是以儿童判断的相反方式给予赞扬。例如,如果儿童根据行为的意图来判断,示范者则根据结果来判断并给予赞扬。他们研究得到的结果认为,阶段不是稳定不变、截然分开的。“所谓发展阶段是容易通过成人规定的示范而加以改变的”(Bandura & Walters,1963,p.206)。对于弗洛伊德把青春期看作年轻人恢复恋母情结、反对父母并转向求得同伴支持和指导的时期,班杜拉认为这种观点是十分荒唐的。他列举证据,表明多数美国的南方青少年在青春期并不比儿童有较多的骚动,青春期既不是突然寻求独立的时期,因为父母在子女儿童期已教育子女逐渐成为独立的人;也不是造父母反的时期,因为多数少年继续接受双亲的劝告和评价,他们已加入了少年同伴团体。在班杜拉看来,发展就是围绕着个体目标、计划、自我效能和爱好的变化,这种变化可以用观察学习、替代性强化、自我调节等原则来解释。

此外,班杜拉对从生物学的角度来解释人格发展过程的意见也持怀疑态度。他说:

> 在生理化学和精神药理学取得进一步发展之前,研究人格发展的真正重要的变量是社会学习的作用;探讨这个因素可能比试图建立体质因素和人格特征之间的关系的研究收获更大。(Bandura & Walters,1963,p.29)

三、人格适应

(一)适应的性质

班杜拉对行为适应和不适应的看法与前面讨论过的观点极为相似,他认为,不适应行为也和正常行为的学习一样,是通过直接经验或观察不当而习得的。父母的反常行为,通常会成为子女心理疾病发展的重要因素。因此,他认为,不必从个人早期经验中去寻求创伤性事件,也不必去发掘潜在的冲突,更不必去追究病态行为最初获得的强化史。行为一旦经由观察学习而获得,就很容易因直接或替代性强化而表现出来。

由于班杜拉强调认知的作用,因而他的观点不同于斯金纳对行为失调的简单化解释。班杜拉认为,个体对自己的期望和信念是很重要的。预期某种行为或状态会导致负强化,通常使个体采用防御反应。如果个体预期自己可能被别人拒绝或自我效能水平很低,结果可能使他回避他人,从而导致人们认为此人有些异样而回避他。最后,这种环境又强化了那些不合适的期望和信念。同样,如果个人对自己设置的标准很高,结果导致他常常碰壁,成为个人烦恼的一个持久根源;过高的抱负往往带来自我沮丧。

(二)治疗的方法

社会学习论的治疗是让受辅者观察他人行为而学习新的行为。如果一个人从来不曾到过新环境、不能与新的示范者接触,那些旧的不合适的期望和信念将会继续保持。如果一个儿童的父母不断地说他:"你很蠢,我们压根儿就不喜欢你。"这种反复损坏其自我形象的做法会导致该儿童自我期望很低。因为他们教会了儿童降低自信心,使他害怕见生人,害怕提出新观点,害怕试着做新的行为。结果,他也就避开了那种能把他从不合适的父母教育模式中解脱出来的环境,从而也失去了改变其自我效能的机会。

在治疗方法这方面,班杜拉最出名的工作是有效地治疗恐惧症和社交技能的训练。

1.治疗恐蛇症

治疗者先让患者观察示范者以渐进的方式毫无惧意地做出各种接近蛇的行为。用这一实例来说明并鼓励、帮助患者模仿示范者的行为。患者开始时也许只是接近蛇笼或稍微碰一下蛇,然后捡起蛇或让蛇在身上爬动,经过多次尝试,患者完全消除了对蛇的恐惧。在班杜拉等人(Bandura, Blanchard, & Ritter, 1969)的一项研究中,先在报上刊登广告,表示乐意帮助患有恐蛇症的人。那些前来应征的人即为被试样本。先对每一位被试测量能忍受与蛇多近的接触,然后将全部被试分在以下四种情况中:(1)真实示范并引导被试参与(示范者示范玩蛇行为,并协助被试渐渐接近蛇)。(2)象征性示范,即让被试观看影片中的玩蛇行为同时接受松弛训练。(3)系统脱敏法。(4)控制组,不做任何治疗。结果是控制组的躲避行为不变;象征性示范和系统脱敏法的被试,其恐惧行为显著降低;而真实示范再加上引导其参与的被试进步最大。实验证明真实示范加上引导患者参与是最有效的治疗方法,几乎能消除每一位被试的恐蛇症,实验显示这一组的被试都能坐在椅子上让一条蛇躺在腿上30秒钟之久,如图8-9所示。

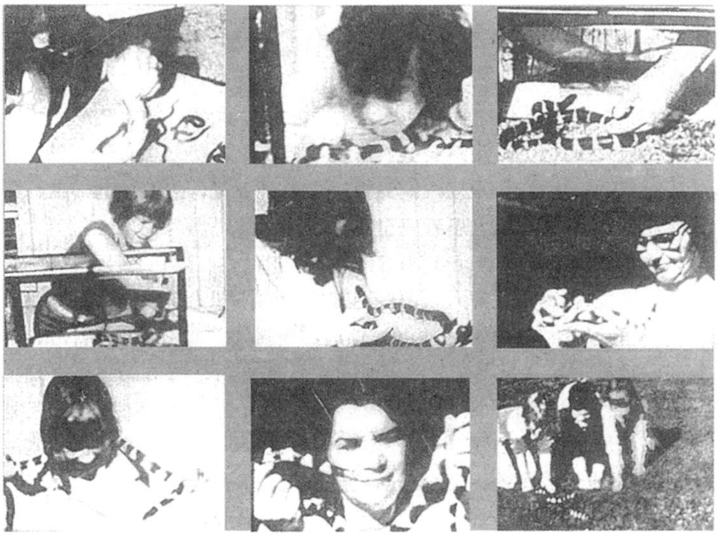

图8-9 把弄蛇的楷模

(采自 Bandura, Blanchard, & Ritter, 1969)

那么,怎样解释一个恐蛇症的人增强了抓蛇的勇气并消除了恐惧呢?

在早期,班杜拉用消退、辨别学习、反条件作用和强化来解释。后来,随着他逐渐强调认知的作用,从而转向用自我效能来加以解释。他认为对自己能力和控制力的觉知会对个体的紧张和防御症状发挥巨大的影响。而自我效能则可以从个人的成败经验、替代性经验、言语劝说和个体自身的唤醒状态四个方面而获得提高。因此,对心理疾病的治疗就是为达到对新的思维和行为模式的学习,而不是治疗什么潜在的原因。

2.社交技能训练

社交技能(social skill)是指个人与他人互动时的有效行为方式。有些心理异常患者表现出社交孤立、笨拙或不够果断。因此训练病人具有适当的社交技能,以有效地处理生活问题,是病人恢复正常的重要步骤。社交技能包括在既定的情境中,知道自己应该说些什么或做些什么,以便引起所想要的反应(结果),以及知道如何(方式)去做和何时(时宜)去做。最常见的社交技能问题之一是缺乏果断,无法以清楚、直接、不具攻击性的言语或动作来陈述个人的想法或愿望。社会学习论者以行为预演(behavioral rehearsal)来训练患者的社交技能。

例如,进行角色扮演时,训练病人有效地表示自己的意见;或治疗者以事先写好的剧本让病人演一个他在实际生活中所不敢演的角色。经过此种训练所形成的基本技能,可用来改变患者的卫生、工作习惯和社交互动等。目前,有些精神病医院已采用此种方式来改变病人的许多不良行为(例如,爱口出恶言或以逃避、恐吓、暴力等方式来处理人际矛盾)。

在一项训练社交孤立的学前儿童的研究中,研究者把24个被试随机指派到下列三种情况之一中:第一组与一个同年龄的玩伴相处在一起;第二组的同伴则比被试本身小一岁至一岁半;第三组则让被试独自去玩。被配合在一起的一对要共同做10个游戏项目,每个项目约20分钟,在一个月内做完。研究者分别记录这些孩子治疗前后在课堂上的行为。结果发现,被提供机会与一个年龄较小玩伴共同游戏的被试(即第二组)治疗后在课堂上的社交行为次数比先前提高一倍以上,达到一般孩子的平均水平。第一组被试的社交技能有提高但不显著。这是因为第二组一对一的游戏情境可以使害羞的孩子有一种安全感去学习社交上的自我主张技能。在这样的环境中,他们有较多机会练习领导技能,自作主张而较可能不受到年龄较小的同伴的反对(Furman,Rahe, & Hartup,1979)。

本章摘要

1. 当代人格研究的学习论范型包括行为论取向和社会学习论取向。前者的理论是根据动物实验室研究而建立起来的；后者的理论则是为克服前者的缺点而发展起来的。

2. 斯金纳根本排斥人格理论和人格结构的概念，把人格视为人们所见到的一个人的行为模式。他坚信行为是由其后果（奖赏和惩罚）决定的，通过可观测的反应和刺激的函数分析就能了解和控制人类的行为。

3. 斯金纳把行为分为反应性行为和操作性行为，认为人类的绝大多数行为是通过操作条件作用形成的。

4. 辨别刺激和强化是操作性行为形成的两个重要变量。斯金纳特别重视强化程式。常见的强化程式有四种：固定时距强化、固定比率强化、变动时距强化、变动比率强化。人们的行为模式是由强化程式决定的。

5. 强化物是一个复杂的系统，有正强化物和负强化物、一级强化物和二级强化物。斯金纳相信考察一个人的生活史确定其各种强化线索，就可以了解这个特定的人。

6. 斯金纳用塑造的概念来说明复杂行动是由一系列较小的、分开的行为形成的过程。人类的复杂技能是经由长期塑造而成的。

7. 斯金纳并未提及人格发展。他认为，个人社会行为的获得与动物行为的获得一样都受强化支配；所不同者，只是个人社会行为的获得的刺激和二级强化物难以确定而已。

8. 在斯金纳看来，适应不良是个体在一既定情境中不能产生适宜的反应。这是由于在该情境中没有学会适宜的行为或者不适宜的行为受到强化之故。适应不良在行为本身，而非某种假设性病因。

9. 多拉德和米勒把赫尔的学习理论、精神分析论、人类社会学观点和实验心理学方法结合起来，形成了关于人类习惯形成方式的一种独特理论。该理论的核心概念是驱力、线索、反应和奖赏。

10. 为了解释人类的复杂行为，多拉德和米勒扩大了一种刺激导致一种反应的行为原理，并把消退、部分强化、二级驱力、二级泛化等概念应用到人格领域。

11. 多拉德和米勒没有论述过人格结构。他们研究的重点是学习过程，经常提到的结构性元素是习惯，即刺激-反应的稳固联结。

12. 多拉德和米勒认为，人格发展就是通过随时起作用的驱力降低机制，习得的刺激-反应联结的不断增多。神经症是童年时代习得的，主要取决于父母如何对待儿童的饥饿、排泄、性和愤怒有关的需要。

13. 多拉德和米勒认为，强烈的情绪冲突是形成神经症行为的基础，这种冲突是潜意识的。他们研究了双趋冲突、双避冲突、趋避冲突和双重趋避冲突，认为心理治疗就是建立一套使神经症行为习惯被遗忘而又学会正常行为习惯的条件。

14. 罗特既不赞成斯金纳把行为视为完全由外部变量决定的，也不赞成精神分析论和现象学派用语模糊的人格论。他把强化理论和认知理论结合起来用以解释个人为何选择某种行为而不是另一种行为。

15. 罗特的理论包含四个基本变量：行为潜能、预期、强化价值以及心理情境。某情境中的行为潜能取决于个人对此行为成功预期的强度和行为所朝向的目标价值。而预期则取决于个人在此情境中曾获得强化的特殊经验和类化经验。

16. 罗特给出了预测某一特殊行为和某类相关行为的两个公式。在预测为达成某类似目标的相关行为的公式中，罗特使用了需要潜能、运动自由度和需要价值等概念。

17. 罗特并没有阐述过人格结构的概念。不过，他提出的两种问题解决的类化预期——人际信任和控制观，实际上是两种类特质。

18. 罗特很少提及发展的阶段论。他认为人类的心理需要都是习得的，并描述过六种心理需要：认可-地位的需要、支配的需要、独立的需要、保护-依赖的需要、爱与感情的需要、身体舒适的需要。

19. 罗特把人格不适应视为违反文化标准和个人态度的问题。冲突、缺乏能力、最低目标水平过低、不能区别满足需要的情境等，都属于不适应行为。在治疗技术上，他主要采用认知行为疗法。

20. 在解释人类的复杂行为时，班杜拉与罗特一样力图把认知理论和强化理论结合起来。他认为，强化对某一行为的表现是不可或缺的，但对行为的习得却并非必须。

21. 班杜拉把人看作能思维的有机体，认为行为、个人和环境总是相互联系、不断交互作用的。

22. 班杜拉认为，人的许多行为是通过观察学习或模仿而学到的。这种学习无须强化和尝试错误。他描述了观察学习包含注意、保持、动作复现和动机四个不可分离的过程。

23. 替代性强化不仅给人以信息，也给人以动力，观察者往往容易受示范者所受到的奖赏或惩罚所触动。个人还能以内心的行为标准进行自我调节。

24. 自我效能是个人对自己从事某项工作所具备的能力和可能做到的一种主观评估。它影响着个人对活动的选择和坚持性、对待困难的态度、情绪以及新行为的习得和表现。

25. 班杜拉不赞成人格发展的阶段论，怀疑人格发展的生物学观点。他强调社会影响的作用，并力图从社会、文化、经济和种族等方面来论证同年龄的个体差异。

26. 班杜拉认为，不适应行为是通过直接经验或观察不当而习得的。个体对自己的不合适的期望和信念也是导致行为异常的重要原因，治疗就是对新的思维和行为模式的学习而不是挖掘某种潜在的病因。

27.米歇尔主张个人的认知组织在与环境的互动中起着主动的作用。个人的能力、编码策略、预期、主观价值以及自我调节系统和计划都与人格有关。对于个人的行为，在情境线索模糊时，个人因素起最大作用；而在情境线索明确时，情境起最大作用。

建议参考资料

1.莫里斯·L.比格（张敷荣、张粹然、王道宗等译，1991）：学习的基本理论与教学实践。北京市：人民教育出版社。

2.道格拉斯·L.欣茨曼（韩进之等译，1986）：学习与记忆心理学。沈阳市：辽宁科学技术出版社。

3.班图拉（陈欣银、李伯黍译，1989）：社会学习理论。沈阳市：辽宁人民出版社。

4.章益（辑译，1983）：新行为主义学习论。济南市：山东教育出版社。

5.G.H.鲍尔、E.R.希尔加德（邵瑞珍、皮连生、吴庆麟等译，1987）：学习论——学习活动的规律探索。上海市：上海教育出版社。

6.Bandura. A.(1986).Social foundations of thought and action: A social cognitive theory.Englewood Cliffs, NJ: Prentice-Hall.

7.Cloninger, S.C.(1993).Theories of personality: Understanding persons. Englewood Cliffs, NJ: Prentice Hall.

8.Dollard, J., & Miller, N.E.(1951).Personality and psychotherapy: An analysis in terms of learning, thinking, and culture.New York: McGraw-Hill.

9.Phares, E.J.(1991).Introduction to personality.New York: Harper-Collins.

10.Ryckman, R.M.(1989).Theories of personality(4th ed.).Pacific Grove, CA: Brooks/Cole.

11.Skinner, B.F.(1953).Science and human behavior.New York: Macmillan.

第九章　学习论的研究方法与评鉴技术

本章内容细目

与人格研究中的精神分析论范型和特质论范型不同,学习论范型(learning paradigm)强调,环境或情境是决定行为的重要因素。在学习论(或学习理论)(theories of learning)者看来,个体行为的差异主要来自个体在成长过程中所获得的学习经验的差异。有些行为模式是个体通过直接经验获得的,即通过直接的奖励或惩罚而获得的。有些行为模式是个体借助观察学习或替代学习而获得的。尽管学习论并不是一个理论和实践上的整体,它是由一系列不同的观点和方法所组成的研究取向。然而,无论是斯金纳的单个动物被试的实验研究,或是班杜拉对模仿攻击和自我效能等的研究,都是与华生行为主义的实证研究取向一脉相承的。在研究方法上,学习论者注重实验法,追求实验过程的严谨性和真实性。

由于主要的焦点是行为及其情境的决定因素,所以,在人格评鉴技术上,学习论者特别注重在自然条件下对行为的记录,辨认和测量一些与行为反应有关的变量。一些学习论者已发展出了几种在自然条件下记录行为的方法。另一些学习论者运用晤谈、测验和量表来评鉴行为。许多行为评鉴在实施过程中与基于学习论原理的治疗技术有着密切的联系。本章所介绍的自我效能评鉴的一般程序就是这方面的一个例子。学术观点的融合在人格评鉴技术上也反映出来。持社会学习论观点的心理学家自20世纪80年代以来变得更赞同认知的观点,有的还采用特质论的评鉴技术。

学习论者把人类行为视为对特殊环境的反应,并研究环境控制行为的具体方式以及怎样改变环境以塑造行为。本章最后介绍了应用学习原理来塑造行为的两个重要方面:行为治疗和程序教学。实践已经证明,行为治疗和程序教学已取得了相当的成效。这实际上是对学习论科学地位的一种评价。与人格研究中的精神分析论范型和特质论范型一样,学习论范型也有其优点和缺点,在本章最后作者做了简要的评价。

本章的主要内容是:

1.人格学习论研究方法的特点。

2.学习论的人格评鉴技术的特点。

3.学习论原理在现实生活中的应用。

4.如何评价人格研究中的学习论范型。

第一节 学习论的研究方法

在人格领域,持学习论观点的学者们在研究方法上都以客观科学的方式进行实验探索,将结论建立在有控制、可重复的实验基础上,而不是诉诸直觉、权威或口头争论。但是,他们的研究也各有特点,除研究课题不同外,在研究对象和对待理论的态度上也有明显差异。这方面,尤以斯金纳和班杜拉的表现更为明显。从斯金纳和班杜拉的研究方法上,可以了解到人格学习论研究方法的特点。

一、斯金纳的研究方法

斯金纳认为,有机体的行为和环境之间存在着确定的函数关系。心理学的研究就是寻找这种函数关系的具体内容,即在环境中寻找各有关变量,然后再把它们和相应的行为联系起来加以分析。他经常力求把他的全部工作无限地做得更科学。他把科学看作"不只是一些看法。它是研究自然界事件的秩序、一致性、规律性关系的。它像我们大家一样,从观察个别事件开始,但很快就过渡到一般规律,过渡到科学的法则"(Skinner,1953,p.13)。人类的行为是有秩序的,科学研究就是发现这种秩序。发现了这种秩序,人的行为就能够达到像物理科学所达到的那种预言和控制的程度。他说:"马可以被牵到水边,但不能够使它饮水。这种说法显然是不正确的"(Skinner,1953,p.32)。通过运用心理学的规律,并安排一次严重失水的经历,能够绝对有把握地使马饮水;同样,对人也能够引起某种所希望的行为。"我看不出在预言一个人将要做什么和预言一艘帆船将要做什么之间的任何差别"(Skinner,1961,p.201)。

(一)纯自然科学研究

斯金纳说:"自变量必须用物理学的术语去描述……作用于有机体的事件应尽可能以物理科学的术语加以描述"(Skinner,1953,p.36)。斯金纳还认为,用数量化的术语表示行为中"原因-结果关系"这一科学规律的工作"必须在自然科学界限之内去完成;我们不能假定行为有任何需要独特方法或特别知识的特殊性质"(Skinner,1953,p.36)。斯金纳认为,要把自变量和因变量之间关系的真正性质确定下来,最好的方法是实验,因为只有在实验中所有影响行为的因素才能受到系统的控制。虽然他也不排斥在自然条件下的行为因果观察和临床观察。

斯金纳竭力排除从个体内部心理和生理状态对行为的解释。他认为,行为就应当以行为来处理,而不应当作为某些不可观察状态的表现形式,不管这些不可观察的状态是形而上学的心理状态或是假设的大脑状态。他说:"激进的行为主义否认精神世界的存在,不是因为它好争论或妒忌对手,而是因为那些要求研究另一世界的人,必然要用和实验分析相抵触的方式去谈论行为世界"(Skinner,1969,p.267)。在斯金纳看来,内部心理状态对解释行为没有增添任何东西,它实际上还把事情弄得更加复杂,因为心理环节本身又需要解释。因此,他也坚决反对在心理学研究中使用自我观察法(method of self-observation)。

(二)单个被试研究

斯金纳完全不用统计或以统计为指导的实验设计(experimental design)。他认为统计只对那些从行为推断内部状态(如习惯强度、认知图式)的人才有必要。这些研究者把行为看成是对内部状态的间接量度,它会受"噪声"干扰,因而必须采用很多被试并以统计方法处理资料,以便获得对假设的内部状态的度量。行为论者只研究行为,所以不会有"噪声"。他不相信大量的被试和团体的平均反应间的统计比较。他说:"从平均个体所得到的预见,对研究一个特定的个体的价值很小或毫无价值。一门科学只有当它的规律是属于个体时,才有助于研究这一个体……一门只有关于团体行为的科学,对我们理解特定的个案大概是不会有帮助的"(Skinner,1953,p.19)。尽管斯金纳与奥尔波特在许多方面彼此对立,但在这一点上,他与奥尔波特的观点十分一致。由于现有的杂志对研究被试样本的大小和统计分析有一些不成文的要求,斯金纳派还创设了一种专门发表他们的研究报告的杂志——《行为的实验分析》。斯金纳派还发展出用于单个被试研究的可逆设计、多重基线设计和多重强化设计。

1. 可逆设计

可逆设计(reverse design)即通过一段时期给予强化,以观察受强化的行为怎样在基线水平上变化,然后撤去强化,观察行为是否倒退到基线,从而评价学习或强化条件。图9-1上半部分,表示一名很少做算术题的小学生的解题数量情况。在最初记录基线期间,该生在一堂算术课内只做了两道简单加法题。后来教师建立了记分奖励制度:规定每做对一道算术题就得到一面小旗子。这种奖励实施几天后,该生的解题速度加快了。然后在逆转阶段取消了记分制度和强化物,因而导致每天解题数迅速下降,几乎又回到原先的基线水平。这种设计的逻辑在于:通过这种逆转说明,行为变化是由实验处理引起的,而不是由无关因素如时间的推移等而引起的。

2. 多重基线设计

多重基线设计(或多基线设计)(multiple-baseline design)就是记录单个被试的几种不同行为(基线),并且给每一基线行为在不同时刻单独地分别给予强化。通过比较图9-1上下两部分,可以看出这种设计的一般步骤。假定这个小学生在算术课上有很多时间离开自己的座位，在教室里走来走去，坐在别的学生的座位上等等。假定教师要求该生坐在自己的座位上，不妨碍别的学生。他决定测量该生在一堂算术课上坐在自己座位上的时间和解算术题数。从图9-1可见，实验的第一阶段因时间很短，强化未对行为产生影响。在第二阶段，受到强化的行为（如图9-1的上方）增加了，而其他行为（在图9-1的下方）仍没有增加。这表明，强化只对解算术题这种特殊行为产生影响。一种行为改变了速度而另一种行为则未受影响，两种行为彼此独立。图9-1的第三阶段（下半部分）表明，继续强化儿童坐在自己座位上学习的行为，坐在座位上的时间增加了，但解算术题数却减少了。这类多重基线设计，可以用于对多种行为的记录和追踪研究。

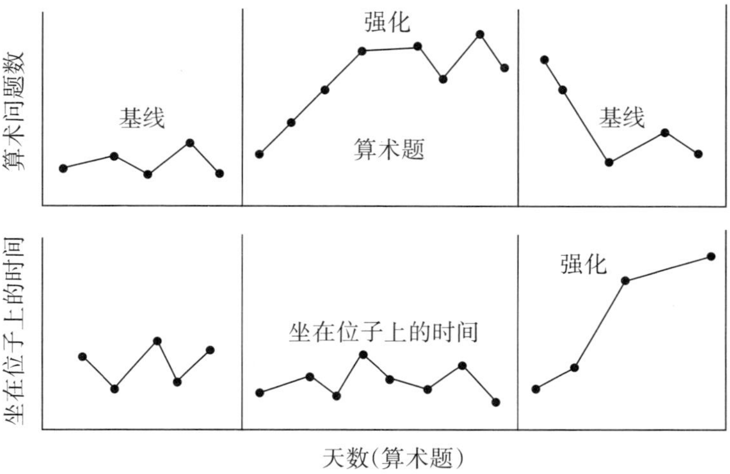

图9-1 可逆设计和多重基线设计

（采自 邵瑞珍等译，1987）

3. 多重强化设计

多重强化设计（multiple-reinforcement design）是指在一个实验阶段出现几个不同的刺激，每一刺激与不同的强化条件相连的情形。例如，当一鸽箱中的键被随机出现的红、黄或绿光分别照亮五分钟时，可以用不同的强化程式。由于鸽子按相应的强化条件对每种颜色的光进行反应，这样实验者就有可能对每个被试分别确定一个完整的参数函数，并将被试对每一刺激做出的反应的速度标绘出来，以确定刺激的强化速度，或反应速度与强化速度的相应关系。这样，可以获得单个被试在某一阶段的完整的行为函数。

（三）用动物作为研究对象

斯金纳特别强调用动物作为实验研究对象的重要性。他设计的斯金纳箱（或斯氏箱）（Skinner box）就是以鸽子和白鼠为被试进行学习实验的自动记录装置。他认为：

从简单的事例开始，然后就分析能力的增长而推进到复杂的事例，是有极好

> 理由的。如果这意味着人们从动物开始,强调之点无疑是在于人和动物所共同具有的一些特点上。然而能有所收获,是因为只有通过这种方式我们才能肯定什么是人类独有的特点。"试图把用动物进行有限研究得来的发展系统运用于人类社会,并且推广到人类经验的整个领域"这种主张不能算错。因为,从简到繁是科学运动的方向。(Skinner,1974,p.226)

他认为用动物作为被试有其独特的优点:(1)实验研究较为简单。(2)基本的过程易于揭示并可以长时间地进行记录。(3)观察不受实验者和被试之间社会关系的暗示。(4)实验条件能更好地控制。(5)可以安排遗传、历史,便于控制一定的变量;也可以安排特殊生活史,便于控制另外的生活条件。(6)控制人类行为不易办到,但控制动物行为则容易办到。例如,可以在大范围内改变剥夺状态。20世纪80年代后期,斯金纳也曾用各种不同年龄和能力的人做关于学习的研究。

(四)对结果只描述不做解释

对于实验结果,斯金纳只做客观描述,而不去做任何假设性的解释。斯金纳认为,科学解释就是对可观察变量之间关系的精密、准确的描述,仅此而已。在他与费斯特(Ferster & Skinner,1957)合著的《强化程式》一书中,就只是描述了单个鸽子在约7万小时内发出的近2.5亿次反应,总共用了921幅图表对它们加以罗列,而几乎不加任何解释和总结。因此,斯金纳的研究也被称为"描述的行为主义"。

总之,斯金纳的研究方法是一种极端的实证主义。他完全排斥理论的指导作用,坚持从可直接观察到的外部环境入手研究人的行为,对自我观察的报告持否定态度。坚持用动物的单个被试进行研究,反对使用统计或以统计为指导的实验设计;坚持只对实验结果进行描述,反对理论解释。这种做法不仅使他遭到许多心理学家的批评,同时也使他在方法论上陷入了自相矛盾。

二、班杜拉的研究方法

社会学习理论家所采用的首要研究策略是实验法,这在班杜拉的研究中尤为明显,但班杜拉的研究方法论与斯金纳的研究方法有相当大的差别。班杜拉强调理论的重要性,认为:

> 理论必须表明其预见力,必须精确地阐述因果性因素;正如事实所示,对假设的决定因素的改变,必然会产生相关行为的变动。(Bandura,1971,p.2)

班杜拉强调要以人类作为自己的研究对象,而不是从动物那里去获取第一手研究资料。班杜拉认为,斯金纳、米勒等人"却受下列事实的妨碍,他们都是在单个的人或单个的动物的情境中来建构其颇具局限性的基本原理的"(Bandura & Walters,1963,p.1)。为了进一步了解班杜拉研究方法的特点,下面介绍他对观察学习、自我效能、延迟满足方面的研究。

(一)观察学习

班杜拉(Bandura,1965)以斯坦福大学幼儿园男女儿童各33名为被试,由一名女实验者执行实验程序,两位男性成人扮演示范者,将儿童随机分为三组,每组22人。将儿童全部带到一个房间,让他们看电视机播映的影片。影片开始时,示范者走向一个类似成人大小的塑料玩偶,然后命令塑料玩偶让开道。玩偶不听从,于是示范者便表现出四种不同的攻击行为,实施每一种行为时都说上一句话。示范者先把玩偶打倒,坐在它身上,揍它的鼻子,说:"呸! 对准你的鼻子,砰! 砰!"拿根木棒敲它的头,说:"好家伙……坐下!"用脚踢玩偶,说:"滚走!"朝玩偶扔橡皮球,说:"砰!"接下来,三组儿童在屏幕上看到的情境则各不相同。

第一组儿童看到影片示范者的攻击行为后,影片便结束了("无结果情境")。第二组儿童观看到"示范者受奖赏的情境",即屏幕上另一位大人带着糖果和饮料对示范者的攻击行为给予奖励。第三组儿童观看到"示范者受惩罚的情境",即屏幕上另一大人威胁地批评示范者的攻击行为,最后还打了示范者一顿,提醒他不许再攻击玩偶。

上述活动结束之后,再把三组儿童带到一个房间,里面有一个塑料玩偶和别的玩具。每次让一个儿童单独待在房间里10分钟,实验者则从单向玻璃观察其行为,以预先设计好的模仿反应种类记录儿童的行为。以儿童自发的身体和言语反应作为行为表现的测量,这是"无诱因情境"。行为表现的测量之后,告诉三组儿童,他们再做出方才影片中看到的身体和言语的反应时,将会有奖赏,这是"正诱因情境"。学习的测量以儿童所做的身体和言语的反映种类为指标。

在无诱因和正诱因两个实验阶段中,三组儿童做出模仿行为的平均种类数如图9-2所示。结果表明:(1)对示范者的奖赏,显著地增加了儿童的模仿反应数。(2)男孩的模仿行为较女孩的模仿行为多;女孩较受对示范者的奖赏的影响。(3)引入正诱因,完全消除了原先观察到的行为表现差异;在正诱因阶段,三组儿童的学习量相当。总的来看,奖赏示范者影响儿童模仿行为的表现但不影响其习得。观看奖赏或惩罚示范者,儿童模仿反应也不同。

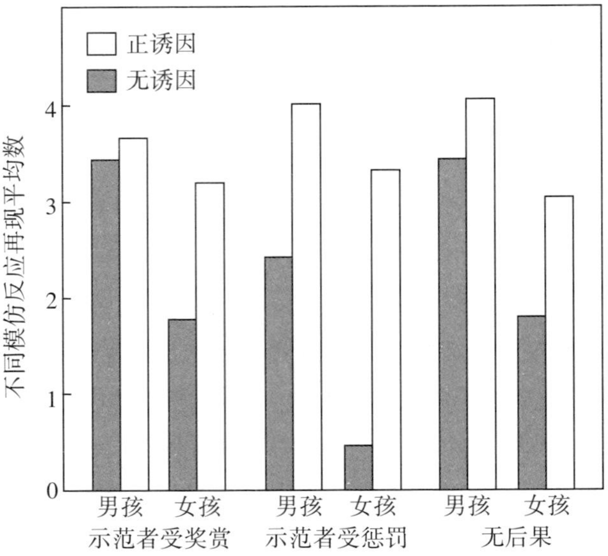

图9-2 儿童模仿行为的平均数是示范者行为和正诱因的函数

（采自 Bandura,1965）

(二)自我效能

班杜拉十分重视自我效能的重要性,认为自我效能影响着人们选择做什么,行动时投入的努力有多大,在困难面前能坚持多久,以及从环境中体验到的压力有多大。因此,我们有必要了解“人们怎样判断自己的能力以及他们怎样通过对效能的自我知觉而影响其动机的”(Bandura,1982,p.22)。为了弄清自我效能的性质,班杜拉做了许多实证研究。下面介绍对这一概念的几个研究。

1.临床实例

班杜拉等人(Bandura,Adams,& Beyer,1977)曾做过自我效能影响恐蛇症(ophidiophobia)的一项研究。他们把那些都说自己曾经历过跟蛇有关的可怕事情,并且有不能集中注意力等症状的被试分为三组,每一组被试经历不同的实验条件。对参与示范组,治疗者简要地向被试展示如何对付蛇之后,与被试一起参与一系列难度逐渐增大的对付蛇的行动——从触摸蛇到把蛇放到房间里然后重新捉住它等。观看示范组的被试只是观看治疗者上述耍蛇行为,但并不亲自去做。对控制组则不提供上述示范经验,只对他们做前后两次测试,以检查其躲避蛇的程度。结果表明,参与示范组的被试自我效能感提高最大,其次是观看示范组;观看示范组又优于控制组。此外,自我效能的等级是完成行为任务的优良指示器。自我效能等级高的被试往往能完成更难更惧怕的任务。示范处理与相应的自我效能感的提高都产生了类化;被试报告说,他们对付其他有关恐惧情境的信心增强了。

另一项研究(Bandura,Adams,Hardy,& Howells,1980)表明,随着适应表现的改善,被

试的自我效能感也随之提高。这项研究的被试是几位广场恐惧症(agoraphobia)患者(表现为在离家的其他地方便会产生莫名其妙的恐惧),治疗者对他们进行治疗(如放松疗法),并陪同他们一起去公共场所,如逛商店、散步、爬高梯子以及进餐馆等。这些场所都是被试过去惧怕的。结果表明,随着被试在这些场所的适应行为改善,他们的自我效能感也提高了。对一些特殊的人群的研究表明,在吸烟者中,自我效能感强的被试比自我效能感弱的被试在戒烟的坚持性方面做得更好(Baer,Holt,& Lichtenstein,1986)。在过度肥胖者中,自我效能感强的被试比自我效能感弱的被试在减肥活动中更有坚持性(Mitchell & Stuart,1984)。

2. 自我效能与压力

压力(或应激、紧张)(stress)是个体面临威胁时的复合经验。班杜拉等人(Bandura,Cioffi,Taylor,& Brouillard,1988;Bandura O'Leary,Taylor,Gauthier,& Gossard,1987)的两个研究探讨过自我效能与压力的关系。例如,班杜拉等人让学生在不同情况下进行数学运算,一种情况是被试觉得题目是完全能够做好的(有自我效能),而另一种情况是被试觉得题目已超出了他们的能力(无自我效能)。研究结果表明,有自我效能组的被试后来解题时很少表现出压力,而无自我效能组的被试在解题时处于压力和高觉醒状态。

3. 自我效能与动机

自我效能与动机密切联系。班杜拉和伍德(Bandura & Wood,1989)设计了一种类似于管理的情境。如果参加组织管理的被试认为这样的组织是不易控制的(自我效能低),即使组织目标很容易达成,他们也认为难以控制。与此相反,高自我效能感的被试则不断提高其挑战性目标的难度,并且十分有效地进行分析思考。结果表明,被试的管理成绩水平与其自我效能直接相关。如图9.3所示,相信自己有控制能力的被试,组织管理成绩水平高;而不相信自己有控制能力的被试,其组织管理成绩水平低。

总的来说,高自我效能感者视困难任务为应该把握的挑战,而不是回避它。在遇到困难时,高自我效能感者不是失望,而是加倍努力并感到兴奋。这种人把失败归因于自己努力不够,深信只要自己更加努力就会成功。因此他们的自我效能感一般不受失败的影响,却为成功所增强。低自我效能感者不相信自己的能力,总是夸大任务的难度并回避困难任务。与高自我效能感者相比,他们为自己设立的目标较低,遇到困难时就很快放弃努力,并把失败归因于自己的能力差。在遇到失败后要恢复他们对自己能力的最初低水平的评价,也很缓慢。低自我效能感者经常感到焦虑、沮丧和失意。

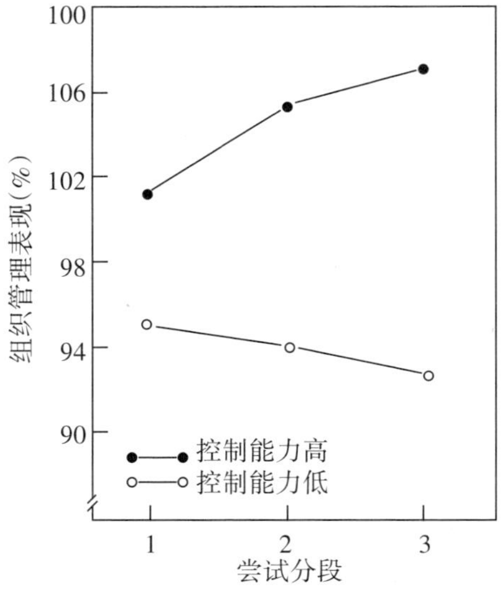

图9-3 控制能力与组织管理成绩之关系

(采自 Bandura & Wood,1989)

(三)延迟满足

多年来,社会学习论的研究者们一直对延迟满足的课题特别感兴趣。所谓延迟满足(或延后享乐)(delay of gratification),就是为了得到延迟的更大的报酬而放弃即刻的较小的报酬。这种强使自己延迟满足的能力与意志力、自我强度等概念相类似,具有认知和动机的功能。

1.预期的作用

梅尔(Mahdrer,1956)假设随着时间的推移,人们会积累起延迟满足和立即满足的经验。例如,父亲对孩子说,如果他们现在不玩捉迷藏的游戏而是去打扫楼道,下星期天就带他们去旅游,但是孩子们似乎认为"下星期天"从未到来过。梅尔认为,我们强使自己延迟满足的能力部分是由我们的预期所决定的,即预期延迟的奖赏将真的会发生。他以二至三年级的小男孩作为被试,分为三组。每一组儿童都进行一系列训练性实验。在这些实验中,实验者对儿童许诺说,只要他们帮实验者挑选一些图片,第二天他们就能免费得到一个气球。这种实验连续进行了五天。为了造成对延迟强化的不同预期水平,实验者对第一组被试的五天实验中四天都履行了自己的诺言,给他们气球(高预期组);对第二组被试的五天中有两天履行了诺言,给予气球(中等预期组);对第三组则始终未履行诺言(低预期组)。在这种训练后的三天,实验者回来向儿童们表示将立即给他们一个小玩具飞机或者第二天给他们一个飞碟玩具,让他们进行选择。实验之前实验者测得:大多数男孩更喜欢飞碟。为了测定对一个实验者的经验是否也会类化到另一位实验者,在这个实验中,半数被试由开始的那位男性实验者提供选择,而另一半被试则由一位女性实验者提供选择。结果表明,高预期组儿童选择飞碟(延迟满足)多于选择玩具飞机(立即满足),他们的这种选择倾向与中等预期组和低预期组有明显的差异;并且,这一结果只限于由那位男性实验者提供选择时才如此。而由女性实验者提供选择时三种预期水平的被试在延迟满足或立即满足的选择中则没有什么差异。这表明,延迟满足的类化相当依存于两种研究情境中所包含的社会媒介物的相似性。

2.对奖赏价值的影响

米歇尔(Mischel,1966)认为,不得不忍受延迟满足将会提高对该奖赏的主观价值。他曾做过延迟满足对奖赏主观价值影响的实验(Mischel & Masters,1966),当六年级的男女儿童正在看一场激动人心的电影达到高潮时,放映突然中断。儿童们被告知是由于保险丝断了。随后告诉一组儿童,影片继续放映的可能性为100%;分别告诉另两组儿童,影片放映的可能性为50%和0。控制组则一直看完电影,在强行的延迟之前和之后要求儿童都对影片的吸引力进行评价。所有的儿童都看完影片后,再一次要求儿童对影片的吸引力进行评价。结果如图9-4所示:(1)与其他组相比,被告知影片不可能重新放映的被试对影片的评价大大提高了。即使看完了整部影片之后,他们的评价都显著高于其他组。(2)所有的阻断和延迟奖赏都提高了对影片的评价。这似乎说明,不可能得到的东西显得更有价值,更使人想得到它。

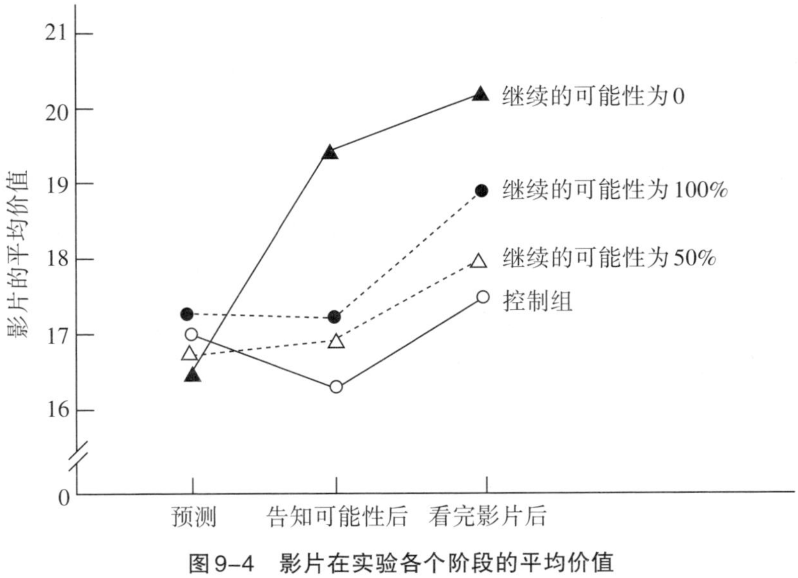

图9-4　影片在实验各个阶段的平均价值

(采自 Mischel & Masters,1966)

3.模仿延迟行为

班杜拉和米歇尔(Bandura & Mischel,1965)曾对模仿改变儿童延迟满足的行为做过研究。他们先对约250名四至六年级的小学生进行测试，让他们对先后呈现的14对奖赏进行选择。每对奖赏之一为价值较小但立即可得到的，另一为价值较高但必须延迟一至四周后才能得到的，被试必须在两者之中选择其一。例如，儿童必须选择今天得到一角五分或一两周后得到四角五分。记录每一个儿童的延迟满足的分数，即根据其选择较小的立即奖赏的项目个数和选择较大的但延迟奖赏的项目个数来计算。从全部被试的延迟分数中选出落在最高和最低的25%的被试，分别计算出男女儿童人数。结果低延迟组有男女儿童各30名，他们都明确选择立即奖赏。高延迟组也有男女儿童各30名，均明确选择较大的延迟奖赏（或延宕奖赏）（delayed reward）。

将各组被试随机地分配到三种实验情境中，每种实验情境的男女儿童各10人。在第一种实验情境中，儿童观察现实的成人榜样。这些成人榜样在立即奖赏和另一较高价值的延迟奖赏之间选择一个：对于高延迟组儿童，榜样一直选择立即可得的奖赏，并一直说着立即奖赏的优点；而对于低延迟组儿童，榜样一直选择延迟奖赏，并说着延迟满足的优点。第二种实验情境中，儿童不是观察现实的榜样而是象征性的榜样，即对每个儿童描述成人榜样所面临的选择，并让儿童读一段榜样行为的叙述。低延迟组儿童读到的是叙述榜样选择延迟奖赏，而高延迟组儿童读到的是榜样选择立即奖赏。第三种情境是无任何榜样，只让儿童看到成人所面临的选择，这是控制组。

每一个被试经历三种实验情境之一以后，要求其在另外的14对项目中做出选择，即在较低价值的立即奖赏和较高价值的延迟奖赏之间选择其一。为了测定儿童选择行为在时间上的稳定性，在实验之后的四至五周时，再进行了一次选择测试。

结果表明：（1）高延迟组儿童在三种实验情境中，均明显改变其延迟满足行为，即变为选择立即满足。这种反应改变还维持一段时间。（2）高延迟组儿童在看过现实榜样和象征性榜样后的延迟行为均与控制组有显著差异；现实榜样的影响效果最大，经过一段时间后其效果也最稳定。（3）低延迟组儿童看过现实榜样和象征性榜样后强使自己选择延迟满足，但儿童的行为改变在这两种实验条件下无显著差异。总之，无论是现实榜样或象征性榜样，都能对儿童的延迟满足行为产生很大的影响。

4.能延迟满足者的人格特征

社会学习论者把每一个体的人格看成是其独特的强化史的特殊产物，并强调同一行为在不同情境下的可变性。因此，这一理论一般不把个体划分为不同的类型或用特质来评鉴个体。但是，近年来社会学习论者在探讨能延迟满足的儿童是否有独特的人格特征。亨德等人（Funder，Block，& Block，1983）用实验任务测量过4岁儿童的延迟满足，并从教师和测验者那里得到了这些儿童在3、4、7、11岁时人格测验的评定资料。结果如表9-1所示，在实验条件下有无延迟满足能力的儿童在人格特征上有明显的不同。

能延迟满足的学前儿童10年之后会表现出特殊的人格特征吗？米歇尔等人(Mischel, Shoda, & Peake, 1988)要求10年前曾测量过延迟能力的95名儿童的父母对其子女进行人格评量。结果表明,4~5岁时就能等待较长时间的男女儿童成长为青少年之后,其父母对他们的评价是:学术和社交能力较强、言语较流畅、较理智、较专注、活泼,对压力和失败有更强的抵抗力。虽然这些研究结果是从正常的幼小儿童的研究中得出的,但近年来的研究表明,这些结果也适用于有适应问题的、年龄较大(6~12岁)的儿童。

表9–1 与延迟满足能力有关的人格特征

有延迟满足能力的儿童的人格特征		不能延迟满足的儿童的人格特征	
男孩	女孩	男孩	女孩
慎重 专注 能全神贯注 讲理 节制 合作 能调节冲动	聪明 机智 能干	易激动 烦躁不安 攻击 常不能自我控制	无法忍受压力 受其他儿童欺侮 郁郁不乐 易受侵犯 爱抱怨

(采自 Hunder, Block, & Block, 1983)

第二节 学习论的评鉴技术

行为论者和社会学习论者在人格评鉴技术上是相当多样化的。但是他们评鉴的中心都是行为,积累有关行为的信息、产生和维持此行为的环境条件以及随此行为之后的正负后果。其目的是获得个人行为的一个正确样本,而不是找出隐藏的冲动或人格特质。不过,社会学习论者考虑到认知的角色以及情境变量与较持久的人格变量的互动,因而他们在评鉴技术上与行为论者也有所不同。

一、行为论的评鉴技术

(一)与传统观点的主要区别

当我们一进入经典条件作用和操作条件作用的领域,就发现人格的概念已明显发生了变化。表9–2给出的是传统的人格评鉴方式与行为论探讨方式之间的主要区别。传统的人格评鉴就是测量个人稳定的内部特征(如情结、特质等),把测验的资料视为某种内部状态或人格特质的征兆。例如,在罗夏墨渍测验中,如果全部(W)反应过多乃是妄想的征兆。但行为论者不这样看。他们认为,被观察到的行为只是在其他情境中也能观察到的那类行为的一个样本。如果一位患者容易惊哭、紧张害怕,对刺激反应过分敏感,在行为治疗家看来,该患者的此种行为是其在咨询室以外情境中的行为举止的一个样本。

表9-2　在评鉴方式上行为论与传统观点的差异

人格评鉴方式	行为论	传统观点
1.假设		
①人格的概念	如果说有人格结构,那么人格结构主要是指特殊的行为模式	人格是持久的内部状态或特质的反映
②行为的原因	可在现今的环境中找到维持的条件	内部的心理或内部的独特性
2.含义		
①行为的作用	是个人在特殊情境中行为库的一个重要样本	行为的重要性在于它是内部原因的指标
②历史的作用	除提供追溯的基线之外,相对的不重要	现在的情况是过去的产物
③行为的持续性	行为因情境而不同	行为具有跨时间和跨情境的一致性
3.资料的使用	描述目标行为和维持条件 选择适当的处理 评鉴或改变处理	描述人格机能和病因 诊断或分类 症状预测
4.其他特点		
①推论水平	低	中等至高
②比较	强调个体内的或个案的研究。	强调个体间或一般性的研究
③评鉴方法	较强调直接法(如自然环境中的行为观察)	较强调间接法(如晤谈和自陈)
④评鉴时间	持续进行;在处理之前、之中和之后	多在处理前后,或严格诊断
⑤评鉴范围	特殊测量和较多的变量(例如,不同情境中的目标行为、副作用、背景以及优缺点)	只对个体较总体的测量(例如,治疗或改善的情况)

(采自 Hartmann,Roper,& Bradford,1979)

(二)行为方程

行为评鉴的首要目标是界定需要改变的不适应行为,然后确定环境中维持此种行为的因素以及改变此种行为的办法。因此,要辨认和测量一些变量(SORC),而所有的行为都是这些变量的函数。这一假设被称为行为方程(behavior equation)(Kanfer & Phillips,1970)。其中S、O、R、C变量分别是:

刺激(stimulation,简称S):可分为外部的和内部的。在反应性反应中,无条件刺激与它所引发的反应之间有着直接的联系，而在操作条件作用中可以通过不同的强化手段对反应进行控制。虽然操作条件作用并不包括行为方程中的S，但临床上的操作性反应却不是随机引发的，而是当某一环境信号，或辨别刺激出现时才引发并受到强化的。辨别刺激包括由自己或其他人产生的刺激。

有机体（organism，简称O）：有关有机体的因素，包括心理的和生理的因素，也包括长期的和暂时的机体内的影响因素。

反应（response，简称R）：包括反应性反应和操作性反应（或工具性反应）（instrumental response）。前者指不经训练而由特殊的刺激引发的反应；后者指引发它的刺激不清楚，反应是由它本身的结果所条件化的。这里的反应不仅包括身体的活动，也包括言语反应和社会反应。它们可以进行直接的观察和测量。

C即个人行为的结果（consequence）：桑代克的效果律、霍尔的驱力降低论和斯金纳的强化原则都认为，反应的结果可以影响这一反应以后发生的可能性，即维持行为的强化。

行为取向的临床心理学家把行为方程和行为治疗密切联系起来（参见补充讨论9-1）。他们重视行为的当前影响，其工作重点是R变量。当前的行为是受当前起作用的变量控制的。无论当前的变量是S、O或C，治疗者都要做出明确的分析。只有这样才能达到对不适应行为的控制。所以，行为评鉴不在于发掘个人内部的病理性征兆，而在于寻找行为的代表性样本。

补充讨论9-1

行为评鉴与治疗的实例

问题　C是一个四岁的男孩，在家中好生气，经常有违拗行为。他母亲（M）对此无可奈何，只得请求心理学家（Es）的帮助。

观察　Es走访了他们的家庭，对母子俩在家中的表现做了细致的观察。Es注意到C的违拗行为是由于M的注意引起的。例如，每当C表现出令人讨厌的举止时，M总是放下自己的工作，去向C解释这样做如何不好，应该做什么或怎样做，否则就用玩具或可口的食物把C从那种活动中吸引开。经进一步观察，Es发现C的不适当行为主要有七种：（1）咬自己的手臂或衬衫；（2）拼命把舌头伸长；（3）踢、咬别人或小玩具；（4）说粗话或用坏字眼称呼人；（5）脱衣或威胁性地要脱掉自己的衣服；（6）遍地扔东西；（7）恐吓别人。Es对这些行为的发生频率做了测量，每隔10秒钟记录一次，看看是否有某种不适当行为出现。每次观察持续一小时，每星期进行二至三次观察。每次观察的时间是随意安排的，由两名Es负责。另外三位Es选择一个偶然的机会去他家中核实前两位Es观察结果的可靠性。他们发现前两位Es观察信度较高，其范围是0.70~1.00，平均为0.88。

治疗 治疗是在观察进行了16次之后开始的。在治疗的第一阶段,Es告诉M,如果C表现了某种不适当行为,就命令他停下来或者干脆把C关进他自己的房间里,不给他玩具玩。如果C以某种合适的方式玩耍时,就给他以关注和奖励。这一阶段结束后,Es要M以正常方式与C交往一个时期,作为两个治疗阶段间的过渡。接着开始第二个治疗阶段,M的行为和交往方式基本不变,不再对C的合适行为次次予以关注,而只是偶然地给予关注。最后再过24天,重复一下整个疗程。在重复期,Es不再亲临M家中和做任何指导。

结论 此项行为评鉴与治疗的研究表明,在自然的家庭环境中,父母完全可以作为治疗者来矫正子女的某些问题行为。

从上例可以看出在行为评鉴中,治疗家所关心的是SORC客观资料的收集,特别重视目标行为(goal behavior)。(采自陈仲庚、张雨新,1986,405~406页)

(三)直接观察

行为论者的评鉴技术首先当推直接观察(direct observation),即在日常生活中对个人的行为举止进行详细的观察记录。例如,巴克和赖特(Barker & Wright,1951)曾对一位7岁儿童一整天的活动做过巨细靡遗的记录。不过在大多数的案例中,这种观察策略显然既不实际又太耗费时间。在直接观察时,通常采用三种策略。

1.时间取样观察

时间取样(time sampling)观察即有选择地在某些时间段内系统地观察和记录某位患者所表现的行为。例如,艾隆和迈克尔(Ayllon & Michael,1959)曾要求护士对在某场所的患者的行为进行系统的观察和记录。在该案例中,每名患者每隔30分钟被观察1~3分钟。

2.事件取样观察

事件取样(event sampling)观察即对事先确定要观察的特定条件或行为进行系统的观察和记录。例如,欧利里和贝克(O'Leary & Becker,1967)观察用代币强化计划控制儿童课堂干扰行为的有效性,详细记录了有关行为(如举手、推东西等)的出现、持续时间和频数。

3.行为代码系统的观察

所谓行为代码系统(behavioral coding system,简称BCS),就是将行为分为有意义的、可以观察的类别,并为记录和随后分析处理方便而制订出的一套符号系统。例如,帕特森(Patterson,1977)及其同事曾用行为代码系统来记录在显示攻击和不服从问题的男孩家中所做的观察。图9-5是行为代码系统的一个样本。

行为代码系统空白代码表样本

姓名__________________

身份证号码__________________

行为代码表

时间__________________

姓名__________　观察者__________　日期__________　编号__________

AP	编号	HR	高速率	PP	主动身体接触
AT	赞成	HU	出丑	RC	领受
CM	注意	IG	忽视	SS	自我刺激
CN	指挥 (否定的)	LA	笑	TA	讲话
		NC	不服从	TE	逗弄
CQ	服从	NE	反抗	TH	操弄,触摸
CR	哭叫	NO	正常	WH	啜泣
DI	不赞成	NR	无反应	WK	工作
DP	依赖	PL	游戏	YE	叫喊
DS	破坏	PN	反抗身体接触		

1					
2					
⋮					
10					

描述____

图9-5　一份空白的行为代码表

(采自 Jones, Reid, & Patterson, 1975)

(四)晤谈

晤谈(或访谈)(interview)可以收集来访者多方面的资料,行为治疗家和精神分析治疗家都在经常使用。董奇(1992)曾对晤谈的一般程序做过较详细的阐述,可以此程序来引发有关行为信息。晤谈开始时要建立彼此良好的人际关系,以造成产生所要信息的晤谈气氛,这些信息就是前述行为方程中的SORC资料。即是说,临床治疗者需要了解与该适应不良行为有关的刺激、此人内部的长期的或暂时的影响因素、问题行为的本质,以及出现在此行为之后可能与维持适应不良行为有关的事件,此外还经常收集相关的个案历史资料,最后区分出明确的刺激-反应关系作为治疗的重点。许多行为治疗家发现,患者对治疗的预期相当重要。现在许多行为治疗家对认知在行为治疗中的作用都相当重视。

(五)测验和量表

一些自陈量表可用来测定行为和情绪反应。前已述及,压力是个体感受到威胁时的一种紧张情绪反应。美国的两位医生霍姆斯和拉希(Holmes & Rahe, 1967)编制了一个社会适应评定量表(Social Readjustment Rating Scale,简称SRRS),用来测定不同社会经历所引起的压力反应。该测量工具指出,大量的压力由43种不同的社会经历所造成,有不愉快的经历,如配偶死亡等;也有愉快的经历,如结婚或杰出的个人成就等。所有这些事件包含个人生活中的种种变化,要求适应这些变化。这些事件会产生不同水平的压力。而压力又会影响个人的健康(参见补充讨论9-2)。用社会适应评定量表可以评定个人在压力下情绪反应的大小。又如,恐惧调查表(Fear Survey Schedude)(Geer,1965)描述了51种情境(如高空、黑暗、寂静、医院手术等)可能引起的恐惧情绪反应,要求被试评定每一种情境所引起的恐惧程度或不愉快反应的程度。总之,这类测量工具都是试图针对与特殊情境有关的特殊行为和情绪反应的。

补充讨论9-2

压力与健康

表9-3所列是霍姆和拉希研究得出的生活事件变化所产生的不同压力感评定值。研究者对各种事件所产生的生活压力(life stress)与发病率的相关研究表明,一年中个人所有压力感总和为150或更高的值是生活的转折点。若这一年生活事件压力感评定值为150~199之间,则下一年患病的可能性为37%;若分值在200~299之间,则患病的可能性为51%;若分值在300以上,患病的可能为71%。就是说,压力越大,患病的可能性就越大。研究表明,那些经历了极为严重的生活危机,以及有较高累加生活事件压力感评定值的人,不仅多患病而且多患严重的疾病。在极高压力状态下的人,大多数可能患的是慢性病,如白血病、癌症和心脏病。

表9-3 社会适应评定量表

编号	生活事件	压力感	编号	生活事件	压力感
1.	丧偶	100	22.	工作责任改变	29
2.	离婚	73	23.	孩子离家出走	29
3.	分居	65	24.	与亲家发生矛盾	29
4.	拘留	63	25.	个人的杰出成就	28
5.	亲人死亡	63	26.	妻子找到或失去工作	26
6.	受伤或患病	53	27.	入学或失学	26
7.	结婚	50	28.	生活条件变化	25
8.	解雇	47	29.	个人习惯变化	24
9.	重婚	45	30.	与上司发生矛盾	23
10.	退休	45	31.	工作时间与地点改变	20
11.	亲人健康的变化	44	32.	迁居	20
12.	怀孕	40	33.	转学	20
13.	性生活不和谐	39	34.	娱乐活动的变化	19

续表

编号	生活事件	压力感	编号	生活事件	压力感
14.	家庭成员的增加	39	35.	礼拜活动的变化	19
15.	工作重新调动	39	36.	社会活动的改变	18
16.	经济情况变化	38	37.	抵押品价值或贷款小于万元(美金)	17
17.	好友死亡	37	38.	睡眠习惯的改变	16
18.	工作岗位变化	36	39.	家人的离合	15
19.	与配偶争执	35	40.	饮食习惯的改变	15
20.	抵押价值已超过万元(美金)	31	41.	假期	13
21.	抵押品赎回权或贷款等被取消	30	42.	圣诞节	12
			43.	轻度违法	11

(采自 Holmes & Rahe,1967)

读者可以根据社会适应评定量表计算一下自己的分数,或计算一下你的亲属或朋友的分数。如果你熟悉某人最近患病,你可以访问他,在患病前一年中所发生的生活事件,很可能这些事件压力感的累加评定值至少为150。

二、社会学习论的评鉴技术

在评鉴行为的过程中,社会学习论者特别强调诱发和维持此行为的环境因素,注重认知和人格的作用。下面介绍罗特对预期的测量和他的两个著名问卷以及班杜拉对自我效能的评鉴技术。

(一)对预期的测量

前已述及,罗特把预期定义为个体对自己在某特定情境中以某种方式行动可能会产生强化所抱的信念。罗特曾用几种方式来测量预期。第一种方式是:要求被试在0至10的量尺上,指出他们对做出某种行为反应将达到某种结果的信心有多大。很明显,被试可能会胡乱地估计。为了控制被试胡乱估计自己的信心,采用了下赌注的办法。其假设是:下注大比下注小肯定更有信心;但如果下注太大而达不到预期时便会输掉这些钱。这样,只有正确地下注才能得到奖赏,从而打消了被试防卫和不切实际的高估。第二种方式是:询问被试在一系列考试分数中,哪个分数他们最有信心达到,亦用下赌注的办法进行控制。第三种方式是:要求被试对主题统觉测验(TAT)图片中做着不同动作的人编出故事来,这些图片有些是罗特特别制作的,有些是常用的主题统觉测验图片。用主题统觉测验测量类化预期时,罗特特别注意这类工具的信度和效度。为此,他准备了相当仔细、清楚的手册,对所编故事做可靠的推论。他对故事的解释与精神分析师仅凭直觉的做法是截然不同的。

(二)罗特的两个著名问卷

罗特编制的内外控量表和人际信任量表,是两个常被使用的人格问卷。

1.内外控量表

1966年,罗特发表了内外控量表(Internal-External Scale,简称IES)。该量表最初包括几个从理论上互相区分的分量表,因此既可以根据不同的目的建立一种有关控制期望的全面测量,又可以建立一个一般性的总体心理控制源量表。然而,因素分析的结果却表明,这一量表仅由一个较大的因素和几个很小的因素组成,而且这几个小因素只有很少的几个项目,难以作为有效的测量使用。因此,在多次修订的基础上,罗特建立了现在被广为应用的由29个项目组成的心理控制源量表。其中6项是缓冲项,不计分;实际计分项为23项。量表中的每一项都有两个句子供被试选择,其中一个是外控方向上的观点,另一个是内控方向上的观点(缓冲项则没有此种倾向性)。要求被试在每一项中选择一个自己更相信的句子。选中外控方向上的句子计1分,否则计0分。因此,量表总分在0~23分之间,分数越高表示外控的倾向性越高。罗特心理控制源量表已由国内学者修订并建立了常模(王登峰,1991)。下面是该量表中两个项目中的四个句子的举样(编号为原题号):

选择a或b:

(2)a.人们生活中很多不幸的事都与运气不好有一定关系。

b.人们的不幸起因于他们所犯的错误。

(9)a.我常常预先发现那些将要发生的事果真发生了。

b.对我来说,信命运不如下决心做实事好。(Rotter,1966)

2.人际信任量表

1967年,罗特发展出一种人际信任量表(Interpersonal Trust Scale),共有25个项目,其内容涉及各种情境下的人际信任和不同的社会角色(包括父母、教师、推销员、审判员、政治人物等)。该量表的多数项目与社会角色的可信赖性有关,但也有一些项目与对未来社会的乐观程度有关。要求被试在"完全同意"至"完全不同意"的五点量尺上表明自己的选择。其项目举例(编号为原题号)如下:

(1)在我们这个社会里虚伪的现象越来越多了。

(5)考试时教师不到场监考可能会导致更多的人作弊。

(21)多数推销人员在描述他们的产品时是诚实的。

(23)多数维修人员即使认为你不懂其专业知识也不会多收费。(Rotter,1967b)

人际信任量表可以评定出高人际信任者和低人际信任者。在一项研究(Wright, Maggied, & Palmer, 1975)中,要求一组大学生各填写一份人际信任量表,并在答案纸上写下联络电话以便实验者可以通知他们来参加实验。此后,邀请高人际信任者和低人际信任者回来参与实验,并对被试所做有关该研究性质的询问,对回答经过标准化分类,结果发现,高人际信任者所提的怀疑询问(如:"你怎么知道我的名字?""为什么要找上我?")显著少于低人际信任者;高人际信任者对一般性的问题也问得较少。

(三)自我效能评鉴的一般程序

根据班杜拉的许多实验,自我效能的评鉴程序通常是:选定前测的操作任务,进行自我效能评定、效能诱导和操作任务的后测(Bandura, 1982)。让我们以班杜拉等人(Bandura, Reese, & Adams, 1982)对恐蛇症患者所做的一项研究来说明这一程序。

首先,实验者设计出用来表明自我效能感不同的各种操作任务,操作成绩的不同则表示自我效能水平的不同。接着,实验者以书面或口头的方式向被试呈现一系列已选定的难度渐增的操作任务,要求他们评定自己能完成其中多少项任务以及完成每项任务的自信程度。自信度从10(很没有把握)到100(绝对有把握),由被试进行定量评鉴。

效能诱导(efficacy induction)就是实验者采取一些措施使被试的自我效能水平得以提高。效能诱导方式是多种多样的。但班杜拉(Bandura, 1978)指出,自我效能的判断,不论准确还是错误,都来自下列主要信息源:(1)被试自己过去作业效果的经验;(2)根据观察他人行动所产生的效果的推论;(3)他人的言语判断、鼓励和劝说;(4)被试自身的生理状态(据此,对自己的力量、能力和耐受力所做出的判断)。

因此,运用上述一种或几种信息可以诱导个人自我效能感的变化。主要有下列四种方式:(1)使被试表现出认真办事的成功经验;(2)让被试观察成功榜样的示范;(3)劝说或鼓励被试(譬如说"我知道你能干");(4)通过锻炼、饮食或化学方法调节其生理状态。

班杜拉(Bandura, 1982)认为,通过上述方式均可以使人们提高自我效能感,去完成他们以前不能完成的任务。他报告了在诸如音乐表演、与异性交往、学习数学、戒烟、心脏病康复、治疗多种恐惧症等方面的成功运用。

评鉴自我效能水平是否变化的最后一个步骤是:让被试实际操作目标任务,将后测成绩与前测成绩进行比较,以考察效能诱导技术是否有效。

例如,班杜拉等人(Bandura, Reese, & Adams, 1982)对恐蛇症患者的研究中首先设计出要求被试接近玻璃笼中蛇的18项操作任务:接近养蛇的笼子,低头看蛇,戴手套触摸蛇,光着手触摸蛇,把捉住的蛇放在房间里并把它放回笼子中……最后让蛇在大腿上爬过而双手悬垂两边。在完成这些任务的同时要求被试在10点量尺上指明体验到的惧怕程度。

接下来，让被试对表上列出的18项操作任务，做出估计自己能够操作哪些任务，并在100点量尺上评鉴自己完成这些任务的自信心程度。经过前测评定程序后，实验者进行三种水平的效能诱导：高效能诱导——达到让蛇在大腿上爬过；中等水平效能诱导——达到接触蛇并将蛇放进笼子；低效能诱导——走近看笼子中的蛇，不与蛇接触。达到能完成某种操作任务后，要求被试再评定自己在前述18项操作任务中能完成哪些任务、自信心程度如何（定量评定程序同于前测）。这样就可以评定不同诱导方式对自我效能所产生的影响。

在此项研究中，被试是应报纸广告而来、寻求帮助的真正恐蛇症患者，只将被试的自我效能引导至低或中等水平，显然是不道德的。基于此，班杜拉等人还对被试进行了额外的治疗，使他们都达到高自我效能。这项研究表明，被试的自我效能感越高，任务操作得就越好。这种关系如图9-6所示。被试报告的惧怕程度与自我效能水平的关系如图9-7所示，自我效能感越高，其惧怕程度就越低。

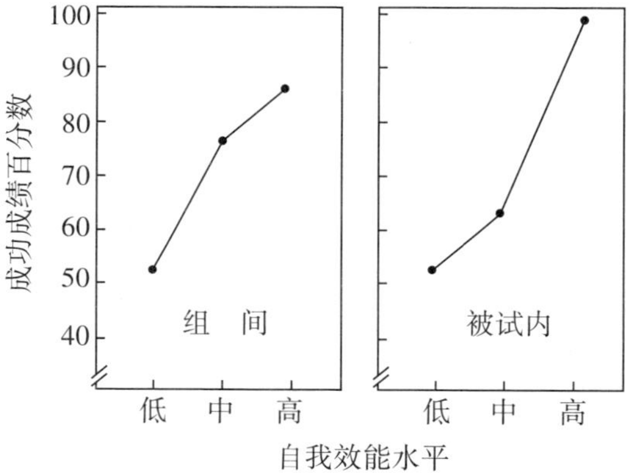

图9-6　自我效能水平与操作成绩百分数的关系

（采自 Bandura, Reese, & Adams, 1982）

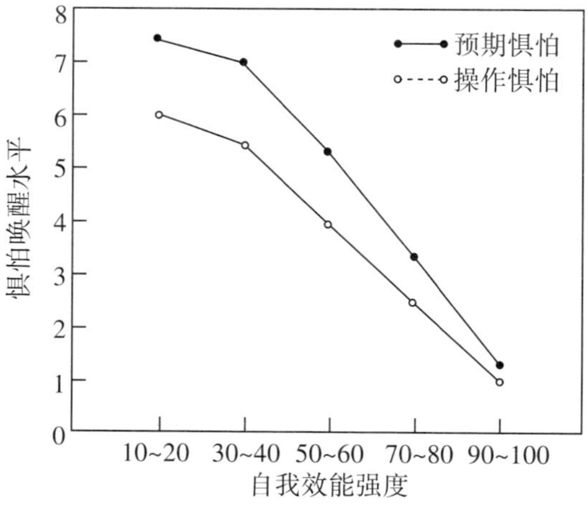

图9-7　自我效能强度与惧怕唤醒水平的关系

（采自 Bandura, Reese, & Adams, 1982）

(四)自我效能量表

与传统的人格测量方法不同,班杜拉更热衷于实验的方法来证实人们在社会关系中的学习,如观察学习、攻击行为、自我效能等,而对测量稳定不变的人格特征兴趣较小。但是,追随班杜拉的学者却设计出了一些量表来测量自我效能。例如,吉布森和登博(Gibson & Dembo,1984)根据班杜拉的理论发展了一个教师效能量表(Teacher Efficacy Scale,简称TES),用以测量教师人格特质的两个维度,即教学效能和教师效能。所谓教学效能(teaching efficacy),是指教师对自己的教学行为能够克服环境的影响从而达到教学目标的信念。所谓教师效能(teacher efficacy),是指教师对自己能够积极发展学生能力的评价,即相信自己具有教好学生的技能技巧的信念。该量表包含30个项目。每个项目从“最赞同”到“最不赞同”分为6个等级,要求被试以6点量尺对所有的项目都表明自己的态度。该量表适用于对中小学教师自我效能的测量。下面是该量表的四个项目举样:

1. 当我付出更多的努力时,学生通常比以往学得好。

2. 学生在课堂上所受的影响比在家庭环境中所受的影响要小。

5. 如果有适当的技巧和诱导,教师就能教好最难教的学生。

6. 如果学生在家里不守规矩,那么他是不可能接受任何纪律的。(Gibson & Dembo,1984)

最近,俞国良、辛涛、申继亮根据吉布森的教师效能量表和阿什顿(Ashton,1985)的个人教学效能量表及其他有关资料编制了教师教学效能量表。该量表由两个分量表组成,采用自陈式,按6个等级评分。研究结果表明,该量表可以较好地测量我国中学教师的一般教育效能感和个人教学效能感。

里克曼等人(Ryckman,Robbins,Thornton,& Cantrell,1982)发展出一个体格自我效能量表(Physique Self-Efficacy Scale)。该量表由22个项目构成,要求被试对每一个项目表示赞同或不赞同的程度。下面是该量表中的三个项目:

1. 我的反应很好。

11. 就算对方比我高大,我也会毫不迟疑地表示我的不赞同。

20. 我发现我不属于有意外倾向的人。(Ryckman, Robbins, Thornton, & Cantrell,1982)

该量表表明自尊和自我意识之间的关系。它能区分出被试在完成运动任务时表现得好或差,鉴别出被试是否经常参加体育运动。

第三节　对学习论范型的评价

在本节中,我们将从学习论范型的科学地位以及学习论范型对人格研究的优缺点两个方面对人格的学习论范型做简短的评价。

一、实际应用

如果说实际应用是检验理论正确性的标准,那么我们也许可以从学习论在实际生活中的应用来评价学习论的科学地位。学习论原理在日常生活中的应用甚广,并且已经证明是相当有效的。这里仅介绍行为治疗和程序教学。

(一)行为治疗

行为治疗(或行为治疗法)(behavior therpy)是一组基于学习论原理而发展起来的心理治疗方法。行为治疗家认为,我们之所以把一个人归为异常或精神病人一类,是因为他或她所习得的行为方式是为社会所不容的,因而被看成古怪的甚至痛苦的人。因此,治疗的措施就是径直地消除或改变正在造成这种痛苦的适应不良行为,而不是去了解这个人过去的动机冲突或人格特质对当前行为的影响。行为治疗或行为矫正(或行为矫正术)(behavior modification)的基本程序是:(1)在最初的治疗期内,行为治疗者仔细倾听患者关于其问题的陈述,了解患者究竟想要改变什么行为,特别要注意了解经常发生的不适应行为和很少发生的不适应行为的情境。(2)设计测量不适应行为频率的方法(依不适应行为的性质而定)。(3)用行为的术语清楚地限定问题,并将它分解成一系列具体的治疗目标。(4)治疗者与患者努力制订出改变不适应行为的治疗计划,以增加适当的行为,减少适应不良行为。(5)治疗计划实施之后,继续记录不适应行为,并注意治疗计划的执行与进展。若治疗计划不能成功地改变适应不良行为,应改变计划或变更某些参数(如奖励值)。(6)一旦不适应行为改变达到了原定治疗目标,便开始逐步结束计划,使建立起的适当行为在自然的社会环境中保持下去。(7)治疗计划逐步结束后,还要检查适应不良行为复发的情况。若是旧病复发,就给以辅助处理。

具体的行为治疗技术主要有以下几种。

1.系统脱敏法和厌恶条件作用

系统脱敏法(systematic desensitization)可看作去条件作用(deconditioning)或反条件作用(或反制约作用)(counterconditioning)的过程。这是根据经典条件作用原理的一种心理治疗方法。这种方法对消除恐惧或恐怖症很有效。治疗的原理是用一种与焦虑不相容的反应(松弛)来代替恐惧反应(见第八章第二节)。

厌恶条件作用(或厌恶制约法)(aversive conditioning)是根据经典条件作用原理的另一种心理治疗方法,就是当个体表现出异常行为或变态行为时即给予惩罚。有关学习的研究表明,虽然正强化比惩罚更有效,但惩罚也能矫正不良行为。厌恶条件作用已被用来治疗酗酒、抽烟、口吃和同性恋等许多行为障碍。治疗的方式是每当患者表现出不良行为时,就给予一个厌恶刺激(如电击或致吐药物)。例如,对于酗酒者,先给予饮酒,然后服用使其立即强烈呕吐的药物。这种反条件作用形成之后,这位酗酒者一看到或闻到酒就产生呕吐的厌恶反应,从而使酗酒行为消失。厌恶条件作用也可用来治疗强迫观念、强迫行为和恋物癖等变态行为。

2. 正强化和消退

系统强化(systematic reinforcement)是根据操作条件作用原理的一种心理治疗方法,即每当患者出现适当的行为时就给予奖励即正强化(positive reinforcement),而当其出现不适应行为时就忽视他们(不给予奖励)。例如,一位小学三年级的女学生上课时不注意听讲,不做家庭作业,有时旷课,社交技能差,没有朋友,大部分时间都在空想。需要强化的行为包括注意听老师讲课,完成阅读任务和参加课堂讨论。治疗者用代币制(token economy)进行强化,即给这个女孩一些豆子以换取被她看重的一些特权,如站在排头(三粒豆子)或被允许课后留下来帮老师做特许的事情(九粒豆子)。教师每次见到该生这些好的行为表现就往瓶子里放进一粒豆子。经过三个月的治疗,她达到同班其余同学的水平。第二年的随访表明,这个女孩仍保持其学习成绩,在社交技能上也有显著改善,较易于为其他孩子所接受(Walker, Hedberg, Clement, & Wright, 1981)。系统强化对治疗许多适应不良行为是相当成功的。例如,使有野蛮行为的儿童学会文明说话,并以文雅、平静的方式与人交往;使缄默不语的精神分裂症患者重新学会了说话。

对适当行为的强化伴随着对不适当行为的消退(或削弱)(extinction)。例如,一个经常以喊叫的方式来引起母亲注意的男孩,无论何时他这样做的时候都不予以理睬,只有在他来到母亲的身旁并用平常说话的声调说话时才给予注意加以强化。消退也被广泛地应用于减少恐惧或焦虑。例如,对惧怕无害蜘蛛或蛇的人,可让他逐步地观看与体验有这种可怕东西的图片和真实情境。虽然图片与真实情境越来越吓人,但被证明是无害的。

3. 生物反馈

生物反馈(或生理回馈)(biofeedback)是一种运用仪器(通常是电子仪器)将体内的活动状态加以放大,变成能感知的信号,通过视觉或听觉呈现给个体,个体通过操纵和改变这些信号,从而达到操纵和改变体内原先觉察不到的、不受意识支配的生理活动的方法。例如,心脏跳动的快慢,一般我们意识不到它,也难以随意使之加快或减慢。如果将心跳时产生的电变化加以放大,并把它变成可看到或可听到的视觉或听觉信号,我们就可以通过看到的或听到的信号,使之变化,从而达到使心率加快或减慢的目的。这就是说,人们除能从事一般的学习外,在仪器的帮助下,还可以进行内脏学习。生物反馈可以治疗某些疾病,例如头痛症、磨牙症、面神经麻痹和眼肌痉挛、慢性腰背痛、过敏性肠综合征、消化性溃疡、儿童多动症、高血压、癫痫等(阎克乐,1990)。

一种最常见的头痛叫肌紧张性头痛(tension headache),是由于面部、头皮、颈和背部肌肉的持续收缩而引起的一种疾患。其临床表现是位于颈或后脑部一侧固定的钝痛,患者常主诉为挤压性疼痛或重压感。患者额肌肌电水平较高。治疗此病通常采用肌电反馈法,即把肌电仪(或肌电图)(electromyograph,简称EMG)的表面电极放在患者眉毛与发际之间,由额肌紧张度变化的肌电活动转化为声音高低的信号,患者凭借声音高低随时变化(生物反馈信息)的辨识,即可了解自己额部肌肉紧张性的变化。在使用肌电仪的过程中,患者尝试着用不同的自我控制活动(如放慢呼吸、闭目冥思、回忆快乐舒适的往事),发现在何种自我控制活动后声音随之升高,在何种自我控制活动后声音随之降低。患者就可以运用操作条件作用中的后效强化(contingency of reinforcement)原理,继续使用能够降低声音时所采用的自我控制活动。这样,经过多次练习之后,患者不用肌电仪的帮助,也能控制额肌肌电水平的降低,从而达到治疗的效果。

4.示范法

示范法(或模仿)(modeling)是运用观察学习原理的一种治疗方法。通常患者可能不知道如何做出适应行为,因此,如果让患者观察社会认可的适应行为,就可以使他改变行为或重新学习适应行为。示范法是消除恐惧症以及其他一些伴有强烈情绪反应的有效治疗方法。班杜拉等(Bandura, Blanchard, & Ritter, 1969)的研究表明,用示范法可以消除成人的强烈恐蛇症。在该研究中,让恐蛇症患者看一部电影,影片中的人逐步接近、逐步在没有遮挡的情况下接触蛇。先是一条塑料蛇,然后是真蛇。此外,研究者还让患者去看玩蛇者的实际表演,在玩蛇者的指导下患者逐渐接近蛇,直至触摸蛇,让蛇在身上爬动。示范法对大多数恐蛇症患者的治疗都相当成功。

在治疗期间,示范法往往与角色扮演(role playing)或行为演练(behavioral rehearsal)混合应用。治疗者帮助来访者或患者演练或做出较适应的行为。例如,有的男青年不知道如何邀请姑娘赴约,或不知道如何在别人欺骗他时予以拒绝而感到焦虑。对于这样的来访者,开始时治疗者同他进行角色扮演练习,而后在实际生活中练习。通过角色扮演或自信训练(或信心训练)(assertive training,简称AT),来访者不仅能减轻焦虑,还可以发展形成较有效的应对技巧。

5.认知行为疗法

认知行为疗法(cognitive behavior therapy)是一些把行为矫正技术与改变适应不良信念的技术结合起来的治疗方法的总称。认知行为治疗家,试图通过教人学习较有效的解释与考虑其经历的方式,来帮助人控制令人烦恼的情绪反应(如焦虑和压抑)。例如,抑郁症患者总是从负面的与自我批判的角度来评价事件。一事当前,他们首先想到的是失败而不是成功;对自己作业的估计易于夸大失败、贬低成功。在治疗抑郁症时,认知行为治疗家努力帮助病人认清他们思维活动中的曲解并使之改变为与现实较一致。通过仔细的导向性提问,患者意识到其信念的非现实性,形成与自己现实处境相一致的替代性方式并检验其含义。同时认知行为治疗者常将行为矫正技术同处理负面思想活动的具体指导结合起来。例如,帮助患者克服广场恐怖症的治疗方案可能包括系统脱敏法(首先利用想象,随后逐渐让患者到离家越来越远的地方做实际旅行)和正面的思考训练。治疗者教患者学会用正面的自我指导("镇定! 我不是孤单一人,如果惊恐发作,也会有人来帮我的。")来取代自挫性的内心独白("我真紧张,一旦离开这房间,我会立即昏倒!")。

总之,认知行为治疗家认为,要引起行为的持久改变,重要的是改变个人的信念。改变信念,也就是班杜拉所说的增强个人的自我效能感。前已述及,让来访者观看成功榜样的示范,对来访者进行劝说和鼓励,让来访者回忆自己处理困难情境的成功线索,都有助于提高自我效能感。如果让来访者参与实际作业,并取得驾驭困境的经验,对提高自我效能感就更为有效(Bandura,1984)。

尽管行为治疗的疗效问题至今仍有争议,例如有人认为行为治疗的确可以缓解焦虑或是减轻症状,但不能从内部促进个人的潜能。不过,这种批评似乎不适用于强调认知观点的行为疗法;同时这种批评主要来自人本主义取向的理论家的观点。也有人认为行为疗法不能使疗效类化到其他情境。其实,这种批评也是对其他治疗方法的批评。目前,行为治疗已被应用于从神经症到学校教室、家庭和劳动场所的广泛行为适应问题。鲍尔和希尔加德认为:

> 行为治疗,不论从绝对的意义上说,还是从相对应的非行为治疗的比较角度上看,在促进病人的心理健康方面都是很有效的。(邵瑞珍等译,1987,471页)

(二)程序教学

自从1954年斯金纳发表第一篇关于学习原理在教学实际中的应用文章以来,程序教学便迅速发展起来。斯金纳完成的一系列研究表明,通过使用机器装置可以提高算术、阅读、拼写等学科的教学效率,让机器去做某些胜过普通教师所做的事。这种装置的早期形式,是呈现利用数字组合来教加法的机器,儿童在加法器的键盘上打上自己的答案,如果答案正确，则机器运转并呈现下一个问题。下一问题的呈现也就成了正确答案的强化信号，这与教师在学生反应之后说声“对”的效果相同。斯金纳设计的这种装置以及其他的仿制品，被称为教学机器（或教学机）（teaching machine），而作为教学基础的材料被称为程序。程序教学（或编序教学）（programmed instruction）就是根据斯金纳的操作条件作用原理而设计，让学生用事先编写的教材或仪器呈现的教材进行自学的方法。其设计原理如下：

第一，教材必须有明确、详细而客观的规定。这种规定通常是由一系列详细规定的刺激-反应联结组成，其表达形式是公式化的问题和答案。

第二，编写一系列刺激（问题）→反应（答案）框面（frames），这种框面由易到难以小步子呈现。

第三，学习者必须对程序中的每个框面做出反应。

第四，给每个反应提供即时反馈（答案）。

第五，尽量安排好问题，使学生能经常做出正确反应并得到强化；尽量避免学习中的挫折或失败。

第六，让每位学生按自己的速度完成整个教学程序。

第七，对勤奋的和学得好的学生给予大量支持性的强化物（例如，表扬或象征性奖品）。

斯金纳认为：“对每个学生来说，（这种机器）和私人教师的作用十分相似”（Skinner，1958，p.971）。在20世纪50年代和60年代发展起来的程序教学，现在已经发展成为计算机辅助教学。计算机辅助教学（或电脑辅助教学）（computer-assisted instruction，简称CAI）是通过计算机呈现学习材料、提出问题并对学习结果进行考核的教学方法。其原理与程序教学相同。由于计算机具有巨大的灵活机动性，因而可以避免程序教学的机器性和令学生厌学的缺点。目前计算机辅助教学的研究方兴未艾。学者们正在研究利用人工智能模型研制学习者与计算机充分相互交流的系统。这个问题的解决将使教师在未来教育过程中的作用发生重大的改变。

二、总的评价

正像精神分析论范型那样，学习论范型对人格的理解也含决定论色彩。但是，与精神分析论强调行为的生物决定因素不同，学习论强调行为的环境决定因素。这种观点深受达尔文（Charles Darwin，1809—1882）思想的影响。正像进化过程是通过自然选择，使物种适应生态环境那样；学习过程，特别是操作条件作用，塑造了个体的行为模式，以使其适应环境。学习论心理学家认为人的本性无所谓善恶,具有极大的可塑性。早期的学习论者华生、斯金纳认为人格是由环境或强化物所塑造的。晚近,社会学习论者罗特、班杜拉则日益强调认知的重要作用,强调个体积极主动地选择和改造环境。但社会学习论者的这种观点仍不及人本论者或现象学心理学家所主张的人的主动性和积极性那样激进。总的来看,学习论范型的主要优点有二:第一,对研究的问题下操作性的定义,用实验的方法加以论证,而不是用比喻、文学描述的方式或无休止的争论来进行解答。这有助于人格心理学走上科学研究的轨道。第二,学习原理在现实生活中具有广泛的应用价值。前已述及,行为治疗的临床方法现在已成功地运用于治疗形形色色的问题行为,诸如青少年犯罪、精神病行为、酒精中毒、吸毒成瘾、同性恋和病态恐惧等。而程序教学和机器教学也已发展成为计算机辅助教学,在当代的教育实践中广泛应用。因此,可以说,学习论范型不仅从一个侧面解释了人格的发展,而且提供了改变人格的原理。但是,与其他人格研究范型一样,学习论范型也存在着一些问题,其主要问题如下。

1. 人兽不分的倾向

斯金纳、多拉德和米勒把动物实验室中的研究结果过分简单地搬到人类的现实生活之中,因而遇到了不少困难,反映出这些理论的局限性。罗特和班杜拉的社会学习论以人类作为自己的研究对象并对认知在人类行为中的重要作用给予极大的关注,从而摆脱了行为论者的人兽不分的机械主义倾向。这无疑是社会学习论的一个突出的优点。

2. 低估和忽视遗传的倾向

华生曾声称,如果需要的话,他可以把任何一个健康的儿童培养成医生、艺术家或商界首领。这种极端环境决定论的观点显然是站不住脚的。因为要成为这样的人需要有一定的人格特质。例如,商界首领需要外倾等特质,而这些人格特质部分是遗传的。虽然斯金纳、多拉德和米勒以及班杜拉也承认遗传的重要性,但实际上他们对既存的行为倾向和遗传因素,都未给予足够的重视。他们不承认或不愿承认人格具有跨情境的一致性,特别强调环境对行为的决定作用,似乎用学习可以解释所有的个别差异。这种低估和忽视遗传的倾向,导致对人格理解的片面性,使人格心理学有失去人的地位的危险。

3. 还有其他的学习类型

斯金纳的操作条件作用理论、多拉德和米勒的刺激-反应学习论以及罗特、班杜拉的社会学习论是阐释学习的四种类型。其实,学习有多种类型。各种可供选择的学习类型已经被提了出来。例如,较早期苛勒(Wolfgang Kohler, 1887—1967)描述了顿悟学习,最近有认知论的学习理论,据说已经提出的学习理论有19种之多。因此怎样整合各种学习理论,吸收其合理因素,摒弃其不合理因素,从而使学习理论真正能科学地解释人格,还有很多工作要做。

本章摘要

1.斯金纳主张用纯自然科学的方法来研究行为,反对用内部心理和生理状态来解释行为;主张用动物的单个被试进行研究,并发展出可逆设计、多重基线设计和多重强化设计,反对使用统计或以统计为指导的实验设计;主张只对实验结果进行描述,反对做任何理论解释。

2.社会学习论的主要研究方法是实验法。

3.班杜拉等人在观察学习、自我效能和延迟满足等领域所做的实验,反映了社会学习理论家的研究特色:重视理论,以人类为被试,考虑认知因素但仍十分强调环境对行为的影响。

4.观察学习是班杜拉研究中的一个主题。对攻击模仿的研究结果表明,奖赏示范者影响儿童模仿行为的表现但不影响其习得,观看奖赏或惩罚示范者会导致不同的模仿结果。

5.对自我效能的研究日益增多。一些研究表明,模仿能增强自我效能感。随着自我效能感的增强,个人能完成原先感到困难而惧怕的任务。高自我效能感者面对困难的挑战会加倍努力,去克服困难。低自我效能感者不相信自己的能力,总是夸大任务的困难并回避困难任务。

6.延迟满足的能力具有认知和动机的功能。无论是现实榜样或象征性榜样,都能对儿童的延迟满足行为产生很大影响。有无延迟满足能力的人具有不同的人格特征。

7.行为学派的评鉴技术与传统的评鉴技术在基本假设、含义和资料使用等方面有明显的差异。虽然近年来行为学派也开始考虑认知因素,但重点仍然是评鉴行为。

8.行为评鉴要辨认和测量的变量有:引起行为的刺激(S)、有关的机体因素(O)、产生的反应(R)、行为反应的结果(C)。无论是适应行为或不适应行为,都是这些变量的函数。这一假设被称为行为方程。行为评鉴不是发掘内部病因,而是寻找行为的代表性样本。

9.本章对几种行为论的评鉴技术(直接观察、晤谈、测验和量表)以及罗特的测量预期、内外控量表、人际信任量表和班杜拉的自我效能评鉴程序做了简要的介绍。

10.行为治疗是一组以学习论为基础而发展起来的心理治疗方法。其治疗的措施是径直地消除或改变异常行为,而不去了解个人动机冲突或人格特质对当前行为的影响。

11.行为治疗有多种方法,主要的有系统脱敏法、厌恶条件作用、正强化、消退、生物反馈、示范法和认知行为疗法等。

12.程序教学是根据斯金纳的操作条件作用原理而设计,让学生用事先编写的教材或仪器呈现的教材进行自学的方法。斯金纳设计的教学机器和程序教学现在已发展为颇有应用前景的计算机辅助教学。

13.学习论的主要优点是探讨问题的方式具有当代科学的特征,其原理在现实生活中具有广泛的应用价值。其主要缺点是忽视遗传的人格特征。

建议参考资料

1.莫里斯·L.比格(张敷荣、张粹然、王道宗等译,1991):学习的基本理论与教学实践。北京市:人民教育出版社。

2.陈仲庚(1989):心理治疗与咨询。沈阳市:辽宁人民出版社。

3.阎克乐(1990):自我控制及其临床应用。北京市:科学出版社。

4.G.H.鲍尔、E.R.希尔加德(邵瑞珍、皮连生、吴庆麟等译,1987):学习论——学习活动的规律探索。上海市:上海教育出版社。

5.Cloninger,S.C.(1993).Theories of personality:Understanding persons.Englewood Cliffs,NJ:Prentice-Hall.

6.Mischel,W.(1993).Introduction to personality(5rd Ed.).New York:Holt,Rinehart and Winston.

7.Phares,E.J.(1991).Introduction to personality(3rd Ed).New York:Harper Collins.

8.Potkay,C.R., & Allen,B.P.(1986).Personality:Theory,research,and applications. Monterey,CA:Brooks/Cole.

第十章　现象学范型

本章内容细目

人格研究中的现象学范型(phenomenological paradigm)关注人的主观经验(subjective experience),即个人对世界的知觉和看法。这一研究范畴通常不关心人的动机、先天的决定条件、特质和强化史,因而与我们已经讨论过的精神分析论、特质论和学习论的研究范型不同。

人格研究的现象学范型并不是一个特殊的学术团体,这个术语大致界定了理论家们对人(或人格)的基本态度和研究方法。大多数持现象学观点的人格理论家的基本假设是:个人的行为主要决定于其对事件的知觉和了解方式。行为的原因并不是事件,而是行为者对事件的知觉。与这种观点相类似的另一种说法是:所有的行为决定于现象场,即个人所意识到的经验。只有弄清了个人的知觉,才可以预测其行为。同时,随着个人对事件的知觉的变化或现象场的变化,行为也随之而变化。许多持现象学观点的人格理论家都以自我为中心研究课题。罗杰斯的自我理论,凯利的个人构念理论都认为,个人按照其自身的经验来感知世界,这种感知影响着其人格并指导其行为以满足自身的全部需求。与这种观点相联系,大多数持现象学观点的人格理论家都采取人本主义观点,即强调个人的尊严、人格的完整和自我的充分发展。马斯洛提出,在人类生活中存在着对真理、善良、美好事物的追求。凯利以科学家作为模型来描述所有的人。不少持现象学观点的人格理论家都有存在主义倾向,强调人有选择能力、人生的意义、对未来的追求和存在的重要性。近年来,以认知的信息处理方式来研究人格有相当的发展。此种研究取向与凯利以认知的方式来探讨人格有若干相似之处。基于此,我们把人格的信息处理论放在这一章讨论。在治疗上,他们强调治疗者与受辅者的人际交往的重要性,以恢复受辅者的整体潜能。因此,人格研究中的现象学范型是带有认知倾向、人本主义倾向和存在主义倾向的一种综合性研究取向。

本章的主要内容是:

1.罗杰斯的人格自我理论。

2.马斯洛的人本主义人格理论。

3.凯利的个人构念理论。

4.人格的信息处理论。

第一节　罗杰斯的人格自我理论

罗杰斯(Carl Ransom Rogers,1902—1987)生于美国伊利诺伊州的一个经济富裕、温暖和睦而又要求严格的大家庭中。童年时期的罗杰斯把大量时间和精力用在读书上。大学时他先学农业,后学历史,1920年获得历史学学士学位,1931年获得临床心理学博士学位。随后受聘于纽约的一家儿童指导诊所并接触到兰克(Otto Rank,1884—1939)的意志治疗(will therapy)的思想。根据兰克的说法,治疗时必须让病人有机会去执行他们的意志。这段经历对其日后人格理论的形成产生了极大的影响。首先,他认识到,精神分析虽有绝对的地位,但往往行不通。其次,书本上的知识与具体应用的知识有差别,根据书本上的知识不一定能给病人制订出最佳治疗方案。再次,他发现受辅者常有某种挫折经历,而他们自己通常是了解自己问题症结的人。他的理论就是在他的治疗实践中发展起来的。

罗杰斯(Carl Ransom Rogers,1902—1987)是受辅者中心疗法的创始人,人本心理学的先驱。1902年生于美国伊利诺伊州。进威斯康星大学先读农科,后转学历史。1924年进哥伦比亚大学主修心理学,1931年获得博士学位。后任教于俄亥俄州立大学、芝加哥大学和威斯康星大学。1964年退休后赴加州参加西部行为科学研究所工作,1987年去世,享年85岁。

图10-1　罗杰斯

罗杰斯的著作很多。主要的著作有:《问题儿童的临床治疗》(1939)、《咨询和心理治疗:新近的概念和实践》(1942)、《受辅者中心治疗:它的实践、含义和理论》(1945)、《自由学习》(1969)等。他的自传写于1967年,被收集在《自传之心理学史》(共五卷)中。《生命的方式》于1986年出版。从这些书中,可以看出其学术思想的演进。

一、现象场

罗杰斯认为,所有的人都生活在他们自己的主观世界中,这个主观世界仅有他们自己才知晓。决定人的行为的正是这种现象的实在(phenomenological reality),而不是物质的实在。这个主观的现象世界和客观的物质世界之间有着一致性,但是一致性的程度却因人而异。

既然存在于人们主观世界现象的实在引导着人们的行动，因此对人格的研究就应去了解人们心目中的现象世界，朝这个方向去探讨人格结构。罗杰斯提出的现象场概念，就是朝这一方向探讨所做的努力。所谓现象场(phenomenological field)，就是在任何时间内，个体所知晓的或意识到的那部分经验。他把经验和意识做了区分：知晓（或意识）(awareness)只是个体经验的一部分；经验(experience)是个体在环境中经历的全部内容。只有当经验中的潜在内容被符号化时，它们才进入意识，成为个人现象场的一部分。经验的符号化通常以语词来实现，也可能以视觉或听觉意象来实现。把经验和意识做如此区分是罗杰斯人格理论的一个重要前提。因为在他看来，健康的人能完整、准确地把他的经验符号化，而不健康的人则歪曲或阻止其经验进入意识，不能准确地把经验符号化或不能完全知晓它。

二、人格结构：自我

罗杰斯对人格的看法强调改变，在他的理论中很少提到人格结构的概念。他提到的主要结构是自我。自我也是许多现象学理论家使用的一个关键性概念。罗杰斯认为，在现象场中，有些内容与个体自身有关，有些内容与个体自身无直接关系。前者就是一个人的自我。自我(self)是一套有组织的知觉模式，包括现象场中区分为主格"我"、宾格"我"和所有格"我的"等部分(Rogers，1959)。我们透过一个人对自己的描述可以发现他的自我。相对于自我概念，罗杰斯又提出理想自我（或理想我）(ideal self)。理想自我是一个人所希望的自我形象。理想自我和自我之间的差别是一个人的心理是否健康的指标。

开始时，罗杰斯曾反对使用自我概念，并认为这是一个不科学的概念。但是，在大量的临床实践中，患者的陈述逐渐改变了罗杰斯原有的看法。例如，患者向他叙述："我觉得我不像真实的自我。""我不希望任何人知道我的真实的自我。""我从来也没有获得表现自我的机会。"而经过治疗之后，患者的自我知觉有明显改变，如"我对自己愈来愈感兴趣了"、"我的确有我独特的地方，有我的兴趣，我更能正视自己"这一类话使罗杰斯深信，自我是个人经验中的一个很重要成分，个人的目的就是成为他的真实自我（或真实我）(real self)。

罗杰斯认为，自我的知觉模式具有组织性、整体性和一致性，它遵循一般的知觉原则。自我不是由一些条件反应组成的，虽然在新的元素加入时，自我会发生变化，但是它总是保留原有知觉模式的固有本质。此外，自我也不是存在于个人头脑中的另一个小人，由它来指挥个人的活动。自我只是表征那些关于自己的经验，是能为个体自己所意识到的。因此，罗杰斯的自我概念有时被称为对象自我(self-as-object)，即关于自己的认知、态度和感情。它不同于弗洛伊德的自我(ego)概念,因为弗洛伊德的自我是个人行为的支配者,也称为作为过程的自我(self-as-process)。关于自我的含义详见补充讨论10-1。

补充讨论10-1

什么是自我

自我(self)是一个纯英语词汇,原意为"同样的"或"同等的"。当用于人类时,它意指一种独特的、持久的同一性身份。由于西方是以个人主义价值观为主的社会,因此自我便成了西方心理学中经久不衰的热门研究题目。根据《心理学文摘》(1974—1992)上刊载,出自英文杂志中有关自我概念和自尊的文摘,共有10 910篇,相当于总文摘量的2.5%(Hattie,1992)。综观西方心理学家对"自我"的研究,大致可分为两大主题,即把自我作为"知觉对象"的研究和把自我作为"主宰者"的研究。

把自我作为知觉对象来研究,自我也称为自我概念(或自我观念)(self-concept)。在西方心理学中,自我概念的研究都源于詹姆斯(James,1890)。

詹姆斯认为,自我是经验我(empirical me),是我的一切的总和,包括四个组成部分:物质自我(material self)主要是对我的身体及其特定部位以及我的衣物、住房、财产和装饰物等的知觉;社会自我(或社会我)(social self)就是对我的朋友、我的荣誉、我的人际关系的认知;精神自我(spiritual self)是指对我的内部的主观存在的认知,是思考者的我对我的思考的认知;纯自我(pure ego),我们只有通过抽象、假定或概念化的途径才能觉知纯自我,特别是在随后的反省里去体验,通常由于缺乏注意和反省而不能觉知。

在詹姆斯看来,自我具有层次结构性,身体自我是基础,社会自我高于物质自我。他说,我们必须比珍视健康身体或财产更加珍视我们的荣誉、我们的朋友和人际关系。精神自我是"如此极其珍贵,一个人情愿放弃朋友、名誉、财产和生命也不愿失去它"(James,1890,p.203)。

库利(Cooley,1902)提出,自我是通过人际关系建立的。自我不仅是一个个人实体,而且还是社会的产物。库利把自我的这个方面称为投射自我(reflected self)或镜中自我(looking-glass self)。镜中自我含有三种基本要素:"我们在他人面前的形象;关于他人对这种形象评判的想象;某些自我感觉骄傲或屈辱"(Cooley,1902,p.184)。人们不仅想象他人如何看待他们及他们的行为,而且想象他人如何评价他们的所见所闻(赞同、怀疑或敌视)。所以,自我还包括镜中自我,即由他人如何对自己及自己的行为下评断的知觉所构成的我。

米德(Mead,1934)也强调社会经验在自我形成中的作用。他指出,当个体与已成为他的客体的其他一些人可以比较时,个体将会:

> 只有采取在某一社会环境中其他个体对待他的态度,才能成为他自己的客体。(Mead,1934,p.138)

> 没有社会经验,自我便不可能产生,因为它是社会经验的产物。由于自我不可能是自身的客体,因此从本质上说它是一种社会结构,产生于社会经验之中。(Mead,1934,p.140)

米德还认为，由于个体所接受的来自他人的反应是各不相同的，因而，众多的自我就使得一个人能对不同的人做出不同的反应。

沙利文(Sullivan，1953b)则强调家庭成员对儿童自我形成的直接作用。他指出，母亲、父亲和其他重要人以他们外显的、细微的反应影响儿童的自我的形成。由于家庭成员的影响，儿童发展出三种成分的自我系统：好我、坏我和非我。好我是儿童从其母亲及其他人那里得到正向反应所组成的；当重要他人的评价大多是正向时，就产生高度的自尊。坏我来自负向评价，使儿童形成良心。非我的成分来自他人的强烈反对，这种反对是如此强烈，以至于产生焦虑。为了避免焦虑，某些思想、情感和行动就必须断绝；当这种现象发生时，便形成了心理病理的基础。

在罗杰斯的著作中，自我与自我概念是不加区分的。他把自我区分为真实自我和理想自我(Rogers，1959)。

随着研究的逐渐深入，在西方心理学文献中出现了许多与自我概念交互使用的术语，如自我评价(self-estimation)、自我同一性(或自我认同)(self-identity)、自我意象(self-image)、自我知觉(self-perception)、自我意识(self-consciousness)、自我想象(self-imaginary)、自我知晓(self-awareness)以及自尊(self-esteem)、自我价值(self-worth)等。现在，西方心理学家多数认为，自我是一个多维度的、多层次的、有组织的结构；是稳定的但又是不断发展的；是具有评价性且可以与他人分开来的个人。简单地说，自我就是一个人对自己所有方面的认知。

在西方心理学中，把“自我”作为自己行为的主宰者(即对自己行为的支配或控制)来研究的也很多。据杨中芳(199la)的归纳，大致有以下四个方面：(1)自我图式(或自我基模)(self-schema)，指个人对自己的一种认知结构；已经形成的自我图式制约着有关自我信息的处理。(2)自我注意(self-attention)，指个人把注意力集中在自我的什么位置上；注意力集中的位置不同，使自我表现的特性也不同。有关这方面的概念包括自我意识、自我检效和自我表现。(3)自我投入(self-absorption)，指个人在行事时自我参与的程度。它影响一个人将自我意念付诸实行和加诸外界的程度。有关这方面的概念包括自我揭露、自我知觉、自我肯定和自我强度。(4)自我防卫(self-defense)，指个人保护自我的行动以便不使别人和自己察觉自己的问题以适应环境和减少焦虑。因此，自我又被看作一个复杂的、多维度的、动态的存在，这种存在反映着正在进行的行为并调节和控制着这些行为(Markus & Wurf，1987)。

总之，在心理学上，自我就是一个独特的、持久的同一身份的我，主要包括作为认知对象的我和作为行为主宰者的我。

三、人格动力

罗杰斯认为人是不断前进的。他假设的唯一动机，即其所谓的实现趋向(actualizing tendency)，意为朝向自我实现的基本趋向。他说：

> 有机体有一种基本趋向和驱力：实现自己、维持自己并提高自己。(Rogers，1951，p.487)

在人类有机体中有一个中心能源；它是整个有机体，而不是某一部分的功能。也许最好的概念是把它定义为对有机体的履行、实现、维持和提高的趋向。（Rogers，1963，p.6）

在罗杰斯看来，所有人类，也包括一切其他有生命的有机体，都具有求生、发展和提高自身的天赋需求。所有生物体的内驱力都可以纳入实现趋向之中，因为有机体如果要维持其正常发展，就必须满足实现趋向。虽然发展中会有许多障碍，但是“生命的延伸”仍会顽强地实现自身的发展。

实现趋向驱动人向什么方向发展呢？罗杰斯认为，它驱使个体从一个单纯的结构朝向更分化、更统合的状态发展，从依赖向着独立，从固定、僵硬向着变化与自由表现发展，从而使个体变得更加复杂、更有独立性和创造性、更具社会责任感。在这个问题上，罗杰斯与弗洛伊德的观点适成对照。弗洛伊德认为，人性是恶的，受性欲和攻击本能所驱动，因而要由社会加以控制。罗杰斯相信人性是善的，实现趋向就是个体的创造性活动，因而不需要社会控制。这也表明罗杰斯的人本主义观点。关于人本心理学的观点请参看补充讨论10-3。

罗杰斯认为，在理想的条件下，个体的一切经验都是以实现趋向作为参照系来评价的。个体了解其经验是否同自我实现趋向相一致的方法称为机体评价过程（organismic valuing process）。所有个体都利用是否与实现趋向相一致的机体评价过程来评价他们的经验。那些同实现趋向相一致的经验是令人满足的，因而引起个体对它保持和寻求。那些同实现趋向相矛盾的经验是令人厌烦的，因而引起个体对它回避。所以，机体评价过程也是一种使有机体能将经验与自我实现趋向相协调的回馈系统。

四、人格发展

罗杰斯认为，自我是发展的，不是与生俱来的。新生儿不知道他们的身体是他们自己的一部分，因而有可能去咬自己的脚趾，并奇怪为什么会疼。在他们的现象场中，不能区分各类事件，所有事件都混合在一种简单的结构之中。随着儿童掌握“我”这个词，产生“我”的特征的知觉，对“我”与其他人和“我”与生活其他方面关系的知觉，这部分现象场就分化为自我。这时，个体才能把他们的自我作为意识到的不同的对象来反思。罗杰斯认为，自我的形成和发展有赖于个体和环境互动的许多因素。这些因素主要包括以下几个。

（一）正向关怀的需求

个人的自我概念是通过社会交往而获得的。当个体与周围环境中的重要人物如父母、兄弟姐妹、朋友和教师等互动时，逐渐发展出主要是建立在别人评价上的自我概念。罗杰斯认为，每个人都有正向关怀的需求。所谓正向关怀的需求（或正面关注需求）（need for positive regard），就是个人在生活中得到有关的人的温暖、同情、关心、尊敬和认可等情感的需求。这种需求是如此强烈，以至于儿童为了使它获得满足而牺牲其他事情。父母的爱、关心和赞扬，使儿童的正向关怀需求得到满足，进一步，儿童发展出正向的自我关怀（positive self-regard），即对自己的好感。父母给孩子的是何种评价，一定程度上反映出儿童的自我接受程度。

（二）价值的条件

在寻求正向关怀的过程中，儿童经常尝试着做一些事情，渐渐地了解到有些事情他们是可以做的，而有些事情他们是不许做的。通常，大多数父母总是赞许儿童的好行为，给予正向关怀；不赞许儿童的不好行为（如打自己的妹妹或把尿撒在地毯上等），并收回对他们的爱。儿童了解到做某些事情将得到关怀，而做其他一些事情将得不到关怀。这就产生了罗杰斯所谓的价值的条件（conditions of worth），即个人体验到关怀的条件。一旦这些价值的条件被儿童内化，成为他们的自我结构的一部分，它们便起着指导儿童行为的作用，甚至他们的父母不在身边时也起作用。

虽然价值的条件对儿童的社会化起着重要的作用，但是也有一定的危险性。因为当价值的条件建立起来后，如果儿童完全按照他所内化了的某个人的价值观念行动，那就可能阻碍其成长和自我实现。

（三）无条件的正向关怀

罗杰斯认为，每一个人都应当被爱、被认为是有价值的。当父母以言语或行为表示他们的爱取决于儿童的行为要符合父母的愿望时，儿童就不可能得到全部的自我实现。儿童所需求的是无条件的正向关怀（或无条件积极关注）（unconditional positive regard），即无论儿童做什么都给予全部的、真正的爱。罗杰斯说：

> 如果个体体验的只是无条件的正向关怀，那么就不会形成价值条件，自尊也将是无条件的，关怀的需求和自尊的需求就不会同机体评价过程相矛盾，因而个体就会不断地获得心理上的调节，成为完善功能的人。（Rogers，1959，p.224）

当然，罗杰斯并不认为对儿童的任何要求都应给予满足，也并不认为不应该有标准和训练，而是认为对个人的价值和尊重在任何时候都应当放在首位。

（四）自我的一致性和威胁

人在一生中都在维护自我与经验之间的一致性（关于自我概念的发展请参看补充讨

论10–2)。与自我概念相一致的经验会被知觉到并被整合到自我结构之中。与自我概念不一致的或有价值条件的经验,对自我观念就产生了威胁。面对这种威胁,个人常会拒绝将其纳入自我结构之中或扭曲其意义。例如,一个自认为成绩很差的学生将拒绝把他在一次考试中得到满分的成绩纳入他的自我结构之中,而会把分数的意义扭曲为一时走运或老师一时的疏忽使他占了便宜。这种否认和扭曲可能是个人不知不觉出现的。

自我是相当稳定的并且是自我保护的,它影响个人的知觉并过滤其经验和记忆。罗杰斯认为,由于自我的筛选功能,人格的改变就相当困难。因为人格改变包含了威胁,而这个威胁又被自我筛选功能给筛选掉了。这样,个人改变人格的需求也就消失了。

补充讨论10–2

自我概念的发展

虽然自我概念是关于个人的,但是自我概念的发展则有赖于个人与他人所建立的社会关系。自我是社会的产物,其内容和形式直接或间接地反映了他人的影响(Markus & Cross, 1990)。盖洛普(Gallup, 1977)曾对在社会隔绝状态下喂养的黑猩猩和在大量社会交往中成长的黑猩猩做过一项饶有趣味的认识自我的实验。他先麻醉这些黑猩猩,然后在它们的一只耳朵和眉毛上涂上鲜明的红色。对着镜子,在隔绝状态下喂养的黑猩猩没有一只表现出察觉到有异于原先的自我影像的迹象,而在社会交往状态下喂养的黑猩猩则表现出察觉到不同于原先的自我影像的许多迹象,即在镜子前摸它的红色耳朵和眉毛。据盖洛普解释,这一研究显示黑猩猩具有自我感觉,其社会交往对自我感觉的发展是必要的。自盖洛普的实验之后,这种研究的变式被反复运用于对婴儿的研究。研究者们在不让婴儿觉知的情况下在其脸上做一个记号,例如在鼻子上涂上红色,然后让他们照镜子。结果表明,婴儿透过自己的影像而觉知到自我,约在半岁至1岁间形成。在此阶段之前,婴儿无法认同镜中的影像就是他(她)自己,也不能分辨主体与客体、虚像与现实。例如,他碰哭另一个婴儿时,自己也会由于动物本能的仿同而哭起来,殊不知他自己是肇事者(主体)而非受害者(客体)。随着言语的获得,自我出现了分化。此时自我经验中的某些方面被标记并被客观化。语言使自我与他人区分开来,使自我心中还有他人。3岁半的儿童已有连续性的自我;7~8岁的儿童已能清晰地说出稳定的自我图式。

一旦个人的自我概念形成,他便开始进行自我查证(self-verification)和自我提升(self-enhancement)的工作(Swann, 1985)。儿童和青少年以社会的信息来建构其自我概念的一致性。这些信息包括:(1)观察他人(父母、师长、同学、朋友等)如何对待自己;(2)观察自己的行为结果并记住从自我的这些行为中所获得的因果推论;(3)观察和评价自己在意见、能力和情绪等方面与他人的异同。个人的自我概念引导其认知和行为去建构社会现实,并以此来查证和维护其自我概念。

个人是通过哪些心理过程来维护其自我概念的呢? 主要通过下列心理过程:

1. 主动地选择信息以确证他人对自己的看法与个人的自我概念相同。

2. 被动地希望他人会按照个人评价自己的方式来评价自己。

3.运用行为证实(behavioral confirmation)个人的自我概念,即以自我概念来控制个人的行为,使他人尽可能根据设定的行为背景进行反应,从而确证行为者的自我概念。

4.运用自我设限(self-handicapping)过程来维护自我概念。有的时候,个人对自我的重要品质感到怀疑,自我设限过程会把潜在的失败归因于外部因素,而把成功因归于自己。

五、人格适应

作为心理治疗家,罗杰斯对人格适应的性质有其独特的看法,并且发展了一种新的心理治疗方法——非指导式治疗法或个人中心治疗法。

(一)适应的性质

罗杰斯认为,人性的基本冲动是自我实现,人自出生即具有许多潜在能力,这些潜在能力在适当的环境中可以自然充分地发展;但是如果环境不好或未得到良好的指导,则潜在能力可能受到阻碍而无法完全发展或朝歪曲方向发展,因而造成偏差行为。在罗杰斯看来,健康人格者就是机能完善的个人(fully-functioning person)。他们在许多方面好像是一个婴儿,因为他是按照自己机体的评价过程而不是依价值的条件来生活的。这样的个人可以自由地按照他们自己的感情和感觉来行动。这是一个纯洁的自我,是真正的善。按照罗杰斯的观点,机能完善的个人起码具有下列特征。(Rogers,1959,pp.234~235)

1.对任何经验都开放

他们不需要防卫机制,所有的经验都被准确地符号化而成为意识。

2.自我与经验相协调

他们的自我结构与经验协调一致,并不断变化以便同化新的经验。

3.利用自身的机体评价过程

他们以自己的实现倾向作为评价经验的参考系,而对强加于他们的价值的条件不予理睬。

4.无条件的自我关怀

他们随时随地都对自己的经验和行为给予积极肯定,而不觉得有什么不可告人的内在冲动。

5.与他人和睦相处

他们乐意给他人以无条件的正向关怀,为他人所欢迎。

如何才能成为机能完善的个人呢?罗杰斯认为,关键是自我与经验的协调一致。如果自我和经验之间出现失调,这个人就会出现不完全的适应状况。所知觉到的威胁越多,就越有可能去否认和歪曲事实。罗杰斯认为，几乎所有的人都体验到失调，因而要防卫某些在意识中正在被符号化的经验。只有严重的失调，才会出现适应问题。中等程度的失调可能产生通常称为神经官能症的行为，而严重的失调就会导致精神病。

（二）治疗的方法

罗杰斯的人格理论来自治疗实践。1942年，罗杰斯在其著作《咨询和心理治疗》一书中正式提出一种新的理论和治疗方法，称为非指导式治疗法（nondirective therapy），至1951年改称为受辅者中心治疗法（client-centered therapy），到了1974年又改称为个人中心治疗法（或当事人中心治疗法）（person-centered therapy）。虽然名称改变，但其基本理论和实施程序大致未变。罗杰斯首次用受辅者（client）代替病人也体现了他的治疗的特点。罗杰斯的个人中心治疗的基本假设是：受辅者是关于他自己的最好的专家，他们有潜能找到解决自己问题的办法。治疗者的任务是促进受辅者对自己的思想和情感的探讨以找到自己解决问题的办法。在晤谈过程中，治疗者只倾听受辅者的陈述，不给劝告，不做批评，也不加指导，只是在受辅者话语中断时，给予鼓励或重述其语句以支持其继续陈述下去。罗杰斯认为，心理治疗是"释放一个有潜在能力的个人的一种已存在的能力，而不是专家操纵有些被动的人格"（Rogers，1959，p.221）。

罗杰斯认为，有效的治疗必须具备下列条件（Rogers，1959，p.213）：

1.受辅者和治疗者必须有心理上的沟通，即他们必须对对方的现象场产生影响。

2.受辅者处于失调状态，因而是脆弱和焦虑的。

3.治疗者必须给受辅者以无条件的正向关怀。

4.治疗者必须对受辅者的内部参照系做同理心的了解并传达给受辅者。

5.受辅者必须领悟到治疗者给予其无条件关怀和同理心的了解。

如果有效治疗的必备条件得到满足，那么按照罗杰斯的理论，在受辅者身上将观察到下列变化（Rogers，1959，p.216）：

1.受辅者逐渐能自由地以语言和动作来表达自己的感情。

2.受辅者逐渐能准确地描述他们及其周围的各种事件。

3.受辅者逐渐察觉到他们的自我概念和经验之间的失调。

4.由于治疗者持续的无条件关怀，受辅者体验到没有必要歪曲和否定自我概念与经验间的失调。

5.受辅者对过去被否定和歪曲的情感能准确地用符号表示，在意识中充分地觉知到。

6.受辅者的自我概念被重组之后，能纳入那些以前曾被拒绝认识的经验。

7.受辅者的自我概念逐渐与经验协调一致，自我防御减少了。

8.受辅者越来越体会出治疗者的无条件正向关怀，并开始能无条件地进行正向自我关怀。

9.最后如果受辅者是按照他们机体评价过程而不是按照价值的条件来评价自己的经验，那么治疗就获得了成功。

总之，罗杰斯认为，治疗过程就是使受辅者在生活中使用他们自己的机体评价过程。治疗的结果就是受辅者剥下他们应付生活的各种伪装、假面具或各种角色，从而真正地成为他自己。下面这段话是罗杰斯对治疗结果的描述，从中我们可以再一次体会到他的人本主义信仰：

> 在治疗中，个体实际上成了人类有机体的一员，他带有作为人类有机体不言而喻的一切。他能够现实地控制自己，但他的欲求已不可逆转地社会化了。人没有兽性，只有人性。这种人性现在已为我们揭示出来了。(Rogers，1953，p.67)

第二节　马斯洛的人本主义人格理论

马斯洛(Abraham Harold Maslow，1908—1970)是人本主义心理学的创始人之一，于1908年生于美国纽约州。父母是苏联移民的犹太人。曾学过法学、文学，后转学动物心理学，1934年在威斯康星大学获博士学位，其指导教师是当时以研究猴子的学习和亲情而闻名的哈洛(Harry F.Harlow，1905—1981)教授，其博士论文是关于猴群中支配地位的建立。马斯洛在观察动物的行为时发现，不仅猴子在饱食之后仍努力探索环境、解决问题，就是较低等的动物如猪和鸡也有对食物择优选用之倾向。这使得马斯洛从中得到一种启示：动物似乎具有一种趋向健康的内在基本驱力；人为万物之灵，乃应有更多求知向善的潜能。于是逐步形成了他的人本主义心理学思想。在理论上，他一方面反对以病患研究为基础的精神分析论，另一方面反对以动物和幼儿简单行为研究为基础的行为论，把他自己倡导的人本主义心理学称为第三势力(third force)。他主张人本主义心理学要以正常人为研究对象，研究人的经验、价值、欲求、情感、生命意义等重要问题，其目的是促进个人健康发展、提高个人的尊严和价值以达到自我实现。这也表明马斯洛的存在主义倾向。马斯洛写过不少书，其中主要的有《动机与人格》(1954)、《朝向人类心理学》(1962)、《宗教、价值观和高峰经验》(1970)等。

马斯洛(Abraham Harold Maslow, 1908—1970)是人本主义心理学的先驱,心理学第三势力的领导人。他的所有学位都获自威斯康星大学,在此开始致力动物行为研究。1934年获心理学博士学位,1937—1951年执教于布鲁克林学院,及转至伯兰地斯大学任心理学系主任,直到1969年退休,次年因心脏病逝世。

图10-2　马斯洛

马斯洛不是治疗师。他的研究对象是正常的健康人。也许是这个缘故,马斯洛对人性的看法甚至比罗杰斯更为乐观。下面分别讨论马斯洛对人格动力、自我实现者的特征以及心理治疗的看法。

一、人格动力:需求层次论

在马斯洛(许金声等译,1987)看来,人类是由一系列具有生命意义的和满足内在的需求所驱动的。这些需求使人处于不满足的状态:一种需求获得满足之后,另一种需求就接着要求被满足。他一共列举出七种互相关联的人类基本需求:生理需求、安全需求、归属需求、自尊需求、自我实现需求以及认知需求和审美需求。后来,他又把认知需求和审美需求归入自我实现的需求,将五种基本需求构成一个层次结构,如图10-3所示。其强弱和先后出现的次序如下。

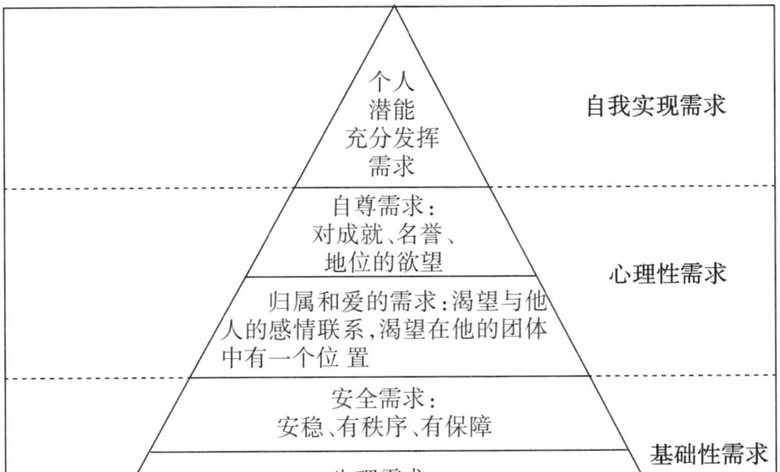

图10-3　马斯洛的需求层次模式

(采自 许金声等译,1987)

1. 生理需求(physiological needs)

如对食物、水分、氧气、性、排泄和休息等的需求。这些需求在所有需求中占绝对优势。如果所有需求没有得到满足,此时有机体将全力投入为满足饥饿的服务之中。

2. 安全需求(safety needs)

如对稳定安全、秩序、受保护、免受恐吓和混乱的折磨等的需求。如果生理需求相对充分地得到了满足,就会出现安全需求。

3. 归属和爱的需求(belongingness and love needs)

如需要朋友、爱人或孩子,渴望在团体中与同事间建立深厚的关系等。如果生理需求和安全需求都得到了很好的满足,归属和爱的需求就会产生。

4. 自尊需求(esteem needs)

自尊需求分为两类:(1)希望有实力、有成就、能胜任、有信心,以及要求独立和自由;(2)渴望有名誉或威信、赏识、关心、重视和高度评价等。这些需求一旦受挫,就会使人产生自卑感、软弱感与无能感。

5. 自我实现需求(self-actualization needs)

自我实现需求就是促使自己的潜能得以实现的趋势。这种趋势是希望自己越来越成为所期望的人物,完成与自己的能力相称的一切。例如,音乐家必须演奏音乐,画家必须绘画,这样他们才感到最大的快乐。但是,为满足自我实现需求所采取的途径是因人而异的。自我实现需求的产生有赖于前述四种需求的满足。

任何一种需求浮现于意识中的或然性,取决于更具优势需求的满足或不满足状况。占优势的需求将支配一个人的意识,并自行组织去充实机体的各种能量;不占优势的需求则被减弱,甚至被遗忘或否定。当一种需求被平息后,另一种更高级的需求就会出现,转而支配意识生活,并成为行为组织的中心,而那些已满足的需求不再是积极的推动力。“人是一种正在选择着、决定着、追求着的动物”(林方译,1987,15页)。

二、自我实现与生命价值

马斯洛认为,可以把人类的基本需求分为高级需求和低级需求。生理需求和安全需求为低级需求,是人和动物所共有的;高级类人猿也许有爱的需求;而自我实现需求则是人类独有的。自我实现需求是实现生命价值(being values)的成长需求(growth need),其目的是扩展我们的经验、充实我们的生命,并不是补偿我们之不足。它将把我们拉向宏大的远景。

但是,并不是每一个成熟的成年人都能自我实现。能自我实现的人是极少数,仅为百分之一。绝大多数人是不能自我实现的,其主要原因是:(1)自我实现是很微弱的,很容易被压抑、控制、更改和消失;(2)许多人不敢正视关于他们自己自我实现所需求的那种知识,对那种知识缺乏自知,使自己处于不确定的状态;(3)文化环境用强加于人的规范,阻滞一个人的自我实现;(4)自我实现者是由成长需求而不是由匮乏需求推进的,其发展和持续成长依赖于自己的潜力。马斯洛通过对他的一些朋友和一些仍活着的以及已逝世的著名人物如爱因斯坦、贝多芬、亚当斯、罗斯福、赫胥黎等49人的研究,描述了自我实现者的15种特征,如下所示。

1.能准确地知觉现实。

2.悦纳自己、他人和周围世界。

3.能自然地表达自己的情绪和思想。

4.超越以自我为中心,而以问题为中心。

5.具有超然独立的性格。

6.对自然条件和文化环境的自主性。

7.对平凡的事物不觉厌烦,对日常生活永感新鲜。

8.具有高峰经验。

9.爱人类并具有帮助人类的真诚愿望。

10.有至深的知交,有亲密、温暖的家人。

11.有民主的性格,能尊重他人的人格。

12.道德标准明确,能区分手段与目的;绝不为达到目的而不择手段。

13.具有哲理的、善意的幽默感。

14.具有旺盛的创造力,不墨守成规。

15.对现有文化更具批判精神。

虽然自我实现者具有上述优秀特征,但他们并非完美无缺的人。他们也有一些人类共同的缺陷。马斯洛指出:

> 他们也有愚蠢的、挥霍的或粗心的习惯。他们会显得顽固,令人厌烦甚至恼怒。他们并没有完全摆脱浅薄的虚荣心和骄傲感,特别是涉及他们自己的作品、家庭或孩子时更是如此。他们发脾气也并不罕见。(许金声等译,1987,205页)

之所以如此,是因为他们只是自我实现需求占优势的人,但仍受其他需求的支配。

三、心理健康与治疗

马斯洛认为,健康不仅仅是没有疾病,健康的人就是能自我实现的人。从病态到健康，从精神病患者到自我实现的人，是一个心理健康程度逐渐增强的连续统一体。他的心理治疗理论与他的需求层次论以及自我实现论是密切联系的。他认为，人的五种基本需求是人的内在本质，其终极目的是自我实现。一般的病理心理学现象就是人类的这种基本性质遭到否定、挫折或歪曲的结果。

> 我们称为“有病”的人是那些尚未成为他们自己的人，是针对人性树立起各式各样神经质的防御机制的人。(林方译，1987，59页)

因此，马斯洛认为，成功的心理治疗不管使用什么具体方法，都要像哥哥对小弟弟所做的那样：

> 帮助他们使他们已经具备的更完善，使他们处在潜势的东西成为事实上更充分、更真实、更现实的东西。(林方译，1987，60页)

马斯洛认为，人的基本需要的满足只能在人际关系之中得到实现，无论是安全感、归属关系、爱、价值感以及自尊等，都主要来自人际关系。因此，心理治疗在很大程度上就是帮助患者形成良好的人际关系。此外，他还认为，心理治疗与良好的社会密切相关。因为心理治疗“意味着在个人层面上与那个社会中产生病态的力量进行搏斗”(许金声等译，1987，305页)。这也是心理治疗非常困难的原因。马斯洛断言，社会越是健康，个体的心理治疗就越是没有必要；社会越是健康，患者就越有可能通过良好的生活经验得以治愈。良好的社会促进人类潜能和人性的充分发展。因此，他还精心设计了能使最深层的人性充分展现出来，以便最大限度地达到自我实现的乌托邦。这就是他所谓的理想精神之国(Eupsychia)。显然，这个乌托邦是不可能实现的。

补充讨论 10-3

人本心理学的中心论点

人本心理学(humanistic psychology)尊重“人”本身的独特性，强调个人的尊严、人格的完整和充分的自我发展。它的主张有五个中心论点，这些论点是互相联系、相辅相成的。

1. 人本主义具有强烈的现象学性质或依据经验的特征，它的出发点是意识经验。意识经验为心理学家提供了他所关心的重要原始资料，因此不必考虑或许便能够解释这个意识经验的所谓先在“原因”。每个人对自己独有的感情和观点都有不可置疑的权利。人本心理学对主观的心理内容具有强烈的兴趣，也不愿忽视超感视觉(clairvoyance)和超感知觉(extrasensory perception)等心理经验，致力于创立一种人类经验的科学。由于人本心理学把意识经验作为研究的中心并反对行为主义的逻辑实证主义(logical positivism)倾向，不重视在标准条件下对心理现象的精确测量，因而从根本上是反对行为主义的。同时，人本心理学坚持意识就是它自身的起因，而没有其他更基本的原因(如潜意识动机)的结果,坚持现象学传统,反对还原论(如把创造力和利他精神还原为自我防卫机制),因而从根本上是反对精神分析论的。

2. 人本心理学坚持人类本质的完整和完善,有人本主义倾向的人格理论家如奥尔波特、罗杰斯、马斯洛都把戈尔德斯坦(Kurt Goldstein,1878—1965)所强调的人类最基本的动机是力争统一和完整称为追求自我实现。自我实现是一个过程。这当中个人努力实现自己尚未实现的潜能,以便超越现状,变得更完善。由于强调人类潜能的发展和身心的统一,一些人本心理学家越来越不相信两极性的概念,如意识对潜意识、内在对外在、思想对情感等。他们怀疑以非此即彼的方式来概括心理经验是否有意义。

3. 人本主义在承认人生明确固有的限制之同时,坚持人类保留着必不可少的自由和自主。人类能选择自己对限制及其他强加于他们的条件的态度。例如一个知道死期将临的妇女,仍然可以自由地选择一种心理态度去对付这一不可避免的事实。在自由选择这个问题上,存在主义为人本主义提供了哲学基础。

4. 人本心理学在确定其方针时反对还原论。所谓还原论(或化约主义)(reductionism),是将复杂的现象分析简化成最基本的元素,然后再由这些基本元素的性质来解释整体事象的理论。人本心理学特别反对用S-R的简单符号来解释复杂的人类现象,也反对用潜意识冲动来解释复杂的人类现象。人本主义者认为潜意识的概念并不特别有益或中肯,因为它的性质不可能被人直接认识,很容易被用来否定自由或为推托自己行为的责任找借口。虽然他们也承认,弗洛伊德发展潜意识这个概念,有助于揭示人性的阴暗面。

5. 与坚定的存在主义的基础一致,人本主义心理学相信人性不可能彻底被解释。因为,假如我们根据人们实际所为和人实际所是(即人的存在),而不是根据关于人的本质的抽象论述来解释人性,那么在人类智能范围内就永远不能彻底理解清楚。(许金声等译,1987)

第三节 凯利的个人构念理论

凯利(George Alexander Kelly,1905—1967)生于美国堪萨斯州。1926年大学毕业,主修物理和数学;后对社会问题感兴趣,转修心理学,1931年在爱荷华州立大学获得博士学位。之后,他回到堪萨斯州任教,并发展出巡回诊所,服务于州立学校系统。在心理咨询的实践中,凯利发现:(1)他为患者的心理问题虚拟或捏造出一种彻底的解释时,患者也接受并且病情有所改善;即是说,如果使患者对自己和自己问题的看法有所改变,就会使病情有所改善。(2)教师诉说有关学生的问题,实际上更多的是说明教师自己的问题,而不是学生的问题。正是由于这些经历,促使凯利提出一种既不同于精神分析论也不同于行为论和特质论的个人建构理论。实际上,凯利的理论也是许多人格理论的综合:它有现象学倾向,因为他强调个人的主观经验决定其行为,要预测行为就得了解个人的主观经验;它也有人本主义倾向,因为他强调人的创造性并对人类持乐观态度;它还有存在主义倾向,因为他强调未来和个人对自己命运的自由选择;凯利的理论也可称为认知理论,因为它注重个体对现实如何观察和思考。下面将讨论凯利的理论以及他对人格动力、人格发展和人格适应的观点。

凯利(George Alexander Kelly,1905—1967)是人格认知论的创始人。1905年生于美国堪萨斯州。1926年大学毕业,主修物理和数学,后转为主修心理学,1931年在爱荷华州立大学获哲学博士学位。1931年至1943年任教于福特海斯州立学院并发展出为全州公立学校服务的巡回诊所。1946年任俄亥俄州立大学临床心理学系主任。1965年转任布兰特大学的讲座教授。1967年去世。

图10-4 凯利

一、基本假设和十一条推论

凯利以一个基础性的假设和十一条推论来陈述其理论(Kelly,1955)。

(一)基本假设——人是科学家

凯利以科学家作为模型来描述所有的人。科学家的主要目的是通过创立能使自己准确地预测未来的理论,来减少人类生活的不确定性。凯利认为,所有的人都像科学家一样通过创立能使自己准确地预期未来的理论,力求减少不确定性,使自己的生活明朗化。因此,划分科学家和非科学家是不合理的。所有的人都像科学家那样关心未来,人们利用现在只是为了检验自己的理论能否预期(anticipation)未来事件。

> 预期不仅仅是为了自身的缘故而进行;它是为了使未来的现实能够更好地实现。吸引人们的是未来,而不是过去。人总是从现时的窗户,展望于未来。(Kelly,1955,p.49)

人为了预期事物所采用的主要方法是个人构念。个人构念(personal construct)就是个人对周围世界的看法、解释和赋予意义的过程。

一个构念就像一种小型的科学理论,人们利用这个理论来看周围现实并预期未来事件。假如由构念所产生的预期同经验相符合,那么这个构念是有用的。假如与预期不相符合,就要修改或抛弃这个构念。

个人构念一般都以语言来表达。人们把构念用于环境和各种事件中,也就是将这些事件以自己的主观经验来进行检验。例如,第一次遇到一个人,可能用“诚恳的”构念来建构这个人,如果这个人后来的行为确实是“诚恳的”,那么这个构念对预期此人的行为是有用的。如果这个人所表现的行为并不诚恳,那就需要重新建构这个人,例如用“诚恳—狡猾”的另一端来加以建构。总之,人与外界的任何接触都在不断地创造和检验个人构念。

虽然减少未来的不确定性是每个人都向往的目标,但人们可以依自己的意愿来建构个人构念。同时,个人构念系统一旦被建立,它们反过来又制约着人们。一个人的生活总是受到自己创建的个人构念系统的强烈影响,而有些人的构念系统又比另一些人的构念系统更有效。例如,有些人坚信自己的构念系统,使自己生活在窄小的范围内,成了这些信念的奴隶。另一些人则根据灵活的原则生活,并不按照确定的构念办事,他们生活的前景要广泛得多。又如,同样的境遇,有些人积极地看待,而另一些人则消极地看待,这也是个人自己选择的。因此,凯利的人格理论的基本假设是:“在心理学的意义上,个人的历程是由他预期事件的各种方式开辟出来的”(Kelly,1955,p.46)。也就是说,每个人的生活倾向都是以其预期未来事件的各种个人构念系统指引的。

(二)十一条推论

由前述的基本假设,凯利又引出了十一条推论或定理。

1.建构定理(construction corollary)

“人是通过对事件的反复建构来预料事件的”(Kelly,1955,p.50)。个人构念的目的是发现相同点与不同点。事件的重复出现就可以预见未来。例如,冬天天气寒冷,夏天天气炎热。人的生活事件总是有规律地出现,以生活事件的重复性所形成的个人构念才能预期未来。

2.个性定理(individuality corollary)

“个人之间的差异存在于各自对事件的构念中”(Kelly,1955,p.55)。这一推论说明人的个别差异。在凯利的理论中,不仅对所爱的人是“情人眼里出西施”,而且对待所有的人和事物都以个人自己的看法为转移。现实是各人所知觉的现实。

3.组织定理(organization corollary)

“为了能便利地预期各种事件,每个人都独特地逐渐形成了一个包含着各构念有序联系的构念系统”(Kelly,1955,p.56)。个人的构念不是杂乱无章的,而是一个有组织、分层次的系统。

4.二分法定理(dichotomy corollary)

“个人构念系统是由有限的二分性构念组成的”(Kelly,1955,p.59)。所有构念都是两极性或二分性的。例如,没有矮就没有高,没有丑就无所谓美。为了使一个构念有意义并可以用来预测事件,它至少必须具有三个要素,即两个彼此相似的要素和一个与那两个截然相反的要素。

5.选择性定理(choice corollary)

"个人对某个二分性构念的选择,是通过对自己的构念系统的限定和扩展两方面所预期的最大可能性来进行的"(Kelly,1955,p.64)。如果一个人强调构念系统的限定方面,即把过去曾产生准确预期效果的某些构念运用于相似的新情境,那么他就面临较多的确定性;如果他强调构念的扩展方面,即把某些构念运用于非相似的新情境,那他就面临更多的不确定性。前者较保守,后者较冒险。

补充讨论10-4

存在主义

存在主义(existentialism)是一种把人的存在当作全部哲学的基础和出发点的哲学思潮。它产生于19世纪30年代的德国,盛行于第二次世界大战中遭受严重破坏的法国,并迅速扩展到欧美等国。存在主义的思想先驱是丹麦哲学家兼神学家克尔恺郭尔(Soren Kierkegaard,1813—1855)。存在主义理论体系的创始人是德国的海德格尔(Martin Heidegger,1889—1976),还有贾斯珀斯(Karl Jaspers,1883—1969)。第二次世界大战期间,存在主义的中心转到法国,主要代表人物有马塞尔(Gabril Marcel,1889—1973)、萨特(Jean-Paul Sartre,1905—1980)、梅洛-庞蒂(Maurice Merleau-Ponty,1907—1961)等人。其中,萨特是当代影响最大的存在主义者。存在主义认为:(1)人是个体存在的人,是在追求着和感受着的个人,是具有不可褫夺的独一无二的个性的人;(2)个人的绝对重要性,存在的个人首先是无限地关怀他本身、他的命运和人生的价值;(3)每个人都有独立选择自己人生道路的自由,每个人都必须对自己的选择负责;(4)每个人的选择都受到他所处的具体的和历史的条件的制约,个人所选择的价值标准都从某一角度反映了他所处的社会环境。

萨特有一句名言:"人就是他希望成为的人"(Sartre,1956,p.291)。人类是自由的,注重未来的。克尔恺郭尔认为,每个人都面临着三种人生态度的选择,他称之为审美阶段、伦理阶段和宗教阶段。虽然称为阶段,但它们之间不是连续的而是一种选择的境界。在审美阶段,人所追求的是感官享受、及时行乐;在伦理阶段,人把生活建筑在忠于工作和婚姻生活的基础上,对人生采取理性的态度;而宗教阶段的特点是信仰,充满了对上帝的恐惧。恐惧是克尔恺郭尔哲学中的一个重要概念。他认为恐惧支配着存在,人不可能知道将会有什么事情发生,并以此与黑格尔(Georg Wilhelm Friedrich Hegel,1770—1831)的必然性理论相对抗。存在主义宣称人是被"抛入这世界的"。痛苦、挫折、疾病、死亡是人类现实的本质特征。

存在主义主要是通过梅(May,1909)的《存在》(1958)一书被引入心理学的。同存在主义哲学反对传统哲学一样,存在心理学(existential psychology)也反对主流心理学——行为主义和精神分析,并与持现象学观点和人本主义倾向的心理学家联合,形成心理学中的第三势力。存在心理学把个人复杂而具体的生活经验作为自己的研究对象。他们关心个人和社会的现实问题远重于形式上的科学标准。他们强调人生的意义、价值的追求、个人实现及其障碍问题、个人的自我发展、人际关系中的爱与关心他人的重要性。总之,存在心理学就是以存在主义哲学为背景的心理学。梅曾断言,对心理学来说,存在主义哲学背景远比那种假定物理和化学为其模型的科学背景更为有用。

6.范围定理(range corollary)

"一种构念仅适用于预期一定范围的事件"(Kelly,1955,p.68)。每个构念仅适用于一定范围的事件。例如,"黑—白"不适用于红色辣椒;"男—女"不适用于岩石。

7.经验定理(experience corollary)

"随着个人连续不断地建构各种事件,其构念系统也产生变化"(Kelly,1955,p.72)。在预测事件中,那些能预期事件的构念是有效用的,因而被保持下来;而那些被证明是无效的构念,则被修正或抛弃。

8.调整定理(modulation corollary)

"个人构念系统的变化受到适用范围内构念渗透性的限制"(Kelly,1955,p.77)。所谓渗透性(permeability),是指构念系统建构新元素的可能性。一个具有许多渗透性构念的人比一个具有大量非渗透性构念的人更能扩展其构念系统。前者思想开放,后者思想保守。

9.片断定理(fragmentation corollary)

"人能够连续应用不同的亚构念系统,这些亚系统是彼此不一致、不相容的"(Kelly,1955,p.83)。人的构念系统不断流动变化。不同的构念群一直不断地经受着检验,而新的元素又不断地加入具有渗透性的构念中。因此,出现反常行为是不可避免的,但从整体上看,其行为仍是一致的。

10.共同性定理(commonality corollary)

"两个人的构念经验相同到什么范围,他们的心理过程也相同到什么程度"(Kelly,1955,p.90)。两个人相类似,不是由于他们的共同经验彼此相像,而是由于他们建构经验的方式相同。若两个人对事物有同样的看法,他们的行为就会相同,而他们先前的实际经验则可能完全不同。

11.社会性定理(sociality corollary)

"一个人建构他人的构念过程,他就在社会交往中扮演了他人的角色"(Kelly,1955,

p.95)。扮演角色就是按照他人的期望行动。为了扮演角色,个人至少必须了解他人的构念系统,然后照此行动。这样的角色扮演,就会产生最深刻的社会互动。

二、人格动力

凯利极不赞同传统心理学上的动机理论。他把这些理论分为两大类:推理论和拉理论。凯利称为推理论的代表人物包括弗洛伊德、斯金纳、多拉德和米勒,他们使用内驱力、动力或刺激等术语。而凯利称为拉理论的代表包括荣格和阿德勒,他们使用目的、价值或需要等术语。凯利认为,这些人都把人看成生来无活力的,因而需要某些东西的驱动,这显然是胡说。在他看来,"除了他是活生生的人之外,没有任何原因能激励一个人"(Kelly,1955,p.49)。他把自己这种理论称为公驴理论(jackass theory)。

凯利认为,人遇到新情境时,其行动是依详察–预断–控制的循环(circumspection- preemption–control cycle)简称CPC循环(CPC cycle)而进行的。人们开始接触事物时是详察期,小心谨慎地尝试多种前提构念,提出各种命题构念。这些构念只是对情境的可能解释,而不说明更多东西。接下来是预断期,人们从上一阶段权衡过的各种构念中选取可供决断的构念。最后是控制期,在可供选择的构念中,估计何者最能导致扩展和限定而最后做出选择。通过CPC循环,人们就在自己的生活中减少了不确定性。

凯利还阐述了属于人格动力的焦虑、敌意、攻击、内疚和威胁等概念。他把焦虑(anxiety)定义为"个人面临那些在其构念系统适用范围之外的各种事件的再认"(Kelly,1955,p.495)。当生活中的事件落在个人构念的范围之外时,就会产生焦虑。而敌意(hostility)则是"继续强索有效的证据来赞成某类已为它自身证明失败了的社会预言"(Kelly,1955,p.510)。敌意同焦虑有关。当个人的预期不正确时便体验到焦虑。这时,他可能拒绝去接受这种现实,或者企图从周围环境中索取有效性。这种强求索取就称为敌意。凯利把攻击(aggression)定义为"……对个人认知领域积极的补充……"(Kelly,1955,p.508)按照凯利的观点,攻击性强的人寻求冒险,选择的是扩展他的构念系统,而不是限定它。他寻求扩展他的构念系统以便使它包含更大范围的事件。而内疚(guilt)则是"对个人明显背离自己核心角色构念的认知"(Kelly,1955,p.502)。所谓核心角色构念(core role structure),是个人用来预期自己行为的构念。按照凯利的观点,内疚是我们做出了同我们对自己行为预期相反的行动时产生的情感。凯利把威胁(threat)定义为"对在个人的核心构念中迫将产生一种全面改变的意识"(Kelly,1955,p.489)。凯利所谓的核心构念(core structure),是指在预期中那些一贯被证实为正确的构念,即通常所说的信仰系统的核心。当这些核心构念不再被经验证实时,人们就感到威胁。总之,凯利用他的个人构念的理论重新解释了那些属于人格动力的概念。

三、人格发展

在发展的问题上，凯利没有大的建树。他曾说过个人构念系统是通过对事件的反复建构而产生的话，但几乎没有进一步说明何种事件会产生渗透性的或非渗透性的构念以及单纯的或复杂的构念，也没有进一步说明婴儿期前言语构念（preverbal construct）的发展。不过，一些研究者却做过有关认知结构发展的研究。例如，西格内尔（Signell，1966）发现六至九岁儿童的认知结构越来越复杂，即他们的思维趋向较抽象，对环境解释的方式越来越多，对事件的理解也更富弹性。关于哪些因素决定认知结构的复杂化，有一项研究发现，儿童认知的复杂程度和其童年时接受刺激的复杂性有关（Sechrest & Jackson，1961）。另一项研究发现，认知复杂性高的儿童比认知复杂性低的儿童，其父母倾向于给予独立自主，并且较民主（Cross，1966）。这也许是因为有机会检验许多不同的事件，获得较多不同的经验，而有助于认知结构的复杂化。因此，可以设想，如果儿童长期经验到严重的威胁，就会形成非渗透性的、无弹性的构念系统。

四、人格适应

（一）适应的性质

根据耶尔和齐格勒（Hjelle & Ziegler，1981）的说法，凯利所说的健康人格包含四种特征，心理适应良好的个人表现为：

1. 愿意评价他们的构念并检验他们对别人知觉的确实性。
2. 当他们的构念无效时能放弃并改变其核心系统。
3. 愿意扩展他们的构念系统所包含的范围。
4. 有很好发展的角色构念库。

（二）治疗的方法

与传统的心理治疗不同，凯利把神经病患者看作蹩脚的科学家。他们的个人构念系统不能有效地预测未来事件，但仍保持其原来的构念系统，因而不可避免地产生焦虑等神经病现象。他认为，心理治疗就是帮助受辅者：（1）考察、检查个人的构念系统；（2）重新调整构念系统。因而他不主张传统的心理治疗方法，对患者进行分类和诊断。他认为，这种方法是静止的，其焦点集中在过去和现在。实际上，人是不断变化的。治疗者不仅应发现受辅者心理的实际情况，还应指出他可能达到的目标，帮助他重新成为一位好的科学家。

凯利喜欢把治疗室描述为实验室，受辅者在这里可以进行其认知改变实验，而不像在现实生活中有不安全感。他采用多种评鉴技术，如测验和晤谈等，以便对受辅者的构念进行深入了解。他还以信任态度来对待受辅者。所谓信任态度(credulous attitude),就是把受辅者提供有关自己的情况当作正确的、可靠的而加以相信。凯利说:“如果你不知道受辅者有什么问题,那就去问他,他是会告诉你的”(Kelly,1955,p.201)。他常常以这种信任态度,让受辅者书写其自己的特征。

凯利所使用的固定角色疗法(fixed-role therapy)体现了他的个人构念理论的心理治疗特色。这种方法就是治疗者向受辅者描述与受辅者本人人格有着显著差异的另一个人的人格特征,要求受辅者在各种场合以不同长短的时间来扮演。这时,治疗者是受辅者的配角或助演者,绝对不是导演。这一点与精神分析治疗有根本的区别。凯利说,治疗者必须“扮演一个演员的得力配角,帮助演员(受辅者)继续笨拙地寻思台词,拼凑他的角色”(Kelly,1955,p.399)。固定角色一般扮演两个星期左右,治疗者也积极参与其中,鼓励受辅者放弃其原先的核心构念,以发展新的构念。

第四节　人格的信息处理论

随着认知心理学的兴起,信息处理论(或信息加工理论)已渗透到心理学研究的各个领域。心理学家不仅运用信息处理论来研究人类的认知过程,而且近年来也试图用它来研究人格。这方面的努力与凯利的观点有若干相似之处。

一、信息处理的一般原则

人格的信息处理论(或人格的信息加工理论)(information processing theory of personality)就是把人脑与电脑(或计算机)进行类比,将人脑或人看作类似于电脑的信息处理系统。但是,此种类比只是机能上的,即行为水平上的类比,而不涉及其物质构成的生物细胞和电子元件的区别。把人看作信息处理系统,人与电脑在机能结构和过程上,确有许多类似之处。例如,两者都有信息的输入和输出、信息的贮存和提取,以及都需要按照一定的程序对信息进行处理。

以信息处理论来解释人的行为通常用模型加以说明,用来表示人类的心理过程和结构的某些主要方面。在认知心理学中,常见的模型一般包含四个主要成分,即感觉系统、记忆系统、控制系统和反应系统,如图10-5所示。每个系统与其他系统相联系,用箭头表示,执行某些操作。

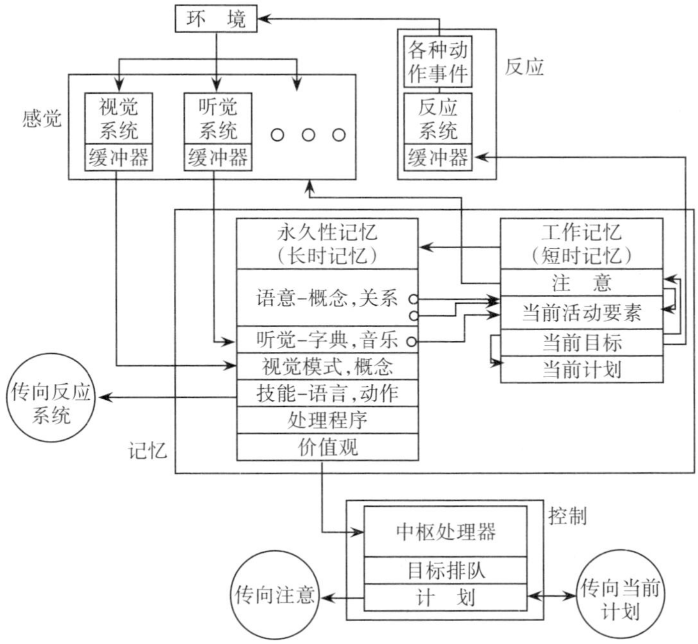

图10-5 人类信息处理系统的一般结构

(采自 Dodd & White,1980)

环境为视觉、听觉等感觉系统(sensory system)提供输入,信息的编码从这里开始。人通过主动的信息处理把刺激的基本特征抽取出来,加以组合。已编码的信息进入记忆系统(memory system),即知识的贮存库,并与记忆中的知识表征加以比较。记忆一般分为长时记忆和工作记忆两种。长时记忆(或长期记忆)(long-term memory)是一个巨大的信息贮存库,它贮存着各种信息,如语意-概念、关系、听觉-字典、音乐、处理程序和价值观等。依当前和过去的输入为转移,长时记忆中的一部分信息被唤起,参与当前的处理。这部分被唤起的长时记忆接受更精细的加工,它们被认为处于工作记忆(或运作记忆)(working memory)之中。工作记忆对有限数量的信息进行精细的处理。工作记忆处理人类注意中心的信息,包括当前活动要素、当前的目标和计划。由于工作记忆仅处理当前的信息,因而也称为短时记忆(或短期记忆)(short-term memory)。

另一结构成分是中枢处理器,属于控制系统(control system)。它决定整个系统怎样发挥作用,主要处理目标和达到目标的计划。目标可能是一般的或特殊的。多数目标可以分解为小目标或更小的目标。这样,中枢处理器就需要决定目标的先后次序,制订计划,并监督当前目标的执行。人确定目标、制订计划的决策过程是十分复杂的。"人并不一定要确切地解决复杂的问题,而只希望得到满意的解决,满意的程度则取决于人脑的能力和所获得的信息"(荆其诚、张厚粲译,1986,185页)。

最后一个成分是反应系统(response system)。它控制着一个系统的全部输出,包括动作、言语和表情等各种动作事件。

所有这些成分都以不同的方式相互作用着。环境的信息通过相应的感觉系统传到记忆系统处理。这种处理又依赖于中枢处理器中的当前目标。同时记忆也为中枢处理器优先安排的目标提供输入。计划和小目标以及当前信息状态又导致系统采取什么动作的决策。这种信息唤起反应系统的输出又成为环境的一部分,向感觉系统提供输入。上述各个成分各有其编码、保存和传递信息的方式。人的大多数活动,都是信息处理系统各成分协同运作才完成的。人格的信息处理论也就是人格的认知论(cognitive theory of personality)。

二、自我和自我图式

多年来,自我一直被看作一种对行为影响面广而且相当稳定的结构。这个“我”是一个单一的整体,然而却以相当适合其本性的方式来调节其各种复杂行为。自我是如何能胜任这一艰巨任务的?一种观点认为可以用自我图式(或自我基模)这一概念来解答这个问题。自我图式(或自我基模)(self-schema)是指影响个体对关于自己信息的编码、储存和提取的认知结构。正如马库斯所说,自我图式是“有关自我的认知类化,它源于过去经验,组织并指导包含在个人社会经验中有关自我信息的处理”(Markus,1977,p.64)。

自我图式以生活中特殊事件为基础,成为知识表征。例如,“我上星期第一次参加跳伞很紧张,其实像这类运动,我是不必害怕的”。自我图式也可以在个人或与此人互动的他人所做的重复分类和评价的基础上形成。例如,“我很胆小,刚才那只老鼠又把我吓了一跳”或“我乐于助人,我父母和老师经常表扬我为张奶奶做的好事”。

自我图式在处理有关个人信息的过程中形成。已形成的自我图式又强烈地影响个人的行为。贮存在记忆库中的自我图式不是被动的记忆表征。它具有主动建构信息的机制,决定着对环境中可获得信息的选择,对信息意义的抽取、解释和综合。自我图式一旦建立而且累积了相当的重复经验后,便不易改变;甚至在面临不一致的信息时,也是如此。

自我图式在信息处理时具有哪些特点呢?马库斯和沃夫(Markus & Wurf,1987)以及多布森和肖(Dobson & Shaw,1987)对有关自我信息处理的研究认为,自我图式的信息处理具有以下特点:(1)对涉及自我的刺激具有高度敏感性;(2)对适合自我特征的刺激处理速度极快且自信度高;(3)对涉及自我的刺激能产生较好的回忆和再认;(4)对自我有关的行为预测、归因与推断具有较高的自信度;(5)对与自我结构不一致的信息产生抵触。马库斯把自我图式的这些特点称为动态的自我概念(或动态的自我观念)(dynamic self-concept),即把自我概念作为个人行为的主动调节者,以取代过去把自我概念视为行为被动反映的旧观念。

三、自我图式和抑郁

抑郁(depression)属于忧愁、悲伤、颓丧、消沉等多种不愉快情绪综合而成的心理状态。它几乎是所有精神疾病的特征。贝克(Beck,1967)认为,抑郁患者在评价和解释有关自身、周围环境和自己未来的事件时,由于受到他们的特有的负面自我图式对有关信息的编码、贮存和提取的影响,从而表现出各种抑郁的情感和行为,如图10-6所示。抑郁产生于患者应付周围环境的过程中所获得的失败体验。这种失败可能是真实的,也可能仅为假设的,也许根本就是一种幻象。无论是真是假或是幻象,患者都把这种失败感加以夸大,把它看成长久不变的、不可逆转的,并归因于自己的能力和身体方面的缺陷,从而形成了负面的自我图式。这种负面的自我图式影响其对未来的看法,患者对自己的生活和前途毫无信心,心境抑郁,意志消沉,回避行动,失去行为动机,依赖性增强,甚至产生自杀念头。而患者却认为他的这种预设前提和推理都是合理的。

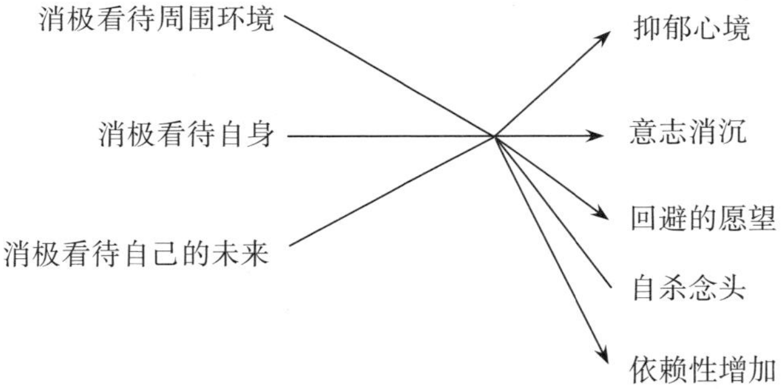

图10-6　认知图式对情感和动机的作用

(采自 Beck,1967)

抑郁患者的一个显著特点是认知歪曲。在他们的推理中经常出现许多系统逻辑错误,主要有:(1)任意的推断,即没有任何证据便推断得出某种结论;(2)选择性抽样,即所得出的结论只来自许多可能性中的一种因素;(3)超泛化,即从一个琐细的出发点做出很大的结论;(4)放大和缩小,即把事情不合理地推向两个极端。由于抑郁患者的负面自我图式是相当稳定和不变的,即使经过若干年的生活,其认知歪曲也难以得到系统的矫正(Kovacs & Beck,1978;Beck,1987)。

那么,患者的错误观念为什么难以得到系统的矫正呢?信息处理论也提出了解释。抑郁患者对与其负面自我图式相一致的信息处理极快,仿佛不费力气,自动地执行。这种处理方式称为自动处理(或自动加工)(automatic processing)。而与患者负面自我图式不一致的信息(如治疗者予以矫正的信息)却需要注意力和意识控制,因而称为控制处理(或控制加工)(controlled processing)。有一种假设认为,抑郁患者的整个认知容量已减少,但并没有完全丧失,他们只能用较少的注意力来完成控制处理。认知容量减少的程度以及由此所导致对控制处理的干扰程度则与抑郁的程度呈正相关。这种假设称为认知容量减少假设(cognitive capacity-reduction hypothesis)。研究者发现,抑郁者认知容量减少表现为记忆减退和效率降低,并且与抑郁程度呈正相关(Hasher & Zack,1979)。

对于抑郁导致整个认知容量减少的原因有两种解释。一种观点认为有某种生理机制在起作用。例如,有研究表明,抑郁可以通过多巴胺神经递质的作用有选择地影响控制处理;突发性的压力状态会阻断那些主管控制处理的神经活动(Brewin,1989)。另一种观点认为抑郁患者认知容量的减少和控制加工受干扰的程度取决于唤起水平的高低。认知容量与唤起水平呈函数关系。抑郁患者的一个主要特征是缺乏动机,唤起水平极低,因此导致认知容量减少(Hartlage,Alloy,et al.,1993)。当然,仅用动机来解释认知容量减少的合理性,也是值得怀疑的。

另一种假设认为抑郁患者总的认知容量并没有减少,抑郁之所以干扰控制处理,其原因是抑郁患者经常产生消极的思想和忧愁占用了注意力,使注意范围缩小,因而不能或很少能接收与自我图式不一致的信息。这种假设称为注意中心变窄假设(narrowing of attentional focus hypothesis)。

英格兰等人(Ingram & Wisnicki,1991)用认知网络来加以解释。特定的认知网络是与各种情绪和感情结构联系在一起的。当抑郁被唤起时,与抑郁相联结的认知网络也被唤起,并加紧进行认知操作从而占用了有限的注意资源,使注意中心变窄。而与抑郁相联结的网络通过唤起的扩散变得更加活跃,从而干扰了与抑郁情绪无联系的认知网络的信息处理。还有一种可能是,抑郁者的工作记忆被与抑郁状态相联系的信息所占用,因而导致了注意范围的缩小。

四、认知疗法

认知疗法(cognitive therapy)是指通过改变患者对重要生活经验的想法来改善情绪困扰和问题行为的一组心理治疗方法。从信息加工的观点看,所有的异常行为和情绪困扰,都源于患者的信息加工内容(认知内容)和信息加工过程(认知过程)出了差错。认知疗法种类繁多,主要分为两大类:认知行为疗法(cognitive behavior therapy)和改变错误的信念系统(alter false belief systems)。在第九章中,我们已讨论过认知行为疗法。此种方法仍重视酬赏或惩罚对改变思维方式的作用。这里仅讨论把重点放在改变信念、态度和习惯性的思维方式或认知图式(认知基模)上的认知疗法。

从认知论的观点看来,异常行为和情绪困扰的产生,是由于患者怎样思考自己与他人的关系,及怎样思考所面对的事件所造成的。错误的思考或想法源于:(1)不合理的态度(例如,优秀的学业表现是一个学生应当具备的重要品质);(2)不当的归因(例如,如果我做了他们所希望我做的每一件事情,那么我将会受到他们的喜欢和接纳);(3)不良的问题解决方式,即拘泥于一些规则,不知灵活变通,即使条件已改变仍重复使用(例如,我必须服从权威人士的看法)。因此患者总是错误地理解问题,无法分辨个人的想象(或期望)与既存现实之间的差异。

贝克(Beck,1967)最先对抑郁症进行认知治疗,并取得了成效。其治疗原则是:帮助患者找出偏执的思想,然后帮助患者学习以较切合实际的方式来表明自己的经验。例如,要求抑郁患者写下对自己的一些负面想法,设法弄清楚为什么这些自我批评是不恰当的,以帮助患者建立起较合理的(较不具破坏性的)自我认知。贝克认为,患者的抑郁之所以会维持下去,是因为患者不明白自己已习惯化地对自己说的那些负面想法在自动进行加工。这些想法如:“我处处都比不上我的姐姐,她总是比我强。”“如果人们真正认清我的话,将没有人会喜欢我。”“在这个家里,我简直毫无价值。”治疗者可以运用下面四个策略来改变患者抑郁的认知基础:(1)让患者做现实测试,使其看清那些自动化想法是否有任何证据支持;(2)把过失重新归因于情境因素,而不是归因于患者的能力差;(3)与患者公开讨论关于问题的其他解决途径;(4)把基本假设讲清楚,然后加以质疑,例如,对患者的错误观念“为了能被他人接受,我必须力臻完美”提出疑问。

本章摘要

1. 人格研究中的现象学范型,关注人的主观经验或现象场,通常不关注人的动机、先天的决定条件、特质和强化史,因而与其他人格研究范型不同。许多持现象学观点的人格理论家也持人本主义和存在主义观点,并以自我为中心研究课题。

2. 罗杰斯认为,所有的人都生活在他们的现象场中。人们是根据其现象场的主观现实,而不是客观现实来行动的。现象场是个体能意识到的那部分经验。而经验是个体所经历的一切。经验到的事件只有被符号化,才能进入意识。

3. 现象场中有些内容与个体自身有关,有些则与个体自身无直接关系。前者是这个人的自我,包括主格“我”、宾格“我”和所有格“我的”等部分。个人的目的就是成为他的真实自我。自我的知觉模式具有组织性、整体性和一致性,遵循一般的知觉原则。罗杰斯理论中的自我(self)与弗洛伊德理论中的自我(ego)是完全不同的两个概念,前者是关于自己的认知、态度和感情，后者是指个人行为的支配者。

4.罗杰斯认为，所有个体生来就具有实现自己、维持自己和提高自己的基本趋向。这种趋向驱使个体朝着更加复杂，更有独立性和创造性、更具社会责任感的方向发展。在理想的条件下，个体都能利用经验是否与实现趋向相一致的机体评价过程来评价其经验。与实现趋向相一致的经验令人满意并引起对它的寻求；与实现趋向不一致的经验令人厌烦，产生对它的回避。

5.在自我形成的过程中，儿童有正向关怀的需求，并发展出正向的自我关怀。大多数父母都赞许儿童的好行为，并给予关怀；而不赞许他们不好的行为，并收回对他们的爱。这就使儿童体会到要获得关怀的价值条件。这些价值条件被内化为儿童的自我概念，就会指导其行为。已形成的自我是相当稳定的。与自我相一致的经验被纳入自我之中，与自我不一致的经验会被拒绝或被扭曲。这也体现了自我的防卫功能。

6.罗杰斯认为，健康人格应具有下列特征：对任何经验都开放；自我与经验相协调；利用自身的机体评价过程；无条件的自我关怀；与他人和睦相处。他的心理治疗的特点是促进受辅者对自己的思想和情感进行探讨以找到自己解决问题的办法。要使他所提倡的个人中心治疗有效，必须具备一定的条件。

7.马斯洛认为，人性是由一系列按层次排列的需求构成的。人类的基本需求依强弱和先后出现的次序是生理需求、安全需求、归属和爱的需求、自尊需求和自我实现需求。只有当低层次的需求获得基本满足之后，较高层次的需求才会出现并成为个人的支配力量，直到这种需求获得基本满足；这时更高层次的需求又会出现并成为支配力量，依次类推。人是一种正在选择着、决定着、追求着的动物。

8.虽然人性中有自我实现趋向，但能成为自我实现者的仅为极少数。在马斯洛看来，这是因为这种需求极微弱，容易被压抑。要达到自我实现，必须有深切地了解自己的极大的勇气，文化规范往往妨碍个人的自我实现；同时，自我实现是成长需求，其发展依赖于自己的潜力。

9.马斯洛通过对他的一些朋友和一些仍活着的以及已去世的著名人物的研究，发现所有的自我实现者都有下列特征：能准确地知觉现实；悦纳自己、他人和周围世界；能自然地表述自己的情绪和思想；注重问题而不注重自我；独立自主；对自然条件和文化环境的自主性；不断更新的欣赏力；具有高峰经验；具有深厚的社会感情；有至深的知交以及亲密的家人；有民主的性格；有很强的伦理观念；具有哲理的幽默感；具有旺盛的创造力；对现实更具批判精神。除了这些优秀品质外，自我实现者也有愚蠢、挥霍、粗心、顽固、虚荣、自负等缺点。

10.马斯洛认为，健康不仅是没有疾病。健康的人是能自我实现的人。所谓有病的人，就是尚未成为他自己的人。因此，心理治疗就是使患者的潜能得到发挥，使患者成为他自己的人。

11.凯利的基本假设是：所有的人都像科学家那样，力图通过形成各种能使自己准确预期未来的理论（构念系统）以减少不确定性。个人构念是个人生活在世界上如何看周围事件，如何去解释、说明或预言环境中的各种事件的过程。

12.凯利以十一条推论系统地阐述他的基本假设。建构定理说明个人构念是在重复经验基础上形成的。个性定理说明个别差异是人们按照自己的构念来看待周围世界之故。组织定理说明个人构念是一个有组织、分层次的系统。二分法定理说明所有的构念都具有两极性。选择性定理说明个人是通过对构念选择的限定或扩展来运用构念的。范围定理说明一种构念仅适用于预期一定范围的事件。经验定理说明对实际经验的建构使个人的构念系统得以验证或修正。调整定理说明某些构念比另一些构念更具渗透性，对经验的建构更开放。片断定理说明在尝试新构念时可能会出现反常行为，但从整体上看人的行为仍是一致的。共同性定理说明人们的相似性不是因为他们的经验相同，而是由于他们建构经验的方式相同。社会性定理说明要扮演角色，个人必须了解其构念系统然后才付诸行动。

13.凯利反对传统心理学的动机理论，认为人生来就是有动机的。当人遇到新情境时，其行动是按详察-预断-控制的循环而进行的。他用他的个人构念理论重新解释了属于人格过程的许多概念，如焦虑、敌意、攻击、内疚和威胁等。

14.在发展问题上，虽然凯利没有大的建树，但有证据表明，随着儿童年龄的增长，他们的认知结构越来越复杂，对环境的解释方式越来越多，对事件的理解也更富弹性。这些研究结果与凯利的设想是相一致的。

15.凯利认为，健康人格具有下列特征：愿意评估他们的构念并检验他们对别人知觉的确实性；当他们的构念无效时能放弃并改变其核心系统；愿意扩展他们的构念系统所包含的范围；有很好发展的角色构念库。他把神经病患者比喻为蹩脚的科学家，其构念系统不能有效地预期未来但仍坚持着。因此，他的治疗目的是帮助受辅者使之成为好的科学家，并用固定角色疗法帮助受辅者抛弃错误的核心构念，发展新的构念。

16.人格的信息处理论是把人脑与电脑进行类比，把人视为信息处理系统的一种人格理论。持信息处理论的人格理论家利用信息的输入、贮存、处理程序、提取策略、输出等概念来描述人格现象，并提出了一些模型来解释人格现象。

17.自我图式是指影响个体对关于自己信息的编码、储存和提取的认知结构。它对涉及自我的信息具有高度的敏感性，并且回忆和再认效果好；与自我图式相一致的信息处理速度快且自信度高;与自我图式不一致的信息则会让个体产生抵触。

18.认知疗法是指通过患者对重要生活经验的想法来改善情绪困扰和问题行为的一组心理治疗方法。抑郁症的显著特点是认知歪曲。用认知疗法治疗抑郁症已取得成效。

建议参考资料

1.弗兰克·戈布尔(吕明、陈红雯译,1987):第三思潮——马斯洛心理学。上海市:上海译文出版社。

2.A.H.马斯洛(许金声、程朝翔译,1987):动机与人格。北京市:华夏出版社。

3.A.H.马斯洛(李文湉译,1987):存在心理学探索。昆明市:云南人民出版社。

4.罗杰斯(刘煜辉译,1986):咨询和心理治疗。台北市:天马文化事业公司。

5.Bannister, B.(Ed.)(1977).New perspectives in personal construct theory.New York: Academic Press.

6.Cloninger,S.C.(1993).Theories of personality:Understanding persons. Englewood Cliffs,NJ:Prentice Hall.

7.Kelly,G.A.(1955).The psychology of personal constructs,V01.1 & 2.New York:Norton.

8.Maslow,A.H.(1970).Religions,values,and peak experiences.New York:Viking.

9.Peterson,C.(1992).Personality(2nd ed.).Ft Worth TX:Harcourt Brace Jovanovich.

10.Pharts,E.J.(1991).Introduction to personality(3rd ed.).New York:Harper Collins.

11.Rogers,C.R.(1951).Client-centered therapy:Its current practice,implications and theory.Boston:Houghton Mifflin.

12.Rogers,C.R.(1961).On becoming a person:A therapist's view of psychotherapy. Boston:Houghton Mifflin.

第十一章　现象学派的研究方法与评鉴技术

本章内容细目

现象学方法(phenomenological method)就是观察当前经验并试图尽可能不带偏见或不加解释地予以描述。现象学派的研究无论是临床上或科学上都是向传统心理学的挑战。罗杰斯认为,心理治疗中所得的临床资料对现象世界的了解提供了极有价值的来源。他最先执行了心理治疗研究的持续性计划,记录和保存了治疗经过的档案资料。凯利的一句名言是:“如果你不知道受辅者有什么问题,那就去问他,他会告诉你的”(Kelly,1955,p.201)。对现象开放并完全相信患者或被试的经验(自我报告)。现象学派反对实验室的元素分析方法,马斯洛认为这种强制性的、呆板的实验方法不仅不能说明人类的本性,甚至还会得出错误的结论。他们坚持用整体分析法来研究人格。罗杰斯对自我的研究,马斯洛对需求层次性、自我实现和高峰经验的研究以及凯利对个人构念的研究,都体现了现象学方法的上述特点。

人格评鉴和人格研究总是紧密联系的。现象学乃是研究个人的主观经验的,若要观察患者和被试当前的主观经验,典型的技术是开放式的非结构访谈和内省报告。罗杰斯派用晤谈、内容分析法、评定量表法、Q分类法和语意分析法对受辅者或被试的自我概念的评鉴,存在主义心理学家对生命目的的测量和疏离感的测量,凯利的角色构念库测验,还有后来发展出来的个人取向量表以及许多探测自我的量表,都是根据个人的自我报告对其人格进行评鉴的。这些评鉴技术绝大多数是试图把质的经验转换成量的数据,但这些技术都无法排除被试的作伪和潜意识的扭曲现象,因而影响评鉴的效度。

在本章第四节,我们把现象学范型摆在九个分析维度上与其他人格理论进行了比较。这九个分析维度分别是:自由意志对决定论、理性对非理性、整体论对元素论、体质论对环境论、主观性对客观性、前动性对反应性、稳态对异态、可知性对不可知性以及可变性对不可变性。最后我们对现象学范型做了简评。

本章的主要内容是:

1.罗杰斯的现象学方法。

2.存在-人本人格论之研究。

3.现象学和自我的评鉴。

4.现象学范型与其他人格研究范型之比较。

第一节 罗杰斯的现象学方法

罗杰斯的现象学方法的特点是原原本本地描述现象的自我并配合以实证研究。罗杰斯认为，个人的现象场是可靠的数据来源，可以在科学上加以研究。他对现象场的探讨是实证性的，所采用的方法包括个案研究、相关研究和实验。这些研究分布于质的分析和量的研究之间，皆表现其现象学方法的特点。

一、个案研究

个案研究（case study）并不是罗杰斯首先采用的，但是在心理治疗的过程中对个案进行有计划的研究却是他的首创。他最先执行心理治疗研究的持续性计划，对治疗过程进行详细的记录（Rogers，1942），还将个人中心治疗的几次晤谈拍成影片，保存治疗经过的档案资料，以供研究之用，从而开创了对心理治疗的研究领域。在罗杰斯之前，谁都没有把心理治疗作为一项科学研究来对待。

下面是罗杰斯治疗一名抑郁症年轻女性的一小段个案记录，我们借此看看罗杰斯研究的特点。

受辅者：我做不到自己所希望的样子。我想可能我没胆量……或没力量……自我毁灭……如果有人愿意帮助我解脱……或是发生个意外什么的……我，我……就是不想活了。

治疗师：现在这个时候，对你来说是一片黑暗，你看不出生活有什么意思。

受辅者：是的……我但愿不要有这个治疗。当我生活在自己的梦想世界时，我很快乐。在那里我可以做个自己想做的人……可是现在有这么深、这么宽的鸿沟……在我的理想和我的真实之间……

治疗师：这的确是艰苦的挣扎……就像你目前这样……有时你梦想世界的庇护所看起来更有吸引力，也更舒服些。

受辅者：我的梦想世界或自杀……所以我不明白我干吗要浪费你的时间……一星期来两次……我不值得这样做的。你说呢？

治疗师：这得看你……这不是浪费我的时间……无论什么时候你来我都乐意看到你……更重要的是，你怎么想……是否你不想一星期来两次……或者你想一周来一次？这全由你决定。

受辅者：你该不是暗示我来得太频繁了吧？还是觉得我应该天天来直到没问题？

治疗师：我相信你自己可以做决定。只要你想来，我都会见你。

受辅者：（声音中有敬畏之意）我想你没被吓倒，我可能为自己感到害怕……但你并不为我害怕。

治疗师：你说你可能怕你自己……而且你奇怪为什么我好像不为你感到害怕？

受辅者：你对我比我对自己来得有信心。我下星期会再来见你——也许。（Rogers，1951，pp.46~47）

从这段晤谈记录中，可以看出罗杰斯在治疗时所体现出的现象学方法的一般特征。其主要特征是：（1）开放性。他对受辅者的经验不仅听而且认真对待，详尽记录。（2）问好问题。他使自己提出的问题不仅显示出对已知内容的掌握且洞悉其中的矛盾，从而使受辅者的经验能更彻底地显示其自身。（3）描述事件的本来模样，而不是按自己认为它们是怎样的方法去描记。

二、内容分析

内容分析（content analysis）的目的是把用言语表示的非数量化资料转换为用数量表示的资料。开始时，罗杰斯所使用的都是质的晤谈记录。但是，要决定治疗的效果和标示自我口语表达的改变，那么量的分析——一种更严谨、更科学的分析——便不可缺少，于是逐渐发展出对晤谈资料的内容分析。也就是，对晤谈内容的表现做客观的、系统的和数量描述研究。例如，在罗杰斯派的一项早期研究中，雷米（Raimy，1948）为了考察他在治疗过程中自我推论的改变方式，对晤谈资料做了内容分析。他建立了6个自我推论（正向的或认可的自我推论，负向的或不认可的自我推论，矛盾的自我推论等）来分析有过2~21次晤谈的14名受辅者的晤谈资料。对每一次的晤谈记录都仔细进行检查，对每位受辅者的自我推论都以上述6类进行分类。结果发现，受辅者开始接受治疗时谈话内容一般都做负向或矛盾的自我推论，而在结束治疗时被判断为有改善的受辅者对自己多数用正向词语来做推论，那些没有改善的受辅者仍做矛盾或负向的自我推论。这类结果在治疗中是相当常见的。斯托勒（Stoler，1963）用内容分析法对心理治疗中受辅者的可爱性与治疗成功的关系做过研究。他从10位录音的受辅者中选出20段受辅者与治疗师交谈的两分钟录音片段，由10位评分者对受辅者的可爱或不可爱进行鉴定。在此之前，5位受辅者被认为是治疗成功的，5位是不成功的。结果表明，受辅者的可爱性和治疗结果的成功有关，并且可由治疗互动的内容片段做出受辅者可爱性的可靠评分。

有人认为:“内容分析已被证明是一种特别适合于研究心理治疗的工具”(Marsden,1971,p.392)。但也有研究显示结论并不一致。例如,罗杰斯曾提出能接受自己的人也必然更能接受他人的论点。有些研究(Seeman,1949;Stock,1949)对治疗的晤谈资料做过内容分析,以考察正向推论自我的受辅者对他人是否也有类似的推论,但是得不出明确的结论。对于这个问题,其原因可能有二:一是晤谈资料本身不可靠,因为受辅者的谈话内容可能有扭曲,在此情况下,最好的研究方法也难以取得一致性的结论;二是在晤谈资料可靠的前提下,如果研究者所建立的分类标准模棱两可、含混不清,研究者之间掌握的分类标准不一致,也不可能得出一致性的结论。

补充讨论 11-1

中国人对自己的要求——一项内容分析研究

杨中芳(199lb)认为,中国文化价值观传递给下一代的是使每一个“个人”都变成一个深信“社会幸福是个人幸福的泉源”,心甘情愿尽社会的义务和责任的“自己”;西方的社会教化则是把“个人”培养成一个自主独立,肯为自己的幸福而奋斗的“个己”。为了验证此假设,她将字典和词典中凡与“自”或“己”字有关的字、词挑选出来,再就语意加以整理归类,来探讨中国人在语言上反映出对“自己”有什么要求。其结果如下。

1.以自制为主

自制就是时常检讨自己,使自己在任何场合所做的事都合理合宜。它至少包括四个概念:(1)自省,即自身向内对“自己”做评价、批评和检讨。通用的词语还有自反、自讼、自躬、自问。(2)自爱,即爱惜自己的身体及名誉,不要自己作践自己。相通的概念有自尊、自敬、自好、自重、自惜羽毛。(3)自觉,即自己主动去做自己认为应该做的事情,不要别人提醒。与该词相关的有自律、慎独及独己。(4)自分,即自己估计自己的实力才去做,不可放肆。与自分相通的正面词有自量、自知之明、量力而为等;相反的词有自专、自恣、自讨没趣、自作聪明、自讨苦吃等。

2.憎恶自满

中国语言中充满了对自我满足及自我赞许的偏见。憎恶自满的负面形容词很多,如:自夸、自满、自盈、自傲、自大、自高、自恃、自命、自用、自诩、自许、自居、自矜、自封、自鸣、自得、自负、自吹、自擂、自我陶醉、自我感觉良好等。唯一比较不带负面意义的词是自豪。

3.崇尚自奋自发自强

中国人的自奋自发自强的概念相当复杂,至少包括五个附属概念:(1)一切从“自己”开始做起,主动去做;(2)由“自己”自主做决定;(3)自力地去做,不靠别人;(4)不懈地去努力;(5)向上改进自己。常用来描述这类概念的词语包括:自主、自理、自奋、自强、自新、自拔、自救、自告奋勇、自强不息、自力更生、自给自足、自动自发、自食其力等。个人必须主动地、不气馁地为自己去奋斗,个人的成败得失乃是自己努力或不努力的结果。自屏、自馁、自作、自绝、自取、自苦、自缚、自误、自作孽、自暴自弃、自作自受、自食其果等都是用来说明“自己”失败原因的负面词。

4.强调道德修养的成就

与西方强调个人自我实现的成就动机不同的是:中国人强调将自我逐渐扩大成为包括“社会”的个人的道德修养过程。在此过程中,主要的工作是“去私”,将“小我”变为“大我”的内化过程。这方面的语词如:牺牲小我,完成大我;推己及人;人饥己饥,己所不欲,勿施于人;己欲立而立人,己欲达而达人;老吾老以及人之老,幼吾幼以及人之幼;等等。

因此,作者认为“可以肯定中国人的‘集体主义’不属于那种因与团体认同,而愿意与其他团体成员的‘己化过程’”。(摘自杨中芳,199lb)

三、评定量表法

评定量表法(rating scale method)也是罗杰斯派的研究者常用的一种研究方法。汤林森和哈特(Tomlinson & Hart,1962)对过程量表所做的验证研究是这类研究的一个例子。过程量表(process scale)是评量治疗晤谈7个阶段的量表。它分为7个纵向的子类别:(1)感觉和个人意义;(2)经验;(3)不一致性;(4)自我沟通;(5)经验的解释;(6)与问题的关系;(7)相关的方式。评定者记住每个子类别,然后以由1~7对受辅者晤谈过程的水平做一个整体性评定。汤林森和哈特让两位有经验的评定者检视10个治疗个案每一个的九段两分钟的晤谈摘要。对每个个案,治疗系列之后有一段晤谈,之前也有一段。每一位评分者都要评定20卷录音带。得出的结果是:(1)两位评分者之间信度较高(r = 0.60)。(2)过程量表能区分出较成功的和不成功的受辅者;较成功的受辅者在开始和结束时都有较高水平的过程。(3)较成功的受辅者有较大的过程变化。

四、Q分类法

在20世纪50年代初,当史蒂文森(Stephenson,1953)倡导用Q分类法作为自比性研究(即对单个被试的前后测验结果做相关分析)或两个被试测验结果之间做相关分析研究之用时,罗杰斯及其同事很快便意识到这种方法特别适合于对自我概念的研究,于是很快就发展出一种由史蒂文森方法改造而成的Q分类法。

Q分类法(Q-sort)是一种自我评定测验的实施方式,要求被试在载有描述自我特征的一系列卡片中,根据卡片所述最符合本人的程度,按等级分为事先定有分类的若干类;然后研究者按照被试分类的结果进行分析,以了解其自我的特征。使用Q分类法研究个体行为改变情形者,称为Q技术(Q technique)。每张卡片上都载有描述自我特征的一个语句,如"我是一个快乐的人"、"我常感到害怕"、"我通常会先想到我自己"、"我常因愤懑招致麻烦"、"我喜欢人际交往"等。这些语句是从个人中心治疗的大量谈话录音中选出患者对自我体验的代表性陈述。这种卡片一般较多,通常在60~140张之间,多数研究采用100张。要求被试读每张卡片上的句子,考虑是否与自己相同,然后将它们分放到从"正是我的特征"到"一点也不像是我的特征"的九个等级上;在分配这些卡片时还要求被试按正态分布的原则确定各等级上应分到的卡片数目,即中间等级分到的卡片最多,两端的等级分到的卡片最少,如图11-1所示。要求被试按正态分布分配卡片的目的是:既可以防止被试的反应心向(或反应定势)(response set),也有助于资料的处理。

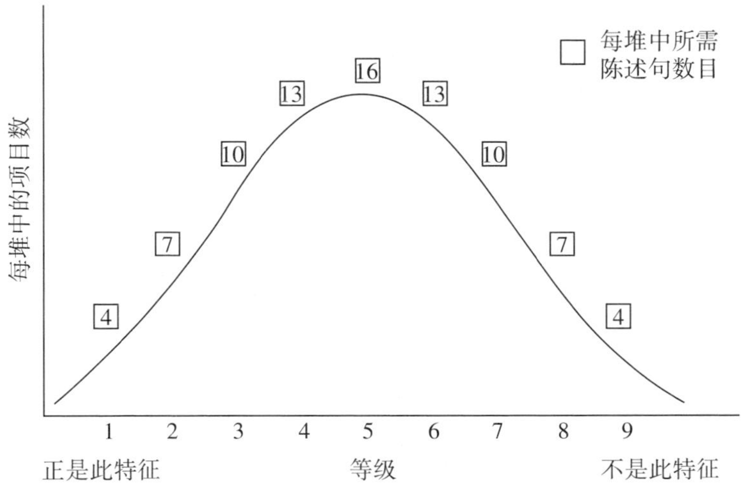

图11-1　对自我陈述的一种强迫性Q分类

（采自 Phares,1991）

自我和理想自我之间的比较常运用Q分类法。例如,在巴特勒和海伊(Butler & Haigh,1954)的研究中,研究者们设想,受辅者在治疗前对自己是不满意的,经过成功的治疗之后,不满意的程度会降低。他们选择24名在芝加哥大学咨询中心治疗的受辅者和16名成年人的控制组,两组在性别、年龄、社会经济地位和文化程度等方面大致相当。实验组在治疗前、治疗结束时、治疗结束后6个月和1年后的某个时刻都做Q分类。控制组未接受治疗,但在类似的时间也做Q分类。被分类的卡片共100张,要求被试对每张卡片上的陈述句如"我是一个冲动的人"或"我是可爱的"都做两种分类:现实自我的分类(即当时他们如何看自己)和理想自我的分类(即他们希望自己将是什么样)。再对自我的分类堆数与理想自我的分类堆数求相关。结果如表11-1所示。

表11-1 理想自我和自我的平均相关

	治疗前	治疗后	6个月至1年后
实验组	-0.10	0.34	0.34
控制组	0.58	—	0.59

（采自 Butler & Haigh，1954）

从表11-1可见，控制组的自我与理想自我在开始时就有较高的相关，这种相关并未随时间而变化，而实验组的理想自我与自我间的相关则显著增加。这种改善在6个月到1年后仍继续维持。罗杰斯（Rogers，1954）也曾报告过类似的研究结果：受辅者在治疗前自我与理想自我的相关为0.36，第七个疗程后为0.39，第二十五个疗程后为0.41，治疗结束时为0.61，治疗后的12个月为0.79。这表明随着治疗的进程，受辅者的自我概念逐渐趋近理想自我，这种倾向在治疗后仍保持着。

苏芗雨和杨国枢（1964）用Q分类法比较少年罪犯（36名）与正常儿童（36名）在真实自我与理想自我及家庭期望自我之间的谐合度的差异。结果发现少年罪犯在这三项自我之间的谐合度上都比正常少年来得低。

Q分类法的项目可以根据一定的理论来设计，用来探讨个人的主观经验，因而受到不少人格理论家的赞许。但是Q分类法也有一些缺点：

第一，它是一种自比性研究，难免会引起被试的防卫反应。巴特勒和海伊在上述研究中就发现，有些被试做了防卫性分类，使得理想自我与自我间的矛盾较实际的少，因而影响了研究的效度。

第二，它运用强迫性分配方式，容易引起被试的反感；要求被试检视100张或100张以上的卡片，也容易影响被试的注意集中和合作精神。

五、语意分析法

语意分析法（method of semantic differential）是运用语意区分量尺来研究事物意义的一种方法，最早由奥斯古德等人（Osgood，Suci，& Tannenbaum，1957）所创造。这种方法以纸笔形式进行，要求被试在若干个七点等级的语意量尺上对某一事物或概念（如玩具、班级）进行评价，以了解该事物或概念在各评量维度上的意义和强度。一个量尺等级序列的两个端点通常是意义相反的形容词，例如，聪明的—愚笨的，健壮的—衰弱的，吵闹的—安静的，等等。

语意分析法在探讨现象学的经验方面具有明显的优势并且又能进行量化的客观测

量，因而已被广泛地应用于对自我（包括真实自我、理想自我、家庭自我、学校自我等）的研究中。表11-2显示的是对真实自我评量的指导语和一组量尺。

表11-2　语意分析法的使用

下面列举一些情况，请你根据自己的意见来评定。例如，请你在一个7级的量尺上评定“我的班级”，量尺的一端是“温暖”，另一端是“冷漠”，中间分为7个等级。如果你觉得“我的班级”是“十分温暖”或是“十分冷漠”的，就请在a或g格上画一个“√”；如果你觉得“我的班级”是“相当温暖”或“相当冷漠”的，就请在b或f格上画个“√”；如果你觉得“我的班级”是“稍微有点温暖”或“稍微有点冷漠”的，就请在c或e格上画个“√”；如果你觉得“我的班级”是“既不温暖也不冷漠的”，就请在d格上面画个“√”。同时请你注意：

1. 每一个量尺上只能画一个“√”。
2. 每一个量尺上都要画一个“√”，不要空着。
3. 评定时请按照你现在的想法，不要做太多的考虑。

现在请你评定现实的我。

现实的我

乐观	a	b	c	d	e	f	g	悲观
协调	a	b	c	d	e	f	g	不协调
安定	a	b	c	d	e	f	g	焦躁
坚定	a	b	c	d	e	f	g	动摇
合群	a	b	c	d	e	f	g	孤僻
强壮	a	b	c	d	e	f	g	衰弱
充实	a	b	c	d	e	f	g	空虚
勤勉	a	b	c	d	e	f	g	懒惰
有力	a	b	c	d	e	f	g	无力
光明	a	b	c	d	e	f	g	阴暗

（采自 黄希庭、徐凤姝，1988）

虽然可以从许多不同方面来分析自我，例如好的—坏的、健壮的—衰弱的、平静的—激动的、诚实的—虚伪的，等等，但对大量研究数据的因素分析结果都较一致地表明，从上述众多方面可以抽取出三个因素。它们可以解释全部变异量的绝大部分，而可析出的剩余因素则对整个变异影响甚微。这三个一般因素是评价（evaluation）（如美丽的—丑陋的、好的—坏的等）、潜能（potency）（如有力的—无力的、强的—弱的等）和活动（activity）（如快的—慢的、年轻的—衰老的等）。因此，我们可以根据研究的需要，从上述三个因素中设计量尺来分析自我的各个方面。

用语意分析法来研究自我，设计简单、操作方便。这方面国内也有一些研究。例如，贾馥茗(1968)用语意分析法来测量大学生自知程度与大学生活适应的关系。结果发现：大学生对自己的行为及兴趣的自知程度皆高；对自己的能力和自知程度则皆低；有自知之明者，在社会适应上较好。不过语意分析法也像Q分类法一样，在量尺的设计上和被试对它们评量的选择上都可能会产生扭曲现象。这是对个人经验做相关研究时经常遇到的难题。

六、实验研究

自我是罗杰斯人格理论的中心概念。自我以及由自我衍生出来的概念也可以在实验室中研究，即操纵一些变量，然后观察对自我的影响。罗杰斯认为，有机体所采取的行为方式，大多能保持自我概念的一致性。为此，阿伦森和米迪(Aronson & Mettee，1968)曾做过一个实验。他们假设如果一个人接受到会降低其自尊感的信息，就更容易表现出不为人们欢迎的行为。反之，一个人如果接受到会提高其自尊感的信息，就会表现出比他从前更为出色的行为。为此研究者安排了如下的实验。选择45名女大学生作为被试，告诉她们所进行的实验是涉及人格测验分数和超感官知觉间的关系研究。人格测验分数用加利福尼亚人格调查表中的自尊量表进行评估，超感官知觉能力通过一种赌博式游戏的输赢来确定。先做人格测验，然后给被试以不同的关于她们人格的反馈信息(即好的、不好的和中性的)。在做游戏时，置被试于两难处境中：要么做出某种不诚实的举动而获胜，要么不欺骗而失败。在当时的情境下需让被试确信她的欺骗行为是不可能被识破的。实验结果如表11-3所示。表中低自尊感组、中自尊感组和高自尊感组分别是接受不好的、中性的和好的人格信息反馈的被试组。有欺骗行为的人是指在游戏中至少作弊一次者。结果表明，一个人是否有欺骗行为受他所接受到的关于自尊感的反馈信息的性质影响。接受贬低评价的人比接受恭维评价的人更易于做出欺骗行为。这一结果暗示，人们的行为方式与其自我评价是相一致的。

表11-3　自尊感与欺骗行为的实验结果

反馈条件	有欺骗行为	没有欺骗行为
低自尊感组	13(人)	2(人)
中自尊感组	9(人)	6(人)
高自尊感组	6(人)	9(人)

(采自 Aronson & Mettee，1968)

张春兴、简茂发(1969)曾做过一个实验,探测一组大学生在得到有关自己的能力、人格状况的反馈情况下,他们的学业与另一控制组(完全不知道自己的心理状况者)之间的差异。结果发现,这种对自己认识的反馈与其自身的能力呈交互作用。实验组中能力强者,在知道自己的能力资料后,学业成绩比控制组的能力强者高;能力中等者,资料反馈令他们成绩变坏;而能力低者,资料反馈对他们的学业成绩没有影响。此外,人格资料的反馈对学业成绩无影响。

麦克法林和布拉斯科维奇(McFarlin & Blascovich,1981)认为,个人长期的自尊水平是源于以往成功和失败的许多经验。这些经验累积使得在实验室里的一次成功或失败的孤立事件对其长期性的自尊水平很少有影响。因此,他们根据自尊水平分别为高、中、低三种程度,选取三组女性被试。在一个字谜作业上,每一组的1/3表现失败,1/3表现成功,剩下的1/3则不知自己做得如何。结果是:当被试在获得和其长期性的自尊水平不一致的操作反馈时,并未受到影响。例如,高自尊水平的被试不会只因在作业上的失败,便降低其自尊水平。

第二节　存在-人本人格论的研究

一、马斯洛人本人格论的研究

马斯洛是人本心理学的代言人。他在攻读博士学位期间曾经对猴子做过观察研究,并熟悉实验法研究。但是他认为仅仅依赖实验室的元素分析是不能解决人格问题的,从而转向采用整体分析法。他同意奥尔波特的观点,认为就人格而论,特殊规律研究比一般规律研究更重要。他提出,心理学研究应当以问题为中心,而不是以方法为中心。他指责一些心理学家受"安全需求"的支配进行研究工作,他们愿遵循传统的方法对琐细问题进行实验,不敢涉及更重要的人格和道德领域。他完全放弃了实验法,对需求的层次性、自我实现和高峰经验进行描述性研究。

(一)需求层次性

马斯洛提出,人类的五种基本需求由低级向高级按层次结构排列。这只是他根据日常生活经验所提出的假设,并无任何实证资料作为依据。

格雷厄姆和鲍拉恩(Graham & Balloun,1973)曾对需求层次性做过实证检验。马斯洛有两项假设:(1)任一需求的满足程度和满足该需求的欲望呈负相关;(2)成对比较层次上的需求,低层次需求的满足程度要大于高层次需求的满足程度。首先他们根据年龄、性别、经济状况和文化水平等因素,以分层取样法选择出37名被试作为代表总体的样本。然后让训练有素的晤谈者到每一位被试家中,与他们谈话,用两种步骤收集资料以便验证上述假设。第一步,先请被试讲述对他们来说生活中最重要的事情是什么;再让几位心理学研究生根据生理、安全、社交(归属和爱)和自我实现四种需求分别对每位被试进行五级评定,每种需求给出一个评定等级。如某被试说:"我觉得一生中最迫切的要求是自我成长和完善",被评为高自我实现欲望;"我认为钱、住宅、食物、服饰和汽车是最重要的",被评为高安全需求。第二步,再请被试按这四种需求就自己现实已满足的程度和渴望满足的程度对自己进行等级评定。从满足得很好到满足得很差分为五等。渴望得到满足的评定有四个等级,从不希望到很希望。

先检验第一个假设,在处理结果时对实验第二步所获得的两种评定等级求相关,即被试自评的需求的满足程度和需求的欲求程度求相关,如表11-4所示,高负相关系数呈对角线排列,验证了第一个假设。

验证第二个假设时,将实验第一步中几位研究生评定的原始分数按每种需求各自相加,再求出样本平均等级,见表11-5。等级值越低表示被试越关心这种需求,而越关心某种需求表明该需求越未得到满足。表11-5中的平均等级值证实了第二个假设。再以实验第二步中被试自己报告的需求已满足程度为指标,检验该假设,结论基本一致,表11-5右边一栏为被试自评等级的平均数。这里,社交需求的满足程度大于安全需要的满足程度,与假设不相符。

表11-4 四种需求满足程度和欲求程度的积矩相关

需求的满足	需求的欲求			
	生理	安全	社交	自我实现
生理	−0.57	−0.21	−0.24	−0.20
安全	−0.40	−0.66	−0.25	−0.11
社交	−0.22	−0.27	−0.72	−0.18
自我实现	−0.09	−0.04	−0.17	−0.42

(采自 Graham & Balloun,1973)

表 11-5 会晤资料和满足程度等级评定的平均数

需求	平均数	
	会晤资料	满足程度
生理	14.23	4.14
安全	12.69	3.35
社交	9.09	3.73
自我实现	7.20	3.00

（采自 Graham & Balloun，1973）

黄希庭、张进辅和张蜀林（1988）在对中国大陆大学生广泛调查的基础上所编制的大学生需要问卷，包括生理需要、安全需要、交往需要、尊重需要和贡献需要等几大类共18项。而马斯洛的需求层次论则完全忽视了人类有利他、利群的需求，把个人的自我实现提高到价值层次的顶点。显然，这个理论是有缺陷的。它反映了美国社会的价值观念，为个人主义提供心理学上的支持。

（二）自我实现

对于自我实现的概念，马斯洛做过研究。他选择了49位他自己认识的人以及一些著名人士和历史人物。他选择这些人的标准是"似乎在竭尽所能，使自己趋于完美"（许金声等译，1987，176页）。这种选择标准很有弹性，完全缺乏信度。他所选择的人物包括如下三类：（1）12名"很可能的实现者"；（2）10名"部分的实现者"；（3）26名"潜在的或可能的实现者"。他把自己收集有关自我实现者的资料的方法比喻为对一些朋友或熟人整体印象的逐渐形成过程。经由这些资料来源，列出了15种他认为是自我实现者的人格特征（见表10-1）。其实，所谓自我实现，就是指一个人追求的人生境界。不同价值观念的人有不同的人生追求。关于人生境界，早在殷周时期，我国儒家重要经典之一《周易》中就有所描述（参见补充讨论11-2）。马斯洛在1970年所完成的这个研究，充满了方法学上的缺点，引起了人们的大量批评。

补充讨论11-2

《周易》中的理想人格

《周易》亦称《易经》，简称《易》，儒家重要经典之一，相传系周人所作，内容包括《经》和《传》两个部分。《经》主要是六十四卦和三百八十四爻，卦和爻各有说明(卦辞、爻辞)，作为占卜之用。《传》包含解释卦辞和爻辞的七种文辞共十篇，统称《十翼》，相传为孔子所撰；但一般认为它是战国或秦汉时期的儒家作品，并非出自一时一人之手。每一种文化都在塑造着它所崇尚的人格特征。《周易》为人们设计了一种儒家的理想人格模式。据燕国材(1994)的研究可以概括为如下18个人格特征。

1.天人合一的主客观念

《周易》要求人们既善于效法天地(即掌握客观规律)，又善于发挥主观能动性，保持主体与客体的统一。

2.奋发有为的积极态度

《周易》要求人们时刻奋发、不懈努力、谨慎小心、不休不止地致力于事业的完成，即"君子终日乾乾，夕惕若厉，无咎"(《乾卦·九三》)。

3.自强不息的进取精神

即"天行健，君子以自强不息"(《乾卦·象上》)。

4.仁义礼智的完整道德

效法天的元、亨、利、贞四种特性，每个人都应当具备仁、义、礼、智四种德行。正如《乾卦·文言》所云："元者，善之长也；亨者，嘉之会也；利者，义之和也；贞者，事之干也。君子体仁，足以长人；嘉会，足以合礼；利物，足以和义；贞固，足以干事。君子行此四德者，故曰，乾：元，亨，利，贞。"

5.谦虚逊让的美好德行

谦逊并非消极的退让，而是积极有为；谦让并非优柔寡断，更非自卑、畏怯、虚伪。(主要见《谦卦》、《巽卦》)

6.诚信不欺的正直精神

待人接物要真实，不虚伪；要相互信任，不尔虞我诈；要尽其在我，刚正无私。(主要见《无妄卦》、《中孚卦》)

7.不怕困难的坚强意志

遇到困难或危险时，应奋不顾身，勇敢排除困难；但有时应等待时机，不可轻率冒险。如果必须冒险犯难，应团结众人，增强力量，争取转危为安。在彻底消除困难时必须把握中庸正直原则。(主要见《蹇卦》、《解卦》)

8.自我节制的调控能力

善于自我节制，则万事亨通，工作顺遂；但是节制不可过度，否则会使自己吃亏受苦，即所谓"节，亨。苦节不可贞"(《节卦》)。主张"安节"和"甘节"，使节制顺其自然，无过又无不及，从而有所作为，事事成功。

9.持之以恒的坚持精神

做任何事，只要持之以恒，坚持到底，就能万事亨通，无往不利。即“恒、亨、无咎、利贞、利有攸往”。如果缺乏恒心，则不能成就大事。但坚持必须适可而止，不可趋于极端，超越常规，否则适得其反。（主要见《恒卦》）

10.与人和乐的积极情感

要正确地对待和乐；和乐易于沉溺，必须高瞻远瞩，居安思危；和乐应是众乐，方可获得幸福，达到安和乐利的目标。（主要见《豫卦》、《随卦》）

11.与人和同的待人态度

破除私见，重视大同，不计较小异；大公无私，以道义为基础，于异中求同，积极地广泛与人和同。（主要见《同人卦》）

12.光明磊落的宽广胸怀

《周易》中不少卦、爻都要求人们光明磊落，胸怀坦白，精诚团结，开创新局面。

13.认真负责的工作态度

要小心翼翼地去践履，认真负责地工作，有始有终，尽善尽美。（主要见《履卦》）

14.刚柔并济的处事方法

《周易》要求人们效法天地，阴阳协调。在处事上，应刚柔并济，外圆内方。（主要见《乾卦》、《坤卦》）

15.对待成败的正确态度

要胜不骄，败不馁。（主要见《既济卦》、《未济卦》）

16.趋时守中的处世原则

《周易》十分强调物极必反，要求人们做任何事都必须留有余地，适可而止。既要趋时，又要守中。

17.革新创造的变革精神

当出现腐败迹象时，必须采取变革的非常行动；变革成功后，仍要不断革新，不断创造，以适应并推进新的生活。（主要见《革卦》）

18.特立独行的完美人格

《周易》中的许多卦、爻都要求人们特立独行，择善固执；坚持原则，不同流合污；为所当为，不盲从附合。

《周易》中所提出的理想人格特征在先秦儒家的思想中也有体现。按孔子的言论来看，教育的目的是培养“修己治人”、“修己安人”的君子，即塑造出仁智统一的理想人格。关于孔子的人格，《孟子·公孙丑上》中记载有子贡的评价：“学不厌，智也；教不倦，仁也。仁且智，夫子既圣矣。”西汉初年，儒家大师董仲舒（约公元前176—前104）继承了这一传统，对仁智统一的理想人格做了进一步的阐述，说一个人没有仁只有智，就犹如“狂而操利兵（好兵器）”，做出坏事来；同样，没有智只有仁，也会如“迷而乘良马”，达不到目的（见《春秋繁露·必仁且智》）。总之，仁与智的统一是儒家崇尚的理想人格，也是对上述《周易》理想人格的18个特征的高度概括。由此也可以看出中国人的传统观念、人生境界与西方鼓吹的自我实现的人格特征是有相当大的差异的。

虽然马斯洛的研究充满了方法学上的缺点，但他关于自我实现者的特征却常被引用。为了测量个人自我实现的程度，肖斯特朗(Shostrom，1965，1966)设计了一个客观测验，称为个人取向量表(Personal Orientation Inventory，简称POI)。该量表是由150对由相反性质的句子组成的纸笔人格测验，要求被试从每一对句子中选择一个最符合他的叙述。例如，有这样两对句子：

I.a.我觉得生活中需要遵循社会标准和规范。

b.生活中，我不觉得总是需要按照社会标准和规范行事。

II.a.一个人最好是独自为之，不与他人为伍。

b.一个人最好是大众化。(Shostrom，1965)

该量表包括12个分量表：时间能力、内在导向、自我实现价值、存在感、感觉反应、自发性、自我注重、自我接受、人的本质、合力性、攻击性的接受、亲密接触能力。测验的评分有许多方法。前两个分量表(时间能力和内在导向)是测验的主要分数。后10个分量表是互补的次级分数。现在已有许多研究讨论过个人取向量表的心理测验特性和建构效度(Maddi，1989)。吴丽娟(1987)曾用个人取向量表中的自我注重和自我接受两个分量表，施测于已接受八周左右理情教育治疗(或理情治疗法)(rational emotive therapy，简称RET)的大学生，看看他们在治疗后是否较多地应用理性思考，焦虑减低，并且对自己的接受程度升高。结果发现并没有任何改变。这与她(吴丽娟，1986)用自尊量表来测量中学生在六周的理情教育课后，是否在自尊上有所改变所得的结果很相似。这表明上述两个分量表有一定的信度和效度。

虽说个人取向量表是很有前途的。但是人们怀疑以平均侧面图为基准的标准化测验来测量自我实现(即个人独特诸潜能之充分发挥)是否合适，用心理测验或平均法来研究现象学的人格概念是否合适(Phares，1991)。

(三)高峰经验

马斯洛把人们达到自我实现时的片刻体验称为高峰经验(peak experience)。高峰经验的特点是幸福感和成就感，它是一种暂时的、无奋争的、非自我中心的完善和达到目标的状态。高峰经验有不同的强度，包括各种不同类型的活动，如创造活动、欣赏自然、对艺术的感受、参加体育运动、与友人的亲密关系、做父母的经历等。为了解高峰经验的意义，马斯洛曾要求120名大学生按照下面的指导语写下他们的反应。

我希望你们想一想在生活中最奇妙的经验；最快乐的时刻，狂喜的时刻，全神贯注的时刻，可能是因为谈恋爱，或欣赏音乐，或突然被一本书或一幅画所打动，或由于一些伟大的创作时刻。首先，把这些记下，然后尝试着告诉我在这个敏感的时刻你的感觉怎样，和你在其他时刻感受到的方式是如何的不同，在这个时刻你在那些方面是如何不同的一个人。(对其他被试则问这个世界看起来是怎样的不同)(Maslow,1962,p.67)

然后，马斯洛对大学生们的反应进行了概括。大学生们谈到的高峰经验有下列一些特征：完整性，完美性，活力，独特性，自发性，自足性以及真、善、美的价值。其中的一例是：

在高峰经验的情绪反应中有一种奇妙的、敬畏的、虔诚的、谦逊的特别滋味，并且像臣服于某些伟大事物那样臣服于这种经验之前。(Maslow,1962,p.82)

他的这种研究是完全对现象开放的且完全相信经验的。

二、存在主义的研究

存在主义的研究(existential research)强调的不是任何传统意义上的研究、实验或调查，而是经验的描述——立即性经验的现象学分析。不要任何科学理论，也不推演出可在实验室验证的假设。卡姆(Van Kaam,1966)所做的研究可以说明这种研究的特点。他要求一些高中生和大学生回忆他们经验到"被了解"的情境，以及在此情境中他们的感觉怎样。在收集到这些叙述后，研究者在心中以下列问题来进行考察：

1. 这个被试所做的具体、生动、有系统且确切的描述，是否包含了可能作为真正感到被了解的充分必要成分的瞬息间经验？

2. 如果是，是否有可能抽取出这一瞬息间的经验，并简短、确实地标明这个抽象概念，而不违反被试的陈述？(Van Kaam,1966,p.323)

将不符合这些标准的叙述去掉。以这样的方法，研究者找出了真正感觉到被了解的经验的元素，如表11-6所示。

显然，这类研究存在着很大的问题，主要是：每个评量者在他们对被试经验的理解和分类上是否一致？是否经得起实际的检验？

从存在主义观点来看，现代社会的普遍感觉是生命无意义、疏离感和缺少正常性，于是有许多量表被设计成用来测量这些观念。不过，大部分这类测验都得不出明确的结论，而甚无进展。例如，为测量弗兰科(Viktor Frankl,1905—)存在真空概念而设计的生命目的测验(Purpose in Life Test)(Crumbaugh & Maholic,1964)、存在研究(Existential Study)(Thorne,1973)以及疏离感测验(Alienation Test)(Maddi,Kabasa,& Hoover,1979)等。

表 11-6 被了解的成分

成分	表达该成分的学生百分率(%)
1.从某人那里知觉到被了解的信号	87
2.知觉到某人和被试对事情意义具有共同的经验	91
3.知觉到某人接受被试者	86
4.感到满足	99
5.开始感到轻松	93
6.由经验到的孤单中开始感到轻松	89
7.在这个能了解人的关系中感到安全	91
8.从这个了解的人身上感到安全的共享	86
9.知觉到此人的出现,感到安全经验的共享	64

(采自 Van Kaam,1966)

三、凯利的个人构念研究

凯利对个人构念研究最出色的工作是他对个人构念库测验的设计。为了评定个人构念系统,他设计了角色构念库测验(Role Construct Repertory Test,或称 Rep Test)。测验时,受辅者或被试要按照测验的要求填写如图 11-2 所示的模板或表格。沿着表格的顶端有 22 个空格,受辅者或被试应按顺序编号填写上他或她的姓名及其熟悉者的姓名。这些人是:

1.被试(或受辅者)本人的姓名。

2.母亲的姓名(或继母的姓名)。

3.父亲的姓名(或继父的姓名)。

4.年龄最接近的兄或弟的姓名(无兄弟者填写类似兄弟的男孩姓名)。

5.年龄最接近的姐或妹的姓名(无姐妹者填写类似姐妹的女孩姓名)。

6.妻子或丈夫的姓名(如果未婚,填写最接近的异性朋友的姓名)。

7.最接近的异性朋友的姓名(较第 6 项中关系更次一级的异性朋友)。

8.最接近的同性朋友的姓名。

9.原为接近的朋友现已不是朋友的姓名。

10.一位宗教上司(神父、牧师、犹太教士……),你可与他述说宗教情感者。

11.你的医生。

12.你最好的邻居。

13. 你现在觉得不喜欢你的人。

14. 你对其感到内疚，总想帮助的人。

15. 与之相处使你觉得不自在、不舒服的人。

16. 一位新相识的而你愿意与他增进了解的人。

17. 你十岁时对你影响最大的一位教师。

18. 与你分歧最大的一位教师。

19. 与之相处使你感到紧张的一位上司或雇员。

20. 你个人所认识最有成就的人。

21. 你个人所认识最幸福的人。

22. 你个人所认识道德品质最高尚的人。

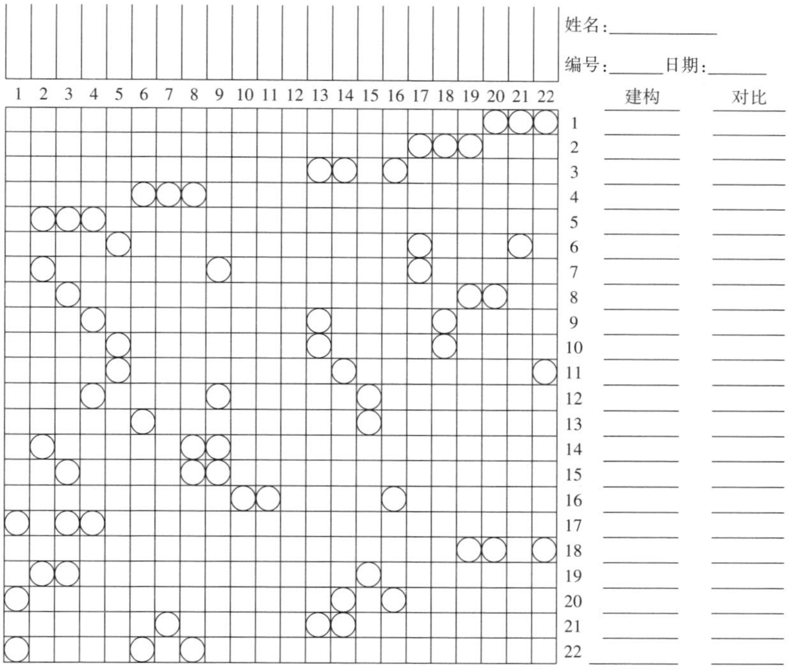

图 11-2　角色构念库测验图例

（采自 Kelly，1955）

在表格的每一行上，评定者要画出三个圆圈。例如，在第一行中，评定者画出的三个圆圈分别为 20 号、21 号和 22 号。让被试或受辅者考虑这三个人，并指出两个彼此最像而与第三个不同的人，并在代表他们的圆圈内画“×”。如图 11-3 第一行所示，这位被试认为 20 号与 22 号最为相像。然后测验者问被试：“在什么方面 20 号与 22 号最为相像，而与 21 号不相同呢？”在这个例子中，被试认为 20 号与 22 号都是高度主动的。这一描述被称为他的建构。接下来又问他：“在什么方面 21 号不同于 20 号和 22 号呢？”被试的回答是懒惰。

这一描述被称为他的对比。因此,对这位被试来说,高度主动-懒惰是他用于分析其人际世界的一种个人构念。

1	2	3	4	5	6	7	8	9	10	11	12	13	14	15	16	17	18	19	20	21	22		建构	对比
																			⊗	○	⊗	1	高度主动的	懒惰的
																○	⊗	⊗				2	刻薄的	善解人意的
												○	⊗		⊗							3	需要的	独立于我
					⊗	⊗	○															4	可爱的	严肃的
	⊗	○	⊗																			5	随便的	紧张的
				⊗												⊗				○		6	聪明的	不聪明的

图11-3 已完成的角色构念库测验部分资料举例

(采自 何瑾、冯增俊译,1986)

应当注意的是,建构-对比的匹配并不必须是逻辑上的对立。例如,上述被试也许认为20号与22号都是聪明的,而把21号看成是外向的或幽默的。如果这是该被试分析人格维度的两极,那也正是凯利所要了解的东西,因为角色构念库测验是用来评估被试的个人构念,而不是反映心理学家的构念。

做完第一行之后,要求被试接着做第二行,对标号为17、18、19中的人进行比较,以此类推,一直做完第22行。通过考察整个回答,研究者便能够探讨构成被试分析人际世界的某些特征性主题。例如,有些受辅者通过整个程序的测试会表现出以权威主义的眼光来看待整个世界。

角色构念库测验程序,并不限于对人的解释。这一程序还可用来分析一组的三个事件(如购房、结婚、升学)或三种环境(如初次外出约会、参加考试、遇见一条蛇)。一旦列出三个一组的清单,就可以用来测量被试的构念系统。这一技术,无论对于研究人的构念或是心理咨询,都是有价值的。

四、自我图式的研究

从信息处理论的观点来看,自我图式被假定为影响个体对有关自我信息的编码、储存和提取的认知结构。因此,为这种假设结构提供实验依据是当前这一领域的主要研究倾向。

如果自我图式具有引导与自我相关信息的处理功能,那么个人对与自我图式相一致的词汇比不一致的词汇就更容易回忆。在布吕什等人(Beuch, Kaflowitz, & Berger, 1988)的一项研究中,他们把大学生分为"图式组"和"非图式组"。前者为具有赞同一系列肯定自我评量项目倾向者,后者则不是。他们做了一个实验室的回忆作业。稍后出其不意地要求他们回忆该作业的内容。结果是:图式组在回忆阶段比非图式组回忆出较多“肯定的”形容词。在这项研究的第二部分,要求两组被试决定在一个冲突情境中,他人提出的某个要求是否合理。研究者已事先安排好他人的要求分别为高度、低度或中度三种正当要求。结果如图11-4所示,在高度和低度正当要求的情况下,两组对要求合理性的评判没有差异,但在中度正当要求的情况下,肯定自我图式组判断该要求为较不合理。也就是说,在模糊的情境下,个人的肯定自我图式发挥了作用。但在十分明显的情境中,自我图式的个别差异已被情境因素所掩盖。

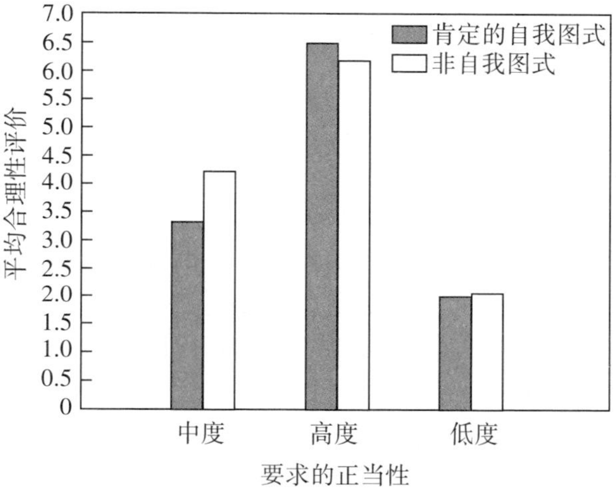

图11-4 正当程度与合理性判断

(采自 Bruch, Kaflowitz, & Berger, 1988)

德里和凯珀(Derry & Kuiper, 1981)假设抑郁症被试的负面自我图式会使他们对与自我相关的抑郁形容词回忆比非抑郁者好。他们让抑郁患者与非抑郁被试对一组含有抑郁内容和非抑郁内容的形容词做评价之后,出其不意地让他们回忆先前评价过的所有形容词,结果如同假设所预期。相类似的另一项研究(Moser & Dyck, 1989)发现,具有敌意自我图式的被试,对敌意形容词的回忆成绩优于无敌意自我图式的被试,这也证实了自我图式的建构效度。

西格尔(Segal, 1988)对自我图式的结构做过探讨。他假设自我图式是由自我成分(即个人特征)构成的,它们之间有着非常密切的关系或相互作用,形成有结构的块或串。如果缺乏这种结构,则意味着这类信息在整个语意记忆中的表征是随机的、不系统的。实验者以抑郁患者为被试,设计了启动实验和斯特鲁普测验相结合的实验(见补充讨论11-3)。目标词都是有关自我特征的词。启动词有两种:与自我有关的词和与自我无关的词。结果如假设所预期,被试判断与自我有关的词比判断与自我无关的词的反应时间显著延长。反应时间的延长是因为对目标词的颜色判断受到被激活的目标词语意的干扰。

补充讨论 11-3

斯特鲁普测验与启动实验

斯特鲁普测验(Stroop Test)是由斯特鲁普(Stroop,1935)发现的颜色词的干扰效应,是一种用来研究读字和命名认知过程的方法。这个测验包括一系列颜色词(红、绿、蓝等),但词义与书写该词的颜色不相匹配。例如,“红”字用绿色写,“黄”字用红色写等。当要求成年被试说出字的颜色时,他们都难以排除字义的干扰而单独注意所写字的颜色。但以小学一年级学生做实验时却未发现这种干扰现象。这种现象称为斯特鲁普效应(Stroop effect)。用信息加工的观点来看,字义对成人被试说出写该字所用颜色的干扰作用,是因为所呈现的刺激包含着两种信息,而成人对这两种信息的处理是不同的。例如,用绿色写的“红”字,既包含该字字义所表述的颜色,又包含写该字所用的颜色。当这两种信息同时输入时,想只对其中一种信息做出处理而不对另一种做出处理便很难做到。由于对字的处理容易,先形成对字用语言反应的准备,但又不许做这种反应,只能在对字做语言反应的准备状态中对颜色进行处理。因此,两者发生竞争,导致字义对说出颜色名称的干扰。在同样条件下,如果要求被试念出那个“红”字来,就比较容易。这是因为对字加工快,很快就能形成对字做语言反应的准备,并可以立即执行。这时对颜色的加工还没有完成,因此不会对念字产生干扰。儿童由于对文字不如成人熟悉,所以上述干扰现象也不明显。

启动效应(priming effect)是指当连续呈现两个联想上有关的字词时,第一个字词(启动词)所提供的背景对第二个词(目标词)反应的促进作用。这种现象是迈耶等人(Meyer, Schvaneveldt, & Ruddy, 1974)首先发现的。他们在实验中给被试呈现两个字母串,并要求判断它们是不是英文词。结果发现,当两个字母串为有意义联系的词(如 doctor-nurse)时,比它们为两个无关联的词(如 butter-nurse)时,被试反应更快。这一发现激起了大量的研究。按照认知心理学中流行的扩散激活理论(spreading activation model)解释,人脑中长期储存的知识是以一定的关系按网络形式组织的。网络中表征有关联的字词的节点相距较近,表征无关联字词的节点相距较远。在启动字词的直接影响下,网络中与之相应的节点首先激活,同时,兴奋会沿网络通路自动地扩散到邻近的节点,提高这些节点的激活水平,降低它们被接通的阈值。因此,当随后呈现目标字词时,假若与之相应的节点位于激活区域内,则对目标字的反应便会加速。

研究启动效应常用的三种方法是:①词汇判断,即要求被试判断一个特殊的字母串是不是一个合乎词法的词,如果对这个字母串的判断使得以后判断与之有关的字母串的反应时间减少了,即表明有启动效应。②单词或图形确认,即先向被试很短暂地呈现刺激,然后把这些刺激与其他刺激混在一起,让被试辨认它们,如果辨别的准确性提高和识别一个项目所需的时间减少,即表明有启动效应。③词汇补全,即要求被试对某个词根(如,tab____)或残词(如,____ss____ss____)用他所想到的第一个适当的词将其补全,如果被试倾向于用先前学过的词来完成,即表明有启动效应。

第三节　现象学和自我的评鉴

在本章的前两节，我们已讨论过现象学的人格研究范型及其分支学派存在-人本人格论的一些主要研究方法。其实，人格研究与人格评鉴是紧密联系，很难分开的。在上两节中我们也已论及现象学和存在-人本人格论的主要评鉴技术，如晤谈、内容分析、Q分类法、语意分析法、个人取向量表和角色构念库测验等。在本节中，我们将进一步讨论现象学评鉴的主要特点和局限性以及评鉴自我的几项技术。

一、现象学派的人格评鉴

现象学派的人格理论家相信，要了解一个人的资料最好就去问他自己：一个人的行为表现来自他（或她）对周围事件的知觉和解释。基于这样的信念，现象学派人格理论家的人格评鉴有其自己的特点和局限性。

（一）主要特点

1.注重行为的意义

现象学理论家是从人们的主观经验评鉴其人格的。这与传统心理学从人们的行为来评鉴其人格形成鲜明的对照。在现象学家或存在派学者看来，仅仅注意人们做些什么或多长时间做一次，以此评鉴其行为，就会遗漏了评鉴的主要要素——行为对个人的意义。例如，有三个人对你微笑，你如何对待这一片段的外显行为？如果都以同样的方式加以处理可能会有风险。譬如说，第一个人的微笑表示对你有好感；第二个人的微笑是笑得愚蠢；第三个人的微笑可能是笑里藏刀、暗下杀机。行为具有多义性，即使是同样的行为，但行为的意义对每个人来说可能有很大的差异。因此，在评鉴一个人的人格时，现象学派学者不关注简单的行为，而是十分注重这个人对行为所赋予的意义。

2.注重自我报告

通常，评鉴就是我们用来推论行为内在决定因素的一种方法。无论是测验或晤谈中的行为反应，评鉴者所关心的焦点不是反应本身，而是反应所蕴含的意义。因此，对一个人人格的评鉴都要对行为的意义进行推论。但是，从现象学观点来看，危险正在于评鉴者的推论。凯利经常提到投射测验资料的分析会告诉你更多有关临床家的事情，而不是患者的事情。这句妙语多少有些真实性。确实，投射测验资料的分析总是掺杂着临床家个人的投射或推论。而对于现象学家来说，他们所关心的是这个反应或经验对受辅者的意义，而不是经过评鉴者的经验加以过滤过的经验。不要经过评鉴者过滤过的经验，而又要研究经验，怎么办呢？凯利说，只有受辅者本人才真正清楚他或她的现象世界，去问他们，他们会告诉你的。现象学家十分注重被试或受辅者的自陈报告。其测量工具是结构明确的自陈量表，而不用结构未明的投射测验。

3. 注重现在

无论是用晤谈法、评定量表法或Q分类法，无论是对个人构念或自我实现的测量，现象学派学者关注的焦点是现在。正像现象学关心即刻经验、漠视过去那样，其人格测量的重点是行为现在的意义而非过去的影响和限制。

4. 注重意识

现象学派的主要评鉴策略是强调自我报告的意识(认知)过程。其实，现在大多数心理学家都会考虑自我报告的资料，并检视和衡量其重要性，然后再做出有关的推论。因为被试的自我报告可能是其真实的感受，可能有意识地加以抑制，也可能在潜意识防御机制的作用下而被歪曲。但是，现象学派学者则几乎完全不考虑潜意识过程。他们完全相信被试的言语报告，而不去寻求潜意识在自我报告中的作用。

5. 注重评鉴气氛

前已述及，罗杰斯认为心理治疗的目的是改变自我的不协调，其关键是治疗过程的气氛。他十分强调在治疗室中对受辅者的温暖、同理心和无条件的正向关怀的重要性。他认为只有在这样的条件下受辅者没有防御心理，才能接触到潜在的自我。因此，在评鉴和测验时也应当具有像治疗过程这样的情境气氛，不具威胁性，受辅者或被试才会敞开心扉。这样才能得到真实的、有意义的自我报告。不过，即使在这样的条件下评鉴，评鉴者能否真正消除受辅者或被试对某些经验的扭曲或否认。能否真正区分出受辅者或被试扭曲的经验和未被扭曲的经验，都是值得怀疑的。

(二)局限性

1. 自我报告可能不真实

自我报告对了解行为的意义显然是有价值的。因为人的心理与所表现出来的行为往往有不同的关系：有时有什么样的心理就有什么样的行为，有时心理和行为不那么一致，有时甚至可能完全相反。所以单凭一个片段的外部行为并不能了解行为的意义。现在大多数心理学家都重视被试的自我报告。但是像现象学派学者那样在评鉴中过分依赖自我报告，看来也是不可取的。首先，自我报告实际上是对个人自己经验的回忆，而回忆往往不是那么准确的。现象学派学者要求受辅者或被试说出或写出他们现在看到的世界，报告经验中最突出的方面。但遗憾的是他们无法一边行动，一边连续不断地描述其行为，自我报告不可避免地要打乱行为的连续性，从而改变所要测量的东西。其次，由于自我防御机制的作用，自我报告的内容可能是不真实的。法瑞斯(Phares，1991)指出："有许多证据显示，晤谈中得到的自我报告的信息往往是错误的。如果我们考虑到临床晤谈常伴有威胁性，其性质常是复杂并且是兜圈子的，那问题就更多了"(Phares，1991，p.207)。再次，反应定势(或反应心向)和社会期许性也会使自我报告不真实。例如，在选答是非题的答案时如果前两题连续都是"是"的答案，第三题也会引起他选"是"的反应，即使正确答案是"否"，但他仍选"是"。这种倾向就是反应定势。如果在自陈量表中的问题涉及好坏等价值判断时，被试容易受社会期许性的影响，以不实的意愿来代替其真实的经验。这些情况在自我报告中是相当常见的。

一方面探测人的经验世界，离不开自我报告；另一方面自我报告的资料又常是不可信的。因此，我们在运用自我报告的资料做人格评鉴时，首先要分清自我报告资料中哪些是真实可信的，哪些是不真实而不可信的。只有分清真伪才能确切评鉴人格，指导临床实践。而现象派学者对受辅者或被试的自我报告不加分析、全盘接受，这样的评鉴难免会出偏差。

2.被试取样有局限性

自我报告描述个人的现象场需有较好的口头或书面的表达能力。罗杰斯和凯利都是由处理大学生问题再根据这些资料而发展出其理论的，因而他们的评鉴技术最适用于那些能够表达自己的、聪明而擅长言语的人们。如果离开大学校园，像罗杰斯在一群精神分裂症患者中所遇到的那样，现象学的评鉴就相当困难。用凯利的角色构念库测验来评鉴文化水平低下、自我表达有困难的人，看来也是不合适的。这样，对被试的取样就有相当的局限性。

3.忽视情绪和生物因素

现象学派探察意识，注重认知。他们宣称对环境的客观性描述是不必要的，并且完全忽视人的情绪和生物因素。例如，凯利就把焦虑定义为"个人面临那些在其构念系统适用范围之外的各种事件的再认"(Kelly，1955，p.495)，完全删去了情绪成分和生物学的参考系。他以同样的方式，对敌意、攻击、内疚、威胁等概念一一下了定义(参见第十章第三节)，似乎这些行为都只是认知在起作用，而没有丝毫情绪和生物因素的作用。仅仅从认知的角度，完全忽视环境因素、情绪和生物因素，要对人的行为做出全面、正确的评鉴是不可能的。

二、自我的评鉴技术

自我是现象学派理论家的一个中心研究课题。评鉴自我概念的方法有很多。在本章

第一节中我们介绍了几种常用的评鉴自我概念的技术，这里再介绍几种。

（一）田纳西自我概念量表

田纳西自我概念量表（Tennessee Self-Concept Scale，简称TSCS）是由菲茨（Fitts，1965）所编制的，包含100个描述自我多维度的自陈项目，要求被试就每一个项目与自己的符合程度在五个等级上做出回答。国内中译本以林邦杰的修订本最广为人知和采用。林邦杰修订的量表包含70个项目。田纳西自我概念量表测量的不是一个笼统的自我概念，它将自我概念分为两个大方面来分析。从自我概念的内容来看，它将自我概念分为五个领域：生理自我、道德/伦理自我、心理自我、家庭自我和社会自我。此外，以该量表同样的题目还可以分析出自我概念内部结构的特性。自我概念的内部结构包括以下三个维度：（1）自我认同（或自我同一性）（self-identity），即自己对自己是个什么样的人的确认；（2）自我满意（self-satisfaction），即自己对自己现状的满意和接受的程度；（3）自我行动（self-behavior），指在对自己感到满意或不满意后所表现的应对行为。该量表不仅可以给出一个人八种自我特性的分数，还可以给出一个总分。这个总分代表被试"对整个自我的看法，得分越高，表示他愈喜欢自己，信任自己，认为自己是最有价值的人，并且依此行事"（林邦杰，1980）。田纳西自我概念量表把自我概念分成若干部分来测量，是个较深入的测量工具，受到许多研究者的喜爱。但马许和里察斯（Marsh & Richards，1988）认为，很少有研究支持量表包含这么多的分量表。大多数学者认为，该量表只是测量被试对自我各方面的评价。下面是林邦杰修订的田纳西自我概念量表的几个项目（编号为原题号）。

1. 我的身体健康。（生理自我）

6. 我经常心情愉快。（心理自我）

7. 我的家庭幸福美满。（家庭自我）

16. 我的道德不坚强，有时想做坏事。（道德/伦理自我）

22. 我很难交到朋友。（社会自我）（林邦杰，1980）

（二）皮尔斯-哈里斯儿童自我概念量表

皮尔斯-哈里斯儿童自我概念量表（Piers-Harris Children's Self-Concept Scale）是由皮尔斯和哈里斯（Piers，1969、1984；Piers & Harris，1964）编制的，用来探测儿童自我概念。它包含80个自陈项目，要求被试以"是"或"否"作答。该量表也是多维度量表，由6个分量表（行为分量表、智能分量表、身体仪表分量表、焦虑分量表、声望分量表和快乐满意分量表）构成。行为分量表探测儿童对自己的问题行为的认识和态度；智能分量表探测儿童对自己能力的评价；身体仪表分量表探测儿童对自己的生理特征、衣着等的态度；焦虑分量表探测儿童对自己一般的情绪障碍和心境的认识;声望分量表探测儿童对自己在班级中、同伴中受欢迎程度的评价;快乐满意分量表涉及自我概念的情绪方面,如悲伤、幸运、快乐、幸福等情感。该量表适用于8~18岁的少年儿童,施测时间约30分钟。该量表的最新版本已制成微机软件。此量表已由国内学者(苏林雁等,1994)修订。修订后的量表删除了受文化背景和社会期许性影响大的项目,全量表共删除8项,每个分量表删除1项或2项。修订后的量表重测信度为0.38~0.81,各因子的α系数为0.65~0.75,具有较高的信度和临床鉴别效度。下面是皮尔斯-哈里斯儿童自我概念量表中的几个项目(编号为原题号,括号内是分量表名称)。

2.我是一个快乐的人。(快乐满意)

8.我的长相令我烦恼。(身体仪表)

15.我是聪明的。(智能)

51.我有许多朋友。(声望)

56.我经常打架。(行为)

74.我常常感到害怕。(焦虑)(Piers & Harris,1964)

(三)库珀史密斯自尊量表

库珀史密斯(Coopersmith,1984)把自尊界定为个体在世界上对自己所表现出的一整套态度和信念,包括对成功的期待或失败时的自信、应尽多大努力,某项任务的失败是否导致对自己的“伤害”,在获得不同经验后自己是否比以往更能干。从这种界说来看,英文的“自尊”(self-esteem)与中文“自尊”一词的含义是大不相同的。中文的“自尊”是指尊重自己,不向别人卑躬屈膝,也不容许别人歧视、侮辱(《现代汉语词典》,商务印书馆,2016),这里所讲的“自尊”是指个人对自己成功的预期、认可和对自己力量的确认,其实也是对自我概念的测量。库珀史密斯自尊量表(Coopersmith Self-Esteem Inventory)测量个人对自己在社会、学校学业和家庭方面的评价态度和对自己的一般预期。该量表自1959年编制至今几经修订,现量表由50个自陈项目和8个测谎项目构成。被试以“是”或“否”来回答。项目举例如下:“我觉得当着全班的面讲话是件很困难的事”(学校学业自我);“在家里我容易心烦”(家庭自我);“与人相处我总有许多乐趣”(社会自我);“要成为我是很难的”(一般自我);“我从未感到开心过”(测谎题)。虽然该量表已在许多研究中被广泛应用,但也有研究表明该量表的因素结构相当混乱(Johnson,Redfield,Miller,& Simpson,1983)。

(四)你是谁测验

你是谁测验(Who Are You Test,)也称为描述你的自我测验(Drawing Yourself Test),是

一种开放式问卷。在进行测验时，可以用下面这些话作为指导语："现在，我问你20次（或10次）你是谁，请你把头脑中浮现出来的答案一一写（说）出来。例如，我是×××（姓名），我是××大学的学生，我喜欢踢足球，我对人真诚等等。想到什么就回答什么。回答每个问题的时间为20秒，如果写不出来，可以略去，继续往下写。"如果把这个指导语做一些变动，还可以考察被试对自我某一方面的知觉和评价。例如，要求被试描述身体自我或家庭自我等。

该测验没有特定的评分程序。对测验结果的分析，可以从写（说）出多少个答案量的方面来考察，也可以从答案中以哪些内容居多（质的）方面来考察。如果能写出9~10个问题的答案，大体上就可以认为没有特别的心理障碍。但是如果只回答出7个乃至更少的问题，那可能是过分地压抑自我。例如，有些被试刚要书写答案，就提出种种借口，说这样的事好像很无聊，感到害羞，时间不够，来不及写等。由于有顾虑，找借口，以致不能回答较多的问题（杨宗义等译，1981）。

对于被试的回答，至少可以从以下三个维度进行分析：（1）从主观—客观的维度来分析，像我是家中的独生子，我是大学二年级学生，我身高×××厘米等，很明显是对自我客观情况的描述；像我是老实人，我善于交际，我很敏感等，则属于对自我的主观解释。如果被试的回答内容既不属于客观描述，也不属于主观解释，可以认为属于中性，以此对被试的回答内容进行分析。（2）从褒—贬的维度来分析，对自我的主观解释通常带有褒贬成分。有的被试只说自己好的一面，而有的只说自己不好的一面。前者自满，后者自卑。如果既说到自己好的方面又说到自己不好的方面，这对自我的评价较全面。（3）从时间维度来分析，有的被试只说自己的过去，有的则只说自己的现在，还有的只说自己的将来。如果回答的内容只涉及自己的现在和过去，而一个也没有涉及自己的未来，则可能未来对这个被试尚缺乏激发的力量。

这种方法可以用来探测自我的各个方面。例如，一项研究用20问测验来探讨自我概念与社会文化的关系。发现大学生的自我描述类型已从1957年的社会角色取向转变到1970年的更加情境自由化取向。他将这种变化归因于这一时期美国社会文化的变化（张杰等译，1991）。

你是谁测验所得到的内容也可能是扭曲的。例如，杨中芳、赵志裕（1987）在评价一项用这一方法所得出的结果（中国香港大学生与美国大学生的自我概念几乎没有差别，而与日本学生差别却相当大）时认为，这一结果可能是由于中国香港人的自我概念内容贫乏，以致必须以英文教科书中所背诵过的一些西方人的自我概念特征来搪塞。由于中国人的自我概念有其自己的特点，不少学者认为探测中国人的自我概念应采用有别于西方的方法（参见补充讨论11-4）。

补充讨论11-4

探测中国人自我概念宜采用多种方法

我国的心理学家(潘菽,1939;杨国枢,1982、1993;杨中芳,1991a、1991b、1991c;杨中芳、赵志裕,1987;Hui,1984、1988)认为,中国人的人格,特别是自我概念与西方人有很大的差异。探测中国人的自我概念采用量表或问卷不一定能真正起作用。这是因为:

1. 西方自我概念量表的测试题是西方学者以西方自我的理论为基础而编制出来的,这些理论都是以西方文化的价值观念为依据的。用这种量表中的测试题只能测出中国人对西方人"自我概念"中所包含内容的反应,即对西方文化价值观的反映,而不能测出中国人自我概念的特点。即使对引入的外国量表做过"修订",但如果未探明该测量工具所包含的理论假设与我们要测量的概念是否相同,这种已"修订"的量表也难以测出中国人自我概念的真正特点。

2. 按照传统的儒家文化,中国人自我的发展就是内化社会礼仪的规范和价值观的程度,即修养功夫的功力(杨中芳,1991b)。中国人注重面子,要求自己在适当的场合做出适当的行为。因此,中国人往往以社会规范为准则行事,用西方量表探测中国人的自我概念,被试容易给出社会期许性答案,不易测得真正的自我概念的特点。

3. 中国人自我的界限可以包容他人和他所属的团体,伸缩性大,对自己的认识较笼统、缺乏分析,对自己的缺点较敏感,强调"自省"、"自问",评价自己比较注重负面。用只表达个人的自我、过于分析、注重正面的西方量表,对中国人自我概念进行测量也是不合适的。

4. 不像西方价值体系中强调自我表现、自我表达那样,在中国价值体系中的自我则强调"修己"、"克己";西方文化注重外倾性,中国文化注重内倾性(余英时,1983)。中国人的自我表现含蓄,不易表达,由于长期不表达而可能不会表现,因此针对量表给出的答案可能不稳定,也会影响测量的信度和效度。

5. 俗话说"人怕出名,猪怕壮"。中国人自我概念的一个特点是求同性和怕壮性,即怕冒尖(杨中芳,1991a)。即使用开放式问卷,探测中国人的自我也很困难。因为自我就意味着与他人不同,求同性与怕壮性导致中国人自我概念的个别差异减少。

因此,探测中国人的自我概念不应过分依赖西方的概念和理论,不能只停留于西方自我概念量表的使用上,而应从中国人的实际情况出发,建立中国化的概念和理论,采用多种方法进行研究。例如,可以用文献分析法、心理历史学方法、深度访谈、投射测验、纵向追踪、心理生理学方法等,并且最好是将它们结合起来,对中国人的自我概念进行多特质-多方法分析。

(五)形容词检核表

在西方,最常用的形容词检核表(Adjective Check List,简称ACL)是高夫和海尔布朗(Gough & Heibrun,1965)编制的。该量表按英文字母顺序罗列出300个形容词,如忠诚的、幽默的、热情的等,要求被试选出符合自己的形容词来描述自己。杨国枢(1974)编制过类似的量表,被称为自我接受量表(Self-Acceptance Scale)。所谓自我接受(self-acceptance),主要是指个人觉得自己是否有价值。该量表分为两部分。其中之一是要求被试在142个描述自己特性的正、负形容词旁边填写他或她认为这些形容词是否贴切地描述了自己。另一部分则是要求被试在53个类似的正、负特性形容词之后注明自己是否"已有"或"没有"这些形容词所描述的特性。上述两部分的计分方式是将被试认为自己已有的好的特性数目减去他们自己认为有的坏的特性数目,即称为自我接受(甲)。这个数目如果是正的,而且愈大,表示被试的自我概念愈好。第二部分的计分方式是将被试认为自己"已有"的好特性加上他们认为自己"没有"的不好的特性。这部分称为自我接受(乙)。前者是一个相对指标,仅仅表明优点与缺点的净差异,无法从中测量一个人对自己优点和缺点了解的深度和广度。后者是一个比较全面的正面指标,但忽视了负面(缺点)的测量。同时,这两个指标也都忽视了加权的问题(杨中芳,199lb)。

第四节　对现象学范型的评价

在方法学上,对人格的研究也像心理学的其他问题一样,学者们有各种不同的研究取向:实验取向和临床取向,实验研究和相关研究,以及科学取向(scientific attitude)和人本文化取向(humanistic culture attitude)(Pervin,1990)。虽然罗杰斯、马斯洛和凯利都声称他们的研究是科学的,但是他们的现象学观点几乎完全集中于私人的主观经验,其研究取向与人本文化的关系远比与科学的关系更为密切。我们很难用一般的科学标准来评价现象学的人格研究。在评价人格理论的问题上,至今没有统一的标准,见仁见智,均成一家之言。在这里,我们将把现象学范型与其他人格研究范型加以比较作为简评,其意还在于对本书第二编的内容做个小结,以便于读者系统地厘清各种人格理论的观点。

一、与其他人格研究范型之比较

究竟用什么标准来比较各种人格理论,各家的观点并不一致。霍尔和林赛(Hall & Lindzey,1978)在其名著中列出了20多个维度(如潜意识动机的利用、自我概念看法的整合、团体成员关系因素对形成人格独特性的重要性等)来比较各种人格理论。罗特(Rotter,1967a)则以6个维度(系统性、可操作性、内容和过程、经验和遗传、一般性和特殊性)来比较各种人格理论。为了进一步理解本书第二章所提到的人格理论中的争议问题,我们以耶尔和齐格勒(Hjelle & Ziegler,1981)所提出的9个维度对人格研究范型中的几种主要理论做一比较。这9个维度是：自由意志对决定论，理性对非理性，整体论对元素论，体质论对环境论，主观性对客观性，前动性对反应性，稳态对异态，可知性对不可知性以及可变性对不可变性。

（一）自由意志对决定论

自由意志（free will）是指个人感到自己能支配自己的一切，自己在遇到问题时不受外在的支配和控制，能随心所欲地自行抉择。决定论（determinism）认为，人的行为均有其原因，任何思想和行为莫不受内外因素的限定，如遗传、环境、早期经验等都是决定以后行为的原因。自由意志对决定论维度表现为一个人能否自己支配自己的一切，有多少内部的自由，其行为在多大程度上是由意识以外的因素决定的。斯金纳的人格理论认为人类似于一种自动装置，受强化物直接控制；弗洛伊德认为人像机器那样是能量动力系统，受性和攻击本能所驱使。与此相反，罗杰斯和马斯洛则认为人是自我实现者。人对自己的行为是有意识的、自主的，能超脱环境对其影响，以创造人生的价值。在自由意志和决定论、主观抉择与控制人类行为的问题上，罗杰斯曾多次与他人辩论过，其中最著名的是与斯金纳的辩论，见补充讨论11-5。人格的决定论者认为，一个人的心理生活和行为中的任何事件都不是孤立的、偶然产生的，而是由某种已知或未知的原因或力量引起的，如潜意识动机、早期经验、生理过程、外部强化、社会文化环境等。凯利则认为，人既是自由的，又是被决定的。在凯利看来，人能自由地解释事件，但同时又为其构念所局限。

补充讨论11-5

罗杰斯与斯金纳的辩论

1955年9月4日，两位当时最有影响力的心理学家在芝加哥召开的心理学会年会的讲台进行辩论时，全场鸦雀无声。虽然，罗杰斯与斯金纳都一致认为人类始终企图了解、预测和控制人类的行为，也都赞同行为科学在发展预测和控制人类行为能力方面取得了长足进步，并阐述了他们自己对行为科学未来发展所承担的义务。但是，罗杰斯坚决反对斯金纳的文化工程学观点，斯金纳认为应当使用行为管理来设计更有效地满足人类各种需求的文化。罗杰斯诘问道：谁被控制？谁实施控制？实施什么类型的控制？其中最重要的是：要得到什么结果或目标？或在追求什么价值中来施行控制？（Rogers，1956）。罗杰斯认为，每个人都具有自我实现的能力和创造力，我们应当创造各种条件促进人类自我实现潜能的释放，而不是从外部来控制人类的行为。他说：

> 很清楚，我所谈到的这个观点与控制人类行为的行为科学一般概念形成鲜明的对比……

1. 我们选择以自我实现的过程来评价人类，以知识转变为自我超越的过程来评价创造性，都是可能的。

2. 我们能够继续研究，通过科学方法，去发现必然先于这些过程的各种条件，通过继续实验，去发现达到这些目的的更好的手段。

3. 个人和团体建立这些最权威控制的条件是可能的。据目前所知，这种唯一的权威必然是创建某种个人相互关系的权威。

4. 面临这些条件，个体目前获得的知识暗示其由于在自我实现方面取得进步，从而成为更有自我责任感、更加灵活以及更具创新的适应性。

5. 这样的最初选择会开创一种社会制度或社会制度的开端，在这种制度下，价值、知识、适应性技巧甚至科学概念都在不断变化，不断地自我超越。因而作为正在形成过程中的人必定受到重视。(Rogers，1956，pp.1063~1064)

针对斯金纳提出的人类行为是由环境中强化作用的偶然性所决定的观点，罗杰斯认为，自由选择的存在是不容否定的。他说：

当行为接受科学检验时，它的确最好理解为由先前的因果关系决定的。这是一个伟大的科学事实。但是，有责任的个人选择是作为个人的最基本要素，是治疗中的核心体验，是存在于任何科学的努力之前的，因此这种选择在我们一生中是一种同样伟大的事实。否认这种责任重大选择的体验，对我来说，就像是要否定行为科学的可能性那样目光短浅……我们不能在功利上否认我们的主观生活，同样也不能否认对这种生活的客观描述。(Rogers，1956，p.1064)

(二)理性对非理性

理性(rationality)亦即理智，言行合理。理性对非理性(irrationality)维度表现为个人是否有理性，其行为在多大程度上是受理智调节和支配的。凯利对人性的假设是人即科学家，像科学家那样预测和控制行为。他强调理智(认知)对行为的调节和支配。奥尔波特、罗杰斯、马斯洛、班杜拉也都认为人是有理性的。这些人格理论处于该维度的理智一端。弗洛伊德则认为，人和其他动物一样，为性欲和攻击本能所策动，朝着快乐的追求而运作。这种主张居于该维度的非理智一端。

(三)整体论对元素论

整体论(holism)强调对人类行为的解释必须从整个人去考察而不能仅以片段行为作为普遍推论的依据。元素论(elementalism)亦称还原论(或简化论)(reductionism)，主张把复杂的人性现象分解为彼此独立的元素逐个地加以探讨。对人格的探讨是必须分开来看待，还是不能分析的？现象学派学者罗杰斯、马斯洛和凯利对人性的观点持整体论。他们认为，人只能是完整的实体，对机体越加分析，则越成为抽象的不真实的人。斯金纳把复杂的人性还原为反应和环境中强化程式的关系，认为人格的科学研究必须从其组成部分着手，才能有效果。

(四)体质论对环境论

体质论(constitutionalism)强调体质或素质对人格起决定性作用。而环境论(environmentalism)则强调环境影响对人格的决定作用。人格特征有多少是由体质或素质决定的，有多少是由环境影响造成的？古希腊的四种体液学说、克瑞奇米尔的体型论、谢尔顿的人格胚叶起源论、弗洛伊德的本我概念，都认为人格特点是依赖或固定于人的体质而遗传下来的。他们的理论属于该维度的体质论一端。当代环境论的代表是行为主义创始人华生及其继承者斯金纳，他们都十分强调学习是人格形成的基础，环境塑造了人的行为。他们的理论属于该维度的环境论一端。不过当代大多数人格心理学家都主张人格的形成是基因型与环境交互作用的结果。

(五)主观性对客观性

现象学派的理论家强调行为的主观性(subjectivity)，认为人不是根据客观事实行事的，而是根据自己的知觉和主观经验行事的。行为论理论家强调行为的客观性(objectivity)，认为人没有主观经验，人格就是刺激-反应间的联结。主观性对客观性维度表现为人是否有个人的主观经验，并且指导着行为，或者人的行为是否主要来自外部因素的作用。在这一维度的两端是现象学派和行为主义。罗杰斯认为，所有的人都生活在他们自己的主观世界中，决定人的行为的是其主观世界，而不是物质世界。凯利强调个人的进程是由他预期事件的各种方式开辟出来的。他们的理论偏于这一维度主观性一端。他们把研究经验摆在首位。相反，斯金纳强调对行为进行严格科学分析，人的行为和特点只不过是与人类发展史条件和个体生活史条件都有联系的物质系统。学习论偏于该维度的客观性一端。

(六)前动性对反应性

前动性(proactivity)是指个人的行动具有主动性、超前性。反应性(reactivity)是指个人的行动没有主动性、超前性，只是对刺激的反应。前动性对反应性维度涉及行为是由什么引起的，动作的真实原因应该到哪里去找，行为是内部本身的活动还是对外界刺激的一系列反应。主张前动性的理论认为，一切行为源于人的内部而不是外部，人行动而不是反应。人的行动是主动的、前动的、向着未来的。现象学派的观点处于这一维度前动性一端。他们认为，他们构建的人格理论就要说明人如何产生这些前动的行为。主张反应性的理论认为，行为是对外界刺激的反应，人的内部并不产生活动，活动就是对外部刺激的反应。华生、斯金纳的理论处于这一维度反应性一端。他们强调对人的研究就是探究刺激-反应、行为-环境的相互关系。

(七)稳态对异态

稳态(homeostasis)是指个体内部的平衡状态。异态(hetercostasis)是指个体内部的不平衡状态。稳态对异态维度涉及行为的动力(动机)因素。一个人的行为动力是什么?是消除紧张从而达到内部平衡状态,还是不断成长、提高和自我实现(不平衡状态)?多拉德和米勒把人格视为刺激-反应联结的习惯,经由学习而形成,学习涉及强化与内驱力的相互关系。强化可以减低或消除内驱力,从而消除张力达到内部平衡。其后新的内驱力又使机体失去平衡,再解除张力而复得平衡。这种理论把稳态作为动机的基础,探讨本能、内驱力、减低或消除张力等机制。与此相反,罗杰斯、马斯洛等人则强调个体内部的不平衡状态,认为人是不断向上的,人的生活不仅为着减低内驱力,更重要的是实现自我、维持自我,达到求知、求善、求成,主张探讨自我的性质和自我实现。

(八)可知性对不可知性

可知性(knowability)是指人格或人性是可以用科学方法加以认识的。不可知性(unknowability)是指人格或人性是不能被人类所认识的。可知性对不可知性维度表现为人的行为和本性能否依据科学方法加以认识,是否有某些超越科学的东西不能为人类所认识。华生、斯金纳等认为,通过系统的观察和实验,行为规律是能被认识的。学习论者长期所从事的理论和实验,都是以严格的科学方法来探寻人格的规律。与此相反,这一维度另一端的现象学派的观点认为,人性是不可知的。例如,罗杰斯认为每个人在不断改变的主观世界中生活。主观经验就是一个人的本质。只有通过自我报告,现象场才能被认识。

(九)可变性对不可变性

可变性(changeability)是指人格是可以改变的。不可变性(unchangeability)是指人格是不能改变的。可变性对不可变性维度是指在一生中人格特征能否有基本的改变。如果能,那么改变的程度可能有多大?变化是表面的还是实质性的?这种基本变化是不是人格发展的固有特性?虽然罗杰斯等人没有做过儿童发展的纵向研究,但他们主张自我是发展的,自我在现象场中更加分化、更加复杂,以达到自我实现。埃里克森认为在一生中人格始终在变化着,人生周期的8个发展阶段都有其特殊的心理社会危机。一个人要如何处理和度过这些危机,影响自我在下一个阶段将向哪个方向发展。但是,弗洛伊德的观点则与这些观点不同,他认为一个人的基本人格结构是由婴儿早期经验固定下来的。一生中表面的行为改变可能发生,但基本的人格结构是不变的。主张可变性的人格理论家对个体发展阶段的分期和特点、发展的动力、变化中的间断或连续的原因以及个人成长发展的重要意义等问题感兴趣。而主张不可变性的人格理论家则通常强调在一人身上存在一种人格结构的延续性，在其一生中支撑着行为。他们对此结构的性质、素质或早期经验如何影响此种结构的形成，此种结构如何在人的一生中给人的行为带来特色和影响感兴趣。

根据上述分析，我们将人格研究范型中的各主要理论家所持观点在9个分析维度上的位置列入表11-7。如果罗杰斯、马斯洛和凯利的观点相同或类似，则表中以罗杰斯等来表示。

表11-7　各种人格理论在9个分析维度上的位置

分析维度	极端	有些	居中	有些	极端	分析维度
自由意志	罗杰斯 马斯洛	奥尔波特	班杜拉 凯利	埃里克森	弗洛伊德 斯金纳	决定论
理性	罗杰斯等 奥尔波特 班杜拉	埃里克森			弗洛伊德	非理性
整体论	罗杰斯等 埃里克森 阿德勒	弗洛伊德 奥尔波特		班杜拉	斯金纳	元素论
体质论	克瑞奇米尔 谢尔顿	弗洛伊德 罗杰斯	奥尔波特		斯金纳 班杜拉 埃里克森	环境论
主观性	罗杰斯等	弗洛伊德 奥尔波特	班杜拉	埃里克森	斯金纳 多拉德 米勒	客观性
前动性	罗杰斯等 奥尔波特	弗洛伊德 埃里克森	班杜拉		斯金纳	反应性
稳态	多拉德 米勒			埃里克森	罗杰斯 马斯洛	异态
可知性	斯金纳 班杜拉	奥尔波特 埃里克森			罗杰斯 马斯洛	不可知性
可变性	罗杰斯等 斯金纳 埃里克森		奥尔波特		弗洛伊德	不可变性

（采自 陈仲庚、张雨新，1986）

二、总的评价

从前面的分析,我们可以看出,有的人格理论的主要观点有密切的联系,系统性较强。例如,持反应性、客观性和决定论观点的理论家都是持可知性观点的。有的理论则缺乏系统性。各种人格理论对人格的解释都是不完善的。它们都有其合理性,也都有其不合理性。例如,罗杰斯创导的个人中心治疗以及对治疗进程的检测手段(诸如Q分类法等),已被实践证明是有效的。但他过于信赖患者的自我报告,这确实是靠不住的。虽然马斯洛的需求层次论忽视了人类的奉献需求(即利他、利群需求),但这个理论在实践中特别是教育实践中的应用却是有效的。教育实践业已证明,一个饥饿、不安全、得不到爱、缺乏自信心的学生是不可能进行创造性学习的。凯利的理论为以认知的观点来研究人格开了先河,但他忽视人类的情绪领域无疑是一个缺点。而事实上,情绪也是人格的重要组成成分之一,而且情绪对认知过程也有重要的影响。又如,现象学派主张“现在”决定人们的行为,行为被未来所吸引。这种说法有其合理性,但他们完全漠视过去经验对人的行为的影响,这就犯了片面性的错误。大量证据表明,早期经验对人格的影响是不能低估的。现象学派认为,每一个人都是依据他们对世界的认识而行动的,人们的行为是有意义的,不能以片段的外部行为来推论一个人的人格。这是合理的,但是他们认为所有的人都生活在他们的主观世界中,进而只信赖受辅者和被试的自我报告,这显然也是片面的。透过上述分析,我们看到现象学范型与人格研究的其他范型一样,既有合理性也有不合理性。各种人格理论中的合理性因素,从不同的侧面增益了我们对人格的认识。因此,我们对待各种人格理论的态度应当是:吸收其合理的因素,摒弃其不合理的因素,从而综合成能够较完善地解释和预测人类行为的理论模型。我们相信以正确的哲学理论为指导并进行扎实的研究工作,这项宏伟目标一定能够实现。

本章摘要

1. 罗杰斯的现象学方法的特点是原原本本地描述现象的自我并配合以实证研究。他最先执行了心理治疗研究的持续性计划,对治疗过程进行详细的记录,开拓了研究心理治疗的新领域。罗杰斯派对晤谈资料的内容分析就是让受过训练的评分者将晤谈内容分成若干类别进行量化的过程,而评定量表法则是另一种将受辅者的现象场进行量化的方法。

2. 罗杰斯及其同事对Q分类法做了延伸利用。Q分类法就是要求被试将有关描述自我特征的许多陈述句,根据它们是否符合本人的程度按等级分成不同的堆;研究者根据被试的分堆情况以了解其自我特征。与Q分类法有关的另一种方法是语意分析法。它是运用语意区分量尺来探测被试对事物赋予意义的方法。

3.罗杰斯的自我理论是从治疗过程中发展起来的。自我这个领域一直被实验心理学家所忽视,罗杰斯的研究激起了不少研究者把实验法用于该领域,例如阿伦森和米迪、张春兴和简茂发等人的研究。

4.马斯洛反对用实验法研究人格,主张用整体分析法,并用此种方法对人类的需求层次性、自我实现和高峰经验做过研究。这些研究充满了方法学上的缺点。后来的研究者对人类的需求结构做过不少实证性研究。个人取向量表是测量个人自我实现程度的纸笔人格测验。但是用心理测验或平均法来研究现象学的人格概念是否合适,是值得怀疑的。

5.存在主义的研究所强调的不是任何传统意义上的研究、实验或调查,而是原原本本地描述立即性经验。它不涉及任何科学理论,也不将现象经验还原为若干原理。用来测量存在主义关于人类的观念——生命目的、存在、疏离感等的量表,大多得不出明确的结论。

6.凯利对个人构念研究的最出色工作是他对角色构念库测验的设计。凯利设计的这一测验是作为引出个人用来解释或分析自己的人际世界的个人构念的方法。这个测验不仅能用来探测对人的解释,也能用于探测对事件或环境的解释。这项技术无论对于研究个人构念或是心理咨询,都是有价值的。

7.用信息处理论来研究人格,当前主要集中在自我图式是否存在的问题上。这方面的实验都在验证这样一个假设:与自我图式相一致的信息比不相一致的信息更容易被编码、储存和提取。

8.现象学的人格评鉴的主要特点是:(1)注重行为的意义;(2)注重自我报告;(3)注重当前经验而漠视过去;(4)注重意识而漠视潜意识;(5)注重评鉴时的气氛——给受辅者以温暖、同理心和无条件的正向关怀。

9.现象学的人格评鉴的主要缺点是:(1)自我报告可能不真实;不分清自我报告内容之真伪,完全信赖自我报告,实非科学研究之道。(2)用自我报告描述个人的主观经验需有较好的言语表达能力和较高的文化水平,因此,评鉴对象有相当的局限性。(3)只注重个人的认知而忽视环境影响因素以及情绪和生物因素,对人性的认识难免是片面的。

10.晤谈、内容分析、评定量表法、Q分类法、语意分析法和实验法都可以用来评鉴一个人的自我。此外,还补充介绍了几项评鉴自我的技术:田纳西自我概念量表、皮尔斯—哈里斯儿童自我概念量表、库珀史密斯自尊量表、你是谁测验、形容词检核表。它们各有其优缺点和适用范围。

11.中国人的自我概念不同于西方人的自我概念,探测中国人的自我概念仅运用量表和问卷不一定能真正起作用。采用多种方法进行综合测量,可能是探测中国人自我概念的较佳途径。

12.有比较才有鉴别。把现象学范型摆在九个分析维度上与其他人格理论进行比较,有助于进一步了解现象学范型的特点。这九个分析维度是:自由意志对决定论、理性对非理性、整体论对元素论、体质论对环境论、主观性对客观性、前动性对反应性、稳态对异态、可知性对不可知性以及可变性对不可变性。

13.像其他人格研究范型一样,现象学范型有合理的因素也有不合理的因素。我们应取其精华去其糟粕,综合各家的合理成分,全面地看待复杂的人格现象。

建议参考资料

1.马斯洛(林方译,1987):人性能达的境界。昆明市:云南人民出版社。

2.马文驹、李伯黍(1991):现代西方心理学名著介绍。上海市:华东师范大学出版社。

3.杨中芳、高尚仁(1991):中国人·中国心——人格与社会篇。台北市:远流出版公司。

4.杨国枢(1993):本土心理学的开展。台北市:桂冠图书股份有限公司。

5.罗杰斯(刘煜辉译,1986):咨询和心理治疗。台北市:天马文化事业公司。

6.伊·谢·科恩(佟景韩、范国恩、许宏治译,1986):自我论。北京市:生活·读书·新知三联书店。

7.高觉敷(1987):西方心理学的新发展。北京市:人民教育出版社。

8.Cloninger, S.C.(1993).Theories of personality: Understanding persons.Englewood Cliffs, NJ: Prentice Hall.

9.Kelly, G.A.(1955).The psychology of personal constructs, Vols.1 & 2.NewYork: Norton.

10.Markus, H., & Cross, S.(1990).The interpersonal self. In L.A.Pervin(Ed.), Handbook of personality: Theory and research. New York: The Guilford Press.

11.Maslow, A.H.(1970).Religions, values, and peak-experiences.New York: Viking.

12.Phares, E.J.(1991).Introduction to personality(3rd ed.).New York: Harper Collins.

13.Rogers, C.R.(1951).Client-centered therapy: Its current practice, implications, and theory.Boston: Houghton Mifflin.

第三编

人格研究专题

人格是一个十分复杂的开放系统。我们可以从不同的维度对其做专题研究。例如,从系统内来看,可以研究人格结构、人格动力、人格发展等专题;从系统之间的关系来看,可以研究人格的生物基础、人格的社会文化基础、人格与政治、人格与教育等专题。从人格的个体差异来看,可以研究能力、成就动机、特殊态度、自我概念、兴趣和价值观等;从人格的团体差异来看,可以研究性别差异、年龄差异、社会阶级差异和种族差异等(Minton & Schneider,1985)。这些专题内容,我们在第二编中都或多或少有所论及。限于篇幅,在这一编中将讨论五个专题研究:能力、利他行为、攻击、性别与人格以及人格与健康。

能力是一种很重要的人格特质。人与人之间在能力上存在着明显的个体差异。人们在能力上的差异主要表现在智力上。在第十二章中将讨论能力的本质,能力与知识技能的关系,能力的种类,智力的研究取向,智力测验的性质,影响智力差异的因素,皮亚杰的智力发展理论以及智能特殊者。探讨能力问题,对于认识人的个别差异,充分发挥人的潜能和创造性具有重要的意义,近年来越来越受到人格心理学家的重视。

人性是善还是恶?这是古今中外思想家争论不休的问题,人格理论家也从心理学的角度探讨这个问题。第十三章利他行为,讨论人性善的一面。有人认为人性不可能用实证科学的方法来加以研究。看来,似乎人性也是可以用实证科学的方法加以论证的。在这一章中,除了讨论利他行为的定义和分类外,还以实证资料论证利他行为的生物基础和文化影响、利他行为的人格因素和情境变量以及利他行为的情感和认知因素。人们都希望生活在和睦、友爱的社会环境中。利他行为是后天习得的,受社会舆论、价值观的影响,因此社会对利他行为是否给予鼓励和支持就显得十分重要。

自从有人类历史以来,人类相互攻击以致进行战争的事件连绵不断。有人统计过自有文字记录的5 560年里,共发生过14 531次战争,平均每年就有2.6次。攻击大概是属于人性恶的一面。第十四章攻击,除了讨论攻击的定义、分类和研究方法外,还讨论攻击的生物和心理社会因素、攻击的情境和人格因素以及预防和控制攻击的若干建议。其实，攻击和暴力也不是人的天性。正像一批来自不同专业的科学家于1986年5月在西班牙的塞维(Seville)会议上发表的《关于暴力的声明》中所说："正如战争始于人心那样，和平也始于人心。发明战争的物种同样也能发明和平。这个责任落在我们每一个人的肩上。"

我国是一个人口大国，其中女性占了近一半。在辛亥革命前的中国，女性只具有家庭角色而不具有社会性的角色，她们不可能走出家庭进入社会领域从事公益性的事业。真正妇女解放的呼声始于辛亥革命之后。推翻清朝的孙中山提出具有极强的人权平等思想的三民主义和颁布废除娼妓、奴婢及禁止纳妾等法令。随着社会的进步，男女在经济、政治和文化教育等方面的平等，在我国又进入了一个崭新的时期。第十五章将讨论性别与人格，即讨论性别角色及其形成以及两性在性格、能力等方面的差异。

今天，生活环境逐渐都市化，随之而来的是焦虑和压力日益增加。第十六章人格与健康，讨论焦虑、压力与健康的关系、A型人格与冠心病、C型人格与癌症。要想身体健康，首先得心理健康。在这一章的最后讨论了怎样建立健康合理的生活方式。它将有助于人们保持心身健康。

关于能力、利他行为、攻击、性别与人格以及人格与健康等主题，实际上都包含精神分析论、特质论、学习论、人本心理学和认知心理学的理论、研究方法和评鉴技术等特点。这表明在研究人格各有关专题时人格理论家日益采取将各种人格研究范型进行综合的研究取向。对此，读者应加以注意。

第十二章　能力

本章内容细目

今天,人们评价最高的人格特质是能力。因为在当今社会,那些能理解和运用高度抽象的数学、物理、化学和经济概念的人,很可能会得到更多的收入和更高的地位;那些能迅速掌握和运用知识技能与新信息的人,就能更好地适应迅速变化的现代化环境。人们经常在议论一个人的能力,渴望自己的下一代的能力更强——青出于蓝而胜于蓝。

能力是一种很重要的人格特质,也是使用甚广的一个概念。在本章中,我们将从一个笼统的定义出发,分析能力与知识技能的关系以及心理学中经常提到的一些能力。各种各样的能力都离不开人们通常所说的“智力”。智力是一个很抽象的概念,它吸引了许多心理学家持久而热情的探讨。由于研究取向的不同,对于像什么是智力、智力由哪些因素或成分组成、智力是天生的禀赋还是由文化教育决定的、智商测验能否测出一个人的智力、高智商的人是否容易取得高成就、人们的智力在性别和种族上是否有差异,至今没有明确的答案。对于这些问题人们争论不休,成了当今心理学研究中的一个热点。

智力有一个形成和发展的过程。心理学家对智力的形成和发展的探讨,除了智力测验的途径外,皮亚杰对儿童智力发展的探讨是另一条途径。儿童的智力发展经历哪些阶段?不同年龄阶段的儿童的智力活动有哪些特点?对于这些人们颇感兴趣的问题,我们将在皮亚杰的智力发展理论中加以阐述。而对少数天资特别聪颖的儿童和智能不足的儿童,我们也给予一定的关注。我们希望读者通过本章的学习对以下各点能获得较明确的认识,并进而加深对个体人格差异性的认识。

本章的主要内容有:

1.能力的性质和分类。

2.智力的研究取向和智力测验的性质。

3.遗传和环境在智力发展中的作用。

4.儿童智力发展主要阶段的特点。

5.如何正确对待天资聪颖的儿童和智能不足的儿童。

第一节 能力的本质

为什么讨论人格时要论及能力呢？这是因为能力也是一种重要的人格特质。什么是能力？要回答这个问题,看似容易,其实是一件相当困难的事。在这一节里,我们将从能力的定义、能力与知识技能的关系以及人们经常说到的各种能力来考察能力的本质。

一、定义

能力一词,我们在日常生活中非常熟悉。例如,我们经常听到人们如下的一些议论：这个孩子真聪明,那个孩子有些笨;某某擅长演说,某某有数学才能专长;某画家创作了一幅新油画,某工程师发明了新机器。这些说法都是在说明人们在某种活动中表现出来的能力。

虽然人们都知道能力这个词,但要给它下一个科学定义,却非易事。在西方心理学中,能力(ability)一词有两种含义,既可解释为实际能力,也可解释为潜在能力。实际能力(actual ability)是指个人现在实际所能做的。例如说,某人能说俄语、能骑自行车等,就是指他现在实际具备的能力。这种能力以知识技能来表现,而知识技能主要是学习的成就或训练结果。所以实际能力也称为成就(achievement)。潜在能力(potential ability)不是指个人已经发展出来的实际能力,而是指如果通过训练可能达到的水平,在英语中常用capacity(能力)、potentiality(潜力)或aptitude(能力倾向或性向)等词来表示。

在苏联的心理学中,一般把能力定义为“作为顺利完成某一种或某几种活动条件的心理特征”(赵璧如译,1953,210页),或“作为成功地完成某些活动的条件的那些个性心理特征”(朱智贤等译,1957,488页)。这种观念在苏联比较流行。鲁宾斯坦则提出一个与众不同的定义,他认为“能力就是在个体身上固定下来的概括化的心理活动系统”(赵璧如译,1965,130页)。

综合各家观点,大致可以这样确定能力的概念:能力是个人能胜任某种工作或完成某项任务所必须具备的人格特征。这种人格特征可以由先天因素决定,例如某些经过遗传而获得的基本素质;也可以经过学习训练而获得,例如解决某个专业领域的问题或处理某种实际问题的能力。不论能力主要是来自先天或是后天,如果它是指当时已经具备而不需要进一步训练的,这种人格特征即为实际能力。如果是指经过适当训练才能完成某项任务的人格特征,即为能力倾向(或性向)(aptitude)。

二、能力和知识技能的关系

能力和知识技能既有区别又有密切联系。

首先,知识技能不同于能力。个人所掌握的知识就是信息在头脑中的储存。技能是个人掌握的动作方式。例如,证明一道几何题,人在推证的过程中所应用的公理、定理、定义、公式等属于知识;而在推证过程中思维活动的严密性和灵活性则属于能力。如果一个人不仅在证明这道几何题时思维分析是严密的、简练的、迅速的,而且这种简捷的思维运作还能经常迁移到不同的运算场合,这时我们就可以说他具有数学运算的思维敏捷能力。又如,在学骑自行车时,操作自行车的一套动作方式是技能,而支配此动作方式的心理过程的稳定特点则属于能力。如果一个人不仅在学骑自行车时表现出动作敏捷,而且在掌握其他技能时也经常表现出这一特点,这时我们就可以说他具有动作敏捷的能力。

能力和知识技能是密切联系的。它们之间的相互联系表现为:一方面,能力是在掌握知识技能的过程中形成和发展起来的。例如,学生在掌握知识的同时,也就掌握了思维运作,从而发展了智力;学生在掌握绘画技能的同时,也就形成了绘画能力。离开了学习和训练,任何能力都不可能形成,更不可能得到发展。另一方面,掌握知识技能又是以一定的能力为前提的。能力制约着掌握知识技能的难易程度、速度和巩固程度。知识技能的掌握又会导致能力的提高或新能力的发生。

虽然能力离不开知识技能,但能力和知识技能毕竟不是一回事。一个学生靠死记硬背可能取得比较好的成绩,但能力可能是差的。另一个学生尽管考试时没有取得良好的成绩,但他能灵活地思考,甚至能创造性地解决问题,这说明他的能力比较强。因此,能力不表现为知识技能本身,而是表现在获得知识技能的动态上,即在其他条件相同时,个人掌握知识技能时所表现出的快慢、深浅、难易以及巩固的程度。

正因为能力和知识技能既有联系又有区别,因此,教师单凭考试成绩来判断学生能力的大小是不妥的。在教学过程中,教师不仅要向学生传授知识,而且更要注重对能力的培养。这样才能使他们更好地去接受新知识,发现新问题,进行创造,成为有创造能力的一代新人。

三、能力的种类

人的能力有很多,可以从不同的标准进行分类,一般可分为以下几种。

(一)一般能力和特殊能力

一般能力(或普通能力)(general ability)是在许多基本活动中都表现出来,且各种活动都必须具备的能力。例如,观察力、记忆力、思维力、想象力都属于一般能力。学习、工作、创造发明以及任何活动的顺利完成,都离不开这些能力。一般能力的综合也称为智力(intelligence)。

特殊能力(special ability)是在某种专业活动中所表现出来的能力。例如,数学能力、音乐能力、绘画能力、机械操作能力等,这些能力对完成相应的活动是必须具备的。每一种特殊能力都是由完成该活动性质所制约的几种基本的心理特性构成的。例如,构成音乐能力的基本组成成分有:(1)曲调感,即区分旋律和曲调特点的能力;(2)听觉表象,即能随意地使用反映音高关系的听觉能力;(3)音乐的节奏感,即感受音乐的节奏并能准确地再现它的能力。人要顺利地完成某种活动,必须具备一般能力和完成该种活动的特殊能力,两者缺一不可。

(二)模仿能力和创造力

模仿能力(imitation ability)就是仿照他人或其他事物使自己的行为举止与被模仿者相同的能力。模仿能力的水平,表现在个人的行为方式与被模仿者的相似性上:两者愈相似,则模仿能力愈强,反之则模仿能力愈差。

创造总是与创造产物相联系的。创造产物通常是指"首创"加"适宜"的产物,如艺术作品、科学理论、有创见性的谈话和奇特的建筑等。创造力(creativity)是指产生既是首创又是适宜的产物的能力。在创造力中,创造思维和创造想象起着十分重要的作用。模仿能力和创造力有密切的联系。人们通常是先模仿,然后进入创造,而在创造中也有借鉴。

(三)认知能力和元认知能力

认知能力(cognitive ability)是指智力。一个人头脑里储存着某种知识是一回事,但这些知识在他需要的时候能否加以利用却是另一回事。具有技能和应用技能是两回事,改进某种作业和对作业改进的了解也是两回事。对于这些差异可以用元认知能力来加以说明。元认知能力(或后设认知能力)(metacognitive ability)是指个人对自身的心理状态、能力、任务目标、认知策略等方面的认识以及对自身各种认知活动的计划、监控和调节的能力。人们的元认知能力有很大的差别。专家和新手的明显区别不仅在于前者对本行知识知道得较多,还在于善于监控和组织他的认知活动,也就是说,在元认知能力上他们有明显的区别。

（四）液态能力和晶态能力

液态能力和晶态能力是卡特尔(Horn & Cattell,1966)理论中的术语。液态能力(fluid ability)也称液态智力(或流动智力)(fluid intelligence),是指在遇到新异情境且没有固定答案的情况下,需要个人随机应变,运用思考加以解决问题的能力。这种能力依赖于先天的禀赋,主要与神经系统生理机能发展状况有关,而较少受教育与文化环境的影响。晶态能力(crystallized ability)也称晶态智力(或固定智力)(crystallized intelligence),是指在有固定答案的情况下个人以事实性资料的记忆、辨认和理解来解决问题的能力。这种能力依赖于知识经验的多寡,主要受教育与文化环境影响。晶态能力依赖于液态能力。如果两个人具有相同的经历,其中一个人有较强的液态能力,那么他将发展出较强的晶态能力。然而,一个有较强液态能力的人如果生活在贫乏的智力环境中,那么其晶态能力将是低下或平平的。

归纳以上说明,我们对能力这一概念可以得出以下两点认识:一是能力是个人能胜任某种工作或完成某项任务所必须具有的人格特征,分为实际能力和能力倾向,它表现在个体掌握知识技能的难易程度、速度和巩固程度上。二是能力的种类很多,这说明能力的组成成分十分复杂,其中智力则是一般能力的综合。

第二节　智力与智力测验

与其他人格特质一样,人们对智力的研究也有不同的取向。对智力研究最有应用价值的要算智力测验。在这一节里,我们将讨论智力研究的三种取向——因素取向、信息处理取向和原型取向,并讨论个人智力测量的一些基本问题。

一、智力的研究取向

通常人们把智力与聪明、机灵作为同义语来使用。但在心理学界,智力一词迄今没有公认的定义。下面是一些心理学家对智力的定义:

> 在我们看来,在智力中存在着某种基本的能力,它的改变或欠缺对于实际生活甚为重要。这种能力是判断,或所谓良好的辨别力、实际的辨别力、主动性、一种使自身适应环境的能力。善于判断、善于理解、善于推理,这些都是智力的基本活动。(Binet & Simon,1905,p.191)

智力是使个人有目的地行动、合理地思考、有效地应付环境的一种综合能力。(Wechsler,1958,p.3)

智力是一种心理上的自我管理。(Sternberg,1985,p.116)

对于上述定义,人们可能感到晦涩难懂,其实它们正好反映了心理学家对智力的三种基本研究取向,即因素取向、信息处理取向和原型取向。

(一)因素取向

对于智力研究的因素取向始自斯皮尔曼(Charles Edward Spearman,1863—1945),经瑟斯顿(Louis Leon Thurstone,1887—1955),至吉尔福德(Joy Paul Guilford,1897—1987)大致告一段落。因素取向(factor approach)就是对智力测验的资料用因素分析(factor analysis)方法来确定最少量的因素或能力倾向,把智力视为由相互独立的心理能力所组成。

因素分析的创始人英国心理学家斯皮尔曼认为,智力由两种因素构成:一般因素和特殊因素。人完成的任何一种作业都是由这两种因素决定的。一般因素(或普通因素)(general factor)简称G因素(G-factor),是个人的基本能力,它是决定智力测验上表现的主要因素。特殊因素(specific factor)简称S因素(S-factor),是和特殊能力或特殊测验有关的。用智力测验测得的智力是反映一定数量的一般因素和一定数量的各种特殊因素的总和。不论个人有几种特殊因素,这些特殊因素间可能彼此互相独立,也可能彼此有些重叠,但是它们必定都含有一部分一般因素。斯皮尔曼的智力理论称为智力二因论(two-factor theory of intelligence),也称二因素说(或二因论)(two factor theory)。

瑟斯顿是著名的心理计量学权威。他初学工程,曾为大发明家爱迪生的助手,并创立多因素分析方法。他反对斯皮尔曼所强调的一般智力,认为智力可以分解为若干基本能力。他用由56个测验组成的一组测验对218名大学生进行测验,然后用因素分析法求得构成智力的7种因素或7种基本心理能力(primary mental abilities,简称PMA):(1)词的理解力(verbal comprehension,简称V),即了解词的意义的能力;(2)语词流畅性(word fluency,简称W),即拼字正确迅速和词义联想敏捷的能力;(3)计数能力(number,简称N),即正确而迅速地解答数学问题的能力;(4)空间知觉能力(space,简称S),即运用感知经验正确判断空间方向及各种关系的能力;(5)记忆能力(memory,简称M),即回忆词刺激物的能力;(6)知觉速度(perceptual speed,简称P),即迅速准确地抓住视觉形象细节和看出画面上异同的观察能力;(7)一般推理(general reasoning,简称R),即根据已知条件进行推断的能力(Thurstone & Thurstone,1962)。瑟斯顿的智力理论称为群因素说(或群因论)(group factor theory)。

吉尔福德是康奈尔大学铁钦纳门下的研究生兼助手,熟谙因素分析法。最初吉尔福德所提出的智力结构理论(structure-of-intellect theory)把智力分为120种。在他看来,人类的智力活动包括3类不同的事件:(1)智力活动的内容;(2)进行智力活动的操作;(3)智力活动的产物。当时他把智力活动的内容分为形状的、符号的、语意的和行动的4类;把智力活动的操作分为评价、扩散式思维、聚敛式思维、记忆、认知5类;将智力活动的产物分为单元、类别、关系、系统、转换、含义6类,即得4(不同的内容)×5(不同的操作)×6(不同的产物)=120种不同的能力。1977年,他根据智力测验研究结果的因素分析,对自己的理论做了修改,将智力活动内容中的形状一类改为视觉的和听觉的两类,于是人类的智力结构成为5(内容)×5(操作)×6(产物)=150种不同的能力。1982年,吉尔福德又对自己的理论做了修改,将智力操作中记忆一类改为记忆收录和记忆保存两类,最后人类的智力结构成了5(内容)×6(操作)×6(产物)=180种不同的能力(Guilford,1982),如图12-1所示。

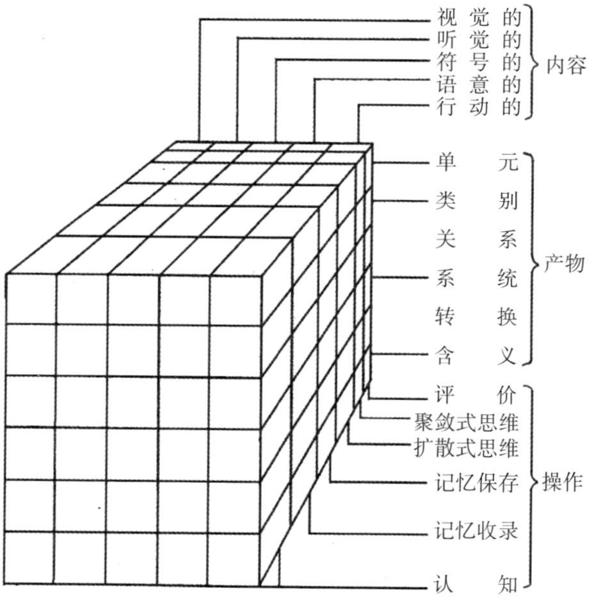

图12-1 吉尔福德的智力结构模型收录

(采自 Guilford,1982)

吉尔福德的智力结构理论是根据智力测验而推论出来的。按图12-1所示,对该理论说明如下。内容是测验时给予受测者的信息,是其智力活动的对象和材料,包括视觉的(颜色、形状等)、听觉的(声音)、符号的(数字、文字、图案等)、语意的(即语言所包含的意义)、动作的(即他人的外显行为)。操作指智力的加工活动,包括认知(即辨别、理解等智力操作)、记忆收录(即刻记忆)、记忆保存(较长时间的记忆)、扩散式思维(从不同角度思考问题的思维方式)、聚敛式思维(根据已有经验按逻辑途径寻求固定答案的思维方式)、评价(对信息进行评估、选择的过程)。产物是指智力活动所产生的结果。这些结果可以按单位计算(单元),可以分类处理(类别),也可以表现为关系、系统和含义。吉尔福德相信,不同的智力因素都可以运用不同的测验来检验。例如,给被试一系列四个字母的组合,如PIAS、FHKY、DSEL,要求其将它们重新组合成熟悉的单词,如FISH、PLAY、DESK等。在这一测验中,智力活动的内容为符号;操作为认知,即理解和再认;产物为单元,即按重新组合的字词数来计算成绩。根据产物的数量可测出一个人的符号认知能力。从人格心理学的角度来看,吉尔福德的智力理论有助于我们理解人格结构之多样性。

(二)信息处理取向

在20世纪60年代以前,对智力的研究以因素取向占主导地位。但随着认知心理学的兴起,产生了一种新的研究取向——信息处理取向(或信息加工取向)(information-processing approach)。这种研究取向的基本观点是由人类从事智力活动所显现的认知过程来理解智力。进而言之,信息处理取向就是用实验的方法对智力活动中的各种心理过程进行测定,以解答如下一些问题:

1. 各种智力测验中包含哪些心理过程?
2. 这些过程进行的速度和准确性怎样?
3. 信息是以什么心理表征在头脑中运作的?

信息处理取向不用因素去解释智力,而是试图确定构成智力行为基础的心理过程。信息处理取向假设在某一作业上所表现出来的个别差异取决于人们所运作的特殊心理过程及其运作速度和正确性。其具体方法是运用一定作业的信息处理模式,以确定对有关心理过程的恰当测量。在评定智力的指标上,信息处理取向不同于静态的因素取向仅以正确反应次数为指标,而是以动态的反应时间、正确率、觉察时间(inspection time)甚至眼动和脑电的平均诱发电位(average evoked potential)以及处理策略(processing strategy)等作为指标,来确定智力行为基础的心理过程的特点。

表12–1 斯腾伯格的智力成分

成分	过程
元成分	在一个作业中负责规划、监控和决策的执行过程
作业成分	执行计划并完成由元成分选择决定的过程
获得成分	获取新信息和贮存新信息的过程
记忆成分	根据不同的情境从记忆中提取信息的过程
转移成分	在陌生或新奇情境中转移信息的过程

(采自 Sternberg,1985)

下面以斯腾伯格(Sternberg,1985)的研究及其智力成分理论(componential theory of intelligence)来说明信息处理取向。斯腾伯格假设,被试具有一组他称之为成分性智力(或组合性智力)(componential intelligence)的心理过程,这组心理过程以某种组织的方式运作,以产生在智力测验上可见的反应。他所说的成分大致分为五类,如表12-1所示。斯腾伯格从一种智力测验中选出某一特殊作业将其运用于一系列的实验中,试图确定该作业所包含的成分。例如,让被试做如下的一个类比测验:

律师:客户 :: 医生:(a.医药 b.患者)

斯腾伯格透过一系列类似此例作业的实验,得出结论认为:这里关键性的成分是编码过程和比较过程。被试通过对形成给定词的一种心理表征,来对类比问题中的每一个词进行编码。在此例中,被试从长时记忆中提取这个词的有关属性,例如"律师"一词的心理表征可能包括大学毕业、熟悉法律程序、在法庭上代表委托人等属性。一旦对类比问题中的所有词都形成心理表征(mental representation),被试的比较过程便是扫描这些表征,找出解决类比问题的恰当属性。

类比问题中还包括其他过程,但斯腾伯格认为,在这一作业上的个别差异,主要取决于编码和比较过程的有效性。实验表明,在类比问题上得分高的人(熟练的被试),比起在此类问题上得分低的人(不熟练的被试),要花更多的时间编码,并能形成更准确的心理表征。反之,在比较阶段,熟练的被试在匹配属性上要比不熟练的被试快,但两者在匹配属性上一样准确。因此,熟练的被试的较好的测验分数是基于其编码过程不断精确,但他们解题所需要的时间是缓慢的编码速度与快速比较的复杂组合。

信息处理取向常用反应时间作为指标来探测人脑中的信息处理特点。近年来,用反应时间作为指标评价认知功能的年龄差异取得了一定的进展,特别是对认知速度随年老而衰减的研究,参见补充讨论12-1。

补充讨论 12-1

认知速度年老衰减研究

在人的毕生发展过程中,反应时间与年龄增长的相关曲线呈U字形,其凹点在20岁附近。20岁之前,反应时间随增龄而缩短,反映脑功能的成熟过程;20岁以后,反应时间随增龄而延长,反映脑功能的衰退过程。国外许多老年认知心理学家大多都集中于研究青年(20岁)与老年(65岁或75岁)之间作业速度的函数关系,并提出一些理论解释。例如认为,个人的所有认知加工速度均随年老呈比例地衰减,中枢认知加工速度减慢较外周感觉-运动加工速度的减慢要快;老年人认知速度减慢与信息的遗失有关等。

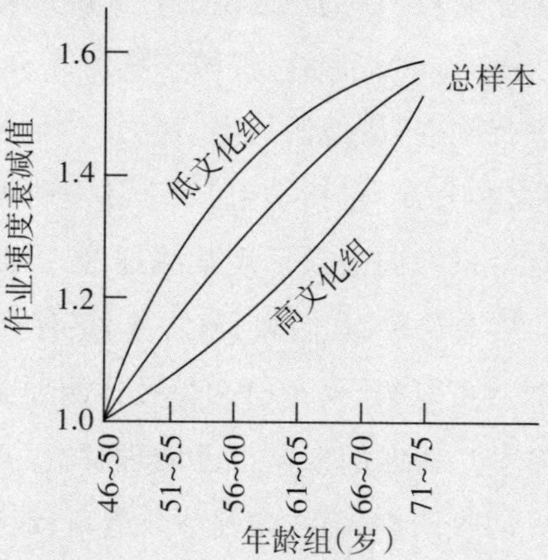

图12-2 总样本及高、低文化组作业速度年老衰减斜率曲线

(采自 李德明、孙福立,1994)

李德明、孙福立(1994)研究了700名46~75岁中老年被试在心算、符号数学、数字辨别和计算4项非词语性认知作业上的速度。以5岁为一龄段,分析了46~50岁组与其后5个年老组作业时间之间的关系。结果表明,各年老组与46~50岁组作业时间之间呈线性函数关系,且线性方程式的斜率值随年老组的增龄而增大。从图12-2所示的总样本(平均受教育11.4年)、高文化组(受教育12~17年)、低文化组(受教育6~11年)作业速度衰减斜率值的拟合曲线可以看出,总样本作业速度年老衰减斜率拟合曲线居中,表明作业速度衰减速率不随年老而加快。高文化组(受教育12~17年)的拟合曲线居下,作业速度衰减速率在任何年龄都较总样本和低文化组要小,说明受教育水平高的被试作业速度随年老衰减较慢;只是到60岁之后,作业速度衰减才开始加速。低文化组的情形则反之,作业速度随年老衰减较快,低文化组被试作业速率在60岁前明显快于60岁后。这说明文化教育因素及其相关的脑力劳动的复杂程度对认知速度年老衰减过程有明显影响。

(三)原型取向

广义地说,原型(prototype)是任何反应组型的原始形态。奈瑟(Neisser,1979)下面的一段话,道出了智力原型取向(prototype approach)的特点:

我们能否把一个人称为"聪明",主要取决于这个人与想象中某个原型的大致相似性。正如同我们称某物体为"椅子"的自信,取决于此物体与标准椅子的相似性。所谓智力,并没有任何决定性的标准,它是一个模糊的概念,有许多相关的特征。可能有两个人都颇为聪明,但彼此共同的特质却极少——他们在不同的维度上与原型相像,相像是一种外在的事实而非内在的要素。我们可能对智力做出有过程依据的定义,因为它并非一种单一的性质,而是两个个体——真实和原型之间的相似程度。(Neisser,1979,p.185)

有些研究表明,公众与专家对“智力”具有相当明确的原型。例如,斯腾伯格等人(Sternberg, Conway, Ketron, & Bernstein, 1981)曾做三项研究:(1)对大学图书馆、超级市场和火车站候车室里的人们进行调查,请他们列出“智力”、“学业智力”和“日常智力”或“无智力”的行为特征;(2)请专家和公众(包括学生)对上述调查所列出的行为做重要性及其是否真为智力特征进行评定等;(3)向公众呈现某些虚构人物行为特征的书面描述,并要求他们评定这些人的智力。结果发现,人们确实对“智力”有着相当明确的原型,且专家和公众的标准原型也极为相似。张厚粲、吴正(1994)做过两项调查:(1)在北京、苏州、常州三市随机选取120人(15~60岁),请他们根据自己的理解,对高智力成人和高智力儿童分别列出10个最显著的特征。回收调查表后,得到频数最高、最具代表性的描述为高智力成人和高智力儿童的特征各15项,制成成人和儿童高智力特征的两种调查表。(2)采用等比例分层抽样法,在北京市抽取不同性别、年龄、文化教育程度和职业类型的成年人300名,发出上述调查表,要求他们从调查表给出的15项高智力儿童特征和15项高智力成人特征中,分别选出最重要的10项,并对其重要性进行排序。结果表明,我国大陆普通居民对智力的理解,从总体上说具有较大的一致性,且与心理学专业人员对智力的看法有一定的相似之处。被描述为高智力成人和高智力儿童的主要行为特征如表12-2所示。

表12-2 公众认为高智力儿童和高智力成人的主要特征

次序	儿童		成人	
	智力特征	平均等级	智力特征	平均等级
1	好奇心强	3.90	逻辑思维好	3.32
2	爱思考和提问	5.17	接受新事物能力强	6.20
3	富有想象力	5.29	适应能力强	6.89
4	反应快	5.60	有洞察力	6.92
5	富有创造性	7.20	富有创造性	6.94
6	观察能力强	7.84	富于想象	7.14
7	记忆力强	7.98	自信	7.59
8	动手操作能力强	8.81	独立性强	8.26
9	模仿能力强	9.05	富有好奇心	8.37
10	兴趣广泛	9.13	记忆力好	8.44
11	表达能力强	9.51	精力充沛	9.54
12	独立性强	9.80	善于表达	9.57
13	自信	9.90	动手能力强	9.61
14	注意力集中	10.21	兴趣广泛	10.49
15	适应能力强	10.65	有幽默感	10.73

(采自 张厚粲、吴正,1994)

综上所述,因素取向试图从心理测量学(psychometrics)的角度探讨智力的组成成分。信息处理取向试图从认知心理学的角度探讨智力的机能。原型取向则放弃了对智力的严谨定义,从公众的智力观的角度来探讨智力的性质。由此也可以看出,智力是一个界限模糊、内涵丰富的概念。

二、智力测验

用一定的方法来评鉴一个人的智力,在我国有着悠久的历史。早在两千多年以前,孔子就根据他对学生品德、能力方面的观察,把学生分为若干等级(中人、中人以上、中人以下)。唐代初期,科举考试中的秀才科注重博识高才,录取标准如下:文理俱高者为上上,文高理平、理高文平者为上中,文理俱平者为上下,文理粗通者为中上,凡四等为及第,文劣理滞者为不第(《文献通考·选举考》)。在科举考试时,还用对偶法考查人的智力。例如,犬守夜:(鸡司晨);蚕吐丝:(蜂酿蜜)(林传鼎,1980)。在西方,高尔顿(Sir Francis Galton,1822—1911)提出了第一个测量智力的测验。他使用这套测验测量诸如头的大小、反应时间、视敏度、视觉形象记忆、呼吸容量和握力。他发现在头的大小方面,著名英国科学家与普通公民没有差别,并且握力与聪明也没有什么关系。高尔顿的测验未能证明其实用性。对现今智力测验贡献最大的是法国心理学家比纳(Alfred Binet,1857—1911)。他受法国公共教育部的委托,为了解决当时巴黎公立学校十分拥挤,且很多智力低下的儿童在这种学校里又学不到什么东西的现象,与另一位法国心理学家西蒙(Théodore Simon,1873—1961)一起于1905年设计出第一个量表。该量表被称为比纳-西蒙量表(或比西量表)(Binet-Simon Scale)。

现代智力测验之父比纳(Alfred Binet,1857—1911),1857年生于法国尼斯,1878年毕业于巴黎大学法律系,1894年获科学博士学位。在巴黎大学修读博士期间,对催眠术和精神病学发生兴趣,30岁开始研究人类智力,并对心理学的发展做出了杰出的贡献。

图12-3　比纳

(一)个别智力测验

在临床上,对一个人的智力进行鉴定,通常都采用个别智力测验(individual intelligence test),即一次只施测于一个被试。这种一对一的测验能使临床医生了解被试的态度、动机和情绪,从而能进一步了解测验所得IQ分数的含义。这是团体智力测验(group intelligence test,)无法了解到的。最常用的个别智力测验是斯坦福-比纳量表和韦克斯勒量表。

1.斯坦福-比纳量表

比纳-西蒙量表于1908年和1911年做过两次修订。它传入美国后由推孟(Lewis Madison Terman,1877—1956)在斯坦福大学于1916年做过修订,称为斯坦福-比纳量表(或斯比量表)(Stanford-Binet Scale)。该量表在1937年、1960年、1972年、1986年做过修订。大陆和台湾都已将斯坦福-比纳量表译成中文并加以修订。

美国心理学家推孟(Lewis Madison Terman,1877—1956),1877年生于美国印第安纳州,于克拉克大学获得哲学博士学位后在斯坦福大学执教,1910年为助教,1916年升为教授。因修订比西量表使之适用于美国而闻名。斯比量表曾被多次修订。他还对天才性格、性欲与性格的关系以及幸福婚姻的心理因素做过研究,1956年在加州的斯坦福去世。

图12-4　推孟

在1986年修订版之前,斯坦福-比纳量表一直属于年龄量表:由年龄Ⅱ至优秀成年Ⅲ,共分为21个年龄层次,每一个年龄层有6个项目。通过一个项目代表心理年龄一个或两个月(取决于该项目是处于年龄层Ⅴ之前或之后)。以得到的心理年龄(或智力年龄)(mental age,简称MA)总和,除以个人的生理年龄(或实足年龄)(chronological age,简称CA),再乘以100,以消去小数点,所得之数即为智商(或智力商数)(intelligence quotient,简称IQ)。其公式是:

$$(MA/CA)\times 100 = IQ$$

修订的斯坦福-比纳量表的新版本(Thorndike,Hagen,& Sattler,1986)在所依据的理论模型和施测程序等方面,都与旧版有明显的不同。例如,新版以智力的层次模型为依据，最高层次是一般认知能力(g)，下面的层次是晶态能力，液态/分析能力和短时记忆(如图12–5所示)，每一种能力都包含一些特定的项目。因此，新版中有一系列的分测验。每个分测验的组成项目类型虽然相同，但难度不同，适用对象从两岁直到成年人。又如，新版采用多阶段施测(multistage testing)的适应性测验模式。其第一阶段进行语文分测验，以顺利通过两项为“基础水平”；再继续测验后，以连续不能通过三四个项目而停测，确定“最高水平”。以语文分测验的两项成绩和实足年龄来确定其他测验的起始水平。因而年龄相同的被试不一定都接受相同的测试题目。据称新版斯坦福–比纳量表的信度和效度都较理想。但是应当注意，智商是各种因素聚合的产物，其中有些因素可能反映智力潜能，有些则可能涉及动机、健康状况、教育程度和文化背景等因素。

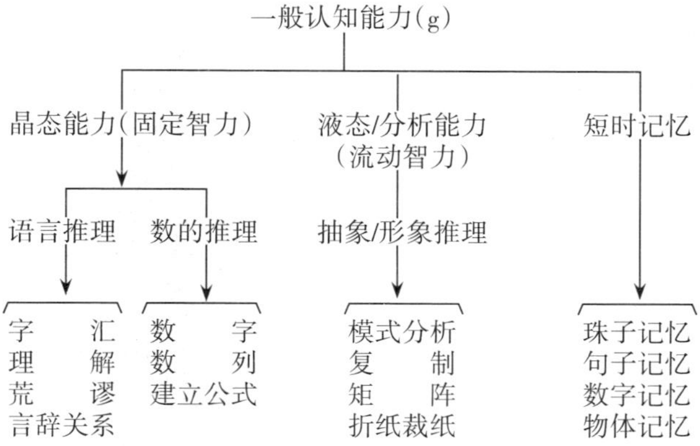

图12–5　新版斯坦福–比纳量表所评鉴的认知能力因素

(采自 Thorndike, Hagen, & Sattler, 1986)

2. 韦克斯勒量表

1939年，韦克斯勒(David Wechsler, 1896—1981)发表了韦克斯勒–贝勒维智力量表(或魏贝量表)(Wechsler–Bellevue Intelligence Scale)。该量表是为了修正旧版斯坦福–比纳量表的部分欠缺而设计的。其主要特点有三：第一，它的适用对象是成人，测验的内容较少带有学业成分，不像旧版斯坦福–比纳量表那样具语文取向。第二，韦氏量表集合所有类似的项目成为一个分量表，而斯坦福–比纳量表则将项目分别安排在各年龄层次中。例如，在韦氏量表中，所有算术题放在一起成为一个分测验，难度由浅而深安排。整个测验分为一个语文量表(含6个分测验)，按此量表测得的结果计算而得的智商分数为语文智商(verbal IQ)；和一个操作量表(含5个分测验)，按有关实际操作类题所得分数计算而得的智商分数为操作智商(或作业智商)(performance IQ)。因此，该量表除了一个全量表智商(full scale IQ)外，每个量表还分别有一个智商分数。目前，韦氏量表有三种：韦氏成人智力量表(或魏氏成人智力量表)(Wechsler Adult Intelligence Scale，简称WAIS)，评定16岁以上成年人的智力，1939年首次发行，1955年首次修订为韦氏成人智力量表修订版（Wechsler Adult Intelligence Scale Revised，简称WAIS-R），于1981年发行；韦氏儿童智力量表（或魏氏儿童智力量表）（Wechsler Intelligence Scale for Children，简称WISC），评定6~16岁少年儿童的智力发展水平，1949年首次发行，1974年首次修订；韦氏学前及学童智力量表（或魏氏学前智力量表）（Wechsler Preschool and Primary Scale of Intelligence，简称WPPSI），评定4~6岁半儿童的智力，1967年首次发行。上述三种量表在我国大陆和台湾都已译成中文并做了修订。表12-3是韦氏成人智力量表的构成和测验项目的部分内容。

创用离差智商并对智力测验有杰出贡献的心理学家韦克斯勒（David Wechsler，1896—1981），1896年生于罗马尼亚，6岁的时候随父迁居美国，1916年毕业于纽约大学，次年获哥伦比亚大学文学硕士学位。第一次世界大战期间主要从事心理测验工作，1925年获哥伦比亚大学哲学博士学位，从1932年起任纽约贝勒维精神病院主任心理学家，直至1967年退休，1981年去世。

图12-6　韦克斯勒

表12-3　韦氏成人智力量表的构成

测验	项目内容
语文量表	
常识	要求回答一系列常识问题。例如，“几个5分是一角？”
理解	测验评估过去经验的实际知识和能力。例如，“在银行存款有什么好处？”
算数	测验算术推理能力的口试
类同	要求说明一定物体或概念（如鸟蛋和种子）有何相似，以测量抽象思维能力
数字广度	听过一组数字（例如，7-5-6-3-8）以后，要求以正向或反向复述，来测量注意力和机械记忆能力
词汇	测验语词知识
操作量表	
数字符号	在限定时间内把数字与不同形状的记号组合起来。测量学习速度和书写速度
填图	在未完成的图画中把遗漏的部分找出来，并加以命名。测量视觉敏感度和视觉记忆
积木图案	用积木复制图案设计。测量知觉和分析图形的能力
图片排列	按正确的顺序排列一组连环画以说明某个故事。测量理解社会情境的能力
物体拼配	把积木块组合起来构成一个完整的物体。测量处理部分与整体关系的能力

（采自 Wechsler，1981）

第三，韦氏量表废弃了智力年龄的概念，保留智商的概念。但韦氏量表的智商已不是传统的比率智商，而是离差智商。1960年版的斯比量表也采用了离差智商。所谓离差智商（deviation IQ，简称DIQ），就是用标准分数来表示的智商。即让每一个被试和他同年龄的人相比，而不像以前比纳量表所用的智商是和上下年龄的人相比。1960年修订的斯坦福-比纳量表的离差智商使每一个年龄都有平均分数，M = 100，标准差SD = 16；而韦氏成人和儿童智力量表，其均数也定为100，但标准差SD = 15。图12-7中所示是1960年版斯比量表和韦氏智力量表用标准分数表示的正态分布曲线图。图12-7中将全体被试的分数分为6个等级，即均数上各加上1、2或3个标准差，分为三等；均数下各减去1、2或3个标准差，也分为三等。因此，一个人的智力就可以用他的测验分数与同一年龄组其他人的测验分数相比较来表示。

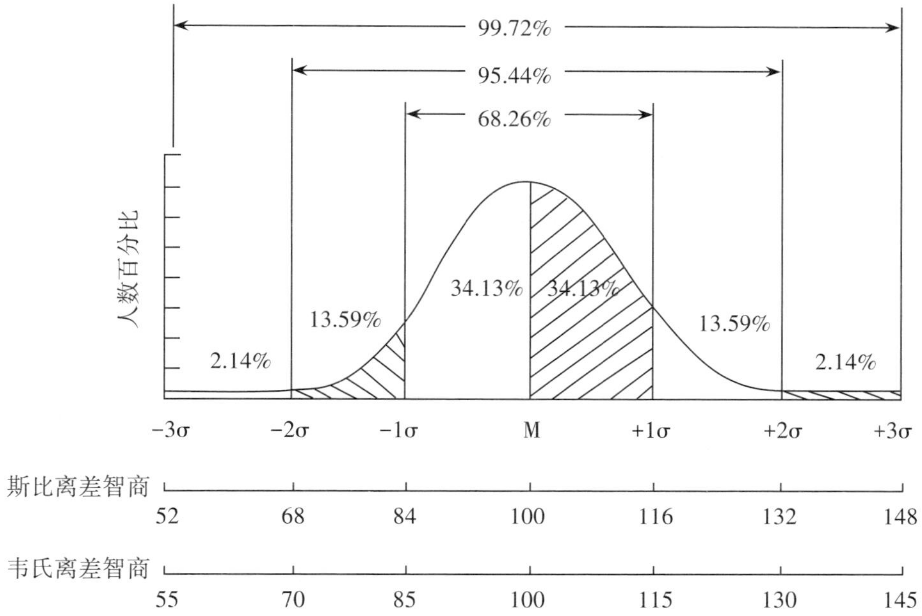

图12-7　用标准分数表示的离差智商常态分布

（采自 黄希庭，1991）

（二）智力测验的效度

智力测验有效吗？或者说，智力测验真的能测量出智力吗？对于这个问题的回答，关键是看你如何理解智力。如果你所说的智力是指在学校里学习成绩好，或公众极为重视的能力如语文能力、推理能力、阅读和记忆能力等，答案也许是肯定的。如果你所说的智力是指社会生活中的聪明机智，如在事业上的成功，答案可能是否定的。如果你所说的智力是指与习得的知识技能无关的，是与生俱来的能力，那么答案几乎可以说是否定的。

智商分数在测验未来学业表现方面有显著的效度。这是因为学校的学业成绩与智商测验分数之间有显著的相关。在美国,智商在预测个人未来的职业地位方面也相当有效度。一项研究(Brody & Brody,1976)发现,个人的职业地位与智商分数呈正相关。这里所说的职业地位,是指个人的收入或是社会名望。但是个人一旦取得某种职业或进入某种行业之后,智力分数上的差异就不再能预测个人在该行业中成就的高低(Matarazzo,1972)。这是因为当个人进入某行业后,其他一些非智力因素(如工作投入的程度、人际关系等)在个人获得成就上开始扮演着较主要的角色。

一个人事业上是否能取得成就,除了智力、动机、坚持性等因素外,还需要一项重要的品质——创造力(creativity)。创造力不同于智力。林传鼎(1985)研究大量有关创造力的文献后,认为富有创造力的人有下列6类品质:(1)能力,如观念的流畅性、智力、知觉能力与模式识别能力等;(2)认知风格,如推理评价的倾向、找问题的思维模式、判断的自主性、抽象地对付情境的偏向、沉思性与冲动性等;(3)价值,如倾向于高度评价复杂性,用沉着来应付双关性和模糊性并善于对它进行分解和整理等;(4)目的,对目的追求的不平凡献身精神;(5)信念,对个人的潜力、创造性产物以及创造过程等所持有的信念;(6)策略,如具有类比、想象变形、大胆假设以及"脑力冲击法"等发动创造性思维的策略。有创造力者必须具有高于一般的智力,但高智力者不一定具有创造力。

成就测验(achievement test)用于测量个人在受测之前所学得的知识技能。能力倾向测验(或性向测验)(aptitude test)则是预测个人在将来的成绩。智力测验到底是测量能力倾向还是测量成就?如果将智商作为个人能力的一种指标,那么智力测验便可看作能力倾向测验。但是只要我们仔细看看各种智力测验的内容就会发现,其中的题目不仅出现在许多成就测验中,而且似乎也反映出个人应当在学校中习得的东西(如"几个5分是一角?"或"鸡蛋和种子有哪点相似?")。与人们知识有关的题目能测验出能力倾向吗?其实,能力倾向测验与成就测验的区分不在于测验项目的内容,而在于测验的目的。例如,大学入学考试可视为对个人在高中所习得知识的一种测量,但也可用来预测个人将来在大学中的表现。

(三)文化公平测验

一个人在智力测验上的表现显然依赖于他生活其中的文化。要求用某一特定语言的语文测验则更是如此。一个不会说英语(或英语为非母语)的孩子在英语的语文项目上的得分肯定不会与以英语为母语的孩子一样好。许多测验要求被试在某一时限里做完题目,或者对较快的回答另外加分。但在某些文化中并不鼓励人们做快速反应,他们不明白为什么越快越好。为了排除文化对智力测验的影响,人们设计了文化公平测验(culture-fair test)。这种测验编制的指导思想是选用的题目对所有不同文化成员而言,都一样熟悉或一样不熟悉。

为了避免语文题目中的文化因素对智力测验的影响,文化公平测验采用非文字型的图形测验或画人测验。例如,瑞文氏非文字推理测验(Raven's Standard Progressive Matrices Test,简称SPM)(Raven,1938),全部由从易到难排列的图形构成,要求被试从提供的几个图形中选择一个符合原图形结构规律的图案(见图12-8)。又如古迪纳夫-哈里斯画人测验(或谷贺画人测验)(Goodenough-Harris Drawing Test,简称GHDT)(Harris,1963),要求儿童画出一个男人、女人或他们自己的样子。但这些测验能否真正做到文化公平是值得怀疑的。试想居住在贫穷农村的孩子从来没有画过图画,没有见过图画,更没有经历过测验,把他们在这些测验上的表现与城市儿童的智商相比,难道是公平的吗?

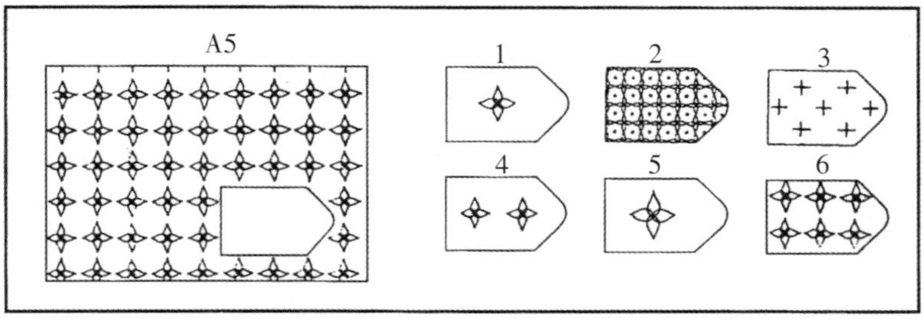

图12-8 瑞文氏非文字推理测验中的试题

(被试要从右边6个图形中选出一个适合于左边图形空白处的答案)

看来,要完全排除文化因素对测验表现的影响是很困难的。20世纪二三十年代,苏联心理学家维果茨基(Lev Semyonovich Vygotsky,1896—1934)提出最近发展区(或可能发展区)(zone of proximal development)的概念,也许是解决测验中文化公平的另一条途径。维果茨基认为,儿童的智力发展不是自然而然地实现的,而是在教学过程中与成人经常交往中实现的。儿童自己暂时还不会做的事情,可能在成人的帮助下做到,因而不久就有可能学会独立工作。基于此,他认为在确定儿童智力水平时不应只限于一次简单的测试研究,而要进行两次测试研究。第一次表明儿童如何独立地解决测题,而第二次表明儿童怎样在成人帮助下解决测题。因此,能力评鉴的主要内容并不是对单独一次独立解决测题的评定,而是独立解决测题和在成人帮助下解决测题所得结果之差距。当一个儿童既不能独立地,也不能在成人帮助下解决同龄儿童力所能及的测题时,才可以说他的能力水平不高。维果茨基把这种揭示能力水平的方式称为确定最近发展区方法(李沂等译,1984)。

(四)智商的稳定性

大多数两岁前的婴儿在智力测验中获得的分数并不能预示他们将来的智力状况,这是因为婴儿的智力测验基本上是由测量感觉、运动技能发展的项目所组成的。例如,把塞子塞入缺口、用积木盖房子、用棍子去取手够不着的玩具、模仿大人的手势等。这些项目与儿童和成人智力测验中测量语言能力、认知和抽象思维能力的项目有极大的差异。因此以两岁前儿童的测验分数来预测其未来智力测验的分数是靠不住的。

但是,以大一些儿童的测验分数来预测其未来测验的分数则是相当可靠的。杭黎克等人(Honzik, Macfarlane, & Allen, 1948)对儿童从出生21个月起就定期进行智力测验,对学龄前儿童使用加利福尼亚学前量表(California Preschool Schedule),对中小学生使用斯比量表,对18岁成人使用韦克斯勒成人智力量表,结果如表12-4所示。由表12-4可以看出,从6岁和6岁以后智商分数已相当稳定,而且随着年龄的增长,智商稳定性也会提高,而不会下降。3岁与10岁智商的相关是0.36,而8岁与10岁智商的相关是0.88。不过我们在使用智商分数去预测儿童未来的智力状况时,仍需小心谨慎,这是因为受测时的状态,如疾病、态度、情绪和动机等都会干扰被试在测验中的表现。

表12-4　2~12岁儿童智商分数与各自10岁和18岁时智商分数的相关

年龄	与10岁时智商的相关	与18岁时智商的相关
2岁	0.37	0.31
3岁	0.36	0.35
4岁	0.66	0.42
5岁	0.76	0.61
6岁	0.78	0.71
7岁	0.88	0.70
8岁	0.90	0.76
9岁	—	0.70
10岁	0.87	0.76
12岁		

(采自 Honzik, Macfarlane, & Allen, 1948)

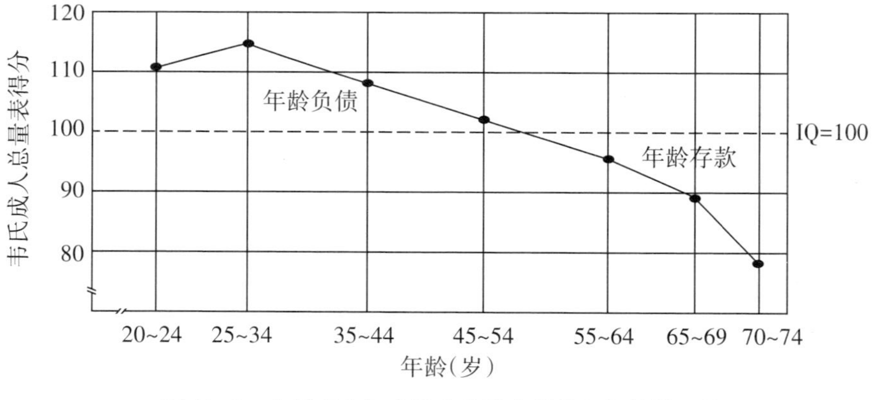

图12-9　韦氏成人智力量表总量表得分与年龄的函数

(采自 Botwinick, 1984)

年老也会影响智商。40岁以后智力表现有时会出现可察觉的下降。但这并不意味着智商分数的大幅度下降。由于目前智力测验常采用离差智商,每个年龄层的平均智商设定为100。正如博特温尼克(Botwinick,1984)所说,想使智商分数为100,25~34岁的人必须得到114.5分,而70~74岁的人则只需得到81分。如图12-9所示,对于年轻人来说,其年龄负债为14.5;而对于年老者,其年龄存款为19。因此无论得分为114.5或81,这两个年龄层的智商都是100。不过,智力表现的绝对水平的确随着年老而下降,60岁以后会急剧下降。当然随着年龄的增加,智商分数的下降情况又与个人的身体健康状况、所测的能力类型以及受教育的水平等因素有关。关于这个问题,可参见补充讨论12-1。

第三节 智力的差异

智力的差异从一个侧面反映了人们的人格差异。能不能用智力量表来标记人们智力水平的高低呢?这里又遇到了一些老问题:智力主要是由遗传决定的,还是由环境形成的?社会阶级之间是否有智力差异?男性的智力是否优于女性?某个种族的智力是否优于另一个种族?正确认识这些问题有助于我们理解智力差异的实质。

一、遗传与环境

在讨论智力的差异时,必然要涉及遗传与环境对智力发展的影响问题。支持智力遗传的大多数证据来自对具有不同程度遗传关系的人所做的智商相关研究:比较孪生子与其他各种血缘关系的人智力之间的关系,用来推估先天遗传因素对智力的影响。美国明尼苏达大学曾就多年来这方面的研究做过综合评论。其综合结果如表12-5所示。从表12-5的资料可看出:(1)人与人之间的血缘关系愈近,其智力的相关程度愈高;同卵孪生子的遗传相同,因而他们之间的智力正相关最高。这表明遗传是决定智力高低的重要因素。(2)无血缘关系而自幼生活在同一环境中的人,他们智力的高低也有一定程度的正相关。从两类同卵孪生子的情况,出生后是否在同一环境中生活,各自相关的程度相差12个百分点。这表明生活环境能影响智力的发展。环境对智力发展的影响是多方面的。例如,母体怀孕期间的伤病可能影响胎儿的环境,从而导致暂时的或永久的智力低下。出生最初几个月的婴儿饮食,特别是蛋白质摄入量充分与否,对日后的智力发展有重要的影响(孟昭兰等译,1991)。此外,出生顺序、家庭子女的多少以及家庭经济状况等都会对儿童的智力发展产生影响。

表12-5 智力与遗传的关系

被试间的血缘关系与生活环境	研究次数	相关系数
无血缘关系而又自幼生活在不同环境者	4	-0.01
无血缘关系而自幼生活在同一环境者	5	+0.24
养父母与养子女之间	3	+0.20
同胞兄弟姐妹自幼生活在不同环境者	33	+0.47
同胞兄弟姐妹自幼生活在同一环境者	36	+0.55
同卵孪生子自幼生活在不同环境者	4	+0.75
同卵孪生子自幼生活在同一环境者	14	+0.87
祖父母与孙子女之间	3	+0.27
父母与子女之间	13	+0.50

（采自 Holden，1980）

社会阶层（或社会阶级）（social class），从多方面影响着一个人的生活环境。它是影响智力测验成绩的一个重要环境变量。例如，在美国，和中产阶级的家庭相比，属于下层阶级的母亲在怀孕期间更容易生病，孩子出生后也更容易营养不良。社会各阶层人士对孩子的抚养方式很不相同。一般说来，中产阶级的父母比下层阶级的父母更重视孩子的智力发展和智力成就。中产阶级的父母在回答自己孩子的提问或教他们如何解答问题时，通常愿意花费更多的时间，因此这些孩子便学到了不少应付智力测验的知识。此外，较高的社会经济地位还可以带给孩子更多的好机会，除接受更多的教育外，他们的社会交往较多，关于社交、礼仪、建立人际关系的知识也较多。这样中产阶级的孩子比下层阶级的孩子在社会生活中较易处于有利的地位。研究也表明，来自社会经济地位高低不同家庭的孩子，其智商差异在出生之后到入学的这段时间逐渐增大。社会阶级是影响智力测验成绩的一个重要因素（Bayley，1970）。

总之，智力的发展是遗传和环境交互作用的结果。遗传和环境不是彼此独立的，也不是相加的关系，而是相乘的关系。离开环境，遗传不可能起作用；离开遗传，环境也不可能起作用。在人类的智力行为中，遗传和环境始终交织在一起，不可分离。当然，每一个人的遗传与环境交互作用的时间和方式不一样。因此，我们的研究重点应是遗传与环境交互作用的时间和种种可能性的方式。

二、性别差异

几乎没有任何系统性的证据能表明某种性别的智力优于另一种性别。但是在生命的过程中，我们似乎可以观察到某些能力有性别差异。例如，3岁前婴幼儿在语言能力发展方面没有性别差异；从开始说话到青春期(3~11岁)，两性在语言发展方面也极为相似。但从青春期开始，女性的语言发展比男性占优势，在语言作业测验的平均成绩上比男性约高0.25个标准差。在视觉空间能力方面，8岁前儿童没有差别；8~11岁这一年龄阶段的研究结果不一致；到了青春期，男性在这方面占优势，且随着中学阶段的教育而增大；在空间能力测验的平均成绩上，男性至少高于女性0.4个标准差。用皮亚杰式的实验如守恒、概念形成、形式逻辑推理测验研究表明，性别间没有差异(范志强等译，1986)。40岁时，在问题解决方面，男性优于女性；但到了60岁之后，女性优于男性。后者的差异可能是男性大脑血液循环衰退导致生理改变所致(Young，1971)。

关于智力上性别差异的结论，尚需做进一步的验证。例如，1875—1975年中，大多数心理学著作都认为男性具有较强的空间能力，但最近的报告指出，在空间能力方面没有发现显著的性别差异(唐盛昌，1982)。又如，一项被广为引用的美国齐尔大学对大学生智力研究得出的结论：智力在最高等级的男生占全体男生的5.1%，女生占3.4%；智力在最低等级的男生占4.0%，女生占2.8%；在正态分布的两极端中男生均比女生多。但这一结论未能在我国大陆得到验证(吴福元，1983)。男女之间，有一些先天生物学上的差异是确实存在的。例如，强烈的攻击行为与雄性激素的多少密切相关，而催乳激素则与母性行为有关。但至今我们仍没有确凿的证据证明两性是由于生物学上的差异而导致智力上的差异。

三、种族差异

智力是否有种族差异？这是一个相当敏感的问题，需要我们做详细的分析。根据许多心理学家智力测验的结果，美国黑人的平均智商比白人约低10~15分，于是美国心理学家詹森(Jensen，1969)便认为白人和黑人在智力上的差别是由遗传基因决定的，智力的遗传力高达0.80，即黑人的遗传智力注定低劣于白人。这一理论在科学界引起很大的波动，受到种族主义者的欢迎。

是否能以智力测验的成绩来推论种族上的智力差异呢？我们知道，智力测验的结果是遗传因素和环境因素交互作用所产生的，只能反映表现型，而表现型在多大程度上表现了基因型，目前尚无法断定。美国黑人的智商之所以低于白人，究其原因主要有二：第一，美国黑人的生活条件差、受教育的程度低，在促进智力发展的物质条件和精神条件方面都不如白人，且这种生活环境的差别在历史上早已存在，至少已经历了几十代。第二，智力测验的内容取自白人文化，测验的项目是为白人所熟悉的，因此测验的结果自然有利于白人。这种具有文化特点的测验只能测量同一群体内的组内变异性，即只能在白人之间比较，或只能在黑人之间比较，而不能将白人和黑人做比较。詹森的错误是把这种只适于测量组内差异的工具,运用到测量组间差异(荆其诚,1990)。因此,简单地用智力测验的成绩来决定某一种族的遗传素质优于或劣于另一种族,是不合理的。

第四节　皮亚杰的智力发展理论

皮亚杰(Jean Piaget,1896—1980)是瑞士心理学家。在21岁时,他获得了自然科学博士学位,后曾学习过精神分析学说、病理心理学,做过西蒙的助手,也在比纳实验室做过测验研究,又受到格式塔心理学的影响。为了研究儿童智力的发展,他摒弃了强迫儿童做"问与答的人为途径"的标准测验,把观察法、询问法、测验法和实验法综合起来,设计出一种不固定的临床交谈,"鼓励自发倾向的流露"。这种方法的特点是:从整体的观点来研究儿童,强调实验的自然性质,让儿童在活动中自由谈话、自由叙述;不仅观察儿童认识什么,还进而探讨他是如何认识的,以了解儿童智力发展的过程。皮亚杰以这种方法得到的研究结果创立了他的智力发展理论,即认知发展论(cognitive developmental theory)。

瑞士心理学家、发生知识论的创始人皮亚杰(Jean Piaget,1896—1980),1896年生于瑞士纳沙特尔。大学时主修生物学。1918年获纳沙特尔自然科学博士学位。1921年任日内瓦大学卢梭研究所的研究部主任,开始从事儿童心理学研究。1933—1971年任日内瓦教育科学院副院长。1955年后任日内瓦"发生认识论国际研究中心"主任,1980年逝世。

图12-10　皮亚杰

一、智力发展的性质

皮亚杰认为,人是一个主动的有机体,其活动是内发的,由自己内部的动因促进自己的发展。生活经验不是发展的基本原因,而是促成发展快慢的因素。人的行为不是其各组成部分的总和,因此不能通过把行为分解为各个部分去寻找有机体与行为的因果关系。他认为,儿童智力的发展有一定的顺序性和阶段性,而不是一个量的增加的连续过程。

在皮亚杰看来,智力(或认知)是生物系统的一种功能。同有机体的消化、呼吸、血液循环完全一样,智力也有两个经常起作用的方面:组织和顺应。组织(organization)是个体在处理其周围事物时,能统合运用其身体的与心智的各种功能,从而达到目的的一种身心活动历程。顺应(或适应)(adaptation)是个体因环境限制而不断改变认知结构(cognitive structure),以求其内在认知与外在环境经常保持平衡的历程。按照皮亚杰的理论,个体在顺应时包括两种对立的过程:同化和调整。有机体通过这两种过程来适应环境,使自己能够在环境中生存和发展。同化(assimilation)是有机体作用于环境,把环境纳入自己已有的认知结构的过程。例如,成人通过读书同化知识;婴儿可能通过抓来同化一件东西,尝试把它纳入抓握图式(或抓握基模)(grasping schema)中。某些客体并不符合已有的认知结构,因此必须调整我们的认知结构。调整(或调适)(accommodation)是有机体受环境的作用而改变已有的认知结构的过程。例如,婴儿直接抓握不到饼干,他发现只有推开障碍物才能抓到,通过调整发展出新的反应图式。皮亚杰认为,有机体作用于环境和环境作用于有机体必须保持平衡(或均衡)(equilibration)。同化和调整总是要趋向于平衡的,这是有机体的内在本性。

因此,根据皮亚杰的观点,个体智力的发展是一个内部的自我建构过程。保持平衡是智力发展的动力,是有机体获得一切知识的基础。为了实现生物系统的适应作用,同化在不停地起作用,生物系统的平衡只是暂时的,这正像消化系统通过纳入食物而使有机体达到平衡是暂时的一样。但是,生物的适应功能要求消化过程不停地进行,于是食物被同化了,消化系统则失衡(disequilibrium)。从平衡到失衡,又从失衡到平衡,循环往复推动着进食和消化过程。认知系统的功能和消化系统的功能一样,儿童对环境进行同化,发展了认知结构,同化伴随着调整而达到主客体的暂时平衡。但生物系统的特性是不断地同化。因此,儿童又纳入新知识使之符合自己的内在结构,又发生调整,再达到平衡。这样促使智力不断地向愈来愈复杂、更高的水平发展。

二、智力发展的阶段

皮亚杰认为,在智力发展的过程中,有若干个重要时期,智力的性质会发生显著的变化。他把智力的发展分为四个阶段:感觉运动期、前运思期、具体运思期和形式运思期。

(一)感觉运动期

自出生至两岁是智力发展的感觉运动期(或感知运动阶段)(sensorimotor stage)。皮亚杰在谈到婴儿的动作结构时,使用了图式这一术语(Piaget,1936/1974,p.34)。图式(或基模)(scheme,schema)是指应付环境的某些行为模式,如看、抓、打或踢。初生婴儿只能靠天生的反射应付环境,经由感觉和动作(口尝、手抓等)逐渐了解来自不同感官的信息出自同一物体,而不是出自不同的物体;且逐渐能够把几种动作联系起来,发展出具有智慧的完整活动。例如,婴儿为了拿到火柴盒里的链条做出翻转盒子、用手指插入盒子的动作,完成了过去没有做过的完整活动。

在这一时期,儿童开始将自己与别人(特别是母亲)、自己与物体区分开来。在不足8个月的婴儿面前把一个物体拿开之后,他会在最后看见这个物体的地方寻找一会儿。如果这个物体不再出现,他就去做别的事,并不想去寻找它。对于婴儿来说,眼中看不见心中就看不见,但是1岁以上的儿童已具有物体恒存性(或客体永恒性)(object permanence),即儿童看不到、听不到、摸不到、尝不到某个物体,但心中还存在着这个物体。如果将1岁以上儿童面前的物体移开或藏在其他物体背后,这时,儿童虽然看不见这个物体,但他仍然要去寻找它(Piaget,1936/1954,p.51)。这说明儿童已了解到周围的物体是独立于他自己而存在的。物体恒存性图式对儿童进一步掌握空间、时间、因果关系概念至关重要。

在感觉运动期的最后阶段(18~24个月),儿童在物体恒存性图式基础上又在头脑中形成了对事物的表征。这时儿童有了延迟模仿(或延后的模仿)(deferred imitation)能力,即对已不存在的模式的模仿。儿童会在看到别人做某一件事之后进行模仿。如3岁儿童看见母亲在家里给小弟弟喂奶,她到幼儿园也模仿给洋娃娃喂奶;可以不用尝试错误的方法去解决问题,而在头脑中试验着寻找解决新问题的途径。儿童在头脑中利用表征组织自己的活动,标志着思维的开始。

(二)前运思期

自2~7岁是前运思期(或前运算阶段)(preoperational stage)。在这一时期,儿童发展了符号功能(symbolic function)。原先儿童的思维只能联系到当前的和具体的事物,现在可以用符号来代表物体、地点和人物。儿童可以回想过去发生的事情,预想未来的事情,想象在其他地方发生的事情。前运思期儿童的智力活动是主动的、反省式的,因此他有可能与其他人利用共同的符号系统进行交往。

前运思期儿童可以用心理表征想象一个不在面前的事物,如一件玩具、母亲的形象等。这些心理表征称为信号表征(signifier),所代表的事物称为信号物(signified)。信号表征可以是与实物有相似性的视、听、触觉表象,也可以是其他符号,如数字和词。这时儿童能够利用符号进行思维。符号功能表现为事后模仿、象征性游戏和语言过程。象征性游戏(symbolic play)是儿童用一个物体代表其他物体所进行的游戏,如用竹竿当马骑等。语言过程是指儿童能用语言来表示当时不在面前的事物。

前运思期儿童思维的一个特点是自我中心(egocentrism),即儿童不能站在另一个人的角度来观察和描述一个物体,而只能从自己方面进行观察描述。他甚至不能理解别人从另一个角度看物体会看到不同的情况。这个时期儿童的言语中也表现出自我中心。我们可以观察到儿童交谈的内容,他们各人说各人的,彼此谈论的内容可以互不相干。

前运思期儿童思维的另一个特点是知觉集中倾向(perceptual centration),即儿童只能注意到情境的一个方面,而忽视其他方面,因此造成不符合逻辑的推理。在皮亚杰的一个实验(Piaget & Szeminska,1941)中,给儿童看两个相同的短粗玻璃杯,它们盛着同样多的水,问5岁儿童:"哪个杯子装的水较多?"儿童回答:"两个杯子里的水一样多。"然后,实验者在儿童面前将其中一个杯子里的水倒入一个细长的杯子里,再问:"哪个杯子里的水较多?"结果儿童会指着短粗的杯子。实验者又把水倒回短粗杯子,再倒入细长杯子,每次都让儿童比较,儿童始终都坚持说短粗杯子里装有更多的水。问他为什么,他说"这个杯子面(指杯子的宽度)更大"。其他的儿童也许会说细长的杯子装的水更多,因为他们认为细长的杯子更高些。类似这些实验说明,前运思期儿童不能同时考虑长和宽两个方面。他们的思维总是只集中在一个中心上。因此,这时的儿童不能认识事物的可逆性(reversibility)。

在这一时期,儿童能够处理时间、空间和因果关系,有了年龄概念和道德观念,学会了按物体的长短或轻重排列顺序。他们还能按物体的属性,如按颜色、形态或大小进行分类,并且能够用语言加以说明。

(三)具体运思期

7~11岁是具体运思期(或具体运算阶段)(concrete operational stage)。这一时期的儿童能够更有效地对事物进行分类、处理数字,可以考虑到从不同的方面来做出判断。他们了解物理事件的可逆性并掌握了守恒原理。他们的自我中心减弱,开始理解其他人的观点,并提高了交往能力和道德判断能力。

学龄儿童比幼儿的认知能力更加成熟,主要表现在现实、因果和守恒的信念上。这一时期儿童的思维常有泛灵论,这是具体运思期的第一个特点。泛灵论(或泛灵观)(animism)是指在这一阶段儿童把生命和情感看成是无生命物体的属性。4~6岁的幼儿把人类有用的任何东西都看成是有生命的;9~10岁的儿童把一切能动的东西(如自行车)都看成是有生命的;11~12岁的儿童把本身会动的东西,如风、河里的水看成是有生命的;12岁以后的儿童才认识到只有动植物具有生命。

具体运思期的第二特点是人为论(或人为主义)(artificialism),即把自然现象看成是人为的结果。例如,幼儿认为花盆里的花是妈妈要它开的。7~8岁的儿童完全是自我中心和人为论的。他们认为自己是宇宙的中心,他们自己或别人制造了太阳、月亮和星星,然后把它们放到天上去。在成人的教育下,他们的认知逐渐发生变化,把自然现象的一半看作自然的,另一半看作人造的。9~10岁的儿童才认识到太阳和其他自然现象并不是人造的。

具体运思期的第三个特点是守恒概念的发展。守恒(conservation)是指两个等量的物质,虽然经过重新安排,但只要不增加和不减少,它们就依然是相等的。两个等量橡皮泥做的球,把其中一个捏成长条,儿童仍能认出两者都还是用橡皮泥做的,这称为质量守恒(conservation of quality);如果儿童能认出这两块橡皮泥的形态虽然不同,但其重量却是相等的,这称为重量守恒(conservation of weight);如果儿童能认识到两块橡皮泥放在水杯里会溢出同样多的水,这称为体积守恒(或容积守恒)(conservation of volume)。随着儿童年龄的增长,会发展出不同类别的守恒概念。6~7岁儿童有了质量守恒概念;9~10岁有了重量守恒观念;11~12有了体积守恒概念。儿童的守恒概念得到全面发展后,他们就可以做出一定的逻辑推理,且这种推理是可逆性的。例如,儿童会说"如果再把长条捏成圆球,这个圆球就会同另一个圆球一样大"。与守恒有关的另一个概念是转换性(transitivity),儿童通过认识两个物体各自与第三个物体的关系而达到对这两个物体关系的认识。给儿童看A、B、C三根小棍,其中A棍比B棍长,而B棍又比C棍长,儿童能够推论出A棍比C棍长。

皮亚杰认为,守恒概念的发展主要是成熟的结果。具体运思期与前运思期相比,儿童的智力有了质的飞跃。他们的思维具有可逆性,脱离了自我中心,能区分出知觉上的转变和物体的真实状态。晚近的研究表明,守恒概念发展较早的儿童具有较高的智商和较好的语言能力。文化背景和学习会影响守恒概念的发展。例如,不同国家儿童达到守恒观念的年龄不同,教育可以促进守恒概念的发展。

(四)形式运思期

12岁至成人是形式运思期(或形式运算阶段)(formal operational stage)。这一时期,思维飞速发展,进入了纯粹抽象和假设的领域。例如问:"如果小明比小英矮,小明又比小真高,那么谁最高?"具体运思期的儿童只有真正把人们按顺序排列起来并比较他们的身高,才能处理这类问题,否则就胡乱猜测。但在形式运思期的青少年却能独自在心中整理他们的思想。他们的思维可以完全脱离具体的现实进行抽象的推理。任何事物都可以成为青少年思维的对象。他们认识到有无数解释现实的可能性,而他自己的思想只是解释现实的一种可能性。

青少年思维能力的发展,使他们对自己的思想活动很关注,并认为别人对自己也很关注,因而出现了青春期自我中心(adolescent egocentrism),即在思想上形成了自己周围的"想象观众",并认为他们都在注意自己。例如,一个学生的衣服穿得不符合潮流,他会以为别人都在看他,因而不肯穿旧衣服上学;也会认为周围的人很容易发现他的缺点。由于青少年要在"想象观众"面前扮演角色,因而造成情绪不稳定。由于青少年的青春期自我中心、思想情绪的活跃以及抽象推理能力的发展,他们开始考虑自己的将来和将要进入社会的性质等远大的问题。他们认为自己与众不同,喜欢提出政治哲学见解,设想改造社会,谈论伟大理想,梦想有一个光荣的未来,或通过理想改造世界。他们的思想倾向于脱离现实,并不打算在实际中检验自己的思想。

皮亚杰认为,只有青年人接受成人的任务时才能摆脱自我中心。到那时青年才终于弄清自己思想的局限和阻力,明白自己的理想和梦想,认识到只有真正产生效果的思想才是有价值的。皮亚杰还认为,不是所有的人都能达到形式运思期的发展水平。如果没有为青少年提供适当的教育和文化条件,没有给他们进行假设演绎推理的机会,虽然他们的神经系统已经成熟,也不能达到形式运思期的水平。

总之,在皮亚杰看来,人类的智力发展不仅是一个连续、量变的过程,而且是一个非连续的、质变的过程。智力发展的阶段不受各种文化的影响,按同样的顺序发展。各个阶段都有其一般的特征。人们将以不同的速度按顺序通过这些阶段,但有些人则可能不能完全到达形式运思期。

第五节 智能特殊者

在全人口中智商呈正态分布。如果我们用斯坦福-比纳量表来测量某一地区全部人口的智力,则智商在100 ± 16范围内的人应占该地区全部人口的68.2%,智商在100 ± 32以内者应占该地区全部人口的95.4%。智商高于132或低于68的人在该地区全部人口中只有少数(见图12-7),但是对这些人往往需要进行特殊的教育,本节将讨论这两类人的某些人格特征。

一、超常儿童

超常儿童(或资优儿童)(gifted child)是指智力超过一般同年龄儿童,在整个同龄群中智力居最高的2%~3%的儿童。在古代,这类儿童被称为神童,以为他们是天降神赐的。20世纪前,在西方学者中天才遗传决定论占优势,这类儿童被称为天才。20世纪初,推孟把智商达到或超过140的儿童称为天才儿童。此后有相当长的时间,天才儿童的概念主要是由智商分数来说明的。20世纪50年代后,吉尔福德根据其智力三维结构模型,提出智力测验不能鉴别儿童的创造力。以后的学者还认为,天才儿童的概念里不仅包括创造力,还应包括卓越的领导能力、数学能力等特殊才能。伦朱利(Renzulli,1978)认为,天才儿童是由中等以上的智力(包括一般智力和特殊能力)、对任务的承诺(包括强烈的动机和责任心),以及较高的创造力,这三种心理成分相互作用、高度发展的结果。我国大陆的心理学家把这类儿童称为超常儿童,认为超常儿童的心理结构中不仅包含智力和创造力,也包含一些非智力因素。

(一)超常儿童的特点

对能力超常少年儿童的发现和培养,已得到世界各国的关注。在我国大陆以查子秀(1994)为首的一批心理学家对全国各地的超常儿童(或资优儿童)进行调查和追踪研究长达15年之久。这些儿童能力超常的表现多种多样,且各个年龄阶段都有。尽管他们在能力类型上有相当大的差异,但在认知能力和人格特点上与常态儿童均有明显的不同。

在认知能力方面,查子秀(1986、1990、1994)对超常儿童及同龄常态儿童的认知能力进行测验比较。结果是:不论是超常个体的成绩或超常群体的平均成绩,也不论是学龄前儿童或是学龄阶段儿童的成绩,都表明一个趋势,即超常儿童的创造性思维和数的类比推理的成绩与同龄常态儿童的差异最为明显,语词类比推理次之,图形类比推理及观察力的差异较小。表12-6是7~11岁超常组与常态儿童组认知测验平均成绩之比较。

表12-6　7~11岁超常与常态儿童认知测验成绩比较

项目	7岁组		8岁组		9岁组		10岁组		11岁组	
	常态	超常	常态	超常	常态	超常	常态	超常	常态	超常
观察力	2.3	5.4*	2.9	6.2*	4.3	5.7	4.8	5.4	5.6	5.8
图形类比	5.1	8.6*	6.3	9.8*	7.5	9.9*	9.1	10.2*	8.7	10.3
语词类比	2.1	7.8**	3.5	9.4*	5.7	9.9*	6.7	10.0*	8.0	10.9*
数类比	2.7	16.5***	5.1	19.3***	7.4	20.3***	9.6	20.4**	13.4	20.1*
创造性思维	2.6	16.7***	4.7	21.6***	8.9	26.5***	11.8	29.3***	14.4	29.4**

注:* 超过同龄平均值一个标准差以上　*** 超过同龄平均值三个标准差以上
** 超过同龄平均值两个标准差以上

(采自 查子秀,1994)

在人格特征方面,超常儿童在抱负、求知欲、独立性、好胜心等方面都明显优于常态儿童,但在坚持性和自我意识等方面的研究结果并不一致。查子秀(1994)把超常儿童概括为三种人格类型:(1)有理想、有抱负、求知欲强、学习主动自觉,基本上能正确认识和评价自己,能自我调控,有独立性及坚毅顽强的精神;(2)有求知愿望和学习要求,但常以兴趣为转移,或依靠外力(家长或教师的要求、监督),一旦离开外力或受到挫折,就会情绪波动不能自控;(3)除具有(2)中的特点外,在性格或行为习惯上有较突出的缺点(如说谎、拿人东西等)。超常儿童的学业成绩进步情况在很大程度上依其人格特征为转移。

(二)超常儿童的发展和影响因素

有人认为,超常儿童的优异发展是以身体的不健康或人格适应不良为补偿的,这种看法是缺乏科学依据的。推孟在1921—1927年用斯坦福-比纳量表对从幼儿至八年级的儿童进行了测查,发现1 528名天才儿童(他们的平均智商为150),并对他们进行了长达35年的追踪研究。结果发现,在他的被试中,死亡、不健康、精神错乱、酒精中毒等情况,都低于相应年龄的成人,绝大多数人社会适应良好。他在1939—1940年、1951—1952年曾对追踪对象分别进行两种测验,发现他们的平均得分远远超过一般成人。这两项测验相隔12年,两次成绩相比有90%的被试智力增加(Terman & Oden,1959)。可见,“早熟早衰”的看法是不正确的。

超常儿童日后能否在事业上做出成就,依存于许多条件。如果有理想的教育条件,就会在事业上做出更大的成就。在1950年时,推孟的800名男性被试中,有78人得到博士学位,48人得到医科学位,85人得到法律学位,74人正在或曾在大学任教,51人在自然科学或工程学方面进行基础理论研究,104人担任工程师。科学家中有47人被编入1949年版《美国科学家年鉴》。以上数字和从总人口中任意选取800个相应年龄的人相比较,几乎大10至20倍或30倍。但他也发现,全体被试中约有20%的人没有超出一般人的成就,只有不到一半的妇女参加工作。他对800名男性被试中成就最大的20%与成就最小的20%的人做比较研究,发现在这两组人中,最明显的差异是人格特征的不同。成就最大者在谨慎、自信、不屈不挠、进取心、坚持性、不自卑等人格特征上明显地优于成就最小者。其次是家庭背景不同,前者有50%的家长大学毕业,家中有许多书籍,家长重视早期教育;后者只有15%的家长大学毕业。可见,超常儿童能否在事业上做出成就,在很大程度上取决于社会生活条件和他的人格特征。查子秀(1994)的研究也表明,良好的人格特征,如旺盛的求知欲、有理想、有抱负、自信(“非学会、非做好不可”的毅力)是超常儿童健康成长的必要条件。

二、智能不足者

(一)智能不足及其原因

通常把智商在70以下称为智能不足(或智力落后)(mental retardation)。智能不足并不是某一种心理过程的破坏,而是各种心理能力的低下,其明显特征是智力低下和社会适应不良。据估计,我国大陆智力落后出生总发生率为13.7‰,最高省份达20‰;0~14岁儿童智力低下患病率为1.07%(茅于燕,1992)。

智能不足可分为三个等级。轻度智能不足(或轻度智力落后)(mild mental retardation):智商70~50,生活能自理,能从事简单劳动,但应付新奇复杂的环境有困难,学习有困难,很难领会学校中抽象的科目。中度智能不足(或中度智力落后)(moderate mental retardation):智商50~30,生活能半自理,动作基本可以或部分有障碍,只会说简单的字或极少的生活用语。在轻度和中度智能不足者中存在着某方面智力功能超群的佼佼者,即所谓的白痴天才(见补充讨论12-2)。重度智能不足(或重度智力落后)(severe mental retardation):智商在30以下,生活不能自理,动作、说话都有困难。

补充讨论 12-2

白痴天才

白痴天才(或白痴特才)(idiot savant)的主要特点是在智力普遍低下的背景上,表现出个别突出的、远远超过一般水平的孤立才能。其表现的才能各不相同,据文献提示有300种之多(陈兴时,1993)。

霍维茨(Horwitz et al.,1965)报告过1941年发现的一对智商介于60~70的24岁孪生兄弟乔治和查理斯。兄弟俩都是智能不足者,直到25岁仍不能自理生活。但他们对有关年月日方面的推算却表现出惊人的能力。乔治可以不假思索地准确说出2020年以内的某一天是星期几,反应迅速准确;而查理斯甚至能回答出6000年以内的任何日期是星期几。这对孪生兄弟的特殊才能是在一次偶然的情况下出现的。当乔治6岁时,有人送给他一本日历,不料这本万年日历完全迷住了他,以后又成了兄弟俩多年里最喜爱的“玩具”。他们的爱好,就是按日历上的日期互相提问题,渐渐地,兄弟俩把日历上的所有内容都背得滚瓜烂熟。

刘易斯(Lewis,1975)报道过一个白痴天才的例子。患者自小愚笨,智商仅54,他在7岁和28岁时在精神发育不全的基础上,发过两次其他精神病,54岁时尚未学会自理生活。但他的拿手好戏是:凭耳朵欣赏11种乐器做消遣,能画一种相当复杂精细的房屋结构图,能记住一些重要的日期,包括自己的生日。

特雷夫特(Treffert,1988)报道过一位男性白痴天才,智商仅40,但在一次马戏表演事故后出现了特别的才能,擅长在水晶体材料上作动物雕塑,还能仿制青铜制品。

苏格兰爱丁堡有位叫沃拉的患者，从小离群索居，11岁时还在牙牙学语。3岁时，医院诊断为先天性精神发育不全，智商为30。但随着年龄的增大，学校老师发现患者对蜡笔画感兴趣，便循循善诱教他画蜡笔画。到32岁时，沃拉已成为举世闻名的蜡笔画家。17岁时，他的作品首展，至今已在欧美参展百余次，售出千余幅。可是，赏画与买画者都不知道这位画家是一位低能患者。

我国大陆1986年也报道过一位罕见的女性白痴天才。其母怀孕时曾有硝基苯慢性中毒，表兄患克汀病。患者智商64，简单反应时间比同龄正常人长698.5毫秒，口齿不清，动作笨拙，抽象思维能力低下，16岁读小学三年级，还经常留级。但她对从字典中查汉字有一种特殊的才能，一分钟能从字典中查出别人随意指定的汉字20个，平均每个字的用时只有3秒钟，既快又准，且屡试不爽。

迄今发现白痴天才的突出才能大多属于日期推算和计算数字方面。白痴天才在智能不足患者中约占0.06%(Hill，1977)，大多是男性，男女性别比例约为6:1(Treffert，1988)。突出才能出现年龄一般在16~35岁，最佳年龄是青少年，进入成年后可能逐渐消失。白痴天才为智力的因素理论提供了事实依据，对于智能本质的探讨和早期干预教学等都具有重要的研究价值。

造成智能不足的原因很多。大多数智能不足者都不是生理疾病所致，过去也未有过脑损伤的病史。他们大多健康良好，智能不足的程度也较轻微。这些人往往来自智力低下的家庭，生活相当贫困。他们在成长过程中营养缺乏也没有必要的智力刺激条件，因而造成智力落后。

比较严重的智能不足大多数是由疾病、中毒、内分泌失调和母体疾病所导致的。较典型的智力落后疾病如唐氏综合征(或道氏症候群)(Down's syndrome)、苯丙酮尿症(或苯酮尿症)(phenylketonuria，简称PUK)等。唐氏综合征患者脑袋小而圆，面宽扁，眼睛狭斜，鼻梁塌扁，舌尖厚且突出在外，身材矮小，五指短小，智力大多低下。唐氏综合征患者通常为高龄母亲所生。20多岁的母亲生出的婴儿患此病的概率为0.5‰，40岁以上的母亲生出的婴儿患此病的概率则高达2%。唐氏综合征并不是遗传病，而是母体内的卵子长期暴露在体内环境中受到损害，出现额外的染色体(47个染色体)之故。患苯丙酮尿症的智力落后者是由于苯丙酮尿新陈代谢失常而引起，其特征是头发和皮肤缺乏色素而呈白色，大多数属重度智能不足者。如果早期(在6个月大之前)发现，并喂以低苯丙氨酸食物可防止其恶化。

(二)早期干预

早期干预(early intervention)是为了帮助智能不足儿童发展技能和自信，以适应未来入学后生活的一种特殊教育。不少西方学者认为，早期是智力发展的关键期，如果在智能不足儿童6岁之前就给以早期训练，那是非常有益的(Leventein，1975；Ramey & Gowam，1986)。但是也有些研究认为，这类学前计划对孩子在三年级之前的成就影响极微，即使经过训练后的儿童在智商和成就测验上得分显著增加，但进入小学后则可能逐渐消失（Weikart，1972）。茅于燕（1992）通过5年多的集体训练（包括阅读前准备、儿歌、故事、手工、常识、活动游戏、体操、音乐、律动等）和个别训练（包括大运动、精细动作、说话、适应性行为、个人社会行为等）相结合对智能不足儿童进行早期干预的实践得出结论认为，不论是由于染色体畸变、代谢障碍等先天因素还是由于出生后某些生物学原因及环境不良造成智能不足的学龄前儿童都需要，也都可以接受早期干预而获得进步。

通过早期干预能否提高智能不足儿童的智力水平？要回答这个问题，首先得看我们如何定义智力。如果把智力看作与生俱来的特质，那么智力就很难有任何显著的增加（Spitz，1986；杨晓玲、顾伯美等，1990）。如果仅以测验表现来看智力，那么答案似乎不那么悲观。不过，也有不少心理学家指出在诊断智能不足时，首先得确定此人的智力状况是否真正无法纠正。如果通过训练，智商分数能提高到智能不足的分界线水平之上，那么此儿童很可能根本就不是智能不足者。

本章摘要

1.能力是个人能胜任某项工作或完成某项任务所必须具备的人格特征。能力离不开知识技能，但能力不表现为知识技能，而是表现在获得知识技能的动态上，即在其他条件相同时，个人掌握知识技能时所表现出的快慢、深浅、难易及巩固程度上。实际能力即成就，指一个人当时已经具备而不需要进一步训练的能力；能力倾向或性向是指经过适当训练才能完成某项任务的能力。

2.人的能力有很多，可以从不同的标准进行分类，例如，可以分为一般能力（智力）和特殊能力、模仿能力和创造力、认知能力和元认知能力、液态能力和晶态能力等。

3.智力定义反映了心理学家的某种研究取向。当代对智力的研究有三种取向：因素取向、信息处理取向和原型取向。对智力测验的资料用因素分析方法来确定最少量的能力倾向是从斯皮尔曼，经瑟斯顿至吉尔福德所坚持的因素取向。信息处理取向就是用信息处理的观点对人在完成智力测验作业时的各种心理过程进行测定以探求智力的本质。原型取向是指心理学家对智力的定义与一般老百姓的看法一样，都是以他们头脑里的原型为依据的。

4.斯皮尔曼的二因素说认为智力是由一般能力和特殊能力构成的。瑟斯顿的群因素说把智力分为七种基本心理能力。吉尔福德根据内容、操作和产物三个维度，将智力分成180种能力，把对智力的因素研究推向了顶峰。

5. 斯坦福-比纳量表和韦氏量表是两个应用甚广的智力个别测验。新版斯比量表(1986)的主要特点是依据层次模型编制试题,采用多阶段施测的适应性测验模式。韦氏量表包括语文和操作量表,能分别获得有关每类能力的信息。现在斯比量表和韦氏量表都采用离差智商的概念。

6. 智力测验的效度是以智商的相关来描述的,其主要相关物是在校成绩、成就测验分数和职业状况。智力测验不能测出个人天生的能力。智商分数反映的是语文能力、推理能力、阅读和记忆能力等。智力不同于创造力。智力测验测量人们已习得的成就,如果以此来预测其未来的表现,也就同时测量了能力倾向(或性向)。

7. 为了避免文化因素对智商分数的影响所发展出的文化公平测验,如瑞文氏非文字推理测验和画人测验,其基本假设是选用的题目对不同文化的成员来说都一样熟悉或一样不熟悉。但是完全排除文化因素对测验表现的影响是很困难的。维果茨基的最近发展区概念也许是解决测验中文化公平的另一条途径。

8. 两岁前婴儿能力测验的分数并不能预示其将来的智力状况。6岁和6岁以后,智商分数已相当稳定,并且随着年龄增长,智商稳定性也提高。年老是影响智商稳定性的另一个因素,特别是60岁以后,智商分数会急剧下降。受测时的状态(如疾病、态度、情绪和动机)也会影响智商的稳定性。

9. 有许多研究表明智力受遗传的影响,也有许多研究表明智力受环境的影响。智力的发展是遗传和环境交互作用的结果,遗传和环境不是彼此独立的,也不是相加的关系,而是相乘的关系。

10. 几乎没有任何系统性的证据表明智力在性别上有差异。现在关于智力性别差异的结论,看来尚需做进一步的验证。

11. 用智商分数的差异来推论智力的种族遗传差异是不科学的。因为依据智商分数我们无法对遗传的作用提供一个确定答案。美国黑人智商低于白人的主要原因是:在美国社会里,长期以来黑人处于劣势,而智力测验的内容又取自白人文化。

12. 皮亚杰把智力看作生物系统的一种功能。用组织、适应、同化、调整和平衡等概念,来解释个体智力的发展是一个内部自我建构的过程。

13. 皮亚杰认为,人类个体智力的发展是有阶段性的,分为四个时期:(1)感觉运动期;(2)前运思期;(3)具体运思期;(4)形式运思期。各个阶段都有其一般的特征。人们将以不同的速度按顺序通过这些阶段,而有些人则可能达不到较高阶段。

14. 超常儿童(或资优儿童)是指在整个同龄群中智力居最高的2%~3%的儿童,其认知能力和人格特征与常态儿童有明显的不同。超常儿童的健康成长依存于理想的社会环境和教育条件,以及良好的人格特征。

15.智商在70以下称为智能不足。智能不足可以分为三个等级。智能不足是由于染色体畸变、先天性代谢障碍、出生后某些生物学原因和环境不良所造成的。对智能不足儿童的补偿教育越早,其智力改善就越多。

建议参考资料

1.左任侠、李其维(1991):皮亚杰发生认识论文选。上海市:华东师范大学出版社。

2.李孝忠(1993):能力原理与测量。长春市:东北师范大学出版社。

3.林传鼎(1985):智力开发的心理学问题。上海市:知识出版社。

4.查子秀(1993):超常儿童心理学。北京市:人民教育出版社。

5.俞筱钧(1982):人类智慧探索者——皮亚协。台北市:允晨文化实业股份有限公司。

6.Bond, L.A., & Joffe, J.M.(Eds.)(1982).Facilitating infant and early childhood development. Hanover, NH: University Press of New England.

7.Kail, R., & Pellegrino, J.W.(1985).Human intelligence: Perspectives and prospects. New York: Freeman.

8.Plomin, R., Defries, J.C., & McClearn, G.E.(1989).Behavioral genetics: A primer(2nd ed.).New York: Freeman.

9.Scarr, S.(1981).Race, social class, and individual differences in IQ.Hillsdale, NJ: Erlbaum.

10.Sternberg, R.J.(1986). Intelligence applied: Understanding and increasing your intellectual skills. San Diego: Harcourt Brace Jovanovich.

11.Sternberg, R.J.(1990).Metaphors of mind: Conceptions of the nature of intelligence. New York: Cambridge University Press.

第十三章　利他行为

本章内容细目

人性是善还是恶？自先秦以来一直是思想家争论不休的问题，也是当代人格心理学家讨论的一个重要问题。孟子提出性善论。他说：

> 人皆有不忍人之心……所以谓人皆有不忍人之心者，今人乍见孺子将入于井，皆有怵惕恻隐之心。非所以内交于孺子之父母也，非所以要誉于乡党朋友也，非恶其声而然也。由是观之，无恻隐之心，非人也；无羞恶之心，非人也；无辞让之心，非人也；无是非之心，非人也。恻隐之心，仁之端也；羞恶之心，义之端也；辞让之心，礼之端也；是非之心，智之端也。人之有是四端也，犹其有四体也。（《孟子·公孙丑上》）

人本主义心理学家罗杰斯和马斯洛也主张人性是善的。罗杰斯（Rogers，1982）说：

> 虽然我深深地觉察到今日世界中有多到令人难以置信的、破坏的、残暴的、恶毒的行为——从战争的威胁到户外无意义的暴行，但我并未发现这种恶是人性所固有的。在有利于成长和选择的心理氛围中，我从未听说有任何人选择残暴的或破坏的道路。选择似乎总是趋向于社会化，改善与他人的关系。（转引自林方，1987，442 页）

马斯洛（Maslow，1957）说：

> 如果说人有来自动物方面的遗传因素的话，那多半都是来自类人猿的，而类人猿与其说是富于进攻性的，还不如说是富于合作精神的。（许金声等译，1987，139 页）

本章的主题——利他行为，在人本主义心理学家看来，利他行为乃属于人性善的表现。显然，善恶观念不是超阶级的、永恒不变的。不同的时代、民族、阶级，不同的文化背景的人，有着不同的善恶观。如果说利他行为是善行，那么这种善行应当有利于社会群体，有利于我们的民族和祖国的繁荣和发展，以最大多数人的最大幸福为前提。在本章中，我们将从利他行为的定义出发，分析利他行为的内涵，进而考察利他行为产生的原因和条件。

通过本章学习，希望读者明确下列问题：

1. 何谓利他行为。
2. 利他行为是人的先天本性还是后天习得的。
3. 利他行为产生于何种情境。
4. 认知在利他行为中起何种作用。
5. 哪些情感会促使利他行为的产生。
6. 是否有利他的人格特质。

第一节 利他行为的概念

一、定义

像人格心理学中的其他许多概念一样，利他或利他精神也是一个模糊概念，不同的研究者所指的内容不完全相同。利他精神和亲社会行为与助人有密切的联系。许多学者对它们不做区别。他们用这些词来称呼在公共汽车上让座给老年人、帮助友人复习功课、将拾到的信用卡归还失主、捐钱给慈善事业、冒着生命危险去救助落水儿童等种种善行。不过在某些情况下，有的心理学家也对这些概念加以区别。例如，斯托布（Staub，1978）认为，利他精神（或利他主义）（altruism）乃是只想有益于别人或别的团体的行为，即这种行为只给他人带来福利，而对行为者本人并不带来任何物质利益；亲社会行为（或利社会行为）（prosocial behavior）则是指对他人带来利益的行为，但是行为者并无真正的助人意图，甚至还有获得某些物质利益的目的（Phares，1991）。即是说，亲社会行为的助人纯属意外或行为者为达到个人的私利而不得不助人。

利他行为（altruistic behavior）的含义较宽泛，大致可分为三个不同的层次（张春兴，1989）：

第一，把人与己的利益都视为同等重要，例如，《论语》中所说的“己欲立而立人，己欲达而达人”（《论语·雍也》）和“己所不欲，勿施于人”（《论语·卫灵公》）。

第二，把利人置于利己之上，例如，范仲淹（989—1052）所说的“先天下之忧而忧，后天下之乐而乐”（《岳阳楼记》）。

第三，牺牲自己以利于他人，例如，“公而忘私”、“舍己为人”、“杀身成仁”。

如果以为任何行为都是由对强化的预期所决定的，那么，完全无私的，甚至牺牲自己的利他精神，又该如何解释呢？一种解释是：人们由此而获得个人的完好感，或由个人内心的某种非物质的目标所驱动。这种可能性当然不能排除。但是，如果每当我们无法确定行为动机的外在目标时，便以此种理由来解释，那也未免失之轻率。基于此，本章将以较宽的视野来考察利他精神，而不对利他精神、亲社会行为、利他行为做严格的区分。当然，不预期外在酬赏的利他支助给得越多，助人者的代价也越大。读者应当明白：本章对三个术语不做严格的区分，正反映了该研究领域目前的困惑。

如果说利他反映了人性善的一面，但善与恶总是一体两面的。如果没有恶，人们就无法认识和感觉到善。因此，利他自然要区分善与恶。我们只能趋善避恶、扬善抑恶，而不能助桀为虐。因此，我们所说的利他行为是相对于个人的损益而言的，行为者在助人过程中以牺牲个人的利益为限,假借他人或集体利益而助人则应作别论。同时,我们在评判利他行为时必须以公认的社会公德为标准而不能违背社会公德。

二、分类

利他行为的表现形式多种多样,可以依据不同的标准进行分类。

从理论基础上看,可以分为生物性利他行为(biological altruistic behavior)和心理性利他行为(psychological altruistic behavior)。前者以生物学的自然选择为基础,系指一个有机体以其生存和繁衍为代价去增进另一个有机体的生存和繁衍;后者以心理学的学习理论为基础,系指一个体以其某种代价(负强化)对另一个体进行正强化(Brown,1986)。

从机能范围看,可以分为亲属性利他行为(kin altruistic behavior),即个体对自己的亲属表现出较少的自私性和更多的利他性;互惠性利他行为(reciprocal altruistic behavior),即个体在群体中与其他成员彼此合作,互利互惠;平衡性利他行为(equity altruistic behavior),即人们保持社会稳定,避免冲突的行为。

从情境状态看,可以分为紧急型利他行为(emergent altruistic behavior),即在刻不容缓情境中的救助行为;急需型利他行为(necessary altruistic behavior),即他人处于不利状态,需要援助,但并非十万火急情境下的助人行为;惯常型利他行为(habitual altruistic behavior),即经常性地助人,每次行动的代价可能不大,但累积效应却相当大的行为。

从行为动机看,可以分为自我利他精神(ego-altruism)和纯利他精神(pure-altruism)。前者的利他行为是由自我的动机(如减轻自己内心的紧张和不安,或提高自我价值感,或图日后他人的报答等)所驱使的;后者的利他行为完全是无私地为了他人的幸福而做出的。

三、研究取向

利他行为受许多因素的制约,情境、认知、人格诸因素都会影响着一个人的利他行为。在人格发展的视野内,奥弗顿和里斯(Overton & Reese,1973)区分出两种研究取向。一种研究取向是机械的或统计的交互作用(mechanistic or statistical interaction),即依据方差分析统计资料,把自变量(个人的诸方面与情境的诸方面)看作对因变量(如利他行为)起联结的单向作用。例如,鲍尔斯(Bowers,1973)回顾有关证据做出结论,利他行为的平均变异归于人格的约为13%,归于情境的约为10%,归于人格与情境交互作用的约为21%。此种研究取向有许多局限性。因为,利他行为的人格因素与情境因素交互作用的数量是无限的；此种研究取向无法加以揭示，同时也无法区分真心的利他、表面的利他和虚伪的利他。另一种研究取向是把利他行为中的情境因素和人格因素看作结构的或动力的交互作用（organic or dynamic interaction），即把人看作主动的活动者，他能选择情境信息并对回馈信息进行处理；强调主观认知图式的作用。这也就是罗杰斯（Rogers，1959）所说的，不是客观现实，而是个人的现象场，决定人的利他行为。这也表明利他行为与一个人的善恶观密切相关。

第二节　利他行为的生物基础与文化影响

一、利他行为的生物基础

一些社会生物学家提出证据，认为利他行为具有一定的生物学基础。这些证据是：亲属选择和群体选择。

（一）亲属选择

许多动物能够把自己置于相当危险的境地以保护同类的其他成员。例如，当敌害闯入蜂房时，蜜蜂会发起攻击，并在这一过程中毁灭自己；黑猩猩会答应同类的请求，与之分享食物；鸟类能够假装受伤或发出叫声，引诱敌害动物离开鸟巢，以保护幼鸟；鸟群中的个体发现猛禽在上空飞旋时，就会发出叫声，让整个鸟群僵成隐蔽状态，而自己则因叫声而被猛禽注意，遭到灭顶之灾。威尔逊（Wilson，1975）认为，动物这类行为促进了亲属选择（kin selection），即通过这种无私行为，增加了同类生存、繁衍的机会。由于这些同类带有它们的基因，所以这样的基因就会通过个体繁衍而递传下去。亲社会行为不仅使基因递传下去，还可使受益者将来也表现出同样的行为，从而增强亲社会行为。如果把利他行为只与行为结果相联系，那么从动物界得到的情况就可以类化到人类（Hinde，1974）。

一些社会生物学家认为，当一个个体帮助自己的亲属时，实际上是在帮助其自身的遗传，至少是其遗传的一部分。人们最愿意为自己的孩子做出牺牲，在大多数社会中，个体对亲属负有更大的责任。人类学研究表明，在没有文字的社会中，占优势的助人行为发生在亲属之中。十分明显，亲属选择仅能解释对亲属的利他行为，但不能解释对非亲属的利他行为。

(二)群体选择

坎贝尔(Campbell,1965)曾认为,利他行为的遗传倾向是通过群体选择(group selection)而进化的。其基本观点是:包括愿意牺牲自己以保护同类的个体之群体将胜过不具此类个体的群体,由此就促进了利他行为的演化。不过,群体选择理论存在逻辑上的问题,即虽然带有利他行为基因的个体为群体间的生存竞争做出贡献,但这些个体在其群体内的生存竞争中却生活得不好。在一群体内,带有利他行为基因的个体将随着他们为群体的牺牲而减少,而较为自私的个体则不会因此而减少。最后,带有利他行为基因的个体就会死绝,留下的群体从本质上讲是自私的。后来坎贝尔(Campbell,1983)完全抛弃了这种观点,他甚至拒绝社会生物学家普遍接受的观点,即利他行为可以通过亲属选择而进化。虽然他承认亲属选择在其他亲社会行为进化中的重要性,但人类的利他行为是由文化进化获得的。

(三)进化和遗传

洛夫乔伊(Lovejoy,1981)提出,早期原始人对不断增长的环境和气候条件的多样化所做出的适应性反应是合作式分享食物的约定,即男人到更为广阔的地方搜集食物,“妻子”和孩子留在家中。这就是说,存在强的选择压力,使个体与伙伴合作,照顾小孩。考古学的证据表明,在50万至200万年前的某一时期,人类的确被迫结成更大的群体,起初可能是形成扩大的家庭。由于人类是陆生、杂食、两足直立、身体易受伤害的灵长类动物,其适应的主要方式是社会性的。如果没有形成合作的能力,人类就不可能繁衍生息。考古学关于早期人类的证据似乎表明,利他倾向最初是由亲属及像亲属的个体所引发的,人类某群体内成员的利他倾向将有助于该群体的生存和繁衍。因而利他的自我牺牲基因便由其他成员而传递下去。高尔德(Gould,1976)曾用一个古老的故事,即年迈的因纽特人在家族迁移寻找食物时会留在浮冰上自绝生路,以免累及众人或消耗珍贵的食物而危及整个家族的生存,来说明利他基因遗传的可能性。但他接着认为,我们同样可以轻易地驳倒利他基因的存在。因为对于这种牺牲,因纽特人用歌曲和故事来赞颂,他们的孩子从小便将这些置民族于自己生命之上的老人奉为英雄,日后他们衰老后也效法这种亲社会行为。显然,用生物进化论不能够充分说明人类的复杂行为。利他行为等人类复杂的社会行为都不是本能行为。看来,用文化学习来解释则较合理。

二、利他行为的文化影响

不管如何强调生物因素对人类行为的决定作用,没有哪一个有代表性的观点能够忽视文化因素的影响。对于利他行为来说,文化作用尤为重要。

(一)社会环境

社会环境影响着利他行为的表现。社会公共机构,诸如学校、工会和教会能通过教育、榜样和实践来影响利他行为。它们实际做的比它们说的所产生的作用要大得多。例如,如果教会参与怂恿组织支持自己利益反对他人利益的团体时,其宗教工作就与亲社会的博爱精神背道而驰,它所宣传的利他行为就大打折扣。

现代社会,大众传播无孔不入,占领着人们所有的生活领域;特别是电视,强有力地影响着利他行为和攻击行为。研究证明,儿童观看亲社会内容的电视电影会表现出更多的利他行为(魏明庠等译,1990);而观看暴力行为的电视则会表现出更多的攻击行为(Josephson,1987)。孩子们如果在电视荧幕上看到和学到亲社会行为或暴力行为,将来就可能用这些学到的行为去解决他们所面临的问题。

(二)社会公德

社会公德(social moral rule)是指在一定社会生活中,为了维持正常的生活秩序,人们都应共同遵守的一些最起码的公共生活准则。我国近代思想家梁启超(1873—1929)在论及私德、公德时指出:

> 所谓公德云者,就其本体言之,谓一团体中人公共之德性也;就其构成此本体之作用言之,谓个人对于本团体公共观念所发之德性也。
>
> 公德之大目的,即在利群,而万千条理即由是生焉。本论以后各子目,殆皆可以“利群”二字为纲,以一贯之者也。(《新民说》)

在梁启超看来,社会公德就是爱国利群。这是一个合格的社会成员在道德上的起码标准和一般要求。

斯蒂文森(Stevenson,1991)指出,东方文化强调群体和谐(group harmony),颂扬利他行为,这与西方的个人主义形成鲜明的对比。我国儒家倡导的社会公德一直延续至今。例如,孔子曰:“仁者,人也,仁者爱人。”他力倡君子成人之美,不成人之恶。一个人应当与人方便,切勿乘人之危,落井下石或见死不救。爱人者人恒爱之,信人者人恒信之。又如敬老爱幼、尊师亲贤也是一项社会公德。孔子把“老者安之,少者怀之,见贤思齐,见不贤而内省”当作自己孜孜以求的理想。孟子主张“老吾老以及人之老,幼吾幼以及人之幼”。《国语》云:民生于三,事之如一。父生之,师教之,君食之。《礼记·礼运》云:天生时而地生财,人其父生而师教之。尊师亲贤是“天理”之所然。千百年来,这些社会公德一代一代流传下来,成为约定俗成的风俗和传统习惯,熏陶着中华民族一代又一代的人们。社会公德或社会文化的价值观不能不影响着人们的利他行为。

(三)学习

即使是在同一种文化中,人们的行为也各不相同:有的人慷慨合作,有的人吝啬自私;有的人慈善、助人为乐,有的人偷盗、伤害他人。在寻求利他行为的解释时,除了社会文化差异之外,我们还必须考虑个人所经历的其他因素,如家庭模式、父母和其他重要的家庭成员、共同成长的伙伴等等,共同造成了许多特点上的个别差异,其中也包括利他行为。在相同的社会文化中,人们在利他行为上的差异关键在于学习。强化、观察学习、角色扮演和认同作用被认为在学习利他行为过程中扮演着重要的角色。

1.强化

操作性及经典性条件作用都能使个体学习到利他行为。费希尔(Fischer,1963)发现,对三岁半至四岁半的儿童用口香糖强化比用表扬强化能表现出更多的分享行为。格尔芳德和哈特曼的研究(Gelfand & Hartmann,1982)实验情境是,儿童在玩游戏时赢得可换奖品的代币,允许他们把代币捐给其他儿童。结果发现,对儿童的捐或不捐给予表扬或惩罚,会影响其以后捐出的代币量。

2.观察学习

孩子出世后就观察着他们的父母。父母的榜样就在告诉孩子,什么样的行为是恰当的、符合要求的,什么样的行为是不恰当的、不符合要求的。许多学者认为,观察亲社会的榜样能增强孩子的助人行为,而自私的榜样则会减少孩子的助人行为。有人(孟昭兰等译,1991)比较过父母积极参加社会公益活动和很少参加社会公益活动的工人家庭孩子的助人行为,结果发现,前者有较多较积极的助人行为。拉什顿(Rushton,1980、1981)曾研究过榜样引发的利他行为具有跨时间和跨情境的一致性。在其中一项研究(Rushton,1975)中,他安排7~11岁的儿童玩一种电子保龄球游戏赢得代币,如果他们愿意,可以把赢得的代币捐给“拯救儿童基金”海报中的一个孩子;接着他们观看学校中的老师玩这种游戏,并做出把赢得的部分代币捐献出来,或全部自己拿走,然后让儿童们玩游戏,结果儿童表现出模仿行为,观看慷慨榜样的儿童比观看自私榜样的儿童捐出较多的代币。两个月后,由同一名主试在同一房间,让其中一半的被试再玩游戏,并提醒他们可以向同一慈善机构募捐。另一半被试由不同的主试在另外的房间玩同一游戏,并告诉他们可以向另一慈善事业募捐。结果发现,观看慷慨榜样与自私榜样的儿童捐出的代币数量仍存在极显著的差异。这说明模仿的利他行为具有持久和类化的性质。

3.角色扮演

角色扮演(role playing)使儿童想象或设想需要帮助者所处的情境,产生同理心有助于利他行为的学习。用角色扮演(如扮演敬老爱幼等角色)来训练儿童的亲社会行为,日后他们会倾向于表现利他行为。正因为如此,很多学者提出,所有的年轻人应当做义务性的社会服务,在承担责任的过程中培养并加强利他动机(潘菽,1988;韩进之等,1986)。

4.认同作用

事实上儿童有些已获得的行为特征看来不能用奖赏、惩罚或模仿来进行分析。这里还涉及一个更微妙的过程,即认同作用。认同作用(或自居作用)(identification)是弗洛伊德理论中的术语,其原意系指个体潜意识地向别人(如父母)模仿的过程。霍夫曼(Hoffman,1975)曾做过父母的价值观与其子女利他水平的相关研究。在此项研究中,要求一群彼此认识的儿童说出:最关心别人和会替其他被取笑的孩子解围的三名同性别的伙伴,以此来定义儿童的利他水平,而这些孩子的父母则对18项价值观(如关心他人、帮助他人等)的重要性进行评定等。相关分析的结果表明,利他水平较高男孩的父亲和利他水平较高女孩的母亲,其个人价值观较富利他精神。

(四)道德判断的发展

利他行为和道德判断(moral judgment)具有密切的关系,理论家特别关心的是道德感是如何发展的。下面介绍三种理论观点。

1.弗洛伊德的观点

弗洛伊德把超我或良心(见补充讨论13-1)的发展与认同作用或自居作用联系起来,亲社会行为来自与个人内部标准的超我相一致的要求。儿童认同父母的特征并采用其价值、标准及行为模式,那么他就被较大的文化所接纳。经过这些过程,儿童最后采纳了整个社会的道德标准。儿童社会化的基础是早期亲子互动的性质。一旦超我发展起来,道德和利他行为的维系机制是:当个体行为不合乎道德规范时就产生愧疚感。因此,一般说来,利他行为部分是对利他的人物(即奉献自己爱心、温情的母亲,或牺牲自己、帮助他人的父亲)的认同。

不过,在某些情况下,精神分析家还认为利他是神经官能症的表现。例如,某人可能通过不断地给别人送礼物,以补偿幼时匮乏的感受;善行可能是否定个人持续的无力感和匮乏感的一种方式,或自私的人以反向作用来掩盖自己的欲望。因此,在精神分析论看来,只有透过潜意识动机的分析才能完全了解利他行为。

补充讨论 13-1

何谓良心

良心(conscience)是个人辨明是非善恶的内心标准。它是道德认识、道德情感和道德意志的有机统一。

在我国历史上,孟子最先提出良心的概念。他说:

> 牛山之木尝美矣,以其郊于大国也,斧斤伐之,可以为美乎……虽存乎人者,岂无仁义之心哉?其所以放其良心者,亦犹斧斤之于木也,旦旦而伐之,可以为美乎?(《孟子·告子上》)

孟子这里所说的良心,就是人所具有的天赋道德心,即仁义之心。孟子还提出了良知的概念,云:

> 人之所不学而能者,其良能也;所不虑而知者,其良知也。孩提之童,无不知爱其亲者;及其长也,无不知敬其兄也。亲亲,仁也;敬长,义也。无他,达之天下也。(《孟子·尽心上》)

后来的儒家都遵照孟子的说法把良心看成是善心、仁义之心。王阳明(1472—1529)的四句话“无善无恶是心之体,有善有恶是意之动,知善知恶是良知,为善去恶是格物”(《传习录下》),把我国儒家的良心学说推向最高峰。总之,我国先哲把良心视为“仁义之心”、“良知”,是先天的禀赋。

在西方,德谟克利特(Demokritos,公元前460—前370)最先提出良心的概念,他说:“有些人对自己可灭的本性无知;然而,因记起以前所做的坏事,他们的良心受到震动,于是自己就责备自己”(转引自魏英敏,1993,453页)。他还说,“对可耻行为的追悔是对生命的拯救”,因此,“照着良心行事并且能知其所以然的人,同时也是一个坚定而正直的人”(周辅成,1964,80页)。西塞罗认为,“对于道德实践来说,最好的观众就是人们自己的良心”(转引自魏英敏,1993,453~455页)。卢梭(Jean Jacques Rousseau,1712—1778)说:“在我们的灵魂深处生来就有一种正义和道德的原则,尽管我们有自己的准则,但我们在判断我们和他人的行为是好或是坏的时候,都要以这个原则为依据,所以我把这个原则称为良心”(李平沤译,1983,414页)。

良心是灵魂的声音,它引导人们按良心去做,就不会迷失方向。康德(Immanuel Kant,1724—1804)认为:“对于每一个有道德的人来说,在他的内心中原先就有良心。因此有良心就等于说有一种尽义务的责任。因为良心的实践理性,在任何情况下,它出现于人的面前,作为开释和谴责的责任”(转引自韦政通,1988,65页)。

我们现在一般认为,良心就是个人道德认知、道德情感和道德意志的有机统一。它不是天赋的理念,而是后天习得的人格特质,其核心成分是个人对自己所应尽之社会义务的认知和感受。

2.皮亚杰的观点

皮亚杰在提出智力发展理论的同时,还提出了儿童的道德发展理论。为了探讨儿童道德认知的发展,皮亚杰及其同事编写了许多包含着道德价值内容的情境故事。这些故事都是成对的,每对故事包含着两种道德情境,每一种道德情境代表着一种道德发展水平。例如,皮亚杰用来研究儿童对动机和效果判断的一对故事是这样的:

A.一个叫约翰的小男孩,听到有人叫他吃饭,就去开餐厅的门,他不知道门外有一张椅子,椅子上放着一个盘子,盘内有15个茶杯,结果撞倒了盘子,打碎了15个杯子。

B.有个男孩名叫亨利。一天他妈妈外出,他想偷吃碗橱里的果酱。他爬上椅子伸手去拿,因为果酱放得太高,他的手够不着,结果在拿果酱时,碰翻了一个杯子,杯子掉在地上打碎了。(Piaget,1932)

主试向被试讲述一对故事后,让儿童判断上述两个孩子行为的好坏。在判断之后,继续向儿童提问和交谈,以弄清儿童进行道德判断的理由。结果发现,在10岁或11岁以下的儿童是以下列方式进行道德两难(moral dilemmas)推理的,即把规则看成固定和绝对的,他们相信规则由成人或上帝传下来的,不能改变的。而年龄大一些的儿童则是较为相对论的。他们知道如果每个人都同意的话,规则是可以改变的;规则不是神圣而绝对固定的,它只是人们进行友好相处的手段,因而他们能够以不同的方式来思考。年龄较小儿童的道德判断大多以后果为依据,而年龄较大儿童的判断则以目的为依据,即根据行为基础的动机去判断。在上例中,约翰听到有人叫他吃饭去开餐厅的门而打碎了15个杯子;另一个男孩亨利因偷吃东西打碎了1个杯子,年龄较小儿童会认为前者更坏,即以打碎的杯子总量(后果)来判断;而较大儿童则认为后者更坏,即以行为的动机来判断(Piaget,1932)。

3.柯尔伯格的观点

柯尔伯格(Lawrence Kohlberg,1927—1987)认为,个体道德发展的动力既不是来自他的先天成熟,也不是来自他的后天学习,而是来自个体与社会的交互作用。在此种交互作用过程中,随着个体承担社会角色机会的增多,不断同化吸收和调整平衡新的道德经验,使个体的道德结构从低级阶段向高级阶段发展。他继承了皮亚杰的观点,设计了许多道德两难问题的情境故事,让不同年龄的被试进行判断。这些故事所引起的问题都没有单一正确的答案,从不同的观点来看会有不同的答案。下面是一个经常被引用的故事:

欧洲有个妇女患了特殊的癌症,生命垂危。经医生诊断,只有一种药能救她,就是本镇一个药剂师最近发明的镭。制造这种药要花很多钱,药剂师索价要高于成本10倍。他花了200美元制药,而这点药他竟索价2 000美元。病妇的丈夫海因兹到处求亲告友，才凑到药费的半数。海因兹不得已，只好恳求药剂师能便宜一点儿卖给他，或允许他赊欠。但药剂师说："不成！我发明了这种药，正要用它来赚钱。"海因兹走投无路，在第二天夜里，他破窗潜入药房，偷走了药，及时挽救了妻子一命。你认为海因兹这种做法对不对？(Kohlberg，1963)

经过长达30多年的大规模的追踪研究和跨文化研究，在大量数据的基础上，柯尔伯格概括出个体道德发展的三水平六阶段模型(见表13-1)。在该模型中，柯尔伯格以习俗(convention)为标准把个体的道德发展分为三个水平，而每一个水平又包含高低两个发展阶段。他认为，不同文化背景的个体都要经历这些发展阶段，个体必须经过较低的发展阶段才能达到较高的发展阶段。下面对柯尔伯格的三水平六阶段模型做简要的说明。

表13-1　柯尔伯格道德判断发展三水平六阶段模型

三水平		发展六阶段		心理特征
一	前习俗道德水平(年幼儿童)	1	避罚服从取向	仅从表面看行为后果的好坏，盲目服从权威，旨在逃避惩罚
		2	相对功利取向	只按行为后果是否带来需求的满足来判断行为的好坏
二	习俗道德水平(儿童期中期)	3	好孩子取向	按好孩子的标准判断，凡是成人赞赏的，自己就认为是对的
		4	遵守法规取向	遵守社会规范，认定规范中所定的事项是不能改变的
三	后习俗道德水平(青少年至成年)	5	社会契约取向	了解行为规范是为维持社会秩序而经大众同意所建立的。只要大众达成共识，社会规范是可以改变的
		6	普通原则取向	道德判断系以个人的伦理观念为基础。个人的伦理观念用于判断是非时，具有一致性与普遍性

(采自 Kohlberg，1969)

(1)前习俗道德水平(preconventional level of morality)：9岁以下的年幼儿童面对道德两难情境进行道德推理判断时，具有自我中心倾向；考虑问题以行为的后果能否满足自己的需求为原则，不能将行为后果与是否符合社会习俗或社会规范联系起来加以考虑。这一水平又分为两个发展阶段。

第一阶段：避罚服从取向。避罚服从取向(punishment-obedience orientation)是个体道德发展的最低阶段。处于该阶段的人对行为好坏的评价取决于行为者是否受到惩罚。如果做一件事被惩罚，不论其理由如何，那他肯定是坏的。对于海因兹的两难推理，这一阶段的儿童一般认为海因兹偷药的行为是错误的，因为他偷了人家的东西就会受到惩罚。儿童把社会规则看成是固定的、绝对的，他们之所以服从规则是因为怕受到惩罚。

第二阶段:相对功利取向。相对功利取向(instrumental-relativist orientation)是指能换一个角度来考虑利益得失。在这个阶段,儿童不再把社会规则看得那么固定和绝对了。他们领悟到,任何问题都是多方面的。对于海因兹的两难故事,他们常说"这全依你怎样看待它"或"这取决于什么人"。海因兹可以认为偷药来救他的妻子是对的,但药剂师会认为他是错的。"因为事情都是相对的,一个人最终总根据自己的需要和快乐来作出决定。"这一阶段儿童还可能说,海因兹如果要他的妻子和爱他的妻子的话,就可以偷;如果他想和另一个更年轻漂亮的人结婚,他就不会这样做(Kohlberg,1963,p.24)。

(2)习俗道德水平(conventional level of morality):儿童期中期,儿童在面对道德两难情境时一般都依世俗,即依据家庭、团体或社会国家所持的标准进行道德推理。这一水平又分为两个发展阶段。

第三阶段:好孩子取向。好孩子取向(good or nice child orientation)是指按好孩子的标准进行道德判断,凡是成人赞赏的,自己就认为是对的。利他行为比自私行为受社会认可。受社会认可的就是对的,否则就是错的。十来岁的孩子会按照好人应该怎样来行事,认为海因兹的做法是对的。因为他想"挽救一个人的生命","他爱他的妻子","他已经走投无路了"。相反,药剂师是坏的。因为他贪婪,一心想赚钱,只关心自己的利益而不管别人的死活。

第四阶段:遵守法规取向。遵守法规取向(law and order orientation)是指必须按照法律权威行事,维护社会秩序。这一阶段的人大多想到自己的责任和义务,想到普遍的社会秩序,强调服从法律,维护社会秩序。他们对海因兹两难故事的反应是:一般同情海因兹,但认为他的行为是错误的,不能宽恕他。因为偷窃行为是违法的,如果法律权威不能维护,社会秩序就会混乱。

(3)后习俗道德水平(postconventional level of morality):在青少年至成年期,有些人在遇到有关道德情境时能以自己的良心和价值观做出是非善恶的判断,而不受传统的习俗观念或社会规范所限制。这一水平也分为两个发展阶段。

第五阶段:社会契约取向。社会契约取向(social contract orientation)是指每个人所持的价值观和社会法规都是从属于所属团体的,只有依社会大众利益所制定的法规才能作为道德判断的标准。这一阶段的个人看待法律较为灵活,认为法律是社会一致同意的手段,以便人们和睦相处。如果人们感到法律不符合他们的需要,可以通过协商和民主程序来改变。这一阶段的人对海因兹故事的反应是:认为海因兹的做法是对的。因为社会一致认为生命极重要,生命垂危者得到医疗的权利高于药剂师谋利的权利。海因兹在走投无路的情况下,其偷窃行为虽违法,但合乎道德。

第六阶段:普遍原则取向。普遍原则取向(universal orientation)是指个人根据自己的人生观和价值观所树立起的对道德事件判断的一致性和普遍性信念。此种信念是基于众所共识的人性的尊严、真理、正义和人人平等。这一阶段的人对海因兹故事的反应是：认为海因兹的做法是对的。因为每一个生命都有天赋的价值。这个原则是普遍的，适用于所有的人。患者理该得到治疗。药剂师也应为海因兹太太着想，认识到生命的价值超过他的利润。

柯尔伯格认为，个体的道德认知是由低级阶段向高级阶段发展的。但个体在一定的发展阶段上往往使用某个阶段为主，而同时使用其他几个阶段的推理。个体的年龄阶段与其道德发展阶段不是绝对对应的。就美国中产阶级和工人阶级的被试来说，大多数9岁以下的儿童都使用第一、第二阶段的推理，也有少数青少年以及青年和成人罪犯仍使用前习俗道德水平的推理；大多青年和成人都使用第三、第四阶段的推理，只有大约10%的少数人在20~25岁之后才能达到后习俗道德水平（Kohlberg，1981）。

第三节　利他行为的情境与认知因素

人们的利他行为与他们所遇到的情境及其对该情境的认知密切相关。本节将讨论利他行为的情境变量和认知特点。

一、利他行为的情境因素

1964年，纽约发生一起凶杀事件：基蒂·吉诺维斯清晨3点钟下班回来在自己的公寓外遭到残忍的劫难。其邻居是中产阶级。她高声呼救，至少惊醒了30个邻居，他们走到窗户旁观看。歹徒的野蛮暴行持续了半个小时，居然无人相救、无人报警，结果基蒂身受多处刺伤而死。新闻界详细报道了这一事件，世人瞠目。让人们震惊的不仅是事件本身的凶暴残忍，更主要的是目击者的袖手旁观。基蒂的邻居绝非漠不关心，因为他们花了10分钟观看事件的整个过程，但为什么无人相助呢？许多心理学家由此展开了一系列的研究，焦点集中在影响助人的情境特征上。结果表明，一般人都有利他行为和助人的潜能。但激发这种潜能的情境特点也是十分重要的。斯特布（Staub，1980）的著作论及了情境变量的许多方面，下面我们考察其中的一些内容。

（一）情境的模糊性

清楚地显示出有人需要帮助的情境比模糊情境更容易激起人们的援助。克拉克与渥德的一项实验(Clark & Word,1972)说明了这种现象。被试无意中听到临近房间传来维修工人从梯子上摔下来的声音。在模糊条件下,被试只是听到梯子撞到墙上和窗帘掉下来的声音;在明显条件下,被试还听到维修工痛苦的呻吟。结果发现,在模糊条件下被试助人的概率显著的低(见表13-2)。所罗门等的研究(Solomon,Solomon,& Stone,1978)表明,仅听到受害者有紧急情况的被试比既听到又看见紧急情况的被试较少提供帮助。这些研究者声称,无论是在实验室还是在实际生活中,其结果都相同。

表13-2 几种实验条件下助人的平均反应时间(秒)及百分数

实验条件	情境清楚	情境模糊
单独一个	6.97(100%)	55.67(30%)
两人小组	7.74(100%)	61.59(20%)
五人小组	10.39(100%)	52.18(40%)

(采自 Clark & Word,1972)

(二)责任的分散

拉塔尼和达利(Latane & Darley,1970)出版一本专论旁观者介入紧急事件的著作,其首要观点是紧急情境中他人在场会抑制人们的助人行为。他们认为在做出助人决定之前必须克服三种消极影响。

1.逃避或抑制

如果对情境发生误解就会冒尴尬之险。别人在场时,避免误解情境的简单方法就是把这种情境留给别人去处理。

2.责任分散(diffusion of responsibility)

知道别人能够提供帮助时会使人将助人责任分给他人,即使别人并未真的看见或听到需要提供帮助也是如此。

3.社会影响

大多数需要帮助的情境都有些模棱两可。通过观望别人(他们可能也在观望别人)发现无人相助,就以为不需要帮助。有时,别人在场使人们产生这样的想法:让别人去管吧!大量研究说明了这些过程的作用。史密斯等人(Smith,Smythe,& Lien,1972)创设了一种情境:一名女实验者在被试面前生病了,她蒙上自己的脸呻吟着,踉踉跄跄地走向邻近一个房间,却碰倒了一个档案柜,自己也倒在椅子上。被试看到这一情境时有三种条件:(1)单独一个人;(2)两个人,其中一个人和被试相识且没有行动;(3)两个人,其中一个人和被试不相识且没有行动。结果表明,在第一种条件下,65%的被试去帮助,但在第三种条件下只有35%的被试试图帮助，而第二种条件下仅有5%的被试出面助人。

（三）助人的代价

在各种助人情境中，助人者都可能要付出某种代价。帮助遭到抢劫的人可能会受伤，甚至危及生命；帮助迷路的老太太找到她要去的地方，可能会造成重要约会的迟到。从某种意义上说，这些例子中的个体都可能会产生双趋冲突——自我利益与利他行为的矛盾。提姆斯等人（Tims，Swart，& Kidd，1976）用电话联系男大学生，要求他们回答一份态度问卷，告诉他们完成此问卷的时间颇不相同，从20分钟到3个小时不等。结果发现，拒绝率随所说时间的增长而提高。

（四）环境的界定

人们早已注意到，如果环境很明确地显示需要帮助，那么就容易得到帮助。但是，模糊-清楚维度还有另一面，即使环境清楚，也表明需要帮助，到底需要什么样的帮助可能不一定同样清楚地显示出来。研究表明，人们清楚地知道需要提供何种帮助时更容易去帮助。当一个人认识到紧急情况的特点并具备所需的技术时，助人的可能性显著增加。例如，当一名患者请求从他口袋取出药片时比别人不知道如何帮忙时更容易得到帮助。

二、利他行为的认知因素

即使是同样需要帮助的情境，人们对该情境的认知和理解也可能不同。下面讨论利他行为的认知因素。

（一）他人需要帮助的推断

虽然一个人在外界没有提供需要帮助的线索时会主动助人，但大多数利他行为都是觉察到或推断出他人需要帮助时发生的。当他人很明显需要帮助时，推断比较容易，但如果他人需要帮助很微妙、线索不明确，判断时就要涉及更高级的认知过程。

1.需要的突出性与痛苦的严重性

许多研究发现，在紧急情境中他人需要帮助的清晰度与被试给予帮助的可能性有关系。例如，当从梯子上摔下来的人呼救时，去帮助的被试明显增多（Yakimovich & Saltz，1971）。随着他人痛苦严重性的增加，助人反应的潜伏期缩短（Geen & Jarmecky，1973；Ashton & Severy，1976）。通常人们在被迫的情境（如求助需要十分突出，责任集中于自己）下会提供帮助；但是如果他人需要帮助的线索不明显，助人人数减少，速度也变慢。助人倾向的减少可能是由于人们没有觉察到他人需要帮助或觉得别人看起来能够自助。

2. 旁观者对需要归因的影响

如果他人需要帮助的信息是模糊的，旁观者的反应可能对观察者如何解释该情境有微妙的效应。对于人们在他人在场时较不愿介入紧急情境的一种解释是：旁观者没有行动内隐地传递了这样的信息——此事件不怎么重要，可以不必介入（Latane & Darley, 1970）。旁观者的言语反应对观察者介入助人反应有重要的影响。例如，个体介入的可能性在他人发出警报时显著增加（Smith, Vanderbit, & Callen, 1973）。旁观者没有参与助人至少是由于从情境中得到不需要帮助，或助人行为是不合适的信息。

（二）助人合适性的推断

在许多情况下，知觉到他人需要帮助并确实需要帮助，但是人们是否去帮助，还要有一定的条件。这时人们还会考虑自己的助人行为是否合适。因为人们总是希望自己以社会合适的方式行动。这对利他行为有决定性影响。在许多情况下，人们要寻找线索，以确定自己的处境和应扮演的角色。在场旁观者的反应所提供的线索——他们在做什么或不做什么，可能对观察者判断在当前情境下自己的合适行为有很大影响。许多研究发现，儿童和成人都倾向于模仿别人的助人行为（Rushton, 1981; Staub, 1978）。如前所述，榜样具有许多功能，其中之一是提供行为的合适性信息。旁观者不行动，可能传递了助人是不适宜的信息。

（三）值得性推断

与推断助人合适性相联系的是，推断他人是否值得帮助。受害者需要帮助的大小、受害者自助的能力、受害者对其需要状态的责任等因素都可能影响是否值得帮助的推断。他人需要的合理性影响其得到帮助的可能性。商店职员更可能帮助购买生活必需品（如牛奶或急需药品）而缺少零钱的人，却不肯帮助购买奢侈品（如蛋糕或啤酒）而缺少零钱的人。从社会公德的角度来说，人们应当帮助值得帮助的人，而可以拒绝帮助受到谴责的人。有人认为，如果一个人遭到不应受的痛苦时，观察者就会打抱不平予以帮助；而如果受害者被认为是自作自受的，观察者会觉得蛮公平的，而不会去帮助。

（四）责任的自我归因

一个人可能觉得他人需要帮助、给予帮助是合适的，并且也认为值得予以帮助，但是也可能不给予帮助，因为他并不觉得个人对帮助负有责任。情境与需要帮助者特征的责任如果集中到观察者身上，这对助人行为有十分重要的作用。杜法等人（Duval, Duval, & Neely, 1979）认为，提高个人的自我觉知会提高其助人的责任归因。让被试在观看电视荧幕上自己的形象、性病受害者或贫困的拉美人形象的录像之前或之后，完成有关助人责任的自陈问卷。结果发现,自我意识强的被试比缺乏自我意识的被试在观看痛苦景象之后有明显的差异。自我意识强的被试立即感到自己有责任去帮助受苦者。

(五)自我意识与自我归因

除了责任归因之外,人对自己具有利他行为特质及其强度的归因,对利他行为也起重要作用。若干研究发现,没有外部诱因条件下的助人者比在很多外部诱因条件下助人的人,在以后有更多的助人行为(Batson & Coke,1981;Uranowitz,1975;Zuckekerman,Lazzaro,& Waldgeir,1979)。

如果没有外部诱因条件下的助人者推论自己是一个乐于助人者,那么他以后的行为就与其自我意识一致;相反,那些迫于压力或诱因而助人者则不做此推论。巴特森和库克(Batson & Coke,1981)的研究结果支持了该假设,即在应当助人条件下的被试更少地把自己的行为描述为利他行为。当然,我们也可以改变被试对自我的看法。例如,对被试助人动机进行归因,直接标定被试的倾向,以及让被试想象助人的榜样作用,都将有助于激发被试的利他动机。有人认为,利他行为是一个多阶段的决策过程(见补充讨论13-2)。

补充讨论13-2

利他行为的多阶段决策过程

拉塔尼和达利(Latane & Darley,1970)把在营救或在紧急情境下的利他行为看作包括下列五个步骤的决策过程:(1)注意到发生了某件事;(2)把情境解释为紧急的;(3)推断自己是否有责任;(4)考虑能给予何种形式的帮助;(5)决定行动的最好执行方式。他们认为,个人对自己的责任和对情境紧急性的解释是投入助人的重要因素。

施瓦尔兹等(Schwartz & Howard,1981)把通常情境下的助人行为视为下列连续过程:

注意:(1)意识到有人需要帮助;(2)知觉到用行动可以给予帮助;(3)认识到给予帮助的个人能力;

产生责任感:(4)领悟到有某种责任;(5)唤起已有的或当前的行为规范;

预期评估:(6)评估代价与可能的结果;

防御:(7)以否认方式对情境重新评估、重新定义情境;(8)重新评估前述步骤;

行为:(9)行动或者不行动。

助人者的决策过程始于觉察到他人似乎不像以前那么好了。然而,这个人是否体验到道德责任感,则取决于他相信自己能提供某种帮助的程度和所唤起的道德规范与价值观。如果这个人认定自己有能力帮助并且这种帮助符合自己的价值观和道德责任感,那么,他就感到有责任去帮助并采取行动。但是,施瓦尔兹认为,在许多情况下,个人可能觉得应该去做但又与某种情感相冲突,因而可能以自我防御机制来重构情境。例如,否认他人真的需要帮助;否认高代价行动的值得性、有效性和合适性;否认自己有责任去帮助等。做出助人与否的决定标志着决策过程的结束。但个人是否行动的考虑则可能又回到这一连续过程的开始。

皮尔文等人(Piliavin & Piliavin,1972;Piliavin et al.,1981)把紧急情境下的助人决策过程分为下列步骤:(1)意识到他人的需求;(2)体验到生理唤醒;(3)对唤醒进行标定;(4)对可能选择的报偿/代价进行分析;(5)决策——或直接帮助或间接帮助或不介入。在皮尔文等人看来,紧急情境下的助人行为就是对赏酬和代价的决策分析。

利他行为是十分复杂而多样化的。上述三种决策过程只能适用于部分助人行为,有许多助人行为应有不同的决策过程。例如,章志光(1990)对大陆中小学生亲社会行为的研究发现,个体在面临道德情境时,往往要经过内部冲突、主动定向、考虑决策和调节行为等多个环节。肖峰(1995)通过让中学生参加"为你的同龄人解决烦恼"活动,以考察中学生助人方式的决策特点发现,中学生助人方式的决策过程有两个特点:(1)只要获得一种解决方案即停止探索;(2)对解决方案缺乏有效性评价。又如,有些助人行为可能根本没有赏酬/代价的反复权衡,而是出于社会正义感的。

第四节　利他行为的情绪与人格因素

前面我们已经讨论过,情境的某些特征以及对这些特征的认知和理解在决定人们对待被帮助者行为反应上,扮演着重要的角色。人是有感情的,情绪情感是否能促使利他行为的产生?如果能,那么,哪些情绪会促使利他行为的产生?此外,助人者的人格特征在助人的过程中必然会影响个体伸出援助之手。那么,是否具有一种利他的人格特征呢?在这一节里,我们将讨论这些问题。

一、利他行为的情绪因素

利他行为带有明显的情绪色彩,移情、爱心、心境、内疚等情绪都会促使利他行为的产生(高地等译,1984;陈麟书等译,1990;Plutchik,1980)。下面让我们来考察这方面的一些研究。

(一)移情

移情(或同理心)(empathy)是利他行为的一种重要情感因素。近年来对移情或同理心的研究日益增多(Eisenberg & Strayer,1987),但是不同的研究者对移情的定义是不同的。有人把移情定义为正确推断他人心情的能力(Flavell,Botkin,Fry,Wright,& Jarvis,1968)。这样,移情基本上便成了一种认知技能。有的研究者则认为移情是设身处地地感受他人当前情绪的一种倾向(Feshbach,1978;Hoffman,1975),或"由于知觉到他人正在体验或将要体验一种情绪而使观察者产生的情绪反应”(Stotland,1969)。马森和艾森伯格(Mussen & Eisenberg-Berg,1977)认为,移情不仅是导致利他行为的关键因素,而且此种关系也得到了研究的支持。如果我感到忧伤,我会想办法减轻这种心情;同样,如果我对别人的忧伤产生了移情,那么我也会在一定程度上体验到忧伤,因而希望去消除它,于是就做出了利他行为。慈善组织在请求募捐时经常挑动我们的感情,不仅提醒我们有的孩子还在挨饿,而且还要让我们看挨饿孩子的图片,以激起我们的移情反应,增进我们的奉献行为。

如果说移情性助人是由于看到处于困境中的人而给自己带来忧伤,为了消除此种忧伤而去助人,那么移情性助人便是自私的。但博特逊等人(Batson, Duncan, Ackerman, Buckley, & Birch,1981)的一项研究认为,移情导致利他行为并非由自私驱动的。在实验中,让被试观看另一被试接受电击,允许他们用自己接受剩余电击的方式来助人。实验者对那些观看的被试引起高或低两种水平的移情。这些被激起移情的被试逃避实验的情境有两种:一种情境是容易的;另一种情境是困难的。正如预测的那样,产生移情的被试无论在逃避实验情境容易还是困难的条件下都愿意提供帮助;低移情组的被试主要在不易逃避的条件下才愿意给予帮助。

移情在促进利他行为上所扮演的角色并不局限于成年人,在儿童身上也有类似的作用。巴尼特等人(Barnett, King, & Howard,1979)要求7~12岁的儿童讨论自己或其他孩子曾经历过的快乐、悲伤或中性的事件,并给参加此项研究的孩子以代币,稍后他们可以用来换取奖品。同时告知这些儿童:一些和他们一样的孩子无法参加此项研究,因而没有机会得到任何奖品,如果他们愿意的话,可以把代币送给其他的孩子,但也可以不这样做。结果发现,开始时叙述其他孩子遭遇到悲伤经验的儿童,比叙述自己遭遇到悲伤经验的儿童更愿意与其他孩子分享。这说明实验中所引导出的移情能够促进儿童的助人倾向。

(二)爱心

爱心(love)是一种情感、一种态度、一种性格倾向以及具有创造的力量。“爱首先不是同一个特殊的人的联系,而更多是一种态度,性格上的一种倾向”(李健鸣译,1987,34页),即一种“给予”他人的性格倾向。奥尔波特(Allport,1950)认为充满爱的给予对给予者来说是很有治疗作用的;对他人关心的实践会有助于解除自身的痛苦。梅多和卡霍(Meadow & Kahoe,1984/1990)认为,爱心包括慈爱、友爱、情爱和博爱,从理论上讲,爱心与利他行为密切相关(陈麟书译,1990)。

慈爱(kindness)主要是指父母对子孙后代的爱。慈爱的基础是亲近。母亲对婴儿肉体上的亲近会大大促进母子间的依恋。慈爱是生存所需要的一种爱,它给人以面对生活的勇气。如果没有这种爱,儿童发展就会异常甚至夭亡。慈爱既是一种需要给予的爱,也是一种需要获得的爱。不仅孩子需要父母的慈爱,害怕离开父母慈爱的保护,而且做父母的会试图“拥有”他们的孩子。

友爱(friendly love)就是朋友之间的爱。所有的友爱都包含有某种程度的契合,即具有共同或相似的志趣和爱好。这种同辈间的爱,在同性关系中最为广泛。沙利文(Sullivan,1953b)认为,友爱对于青春期以前儿童的健康发展是必要的,它可以部分地矫正和补充早期缺少的慈爱。由于大多数友谊建立在精神和智力的亲近基础上,因而朋友之间总是相互帮助。

情爱(或性爱)(sexual love)是不同性别间的爱(性欲冲动使有些人与其同性产生性爱。大多数心理学家认为,这不是一个选择的问题)。一般的性爱产生于对另一个与他自己想象中理想美的人。当然,情爱并不限于肉体美,也包括精神美。性爱渴望与对方完全融合,与其结合在一起。因此,性爱在本质上是排他的而不是类化的。许多小说中都描写了为了情爱而献身的利他行为。弗罗姆认为,爱情不仅仅是一种感情,而且是意志行为、献身行为。因为“如果爱情仅仅是一种感情,那么爱一辈子的诺言就没有基础。一种感情容易产生,但也许很快就会消失”(李健鸣译,1987,41页)。

博爱(love of mankind)是对人类的爱。对人类普遍的爱表现为一种“责任感、爱护、尊敬和对其他人的了解,以及促进那种生活的希望”(Fromm,1950,p.47)。博爱的特性是非排他性的,并认定人人平等,对所有的人一视同仁,而不管其地位、能力和个人发展方面的偶然差异。詹姆斯甚至认为,博爱把爱护与创造力结合起来,爱一个不值得爱的人,有时会促使他变为值得爱的人。这种为宗教所倡导的博爱,拥有各种各样的名称:基督教徒的圣爱,印度教瑜伽派的“不伤生”和社会正义,佛教以慈悲为本(参见补充讨论13-3)等。

虽然,宗教信条提倡博爱,但许多人都相信有宗教信仰的人并不比无宗教信仰的人有更多的利他行为。一些研究结果显示:教徒较不关心对少数民族的公平和正义,并且在“对他人真诚的爱—同情—怜悯”方面,其他人对教徒的评价也不高(Phares,1991)。因此,以个人的宗教信仰来预测其利他行为,是不妥的。同样,仅以个人是孩子的父母,或是朋友、夫妻的一方来预测其对孩子,或对朋友、夫妻的另一方的利他行为,也不一定是可靠的。从科学研究的角度来看,只有发展出具有信度和效度的测量爱心的工具,才能进一步确定爱心与利他行为的关系。

补充讨论13-3

佛教的慈悲观

佛教的利他行为称之为慈悲。根据佛教的道德准则，凡对他人有利的就是善，不利的就是恶。具体地说，对己对他人都有利的是善；对己不利，但对他人有利的是大善；对己对他人都不利的是恶；对己有利，但对他人不利的是大恶。佛教以慈悲为本。《大智度论》上说："大慈与一切众生乐，大悲拔一切众生苦；大慈以喜乐因缘与众生，大悲以离苦因缘与众生。"佛教提倡"无缘大慈，同体大悲"。

佛教利他行为的具体实践是布施。布施一般分为财施、法施和无畏施。财施主要是对在家人而言，以金银财宝、饮食衣服等物惠施众生，称外财施；以自己的体力、脑力施舍他人，如助人挑水担柴、参加公益劳动等，称内财施。法施主要是对出家人而言，即顺应人们请求，说法教化，或将自己礼诵修持功德回向众生。无畏施是指急人所急，难人所难，随时助人排忧解难，如救死扶伤、指点迷津、化干戈为玉帛之类。各种布施之目的完全是利他的，并不求报答，如佛经中说：

> 智人行施，不为报恩，不为求事，不为护惜悭贪之人，不为生天人中受乐，不为善名流布于外，不为畏怖三恶道苦，不为他求，不为胜他，不为失财，不以多有，不为不用，不为家法，不为亲近。（《优婆塞戒经》）

只为他人安乐，完全出于自己的怜悯心、同情心和慈悲心。

佛教的慈悲观在强调利他行为的同时，还主张平等博爱。佛教之爱可分为三种：一是恩爱，是基于报恩和责任感的爱。佛教中有对父母、师长、妻子、亲族、僮仆、沙门婆罗门六方之爱。二是泛爱，一视同仁地爱整个人类。佛教主张只要利于他人，国土、妻子乃至生命都可施舍。三是博爱。爱一切有生之物，大至禽兽，小及微生物和无情之草木。尊重和爱一切生灵。

大乘佛教认为，为普度众生，救济全人类脱离生死苦海乃是慈悲善行的极致。菩萨是大乘佛教道德理想的人格化。大乘佛教所说的菩萨行是要求自觉觉他、自利利他。上求佛道是自利，下化众生是利他。但只有舍己利人，拔苦与乐才能证得涅槃成就正果，所以核心还是利他。

中国佛教主要是在印度大乘佛教影响下发展起来的，菩萨成为一代又一代中国佛教徒心向往之的理想人格，慈悲成为中国佛教最主要的道德观念。布施和不杀生在中国佛教徒看来是最主要的善行，也是区分佛教道德与世俗道德行为的主要标志。可是，印度原始佛教的慈悲观到了中国也发了生变化，本来是利他行为的慈悲愈益蜕变为利己主义的东西。以致到后来，指导布施和放生等行为的不再是那种利他平等的慈悲精神，而是积聚功德，以求死后善报，往生西方极乐世界。（摘自魏承思，1991）

（三）心境

心境（mood）是一种比较微弱、持久且具有渲染性的情绪。快乐和幸福的心境能提高我们的助人潜力。因为快乐时，我们自身的需要得到他人的支持、鼓励和帮助，从而产生对他人和集体的信任和尊重(孟昭兰,1989)。我们都知道在请人帮忙前要尽量让他高兴,甚至是片刻的高兴也会得到预期的帮助;相反别人不高兴的时候则可能难以求得帮助。在伊森和莱文(Isen & Levin,1972)的实验中,被试走进公用电话间打电话都能拾到一角银币,而控制组则拾不到银币。刚刚离开电话间,所有的被试都看到某人在街上掉落一些报纸,他们都有机会去帮助捡起报纸。结果是,控制组被试几乎没有一个人帮忙,而所有拾到银币的被试因愉快而都帮了忙。艾德曼(Aderman,1972)让一些被试阅读描述愉快心情(得意扬扬、异常欢快、心满意足)的资料,而让另一些被试阅读描述不愉快心情(沮丧消沉、心怀不满)的资料。结果发现,阅读描写愉快心情资料的被试比阅读描写不愉快心情资料的被试有更多的帮助行为。

(四)内疚

并非所有不愉快的心情都会减少助人行为。内疚(guilt)是一种由于行为违反了自己的道德标准而产生的情绪。它往往会导致赎罪,这一直是小说家、诗人和剧作家的主题。心理学的研究表明,感到内疚的被试比没有此种感受的,较可能产生助人行为。卡尔史密斯和格罗斯(Carlsmith & Gross,1969)的实验令一组被试按电钮电击学生(其实是实验者的同谋),产生高度内疚;令另一组被试按电钮发出蜂鸣器的声音警告学生,产生低度内疚。然后,询问两组被试是否愿意做一些与拯救加利福尼亚红杉树运动有关的工作。结果如表13-3所示,高度内疚的被试表示愿意助人的多于低度内疚的被试。有趣的是,偶尔伤害了他人的人,似乎更愿意助人,但不是帮助他所伤害的人(Freedman, Wallington, & Bless,1967)。

表13-3　内疚与帮助(数字为百分比)

条件	提出帮助	未提出帮助
高度内疚(电击他人)	75	25
低度内疚(发出噪声)	25	75

(采自 Carlsmith & Gross,1969)

从以上的分析可以看出,移情、愉快的心境和内疚会促使利他行为的发生。从理论上讲,爱心与利他密切相关;这个问题尚需实证资料加以确定。如果把人格特质确定在人际关系这个范畴之内,那么人格特质与上述的情绪就有密切的联系(Plutchik,1980)。因为情绪既可能以状态的形式存在,也可能以特质的形式存在。

二、利他行为的人格因素

在利他行为的人格决定因素的研究方面,心理学家主要在探讨下面两个问题:哪些人格特质会促进利他行为?是否有类化的利他人格?

(一)促进利他行为的人格特质

当我们进入那些人格特质与利他行为有关系的研究领域,就会发现,研究者对人格变量角色的看法存在着相当大的分歧。许多因素纠缠在一起,往往使我们难以分清到底哪些人格特质会促进利他行为。例如,如果情境的冲击十分强烈而又突如其来,使个人毫无时间考虑,自信、自我接纳的需求等人格倾向这时都会被当时的压力所掩没;很可能相反的人格特征会参与运作。例如,一个富有爱心的人平常都愿意对他人给予帮助。但是此时她看到因突发事件而流血不止的人,一贯的胆小使她无法举步前往帮助。又例如,对大学的捐款,由于情境的种种差异,很难确定哪些人格特质与利他行为有关。有些人对钱财一向慷慨,但对自己的时间却很吝啬;有些人愿意贡献技术,却很看重金钱。再例如,如果我们对他人的帮助曾遭到过拒绝,常会产生负面情绪,往往不愿再进行帮助,在这种情况下人格特征又是怎样与情境交互作用的呢?

尽管有上述限制,但仍有一些心理学家在探讨哪些人格特质会促进利他行为。结论似乎视情境而定。例如,一项研究发现,在实验安排的紧急或不寻常的情境中,权威性、主宰性、赞许需求和社会责任感等人格特征与亲社会行为极小相关(Latane & Darley,1970)。但在其他情境中,例如一项研究(Rutherford & Mussen,1968)发现,幼儿园中表现慷慨的男孩,常被人评定为仁慈、少敌意、少竞争性。在促进助人行为方面,心理学家曾对特质移情、内控、亲社会取向做过不少研究。

1.移情特质

移情特质(或同理心特质)(dispositional empathy)是指设身处地以他人的处境去体会当事人心情的能力。此种能力不只是由特殊情境而引发,而是个体的一种稳定的倾向性。在两个实验中,以移情特质分数与利他的独立测量求相关。结果发现:(1)移情特质高分被试比移情特质低分被试对他人的攻击行为较少;(2)移情特质高分被试比移情特质低分被试较愿意在实验中帮助其他被试。表13-4是测量移情特质量表中的一些题目。此外,霍根移情量表(Hogan Empathy Scale)(Hogan,1969)也有较高的效度。有研究显示,这两个量表的确测到了移情特质的不同侧面(Chlopan,McCain,Carbonell,& Hagen,1985)。

表 13–4 测量移情特质的一些题目

1. 看到一个团体中的某个寂寞的陌生人，我会感到悲伤。(+) 2. 我常觉得公开显露感情很烦人。(–) 3. 我喜欢看人们打开礼品。(+) 4. 看到动物痛苦，我会很难过。(+) 5. 小孩有时会无缘无故地哭。(–) 注：被试可以选择由“很赞同”(+4)至“很不赞同”(–4)的反应，题目后的(+)或(–)表示赞同或不赞同，均代表移情。

（采自 Mehrabian & Epstein，1972）

2. 内控

内控（internal locus of control）是指个人把自己的命运交由自己掌握的观念。内控者相信凡事操之在己，把成功归因于自己的努力，把失败归因于自己的疏忽。这是自愿承担责任的倾向。米德拉斯基（Midlarsky，1971）的研究显示，内控者有较多的利他行为。在他的研究中告知男性被试，他们将参与一项军方研究计划，以发展出筛选飞行员的测验，每个被试均与实验者的某个同谋共事成为一组，并被告知：谁先完成作业便可以帮助同组伙伴。该研究采用一种动作协调作业，每当做操作作业（包括帮助伙伴）时都要遭到电击；甚至帮助毫无所得，反而遭受电击时也是如此。但是丹吉林克等（Dengerink，O’Leary，& Kasner，1975）的研究发现，内控者比外控者在竞争性反应时间的情境下更多地依对手选择的电击程度来做出攻击。另一项研究（Phares & Lamiell，1975）结果与丹吉林克等的发现大致相同。在此项研究中，让内控者看过一名有前科的人、一名领救济金的人和一名退伍军人的个案简史后，要求被试以几种方式来评判每个个案。结果显示：内控者认为这些个案是值得帮助的，显著地少于外控者。这些研究得出了相反的结论，这说明人格因素在各种具体情境中所扮演角色的不同。内控者更可能依具体情境而做出是否给他人以帮助。

3. 亲社会取向

斯托布（Staub，1974）设计出合成式亲社会取向（composite prosocial orientation）指数来探究亲社会取向与利他行为的关系。该指数由几个量表上的得分来确定。这些量表包括：他人幸福归因自己责任倾向测验、社会责任测验、马基雅维里主义测验、人性信仰测验、道德推理笔试测验、价值测验等。斯托布用这些综合测量结果来预测个人的利他行为，例如被试听到邻近房间似有呻吟、悲叹声时的利他行为（该指数与四种实验条件下助人行为测量的相关为0.40~0.50）。这一研究突破了具体人格特质与利他行为相关的观念，意味着人们可能由一种类化的亲社会取向来推动其利他行为。正如斯托布所说的，这种取向“基本上可能代表了看待、考虑他人的福利以及自己对他人责任的一种方式”(Staub,1974,p.335)。

(二)利他人格

拉什顿等人认为,有一种一致性的利他人格(altruistic personality),“一般来说,这类人比其他人更慷慨、助人、仁慈”(Rushton,Chrisjohn,& Fekken,1981,p.296)。并认为一些研究已成功地表明在移情、道德推理和社会责任等纸笔测验上的个别差异,可用来预测特殊情境中的利他行为(Rushton,1980)。为支持该结论,拉什顿等人发展出一个利他精神自陈量表(Self Report Altruism Scale,简称SRA)。该量表有20个测题,被试选择自己曾参与这些利他行为的频数(见表13-5),为评价利他精神自陈量表的效度。拉什顿等人将被试的得分与被试伙伴对被试的评分相比较,结果发现有显著的高相关。同时,他们还发现利他精神自陈量表和利他行为的其他自我报告有相关。利他精神自陈量表得分高者对死后将自己的器官捐赠给医学之用的承诺也较多。

表13-5 利他精神自陈量表题目举例

题目 \ 答案	从来没有	只有一次	多于一次	经常如此	总是这样
1.我曾帮助陌生人把汽车从积雪中推出来。 6.我曾把衣服捐给慈善机构。 8.我曾捐过血。 16.我曾帮助残疾人或年长的陌生人穿过马路。 20.我曾帮熟人搬家。					

(采自 Rushton,Chrisjohn,& Fekken,1981)

针对利他人格跨情境相关低的问题,爱泼斯坦(Epstein,1979,1980)认为,这是由于对单一行为进行相关分析而没有对行为做多重分析所致。从方法学的角度看,利他人格跨情境一致性程度低的可能原因有:(1)本领域的研究大都使用问卷法和实验室实验法,而较少使用自然状态下的研究方法,“当对自然与临床资料进行相关和交互作用分析时,利他行为的稳定性就易出现”(Bowers,1973,p.160);(2)实验中大多用儿童做被试,而儿童的行为可能比成人更具情境性而较少一致性;(3)大多数研究者所用的一致性标准可能存在问题。由于研究中往往以表现型来定义利他人格,即以把某些利益分给别人来定义利他人格。因此,一个儿童在一种情境中与他人分享的饼干比别的儿童多,但在另一情境中捐给慈善机构的钱比别的儿童少,便被假定为利他行为缺乏一致性。然而,在内部水平上,该儿童的行为可能是非常一致的。因为,该儿童可能相信与朋友分享是正确的,而给陌生人是错误的,并以此指导其行为。研究者或许假设诸如分享饼干、向慈善机构捐钱、帮助幼小孩子系鞋带等行为构成了他们调查情境中的利他人格,但是被试未必就这样想。

跨情境一致性是确证利他精神人格存在的必要条件,但并非充分条件。因为大多数研究者都假设特质是产生行为的内部倾向,而利他人格的一致性证据却是从外部观察到的。外部行为具有多义性,因此便难以肯定。从外部观察到的利他行为的一致性,可能是情境要求相似性所致,也可能是"非利他人格"特质所致。例如,社会赞许需求、冒险需求或控制需求,都会表现出人的利他行为。

我们说某些个体具有利他人格,通常是指他们比一般人表现得更富有利他特性:他们或者经常乐于助人,或者在异常紧急情境中有惊人的利他表现。而在特定情境中牺牲个人的利他表现则比跨情境一致性更能说明利他人格的存在。

本章摘要

1. 如果说利他反映了人性善的一面,那么利他精神、利他行为和亲社会行为都可以说是人性善的表现。

2. 利他行为可分为三个层次:(1)把人与己的利益都视为同等重要;(2)把利人置于利己之上;(3)牺牲自己以利于他人。

3. 广义的亲社会行为泛指对社会有积极影响的行为;狭义的亲社会行为是给他人带来利益的行为。

4. 利他行为可以依据不同的标准进行分类,如生物性利他行为与心理性利他行为;亲属性利他行为、互惠性利他行为和平衡性利他行为;紧急型利他行为、急需型利他行为与惯常型利他行为等。

5. 利他行为的生物基础主要是亲属选择(个体以利他行为促进其亲属在一起生活繁衍)、群体选择(有利他行为个体的群体在演化上将胜过不具利他行为个体的群体)。

6. 利他行为的文化因素涉及社会环境、社会公德、学习(包括强化、观察学习、角色扮演、认同作用等)和道德判断的发展。

7. 关于利他行为人格涉及三个问题:(1)是否存在利他行为人格特质?(2)如果存在,如何测评?(3)哪些人格特质与利他行为相关?

8. 利他行为的情境变量涉及情境模糊性、责任的分散、助人的代价、环境的界定等方面。一般说来,情境愈模糊、责任愈分散、助人代价愈大等,利他行为愈不易出现;反之,愈易出现。

9.认知因素在利他行为产生中有重大的意义。对他人需要帮助的推断、助人合适性的推断、值得性推断和责任的自我归因都直接影响利他行为的产生。

10.他人需要帮助的突出性与痛苦的严重性,及旁观者在场影响着对他人需要的推断。

11.在许多情况下,知觉到他人需要帮助并确实需要帮助,但也不一定必然助人,一般来说,观察者还必须决定自己的助人是否合适。

12.认定自己有助人的责任或认定自己具有利他行为的个体易于助人,通过增强自我意识可以提高自我归因的利他行为水平。

13.情绪在促使利他行为的产生中扮演着重要的角色,其中移情、爱心、心境和内疚会促进利他行为的产生。从理论上讲,爱心是利他的,但尚需实证论证。

14.虽然利他行为的产生与情境、认知、情绪等因素密切相关,但某些人格特质(例如,移情特质、亲社会取向)在助人行为中扮演着重要的角色。

15.拉什顿等人的利他精神自陈量表试图测量具有情境一致性的利他人格。

16.目前发现的利他人格跨情境一致性程度低,其方法学上的原因是:(1)缺少自然状态下的研究;(2)主要局限于对儿童的探讨;(3)尚未探明利他人格的内部机制。

建议参考资料

1.姜国柱、朱葵菊(1988):论人·人性。北京市:海洋出版社。

2.魏英敏(1993):新伦理学教程。北京市:北京大学出版社。

3.Eisenberg,N.(1986).Altruistic emotion,cognition and behavior.NJ:Lawrence Erlbaum Associates.

4.Latane,B.,& Darley,J.M.(1970):The unresponsive bystander:Why doesn't he help? New York:Appleton-Crofts.

5.Lindzey,G.,& Aronson,E.(Eds.)(1985).Handbook of social psychology,Vol Ⅱ.New York:Random House.

6.Myers,D.G.(1987).Social psychology(2nd ed.).New York:McGraw-Hill.

7.Phares,E.J.(1991).Introduction to personality(3rd ed.).New York:Harper Collins.

8.Rushton,J.P.,& Sorrentino,R.M.(Eds.)(1981).Altruism and helping behavior:Social,personality,and developmental perspective.Hillsdale,NJ:Erlbaum.

第十四章　攻击

本章内容细目

如果把利他行为视为善，那么攻击性很可能属于人性恶的一面。我国先秦时期的思想家荀子(公元前313—前238)提倡性恶论。他说：

> 人之性恶，其善者伪也。今人之性，生而有好利焉，顺是，故争夺生而辞让亡焉；生而有疾恶焉，顺是，故残贼生而忠信亡焉；生而有耳目之欲，有好声色焉，顺是，故淫乱生而礼义文理亡焉。然则从人之性，顺人之情，必出于争夺，合于犯分乱理，而归于暴。故必将有师法之化，礼仪之道，然后出于辞让，合于文理，而归于治。用此观之，人之性恶明矣，其善者伪也。(《荀子·性恶》)

在人格心理学领域，弗洛伊德是性恶论的倡导者，他认为人类的攻击是不可避免的，是由人类的固有本能决定的。

针对"你必须像爱你自己一样爱你的邻居"的格言，弗洛伊德写下了以下的看法：

> 人类竟如此情愿否认隐藏在所有这些后面的真理要素是，人类并不是想要得到爱的和善的动物，也不是在遭受攻击时最善于保护自己的和善的动物；相反他们属于那种被认为在本能天赋中攻击性最强的动物。因而，对他们来说，邻居不仅是可能的帮助者或性对象，而且还是这样一种人，即引诱他们满足对他的攻击，引诱他们无偿地剥削其工作能力，引诱他们不经许可在性欲上利用他，引诱他们掠夺其财产，引诱他们耻辱地利用他，引起他的痛苦、折磨或杀害他。(Freud, 1930/1961, p.111)

本章主题是攻击。其实攻击也并不全是坏事，我们反对那些图财害命、人身攻击、打群架等犯罪活动，因为这些行为是违反社会准则的，属于反社会攻击。同时我们会举双手赞成警察开枪击中一个杀害无辜平民并把儿童作为人质的恐怖分子，因为它维护了公认的社会准则，属于亲社会攻击。在本章中，我们将从攻击的定义、分类和研究方法的讨论开始，进一步考察几种关于攻击行为起源相对立的观点，然后再分析攻击的情境因素和人格因素，以及对攻击的预防和控制。

通过本章学习，希望读者明确下列问题：

1. 攻击行为的本质是什么。
2. 心理学家使用哪些方法研究攻击行为。
3. 攻击是先天的破坏性冲动还是后天获得的动力。
4. 攻击行为是习惯行为的特殊形式吗。
5. 攻击受哪些情境因素制约。
6. 有攻击这种人格特质吗。
7. 怎样预防和控制攻击。

第一节 攻击的概念

一、定义

什么样的行为属于攻击？拦路行凶抢劫无疑是一种攻击行为，诽谤讥讽挖苦也可以算是一种攻击行为。这些攻击行为十分明显，少有异议。一个人走路不小心撞倒另一个人是攻击吗？一个高尔夫球运动员的球意外地打到一位旁观者是攻击吗？护士给病人灌药注射，使患者受针药之苦是攻击吗？父母看见孩子做错事而责骂他是攻击吗？当行为涉及目的时，就难以有共识。不小心撞倒另一个人，没有伤害的意图；给病人打针吃药、责怪犯错误的孩子，目的是帮助他们。事实上，不同的研究者定义的攻击也不相同。例如，齐尔曼(Zillmann，1979)把攻击(aggression)定义为对他人造成身体或生理伤害的企图。这一定义就不包括心理伤害。伯科威茨(Berkowitz，1974)和费什巴赫(Feshbach，1970)指出，攻击必须有伤害的目的，而不只是造成伤害。巴斯(Buss，1961)则认为，攻击是伤害他人的任何行为，而不管其目的是什么。也许关于人类攻击的一个较好的定义是巴伦和里查森所言："攻击是以伤害某个想逃避此种伤害的个体为目的的任何形式的行为"(Baron & Richardson，1994，p.7)。

关于这个定义，应注意以下几点。首先，攻击不只是一种感情、需要或动机，而且是一种特殊的行为形式，它可以采取许多不同的形式。例如，可以是肉体的，包括用拳头、牙齿、武器或者言词攻击别人。所谓言词攻击，即用侮辱、威胁或污蔑使他人受到攻击。此外，攻击也可以采取各种间接的形式，如传播恶意的中伤、间接捣毁、破坏别人的财产，甚至伤害别人所喜爱的东西。所有这些攻击都是以伤害或危害他人为目的的公开行为。其次，攻击是攻击者企图伤害受害者的行动，行动的目标是危害或伤害这个人，也就是说攻击的定义中包含企图伤害的动机。虽然攻击动机存在于人头脑里，我们不能直接观察到，但攻击必须包含"企图伤害"这种动机，否则就有可能把外科医生、牙科医生、父母(教训他们的孩子)等的行为说成是攻击，而与冷酷的杀人犯、暗杀者、袭击者的行为混为一谈。最后，攻击是攻击者在行动上伤害他人，而受害者是不愿受此伤害的。因此，尽管个人之间有时会出现冲撞、踢打，或攻击各种各样无生命的东西(如家具、碟子、墙壁)，这种行为不被视为攻击，除非它引起了伤害他人而他人又不愿意受此伤害的结果。例如，一个人毁坏他人心爱的珍贵古董或油画，这对物品的主人是一种伤害。同样，一个孩子故意地去毁坏别人心爱的玩具，显然也是一种攻击行为。另一方面，尽管把一些无生命的东西当作攻击的目标，但并未引起对他人的伤害和危害(例如，在街上行走时，猛力地踢一个罐头瓶或向一面砖墙扔石头)，即使在这些情况下有强烈的情绪，这些行动也不是攻击行为。

二、分类

攻击的表现形式多种多样,可以依据不同的标准进行分类。

1.从攻击行为是否违反社会准则看,可以分为反社会攻击、亲社会攻击和被认可的攻击

违反社会准则的攻击行为称为反社会攻击(antisocial aggression)。例如,人身攻击、凶杀、打群架等无缘无故伤害他人的犯罪活动是违反社会准则的,因而是反社会的。亲社会攻击(或利社会攻击)(prosocial aggression)是捍卫群体的道德标准,以一种社会认可的方式所采取的行为。例如,警察为执法而采取的行动,正义战争中的军事行动等。被认可的攻击(received aggression)是介于亲社会攻击和反社会攻击之间的行为。例如,一个妇女击伤企图强奸她的人,受害者对强盗的反击等,都是社会所允许的,也是合理的,属于自卫行为。此外,还有一些行为虽然不为社会准则所要求,也不违反社会公认的道德准则,但却是有利于社会的行为。例如,教练用坐冷板凳的办法教训他的运动员,这是在他职权范围之内的,通常认为是可取的。由于这些行为不是人们所需要的,因而不是亲社会的,但是,它们都在社会准则所允许的范围之内(高地等译,1984)。因此,如果说攻击性是人性恶的一面,那么亲社会攻击和被认可的攻击就不能认为是恶的、是坏事;只有反社会攻击才是恶的、是坏事。

2.根据攻击方式的不同,可以分为言语攻击和动作攻击

言语攻击(verbal aggression)就是用口舌、文字、表情对他人进行攻击的行为。例如,侮辱、讽刺、诽谤、谩骂、诬告、伪证等。动作攻击(action aggression)是用身体的一些部位如手、脚,或用武器对他人的攻击行为。例如,杀人、欺诈、偷盗、强奸等。

3.根据攻击时动机的不同,可以分为报复性攻击和工具性攻击

报复性攻击(retaliatory aggression)的目的在于复仇、教训对方,故意伤害他人,给他人造成痛苦和不快的行为。例如,帮派间的纠纷,发展为聚众殴斗、打群架等,多属于报复性攻击。工具性攻击(instrumental aggression)的目的不是为了使对方身心健康受损害,而是把行为作为达到其他目的的手段。例如,强盗拦路抢劫,为的是抢夺钱财而动刀,从而使他人的身心健康受到损害的攻击行为。

4.根据攻击对象的不同,可以分为外罚性攻击和内罚性攻击

外罚性攻击(extropunitive aggression)的对象是针对他人或他人的财物。前述列举的各种攻击都是外罚性攻击。内罚性攻击(intropunitive aggression)的对象是自己,例如打自己、骂自己,甚至自杀等。

由于攻击的表现方式十分多样,因而研究者对攻击概念的定义不同,其研究途径也不同。不同的研究途径分别适合于不同的研究目的。因此,对动物攻击的研究结果也许不一定适合于人类的攻击;对儿童攻击的研究结果也许不一定适合于精神病患的攻击;对个人攻击的研究结果也许不一定适合于民族间、国家间的战争。这就要求我们对人类攻击的考察,应分清各种具体情况。

三、研究方法

有关暴力和攻击行为的研究证据,得自各种不同领域,包括临床观察、心理学实验以及现实世界中对杀人犯和战争等所进行的研究。下面介绍心理学中常用的研究方法。

(一)观察法

对攻击行为的系统观察具有重要的意义。通过观察法(observational method)可以产生许多重要的见解。弗洛伊德积累有关人类攻击的知识就是通过聆听其患者而得到的。不过,弗洛伊德所得资料的真实性难以确证,因为这些资料常是患者对自己多年前的回忆。哲学家和小说家曾观察和描述过人类的攻击,并就其前因后果得出多样化的结论。从本质上看,他们所用的方法也都是观察法。但是,对攻击行为的非系统性观察往往在取样和解释上存在不少问题。此外,人们也无法将观察到的事件与观察者及其自身的需求、知觉和解释分离开来。观察法并不是严密的科学研究方法,它只能了解事实是什么,而不能解释原因为什么。

(二)实验室实验

实验室实验(laboratory experiment)对人类攻击行为的研究大致可以分为四种方法:(1)语言攻击他人;(2)攻击无生命的对象;(3)攻击他人但实际上并不会造成伤害,因为所用工具是无害的(如泡沫塑料剑);(4)看起来有害但事实上无害的攻击(如操纵的电击只是看起来像真的)。

在语言攻击法的实验中,通常先使被试受到某种形式的挫折从而导致被试使用语言进行攻击。例如,在齐尔曼和坎特的研究(Zillmann & Cantor,1976)中,让被试对诬赖他们作弊的实验者做出反应。然后提出下述问题:“你们是否不满意在本实验中所受到的对待方式?”“这名学生(即实验者)是否还应再做研究助手?”让被试通过语言反应来进行报复。这类方法的优点:一是不会对受害者(实际上是主试的助手)造成真正的伤害;二是这种攻击与实际生活中的攻击很相似,贴近于人们的社会生活;三是许多人不愿意对他人实施身体惩罚,语言攻击可能更易于引发。因此,如果被试的语言反应真正带有情绪性,并且他们真的相信他们的反应能够对受害者产生负面影响，此种方法对于研究攻击就相当有价值。

在攻击无生命对象的实验中，将被试置于引起不同程度攻击的情境中，然后观察他们以踢、打或其他方式攻击无生命对象的频次或强度。这种方法最著名的例子就是第九章第一节中介绍过的班杜拉让儿童观察示范者以引起他们对塑料玩偶的攻击。对这类研究的主要批评是缺乏真实性，它所引起的也许仅是某种形式的游戏，同时被攻击的对象不是人而是无生命的物体，被认为难以类化到现实生活中以人为对象的真正攻击。

第三种方式是让被试有机会对某个不还击的受害者（一般是主试的同谋）进行攻击，攻击的工具通常是玩具枪，可以射出乒乓球或软积木之类的东西。被试在这种情境中常表现为富有攻击性，但是他们有时可能把整个程序视为一种游戏，或者认识到他们的行动并非特别有害。因此，此类实验与真实情境尚有相当大的差距。

在实验室条件下研究攻击，最流行的方法是巴斯方法（Buss technique）（Buss，1961）。这种方法的程序是，告诉被试将参与一项考察学习中惩罚效应的研究，他们以抽签决定各自的角色，一名被试充当教师，另一名充当学生。当学生对呈现的材料反应正确时，教师要闪一下灯光，以示学生反应正确作为奖赏；当学生反应错误时，教师要压一下按钮，对学生施以电击。教师坐在一台机器前，机器上有一排标着1至10的按钮，代表电击强度由弱至强。按钮1代表很轻的电击，按钮10代表很痛的电击。事实上，研究者事先就安排好实验中充当教师的总是真正的被试，而充当学生的总是研究者的助手。机器外观是十分科学的仪器（见图14-1），但它实际上并不产生电击。当然，被试并不知晓。学生总是按预定的系列反应错误，这样教师将有机会实施不同强度的电击。教师的攻击强度通过按压按钮的持续时间和强度来测定。此外，也可以安排教师通过窗口看到学生的"痛苦"反应，或让其听到学生受电击时的"痛苦"反应。

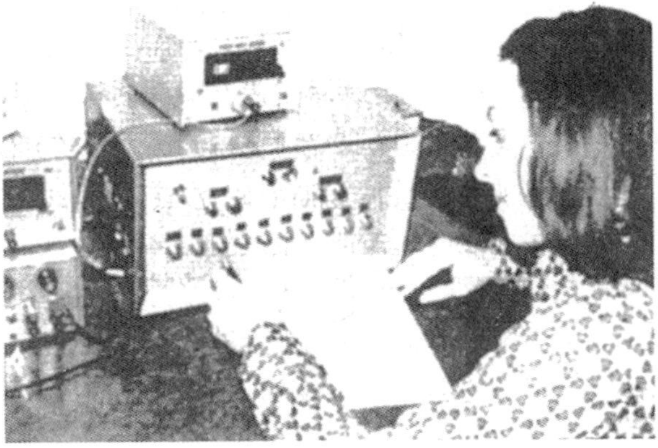

图14-1　巴斯方法所用的仪器

（采自 Baron，1983）

对实验室方法的主要批评是它的效度:它们是否真正测量到我们所要了解的攻击?研究者是否能控制住被试真的相信这种电击不是作假的?被试是否以研究者的期望或依当时的情境变量或依其他人格特征来进行反应?只要能控制住有关变量,用实验法研究就会相当成功。

(三)现场研究法

现场研究法(或实地研究法)(field study method)就是走出实验室,在现实生活环境中直接对研究对象进行研究的方法。对攻击的现场研究法大致可分为三种。第一种是非常间接的方法,即试图探寻大众传播媒体报道的事件与其后发生攻击之间的联系。例如,伯科威茨(Berkowitz,1971)逐月搜集联邦情报局犯罪率的图表数据,暴力犯罪的增多可以通过诸如肯尼迪总统遇刺等重大事件来检核。这种方法可使人们研究“暴力传播”现象。不过,这类方法充其量只能为我们提供进行假设的基础,因为两个事件之间的相关并不一定具有因果联系。第二种比较间接的方法是巴伦(Baron,1976)所用过的,它包括一名驾车的男同谋与另一司机在交通中的间接相遇。同谋在交通信号变为绿灯后15秒钟才开动自己的车子。两名观察者在附近的车内记录跟随在同谋车之后的司机每时每刻的反应,磁带记录下喇叭声。这样,跟在同谋车之后司机的谩骂、手势、面部表情等行为的频率、持续时间和潜伏期就可以被记录下来进行研究。第三种是较为直接的方法,即在机场、商场、餐馆等地方进行研究。在哈里斯的研究(Harris,1973)中,当一位事先毫不知晓的被试正在现场观看时,主试的一名同谋在拥挤的环境中撞挤到另一名同谋。被撞的同谋依据实验要求,或以言语攻击,或以礼貌做出反应。稍后,第三名同谋跟在那位随机确定的被试之后并从后面撞挤他。结果发现,先前目睹言语攻击的被试比先前看见礼貌反应的被试更倾向于以言语进行攻击。

现场研究法也有不少问题。虽然引发攻击的情境颇具代表性,但存在一些道德问题。首先,没有办法事先征得被试同意参与本实验。这是一种对他人的非法利用,主试要负道德和法律上的责任。其次,煽动他人进行攻击(如撞挤他人,交通信号转换后不马上开车等)颇具冒险性,会使他人陷入被攻击的危险处境。主试的同谋会被群起而攻之,或被试真的攻击同谋(这的确发生过)。因此,研究者必须仔细权衡此种研究方法的得失。如果研究是在潜在暴力地段进行,则更应小心谨慎,否则引发的攻击行为将难以收拾。有人(Koněcni,1984)曾就人类攻击行为的实验研究的方法学问题进行讨论。

第二节　攻击的生物与心理社会因素

引起攻击行为的因素很多，从生物和心理社会因素来解释攻击行为的理论，主要包括攻击行为是与生俱来的本能、攻击行为是由生理机制引起的、攻击是对挫折的反应、攻击是从社会学得的行为模式。让我们讨论有关这些理论解释的研究证据。

一、攻击的生物因素

从生物学的观点来解释攻击行为的理论家，最有名的当推弗洛伊德。在第三章中我们已经论及弗洛伊德关于生的本能与死的本能的观点。在弗洛伊德看来，死的本能通常是以攻击他人的方式而导向与外部世界相对抗的。除了弗洛伊德之外，罗伦茨（Konrad Zacharias Lorenz，1903—1989）的社会生物学观点、攻击行为的遗传学观点以及攻击的生理机制的探讨，都是从生物学的角度来考察攻击行为的。

（一）社会生物学的观点

诺贝尔奖得主、动物行为学家罗伦茨（Lorenz，1966）也认为攻击行为是天生的。罗伦茨强调动物和人类都有一种争斗本能（fighting instinct）。这种天生的行动倾向是有机体延续生存的关键所在。但是对于大多数物种的动物来说，个体与个体之间的攻击行动很少会酿成真正的伤害或死亡，因为争斗中的一方最后总会"发出"求饶或投降的信号，从而使打斗行动终止。但是根据罗伦茨的说法，人类保留着攻击本能，却失去了这种讲和策略来抑制攻击行动，因而人类经常成为他们自己同类的凶手。此外，罗伦茨还认为，争斗本能的攻击能量如果不能通过多种行为耗散，势必积聚起来，甚至在适当的环境刺激未出现时也会表现出来。例如，罗伦茨曾观察过雄丽鱼的行为。雄丽鱼是一种攻击性极强的热带鱼，它为了保护自己的领地，常攻击其他雄丽鱼。在自然环境里，雄丽鱼既不攻击雌丽鱼，也不攻击其他种类雄性热带鱼，而只攻击同类的雄性。如果从鱼缸中把所有其同类雄丽鱼都捞走后，由于攻击需求的滋长，它就攻击先前不被理会的其他种类的雄鱼。如果从鱼缸中捞走所有的雄鱼只剩下一条与它同类的雌鱼，这条雄鱼最后也会攻击并杀死其雌性同类。罗伦茨还认为，人类有一种特质是压制自己的争斗本能，这种压制导致争斗能量的积聚，最后以可怕的方式爆发。这种可怕的爆发，似乎可以用补充讨论14-4来说明。

罗伦茨的理论存在三方面的缺陷：第一，因为人类的行为与动物的行为有本质的区别，把动物的行为特点类推到人类，缺乏坚实的实验证据支持；第二，他的理论难以解释人类文化中对于暴力和攻击的表达为何有如此巨大的差异；第三，他的本能理论不易说明特定文化中个体间攻击为何有如此巨大的差异。

社会生物学家试图通过研究动物的攻击来寻求理解人类的攻击行为。但是人类与动物的本质区别在于学习在人类的攻击行为中产生更重要的作用。就人类而言,攻击性是先天倾向与后天习得交互作用的结果,人的攻击行为并非本能行为。人类有意识、能思维,攻击者对于自己的攻击意图通常是知晓的。因此我们应当着重从人所处的社会关系来进行分析,而不宜仅从本能的角度进行分析。

(二)遗传学的观点

在一项比较同卵和异卵孪生子关于攻击和坚定性的问卷调查(Rushton,Fulker,Neale,Nias & Eysenck,1986)中发现,179对异卵孪生子在攻击分数上未达到显著相关(r = 0.04),而286对同卵孪生子在攻击分数上有相当显著的相关(r = 0.40)。研究者估计,攻击特质中约有50%的变异量来自基因的影响,孪生子的攻击倾向极少是来自他们共同的环境。但其他的研究者则寻求做环境和学习的解释。普洛明及福许(Plomin& Foch,1981)应用玩偶来研究儿童的攻击。通过对108对5~11岁的孪生子反应的遗传学分析,他们发现并不存在攻击的遗传影响。不过,这样的研究并未涉及人们是否具有攻击的本能,所探究的也只是人们在攻击上的差异是否来自遗传与环境的交互作用。

另一类研究攻击遗传性的方法是考察XYY染色体异常的个体。最初人们发现一个杀害了许多护士的病人具有XYY染色体。在人类以下的动物中也有人发现攻击行为与雄激素有关,也和多出来的Y染色体有正相关(邵郊,1987)。但是凯斯勒(Kessler,1975)指出,大多数XYY型男性的生活相当正常,这些人大多是因小偷小摸而入狱,较少有暴力犯罪。因此XYY男性的较高犯罪率是由于这些人智力较低不善于掩饰罪行之故,而非与攻击有特殊的关系。

(三)生理机制

两位神经病学家(Mark & Ervin,1970)写了一本名为《暴行和脑》的书,书中提到某些强烈的暴行起因于颞叶癫痫障碍。例如,一名叫怀特曼的男子杀死自己的妻子和母亲,又在得克萨斯大学的一座塔楼上用枪任意射死14个过路的行人;当他被击毙后,对其进行尸体解剖,结果发现其大脑颞叶靠近杏仁核(amygdala)处有一个胡桃大小的肿瘤。另外的证据是,有相当多暴行惯犯的脑电图(EEG)有颞叶的病变特征。因此,他们认为颞叶障碍可能是人类许多暴行的病理原因,所表现出的暴力行为称为失控症(dyscontrol syndrome)。

心理和行为都有其神经机制,攻击的产生也有其神经机制。对动物的研究表明,大脑最古老、最原始的部位下丘脑(或下视丘)(hypotha lamus)与暴力行为有关。用轻度的电刺激猫的下丘脑,它会嘶叫、毛发直竖、瞳孔放大,并突然袭击其笼子里的老鼠或其他物体。

在实验室饲养的一只老鼠从来未咬死过同类,它和另一只老鼠和平地生活在一个笼子里;但如果它的下丘脑一旦受到刺激,它就会扑向另一只老鼠并咬死它。而如果把一种神经化学阻断剂注入老鼠脑中的同一部位,那只原来一看见别的老鼠就咬死它们的老鼠就会暂时变得平和温顺(Smity,King,& Hoebel,1970)。在某些人类案例中,切除下丘脑和杏仁核的病人其癫痫和袭击行为也大为减少。

就高等哺乳动物来说,这种本能的攻击行为是受大脑皮质控制的,是受经验影响的。群居的猴子有一种支配性的等级制度:一两只雄猴为首领,而其他猴则处于各级水平的从属地位。当猴王的下丘脑受到电刺激时,该猴会袭击下属的雄猴,但不袭击雌猴。当下级猴受到同样的刺激时,它会退缩,表现出顺从的行为。因此,并不是刺激下丘脑就会自动地引发猴的攻击行为;相反,猴在做出反应时,会考虑到环境及过去的经验。人类也是如此,其攻击行为也有神经机制,并受大脑皮质控制。

二、攻击的心理社会因素

目前,心理学家对攻击的研究主要是从心理社会因素的角度进行探讨的。许多心理社会因素,如挫折、社会学习、影视影响等都在攻击行为的产生和表现中扮演着重要的角色。

(一)挫折-攻击假说

日常生活中随处可见这类现象:一个人用钢笔写字,但在纸上怎么写都写不出字迹来,他变得又气又急,索性把钢笔狠狠地摔在地上;一个小孩拿着漂亮的玩具不让其他小孩玩,其他小孩就会愤怒地揍他。实际上,小到人际关系中的红脸吵嘴,大到国家间的严重对抗,挫折(frustration)均是攻击的一个潜在媒介。多拉德等人的挫折-攻击假说(frustration-aggression hypothesis)认为,攻击行为的引起始终以挫折的存在为先决条件,反之,挫折的存在总要导致某种形式的攻击(见补充讨论8-3)。这一简单、极端的假说存在明显的缺点。并非每个人遇到挫折时都表现出攻击,就是同一个人也不是每次遇到挫折都进行攻击;挫折有时会造成消沉和退缩而不是攻击。且攻击也时常在没有挫折的情况下发生。例如,正如观察学习研究中所发现的,儿童对塑料玩偶攻击的增多,是由于模仿榜样所致而非挫折之故。后来,米勒(Miller,1941)认识到这些局限,对该假说进行修正,他指出挫折能够产生许多反应,攻击是其中之一,许多不同的条件都会影响挫折和攻击之间的联系。

后来,伯科威茨(Berkowitz,1989)对多拉德等人的挫折-攻击假说做了修正。伯科威茨提出，挫折是令人厌恶的，且可能产生攻击，但只有当它在个人心中产生不愉快的情绪时才会如此。例如，当所经历到的挫折是横行霸道时，挫折与攻击之间可能有直接的联系；当挫折剥夺了个人行动的自由时，可能会出现强烈的攻击。

挫折起初产生的是愤怒，而不是攻击。但如果环境中有适当的线索，就会导致攻击；如果没有此种线索，个人可能耐心地试图克服这种挫折，或变得沮丧、退缩。在伯科威茨和拉佩格(Berkowitz & LePage，1967)的研究中，研究者的一名同谋惹起被试的愤怒和受挫，然后让被试处于有机会使用电击机器对其他同谋表达攻击。结果发现当攻击线索呈现在室内，如猎枪、手枪放在附近的桌子上时，被试就更可能给出强的电击。挫折和攻击之间的联系是以环境线索为基础的。

严重的挫折可能引起强烈的攻击行为。但挫折是否会引起攻击，人与人之间有个别差异。每个人对同一情境并非都会感受到相同程度的挫折，也并非所有的人都对挫折给予相同的反应。人们的挫折容忍力(frustration tolerance)不同，他们对同一情境的反应方式亦不同。罗森茨韦格(Rosenzweig，1944)发展出一种图画完成测验，即罗氏图画挫折研究(Rosenzweig Picture Frustration Study)，用来测量挫折、攻击反应的个别差异。该测量内容系描述某人使他人受挫的一组漫画。受挫者有一空白反应栏，要求被试写出如果他处于该受挫情境时会做出何种反应。然后依据攻击方向和类型对被试的反应进行计分(见表14-1)。在探讨挫折-攻击的关系时，挫折容忍力的个别差异显然是一个重要的机体变量。

表14-1 对挫折反应的方向和类型上的个别差异

方向：
情境：一辆驶过的汽车把泥巴溅在我身上。
反应方向
外责反应："我向那辆车丢石头泄愤。"
内责反应："我真笨，不该在这种天气站得靠街道这么近。"
无责反应："无所谓，反正这套衣服已经脏了。"
类型：
情境：我期中考试的成绩很差。
反应类型
自我防卫："我欠用功。"
坚持需求："我要求这次考试重新评分。"
障碍支配："我决定让我所有朋友都批评该教师以'讨个公道'。"

(采自 Rosenzweig，1944)

补充讨论 14-1

侮辱性挑衅在攻击中的作用

侮辱性挑衅在挫折中是否会引起攻击有着特别重要的作用。许多情况下，暴力行为差不多都是在侮辱性挑衅下触发的。例如，开始时两人之间是轻微的侮辱，进而是更严重一些的辱骂，然后开始动手动脚（如推、踹等），此时尚不很严重。最后，随着挑衅辱骂更为激烈，终于爆发暴力行为，结果是一个人或更多的人严重受伤。下面是巴伦等人对互相挑衅导致暴力事件过程的描述：

一个喜欢惹是生非的人轻微地侮辱某个人，也许是说些侮辱其母亲的话，“我昨晚看到你妈和一个男人在一起”。然后他继续说，“她喝得醉醺醺的，像个妓女似的”。那个被侮辱者也会反过来侮辱这个人，或是侮辱这个人的亲人。这时，在旁观者的鼓动和叫喊下，侮辱变得更加龌龊和下流。后来，两个人都侮骂起对方家里的人，以及他们的所有色情和非色情的行为……最后，其中一个参与者（那个一直顶着所有旁观者的共同压力的被骂者）达到了忍无可忍的地步，首先动手。他拔出小刀，或拾起一根棍棒，企图用来攻击对方（即骂人者），有时还有旁观者进入行动的信号。结果，往往都是以被骂者的严重的肉体创伤为最后结局。

侮辱性挑衅常常使受挫者以强烈的反击来回击他人的挑衅，它经常是攻击行为的催化剂，甚至在攻击程度不很强的情况下也是如此。这一点已为许多实验所证实。例如，在吉恩（Geen，1968）的实验中，把被试分为三组，分别给他们三种情境：侮辱（主试的同谋对他们无缘无故的语言攻击）；人为挫折（主试的同谋阻碍他们完成正在做的任务）；任务挫折（要他们完成一个不可能完成的任务）。在这些步骤之后，允许他们用巴斯的攻击机器按照前述的方法来攻击主试的同谋。第四组为控制组，被试在既没有被侮辱也没有受挫折的情况下攻击受害者。结果如图14-2所示，侮辱引起最强烈的反击，其次是人为挫折，再其次是任务挫折，控制组被试的攻击最轻。说明语言挑衅比其他两种形式的挫折更能诱发以后的攻击行为。其他一些实验也得到了同样的结果。这里应当注意，在这些实验中，挫折的次数与语言攻击的次数并不相等，因而不能说轻微的侮辱比强烈的挫折更能诱发以后的暴力行为。

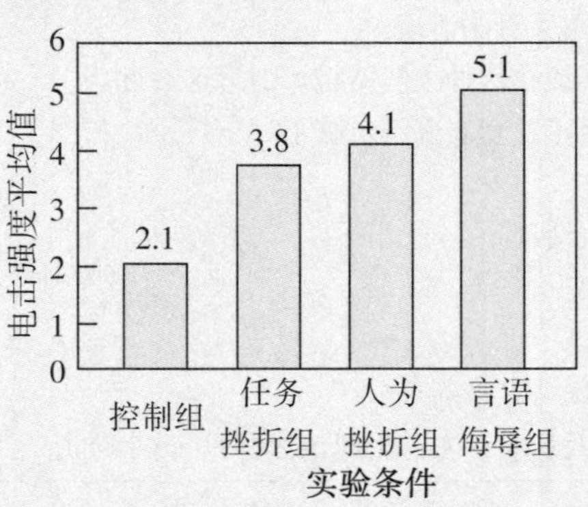

图 14-2 两类挫折和言语侮辱对攻击行为的作用

（采自 Geen，1968）

(二)社会学习与攻击

社会学习论强调学习,不承认攻击是本能或攻击是由挫折引起的内驱力的观点,强调通过观察或模仿可以学会攻击,而且越是被强化的攻击行为,出现的可能性越大。

1.观察学习

在第八章和第九章中我们讨论过班杜拉关于观察学习、模仿与儿童的攻击行为联系的论述。攻击常是有机会观察到攻击表现的直接结果。同时,攻击常会因受到奖赏而增多。在吉恩和史通勒的研究(Geen & Stonner,1971)中运用电击机器方法,口头强化被试对另一个人给予电击("你做得很好"),而控制组则不加以强化。结果显示,强化组的被试比无强化组的被试提高了对受害者的电击强度。班杜拉指出,对某人成功的攻击往往带来某些满足,从而使攻击行为得到强化。例如,攻击行为可以因各种形式的社会报酬和赞同而得以存在。士兵在战场上杀死了许多敌人之后会得到奖章以及其他特殊享受。居民眼里最强壮的儿童,由于他的力气大,不但可以得到各种物质上的好处,还拥有相当高的地位和威信。攻击行为也可以通过自我强化而得到保持,因为攻击者总为自己的攻击行为而感到洋洋自得。社会上的各种暴力活动很可能都与观察学习有密切的联系。

2.童年经历

我们在成长过程中表现如何,在很大程度上取决于我们早期在家庭中的童年经历。不过,童年经历对成年行为的效应有多种解释,而该领域研究中方法学上的问题也较多。西尔斯等人(Sears,Maccoby,& Levin,1957)进行一项以数百名母亲为对象的大规模研究,探讨攻击与教养孩子方式的前因。他们把母亲所报告教养孩子的方式和儿童的实际行为进行相关分析,结果表明:似乎父母对孩子越放任,孩子的攻击行为就越多;父母对孩子的攻击行为施以严厉而粗暴的体罚,会增加儿童的攻击性。严厉粗暴地惩罚孩子之所以会使孩子产生攻击行为,可能是因为这样的父母不仅使孩子遭受挫折,产生愤怒,而且还给孩子提供了暴力攻击的榜样。虐待儿童的现象由来已久,且各个社会阶层都存在。威登(Widom,1989)探讨过暴力相传(violence breeds violence)的假说,指出如果父母本人在童年时遭受虐待,那么他们就更可能虐待自己的孩子。

(三)影视的影响

儿童善于模仿,特别喜欢照着他们从电影电视中看到的人物学习,武打片流行之时,走在街上随时可见舞刀弄枪的孩子。儿童从影视片上学到新的攻击方式,也从其中看到某些人物使用暴力而逃脱了惩罚。观看过多的凶杀暴力之后,他们对残暴行径和稀奇怪诞之事也觉得习以为常,对攻击行为也不怎么惧怕了。但是,有人却认为,影视暴力具有宣泄效应,通过看别人的暴力行为可以释放我们自身的攻击潜能。这种观点是值得讨论的(参见补充讨论14-2)。

补充讨论 14-2

攻击是一种宣泄方式?

不论外行还是专家都普遍认为,通过对敌对冲动做"无害"的释放将有效地减少攻击行为。人们经常断言,只要给愤怒者出出气就能减弱其情绪激动,还能减少其将来采用暴力的可能性。根据这个信念,有的父母鼓励孩子去发泄敌对感情;遭受挫折的人被建议参加非常消耗体力的运动以减少其攻击冲动。这些看法源于精神宣泄说(theory of catharsis),最早由弗洛伊德提出,后来由多拉德及其同事做新的阐述:"任何一种攻击行为的发生,都是减弱其余一切攻击行为冲动的精神发泄"(Dollard, Doob, Miller, Mowrer, & Sears, 1939, p.33)。费西巴哈和辛格(Feshbach & Singer, 1971)的上述研究也支持宣泄论。在另一项研究(Hokanson & Burgess, 1962)中,使被试受挫和愤怒,为了考察被试的愤怒和激动是否因对挫折者的攻击而降低,创设了三种条件:(1)通过电击进行身体攻击;(2)通过评定实验者进行口头攻击;(3)对一套图片进行想象反应,允许他们攻击使其受挫的人。另设一个不给予攻击机会的控制组。结果发现,与想象组和控制组相比,身体攻击和口头攻击组的被试都降低了激动水平。

表现攻击之后个人觉得更舒服,但不能保证将来的攻击会消失。攻击后觉得舒服可能产生强化作用,会提高以后的攻击水平。例如,有些人踢家具、摔盘子等行为不仅不能降低冲动,反而会增强以后攻击冲动的总爆发。诸如此类的攻击行为的正面效果相当有限。那种认为为了不攻击而必须攻击的说法看来是站不住脚的。也有人认为,从事攻击性的体育竞赛能以社会接受的方式消除运动员和观众的攻击性,因为这些体育竞赛有宣泄作用。但研究结果往往显示这类体育竞赛会增强攻击(Zillmann, Bryant, & Sapolsky, 1978)。还有人认为,幽默、讽刺等也是一种可接受的攻击宣泄方式。但有人认为,幽默实际上可能是一种惩罚和贬损他人的方式,因而也会促进攻击(Zillmann, 1979)。

观看电视或其他形式的攻击是否会宣泄攻击冲动?迄今为止,尚无定论。但巴伦和里查德森(Baron & Richardson, 1994)指出,仅给发怒者看一些与他无关的暴力场面(通常是电影)是不足以宣泄其攻击行为的。

现实生活中也有一个例子:美国加利福尼亚的一些太空工作人员被解雇,这些人首先接受面谈,让他们谈对其公司和上司的看法,然后要求他们将感受书写出来。在面谈和书写中,这些人都宣泄了心中的愤怒。结果是:在谈话中怒气冲天的被解雇者,在书写报告中的攻击表现更为严重;谈话中的怒火进一步点燃了攻击。

虽然上述结果与攻击具有宣泄作用的说法背道而驰,但仍存在攻击行为的表现可减轻攻击影响力的情况。例如,表现攻击行为会引起攻击者的焦虑感,从而抑制了进一步的攻击。又如,即使在行动中表现敌意并不是总会减弱其攻击性,但毕竟会使人感到舒服些。这也许是由于攻击者感觉到更有力量,更具控制力。

约瑟夫森(Josephson,1987)研究过小学二三年级的男孩,让他们六人为一小组观看暴力或非暴力电视片。然后将这些小组一半的孩子置于与电视节目有关的线索情境中,并在看电视节目前后使被试受挫。通过观察孩子们玩曲棍球来评量其攻击行为。结果发现:暴力电视节目的确增加了攻击行为,不过主要是那些稍早被评为有攻击性倾向的小组才如此;如果情境中呈现与暴力有关的线索,这些男孩便更具攻击性。莱恩斯等人(Leyens,Camino,Parke, & Berkowitz,1975)先观察生活在一所私立学校中一群男孩的行为,然后把他们分成两组,并分别让他们观看五部暴力电影或五部非暴力电影,这些电影每晚放映一部,连续五天放完。将孩子们看过电影之后的行为与其之前的行为进行比较。结果发现:观看暴力电影的男孩确实增加了攻击程度,而观看非暴力电影的被试则没有一致性的行为变化。

厄龙和休斯曼(Eron & Huesmann,1984)的研究表明:幼儿观看电视和其后的犯罪之间存在很强的正相关(见图14-3)。厄龙(Eron,1982)报告了两项大规模纵向研究,其中一项研究的被试是纽约市郊区的875名8岁儿童,另一项研究的被试是芝加哥市内和市郊的758名8~10岁儿童。有关攻击的测量来自同伴的指名、自我评量和想象反应。被试还报告他们看电视的时数及他们所看电视节目的写实性。厄龙在此项研究的总结中写道:

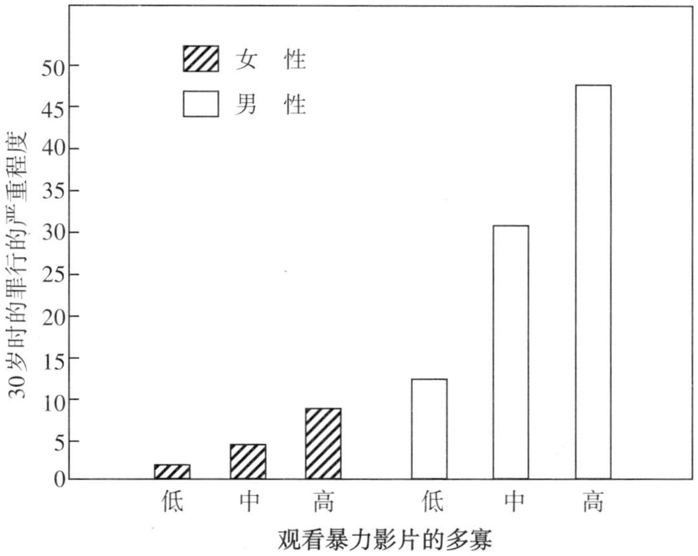

图14-3　8岁时看电视的频次与30岁时的犯罪严重性的关系

(采自 Eron & Huesmann,1984)

有个特别值得关注的发现是持续看电视暴力与攻击行为间的关系。现在已经清楚,这种关系不是单向的。虽然我们说电视暴力只是攻击行为的一个原因,但是也可能有攻击性的儿童却更喜欢看更多的暴力电视节目。这一过程很像是循环的……攻击性儿童不受欢迎，并且由于他们与伙伴的关系不融洽，他们就比那些受欢迎的伙伴花更多的时间去看电视。他们从电视上看到的暴力又再次使他们相信自己的行为是对的，同时又教会了他们新的暴力手段，这些手段又被他们用来对付别人，结果这样的儿童就变得更不受欢迎，他们只好再回到电视机前，如此循环不止。(Eron，1982，p.210)

不少研究显示，攻击行为与学习成绩差有关。学习成绩差的儿童花大量的时间去看电视，他们便有更多的机会观摩和认同攻击榜样。

也有人认为，观看暴力影视和其后的攻击行为间并没有稳定的联系。例如，费西巴哈和辛格(Feshbach & Singer，1971)对前青春期和青春期的两组男孩观看电视的习惯进行完全的控制，让其中一组固定地观看暴力节目(西部片和犯罪片等)，而另一组只观看非暴力节目(喜剧片、非攻击性卡通片等)。结果出乎意料，观看非暴力节目的男孩比观看攻击节目的男孩表现出更多的攻击行为。观看暴力片的被试实际上比其未看电视节目前还减少了攻击。此种结果对于社会经济水平较低的孩子来说尤其明显。对于此项结果，费西巴哈和辛格的解释是，10岁左右的孩子已经能够区分虚构暴力和真实暴力。观看暴力电视也可能宣泄人们的攻击冲动。但是不论如何，观看电影电视中的暴力行为或野蛮行为，的确会大大增加观看者本人从事此种行为的可能性。

第三节　攻击的情境与人格因素

一些特殊情境，例如高温、拥挤、特殊的社会条件(如责任模糊、服从权威)等都会导致攻击行为。这当中人格因素也可能参与运作。本节将讨论导致攻击的情境和人格因素。

一、攻击的情境因素

(一)高温

高温令人烦躁，容易使人变得有攻击性。格里非特等人(Griffitt，1970；Griffitt & Veitch，1971)的实验室研究显示，高温导致烦躁，对他人有负面反应，以致出现攻击。很多研究显示，暴力与气候季节确实有联系。在夏季的月份里，强奸和其他暴力(如家庭纠纷、人身伤害、谋杀等)会随着温度的升高而增加(Michael & Zumpe，1983)。室外温度升高，女性在家里受到攻击的案件也会增多。因此这就不仅是温度升高后人们在户外活动多，从而提高了暴力犯罪的机会所能解释的。此外，当温度较高和空气污染严重时，暴力行为也会增加。在一个城市所做的研究发现，当臭氧水平较高时，家庭纠纷的发生率最高；而在多风和湿润的天气时，家庭失调的情况较少(Rotton & Frey, 1984, 1985)。从这些不严谨的相关资料所做出的因果性推论，其可靠性也令人怀疑。但是一些控制较为严谨的研究结果仍然表明：不舒服的燥热与暴力犯罪有关联(Anderson, 1987)。

(二)拥挤

拥挤和密度是有区别的。密度(density)是指在一定区域内的人数；而拥挤(crowding)则是一个主观量度，指一种没有足够空间的主观体验。拥挤影响人的复杂作业能力，引起高度的生理觉醒。在一项研究中，让被试三周内三次处于拥挤状态中，他们都报告说感觉到紧张不安、烦躁，生理觉醒也较高(Epstein, Woolfolk, & Lehrer, 1981)。动物的实验表明，关在一个小空间里的许多动物，确实被观察到高度的攻击性(Calhoun, 1962)。虽然关在一起的老鼠与生活在拥挤城市里的人是不能相提并论的，然而，在拥挤的城市里有着更高的犯罪率也相当普遍。一项研究发现，公寓建筑层数愈高，抢窃频数也愈高(见图14-4)(李美枝, 1980)。造成高层建筑抢窃率高的原因可能是：(1)高层建筑里的居住者难以划清领域界线，不容易分清本楼层居民与外来者；(2)高层建筑的公共领域如电梯与楼梯间，具有相当的隐蔽性，罪犯容易躲藏；(3)拥挤能抑制亲社会行为，使得人们很少去帮助他人。

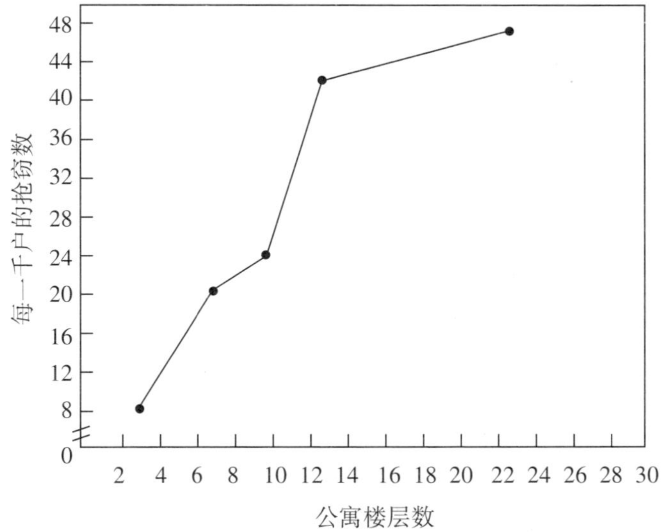

图14-4 高层建筑的层数与抢窃频数的关系

(采自 李美枝, 1980)

(三)责任分散

人们在他人在场时会降低对自己行为结果的责任感。所以处在人群中，可能会有更多的攻击行为。在一项研究(Mathes & Kahn, 1975)中，将被试分别置于单独一人或三人小组中一起受到侮辱,类似的控制组未受到侮辱。结果表明,三人小组中的被试寻求报复比单独一人或控制组的被试有更多的攻击反应。三人小组的被试并不像单独一人的被试那样感到对自己的攻击负有责任,这种现象称为去个性化。所谓去个性化(或个性弱化)(deindividuation),是指个人在群体意识的影响下暂时丧失了自知力,丧失了自己的身份,匿名地与群体合为一体的心理状态。这就造成了减少对冲动行为的约束,使其认知和情绪与难以控制的暴民行为相结合。因此,我们可以看到,在一群暴民中,人们可能会做出不负责任的攻击行为,因为他们以为比起单独做这种事,他们在群体中就不大可能被抓到或被处罚。

隐匿性会增加攻击行为,这在各种不同的社会环境中已被证实。男人在出发作战之前,会先戴上面具或在身上涂上彩漆。而在另一些社会中,在成为战士之前并没有这种改变外观的仪式。研究结果显示,在15个战士必须改变外观的社会团体中,有12个显示有高度的杀戮、折磨、凌虐敌人的行为指数,而出战前不改变外观的8个社会团体,只有一个有一般强度的攻击性(Watson,1973)。

(四)服从权威

在某些情况下,个人的攻击行为并不是由受害者引起的,也不是观看他人的暴力行动或高温所致,而仅仅是因为某种特殊社会条件需要他这样做。例如,一个刽子手把一颗氰化物药丸投入毒气室中,撤掉绞刑架下的箱子或接通电椅开关,这并不是因为他对受害者有什么怨恨,而仅是因为遵从上司的工作。同样,一些街头犯罪团伙所进行的暴力行为,并不是因为他们能从这种活动中得到什么享受,只是因为他们在团伙中的社会地位要求他们这样做。米尔格拉姆(Milgram,1963)的实验表明,服从权威是攻击的一个重要情境变量。在实验室里让被试对一个无助的受害者施以他认为是非常痛苦的电击。一旦被试对电击受害者犹豫不决,主试就命令他们接着做。这些被试是成年男子,其职业从非熟练工人到职业工程师都有。在实验中受害者大喊大叫,乱打墙壁,要求停止电击,但大多数被试都毫不犹豫地服从主试的要求,继续电击。

也许在这项实验中被试知道他们参与的是一项科学实验,为了有助于科学研究,他们愿意服从这种强烈的实验要求。那么在现实生活中,人们也许就不会服从权威者的命令而置他人的生命于危险之中。为了检验这个假设,一些精神病医生和护士们在医院的真实生活环境中做了一项研究:护士(被试)接到医院里一位未曾见过面的医生打来的电话,被告知先拿药给一位病人服用,以便于当他到达病房后可以立即进行诊断,并告知他到达后将负责在药单上签名。他所开的药剂和药量是20毫克的Astroten。而Astroten药瓶上的标签标明平常每次用量是5毫克左右;最大用量不得超过10毫克,否则会危及病人生命。

当把此种两难处境描述给12位护士听时,有10位说他们将不会服从这位医生的指令。然而,在实际情境中,几乎每一位护士都服从了指令。在22位被试(护士)中,有21位已准备为病人注射那种分量的药剂(事实上是一种无害的药),直到在场的一位医师(也是研究人员)阻止了他们为止(Hogling et al.,1966)。这表明,人们对所信任的权威者的命令,很容易表现出服从行为,特别是当权威者承担起人们行为后果的责任时,人们往往会放心大胆地去遵从命令,对无辜者施加暴行和攻击。

(五)暴力年代

从情境的因素看,某一年代也会成为攻击行为的高峰期。有两位社会心理学家曾观察到暴力年代是暴力行为的高潮期。例如,美国的犯罪率在经过30年相对减少之后,在越南战争期间暗杀和蓄意杀人率增加了一倍。他们还从历史和比较的角度制订了一份犯罪率调查表,表中列入110个国家在1900—1970年这段时间的各种犯罪率(包括杀人、袭击、抢劫、偷盗和强奸)。然后,比较参战国和非参战国战后和战前所发生的杀人率。战前和战后的时间均定为5年。结果发现,这一时期的14场战争中,50个参战国与非参战国相比,战后很少有哪个参战国国内的杀人率是降低了的,绝大部分参战国国内的杀人率都升高了,如图14-5所示。战后杀人率剧增可能与模仿导致攻击行为增多有关。如果这时政府宽容暴力行为,那么暴力行为被人接受,平民百姓就会被鼓动去容忍这种暴力行为,这样在战后人们就会模仿这些行为。结果是,一个国家在战争中发生的暴力行为越多,战后这个国家发生的杀人率也越高(魏明庠等译,1990)。

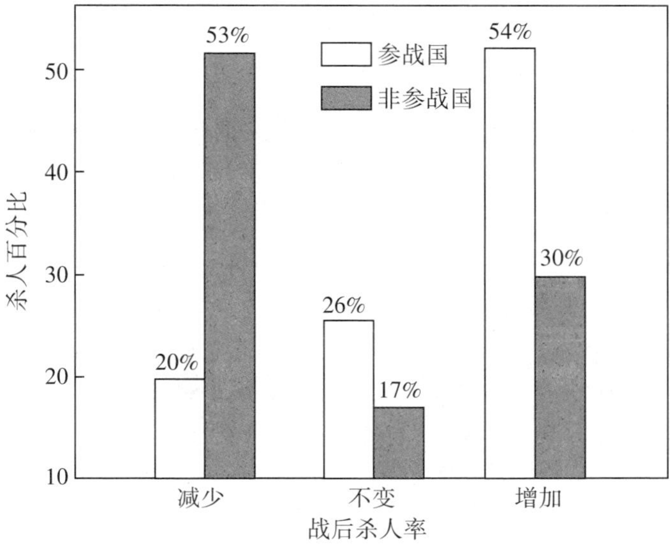

图14-5 20世纪14场战争中参战国与非参战国战后杀人率变化之比较

(采自 魏明庠等译,1990)

还有研究显示，如果一个公司的董事长或国家元首突然死亡，很可能在一个时期内会导致一系列的攻击对抗。除非在继承问题上已建立了稳定的程序，这种攻击对抗才会休止（魏明庠等译，1990）。

（六）性唤起

弗洛伊德认为，企图伤害自己所心爱的人，或被这个人所伤害，是异性关系中的组成部分。性欲和攻击行为是紧密联系、互相增强的。不过，实验结果却与此种观点相矛盾。例如，齐尔曼（Zillmann，1971）的一项研究中向男性被试分别呈现三种电影：一是色情片（一对夫妇在做爱）；二是攻击性的（暴力拳击比赛）；三是中性片（一次中国旅行）。看完后，将被试置于“教师-学生”电击的情境中，使被试有发泄攻击的机会。结果发现，观看色情片大大激起被试的攻击欲望，其次是观看攻击片，最后是中性片。而巴伦（Baron，1974）的研究结果则相反。在经历愤怒之后，让男性被试分别看色情刺激（裸女图画）、穿衣服的女人图画或中性刺激（风景画等）。稍后将被试置于电击机器实验的情境中，结果是看过裸女或穿衣服女人的被试比看过中性刺激的被试更少具有攻击性。对于这两项研究结果的矛盾，杜纳思坦等人（Donnerstein, Donnerstein, & Evans，1975）认为，轻度色情刺激（如裸体女人）令人愉快、使人分心，从而使被试的注意从明显的攻击和挫折上转移开；而强烈的色情刺激（如夫妻做爱）则会增强性冲动，因而使以前经历的愤怒不能被抑制。也有人认为，重要的是被试对色情刺激反应的品质（White，1979）。一些个体更可能对轻度刺激以正面情感进行反应，而对强烈性刺激则产生反感，因而助长攻击。色情刺激和攻击的关系涉及许多变量，其中最重要的是如何对待女性，特别是在当今西方社会对女性的暴力和攻击日益增多的情况下更是如此（见补充讨论14-3）。

补充讨论 14-3

对女性的攻击

据估计，美国每年约有200万名妻子被丈夫殴打成伤。这类攻击，开始是心理上的攻击，但常常转变成身体的攻击（Murphy & O'Leary，1989）。由于家庭中的暴力如此普遍，许多挨打的妇女被迫离家寻求庇护。她们不能解决自己的困境，普遍有一种无助感。家庭暴力也对目击的儿童产生严重的影响：家庭暴力就从上一代传给了下一代。

酗酒、吵架、金钱、嫉妒、性生活常导致丈夫虐待妻子，男子的某些人格特征似乎与虐妻有关。一项对因虐妻罪而被捕的男子所做的研究发现，这些虐待妻子的男人的人格可分为五种类型：(1)依赖-怀疑型：这类男人嫉妒心强，暴力由此而生；(2)暴力-恐吓型：这类男人在生活的许多方面（包括结婚）惯常用暴力解决问题；(3)专制型：这类男人支配动机极强，妻子稍有差池便拳打脚踢；(4)依赖-被动型：这类男人在家庭中一直处于被支配地位，由于妻子的长期虐待而导致暴力;(5)稳沉-挚爱型:在这些人中,男女间的爱情是稳定的,只是在心理失常(特别是在抑郁状态下)时,才产生暴力行为(范志强等译,1986,281页)。

家庭中妇女挨打仅是对女性攻击的一部分,而强奸暴力可以说是波及各个年龄、种族和社会阶层的女性。对美国13个城市中250 000多个不同年龄妇女的个人历史调查后,约翰逊(Johnson,1980)得出结论说:"美国妇女生活在一个随时都可能成为性暴力牺牲品的实际危险境况之下。据保守的估计,就全国目前情况来说,现在12岁的女孩中有20%到30%在她们未来的生活中将会遭受性暴力蹂躏"(Johnson,1980,p.145)。他指出,一个妇女将遭受性暴力的概率和她们将得癌症或离婚的概率一样高。最近,对年轻女性的近亲相奸已成为美国社会的重大问题(Phares,1991)。此外,对女性的攻击还有性骚扰、猥亵电话等等。所有这些从最强暴的攻击到轻度的性骚扰,反映了美国社会的一个严重问题——对女性的攻击。

一些奇谈怪论常被用来掩饰或忽视对妇女暴力的关注。例如,有人认为某些妇女被强奸是由于她们自身行为不检点,或穿着太暴露等。妻子不听丈夫的话或家务做得不好,就该挨打受骂。还有人甚至认为女人天生乐意受辱,而男人的性欲强、攻击性强,所以攻击女性在所难免。很明显,这些说法都是歧视妇女的大男人主义论调,是十分错误而有害的。

色情录像和淫秽书刊的内容大多是描绘对妇女的暴力和贬损妇女的人格。好像她们的存在只是为了满足男性的性欲,而女性则乐意接受所有的男性。色情录像和淫秽书刊具有强烈败坏社会风气的作用。如果男性连续看这类影片和书刊,就会导致更多的反社会行为和对女性的攻击。在美国,每年都有大量的暴力和贬损女性的R级和X级影片在播放,许多男性在观看这类影片。一个男性经常看这类影片,可能就会增加他对妇女的反社会态度和行为。因此,为了净化社会风气,减少反社会行为,必须取缔色情录像和淫秽书刊。

在男女不平等的社会里,许多情境因素,从酒精和金钱到夏季高温和性冲动等等,都会导致对女性的暴力行为。在男女不平等的社会里,对妇女的暴力行为还包括切割女性生殖器、溺杀女婴、产前性别选择等。只有妇女在经济上取得独立、男女完全平等之时,对妇女的暴力才可能消失。

二、攻击的人格因素

对于人格特征如何影响攻击的问题,具体的研究成果很少。应当说,影响攻击的人格因素是存在的。一个坏脾气、易发怒的人或一个思想品质恶劣的人,似乎都有较高的攻击性,特别是当有关线索出现时更是如此。

(一)攻击性可能是一种特质

奥尔韦斯(Olweus,1979)曾考察过16项攻击行为的重要研究并断言:"攻击行为的一致性程度比那些提倡在人格领域里行为专一性主张的人所认为的要高得多"。他认为这种一致性并不排除环境因素,但在童年早期已显露出攻击性。

我们可以看到，儿童特别是一些男孩可连续数个月表现出颇为一致的攻击性。威登(Widom，1989)认为，攻击性是一种甚为稳定的特质，早期(8~10岁)的攻击性能相当准确地预测其后的反社会行为。一项持续22年的研究表明攻击性是相当稳定的特质；现今30多岁富有攻击性的人，其中大多数在十几岁也富有攻击性(Huesmann，Eron，Lefkowitz，& Walder，1984；Eron，1987)；它甚至可以出现在下一代(Huesmann，Eron，& Yarmel，1987)。前已述及，受虐待的儿童，成人时也会虐待他自己的孩子，从而造成恶性循环。这种稳定的攻击性是先天遗传的还是后天习得的？ 应当说，这种特质大概与智力一样，是先天与后天交互作用的产物。

(二)与攻击有关的其他人格变量

除攻击性之外，还有一些人格变量，例如低自我价值感、盲从、过度的自制也可能与攻击或暴力行为有关。

自我价值感(或自尊)(self-worth)是指任一个体对自己的重要感和悦纳感。个体通常对自己的力量(影响和控制他人的程度)、重要性(被其他人接受、注意和亲善的程度)、品德(自己达到道德和伦理标准的高度)和能力(完成自己认为重要任务的情况)的自我评价不同，从而形成高低的自我价值感(Coopersmith，1967)。研究显示，高自我价值感者有着关于自己的一系列正面看法，普遍认为自己是比较出色的、有能力的、受人喜欢的，对自己有信心，相信自己能够克服自己的缺点(Baumgardner，1990；Brown，1986；Marsh，1986；Pelham & Swann，1989)；而低自我价值感者则有较多负面的自我评价，且有更多的攻击行为(Bargh & Tota，1988；Gotlib & Olson，1983)。这些人之所以惹是生非，挑起事端，目的是用攻击行为以激起社会对他们的关注。

盲目性(blindness)是指个人的思想依赖于他人、行动受别人的指使和暗示，缺乏思维的独立性和批判性(朱智贤等译，1957)。盲从的人十分信任可作为社会代表的权威者，很容易表现出服从行为。特别是当权威者声称承担起我们行为后果的责任时，便会放心大胆地去遵从命令。前述服从权威时所表现出的攻击行为和暴行，正是反映了个体的盲目性在起作用。此外，过度的自制也可能导致强烈的暴力行为(见补充讨论14-4)。

补充讨论14-4

极端自制导致极端的暴力行为

不少人认为，攻击犯罪是个人自制力缺乏所致。他们的推论是：除了缺乏自制力、极好惹是生非的人之外，有谁会屠杀他人、袭击小孩和危害自己的家人呢？ 然而，进一步对参与暴力行为者调查得到的结果却与上述观点不一致。许多重案犯并不是凶暴的人，反而是被动的、沉默的和举止温和的，这些人过去没有什么明显的暴力行为。事实上，他们并不是那种容易冲动和易怒的人，相反的，却表现出特别强的忍耐和自制力。请看下面这个例子：

有一天吉姆回到家时，惊讶地发现妻子正和邻居的一个农夫躺在床上。他说当时他不知如何是好，只把门关上，就到田里哭了起来。他还说，他本来可以采取一定的行动，因为在与卧室相通的那间房里就有一支装上了子弹的步枪。吉姆对妻子的不忠没有表示什么，而他的妻子看到他这样，就越发放肆起来。她开始留那个情夫和他们一起进餐，有时候甚至还留他过夜。对此，吉姆并没有提出异议，甚至还把钱、种子、农具等借给那个情夫。这种局面一直维持了三年。后来，有一次当吉姆外出时，那个情夫开了一辆汽车到吉姆的农场，把吉姆家里的所有东西和牲畜，以及吉姆的妻子和四个小孩全都带走了。吉姆虽然对妻子和孩子的失踪感到震惊，但却没有打听她们的去向或设法把他们领回来，就像他过去对妻子的情人一样不闻不问。

这确实是一个令人奇怪的例子，面对着反复和巨大的挑衅而无动于衷。在长长的三年中，尽管他的妻子和情人胡作非为，但吉姆却没有提出任何抗议。事实上，即使是在那个情夫把他的老婆孩子及其财产带走以后，他的反应也是完全消极的。只是后来他又结了婚，在发现第二个妻子也找了个情夫之时，才终于勃然大怒，采取了特别残忍的方式杀死妻子。(Schultz，1960，p.106)

在分析这类案子后，梅加吉(Megargee，1966)得出一个结论：极端暴力行为的罪犯，实际上多数是对攻击行为具有很强自制力的人。他推断，由于这种很强的内抑制，这种人对挑衅几乎不做出任何反应，而宁愿以极其消极的方式把愤怒和不满深藏起来。然而，如果促使他们产生暴力行为的强度增大而超过了某个关节点，他们极度的抑制力被完全冲破，这时，这些外表温顺的人就会突然爆发，诉诸暴力，其残忍和野蛮程度是受害者所意想不到的。但是，在攻击行为爆发后，他们很快回复到以前的消极状态，重新成为完全没有“火气”的人。所以，在梅加吉看来，最有可能采取极端暴行的人并不是像人们想象的那样，是好斗的、抑制不住的人，相反的，却是抑制过度的人。

为验证这一论点，梅加吉(Megargee，1966)对四组年轻的男性罪犯进行一次实验。第一组被试犯有严重伤害罪(如谋杀自己父母等)，第二组犯有一般伤害罪(如斗殴或袭击他人但受害者伤势不重)，此外还有两组无攻击行为(有盗窃)的罪犯。实验结果证实了他的预期。第一组犯人被捕前一般都比其他组犯人的行为更消极、更自制。在被监禁期间，他们的律师也认为他们比其他三组犯人更易合作、友好和温驯，更少出现反抗和攻击行为。心理测验得到的结果也表明第一组犯人比其他三组犯人对攻击行为具有更大的自制力。

(三)行为异常者

变态心理学中有许多攻击的案例和种类。例如，在儿童中有一种社会化行为异常(socialized conduct disorder)(Quay，1964)，如逃学、离家出走、严重说谎和偷窃等。许多前科累累的成人所犯的如破坏、入室抢劫、放火、袭击、行凶、敲诈、绑架和强奸等，若在儿童身上出现，则被称作未社会化行为异常(undersocialized conduct disorder)。这样的儿童长大成人时也会有类似的问题(Robins,1966)。有一种反社会人格(antisocial personality),根据美国精神病学会的《心理障碍的诊断和统计手册》(DSM-III,1980),18岁以下的任何人都不能被诊断为反社会人格,只有19岁以上的杀人者才能给予这个称号。这种人高度寻求刺激,不能忍受常规和厌烦,易冲动,又特别反对社会控制(Meyer & Salmon,1984),因而表现为在家反抗父母,在校反抗校规,在社会反抗秩序和法律等反社会行为。还有一种称为被动-攻击人格(passive-aggressive personality)。这种人在人际关系和工作场所"被动地"反抗别人的要求(Davison & Neale,1990)。这是一种伪装的攻击,通常表现为对工作顽固性地、一而再再而三地迟到、拖延、"忘记"。此外,性虐待症者、酗酒者也经常有许多攻击行为。

第四节　预防和控制攻击

预防和控制攻击行为是一项复杂的系统工程。攻击行为十分不同:大至战争狂人为掠夺他国领土和财富而发动的大规模屠杀战争,小至幼儿园孩子为抢夺玩具而狠打其同伴;并且还有反社会攻击、亲社会攻击和被认可的攻击。因此,对攻击行为的预防和控制方式也很不一样。这里仅从社会稳定的角度讨论预防和控制攻击暴力行为的方法,下面所列五条仅是一些建议。

一、提高生活品质

预防和控制攻击行为的最基本途径是要解决最广大民众的温饱和安居乐业问题,促进社会和国民经济的不断发展,不断提高人们的物质生活水平和精神生活水平。《管子》中所说的"仓廪实,民知礼节;衣食足,民知荣辱",也有这样的意思。加强法律与社会公德教育,使广大民众拥有文明、健康、科学的生活方式,包括文明、健康、科学的劳动生活方式、消费生活方式、闲暇生活方式、家庭生活方式等,只有这样才有希望减少攻击。而在失业、贫困、愚昧的社会里,要完成预防和控制攻击是不可能的。

二、惩罚攻击者

对于一般公民来说,减少攻击行为的一个有效办法就是惩罚。如果有人抢劫、殴打或杀害他人,简单的办法是将其投入监狱,对罪行极为严重者甚至处以死刑。正如多拉德等人所说:"所有攻击行为的约束力肯定随着预测到因此而受到惩罚的程度高低而变化"(Dollard, Doob, Miller, Mowrer, & Sears, 1939, p.33)。但是,惩罚也不是控制人类暴力的万灵丹。因为严厉惩罚常能使人顺从,但却不一定能使人产生内化。因此,为了预防和控制攻击,最好在孩童时代开始就诱导他们逐步形成是非观念,使他们觉得打人是不好的,而不是一件好事或有趣的事情。轻微的惩罚可以减少儿童的攻击行为。例如,布朗和艾略特的研究(Brown & Elliott, 1965)发现,幼儿园里的一些孩子因攻击行为而遭到冷落后,这种行为就会减少。当老师不再这样对待他们时又故态复萌。而老师再次冷落他们时,攻击行为又急剧下降。很明显,对某些孩子来说,即使很轻的惩罚也足以有效地制止其攻击行为。这时如果对他们晓之以理,对他们的助人行为给予奖励,那么儿童就可能逐步内化助人为乐、反对攻击的道德观念。

三、矫正儿童的攻击行为

儿童的反社会行为既是社会问题也是临床问题。美国心理学家戈登斯坦和凯勒(Goldstein & Keller, 1987)提出,应当对那些一再有攻击行为的儿童进行行为矫正,包括放松训练、控制愤怒、认知重建等等。其目的是耐心地教给这些问题儿童亲社会的技能以取代他们的攻击行为。有些方法,如父母管理训练、家庭疗法及社区干预等也很值得一试。

四、唤起同理心

许多攻击者对他人的极端攻击,都是自己相信受害者已经丧失了人性。因此,唤起同理心就会使攻击行为难以进行。具体地说,当受害者的痛苦遭遇被攻击者看到时,可能会唤起攻击者的同理心,从而停止进一步的攻击。当然,一时唤起的同理心或同情心也不是控制攻击行为的万能之药。有时攻击者处于激怒状态,受害者的痛苦表示反而会助长其攻击行为。只有同理心已成为一个人的特质(移情特质),那才有可能防止攻击行为。

五、树立正确的价值观

人的行为是受其思想观念支配的。同情什么人、帮助什么人、嫉恨什么人、攻击什么人,都不完全是无缘无故的。佛教的慈悲精神是积聚功德,以求死后获得善报,通向西天极乐世界。水浒英雄的打家劫舍,是为铲除人世不平,行忠义之道。追求利益是任何国家、任何时代人们的普遍心态。每一个正常的人，都有追求利益的心理。区别仅在于所追求的利益有公私之分、远近之别。因此，培养和树立正确的价值观，使人们以真善美的标准去对待自己的利益追求，发展亲社会攻击，消除反社会攻击，使正义战胜邪恶。这样，才能使社会稳定、繁荣和发展。

本章摘要

1.攻击是以伤害某个想逃避此种伤害的个体为目的的任何形式的行为。

2.攻击的表现形式多种多样，可以分为反社会攻击、亲社会攻击和被认可的攻击。如果说攻击是人性恶的一面，那么亲社会攻击和被认可的攻击就不是恶的，而反社会攻击才是恶的。此外，还可分为言语攻击和动作攻击，报复性攻击和工具性攻击，外罚性攻击和内罚性攻击等。

3.研究攻击的主要方法有观察法、实验室实验和现场研究法。对人类攻击行为的实验室实验研究有四种方式：让被试用语言攻击、对无生命对象攻击、用玩具武器攻击、用巴斯的攻击仪器给予电击。在现场研究中，如探讨大众媒体报道的事件与其后发生攻击之间的关联，或让被试在公共场所受到真正挫折，再记录并分析其攻击行为。这些研究方法各有优缺点。

4.罗伦茨认为人类的攻击有其生物本能基础，但缺乏研究佐证；也没有足够证据表明含XYY染色体的男性具有暴力倾向；颞叶和下丘脑可能是控制攻击的中枢，但它们是受大脑皮质控制的。

5.多拉德等人的挫折-攻击假说认为，挫折总要导致攻击，攻击也总是由挫折而产生。其实，挫折能产生多种反应，攻击仅是其中的一种反应；攻击也并不总是由挫折而产生，多种因素都能导致攻击。

6.社会学习论认为，人们是通过观察攻击榜样和攻击行为被强化而学会攻击的。人们对攻击的社会学习，最初有很多是发生于家庭之中，虐待孩子可能导致暴力相传。

7.自然观察、实验研究和纵向研究都表明，宣扬暴力的影视片会影响观看者的攻击表现，对于儿童来说尤为如此。

8.有人认为，观看暴力影片具有宣泄的作用，通过此种途径可以宣泄人们的攻击潜能。没有多少事实能支持此种论点。一些心理学家认为，精神宣泄法的好处过去被强调得太过分了；宣泄可能是增强攻击潜能的另一种方式。

9.许多情境因素，例如高温、拥挤、责任分散、服从权威、某一年代和性唤起等都会促进攻击的表现。

10.对妇女的暴力是一个严重的社会问题。只有妇女在经济、政治和文化教育等方面与男人完全平等,攻击妇女的现象才可能消失。色情录像和淫秽书刊在对妇女的暴力和贬损妇女人格方面产生极坏的作用。

11.攻击性可能是一种人格特质,这种人格特质也是先天与后天交互作用的结果。一些人格因素如低自我价值感和盲从性等可能与攻击表现有关。极端的自制可能导致极端的暴力行为。

12.对预防和控制攻击可以提出如下建议:(1)提高生活品质;(2)惩罚攻击者;(3)矫正儿童的攻击行为;(4)唤起同理心;(5)树立正确的价值观。

建议参考资料

1.孟昭兰(1989):人类情绪。上海市:上海人民出版社。

2.姜国柱、朱葵菊(1988):论人·人性。北京市:海洋出版社。

3.荆其诚(1990):现代心理学发展趋势。北京市:人民出版社。

4.Baron,R.A.,& Richardson,D.R.(1994).Human aggression(2nd ed).NewYork:Plenum Press.

5.Blanchard,R.J.,& Blanchard,D.C.(1984).Advances in the study of aggression,Vol.1.Orlando,FL:Academic Press.

6.Blanchard,R.J.,& Blanchard,D.C.(1986).Advances in the study of aggression,Vol.2.Orlando,FL:Academic Press.

7.Burger,J.M.(1990).Personality(2nd ed.).Belmont,CA:Wadsworth.

8.Edmunds,G.,& Kendrick,D.C.(1980).The measurement of human aggressiveness. Chichester,UK:Ellis Horwood.

9.Phares,E.J.(1991).Introduction to personality.New York:Harper-Collins.

10.Zillmann,D.(1979).Hostility and aggression.Hillsdale,NJ:Erlbaum.

第十五章　性别与人格

本章内容细目

男女之间是否在人格上存在着差异？孔子认为有差异，并把女人与小人等同视之，说："唯女子与小人为难养也，近之则不逊，远之则怨"(《论语·阳货》)。时代不同了，男女都一样。当今时代的一个特点是越来越多的妇女走出家门，参与社会，踏入了昔日传统的男性活动领域，在社会大舞台上扮演着丰富多彩的角色，不断涌现出一批批的女性科学家、工程师、企业家、政治活动家、运动员……三百六十行，行行都有女状元。男女间的差异以及依附于此差异而衍生的角色，过去是十分明显的，如今则在许多方面其差异都在逐渐缩小。虽然性别角色刻板印象在发生变化，但要达到完全消失，看来还有一段很大的距离。我国的传统观念是男主外，女主内；男性应刚，女性宜柔。在现实生活中，这种传统观念仍然是根深蒂固的。

男女平等是社会进步的表现，也是历史的必然。但男女平等并不意味着男性与女性在生理上、心理上、行为上和情绪反应上没有差异。每个人都知道男女生理上的天生差异，只有极少数人对这种先天限制感到不满，而绝大多数人最后总是服从生物的必然性和社会文化的预期。男性和女性在人格上和能力上的差异是有其根源的。研究性别角色刻板印象和性别差异对于我们深入理解人性的实质，树立正确的男女平等观，无疑是有益的。

性别定型(或性别角色形成)(sex typing)有着深刻的社会根源。以中国旧社会为例，妇女受政权、族权、神权、夫权四条绳索的禁锢和奴役，从来没有人身自由，无论是为人妻、为人妾，她们的性别角色只能是贤惠孝顺、坚守贞操、养儿育女、侍奉公婆。而当今中国社会的女性角色发生了根本的变化，她们在政治、经济、文化、社会和家庭生活等诸方面享有与男子平等的权利，成为国家和社会的主人。特别是在体育竞赛领域，我国女性运动员所获得的世界冠军数量更改写了以前女性给人的刻板印象。性别角色的形成除了政治、经济、文化和社会原因外，还有其个人心理上的原因。在本章中，我们将讨论性别与人格的关系，即讨论性别角色刻板印象、人格上的性别差异以及性别定型的原因。

通过本章学习，读者能明确以下几个问题：

1. 性别角色刻板印象的实质是什么。
2. 男性和女性在性格上有哪些差异。
3. 男性和女性在能力上有哪些差异。
4. 性别定型是怎样形成的。

第一节 性别角色刻板印象

一、何谓性别角色刻板印象

性别角色刻板印象(sex-role stereotype)是指人们对于男人和女人在行为、人格特征等方面的期望、要求和一般的看法。人们往往不约而同地认为,在一些行为和人格特征上男性应该怎样,女性应该怎样。张德(1990)对我国大、中、小学生的调查结果表明,三组被试都倾向于认为,男人和女人的优点是不同的,即认为男女分别具有不同的人格特征。他们认定胸怀宽广、勇敢、意志坚强、事业心强、能力强是属于男人的,而善解人意、心地善良、性情温和、细心、善操家务则是属于女人的。刻板印象开始得很早,鲁宾等人(Rubin, Provenzano, & Luria, 1974)的研究是一个很好的例子。在他们的研究中,研究者对父母在头胎婴儿出生的当天进行了访问,结果是男女婴在身高、体重和活动记分上没有明显差异,但女婴更多地被描述为伶俐、小巧、漂亮或乖巧,而男婴则更多地被描述为坚强、机灵或强壮。随着孩子的逐渐长大,这种刻板印象也一直继续下来。

在罗森克兰茨等人(Rosenkrantz, Vogel, Bee, Broverman, & Broverman, 1968)的研究中,要求美国大学生列出他们觉得用以区别男女的人格特征,然后将由这些列表中取出的项目呈现给其他大学生并要求他们指出这些项目用于某种性别的人。结果显示,男女大学生对于典型的男性或女性看法大致相同,且男性特征的社会赞许评等比女性特征高,正面评价的男性特征数也比女性特征数多,如表15-1所示。

性别刻板印象不仅只是对男性和女性特质的一种区别,而且被赋予不同的价值。通常对男性的特质评价较高。女性特质如不安全感、多嘴、表达柔情等都带有孩子气;而男性特质诸如独立、控制情绪、客观则是成人的品质。因此,“成熟的女性”在字面上是矛盾的。一个妇女始终受到双重标准(double standard)的束缚:由于成人的行为标准是男性化的,对她们来说,要想同时成为成人和女性乃是不可能的。

当然,性别角色刻板印象并非都是恒定的。一项跨文化的研究(Zammuner, 1987)表明,荷兰儿童在性别方面的区别不及意大利儿童明显。这说明性别刻板印象的形成受许多文化和家庭因素的影响,同时也可能受把人们区分为不同的社会角色期望的影响。性别角色刻板印象把同一个特征归属于男性或女性中的每一个人,而不管他们(或她们)的实际差异。它似乎能为我们认识人提供一条适当的捷径,但又往往蒙蔽了我们,使我们看不到男人和女人中的个别差异。

表 15-1 男性和女性的正面刻板印象

对男性的正面刻板印象			对女性的正面刻板印象
攻击	老练		不说粗野话
独立	做事熟练		多嘴
隐藏情绪	直率		机敏
客观	洞明世事		温柔
易受影响	感情不易受伤	野心	体察他人的感受
支配	爱冒险	分开感情与思想	信仰宗教
喜欢数学和科学	易做决定	不依赖	关心自己的容貌
活跃	不哭泣	不以外貌而自满	整洁
对小危机不敏感	行动像领袖		安静
好竞争	自信		强烈的安全需求
逻辑性强	攻击而不安		喜爱文艺
认为男尊女卑	与男性谈论性		表达柔情

（采自 Rosenkrantz，Vogel，Bee，Broverman，& Broverman，1968）

二、刻板印象的程度

性别刻板印象是一种普遍的社会现象。它开始于婴儿期且持续终身，即使是心理卫生专家也不例外。布劳维曼等人（Broverman，Broverman，Clarkson，Rosenkrantz，& Vogel，1970）以有临床训练经验的心理学家、精神病医生和社会工作者为被试，要求他们分别描述健康的女性、成熟的具有社会能力的男性、女性和成年人（未指明性别）。结果是，被试的描述内容依性别而异，他们以能力来描述健康的男性多于用此类词语来描述健康的女性；较之于健康的男性，健康的女性则被描述为较顺从、较少独立性和冒险精神、较不客观、较易受影响、常为小事而激动、较少攻击或竞争、注重自己的外表、情感易受伤害。这些结果与表 15-1 中大学生所做的评定并无二致。这说明，甚至连专家也对女性持双重标准。性别角色刻板印象在当今社会是何等根深蒂固！

性别角色刻板印象在我们的文化中也随处可见。我们的语言、文字不断在加强此种刻板印象。例如，“女”工程师、“女”科学家便暗示着这些领域原本是男性活动的天地。而“女”强人、“女”能人等说法便暗示着“强人”、“能人”本不属于女性。儿童读物和小学教科书也在强化此种刻板印象。张德（1990）对我国大陆《全日制学校小学课本语文》（人民教育出版社，1979 至 1982 年版）中对待男女两性所做的内容分析发现，在全部 10 册语文教材中，共有故事课文 166 篇，除去以集体为主角的 13 篇外，以男性为主角的有 132 篇，以女性为主角的仅有21篇。而在充任主角的21个女性中,大多是小学生和一般群众,没有一个是文学家、科学家、工程技术专家(全由男性担任)。这套语文教材所描述的女人在能力和性格方面都比男人更低些、更差些。关树文(1993)对我国《初中课本语文》(1至4册为人民教育出版社1990年版,5册和6册为人民教育出版社1988年版)的分析显示,无论图画或故事中都是男主角多于女主角,男女比例为4:1。在男女角色形象上,男性积极主动,女性基本上是被动的。虽然性别角色刻板印象有些变化,但仍反映了传统的刻板印象。

性别角色刻板印象在我们的社会深入人心。与男性或女性相联系的特质要跨越性别界限是很不容易的。当一个男人被人们称道为“雄心勃勃”时,他很满意;而当一个妇女被人们称赞为“含情脉脉”时,她也会如此。如果把这样的赞扬颠倒过来。那么,无论男人或女人都会怀疑,这样的评论对自己究竟是一种侮辱还是一种恭维。但是,把确实属于异性的一种特质硬加在另一性别的个人身上,则肯定是一种轻侮。例如,把一个男子称为“娇滴滴”或“娘娘腔”,把一个女人称为“野小子”或“愣小子”,即是如此。

三、刻板印象的结果

由于性别角色刻板印象是一种非常普遍的现象,要完全分清其前因后果看来是不可能的。但在一些事例中,这种关系是相对清晰的。

(一)对待成败的态度

在对待自己成功与失败的原因上,男性与女性似乎是不同的。女性更多地把成功归因于运气而把自己的失败归于能力差。这种归因方式自然会抑制女性坚持追求成就的努力。用运气来解释成功的原因就不会去学习、掌握获得成功的必要技能,因为成功仅是运气而已。较之于女性,男性在选择活动时选择更多与技能有关的活动。此外,他们在这类作业上比女性坚持的时间也更久,正如同性别角色的刻板印象:女性对自己成败的解释几乎在打击未来的成就。

女性“害怕成功”可能与其在家庭和职业中的角色冲突有关。一个一心一意当好传统的家庭主妇的女人,不会体验到家庭角色与职业角色的冲突。而想在学习和工作中取得成功的女人,会受成功的报偿与减少女性特质的刻板印象之间矛盾的折磨。探讨女性惧怕成功的动机一般是要求被试根据下列的一个前提——在第一学期结束后,安娜(或约翰)发现她(或他)是她的(或他的)医学院班级中的第一名——写出一个完整的故事来。被试写出的故事要说出是什么导致了这种情况,故事中的各种角色感受如何,以及下一步会发生什么。对所写的男性故事和女性故事的分析表明,有能力的女性害怕成功。例如,女性被试有下列一些反应：考试分数打错了，安娜其实不是班里的第一名；安娜实际上是男孩，只是错给男孩起了女孩名等。或者说：安娜的婚约就此告吹，因为她比她的未婚夫工作表现出色；安娜下一学期结束时成绩就掉下来了等。

但是，也不是所有的女性都害怕成功。在我国当今的社会里，女性追求事业上的成功并且取得成功者不乏其人。她们的人格特质与性别角色刻板印象大相径庭（参见补充讨论15-1）。

补充讨论15-1

中国现代女性科技人才的性格特点

李繁（1985）曾用传记分析和问卷调查等方法对我国科技界有卓越成就的女性科技工作者（包括学部委员以及在科技界有重大发现、发明的中年知识分子）的性格特征做过研究。她们的突出性格特征如下。

1. 目标专一，有毅力

所有的女性科技人才都有顽强地向着目标奋斗，几年甚至几十年如一日的刻苦钻研、锲而不舍的精神。学部委员、上海天文台台长叶叔华在刚跻身于天文工作队伍时，仅仅是一个研究实习员。她凭借着对天文事业的热爱，靠坚强的毅力，30年如一日，勤奋地、忘我地进行艰苦、具体和细致的研究工作。30年来，她先后发表了20多篇学术论文，受到国内外同行的重视，其中两篇获全国科学大会重大成果奖，被誉为"不知疲倦的人"。学部委员、核物理学家何泽慧教授年轻时代在约里奥·居里实验室里，以惊人的毅力和耐心，和合作者们一起，从几万次原子核裂变现象的核乳胶照片的观测中，发现了原子核的三分裂和四分裂现象。

2. 大胆勇敢，有创新

她们的另一显著特点是大胆勇敢，敢于想象，敢于猜测，敢于提出自己的见解，敢说人所未说的话，敢做人所未做的事。学部委员、地质学家池际尚教授，年轻时就因"敢于向大权威挑战"而受到指导教师的称赞。20多岁的池际尚在学习时就善于独立思考，即使面对专家权威，也绝不盲从，敢抒己见。林兰英在英国留学时，已经展示了其数学才能，并获得了相当的荣誉。她放弃了近在眼前的成就，回国后勇敢地选择了研究我国当时尚属空白的半导体材料科学。经数月努力，她制成了第一个单晶硅，填补了我国单晶材料的空白，震惊中外。

3. 独立性强，有主见

她们的独立性都很强，也都很自信。例如，"修氏理论"的主人、中国医学科学院基础医学研究所的修瑞娟，就是一个典型的例子。她以大量的有关微循环的临床观察为基础，大胆设想，精心研究，提出了被誉为"修氏理论"的观点，为现代医学开辟了一条新路。她才思敏捷，善于捕捉脑海中不断萌发的新思想，以独特的方式去思考各种疾病的起因和治疗方法。其卓越的贡献使她成为组建国际微循环研究所执委会的五位成员之一。

我们曾对《当代中国科学家与发明家大辞典》中的女性用卡特尔十六种人格因素量表做过调查。结果发现,优秀女科技工作者与普通成年女性相比,在人格特征上表现出低乐群性、低恃强性、低敏感性、低怀疑性、低忧虑性、低紧张性和高聪慧性、高稳定性、高有恒性、高敢为性、高自律性。优秀女科技工作者具有较高的心理健康水平。中国优秀男、女科技工作者在人格特征上具有较多的一致性。

(二)女性对自己的评价

刻板印象很容易扭曲个人对某些事件的知觉。戈德堡(Goldberg,1968)认为,女性对男性作者的评价比对女性作者的评价更高。在一项研究(Pheterson, Kiesler, & Goldberg, 1971)中,要求女大学生评价某些油画。半数被试以为画家为女性,半数被试以为画家是男性;同时有半数被试以为该油画为参赛作品,半数被试以为是获奖作品。结果显示:同一幅画,当认为出自男性之手时的评价比认为出自女性之手时要高。但是,认为该画为获奖作品时,评价则相同,而不受画家的性别影响。这些结果表明,当情境比较模糊时,刻板印象会乘虚而入并影响我们的感知;而情境十分明确(在此例中女画家的获奖作品)时,刻板印象和偏见较不可能起作用。

刻板印象会干扰男女同工同酬。在一项实验(Major, McFarlin, & Gagnon, 1984)中,男女大学生被试完成两项作业之一。在一项作业中,要求被试私下为某定量的工作付给自己认为公平的报酬。在另一项作业中,要求被试为某定额的报酬做出他们认为公平的工作数量,部分情况中告知被试其他人支付报酬的情形;其他情况中则完全不知晓他人的情形。结果表明,在无他人的报酬数量相比较时,女性付给自己的报酬比男性付给自己的要低,但有比较资料时则不然。同时,女性工作的时间和正确完成的工作单位也较男性为多。

(三)压力与健康

刻板印象可能影响对压力的适应。例如,认同女性化角色的妇女在面对她们认为是适合于男性的工作时会容易陷入自卑和无助。在面临强大的生活压力时,男性化的个人或女性化的个人都比性别认同未分化或同时兼有男性和女性特质的人(即男女兼具型)表现出更高的抑郁,见图15-1所示。在患有需要入院治疗的严重抑郁症病人中,男女的比率大约为1∶2。

女性比男性有更多的抑郁症,其原因是多方面的。由于刻板印象,妇女的婚姻角色助长了抑郁。家庭主妇的许多事务是不受他人挑战的、重复的、始终没完没了的,也可能会助长无力感。此外,如家庭空巢综合征、产后因素和体质(生理的)因素如更年期,也会助长抑郁症。但奇怪的是女性一般都比男性寿命长。

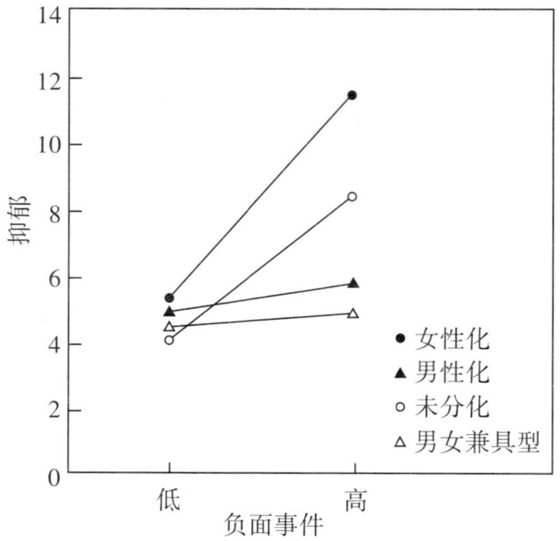

图15-1　以负面事件、女性化和男性化预测抑郁

（采自 Roos & Cohen，1987）

直至今日，传统的“男主外，女主内”的观念已不再是天经地义的了。越来越多的女性从家庭走向社会参加工作，她们的工作也很繁忙。对于职业女性来说，尽管事业和家庭两全其美是相当困难的事，但是研究表明，工作似乎反而促进了未婚妇女和对工作持肯定态度的已婚妇女的身心健康（Repetti，Matthews，& Waldron，1989）。因此，女性参加工作应得到全社会的支持和关心。

四、突破性别刻板印象——男女兼具型

（一）何谓男女兼具型

我们绝大多数人都觉得有什么样的特征使得男子具有男性气质（或男性气概）（masculinity）和使得女人具有女性气质（femininity），虽然这种感觉或许都不曾深思过，但男性气质和女性气质在一定程度上集合了一个人心理上的男性特点和女性特点并引导着此人的外显行为。这种观点最早由推孟和迈尔斯（Terman & Miles，1936）提出，并引导了以后近40年的类似研究工作。但是，人并不是那么简单。我们很难做到将所有或绝大多数妇女归入女性气质，或将所有或绝大多数男人归入男性气质。不同性别的人在性格上可能有着极大的相似性，而同一性别的个人之间也会有很大的差异。在现代社会里，我们随时可以见到既具有男性气质又具有女性气质的人。例如，具有强烈进取心的妇女，不仅事业上成功，网球打得很好，爱穿牛仔裤，同时也喜欢烹调缝纫，爱穿长裙，关心人，体贴人。贝姆（Bem，1974，1975）从心理健康的角度提出了男女兼具型（或双性性格）（androgyny）（andro

意为男性，gyny意为女性）的概念，认为男女兼具型者既认同男性气质也认同女性气质，他（或她）所具的男性气质和女性气质在量上或所占的比例上是相当的。

（二）男女兼具型的测量

为了测量个人身上的男性气质和女性气质，贝姆（Bem，1974）发展出贝姆性别角色调查表（Bem Sex Role Inventory，简称BSRI）；斯彭斯等人（Spence，Helmreich，& Stapp，1974，1975）编制出个人属性问卷（Personal Attributes Questionnaire，简称PAQ）。这两个测量工具都是自陈量表，都包含单独的男性气质量表（M量表）和女性气质量表（F量表），而不是一个单一的M-F量表。例如，贝姆性别角色调查表由60个形容词和词组组成，如表15-2所示。其中具有男性色彩、女性色彩和中性色彩的词各有20个。被试在每个词的7级量尺上对自己进行评定。如果一个人的男性气质和女性气质得分都高于4.9。那么此人在贝姆性别角色调查量表中便被列入男女兼具型的人。根据贝姆对美国大学生的研究发现，大约1/3的人是男女兼具型者。

表15-2 贝姆性别角色调查表中的项目

1.自信的	21.可信赖的	41.温和的
2.柔顺的	22.善于分析的	42.庄严的
3.助人的	23.表示同情的	43.愿意表明立场的
4.维护自己信念的	24.嫉妒的	44.温柔的
5.快活的	25.有领导能力的	45.友好的
6.忧郁的	26.对他人需求敏感的	46.具有攻击性的
7.独立的	27.诚实的	47.轻信的
8.害羞的	28.冒险的	48.无能的
9.诚意的	29.有理解力的	49.像个领导的
10.活跃的	30.缄默的	50.幼稚的
11.情意绵绵的	31.易做出决策的	51.适应性强的
12.夸张的	32.有同情心的	52.个人主义的
13.武断的	33.笃实的	53.不讲粗俗话的
14.吹捧的	34.自足的	54.无系统的
15.幸福的	35.乐于安抚受伤感情的	55.具有竞争力的
16.个性坚强的	36.自大的	56.喜爱孩子的
17.忠诚的	37.有支配力的	57.老练得体的
18.不可捉摸的	38.谈吐柔和的	58.雄心勃勃的
19.强劲有力的	39.值得喜欢的	59.文雅的
20.女性的	40.男性的	60.保守的

（采自Bem，1974，1977）

(三)男女兼具型与适应

男女兼具型的设想是符合当代妇女解放思潮的,即妇女应破除传统刻板印象的束缚,自由地施展自己的才能和抱负,以实现真正的男女平等。一些研究表明男女兼具型者心理发展较健康,这些研究结果有:心理社会发展水平较高(Waterman & Whitbourne,1982);快乐、较不介意压力(Shaw,1982);内心感到幸福(Lubinski,Tellegen,& Butcher,1981);被他人视为适应良好(Major,Carnevale,& Deaux,1981);自我价值感较高、被他人视为有能力的(只对女性)(Heilbrun,1981);对环境适应并感觉平衡(Flaherty & Dusek,1980)。但其他人所得到的结果并不支持男女兼具型者比典型性别者更健康的看法(Hall & Taylor,1985)。无论这方面的讨论进展如何,仅从男女兼具型概念的提出,也可以看出当今社会仍普遍存在着性别角色刻板印象。

第二节　性格上的性别差异

常常听到人们这样的议论:男性铁石心肠,女性温柔体贴;男性谨慎寡言,女性喋喋不休;男性事业心强,女性善操家务。那么,是否实际上存在着性格上的性别差异呢?长期以来,人们对于性别差异的研究做了大量的工作。现在让我们来考察性格上的一些性别差异。

一、攻击性

也许攻击性是性格上性别差异最为常见的证据,男性比女性富于攻击性(Maccoby & Jacklin,1974)。这种攻击性包括业已经过研究的各种攻击行为,如身体攻击、言语攻击和实验中的攻击行为。一项对日本、印度、菲律宾、墨西哥、新英格兰和肯尼亚等6种文化中7~11岁男女儿童的行为观察研究(Whiting & Edwards,1973)发现,在所有文化背景中都能看到这一性别差异。一项元分析(见补充讨论15-2)研究(Eagly & Steffen,1986)的结果表明:尽管这方面的各项研究结论不太一致,但从总体上看,男性比女性更具攻击性,特别表现在男性的攻击多给对方带来伤痛或身体伤害,而女性的攻击多给对方造成心理上的伤害或人际关系上的损失。攻击上的性别差异还表现在:女性认为进行一次攻击行为不仅会给对方造成伤害,还会给自己带来遗憾、焦虑甚至危险,而男性则很少有这样的体验。

从发生学上看,这一差异出现于儿童开始和他人玩耍之时,时间大概在两岁到两岁半,并在整个学龄期继续得到发展。随着年龄增大,男性的攻击性似乎逐渐减小,起码在身体攻击方面是如此。比如,很难见到成人互相斗殴时在地板上滚来滚去,而这样的场景若发生在小学生的球场上则是司空见惯的。还有一点可以肯定,大多数暴力犯罪是男性做的(尽管女性犯罪不断地增加)。女性比男性攻击性强极为罕见。如果此项攻击具有亲社会的正义性,那么妇女的攻击往往不亚于男子。此外,男性和女性对激惹似乎也反应不同:男人倾向于出手打人,而女人即使愤怒不已也不会断然出手。

造成攻击性方面性别差异之原因可能有某种生物学基础,如男性体格高大、肌肉发达,也可能与激素的分泌水平有关。但许多研究表明,攻击行为的性别差异主要是社会学习的结果。

补充讨论 15-2

元分析技术

从20世纪70年代后期以来,元分析与总分析技术作为定量综述方法开始不断地发展起来。元分析(meta-analysis)就是将大量的单个研究中的各种研究结果进行合并的定量分析。从霍尔(Hall,1978)把元分析技术应用于性别差异研究开始,这类方法就被广泛地用于性别差异的研究。元分析的第一个步骤与描述性综述的第一个步骤相似,即收集有关的研究文献,接下来的步骤却很不相同。在进行元分析时,研究者要完成下列工作:

1.用客观的方法确定进行综述的各种研究;

2.用定量或准定量的术语来描述各研究的特点;

3.在通用的效应值量表上表述各研究的处理效应;

4.在联系研究特征和研究结果上使用统计技术。

元分析统计不是运用原始观察数据而是应用自己获得的研究结果。为了合并和比较各个研究,对性别差异的元分析最常用的指标是效应值d_i,即为实验组和控制组平均数之间的标准差距,对于第i个研究:

$$d_i=(\bar{Y}_i^E-\bar{Y}_i^C)/S_i$$

$\bar{Y}_i^E$、$\bar{Y}_i^C$:实验组和控制组的样本平均数。

S_i:两组组内标准差的合并值。

式中$\bar{Y}_i^E$和$\bar{Y}_i^C$分别表示实验组和控制组的样本平均数,S_i是两组组内标准差的合并值。

按照科恩(Cohen,1977)的标准,d的绝对值为0.2、0.5、0.8,分别代表小、中、大三种效应值。d值越小,意味着性别差异的程度越小;如果d值为正,表示男性平均水平高于女性;d值为负,则表示女性平均水平高于男性。元分析的整个过程相当复杂,有兴趣的读者可进一步参看海德和林(Hyde & Linn,1988)主编的专书或柳学智(1991)的文章。

像所有研究方法一样,元分析技术也有局限性或者可能被误用。有人认为,目前对心理和行为方面的性别差异的研究都是以生物学上的性作为划分变量的依据的。而性别(gender)不同于生物学上的性(sex),它是许多因素交互作用的结果,因而不能简单地划分为两个类别:男性和女性。即使是生物学上的性也同时混杂有很多其他变量,其中最重要的是人的社会性。因此,元分析技术仍然不能解决性别差异的争论问题(Ashmore,1990)。

二、自信心

假设一群大学生首次参加心理学导论考试,在他们考试刚结束尚未得知成绩之前,询问他(或她)们自我估计考试可得多少分(排除100分的可能性)。大多数的研究表明,女大学生的自我估计分数往往低于男大学生。心理学上将此视为女性比男性自信心低的证据。以学龄前儿童和小学儿童为被试的研究也得到相似的结果。

虽然男女的自信心(self-confidence)一般存在着差异,但对于这一结论,必须考虑一些具体的条件限制。首先,女性对她们所做的每一项工作是否都缺乏自信心?譬如,对于适合于女性做的事情,她们的自我评价(self-evaluation)并不低。其次,给妇女的成就评价反馈会影响其自信心。如果能客观公正地评价妇女的工作,例如具体地说出她们做得如何好,她们的能力如何强,那么她们的自我评价往往并不亚于男性。最后,根据社会参照和社会评价的有无,女性同男性在自信心方面的性别差异也有所不同。在有社会参照的情况下,女性的自我评价往往较低;但是,在无法把自己的成绩与他人相比较的情况下,女性的自我评价一般并不低。也就是说,在某些场合女性比男性的自信心低,但在另一些场合却并不总是这样的。像在对待考试成绩的问题上,男性的自我评价高于女性,还可以做两种解释:一种解释是女性确实缺乏自信心;另一种解释是男性的自我评价过高(而不是女性的自我评价过低)和不切实际。有研究发现,女孩的自我评价较符合实际,而男孩则多少有些不切实际。看来,以上两种解释都有些道理,男性可能有些过于自信,而女性可能有些缺乏自信心(范志强等译,1986)。

三、支配性和依赖性

大多数研究表明,男性比女性有较强的支配性(范志强等译,1986。)。支配性(dominance)大致表现为能自我决定、有主见,或在团体中扮演引导和控制的角色。在人际关系中,支配权是一个人地位与身份的重要反映。显然,支配者比受支配者的地位更高。在支配性上的性别差异也许恰好反映了男女的地位不同，甚至其本身就是男女社会地位不同所致。

在亚当斯的研究（Adams，1978）中，将油画复制品呈现给由两名大学生组成的各个被试组，而实际上每组的两人之中有一人是知道实验者意图的“同谋者”（即假被试）。许多幅油画成对地呈现在被试面前，被试最初的任务是说出在20幅成对的油画中每对中哪一张更好。经过对其他被试的预测，这些成对比较的画事实上是难分高下的。当被试们做出了他们各自的选择之后，实验者告诫他们在关于每两张画究竟哪一张更好的判断中，每组中的两个人必须取得一致的意见。在6组被试中，知道底细的那些假被试都把自己的看法悄声地告诉了蒙在鼓里的真被试，并且坚持己见。以真被试拒绝接受假被试意见而引起争执的次数作为真被试自我支配的指标。结果表明，男性被试拒绝接受假被试意见的次数平均达9次之多，而女性被试平均约6次，表明男性的支配性比女性强。

依赖性（dependency）是个体向别人亲近，邀人支持，求人认可而获得安全感的心理倾向。在依赖性方面是否有性别差异，研究的结果不尽一致。例如，在保育学校中的孩子，很少看到依赖性上的性别差异（Maccoby & Jacklin，1974）。但是，如果由老师和父母对依赖性进行评量，女孩常被评为有较强的依赖性。两种方法得到不同的结果也许正反映了我们所熟悉的现象——性别角色刻板印象。现在在我国的妇女教育中反复强调女性应当自尊、自信、自立、自强，也从另一个侧面说明女性的依赖性尚未完全消除。

四、同理心和利他行为

霍夫曼（Hoffman，1975）曾对有关同理心的许多研究做过重新审定，认为大多数研究结果都显示女性容易产生同理心。甚至在新生儿的研究中也发现，女婴在听到其他婴儿哭声的录音时，也以啼哭予以应和。在大学里，无论是年轻的或是年纪大的大学生，在同理心上都表现出性别差异。虽然这种差异很小，但女性在同理心上的得分通常都较高。霍夫曼认为女性容易产生同理心可能与她们喜欢体验损害他人的负疚心理，设身处地考虑他人的境遇有关。同理心是人类的美好情感，它使人们产生利他行为。

关于利他行为方面的性别差异，研究结果却不一致。助人行为的自陈测验资料显示，在19~60岁的各个年龄层次中，女性比男性有更多的利他精神（Rushton，et al.，1986）。但在真实情境中，情况却有所不同。在一项研究（Senneker & Hendrick，1983）中，让男性化或女性化的典型性别被试以及男女兼具型被试处于某“受害者”被食物哽住的情境，帮助的程度与被试伸出援助之手的百分比显示：（1）男性给予的帮助多于女性；（2）男女兼具型被试给予的帮助多于典型性别的被试。随后的问卷资料显示：女性在此情境中，常感到无能为力,因而较少给予帮助。正如第十三章已论及的,利他行为受很多因素的制约。仅从性别与利他行为的关系是难以得出明确结论的。

五、情绪性

情绪性(emotionality)是指个人在性格上情绪易于激动的特征。一般说来,女孩比男孩胆小、怯懦、爱哭。女性多愁善感,比男性较情绪性。发现在情绪性上有性别差异的研究大多是以自我报告为依据的,而建立在观察基础上的研究结果则并非如此明显(Maccoby & Jacklin,1974)。对于自我报告或测量的问题,也许男性自我防卫较强,而女性则较开放;也许男性在维护男子气概而羞于承认,而女性则以性别角色刻板印象来描述自己。不过目前对于此种解释尚难以做出肯定的结论。

第三节 能力上的性别差异

长期以来,人们一直认为在能力上男女之间有显著的差异,并以此来解释男女在就业和成就上的差异。现在让我们来看看男女在能力上是否真的有显著差异。

一、语文能力

语文能力(或语文智力)(linguistic intelligence)是指学习与使用语言文字的能力。在此方面,女性优于男性(Maccoby & Jacklin,1974)。从发展的角度看,女孩学话比男孩早,大约两三岁时女孩的语言能力就显示出优势;到了11岁左右,语言能力上的性别差异开始突增;在整个中学时代,甚至中学毕业之后,女性在语言上的优势都在增长。此种优势包括词汇的使用、指称物体的能力、文法与流畅性、创造性写作能力、阅读能力、理解和言语推理能力等。在中学里,女孩比男孩较少需要进行阅读矫正训练。跨文化的研究表明,女孩的言语能力比男孩要成熟。不过,其中的变异性也很大,如果我们仅以此为依据来预测许多创造性领域,结果却是不正确的。

值得指出的是,海德和林(Hyde & Linn,1988)曾对165份关于两性语文能力差异的研究进行过元分析,结果表明,男女性别间的差异极小,甚至没有差异。无论是词汇、阅读和理解,都没有实质的差异。只是在言语产出上,女性略优于男性。此种结论与现今教科书上的论述均不一致。如果确实如此,那么现在教科书在这个问题上就要重写了。

二、数学能力

数学能力（或数理智力）(logic-mathematical intelligence)是指数学运算及逻辑思维推理的能力。在数学成就测验中，尽管所得结果不是显而易见的，但男孩一般比女孩表现较佳，不过，也只有到十二三岁时才经常表现出这方面的差异(Maccoby & Jacklin,1974)。而在儿童早期似乎不存在这个问题。女孩学会数数较早，可能与言语能力发展有关。在学龄儿童中，一旦出现性别差异，男孩在数字推演中似乎较顺利，而在数字计算上，女孩与男孩则难分高低，有时还会略占上风。这种情况将持续至中学时代和成年以后。

虽然女孩在数学成就测验中得分较男孩稍低，但她们在学校里的数学成绩却比男孩好。这也许是男孩对数学采取较自发式的学习取向，有较多的课外数学经验，因而在遇到题目超过正规数学课程之外的标准化测验时，便占了优势。而女孩则较多地采取机械式的学习取向，只有课堂里的数学经验，因而在面临不熟悉的标准化测验题时，便表现不如男孩。

三、空间能力

空间能力（或空间智力）(spatial intelligence)，即凭知觉辨识距离判定方向的能力。与男性相比，女性的空间能力较差。空间能力的测量一般包括根据二维图想象出三维客体、进行心理旋转和其他操作的测量。像在要求被试想象眼前物体倒置方式之类的测试中，男性表现较佳(Maccoby & Jacklin,1974)。一项元分析研究(Linn & Peterson,1986)的结论是：从七八岁起男女孩在视觉空间能力上就有性别差异，18岁时差异最大，总体上男性优于女性。另一项研究(Master & Sander,1993)通过三维图形的心理旋转的测试也显示男性在空间能力上占优势。但赵叶珠和林仲敏(1993)的研究结果表明：男女大学生在空间能力上差异不显著，而个体差异则很显著。看来，男女在空间能力上的差异尚需进一步研究。

有些研究者推测，空间能力的性别差异可能是由于不同的童年经验，即男孩爱玩弄各种装拆玩具，女孩喜欢玩布娃娃所致。但造成空间能力上的性别差异的真实原因目前尚不清楚。一些研究指出，对特殊的空间作业进行额外的练习，性别差异就会消失。同时自我概念也许在这种性别差异上扮演着微妙的角色。有研究(Signorella & Jamison,1986)发现，当被试的自我概念中的男性气质和女性气质与数学和空间作业的性别刻板印象相一致时，表现将会较具优势。

四、知觉速度

知觉速度(perceptual speed)是指能快速准确地把握细节并能够迅速地把注意力从一个客体转向另一客体的能力。知觉速度的测验一般要计时。例如,要被试比较分析两列字母或数字是否相同。知觉速度是誊写工作的必备条件。在这类测验中,女性总是优于男性。在一些研究中,只有18%的男性得分与女性得分的平均水平相等或略为超过;甚至被试仅限于誊写员时,也只有21%的男誊写员达到或略为超过女誊写员的平均分数。

五、运动能力

运动能力(sport intelligence)即掌握和表现运动技能的能力。传统的观点认为,男孩不仅在肌肉力量方面优于女孩,而且在速度和整个身体运动的协调方式上也优于女孩。但后来的研究表明,女孩在手指灵敏度和精细动作方面却普遍占优势(Maccoby & Jacklin, 1974)。

体育研究表明,在运动操作中,明显的性别差异一般要到青春期才会出现;在青春期以前,男女两性在体格上的差异甚微,只是在这以后由于激素的差异才迅速促成了男子雄健的体魄,运动操作才有明显的分化,男性的体力操作有大幅度提高。在儿童期,女孩的运动发展曲线与男孩十分接近(仅比男孩略低一些);但到了青春期,女性的运动发展曲线开始落后甚至下降。体育运动能力的发展与社会文化因素密切相关。据统计,从1949年到1993年,中国运动员共获世界冠军775个,其中女子冠军460个,占总数的59%;中国运动员打破和超过世界纪录725次,其中女运动员458次,占总次数的63%。这在以往的年代是难以想象的。

六、领导能力

领导能力(leadership intelligence)即促使其部属充满信心、满怀热情去达成一个共同目标的能力。在领导能力和领导效率问题上,伊格尔和卡拉(Eagly & Karau, 1991)的研究显示,在最初无领导的团体中,男性比女性较容易成为此团体的领导。对领导风格的性别差异的研究结果表明,在实验室研究和对非领导者(如雇员或学生)的调查中发现,女性有人际关系取向和民主的领导风格,而男性有任务取向和专制的领导风格。但对组织中的研究却未发现此种差异(Eagly & Johnson, 1990)。无论在实验中或对组织的调查研究都发现,男性与女性有相同的领导能力和效率。不过在比较男性化的角色任务(如军事任务)中,男性领导者的效率较高。女性领导者则在教育和社会服务组织中可能占优势。也就是说,领导角色与领导者性别相符合时会提高领导的有效性(Eagly, Karau, & Makhijani, 1995)。这也许是性别角色刻板印象所致。在现实生活中最高层次的国家领导人,女性却是很少的(见补充讨论15-3)。

补充讨论15-3

世界上女总统、女总理知多少?

目前世界上有180多个国家,然而女性担任总统或总理者乃凤毛麟角。截至1993年6月,世界上仅有7位女总统:

阿根廷前总统 玛丽娅·德庇隆(1974.7—1976.3)
玻利维亚前总统 莉迪亚·盖莱尔(1979.11—1980.7)
冰岛总统 比格基斯·芬柏加德齐尔(1980.8—)
圣马力诺前执政官 玛丽亚·佩迪尼·安朱莉尼(1981.3—1981.11)
菲律宾前总统 科拉松·阿基诺(1986.2—1992.6)
尼加拉瓜总统 比奥莱塔·查莫罗(1990.4—)
爱尔兰总统 玛丽·鲁滨逊(1990.12—)

截至1993年6月,世界上仅有16位女总理:
斯里兰卡前总理 西丽玛沃·班达拉奈克(1960.7—1965.3;1970.5—1977.7)
印度前总理 英迪拉·甘地(1966.1—1977.3;1980.1—1984.10)
以色列前总理 果尔达·梅厄(1968.3—1974.4)
中非前总理 伊丽莎白·多米蒂昂(1974.2—1976.9)
英国前首相 玛格丽特·撒切尔(1979.5—1990.11)
葡萄牙前总理 玛丽亚·德卢尔德斯·平塔西尔戈(1979.7—1980.1)
多米尼加总理 玛丽·尤金妮亚·查尔斯(1980.7—)
挪威首相 格罗·哈莱姆·布伦特兰(1981.2—1981.9;1986.5—1989.9;1990.11—)
南斯拉夫前总理 米尔卡·普拉任茨(1982.5—1986.5)
巴基斯坦前总理 贝娜齐尔·布托(1988.12—1990.8)
立陶宛前总理 卡济梅达·普伦斯克涅(1990.3—1991.1)
孟加拉国总理 卡莉达·齐亚(1991.3—)
法国前总理 埃迪特·克勒松(1991.5—1992.4)
波兰前总理 汉娜·苏堆茨卡(1992.7—1993.5)
土耳其总理 坦苏·奇莱尔(1993.6—)
加拿大总理 金·坎贝尔(1993.6—)

分析家认为，女总统、女总理相继出现的背景在于20世纪60年代中期兴起的妇女解放运动。20世纪90年代以前的女总统、女总理大多是继承父亲或丈夫的事业，如阿基诺、班达拉奈克、甘地等。20世纪90年代以后，则趋向以本人的实力和才干当选总统、总理。这些活跃在政坛的女性领导人受过高等教育，学识渊博，经验丰富，并且富有自强精神，她们在国家管理和国际交往中充分显示了女性的领导能力。

在现实生活中，女性担任领导者的人数之所以少，她们的领导才能之所以没有得到充分的发挥，除了政治、经济、文化、社会和家庭的因素外，从心理上看，人们对领导角色的期望是男性化的，而与女性的刻板印象是相悖的。吴谅谅(1994)参照贝姆的性别角色调查表编制出"角色期望测定表"，对人们的角色期望做过调查。结果显示：无论领导者是男或是女，人们对领导者的角色期望都表现出强烈的男性特征；如果以男性气质和女性气质的两维为构架，人们对男性领导者的工作角色和生活角色的期望差距甚小，均为男性气质特征；而对女性领导者的工作角色和生活角色的期望则分别趋向于不同的性别特征——工作角色为男性气质特征，生活角色为女性气质特征。而女性自己对领导者角色之期望也有此种倾向。

七、认知方式

有一些人认为，男女在能力上的差异是由于认知方式(或认知类型)(cognitive style)不同所致，即男性与女性在获得同样的信息时会以不同的方式来进行处理。古特曼(Gutmann, 1970)就认为，在面对问题时，男性常对问题采取分析的态度，解决多于认同；而女性则难以把自己与问题分开，常模仿他人解决问题的方式。这种认知方式称为分析考量型(analytical conceptualizing style)对囫囵吞枣型(nonanalytical conceptualizing style)。嵌镶图形测验和棒框测验(参见补充讨论6-2)的研究表明，女性的认知方式属于场依存型(或场地依赖型)(field dependent style)，而男性则属于场独立型(或场地独立型)(field independent style)(Witkin, Dyk, Faterson, Goodenough, & Karp, 1962)；但是在17岁之前，性别差异并不清楚，过了此年龄之后性别差异才显著表现出来。

不过，大多数显示男性比女性较具分析性的研究，都是以视觉空间作业为依据的，因此如果依此便认为在分析作业上男性优于女性，那可能会犯错误。有研究表明，如果排除了空间能力的差异，棒框测验的结果就不存在明显的性别差异。此外，排除了空间能力上的差异之后，算术推演中的性别差异也消失了(范志强等译，1986)。这些矛盾的研究结果使我们很难判断在认知方式上是否真正存在着性别差异。

第四节　性别定型的理论解释

性别定型(sex typing)可以从社会历史发展的角度进行探讨,也可以从个体发展的角度进行探讨。心理学家是从个体发展的角度探讨性别定型问题的。在探讨性别差异及其原因时,不同历史时期的心理学家研究的侧重点不同(参见补充讨论15-4)。迄今为止对性别角色形成的解释仍有各种不同的观点,看来一时难以取得一致。

补充讨论15-4

西方性别差异研究简史

在西方心理学家中,最早对男女两性心理特质差异进行较全面研究的是汤普森(Thompson,1903)。在西方,性别差异的研究至今已有100多年的历史,从研究的重点来看大致可划分为6个时期。

第一个时期(1894—1936),从埃利斯(Ellis,1894)出版《男性和女性》一书开始到推孟和迈尔斯(Terman & Miles,1936)的《性别与人格》一书的出版为止。这一时期研究的重点是用测验来检验男性在智力上是否优于女性。多数的研究结果表明,两性在一般智力上无显著差异。

第二个时期(1936—1954),最主要的发展是提出了两个独立维度的人格特质:男性气质和女性气质。自推孟和迈尔斯(Terman & Miles,1936)介绍了用自陈测验对男性气质和女性气质的测量之后,男性气质-女性气质量表成为多项人格问卷的标准组成部分。此时还对特殊智力(如数学能力)和非智力品质的性别差异进行了研究,但当时心理学家的主流是发现人类行为的一般规律,在研究中多采用同一性别的被试为样本,有忽略女性的倾向。推孟和泰勒(Terman & Tyler,1954)在《儿童心理学手册》中用一章篇幅来讨论"性别差异",可以以此作为该时期的结束。

第三个时期(1954—1966),主要研究性别角色的发展,性别角色认定,以及儿童如何实现性别角色认定等问题。男性气质-女性气质的测量仍很盛行,忽略性别(特别是女性)的现象依然存在。

第四个时期(1966—1974),麦科比(Maccoby,1966)的《性别差异的发展》一书的出版,是该时期的主要成就。此书详细地介绍了性别角色认同的认知发展理论和社会学习理论以及行为上的性别差异。随着20世纪60年代妇女解放运动的兴起,歧视妇女的各种传统观念受到冲击,人们开始重视有关妇女心理的研究,并从理论上分析造成性别差异的原因。

第五个时期(1974—1982),贝姆(Bem,1974)提出了男女兼具型的概念,并编制量表进行测量。1974年,麦科比和杰克林(Maccoby & Jacklin,1974)出版了性别差异的经典性著作《性别差异心理学》。此书从性别差异的1 600多项研究中归纳出两性在四个方面存在的差异,即语言能力,女性优于男性;空间能力,男性优于女性;数学能力,男性优于女性;男性比女性更具攻击性。当时的研究还认为,两性在触觉感受性、焦虑、活动水平、竞争性、助人行为上都存在差异。后来,有许多心理学家对这些结论提出了质疑。

第六个时期(1982至今),谢里夫(Sherif,1982)在其《性别认同研究中必需的概念》一文中,提出将性别作为社会范畴来考虑,把sex和gender做了区分,认为性(sex)是一个生物学的概念,而性别(gender)则是一个具有社会标准的社会心理范畴。这一时期强调社会文化因素对性别差异的影响,主要倾向是承认两性之间的差异是社会化的结果。在研究方法上的主要进展是应用元分析技术,并对性别差异研究的方法学问题提出了质疑。目前这些问题均在探讨之中。

一、生物学取向的解释

早在1905年弗洛伊德提出的让其扬名四海的"恋母情结"理论,即是以身体构造为定论的极端生物学取向。他认为性别定型是由两性间的解剖结构决定的。基因、激素、性别的解剖结构都被视为个人最终的性别角色认定的主要因素。但这方面的证据如何?让我们来看一看有关的研究。

(一)婴儿期的差异

要确定生物因素在性别差异中的作用,只有在婴儿尚未接受性别角色刻板印象的系统训练之前进行研究。人们发现,初生婴儿的大多数行为是类似的,看不出性别差异。女婴发声比男婴多,她们比男婴笑得较多,对面部刺激的反应也较丰富。摩斯(Moss,1967)测量了三周和三个月的婴儿的12项行为,发现男婴爱吵闹、易激怒、常常醒着,而女婴睡觉较多。这些差异可能是他(或她)们将来社会化倾向上性别差异的生物学基础。

虽然在文化影响之前,研究婴儿的性别差异看来是合乎逻辑的,但实际做起来却不容易。第一,婴儿的新生行为是极不稳定的。例如,一些发声可能某一天出现,而在第二天却不出现,因此,要想得到声音的适当指标来评估此行为的性别差异便相当困难。第二,难以确定婴儿行为的日后转变。例如,婴儿的哭声大,并不预示日后就是歌唱家。我们也不能以推论婴儿智力水平所凭借的行为来推断其日后成人的智力。第三,许多研究者事先知道婴儿的性别,容易不自觉地把性别刻板印象渗入他们观察到的行为之中。例如,在女婴身上看到的交际性,在男婴身上则可能被认为是攻击性。第四,并非所有的性别差异都会在婴儿期出现。例如,两性性行为上的差异就与青春期激素的变化密切相关,攻击、关心、照顾等的差异也可能与青春期直接有关。到了青春期,想把行为的生物因素与学习、社会化经验等区分开来便十分困难。基于上述原因,婴儿性别差异的研究对于回答成人行为性别差异的生物学根源,并未能提供明确的启示。我们对婴儿行为的性别解释务必持小心谨慎的态度。

(二)动物的例证

大量的证据表明,动物的性激素会影响其行为,特别是性行为。雄性动物的性反应与高水平的雄激素(androgen)和睾固酮(testosterone)密切相关,雌性动物的性行为与大量的雌激素(estrogen)、孕酮(或黄体激素)(progesterone)和催乳素(或泌乳激素)(prolactin)密切相关。在实验条件下改变激素水平或改变年幼动物激素的分泌量都会明显地影响其性行为。例如,幼雌鼠出生后立即注射雄激素,日后会表现出较多的爬背行为(即雄性动物的交配行为)。改变幼鼠的激素水平本质上会直接影响其日后的性行为。又如,给出生后不满一个月的雌性罗猴注入雄激素会使它们表现出原为雄性动物特征的攻击行为。虽然雄激素影响攻击和性行为显而易见,但如果把这些结果应用于人类,则将存在着问题。因为进化程度愈高,激素对行为的直接影响愈小,而学习经验的影响则愈大。

(三)人类的某些例证

在正常情况下,男性和女性在身体上的差异是显而易见的,但有时也使人难以区分。一个外部生殖器与染色体性别不一致的人,例如,拥有男性生殖器的新生儿内部却有女性性器官,这样的人是属于男性还是女性? 这里的关键也许在于如何对其养育的过程。

例如,有时由于胚胎期肾上腺皮质过分活动,不分泌皮质醇(cortisol)而是从胚胎开始就分泌雄激素,结果,一个具有雌性染色体的胎儿在出生时外生殖器长成了男性的样子,而被误认为男婴,并作为男孩来养育。以后她的行为就会像男孩,而且希望长大成为男人。这样的人虽有XX染色体,但在性别的自觉和行为上都是男性,如进行激烈的室外活动,表现像个顽皮的男孩,不爱玩布娃娃,不喜欢扮演母亲的游戏。如果在三或四岁之前,父母发现了这种错误,改变了对其性别的认定,重新当作女儿养育,是比较容易使她获得女性化人格的。超过此年龄,人格上的改变就很困难。不过有的时候,长到成人也能转变。这可能是由于这种人对于他(或她)的真实性别抱着长期的隐讳态度,早已意识到他(或她)自己在改变之前是假扮的。

虽然过去很多人曾认为社会文化教养能支配生物因素,但后来某些研究发现这一观点似须重新评价。有研究指出,如果一个具有XX染色体的个体从胚胎发育起一直到青春期都受到高水平的雄性激素的影响,就能够胜过青春期以前所一直接受的女儿化教育的影响,将终身是一个有XX染色体的假男人(Money & Ehrhardt,1972)。

有人曾在多米尼加共和国乡间发现因缺乏一种酶而外生殖器发育严重落后的38个男孩(XY型的)(McGinley et al.,1979)。他们的内生殖器是男性的,外生殖器介于男女之间。其中18个孩子被当作女孩来养育。在青春期,这18个孩子中有17个不仅外生殖器发育成男性的样子,而且他们的性别意识也改变了,并对女性发生了兴趣。此报告的引人注目之处是，它和上面提到过的在三或四岁之后性别的自觉就不能改变的结论相矛盾。这可能是由于在美国研究过的大多数的情况不只是教养原因，他们还接受过外科手术和激素治疗。即按照被误认的性别，给他们切除了性腺和使用了雌激素。多米尼加共和国的这些儿童虽然受到反对改变性别的社会压力，但并未做外科手术和激素治疗。所以当这些被误认为女孩的儿童到了青春期在其雄激素的作用下，乳房没有长大，身体长成了男性的样子，他们就自觉地改变了自己的性别认定。看来，产前或产后的性激素水平能影响生殖器官的发展，也能影响人格的发展。但是社会文化对人格发展的影响也不可忽视。在性别角色形成过程中，性激素和社会文化如何交互作用乃是一个需要研究的问题（邵效，1987）。

还有一个证据是，大脑两侧化的发展：大脑分左右半球，右半球主司空间视知觉能力，左半球则主司语文能力，分极发展的结果通常是使得左半球占优势（右利手者）。有些研究认为，分极发展的结果使得女孩在语文作业上表现较佳，男孩则在空间作业上较优秀。这是由于男性成熟比女性缓慢，而较强的大脑单侧化则与缓慢的成熟相联系，于是造成了男性空间能力占优势（傅世侠等译，1992）。但是也并不是所有的学者都赞同男性分极发展较迟的说法（Maccoby & Jacklin，1974）。有关语文能力与空间能力的性别差异源于大脑两极化发展的研究，迄今仍在探讨之中。

二、认同理论的解释

在第三章和第十三章中，我们已经讨论过认同或认同作用。这是弗洛伊德理论中的一个术语。虽然对于认同的一般理论，很少有一致的研究结果支持，但是该理论迄今在人格领域中仍扮演着重要的角色，许多人仍用它来解释性别角色的形成。

（一）精神分析

弗洛伊德认为，男性与女性的不同认同过程是由生物因素决定的。原因很简单：男孩有阴茎而女孩却没有。当孩子发现了这一事实时便引发了不同的认同机制。但在他（或她）发现这一生理结构不同之前，自初生开始到三岁左右，因为喂养、抚爱、保护孩子的大多是母亲，所以无论男孩还是女孩都会对其母亲形成依赖性认同（anaclitic identification）。正因为如此，当他（或她）想起母亲时便觉得舒服。为了尽可能接近母亲，孩子会采取母亲的一些特征、态度和价值观，以避免可能失去其母亲。但到了恋母情结阶段，孩子逐渐意识到身体构造上的差异，这时情况便发生了变化。男孩渴望得到他的母亲但又惧怕父亲，他开始明白如果他不接受父亲的警告，停止与其父竞争母亲的爱的话，就会遭到阉割。当他发现女孩没有阴茎时,他的这种想法就变成了真正的恐惧。于是他认为女孩“坏”因而才失去了阴茎。为了避免此种惨局,男孩开始对其父亲的认同。此种认同是防御性的,故称之为防御性认同(或防卫性认同)(defensive identification)。而女孩的情况则不同,她没有阴茎,因而不惧怕被阉割。但这时她也注意到了这一缺陷,结果便产生了自卑感,认为女性不如男性,并羡嫉男性及其阴茎。女孩认为生一个孩子将可以弥补此种缺陷。此种愿望强化了她接受女性的性别角色,增强了她对母亲的依赖性认同,于是便日益长得像其母亲。总之,在弗洛伊德看来,男孩接受男性角色是出自防御性认同。他认同攻击者的父亲,以逃避报复,同时也能像父亲的替身一样享受母亲的爱情。反之,女孩则无须采取防御性认同,并继续维持其依赖性认同和自卑的自我形象。这就是弗洛伊德对性别定型的解释。

(二)学习

认同也是个体行为社会化的过程。小男孩会学着像其父一样喜欢运动,喜欢采取行动来影响外界,成为喜欢发号施令的主动者。小女孩也会学着像其母那样喜欢弹钢琴、做家务,学得像其母那样的家庭主妇的角色而不是职业妇女的角色。如果她选择了职业妇女角色,则会因依赖性认同而有负罪感。由于认同作用是学习的媒介,每一个孩子学习的特殊性便可以从他(或她)的认同中做出预测。因此,根据认同理论,环境在塑造性别角色的发展上并不太重要,重要的是认同机制。由于个人认同机制的特殊性,孩子们就会有一种渴望像其父或其母的内在欲望,而不会随意地对环境中的任何刺激都做出反应,而是有动机地选择环境的特殊方面进行反应,也不会因任何强化而受到塑造。这些反应与认同作用(女孩对女性的认同或依赖性认同、男孩对男性的认同或防御性认同)是相一致的。这样,孩子与其同性别的父母便产生了情感联系,产生了角色认同。这是用认同理论来解释性别定型的另一种取向。

孩子的认同作用受许多因素的影响。例如,和蔼亲切的人要比其他人容易被孩子认同。成人控制孩子环境的权力也影响认同作用。在母权占优势的家庭中,女孩以母亲为主要的认同对象。孩子自身和所模仿的榜样之间的类似性也影响着认同作用。个子高大又像父亲的女孩对其娇小的母亲会产生认同困难。一般说来,孩子对其和蔼能干的父母都会产生某种程度的认同,但男孩和女孩的主要认同对象是其同性别的父母。许多学者认为,孩子的认同基础并不是阴茎,而是父母的地位、父母的反应以及孩子本人对父母反应的内化程度。

三、社会学习论的解释

在社会学习论中，人常常被描述为：(1)直接从通过对他人行为及其后果的间接观察所获得的经验中进行学习；(2)具有卓越的认知能力；(3)能够创造出自我调节的力量。通过对他人行为的观察，或直接通过经验，是可以习得新的行为模式的。因此，在社会学习论看来，性别定型无须借助于像认同作用之类的中介概念，只要采用强化、观察学习、模仿、预期等概念就可以解释得清楚。

(一)强化

根据社会学习论的观点，典型的性别行为的习得决定于强化(reinforcement)。男孩和女孩在很小开始从穿衣(如男孩穿蓝色，女孩穿粉红色)、玩玩具(如男孩玩手枪，女孩玩洋娃娃)、帮助做家务事(如男孩帮助父亲修理窗户，女孩帮助母亲洗碗扫地)的称赞中逐渐形成了同性别的角色行为。而如果男孩穿粉红色的衣服，女孩爬树玩手枪则可能不被传统所认可，引起他人的讥笑及父母的不高兴和训斥，因而也就消退了男孩和女孩对异性角色的学习。

既然强化是典型性别行为习得的决定性因素，因此在社会学习论者看来，性别定型并不局限于亲子互动领域。儿童不只是从同性别的双亲那里学习到典型的性别行为，他(或她)还从同伴、老师、电视电影等方面进行学习。当然，父母在此种学习中会产生重要的作用，因为他们控制着孩子的生活，并与孩子的接触机会多。但是，父母并不是孩子性别角色学习的唯一来源。

某种特殊性别角色行为只要受到重复的强化，个人就能学会此种行为。当今社会上，女性参与传统的男性活动(如举重、摔跤、相扑、驾驶卡车、担任警察工作等)并以此为荣，就是由于社会对女性在这方面的成就给予强化的结果。此类例子也表明从社会学习的观点看来，性别角色学习不是个人早期铭刻的东西，也不是一成不变的东西。性别角色行为会随着环境奖赏的变化而变化。例如，一个过去足不出户的老年妇女在周围人们的鼓励和支持下改变旧时装束，加入老年迪斯科舞蹈的行列。这就是社会强化的结果。

随着社会强化的变化，人们的性别角色观念也在改变。在一项研究(Dambrot，Papp，& Whitmore，1984)中，要求女大学生、她们的母亲和祖母回答一份关于性别角色的问卷。结果是女大学生最具自由思想、最随便，祖母的自由思想最少，母亲介居其中。虽然什么是典型的性别行为在变化，但强化的角色并没有变。

(二)模仿

模仿(modeling)是性别角色学习中一个重要环节。在麦科比和威尔逊的研究(Maccoby & Wilson,1975)中,让七年级的孩子看两段影片。一个片子表现两名男孩;另一个片子是两名成年男女的互动情形。一周以后,要求所有的被试回忆所看过的内容。结果显示,男女被试都较认同同性别的主角,并对同性别角色的动作和言语记忆得较多。他们的记忆与自己的性别有联系,男孩记得攻击内容较多,女孩记得男女互动的内容较多,表明男孩和女孩注意的选择性有差异。关于这个问题,班杜拉还说过:

> 一般说来,一位男性攻击的角色与另一位表现出同样行为的女性角色相比,前者所具有的激发攻击行为的刺激程度比后者要大得多。事实上,对于在现实生活中见到过男性攻击角色的男孩来说,这样一种攻击角色的影响往往是十分明显和巨大的。虽然,对于诱发模仿反应来说,男女两性角色的相对效果,部分地同该行为所做的性别刻板印象的程度具有函数关系。(Bandura,1962,p.227)

在童年期以后,儿童有了更多的机会与同性别的同龄人、父母和其他成人交往。如果他(或她)学习到同性别的角色行为而受到奖赏,那么他(或她)就更男性化或女性化。社会学习理论还认为,强化效果是以认知为中介的。男孩和女孩对自己的性别有些了解之后,就会对自己认为合适的性别角色行为进行有选择的学习了。

(三)预期

预期(anticipation)是社会学习论中的一个重要概念。这一认知变量使性别刻板印象成为自己创造自己的现实。一个把性别刻板印象当作真理的人,他(或她)就会去发展与他(或她)的性别相适合的品质。倘若人们一遍又一遍地告诉孩子女孩爱撒娇、服从、依赖、感情丰富、柔弱、有教养、爱交际和语言能力强,而男孩则没有;如果女孩相信它,就会使这种刻板印象变成自己的现实。同样地,倘若人们一遍又一遍地告诉孩子在数理和科技方面女孩没有专长,而男孩则有;如果男孩相信它,就会使这种刻板印象变为自己的现实。事实上,生活中老师、父母和同学也都在不断地鼓励女孩们在"女孩"品质上的好表现,而不表扬她们在"男孩"品质上的好表现;不断地鼓励男孩们在"男孩"品质上的好表现,而不表扬他们在"女孩"品质上的好表现,这样不断地强化,最后预期也就变成了现实。

四、认知论的解释

根据认知理论,个人的性别定型是认知发展的结果。一般说来,幼儿从2~7岁是性别恒定性(gender constancy)观念的形成时期。儿童性别恒定性观念的形成分为三个阶段:(1)性别认定(或性别认同)(gender identity):个体开始了解自己是男还是女,同时也开始知道别人是男还是女;(2)性别固定(gender stability):个体了解到自己的身体所决定的性别是固定的，以后是不会改变的；(3)性别一致性(gender consistency)：个体不仅了解自己的性别，并且在心理上也接纳自己的性别，以自己身体性别认同的自我形象去扮演性别角色。正如柯尔伯格所说的“我是个男孩，所以我想做男孩做的事(并由此而获得赞许)”(Kohlberg，1966，p.89)，即显示出追求性别一致性的欲望。儿童对自己的身体性别的认定做出早期判断之后，就会努力使自己的价值观和行为来符合他(或她)的身体特征，并明显地在选择性注意和性别图式上表现出来。

(一)选择性注意

男孩和女孩对于周围环境中与性别有关的事物的选择性注意(selective attention)确实是有所不同的。刚才提到的麦科比和威尔逊(Maccoby & Wilson，1975)的研究是一个例子。与此相类似，佩里的研究(Perry & Perry，1975)显示：当孩子观看一对成人男女之间互动的影片后，有男孩取向的孩子(不论男女)对男主角的记忆要比对女主角的记忆多。孩子寻求与自身性别认知相一致的行为方式，还可以用哈特普等人(Hartup，More，& Sager，1963)的研究来加以说明。他们发现男孩特别反对玩“女孩化”的玩具，这种反对的强度随着年龄而增加，而在女孩方面却未发现此种现象。这很可能与许多父母容忍其女儿爬树或踢足球，但强烈反对儿子玩布娃娃之类女孩化游戏的态度有关。

(二)性别图式

性别图式或性别基模是贝姆(Bem，1981)提出的一个概念。她认为，除了学习与该文化的男性和女性相符合的特定观念和行为之外，儿童也学习按照性别图式(或性别基模)(gender schema)去觉知和组织不同类型的信息。按照贝姆的理论，性别定型者比非性别定型者更经常地运用性别图式。在一项实验中，先以自陈量表将被试区分为性别定型者和非性别定型者(如男女兼具型者)，然后再向被试呈现一个词汇表，要求被试以任何一种顺序尽可能多地回忆出刚才记过的词汇。这个词汇表包括专有名词、动物名词、动词和衣物名词。半数专有名词是男性的，半数是女性的。而其他每个类别的1/3词汇为阳性的(如“大猩猩”、“投掷”、“长裤”)，1/3为阴性的(如“蝴蝶”、“羞愧”、“比基尼”)，1/3为中性的(如“蚂蚁”、“走步”、“毛衣”)。结果显示，性别定型者要比非性别定型者表现出按性别图式记忆词汇的特点。例如，一个性别定型者一旦记起了雌性动物“蝴蝶”，他或她就更可能随后回忆起如“比基尼”这样的阴性词汇；而非性别定型者则更可能以另一个动物名词跟在“蝴蝶”之后。这表明性别定型者很可能是使用性别图式来编码和提取信息的(Bem，1981)。此外，如果个人的性别图式是高度分化的，那么他(或她)就会根据自我实现的倾向，在人格和行为面上表现出性别刻板印象。如果个人的性别图式是未分化的，那么他(或她)将在人格和行为上没有性别刻板印象，如男女兼具型者。因此，性别角色形成也就是个体通过学习而形成性别图式的过程。

性别图式是一个假设性的概念，它是如何形成的？目前正在研究之中。不过从易性癖患者的例子中，我们似乎可以看出性别图式的概念是有事实依据的（见补充讨论15–5）。

补充讨论15–5

易性癖——一种性别认定障碍症

易性癖（或换性症）（transsexualism）是一种性别认定障碍症。患者的一般症状是，在性别角色上有严重的心理冲突，不愿扮演与其生理性别有关的角色，不愿穿着适合于生理性别的服装，顽固地坚持要改变自己的生理性别。易性癖患者的问题源于幼年期形成的性别图式。从下面的两个例子中可以看出性别认定障碍所造成的心理困扰是多么严重。

据刘连沛（1995）报道，有一女性患者，26岁，乌鲁木齐市人，未婚，技校毕业，木工。其母怀孕初期即认定胎儿为男孩并与邻居订了“娃娃亲”，出生后一直留光头，穿男孩衣装，按男孩方式抚养。从小就好与男孩同娱，顽皮，捣蛋，喜当“孩子头”。9岁开始想变为男性，像男孩一样站着小便。12岁时在父母反复劝说下只穿过一天裙子。15岁时产生通过手术改变性别的想法，曾想赴国外做变性手术。17岁时看到自己的乳房时觉得“看到这两团肉就讨厌，真想用刀挖掉”。平素对异性既无好感也不产生性兴奋。22岁后的四年中，有时与一未婚女青年共眠并抚摸、指奸对方且伴有性快感。多年来一直寻找与搜集有关变性手术的报道和资料，并为进行手术准备了充足的资金。因一直未能如愿而烦躁、不安、焦虑和忧郁，曾割腕自杀未遂，决心“不能变性，宁肯去死”。否认手淫、异性恋和性创伤史。患者父母亲均为维吾尔族。患者姐妹6人，她排行第四，无兄弟。无同类病遗传家庭史。17岁月经初潮，周期正常。女性第二性征发育良好，正常女性外阴。留男式短发，常着男式服装，不戴胸罩。

言谈举止行为和吸烟动作均呈男性特征。外周血染色体核型G带分析为46XX，数目和结构均正常。患者在门诊接受心理、行为矫正治疗，并服用氯硝西泮7个半月，未获疗效。因变性之事，多年来承受着亲人、同事的巨大精神压力，并对手术后果和舆论有充分的心理准备，绝不后悔。家长迫于女儿的决心，对变性已无异议。

* * * * * *

从小时候起，詹姆士·莫里斯一直认为自己生错了身体。在度过一个表面上看似正常的少年时代之后，他来到牛津，参了军，成为一名记者。以后10年中，他是《泰晤士报》、《卫报》和阿拉伯新闻社的驻外记者，报道过英国登山队攀登珠穆朗玛峰的事件，写过10本书，结婚后有5个孩子。但在整个职业生涯和充当父亲角色的日子里，他一直深受自己生错了身体的观念和男性世界紧张生活的折磨。当他的抑郁日益发展时，在他妻子支持下，他决定改变身体的性别，以便使自己的身体特征与自己的性别认定相符合。经过长达8年的性激素治疗，他逐渐变得女性化。在1972年，莫里斯做了生殖器官的外科手术，彻底完成了从男性到女性的转变（Broom，Selznick，& Darroch，1981）。

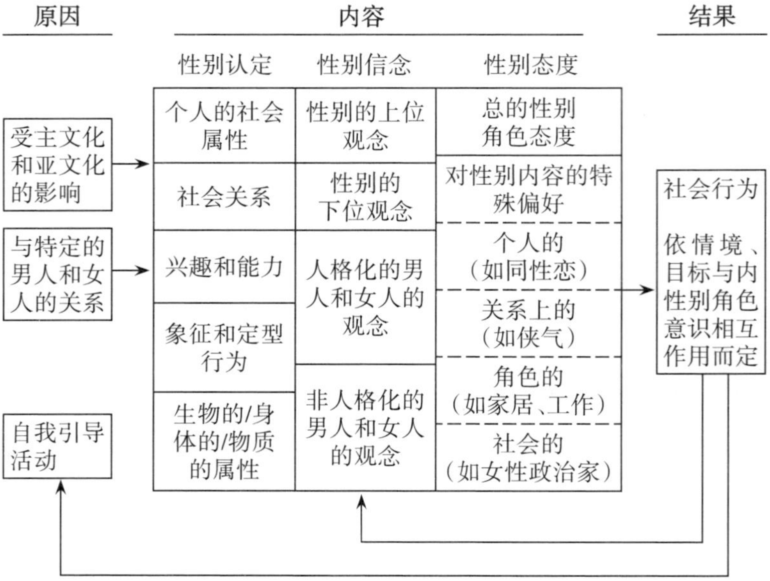

图 15-2　个人性别角色起源的一种社会取向解释

（采自 Ashmore，1990）

五、社会研究取向的解释

社会研究取向把性别角色完全看作社会化的结果。其基本的观点是：个体的性别角色意识的内容表现在社会行为中，并且是由社会原因促成的，如图 15-2 所示（Ashmore，1990）。个体性别角色意识的内容包含三个基本方面，即性别认定、性别信念和性别态度。性别认定是指个人对自身性别身份的一整套构念，一般人都认识到自己的性别身份，如男子认识到自己的男性身份，女子认识到自己的女性身份。性别认定主要包含五个方面的内容，即对生物的、身体的、物质的属性（如身体、头发、体毛、皮肤、服饰等）的认定，对象征和定型行为（如言语、非言语、体态举止及其他符号等）的认定，对兴趣与能力（如性别不同儿童对玩具的偏好、成人对工作和业余活动的偏好）的认定，对社会关系以及个人的社会属性（如男人和女人对不同社会关系的感受方面以及个人的社会属性的重要性）的认定。个体性别角色意识还包括对不同性别现象的信念和态度。性别信念（gender belief）是个体对性别现象的思考、见解和观点，包括对性别的上位概念如公平、民主、自由等的观念，对性别的下位概念如性别与就业、与家庭关系等的观念以及对人格化和非人格化男人和女人的观念。性别态度（gender-related attitude）包括对总的性别角色的态度以及对性别内容的特殊偏好，如同性恋、女性的侠义精神、家居或职业女性、女政治家等的态度。由于个体性别角色意识的不同，其社会行为将视其性别角色意识与情境、目标的关系而定。例如，男女兼具型的女性更可能走出家门，从事社会或学术活动，担任领导职务；而坚持性别刻板印象的女性则喜欢家居，当贤妻良母，反映出社会行为的不同。

社会研究取向不用性别角色定向(sex-role orientation)、性别图式或其他构念来解释性别认定，而是把社会信息的输入视为性别认定等的原因。关于这方面的原因大致分为三种：一是受主文化和亚文化的影响，包括大众媒体、教育系统、教会以及有关男性、女性的其他社会信息的影响。当然个体对社会文化的输入并不是被动地接收而是积极地吸取。二是同特定的某个男人和女人的关系，即通过观察身边的某个男人或女人(如父母)从而学到有关性和性别的知识和经验。三是自我引导活动(self-guided activity)，即通过个人的"做"而形成性别差异。例如，如果男孩穿牛仔服而女孩穿裙子，那么男孩就会有更多的机会去参与冒险活动(如爬树)，反过来又促使男性在与周围环境的交互作用中更具冒险性。因此，从社会研究取向的观点看来，性别角色的形成是个体受周围主文化和亚文化的影响、与特定的男人和女人的关系以及自我引导活动等多种社会因素交互作用的结果。至于如何交互作用，目前尚在研究之中。

因此，总的来说，性别定型(或性别角色形成)乃是个体的生物因素、社会因素和心理因素(认同、强化、模仿、预期、性别图式等)交互作用的结果。

本章摘要

1. 性别角色刻板印象是指人们对男人和女人在行为、人格特征等方面的期望、要求和一般的看法。性别刻板印象不仅只是对男性和女性特质的一种区别，而且被赋予不同的价值：对男性的刻板印象评价较高、是成熟的，而对女性的刻板印象评价较低、是孩子气的。

2. 性别角色刻板印象是一种普遍的社会现象，始于婴儿期且持续终身，甚至心理卫生专家也不例外，根深蒂固，随处可见。

3. 性别角色刻板印象会带来某些后果，例如女性较可能将自身的成功归因于运气，把失败归咎于自己的能力差，部分女性甚至惧怕成功；即使女性也会对其他女性持负面的刻板印象。

4. 男女兼具型是指既认同男性气质也认同女性气质，其所具有的男性气质和女性气质大致相当的人。可以用贝姆性别角色调查表来测量一个人的男性气质和女性气质。男女兼具型者可能有较强的适应能力、心理发展较健康。

5. 早期的研究认为男性比女性有更大的身体和言语攻击性。晚近的研究认为男性的攻击大多给对方造成身体伤害，而女性的攻击大多给对方造成心理上的伤害或人际关系上的损失。

6.一般说来,男性较为自信,可能有些过于自信,而女性可能有些缺乏自信。但这一结论也是受一些具体条件限制的。

7.一般认为男性比女性有较强的支配性,女性比男性有较强的依赖性。在利他行为方面,两性的反应主要视具体的情境而定。女性一般比男性较具情绪性。

8.在语文能力和知觉速度上,女性优于男性;在数学能力和空间能力上,男性优于女性。虽然两性之间在这些方面有差异,但这种差异较小,而个体间的差异却相当大。

9.在运动能力方面,男性的体力操作优于女性,女性的灵敏度和精细动作优于男性,其间的个体差异较大。

10.虽然当今世界各国的领导人,男性占绝对优势。但实验室的研究表明,女性和男性的领导能力不相上下,但领导风格却似有不同。

11.性别角色的起源有其生物学基础。一些证据显示,行为的性别差异(如发声、微笑)早在婴儿期就已出现。但这类研究方法上的缺陷,无法证明生物学因素是性别角色形成的原因。激素对动物的性行为差异的影响很明显,但不能用性激素来解释性别角色的起源。

12.对外部生殖器与染色体性别不相符合的人所做的研究显示,早期的性别角色教养方式对个体性别角色形成具有奠基的意义。性激素与社会文化在性别角色形成的过程中如何交互作用乃是一个值得研究的问题。

13.认同理论认为,性别角色的形成是个人在心理性发展过程中的依赖性认同和防御性认同的结果。但几乎没有实证研究能支持弗洛伊德的认同理论。由于弗洛伊德的认同理论过于简单化,有人对该理论做了重新解释。

14.社会学习论认为,性别角色的形成是观察学习、模仿和强化的结果。性别角色的学习,受社会文化的深刻影响,它不只是亲子互动的结果,而是经历毕生的过程。

15.认知论认为,性别角色的形成是认知发展的结果。儿童性别恒定性观念的形成影响其选择性注意。性别图式影响着个人对性别信息的处理。

16.性别的社会研究取向认为,性别角色的形成是个人受周围主文化和亚文化的影响,与特定的男人和女人的关系以及自我引导活动等多种社会因素交互作用的结果。

建议参考资料

1.珍尼特·希伯雷·海登、B.G.罗森伯格(范志强、周晓红等译,1986,):妇女心理学。昆明市:云南人民出版社。

2.J.A.谢尔曼、F.L.登马克(高佳、高地译,1987):妇女心理学。北京市:中国妇女出版社。

3.Ashmore, R.D., Sewell, A.D.(1990).Sex/gender and the individual.In L.A.Pervin(Ed), Handbook of personality? Theory and research, pp.486~526.New York: The Guil ford Press.

4.Block.J.H.(1984).Sex role identity and ego development.San Francisco: Jossey-Bass.

5.Cook, .E.P.(1985).Psychological androgyny.New York: Pergamon Press.

6.Hyde, J.S., & Linn, M.C.(Eds.)(1986).The psychology of gender: Advances through meta-analysis. Baltimore: Johns Hopkins University Press.

7.Maccoby, E.E., & Jacklin, C.N.(1974).The psychology of sex differences.Stanford, CA: Stanford University Press.

8.O'Leary, V., Unger, R., & Wallston, B.(Eds.)(1985).Sex, gender and social psychology.Hillsdale, NJ: Erlbaum.

9. Phares, E.J.(1990).Introduction to personality(3rd ed.).New York: Harper Collins.

第十六章　人格与健康

本章内容细目

人格与健康已成为当今时代的一个主要问题。科学技术进步改变了我们的生活方式,延长了人的寿命,形成了都市化的社会,同时也给我们的生活带来更多的风险和不稳定。我们每一个人都面临着各种选择和竞争,体验着种种焦虑。当今快节奏的社会给我们每一个人都造成种种压力,我们常常面临着一种紧迫感,承受着在越来越短的时间里完成越来越多的工作的沉重压力。都市化社会所造成的拥挤、空气和噪声污染、能源短缺和日常烦心事,正日益频繁地出现在我们的生活之中。这种种压力使我们每一个人都发展形成了独特的行为模式,同时也可能危及我们每一个人的健康。如果说以前对人类健康的威胁是饥饿、灾荒和传染病,那么现在人类死亡和疾病的危害则主要来自他们自己的行为和生活方式。目前,死亡率最高的是心脏病、癌症、车祸、意外事故、脑动脉疾病和自杀等。它们的发病和病情变化都与个人的行为因素相关,而这些危及健康的行为方式则是可以预防与矫正的。这样也就促使健康心理学的形成和发展。健康心理学(health psychology)是一门促进健康、防治疾病、探求病因、确定与健康和疾病有关的诊断和初期症状,并提出卫生对策的新学科。

人格与健康这一主题涉及的内容很多。在本章中,我们主要从人格动力的角度先讨论焦虑和压力对健康的影响,然后从人格类型的角度讨论冠心病倾向人格即A型人格和癌症倾向人格即C型人格,最后讨论生活方式对健康的意义。我们都希望过健康幸福的生活,本章的内容将有助于读者达到此一目的。

本章的主要内容是:

1.焦虑及其种类和测量。

2.压力的种类和机体反应。

3.如何调适焦虑和压力。

4.心身疾病的主要特点。

5.A型人格与冠心病的关系。

6.C型人格与癌症的关系。

7.合理的生活方式对健康的意义。

第一节 焦虑

一、焦虑的概念

焦虑(anxiety)是个人对即将来临的、可能会造成危险或威胁时所产生的紧张、不安、忧虑、烦恼等不愉快的复杂情绪状态。焦虑与恐惧有密切的联系。焦虑是由对危险的预料或预感而诱发的。例如,看见令人战栗的人,我们会感到害怕;想到要与令人战栗的人见面,我们担心将会有什么事要发生。在战争中受到轰炸,我们会觉得恐惧,而在尚未遭到轰炸时,常常焦虑将有什么事要发生。也就是说,危险的对象清晰地出现在眼前时,会产生恐惧;危险即将来临而又朦胧不清时,会产生焦虑。因此,焦虑产生于危险不明确而又会来临时,对危险所持的警戒态度,并伴随有无助、不安、紧张、忧虑等心理状态。

焦虑是对恐惧的恐惧,对担忧的担忧。它也是由对威胁的预料或预感而诱发的。个人遭遇到的利害冲突、灾难或灾害、疾病困扰、升学与就业过程中面临的威胁、竞争对手的挑战等,只要个人预感到无助、欲加以避免或应对而又感到威胁时,就可能由复合的恐惧转为焦虑。

焦虑是一种常见的心理现象,几乎人人都有过焦虑的经验。人们在考试前,即将登台表演或演讲前,会见重要人物前,都常有焦虑情绪。因此,焦虑具有保护意义,驱使个体采取应对策略或行动以改变自身的处境,但长时间的严重焦虑则表明适应不良而有害于身心健康。

焦虑是一种十分复杂的情绪状态,伴随有一系列的心理、生理和行为反应。这些反应包括:(1)自我体验方面的,如担忧、即将来临的危险感、紧张、注意困难、即刻瓦解感以及逃避和摆脱现状的强烈愿望;(2)行为方面的,如逃避或回避行为,言语异常、动作协调异常、解决复杂问题的过程异常等;(3)躯体生理方面的,如交感神经系统(sympathetic system)兴奋导致血液内肾上腺素浓度增加、肝糖原分解、血压升高、心率和呼吸变快或不规律、胸闷、骨骼肌紧张、手脚出汗、口干,副交感神经系统(parasympathetic system)症状如胃肠功能异常、腹泻、小便过多等。

二、焦虑的分类

焦虑可分为两种:特质焦虑和状态焦虑。特质焦虑(或特质性焦虑)(trait anxiety)是一种人格特征,反映人们对紧张反应的频率和强度的显著个别差异。如同把一个人视为“抑郁的”、“内向的”或“神经质的”一样，这是个人对焦虑的一种人格倾向或特质。状态焦虑（或情境性焦虑）(state anxiety)是人们在特定情境下所产生的专门反应状态。它是指一个人在什么场合会产生焦虑。

最早对特质焦虑和状态焦虑进行系统研究并强调其区分的是卡特尔和沙伊尔(Cattell & Scheier, 1961)。稍后，斯皮尔伯格(Spielberger, 1966)在《焦虑与行为》一书中详细地阐述了状态–特质焦虑理论。他将特质焦虑定义为一种习得的行为倾向，此种倾向使个人将许多客观上不具威胁性的情境都知觉为有危险的情境，因而其反应与真正的危险不成比例。状态焦虑则是一种暂时的情绪状态，随着时间的不同其强度和波动性也在变化。紧张和不安的情绪伴随着自主神经系统(autonomic nervous system，简称ANS)而产生。每当认定某一情境具有威胁时，便会产生此种焦虑。

为了测量特质焦虑和状态焦虑，斯皮尔伯格等(Spielberger, Gorsuch, & Lushene, 1970)曾发展出状态–特质焦虑量表(State-Trait Anxiety Inventory，简称STAI)。状态–特质焦虑量表中的状态焦虑量表有20个项目，用以描述被试在某一时刻的感觉，例如，“我觉得很紧张”或“我很担心”。而特质焦虑量表的项目如“对一些无关紧要的事我也常常感到烦恼”。特质焦虑量表用来描述人们的一般感觉怎样，被试对所有项目以四个等级选择法作答。总的来说，特质焦虑量表测量焦虑倾向的个别差异；在此量表上得分高的人对心理压力会做出比状态焦虑强度高的反应，特别是如果此压力情境涉及损害个人自尊之时。然而，任何人在知觉到某种情境有威胁时，都会产生状态焦虑。因此，把许多情境都视为有威胁的人，那就有特质焦虑。

状态–特质焦虑量表有较高的信度和效度。其中特质焦虑量表的再测信度为0.73~0.86，状态焦虑量表的再测信度为0.16~0.54。状态–特质焦虑量表的一致性效度为0.41~0.57(Spielberger, Gorsuch, & Lushene, 1970)。也就是说，状态–特质焦虑量表似乎测量了其他量表称为具有特质焦虑这类心理现象。

三、焦虑的测量

除了状态–特质焦虑量表之外，对焦虑的测量主要还有下列两种量表。

（一）显性焦虑量表

泰勒(Taylor, 1953)编制的显性焦虑量表(Manifest Anxiety Scale，简称MAS)所根据的假设是原先无害的刺激可与痛苦或惩罚相联系，从而成为引起焦虑的来源；由于每个人的过去经验各不相同，因此焦虑程度也有个别差异。泰勒同时假设临床上焦虑的人所表现的焦虑行为,与恐惧和焦虑在实验室研究中所产生的行为相当类似。

在建构显性焦虑量表的过程中,泰勒从明尼苏达多相人格测验的各个量表中选取若干题目,请5名临床心理学家评判哪些能反映长期的焦虑,再将这些题目做广泛的心理计量学分析,结果得到50个题目。后来泰勒及其同事觉得这些题目较难理解,特别是对于大学程度以下的被试很难使用,于是又做了修订:请15位具有临床经验的评判者,把50个焦虑题目分成4组。第一组为最简明易懂的,第四组为难理解的,第二、三组居其中。结果得到28个题目是易懂的,且更为简明。显性焦虑量表的28个题目及其焦虑反应记分如下(项目的号码是个人经历调查表上所用的原号码)。

5.我的胃常常出毛病(是)

7.我跟别人一样地神经质(否)

13.我工作时很紧张(是)

24.我不像别人那样常脸红(否)

25.我每月至少腹泻一次(是)

26.我担心会出什么不测之事(是)

38.窘迫为难时我常出汗并感到难受(是)

41.我不常感觉到心跳和气短(否)

44.我有时一连几天大便不通(是)

51.我时常由于焦急而失眠(是)

54.我睡眠不好,得不到休息(是)

56.我常梦见不想告诉他人的事情(是)

67.我的情感比别人更易受伤害(是)

77.我对有些事情常常忧虑(是)

82.我愿意像他人那样快活(是)

87.不论何时我都有对某人或某事感到担忧的感觉(是)

100.有时我很不安,甚至不能长时坐稳(是)

107.我时常感到某些无法克服的困难(是)

112.有时对无关紧要的事我都害怕得不得了(是)

117.我的恐惧不像我朋友的那样多(否)

145.我比别人更有自我意识(是)

152.我是一个对事念念不忘的人(是)

153.我是神经紧张的人(是)

163.对我来说生活就是“紧张”(是)

168.我对自己也不能相信(是)

183.有时我感到身体就要垮了(是)

187.我不喜欢面对困难,或做出重要的决策(是)

190.我对自己很自信(否)

(二)考试焦虑量表

对考试或测验所产生的焦虑称考试焦虑(或测验焦虑)(test anxiety)。这种焦虑最早由曼德勒和萨拉森(Mandler & Sarason,1952)提出,后又经过萨拉森(Sarason,1980)的说明。萨拉森认为,这种焦虑是对某种知觉为威胁情境的一种反应,其关键是对威胁的知觉,但事实并非如此,而是个人的评定。一个觉得自己对某项考试已做好充分准备的学生,在应试时不会感到焦虑,虽然他准备得也许并不充分,而预期自己将考得很差的学生则会感到压力。萨拉森(Sarason,1980)对这种焦虑的特征描述如下:

1.把情境视为困难的、富有挑战性的、威胁性的。

2.把自己视为不能胜任的、无法做好的。

3.专注于自己能力的不足将带来的不良后果。

4.强烈的自我贬损干扰了与作业有关的认知活动。

5.个人预期失败和被他人轻视。

虽然每个人经历的焦虑方式、经历的情境各有不同,但是焦虑者的干扰思维和自贬心理大致都可追溯至个人以往不能成功地适应考试的经验。而所谓“成功地适应”,也是焦虑者自己的评定,同样取决于其先前的经验和个人既定的标准。最常用的考试焦虑量表(Test Anxiety Scale,简称TAS)(Sarason,1978)共有37个题目,测量考试焦虑的个别差异;与显性焦虑量表不同的是:考试焦虑量表以某一特殊情境来测量焦虑。由于它集中在考试的情境上,因此考试焦虑量表可以看作对习惯性焦虑较狭窄的一种测量。

中国大陆凌文辁(1985)曾用萨拉森编制的考试焦虑量表对中国大学生的考试焦虑做过测量和因素分析。被试是北京五所大学的324名学生(男女人数约半),在各大学期末考试期间进行团体测试,考试焦虑量表由91个项目构成,用四个等级选择法评定。结果得到下列五项因素:

因素I:与考试的担心和紧张感有关,可称为对考试施行的紧张不安因素。

因素II:与身体状态的改变有关,可称为伴随生理反应的不安因素。

因素III:与考试能否及格、能否毕业有关,可称为对考试结果的担忧因素。

因素IV:与考试无关的胡思乱想,借以逃避考试造成的压力有关,可称为空想性逃避因素。

因素Ⅴ:对考试不满、厌恶和批判,可称为对考试厌恶和批判因素。

研究的结果表明:中国女大学生的考试焦虑高于男大学生,特别是在紧张和伴随生理反应的不安方面,女生明显高于男生。对考试的结果,女生比男生更介意。男生比女生有更强烈的厌恶和批判情绪。在考试前,女生出现焦虑的时间比男生早,而男生在考试现场中的紧张感更强烈。

梁加义、李荐忠(1987)曾对1 224名中学生(高中生720名,初中生504名)的考试焦虑做过流行病学调查,并且对部分学生用一种称为心得安的药物进行预防性治疗。他们用曾氏焦虑量表(Zung's Self-Administered Anxiety Scale,简称SAS)测量焦虑。结果发现,1 224名学生中表现有考试焦虑障碍者47例,患病率为3.8%。男女的比率为1∶2.15,性别之间有显著性差别。曾氏焦虑量表中所含各因子得分较高者有:焦虑、害怕、惊恐、不幸感、手足颤抖、无法静坐、心悸等14项;得分较低者有发疯感、头晕、昏厥感、尿意频繁等6项。研究还发现,量表测定的结果与临床症状是相当符合的。心得安防治考试焦虑疗效显著,副作用少(一般甚轻微),但应在医生监督下使用。

第二节　压力

一、压力的概念

压力(或应激、紧张)(stress)和焦虑是分不开的概念。人们对压力实质的看法由生理至心理社会层面,涵盖甚广。压力的含义可以概括为三大类。

第一类定义是把压力看作某种情境下的机体反应。塞利(Selye,1956)认为,压力源就是刺激,这些刺激由于其重要性而导致全身适应性症候群(general adaptation syndrome)的反应;表现出这种症候群的个体就被认为处于压力状态。此症候群的第一阶段是警觉(alarm)反应,此时交感神经系统被触动(例如,心跳、呼吸加快等)。如果压力持续存在,便开始第二阶段——抵御(resistance),即机体试图限制压力的影响。在此阶段中,有机体做出准备,或同压力源对抗,或从中逃脱。如果上述反应未能奏效,个体进入衰竭(exhaustion)阶段,可能出现组织崩溃,甚至死亡。塞利(Selye,1975)还把压力分为两种:积极的压力和消极的压力。积极的压力(eustress)给个体以力量并提高其识别和作业的能力;消极的压力(distress)则消耗能量储备,并且以维护和防卫的形式增加机体系统的负担。拉扎勒斯(Lazarus,1966)认为,个体对压力事件的机体反应可以是:(1)情绪反应,如害怕、焦虑和愤怒;(2)动作反应,如言语不顺、战栗或冒汗;(3)认知反应,如无法集中、知觉扭曲等;(4)生理的变化,如血压和心跳改变等。

压力的第二类定义是指刺激情境,例如干旱、洪水、龙卷风、失业、战争、离婚、亲人亡故等。这些刺激情境可以使大多数人感到沉重的压力,导致像溃疡和心脏病之类的躯体疾病、尿酸水平和血压的化学变化以及抑郁、焦虑、酗酒甚至死亡。因此,当压力超过个人的阈值时就会引起永久性的损害。

第三类定义强调压力是个体认知到的威胁。只有当个体认知到情境或压力源具有威胁时,情境或压力源才会产生压力。干旱是一种威胁,因为我们认知到它威胁着我们应对的生活;失业使我们的生活无着落,因而产生压力。由于人们的生活经验不同,因而同样的压力源对每个人所造成的压力程度也不同。正是由于这种个人与情境间的互动,曾使拉札勒斯和福尔克曼把压力定义为"个人与环境之间的一种特殊关系,被个人视为非自己能力所及,并危及自己的完好性"(Lazarus & Folkman,1984,p.19)。

一些因素影响个体对情境的认知评估。这些因素是:

1.熟悉性:一般说来,不熟悉的事件比熟悉的事件较容易产生压力。

2.可控制性:对压力事件具有一些控制力可以减轻压力的严重性。

3.可预测性:预料中的压力事件即使不能控制,通常也会降低压力的程度。压力事件缺乏可预测性或不确定性常会使人难以处理压力事件。

二、主要的压力源

压力源(stressor)是指经个体认知评估后环境刺激对适应提出的要求。压力源可以来自生物方面,如病毒;物理方面,如噪声或灼热;心理方面,如抱负过高或能力不足;社会文化方面,如贫穷。从个体的行为反应来看,所有压力源大致可归入挫折、冲突和强制三大类别。关于挫折、冲突在前几章已有所论及,此处不再赘述。强制既可能源于个体内部(对自己提出的要求),也可能源于外部(外界对个体提出的要求)。如果强制超过了个体的承受力和社会支持,就会成为过度的压力而使身心崩溃。下面我们将根据陈仲庚(1992)的分类对某些主要压力源进行阐述。

(一)职业压力

职业压力(occupational stress)产生于人与职业间的交互作用之中,其特征是职业活动迫使人偏离正常机能所产生的各种变化。职业压力源可分为三类:(1)组织的特征和过程,例如,组织的高度集中化、形式化、繁文缛节、官样文章、规模宏大、变动性小以及工资待遇不公、经常调动、交流不够、任务不清、矛盾冲突以及作业回馈不足等,都可能是压力源;(2)工作条件和人际关系,例如,拥挤、无法独处、噪声、灼热、严寒、照明不足、灯光刺眼或闪烁不定、存在有毒物质或空气污染等,以及工作中缺乏接受和承认、缺乏信任、竞争和矛盾等,都可能是压力源;(3)工作要求和职业特点方面,例如,重复性工作、时间限制、技术要求高、责任重大、角色地位不当、角色冲突或模糊不清等,也可能是压力源。在某种程度上,职业压力是可以得到控制的。个体在对工作中无法回避的紧张情境做出反应的同时,可以尝试通过不同策略与预期的消极后果相对抗。

(二)家庭危机和紧张

家庭之形成可以说是为了减少引起个人的某种危机,然而自家庭形成之日起就经历着种种危机。麦卡默伦(McMurrain,1977)把促发家庭危机的事件分为三类。

1.渐发成熟性事件

渐发成熟性事件(maturation event)即在家庭生活周期的经历中自然产生的转折点。生活周期的压力源可分为纵向和横向两个因素。纵向的压力源是从家庭的先辈传来的,它包括家庭模式、家庭传说和家庭伦理与说教。横向的压力源是指从一个发展阶段过渡到另一个发展阶段所经历的紧张事件。

2.消耗性事件

消耗性事件(exhaustion event)即对时间过长的持续紧张所逐渐产生的危机。例如,长期卧病,父母为了抚养孩子而忍受不和谐的婚姻生活,长时间的贫困度日等消耗性危机常给人以很大的压力。

3.冲击性事件

冲击性事件(shock event)即在短时间内发生的对家庭有突然冲击性的事件,而使人无法对此做出适应。这种危机导致深刻又出人意料的悲剧。即使原来的家庭是稳定的,人们的心理是健康的,这种悲剧仍可能发生。冲击性事件如亲人死亡,因火灾、地震或洪水等而丧失亲人、房屋或家庭。

(三)环境压力

压力源可能是环境的,也可能是机体内部的(认知的或生理的)。但机体内部的压力大都产生于环境压力源。环境刺激对有机体维持的正常生活是必需的,缺乏刺激似乎也同样有害(参见补充讨论16-1)。因此,环境刺激并不是必然的压力源,只有当个体视它为危险或威胁时才会成为压力。

补充讨论16-1

隔离的危险

都市化社会到处是拥挤和噪声，压力过多固然损害身心健康，但缺乏刺激似乎也同样对身心健康有害。所以一定程度的刺激（包括感官的刺激和社会的刺激）对于正常的发育和正常的机能都是十分重要的。在感觉剥夺(sensory deprivation)的实验中，志愿接受此项实验的人安静地躺在黑暗无声的实验室里。只要经过48小时，便会出现幻觉和运动异常，如肌肉痉挛和抽搐。因船只失事而在海上漂流的水手，在长时期与世隔绝之后，也会出现各种精神异常的躯体紊乱现象。由此可以理解为什么历来单独监禁（也是一种剥夺）被当作最严厉的惩罚措施。据健康研究表明，过独自生活的人，与已婚的男女比较，较易罹患各种疾病。社会隔离和生活孤独影响身体健康，现在已是被确定的事实。

婴儿出生以后，母亲会对婴儿本能地爱抚、轻轻地摇动、大声哄逗。母亲也许不懂得她的行为有什么意义，但这些行为明显地有助于婴儿的成长。精神病学家施皮茨(Spitz，1949)对两组一岁以下的婴儿做过一项研究：一组是住在孤儿院里的婴儿，另一组是监狱保育室里的婴儿，他们的母亲是囚在监狱里的犯人。孤儿院里的婴儿各睡一张小床，两张床当中用东西隔开；监狱里的婴儿不采取这种做法，床没有隔开。孤儿院里的婴儿由护士照料，一名护士负责7个或7个以上的婴儿；监狱保育室里的婴儿整天由自己的母亲照顾。

虽然两个机构的医疗护理水平是相同的，但两组婴儿的抵抗力却有显著差别。三年之中，监狱保育室里的一组婴儿没有一个死亡，而孤儿院里的一组婴儿却死去1/3以上。除此之外，监狱保育室里的一组婴儿，身高和体重都发育正常，到了适当的年龄，都学会了走路、说话、吃饭和穿衣，而孤儿院里的一组婴儿在每一方面的成长都很迟钝，大多数完全没有学会这些本领。而且，这种迟钝情况也不能改变过来。当孤儿院里的婴儿长到16个月大的时候，它们都搬迁到充满阳光的大房间里，不再被隔离，有几名护士成天照料他们，逗他们玩。不过这种从不正常气氛到正常气氛的改变似乎太晚了，孩子们的情况并没有好转。

对实验动物的研究也得到相同的结果。新生幼鼠每天只要抚弄10分钟，便能帮助它们生长得更好。这种情形最初解释为幼小动物需要温柔的爱的证据。但后来发现，将幼鼠抛向空中甚至施以轻微的电击，也能取得相同的结果。这说明抚弄能满足动物对刺激的需要。受过刺激的鼠比起未受刺激的鼠长得大一些、很爱活动，对饥饿和感染也有较强的抵抗力。还有一些研究结果显示，鼠在幼年时，每天只被抚弄几分钟，长大以后能忍受非常紧张的处境；而其他成年的鼠在这样的处境中，常会产生心脏损害和肠道溃疡。

环境压力源大致可分为四类。

1.生态压力源

生态压力源(bionomic stressors)即外界物理环境中的许多刺激。最常研究的两种生态压力源是热和冷。其他的压力源如污染，太阳光照，荧光屏照射，噪声和其他听、嗅、味刺激，万有引力以及大气压作用等物理环境的因素，要求有机体做出反应以保持其内部的稳定性。

2.偶然性压力源

偶然性压力源（contingency stressors）是指非一般的环境事件，但对个体来说，它们是外来的并作用于人的，例如，意外事故对身心的伤害等。有人曾用社会适应评定量表（参见补充讨论9-2）探讨过这些偶然性压力源。

3.社会压力源

社会压力源（social stressors）包括社会经济地位、营养不良、工作条件、教育水平、居住地点、生活质量等。不同的社会系统和组织形式的存在或改变都可能成为不同个体的压力源。

4.自我导引压力源

自我导引压力源（self-guided stressors）包括生活风格和志愿摄入的各种因素。A型行为模型即由环境因素和个人生活特点所形成的特殊风格。此外，还包括个人价值观、特殊的职业活动或特殊的体育锻炼方式。志愿摄入压力源包括咖啡、特种茶、特种药物或饮料、尼古丁、酒精等。

上述压力源很少是单独起作用的。在日常生活中，个体通常同时接受数种压力。

（四）灾难性事件

灾难性事件包括自然灾害如地震、飓风等，人为灾难如战争和核事故，灾难性事故如车祸或飞机坠毁，以及遭受人身袭击如遭强奸或抢劫等。这些灾难性事件在每个人身上都会产生严重的压力反应，并需要长期的应对努力。

虽然人们对灾难性事件的即刻反应很不相同，但灾祸引起的症状是相当严重的。在第一阶段，受害者呆若木鸡，眩晕，觉察不到身体受到伤害和危险，他们可能漫无目的地徘徊。在第二阶段，他们仍很被动，甚至不能做很简单的事，但能遵照指示去做。在第三阶段，他们变得焦虑和忧虑，不能集中精力，可能一遍又一遍地向人讲述灾难发生的经过。

超出正常痛苦范围的灾难性事件，会对受害者产生长期的严重影响。经历此种灾难的幸存者患有一种称为灾难后压力障碍（post-traumatic stress disorder）的综合征。其主要特点是：(1)对世事感觉麻木，对早先的活动缺乏兴趣，远离他人；(2)在记忆中和睡梦中会经常重复出现灾难场景；(3)焦虑，可能表现为睡眠障碍、无法集中注意力、过度警觉。有些人因其他人死亡而自己却活着而产生愧疚感。此种症状可持续漫长时间而不愈。一项对纳粹集中营幸存者的调查发现，这些幸存者从集中营释放出来20年后，97%的人仍因焦虑而苦恼。许多人在睡梦中仍复现受迫害的灾难情形，当其配偶或子女不在身边时，他们就担忧可怕的事情会发生在家人身上(Krystal,1968)。

三、对压力的反应

人们对压力的反应相当复杂。但从压力反应的历程来看,大致可分为四个部分:输入、加工(或处理)、反应、结果。图16-1表示压力反应的发生过程。其中的反应成分又包括生理反应、心理反应和行为反应。下面仅讨论这些反应。

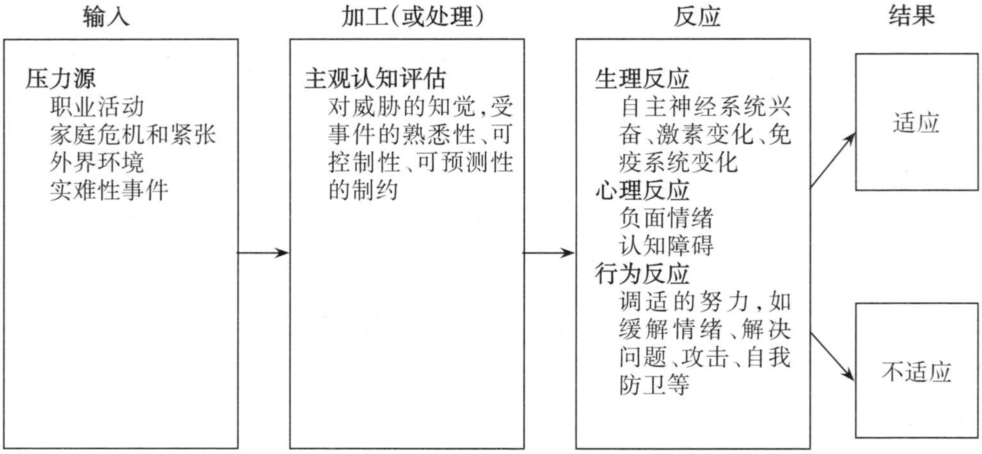

图16-1 压力反应的过程

(一)生理反应

当你第一次参加跳伞或面对歹徒持刀行凶时,你的身体都会以类似的生理反应面对压力:肝脏释放额外的糖分为肌肉活动准备充分的能量,释放激素(或荷尔蒙)促使脂肪和蛋白质转换成糖分,加快身体的新陈代谢为身体活动准备好将消耗的能量,心跳、血压和呼吸频率增加,肌肉绷紧;与此同时,一些不必要的活动(如消化活动)减少,唾液与黏液停止分泌,身体内天然的止痛剂——脑内啡(endorphins)被分泌出来,外周血管收缩以减少损伤时的失血,脾脏释放出更多的红细胞以协助氧的携带,骨髓产生更多的白细胞以防止感染。

这些生理变化大多是由下视丘(或视丘下部、下丘脑)(hypothalamus)控制的两个神经内分泌系统活动的结果。这两个神经内分泌系统是交感神经系统与肾上腺皮质系统(adrenal-cortical system)。在对压力反应时,下视丘有双重功能。其第一种功能是激发自主神经系统的交感部分,来自下视丘的神经冲动被传送至脑干中的控制自主神经系统功能的神经核,自主神经系统的交感分支直接作用于平滑肌和内脏器官,从而使躯体生理功能发生变化,如心跳加快、血压升高、瞳孔放大。交感神经系统也刺激肾上腺髓质(adrenal medulla)释放肾上腺素(epinephrine)和去甲肾上腺素(norepinephrine),使它们进入血液。对于肌肉和器官,肾上腺素有同交感神经系统相同的作用(例如,增加心跳与血压),从而维护唤起状态。下视丘的第二种功能是:通过其下部的脑垂体(或脑下腺、脑垂腺)(pituitary gland)激发肾上腺皮质系统活动。脑下垂体分泌两种重要激素:一种激素刺激甲状腺,为身体制造更多的备用能量;另一种激素——促肾上腺皮质激素(或亲肾上腺皮质素)(adrenocorticotrophic hormone,简称ACTH),是身体的"重要压力激素"。促肾上腺皮质激素刺激肾上腺皮质导致一组激素的释放,从而调节葡萄糖和一些矿物质在血液中的浓度。促肾上腺皮质激素还向其他内分泌腺发出信号,导致多种激素的释放以应对压力。这种生理反应模式被称为战或逃(fight-or-flight)反应(见图16-2)(Cannon,1929)。许多压力源均可激发这种反应模式。

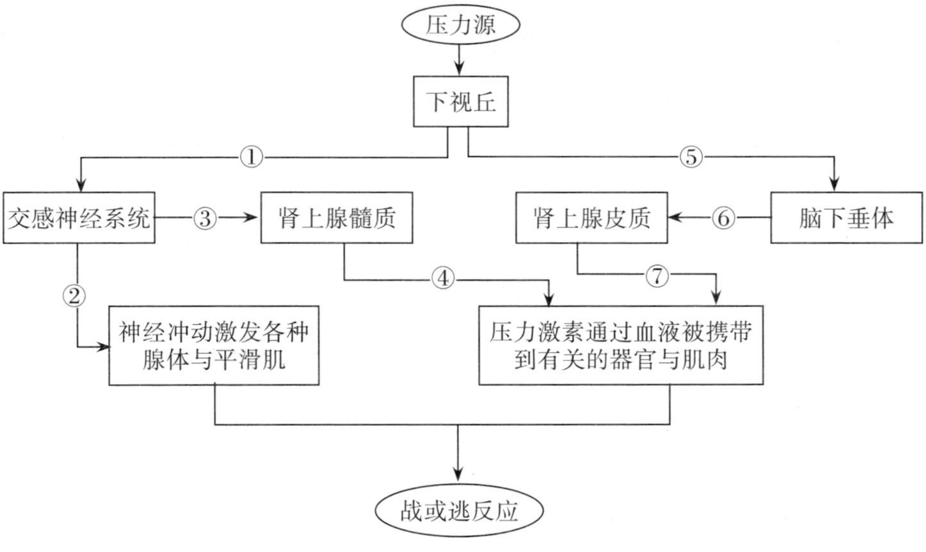

图16-2 战或逃的生理反应模式

(采自 Cannon,1929)

说明:①当压力源激发下视丘时,交感神经系统对来自下视丘的冲动做出反应;
②激发由它控制的各种器官和平滑肌;
③并向肾上腺髓质发出信号;
④以释放肾上腺素和去甲肾上腺素进入血流;
⑤当下视丘分泌促皮质释放素时,便激发了肾上腺皮质系统;
⑥脑下垂体便分泌促肾上腺皮质激素,此种激素通过血流被携带到肾上腺皮质;
⑦引起一组激素的释放,包括调节血糖水平的皮质醇;促肾上腺皮质激素也向其他内分泌腺发出信号使其释放多种激素并通过血流,从而产生战或逃的反应。

虽然战或逃的生理反应模式应对对于要求直接行动的身体威胁是有价值的,但不太适用于处理现代生活中的许多压力源。那些不可能采取行动但压力却持续存在的情况会损害有机体的免疫系统。压力对免疫系统的影响，一方面是神经系统作用于胸腺、淋巴结、骨髓和脾脏等免疫器官，通过去甲肾上腺素、5-羟色胺等递质作用于免疫细胞上的受体；另一方面，下视丘通过促皮质激素释放因子（或促肾上腺皮质激素释放因子）（corticotropin releasing factor，简称CRF）使脑垂体释放促肾上腺皮质激素，从而影响淋巴细胞的免疫功能。动物的实验证明，长期暴露于压力源下会造成肾上腺肥大、淋巴结萎缩和胃溃疡（Selye，1976）。这些变化会降低机体抵抗其他压力源（包括活感染与致病物）的能力，而使人易罹患疾病。

（二）心理反应

对压力的心理反应既表现在情绪上，也表现在认知上。在压力状态下，人会产生各种不愉快的情绪，例如烦心、生气、暴怒、忧虑、害怕、惊恐、苦恼、伤心、悲痛等。在卡斯皮等人的研究（Caspi，Bolger，& Eckenrode，1987）中，要求96位妇女每天记日记，列出28天中所出现过的压力和情绪。结果发现，每天的情绪起伏和压力的变化有显著的关系；当压力增加时，不愉快的情绪也随着增长。

压力还会造成个人的认知障碍。压力会损害人专心致志和逻辑地组织思维的能力，使人不能集中注意力于手头的工作而去担忧行动的后果及对自己的不利影响。例如，考试焦虑的学生总是担心可能的失败和自己能力差，而不把注意力集中在解题的线索上。

（三）行为反应

人们在知觉到威胁、感受到压力时，会倾向于求助那些过去一直有效的行为模式。谨慎的人可能变得更加谨小慎微和完全退缩不前，而有进攻倾向的人可能失去控制力，毫无必要地四面出击。有的人可能在压力下完全丧失了自觉控制力而不做任何反应，这种情形被称为学得无助感（见补充讨论16-2）。也有人进行防御反应，如第三章中提到的升华、合理化、反向作用等。当然其他人也许在面临压力时会采取更有效的应对行为。

补充讨论16-2

学得无助感

学得无助感（learned helplessness）是丧失自控力的一种行为反应。20世纪60年代中期，美国宾州大学的一些实验心理学家对狗进行一系列恐惧和条件反应的实验研究。他们发现，如果将狗关在开闭箱（shuttle box）中，箱中有两个小室，狗可以越过中间的障碍，跳到另一室以逃避电击。当一只新的实验狗被放进开闭箱，初次遭到电击时会四处乱跑，直到一次偶然的机会越过障碍而逃离了电击。在下一次尝试中，这只狗还是乱窜，但比上次更快地越过了障碍；通过数十次尝试后，狗在电击出现前便越过障碍，再也没有受到电击。但是，如果一只新的实验狗，以绳索限制其行动，再施以一连串电击，无论狗做何种反应，电击总要发生。有了这种经验之后，再把这条狗放进开闭箱，初时，它与先前毫无经验的狗一样乱窜，但很快便倒下来躺在地上呜咽。在以后多次实验中，狗开始稍做挣扎，接着几秒钟后便放弃努力而被动地接受电击。塞利格曼（Seligman，1975）称这种行为反应为学得无助感，并认为人类也有学得无助感（Hiroto & Seligman，1975）。塞利格曼认为，学得无助感有四种主要成分：

1. 经历无法控制事件的经验会减损个人在某种情境中以某种行为方式对事件施以影响的动机。

2. 经历无法控制事件的经验会降低个人学到通过适当行为对其他事情进行控制的能力。

3. 对无法控制事件的重复经验会导致沮丧抑郁。

4. 个人可能把自己的无助归因于自己或归因于情境的特殊性质，如果归因于自己而不是情境因素，即产生学得无助感（Seligman，1975；Abramson，Seligman，& Teasdale，1978）。

开始时将动物实验中得出的学得无助感推到人类身上，研究者并没有考虑到人类复杂认知的性质。后来塞利格曼对学得无助感加入了更多的认知成分，如预期、归因等并用来解释抑郁症的成因。

塞利格曼认为，当人们相信他们的行动既不能引起快乐又不能引起痛苦时，他们就会变得抑郁。抑郁是由于对未来无助感的预期引起的。抑郁的人预期坏事将会发生，相信自己无法阻止这类事件的发生。按照塞利格曼的看法，有三个维度造成这种无助感。第一个维度与个体将问题看成是内在的（internal）还是外在的（external）有关。塞利格曼认为，如果个体相信问题是内在的，是他或她无力控制其后果所造成的，那么这个人便更有可能变得抑郁。第二个维度与个体将情境看作稳定的（stable）还是不稳定的（unstable）有关。按照塞利格曼的理论，如果一个人把他的失败归因于稳定的（未来不太可能改变的）东西，那么他或她就变得抑郁。第三个维度与整体的-特殊的（global-specific）连续体有关。一个将所发生的事情视作表明他完全处于无助状态证据的人，要比将自己看作只在特殊情境中才无助的人更有可能变得抑郁。总之，按照塞利格曼的理论，当坏的事件发生时，那些将负面事件解释为有内在的、稳定的与整体的原因的人更容易变得抑郁（Peterson & Seligman，1984）。

四、压力抵抗者的人格特征

一些人对压力有较强的抵抗力，虽然经历接二连三的压力事件，但仍未崩溃；而另一些人即使经历低水平的压力事件，也会导致崩溃。这里，人格特征在调节压力源影响中扮演着重要的角色。在一项研究（Kobasa，1979）中，研究者给同一公司的600多位行政主管或经理一些检核表，要求他们描述自己在过去的三年里所经历过的所有压力事件和所患疾病。从中选出两组人作为样本：一组被试的压力事件与疾病的得分均高于平均值；另一组被试的压力得分高于平均值，但疾病记分低于平均值。然后要求两组成员都填写详细的人格问卷。对结果的分析发现,高压力/低疾病组在三方面不同于高压力/高疾病组的人:前者比后者较积极地投入工作与社会生活,有较大的挑战性与改变倾向,对生活中发生的事件有较强的自觉控制力。

当然,也可以将上述这些人格特征上的差异看作疾病的结果而不是原因。例如,当人生病时自然就无法投入工作或社会活动。基于此,研究者们又进行了一项纵向研究:先测量商业行政主管们在生病之前的人格特征,然后监测他们在两年时间内的生活压力分与疾病的程度。结果显示,在投入工作、自觉控制力和对变化的正面反应等方面生活态度的测量中,得分高的行政主管人员比得分低的人要健康些,能抵抗较强的压力(Kobasa, Maddi, & Kahn, 1982)。其主要特征是坚强(hardiness)、挑战性(challenge)和自觉控制力。他们把生活的改变视为挑战(例如,将失去工作看作追寻新生涯的机会而不是挫折),觉得能对压力事件加以控制,因而感觉不到压力和无助感。一项研究表明,自觉控制力能降低压力,能更好地认识症状,直接影响免疫系统和神经内分泌系统的功能,并导致增进健康行为的更有效做法(Rodin, 1986; Marks, Richardson, et al., 1986)。还有研究表明,乐观主义(optimism)是抵抗压力、维护健康的一个重要人格变量。乐观的人对生活有积极的期望,能使自己更好地应对压力,从而以更为健康的方式享受生活(Scheier, Weintraub, & Carver, 1986)。

压力抵抗者的人格特征,除了挑战性和自觉控制力之外,还有乐观和自我效能感等。乐观是对抗各种压力、保持心身健康的一种人格特征。研究表明,乐观性格能加速心脏手术后的康复(Scheier et al., 1989)。与乐观相联系的是幽默。性格幽默的人一笑解千愁,能化解挫折的困境和尴尬场面,使生活充满情趣和活力。自我效能感(self-efficacy)能促进身体健康。班杜拉等人(Bandura, et al., 1988)发现,怀疑自己调适能力的恐性者,其儿茶酚胺(catecholamine)的分泌量显著增加;而当他们对情况有所掌握之后,儿茶酚胺的分泌量便减少。具有自我效能感的关节病患者,其T细胞(一种免疫细胞)数量增加。此外,自我控制和自我弹性也是抵抗压力者的人格特征。自我控制(ego-control)是指通过延迟满足、抑制攻击、做出计划以控制冲动的能力。自我弹性(ego-resiliency)是指以自我调控来适应环境要求的能力。这些特征都属于经历压力事件时调整自己心身的能力。因此,压力抵抗者的人格特征大概包括挑战性、自觉控制力、乐观、自我效能感和自我弹性等。

第三节 应对与心身疾病

一、应对

(一)应对的概念

应对(或因应)(coping)或应对策略(或因应策略)(coping strategy)是个体努力对抗压力的一种手段。由于压力所引起的焦虑和生理唤起是很不舒服的,因而当事人被激发起做点事以减轻不适感。应对有两种方式:一种是着重于问题的应对(或问题取向因应方式)(problem-focused coping),即当事人估计压力情境以改变现存的人-环境的关系;另一种是着重于情绪的应对(或情绪取向因应方式)(emotion-focused coping),即当事人尝试减轻焦虑而不是直接处理产生焦虑的那个情境。每个人都会采取独特的方式来处理压力,并且通常是混合地采用上述两种应对策略。一般说来,着重于问题的应对方式是比较健康的途径,但并非所有的问题都是能够解决的。例如,严重的自然灾害或失去亲人,当事人可能需要先减轻情绪痛苦以保持希望和士气,进而改变压力情境。因此,在应对高度压力时常可分为:(1)急性期,进行情绪调节以减轻或防卫事件的冲击;(2)重组期,对损害、丧失或威胁重新做出评价,应对的努力主要集中在改变人-环境的关系。而当事人在中度压力时把情境看作可以改变的情况下,更可能采取着重于问题的应对方式(Lazarus & Folkman,1984)。

(二)对焦虑和压力的应对策略

为了调适焦虑和压力,法瑞斯(Phares,1991)曾建议采用以下几种应对策略。

1.降低紧张

降低紧张的方法有很多,例如,任凭压力情境,顺其自然;暂时置之不理,让紧张逐渐消散;从事无关的活动;照常行事;暂时脱离此情境并寻求他人的意见;与局外人谈论有关的问题;从事运动或自己喜爱的活动;以幽默感来降低压力;等等。

2.以解决问题的方式对待压力

把压力事件看作待解决的问题,再采取按部就班的方式来加以解决。把压力化为个人自问的问题,即这里真正的问题是什么?我想要的是什么?我能采取哪些做法?这些做法会有哪些后果?我该不该这么做?假设一旦采取行动,情形将会怎样?进而采取步骤逐步加以解决。

3.转移注意力

有时否认隐藏于压力情境中的威胁,也是一种好的应对策略。特别是当个人对情况无能为力或者置之不理也不至于造成太多损失时，否认是个有效的办法。例如，假如不好的结果发生率仅为1‰，或许忽略此情况并没有坏处，甚至幻想或自我欺骗也有助于降低焦虑。当然这也不是放之四海而皆准的原则，如果一位妇女发现自己的胸部有硬块，那是绝对不能加以忽视的。

4. 认知重估

严重压力状态往往会导致认知障碍。暂时将问题搁置起来，然后重新评估压力情境，可以降低其威胁性。这时对问题做出新的评估可能是现实的，也许，再想一下，这个问题并不值得严重的忧虑。

5. 社会支持

研究表明，拥有较多社会联系（如配偶、朋友、亲属和团体成员）的人比那些没有支持性社会联系的人不易患与压力有关的疾病（Cohen & Wills，1985）。朋友和亲属能够提供多方面的支持，能为我们提供信息、忠告、友谊，使我们忘却烦恼，甚至能为我们提供财政或物质上的帮助。所有这些都有助于降减无助感，增强对自己的应对能力的信心（参见补充讨论16-3）。而缺乏社会上的精神和物质的支持，则会使已有的压力更有效力，从而减弱人的承受力。如果离婚或配偶死亡的人能生活在融洽、彼此关心和帮助的人际关系中，其压力后果会轻一些。如果他们孤独一人或处于完全被人遗忘的境地，则更易产生严重后果。可是，社会支持是复杂的，朋友、邻居、亲戚和同事的支持行为，有时可能会增加紧张程度。因此，支持和帮助的方法必须得体合适。

补充讨论16-3

社会支持与健康

社会支持（social support）指伴侣、朋友、同事和家庭成员在精神上或物质上对个人的支撑和援助。大量的研究结果表明，社会支持与心身健康有明显的正相关。但是，在社会支持对心身健康的作用机制的理解上，研究者的观点并不一致。主要有两种理论假设。

主效果理论（main-effect model）认为，社会支持具有普遍的增益作用，无论个体目前的社会支持水平怎样，只要增加社会支持，就会提高个体的健康水平。这一假设在社会孤独者与高社会支持者身上都得到了证实。例如，良好的婚姻状况与身心健康有明显的正相关。积极参加社会交往、参与社区活动、有良好的亲属和朋友的互动关系者身心较健康。

缓冲器理论（buffering model）认为，社会支持只在压力情境下与身心健康发生联系，它缓冲压力事件对身心状况的消极影响，保持与提高个体的身心健康。社会支持通常是通过个人的认知系统而发挥作用的。社会支持可能在压力事件与健康状况的关系链条的两个环节上发挥作用。首先，它可能作用于压力事件与主观评价的中间环节上。如果个体受到一定的社会支持，那么他将低估压力情境的伤害性，通过提高感知到的自我应对能力，减少对压力事件严重性的评价。其次,社会支持能够在压力的主观体验与疾病的获得之间起缓冲作用。社会支持可以提供问题解决的策略,降低问题的重要性,从而减轻压力体验的不良影响。这一理论假设获得许多研究结果的支持。例如,有研究发现妇女亲密的社会关系,特别是其对象是她们的丈夫或男朋友,能有效地防止消极事件带给她们的严重影响。产后妇女与丈夫能就有关问题进行沟通,能防止做母亲的压力给她们带来的负面影响。

人格因素在社会支持与身心健康的关系中扮演着极为重要的角色。经验表明,不同的个体吸引社会支持的数量、质量以及个人对社会支持的感受和评价都是不同的。例如,高社会支持感的人能积极地评估他人的人际关系特性、社会应对能力与身心状况,认为自己是个具有独特价值、值得关注的人,相信自己有较高的人际交往能力;而低社会支持感的人则与此相反,他们对他人的评价较消极、远离事实,认为自己人际交往能力差,并有社会排斥感。这很可能导致个体间社会支持水平的不同,因而身心健康状况也不同(宫宇轩,1994)。

失去社会支持会降低机体免疫系统(immune system)保护身体的能力。对那些其妻死于乳癌的男子所做的一项研究表明,这些男子的淋巴细胞(免疫系统中的基本成分)的反应性在其妻死后的那个月内明显下降,此后一年内有些人仍保持较低水平。近期内分居或离婚的男女比那些仍旧保持婚姻关系对照组配偶显示出较低的免疫功能,但两组在与健康有关的行为方面(如吸烟和饮食)却未发现有明显的差异(Kiecolt-Glaser,et al.,1987,1988)。

二、心身疾病

对压力的反应会引起机体机能的改变,一般在压力情境消失后就随之恢复的称为心身反应(psychosomatic reaction);如果压力过强或持续时间过久,使反应持续存在但并不伴以器质性改变的称为心身障碍(psychosomatic disorder);如果伴有器质性变化的,则称为心身疾病(psychosomatic disease)。但是,在临床实践中,后两者实际上很难区分,因而两者常是通用的。

中国医学早已发现心理因素的致病作用。成书于春秋战国时期的《黄帝内经》在这方面有许多论述。例如,经曰"恐惧而不解则伤精,精伤则骨酸痿厥,精时自下";"悲哀太甚,胞络绝,绝则阳气内动,发则心下崩,数溲血";"喜怒不适,饮食不节,寒温不时……痈成"等等。在西方,古希腊时期的医学家也发现情绪的致病作用。20世纪40年代,心理性因素导致躯体疾病的概念被纳入心身医学(psychosomatic medicine)。传统的心身医学研究把重点放在像哮喘、高血压、溃疡、结肠炎和类风湿性关节炎等疾患上,并试图找出特定疾患与对压力事件的特征性态度或特定的应付方式之间的关系。例如,患高血压者被说成是感到生活具有威胁性,而随时处于高度的警觉状态之故。患结肠炎据说是易发怒而又不能表达出来之故。但是,大多数报道特定的应对方式与特定疾患有关的研究至今尚未得到普遍的证实。目前，只有冠心病与A型行为模式、癌症与C型行为模式的关系似乎有较多的事实依据，稍后我们将予以讨论。现在愈来愈多的学者认为，任何疾病的发生都不是单因素而是多因素造成的。心身疾病是由心理社会因素引起的持久的生理功能紊乱及所致的器质性疾病。常见的心身疾病见表16-1。

表16-1　常见的心身疾病

痤疮	十二指肠溃疡	恶心	
过敏反应	原发性高血压	神经性皮炎	痉挛性结肠炎
心绞痛	胃溃疡	痛经	心动过速
血管神经性水肿	甲亢	肛门瘙痒症	紧张性头痛
心律失常	头痛	幽门痉挛	结核
哮喘性喘息	胰岛素过多	局限性肠炎	溃疡性结肠炎
支气管哮喘	低血糖	风湿性关节炎	荨麻疹
贲门痉挛	过敏性结肠炎	骶髂关节痛	呕吐
冠心病	偏头痛	皮肤病	疣
糖尿病	黏液性结肠炎	肥胖症	

（采自 李心天，1991）

第四节　人格类型与疾病

一、A型人格与冠心病

（一）A型人格的概念

A型行为模式是20世纪50年代末，美国两位临床医生弗里德曼和罗森曼（Friedman & Rosenman，1974）提出的概念。他们发现冠心病（coronary heart disease）的传统危险因素，如高脂肪摄入、高血脂、吸烟等不能完全解释冠心病的发病率。通过临床观察，他们发现冠心病病人的行为特征与正常健康人有很大差异，即冠心病患者大多有强烈的成就努力、竞争性强、说话元气旺盛、易动癖性以及有时间紧迫感等行为特征。这些行为特征被称为A型行为模式（type A behavior pattern，简称TABP）或A型人格（或A型性格）（A-type personality），而未发现这些相关行为特征者被称为B型行为模式（type B behavior pattern）或B型人格（或B型性格）（B-type personality）。其主要特征是悠闲自得、不爱紧张、一般无时间紧迫感、不喜争强、有耐心、能容忍等。这是对压力发展采取一种个别差异的探讨方式，表明并不是所有的生活事件对每个人都造成同样的影响。

从弗里德曼和罗森曼开始，学者们对A型行为模式的描述并不一致。例如，格拉斯(Glass，1977)认为，A型的人具有下列一些特征：

1.觉得时间过得相当快；

2.在需要延宕反应的作业上表现不佳；

3.近乎最大极限地工作，即使无期限规定也是如此；

4.赴约会提前到达；

5.受到挫折会变得有攻击性和敌意；

6.较少报告疲劳，较少躯体症状；

7.有强烈的欲望想主宰自己的身体和社会环境，并维护控制权。

赖特(Wright，1988)对心脏病患者做了稍微不同的描述。他认为A型行为模式的基本成分是：

1.时间紧迫感——做事快、感到时间不够；

2.长期亢奋状态——每天大部分时间处于紧张状态；

3.多面出击——总想同时做一项以上的事。

普赖斯(Price，1982)认为，A型行为模式具有三个核心信念：

1.必须不断地证实自己——A型人的自我价值是不稳定的，甚至担心自我的价值，因而必须通过实质性的成就不断地加以证明，从而激发起频繁的成就动机。

2.没有全人类的道德原则——错误的道德行为必将偿还，而正确的行为则不要偿还，因而激起敌意行为。

3.所有的资源都是不足的——争分夺秒，一切从零开始，因而激起竞争行为。

A型行为模式到底是一组外显行为还是一种稳定的人格特质，抑或是人格类型或认知动机，目前仍缺乏明确统一的认识。不过一般都用A型人格或A型行为模式来概括前面所描述的这一类人。

(二)A型人格的测量

目前用于测量A型行为模式的工具主要有：结构式晤谈和詹金斯活动调查表。由弗里德曼和罗森曼发展出来的结构式晤谈(structured interview，简称ST)共包含有关A型行为的25个问题(Rosenman，1978)。以明确的口气向来访者提出并强调其中的关键词或词组。例如，向来访者询问：你等待在长长的队伍后面购买物品有什么反应？你参加只有一个赢家的游戏会有何种反应？访员也可以试着用干扰或对来访者的正确性提出疑问的方式来激发来访者。在晤谈过程中，访员不仅要注意来访者的反应内容，还应注意其说话的声调语气等非言语线索。例如，说话是否元气旺盛，说话是否大声、快得像连珠炮似的、反应潜伏期短，谈话中是否表现出敌意或不耐烦的恩赐态度以及明显的恼怒和粗暴等。结构式晤谈资料的分析技术相当繁杂，需一个月的时间才能学会。詹金斯活动调查表（Jenkins Activity Survey，简称JAS）（Jenkins，Zyanski，& Rosenman，1979）是一种由50个项目构成的四级评分自陈量表。詹金斯活动调查表包含“速度和忍耐性”（S量表）、“工作投入”（J量表）、“精力旺盛与竞争性”（H量表）以及其他A型行为模式特征（A量表）。下面是詹金斯活动调查表的一些题目：

1. 你曾为理发或修发型而苦恼吗？

2. 你的配偶或朋友曾告诫过你吃饭过快吗？

3. 在听演讲时花了很长时间而演讲者没有讲到要点上，你有希望他应尽快讲的感觉吗？

虽然詹金斯活动调查表与结构式晤谈之间的关系在统计学上是显著的，但这两种测量间的相关很低，约为0.30（Matthews，Krantz，Dembroski，& MacDougall，1982）。

在我国大陆，测量A型行为模式的主要工具是张伯源（1985）编制的A型行为类型问卷（Questionaire of Type A Behaviors）。该问卷包括三部分内容共60题，第一部分是反映时间匆忙感、时间紧迫感和做事快等特征的题目25个。第二部分是表示争强好胜、怀有戒心或敌意以及缺乏耐心等特征的题目25个。第三部分是测谎题10个。下面是该问卷的一些题目：

1. 我总是力图说服别人同意我的观点（是、否）

3. 我经常感到应该做的事太多，有压力（是、否）

10. 我总看不惯那些慢条斯理、不紧不慢的人（是、否）

23. 我常常不能宽容别人的缺点和毛病（是、否）

（三）A型人格与冠心病的关系

罗森曼等人（Rosenman，Brand，Jenkins，Friedman，Straus，& Wurm，1975）的西部协作组研究（Western Collaborative Group Study，简称WCGS）在长达八年半的大样本（3 524人）前瞻性研究中发现，通过结构式晤谈确定了患冠心病的A型人比B型人多两倍，患冠心病的A型人继发心肌梗死的可能性约五倍于非A型的冠心病患者。这份研究报告有力地提示，A型行为模式与冠心病的发生有关。后来不少的研究都支持了A型行为模式与冠心病有联系的观点。但是进入20世纪80年代以来，陆续出现了相反的研究结果。例如，有人（Ragland & Brand，1988）重新分析了西部协作组研究中231名冠心病病人的资料，发现A型人冠心病死亡率反而低于B型人。马修斯（Matthews，1988）对20世纪80年代以来发表的有关研究所做的元分析(meta-analysis)发现,总体上A型行为模式与冠心病发病率之间并没有可靠的预测关系。这主要是由于研究者们对A型行为模式所含成分的认识不一致以及由此而导致的测量结果上的差异所致。现在研究者认为A型行为模式不是一个统一的整体,而是一个多维度的结构,其中某些因素在A型行为模式与冠心病的关系中扮演着比其他因素更重要的角色。在把A型行为模式作为预测冠心病的指标时,应找出其中的有毒元素而把有利于健康的因素排除于A型行为模式之外。有人(Keltikangas-Jarvinen et al.,1993)对A型行为模式所做的分析发现,有两种不同的A型行为模式因素。一种是忙碌-投入因素(engagement-involvement factor),具有此种特征的人对自己的情绪及其所知觉到的能力持积极态度并能恰当地表达,面临压力较多地使用着重于问题的应对方式。另一种是强烈追求因素(hard-driving factor),具有此种特征的人应对自己的情绪时常有不适感,其情绪倾向于通过躯体症状表现出来,由此暗示强烈追求行为特征在冠心病中可能产生相对重要的作用。不过,也有人认为敌意是A型行为模式中导致冠心病的有毒元素。

认为A型行为模式与冠心病联系的有毒元素是敌意(hostility),其直接证据是马修斯等人(Matthews,Glass,Rosenman,& Bortner,1977)的一项研究。他们重新分析了西部协作组研究的一个样本的资料。从结构式晤谈的约40个变量(包括言语风格参数,如快、极度夸张、爆发式的语言;也包括态度特征,如被试明显的"潜在敌意";也包括其他A型行为的自我报告)对个体进行评定。冠心病个体与匹配的对照组在七个结构式晤谈变量上有明显差异;其中有四个涉及与愤怒有关的行为(包括潜在敌意),两个反映了好胜的言语模式,另一个涉及竞争性。A型行为模式中敌意与冠心病的联系,在几个结构式晤谈研究中得到支持。这些研究包括:(1)对西部协作组研究一个样本的冠心病偶发事件进一步的重新分析(Hecker,Chesney,Black,& Frautschi,1988);(2)对另一项被确定为A型行为模式与冠心病无联系的结构式晤谈评定记录的重新评估(Dembroski,MacDougall,Costa,& Grandits,1989);(3)对结构式晤谈的成分与动脉粥样硬化之间的三个典型样本的研究(见Dembroski & Costa,1987)。大陆的季达林、徐俊冕(1993)用A型行为问卷和Cook-Medley敌对性量表对192名被试的测试结果发现,A型行为与敌对性呈显著相关。学者们总结出敌意与冠心病联系的一般性说明架构如图16-3所示。

但是也有人认为A型行为模式中的关键元素是个人知觉到缺乏控制力(Glass,1977;Strube & Werner,1985)。A型行为模式者具有强烈的控制需求,使自己看起来总是在主宰环境(Strube,Lott,Heilizer,& Gregg,1986)。然而,想要控制一切总是事与愿违的。当产生事与愿违的情境时,A型行为模式者就会产生挫折-敌意反应。

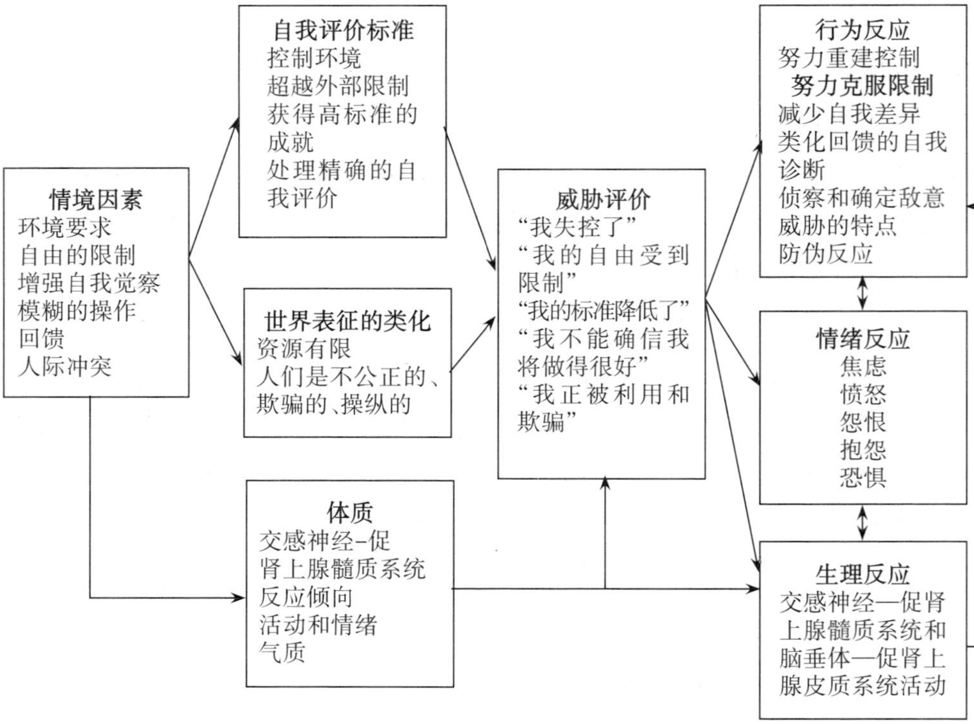

图16-3　A型行为模式的一般特质互动模式

（采自 Contrada, Leventhal, & O'Leary, 1990）

敌意倾向使个体对敌意的威胁很敏感，即对现实的或想象的某个人的操纵、营私舞弊和欺诈特别敏感，并评价为自己受到威胁，因而在行为反应上努力重建控制、克服限制、减少自我差异、将自我诊断的回馈类化、觉察和识别威胁的特征和防御反应等，并伴随着负面情绪反应，如焦虑、愤怒、怨恨、抱怨、恐惧或痛苦以及交感神经-促肾上腺髓质系统(SAM)和脑垂体-促肾上腺皮质系统(PAC)的生理反应，最后导致动脉硬化和冠心病。但目前对敌意这一概念的分析仍然是描述性的而非实验性的(Contrada, Leventhal, & O'Leary, 1990)。

(四)导致冠心病的其他危险因素

除了A型行为模式这一人格因素，另外还有许多其他因素会导致冠心病。例如年龄、性别、社经地位和生活方式等都是导致冠心病的因素。

1.年龄

许多严重的大病都有随年纪增大而快速增加的趋势。根据学者(Jarvk & Perl, 1981)的说法，65岁以上的人有86%至少患有一种慢性病。许多老年人的疾病往往是其年轻时代健康习惯和生活方式累积的后果。而且心理社会因素(如配偶的死亡)也会加速疾病的进程。当然,这当中也有很大的个别差异。

2.性别

国内外的资料都表明,女性患重病特别是患冠心病显著地少于男性。其中的一个原因是A型行为模式男性多于女性,同时男性经常工作过量、常抽烟和喝酒以及从事可能危及身体的活动。

3.社经地位

社经地位最底层者患冠心病的危险性高出10%~70%。这个事实可能与较贫穷者抽烟、高血压和高焦虑较多有关。社经地位低下患病率高,大多是由于环境不稳定、缺乏社会支持和教育、营养条件差以及缺乏保健等因素所致。

4.生活方式

冠心病还与人们的生活方式有关。例如,缺乏运动、高脂肪摄入、过食以及前面提到的吸烟、饮酒都有可能使人罹患冠心病。

二、C型人格与癌症

(一)C型人格的概念

关于人格特征导致癌症,可以追溯到古希腊医生盖伦(Claudius Galen,130—200)的论述。他指出,忧郁的妇女比乐观的妇女更有可能发生乳癌。我国医书《外科正宗》也认为,乳癌是由"忧愁郁结,精想在心,所愿不遂,肝脾逆气,以致经络阻塞,积聚成结"。目前学者们对于癌症倾向人格(cancer-prone personality)的描述比对A型人格的描述更加参差不一。大量的研究把几种相当不同类型的心理因素作为预测癌症表现的指标。尽管多数提出的证据尚不足,并且研究本身在方法学上还存在不少问题(Fox,1978),但是研究者们将这些研究结果结合起来考察,形成了一个总的描述癌症倾向的人格特质和应对方式,被称为C型人格(或C型性格)(C-type personality)或C型行为模式(type C behavior pattern)(Morris & Greer,1980;Temoshok,1987)。C型人格的应对方法与A型人相反,其主要特点是不表现出愤怒,把愤怒藏在心里并加以控制,在行为上表现出与别人过分合作,原谅一些不该原谅的行为,生活和工作中没有主意和目标,不确定性多;对别人过分有耐心;尽量回避各种冲突,不表现负面的情绪(特别是愤怒),屈从于权威等。但这些看法还没有获得直接证据。不过,对愤怒的压抑、抑郁与癌症的发生、恶化和预后不良有联系的研究报告则相当多。而这类研究多数是回溯式的,只有艾森克等人(Eysenck,1988;Grossarth-Maticek,Bastiaans,& Kanazir,1985)做过前瞻性研究,即远在确诊癌症之前便将被试的心理社会资料收集起来,然后考察有关心理社会因素与癌症发病率的关系,结果发现有癌症倾向人格。

(二)易罹患癌症的心理社会因素

癌症的发生和恶化是心理、社会、生物因素复杂的相互作用的结果。除吸烟、喝酒和杂乱性交等危险行为外，易罹患癌症的其他心理社会因素有以下几种。

1.抑郁

在早期的报告中，抑郁常被描述为癌症倾向人格者的心理状态。抑郁(depression)是一种忧愁、悲伤、颓丧、消沉等多种负面情绪综合而成的心理状态。雪克勒等人(Shekelle, Raynor, Ostfield, Garron et al., 1981)用明尼苏达多相人格测验量表筛选了2 020名抑郁的男性进行追踪调查，17年后发现这些人中，高抑郁者死于癌症的人是其他人的两倍。董毅、邵厚云等(1994)的研究显示，癌症患者的抑郁居半数以上。癌症患者比未患癌症的人或患其他疾病的人更倾向于抑郁。但是，这也可能是疾病(惧怕癌症)引起抑郁。因此这方面的研究存在的方法学问题，应引起我们的注意。

2.无助感

无助感(helplessness)和失望感(hopelessness)是一种对压力情境的认知障碍并伴有抑郁的情绪状态。一些研究发现，无助感和失望感会导致癌症(如乳癌、子宫癌)(Antoni & Gookin, 1988; Jensen, 1987)。个人控制感可以减轻威胁和抑郁。以刚被诊断为癌症患者为例，发现在相信自己可控制健康状况的患者身上，病情严重性与抑郁程度之间的相关较弱。

3.丧失社会支持

对自己关系重大的人的丧失是致癌的另一类因素。这类丧失包括丧失生活中早期的亲人和最亲近的人，例如早期丧失父母或最近丧失父母及爱人，可能导致癌症或加重癌症(Shaffer, Duszynski, & Thomas, 1982; Horne & Pricard, 1979)。社会支持丧失与妇女的乳癌有联系。有研究表明，男性比女性更难于从失去的社会支持中恢复过来，女性比男性因亲人丧失而表现出较低的发病率。

4.低负面和高正面情感的消极影响

C型行为模式的主要特点是不表达负面情绪，特别是不表达愤怒情绪。这类人不表现出愤怒，反而对外界表现出满意、高兴或不动感情的面孔。一些研究发现，C型人的低神经质和自主神经系统活动的低觉醒可能与肺癌有联系(Kissen, Brown, & Kissen, 1969; Kissen & Eysenck, 1962)。但也有研究发现，乐观情绪、高度焦虑使癌症更加恶化(Dembroski, MacDougall, & Lushene, 1979; Morris, Greer, Pettingale, & Walson, 1981)。

5.不表达情绪

有研究指出，不表达愤怒情绪对乳癌患者是致命性的(Greer & Morris, 1980)。另外，在一项准前瞻性研究(quasi-prospective research)中发现，患乳癌妇女更多地把自己描绘成把愤怒压在心底的人。对乳癌扩散患者的问卷调查表明,患者较少表达负面情绪(Jensen,1987);徐震雷和李心天等(1995)的研究显示,胃癌患者倾向于不表现愤怒,把愤怒藏在心里并控制住。近年来的一些研究表明,心理因素之所以导致癌症是通过损伤机体的免疫系统而发生的(见补充讨论16-4)。

补充讨论16-4

心理免疫学与癌症

心理免疫学(psychoimmunlolgy)是一门研究心理状态,特别是情绪行为与免疫系统如何相互影响而导致人体健康变化的学科。免疫系统是一种识别自身物质和非自身物质,防止致病微生物损害身体的监控机制,它调节着我们身体对癌症、感染性疾病、变态反应及自身免疫障碍(如类风湿关节炎等疾病中免疫细胞攻击患者身体的正常组织)的罹患性。越来越多的证据表明,心理和行为因素影响免疫系统的抗癌功能。

多年积累的证据表明,心理过程对免疫功能有重大影响(Locke,Kraus,et al.,1984;Jemmott & Locke,1984;O'Leary,1991)。丧失亲人(lrwin,Daniels,Smith,Blood,& Weiner,1987)、婚姻破裂(Kiecolt-Glaser,Fisher,et al.,1987)、孤独(Glaser,Kiecolt-Glaser,Speicher, & Holliday,1985)、权力动机的压力(Jemmott et al.,1991)可使自然杀伤细胞(natural killer)的功能下降,而自然杀伤细胞在肿瘤监视和杀伤中是关键性的细胞。如果使用放松疗法,则自然杀伤细胞活动功能增强(Kiecolt-Glaser,Glaser,et al.,1985)。但是,这些研究中的自然杀伤细胞活动水平仍在正常范围内下降,其影响可能是暂时的,因而它们与癌症发展相关程度尚需进一步研究。

机体的免疫功能受神经内分泌系统的调节。现已证实,儿茶酚胺(catecholamine)和皮质醇(cortisol)能影响自然杀伤细胞的数量和功能。儿茶酚胺有增强效应。例如,注射去甲肾上腺素和肾上腺素,自然杀伤细胞功能会增强(Hellstrand,Hermodsson,& Strannegard,1985)。一项对艾滋病(AIDS)的研究表明,交感神经系统反应增强与自然杀伤细胞及存活时间具有高相关(O'Leary,Temoshok,Sweet,& Jenkins,1989)。健康的年轻成人群体中自然杀伤细胞持久的低活动与尿中去甲肾上腺素和肾上腺素的明显减少相联系,并与高度抑郁有关(Levy,Herberman,Simons et al.,1989)。

情绪影响自然杀伤细胞功能至少有两条明显不同的路径:一条是交感神经-促肾上腺髓质(sympathetic-adrenomedullary,简称SAM)系统;另一条是脑垂体-促肾上腺皮质(pituitary-adrenocortical,简称PAC)系统。这两条路径的任何一条都有可能导致癌症。从对癌症的发生和恶化的预后来看,脑垂体-促肾上腺皮质系统低激活和交感神经-促肾上腺髓质系统高激活则预后最好,而脑垂体-促肾上腺皮质系统高激活和交感神经-促肾上腺髓质系统低激活则预后最糟;而两个系统的同等激活则预后为中等。研究表明,抑郁、无助感、无望感、失去社会支持与脑垂体-促肾上腺皮质系统的活动相联系,而淡泊、低神经质、屈从于权威、低情绪表现则与交感神经-促肾上腺髓质系统的活动相联系(Contrada,Leventhal,& O'Leary,1990)。

总之,从已搜集到的证据来看,心理社会因素与癌症的联系还不具强大的说服力,但却有相当的启发性。此外,究竟是存在一种癌症倾向人格还是多种癌症倾向人格?如果有多种癌症倾向人格而不是一种,那么不同的心理社会因素是不同地影响特定类型的癌症,还是影响各种不同的癌症?心理社会因素是通过什么机制导致癌症的?对于这些问题目前我们仍知之甚少。

三、建立合理的生活方式

上面的讨论已清楚地表明,致病的原因是社会的、心理的和生物学的变量交互作用的结果。如果问:“人世间什么样的生活方式将促进身体健康?”对于这个问题,正确的回答是除了注意饮食、休息和坚持适当的锻炼之外,还要考虑社会和心理因素的重要作用。如果一个人的生活具有挑战性和满足感,他的身体会工作得更好,他能更有效地抵抗传染病。富有意义的工作、令人愉快的闲暇、诚挚的爱情和友谊,即合理的生活方式,是健康的基本保证。

大多数国民一遇到各种疾病就到医院去找医生。其实,遗传缺陷或体质虚弱只能部分地解释常见病的高发生率。如果仔细调查一下那些常患病者的生活方式,大致可以发现这些人有许多共同特征。例如:

1. 不恰当地吃、睡或锻炼(如吸烟,过度饮酒,过多的脂肪、糖分和盐分的摄入,缺乏运动等)。
2. 高风险行为(如不系安全带驾驶,杂乱的性交等)。
3. 过度的压力(如长期高负荷工作,过多的烦心事,做自己不喜欢的工作等)。
4. 丧失或缺乏社会支持。

因此,要维护和促进健康,就必须要建立起正确、合理的生活方式。人是有主观能动性的。即使是已形成了不合理的生活方式,例如A型行为生活方式,只要下定决心,采取措施,也是能够改变的。例如,一项以矫正A型行为模式的研究已获得了相当大的成功。有1 000多名至少有过一次心脏病发作的病人参加此项研究。研究者帮助这些人改变A型行为模式。例如,为了降减他们的时间紧迫感,要求他们练习排队(A型行为者认为这是一种极具刺激性的情境),并借此机会考虑那些在正常情况下他们没有时间去想的事或观察别人的谈话;学习在不对别人发脾气的情况下表达自己的意见;改变某些具体的行为方式(如不打断别人的话,不匆匆忙忙地吃饭或说话);重新评估一些基本信念(如成功取决于工作的数量)以及设法使家庭和工作环境不那样充满压力(如减少不必要的社交次数)。此项研究历时四年半,结果发现实验组病人心脏病复发率几乎只有那些没有学过如何改变生活方式的对照组被试的一半。改变A型行为模式促进了健康(Thoresen, Friedman, Powell, Gill, & Ulmer, 1985)。这也说明为了健康,生活方式是可以改变的。

因此,如果人们能尽早认识到生活方式在防病治病和保健中的作用,选择正确的生活方式和生活习惯,改变不合理的生活方式和生活习惯,那么健康者就会更健康,有病者就能得到治疗(当然应在医生指导下进行治疗)。人人都可以过健康、幸福的生活。

本章摘要

1. 焦虑是一种十分复杂的情绪状态,伴随有一系列的心理、生理和行为反应。这些反应包括自我体验方面的危险感、紧张、担忧不安等不愉快的感受,行为上的回避、逃避和异常以及生理上的交感神经系统的亢进和副交感性症状。

2. 焦虑可分为特质焦虑和状态焦虑。特质焦虑是一种人格特征,状态焦虑是在某种情境下所产生的特殊反应状态。可以用状态-特质焦虑量表来测量这两种焦虑。而显性焦虑量表是测量特质焦虑的有效工具。

3. 考试焦虑是一种状态焦虑,即对考试或测验所产生的习惯性焦虑。可以用考试焦虑量表来测量考试焦虑上的个别差异。考试焦虑可能包含有五个主要因素。

4. 压力的含义甚广,大致包括三类:对某种情境的机体反应、刺激情境以及个体觉知到的威胁。主要的压力源来自职业活动、家庭危机、外界环境以及灾难性事件。

5. 人们对压力的反应相当复杂。从压力反应的过程看,大致可分为输入、加工、反应和结果四个部分。其中主要的反应成分包括生理反应(如交感和副交感神经系统的活动等)、心理反应(情绪反应和认知障碍)和行为反应(攻击和自我防卫等)。

6. 有的人接二连三地经历压力事件仍不会崩溃,而有的人即使经历低水平的压力事件便崩溃了。挑战性、自觉控制力、乐观、幽默、自我效能感和自我弹性等是抵抗压力者的人格特征。

7. 应对是个体努力对抗压力的一种手段。主要有两种应对方式:着重于问题的应对和着重于情绪的应对。一般来说,着重于问题的应对方式是较健康的途径。然而,压力过重时,宜先调节情绪,然后主要集中于改变人与环境的关系。

8. 为了调适焦虑和压力可采用降低紧张、以解决问题的方式对待压力、转移注意力、认知重估以及争取社会支持等应对策略。

9.如果应对压力的策略失效,压力持续存在,就可能出现健康问题。由心理社会因素引起的、持久的生理功能紊乱及其所致的器质性疾病称为心身疾病。

10.A型行为模式或A型人格是冠心病患者的行为特征。其主要特点是有强烈的成就动机和时间紧迫感,近乎最大极限地工作,总想同时做几件事,约会总是提前到达,受到挫折会变得攻击和敌意,长期处于亢奋状态等。

11.对A型人格有两种主要测量工具:结构式晤谈和詹金斯活动调查表。它们测量的是不同的东西,属于A型行为模式的不同方面。

12.A型行为模式与冠心病关系的研究历史经历了由肯定支持到否定怀疑的过程。现在则倾向于研究A型行为模式中的有毒元素与冠心病的联系。其中有毒元素可能是强烈追求因素和敌意。除A型行为模式外,像年龄、性别、社经地位以及吸烟、饮酒、缺乏运动、高脂肪摄入、过食等都会影响冠心病的罹患率。

13.C型人格即癌症倾向人格。其主要特点是不表现愤怒,把愤怒藏在心里并加以控制。易罹患癌症的其他心理社会因素有抑郁、无助感、丧失社会支持、低负面和高正面情感的消极影响及不表达情绪等。不过,这方面的研究成果尚缺乏强有力的说服力,但却有相当的启发性。

14.富有意义的工作、令人愉快的闲暇、诚挚的爱情和友谊,是健康的基本保证。养成正确、合理的生活方式,每个人才有可能过健康、幸福的生活。

建议参考资料

1.余德慧(1978):焦虑与自我控制。台北市:大洋出版社。

2.陈仲庚(1992):实验临床心理学。北京市:北京大学出版社。

3.Bennett, P., Weinman, J., & Spurgeon, P.(Eds.)(1990).Current developments in health psychology. London: Harwood Academic.

4.Carstensen, L.L., & Neale, J.M.(1989).Mechanisms of psychological influence on Physical health. New York: Plenum.

5.Friedman, H.S.(Ed.)(1991).Hostility, coping, and health.Washington, DC: American Psychological Association.

6.Gatchel, R.J., Baum, A., & Krantz, D.(1989).An introduction to health psychology(2nd ed.).New York: Random House.

7.Lazarus, R.S., & Folkman, S.(1984).Stress, appraisal, and coping.New York: Springer.

8.Matthews, K.A., Weiss, S.M., Detre, T., Dembroski, T.M., Falkner, B., Manuck.S.B., & Williams, R. B., Jr.(Eds.)(1986).Handbook of stress, reactivity, and cardiovascular disease.New York: Wiley.

9.Sarafino, E.P.(1990).Health psychology: Biopsychosocial interactions.NewYork: Wiley.

10.Taylor.S.E.(1990).Health psychology(2nd ed.).New York: Random House.

参考文献

1. 马文驹、李伯黍(1991):现代西方心理学名著介绍。上海市:华东师范大学出版社。

2. 韦政通(1988):中国的智慧——中西伟大观念的比较。北京市:中国和平出版社。

3. 车文博(1988、1989):弗洛伊德主义原著选辑(上卷)(下卷)。沈阳市:辽宁人民出版社。

4. 车文博1992):弗洛伊德主义论评。长春市:吉林教育出版社。

5. 车文博(1996):西方心理学史。台北市:东华书局。

6. 孙本文(1946):社会心理学(上、下册)。上海市:商务印书馆。

7. 李心天(1991):医学心理学。北京市:人民卫生出版社。

8. 李亦园、杨国枢(1972):中国人的性格:科际综合性的讨论。台北市:中央研究院民族学研 究所。

9. 李孝忠(1993):能力原理与测量。长春市:东北师范大学出版社。

10. 李绍衣(1987):卡特尔十六种个性因素测验指导手册。沈阳市:辽宁省教育科学研究所印。

11. 李美枝(1980):社会心理学。台北市:大洋出版社。

12. 杨国枢(1993):本土心理学的开展。台北市:桂冠图书股份有限公司。

13. 杨国枢等(1989):社会及行为科学研究法(上、下册)。台北市:东华书局。

14. 余昭(1985):人格心理学。台北市:三民书局。

15. 余英时(1984):从价值系统看中国文化的现代意义——中国文化与现代生活总论。台北市:时报文化出版企业有限公司。

16. 余德慧(1978):焦虑与自我控制。台北市:大洋出版社。

17. 宋维真(1989):明尼苏达多相个性调查表使用指导书。北京市:中国科学院心理研究所印。

18. 沙莲香(1989):中国民族性(一)。北京市:中国人民大学出版社。

19. 沙莲香(1990):中国民族性(三)。北京市:中国人民大学出版社。

20. 张述祖等(1983):西方心理学家文选。北京市:人民教育出版社。

21. 张春兴(1989):张氏心理学辞典。台北市:东华书局(繁体字版)。上海市:上海辞书出版社(1992)(简体字版)。

22. 张春兴(1991):现代心理学——现代人研究自身问题的科学。台北市:东华书局(繁体字版)。上海市:上海人民出版社(1994)(简体字版)。

23. 陈仲庚、张雨新(1986):人格心理学。沈阳市:辽宁人民出版社。

24. 陈仲庚(1989):心理治疗与谘询。沈阳市:辽宁人民出版社。

25. 陈仲庚(1992):实验临床心理学。北京市:北京大学出版社。

26. 林传鼎(1985):智力开发的心理学问题。上海市:知识出版社。

27. 邵郊(1987):生理心理学。北京市:人民教育出版社。

28. 林方(1987):人的潜能和价值——人本主义心理学译文稿。北京市:华夏出版社。

29. 周辅成(1964):西方伦理学名著选辑。北京市:商务印书馆。

30. 郑日昌(1987):心理测量。长沙市:湖南教育出版社。

31. 孟昭兰(1989):人类情绪。上海市:上海人民出版社。

32. 荆其诚(1990):现代心理学发展趋势。北京市:人民出版社。

33. 高玉祥(1989):个性心理学。北京市:北京师范大学出版社。

34. 高觉敷(1987):西方心理学的新发展。北京市:人民教育出版社。

35. 高觉敷(1995):西方心理学史论。合肥市:安徽教育出版社。

36. 凌文辁、滨治世(1988):心理测验法。北京市:科学出版社。

37. 姜国柱、朱葵菊(1988):论人·人性。北京市:海洋出版社。

38. 黄希庭(1987):心理学实验指导。北京市:人民教育出版社。

39. 黄希庭、徐凤姝(1988):大学生心理学。上海市:上海人民出版社。

40. 韩进之、王宪清(1986):德育心理学概论。上海市:上海人民出版社。

41. 谢斯骏、张厚粲(1988):认知方式——一个人格维度的实验研究。北京市:北京师范大学出版社。

42. 潘菽(1983):教育心理学。北京市:人民教育出版社。

43. 黄希庭(1991):心理学导论。北京市:人民教育出版社。

44. 黄希庭(1992):家庭教育艺术——论家庭教育思想和方法的改革。北京市:科学技术文献出版社。

45. 陈仲庚、王登峰(1987):670个中文人格特质形容词的好恶度、意义度及熟悉度。北京市:北京大学心理系印。

46. 黄希庭、张进辅、李红等(1994):当代中国青年价值观与教育。成都市:四川教育出版社。

47. 龚耀先(1986):修订艾森克个性问卷手册。长沙市:湖南医学院印。

48. 章益(1983):新行为主义学习论。济南市:山东教育出版社。

49. 彭凯平(1989):心理测验——原理与实践。北京市:华夏出版社。

50. 阎克乐(1990):自我控制及其临床应用。北京市:科学出版社。

51. 董奇(1992):心理与教育研究方法。广州市:广东教育出版社。

52. 魏英敏(1993):新伦理学教程。北京市:北京大学出版社。

53. 魏承思(1991):中国佛教文化论稿。上海市:上海人民出版社

54. 杨中芳、高尚仁(1991):中国人·中国心——人格与社会篇。台北市:远流出版事业公司。

55. John M. 怀特利(朱深潮等编译,1993):大学生人格发展。杭州市:浙江大学出版社。

56. 保罗·马森、约翰·康格尔、吉姆·凯根等(孟昭兰等译,1991):人类心理发展历程。沈阳市:辽宁人民出版社。

57. 马斯洛(林方译,1987):人性能达的境界。昆明市:云南人民出版社。

58. A. H. 马斯洛(李文湉译,1987):存在心理学探索。昆明市:云南人民出版社。

59. A. H. 马斯洛(许金声、程朝翔译,1987):动机与人格。北京市:华夏出版社。

60. 弗兰克·戈布尔(吕明、陈红雯译,1987):第三思潮——马斯洛心理学。上海市:上海译文出版社。

61. 莫里斯·L. 比格(张敷荣、张粹然、王道宗译,1983):学习的基本理论与教学实践。北京市:文化教育出版社。

62. 肯尼思·D. 贝利(许真译,1986):现代社会研究方法。上海市:上海人民出版社。

63. 托马斯·R. 布莱克斯利(傅世侠、夏佩玉译,1992):右脑与创造。北京市:北京大学出版社。

64. 卢梭(李平沤译,1978):爱弥儿(下卷)。北京市:商务印书馆。

65. 见田宗介(1966):价值意识的理论(日文)。东京:弘文堂。

66. 兰伯斯(魏明庠等译,1990):社会心理学。北京市:地质出版社。

67. 司马贺(荆其诚、张厚粲译,1986):人类的认知——思维的信息加工理论。北京市:科学出版社。

68. J. L. 弗里德曼、D. O. 西尔斯、J. M. 卡尔史密斯(高地、高佳等译,1984):社会心理学。哈尔滨市:黑龙江人民出版社。

69. 弗洛伊德(高觉敷译,1986):精神分析引论。北京市:商务印书馆。

70. 弗洛伊德(林克明译,1986):日常生活的心理奥秘。兰州市:甘肃人民出版社。

71. 西格蒙德·弗洛伊德(林尘、张唤民、陈伟奇译,1986):弗洛伊德后期著作选。上海市:上海译文出版社。

72. 西·弗洛伊德(苏晓离、刘福堂译,1987):精神分析引论新讲。合肥市:安徽文艺出版社。

73. 西格蒙德·弗洛伊德(顾闻译,1987):弗洛伊德自传。上海市:上海人民出版社。

74. 艾·弗罗姆(李健鸣译,1987):爱的艺术。北京市:商务印书馆。

75. 埃·弗洛姆(孙依依译,1988):为自己的人。北京市:生活·读书·新知三联书店。

76. M. H. 邦德(张世富等译,1990):中国人的心理。昆明市:云南人民出版社。

77. 尼·德·列维托夫(余增寿译,1959):性格心理学问题。北京市:人民教育出版社。

78. A. 阿德勒(黄光国译,1984):自卑与超越。台北市:志文出版社。

79. 罗杰斯(刘煜辉译,1986):咨询和心理治疗。台北市:天马文化事业公司。

80. E. G. 波林(高觉敷译,1981):实验心理学史。北京市:商务印书馆。

81. 卡尔·波普尔(傅季重等译,1986):猜想与反驳——科学知识的增长。上海市:上海译文出版社。

82. 依田新(杨宗义、张春译,1981):青年心理学。北京市:知识出版社。

83. 道格拉斯·L. 欣茨曼(韩进之等译,1986):学习与记忆心理学。沈阳市:辽宁科学技术出版社。

84. 马克·柯克(李维译,1988):人格的层次。杭州市:浙江人民出版社。

85. C. 荣格(黄奇铭译,1987):现代灵魂的自我拯救。北京市:工人出版社。

86. 荣格(刘国彬、杨德友译,1988):回忆·梦·思考——荣格自传。沈阳市:辽宁人民出版社。

87. 伊·谢·科恩(佟景韩、范国恩、许宏治译,1986):自我论。北京市:生活·读书·新知三联书店。

88. 珍尼特·希伯雷·海登、B. G. 罗森伯格(范志强、周晓虹等译,1986):妇女心理学。昆明市:云南人民出版社。

89. 班图拉(陈欣银、李伯黍译,1989):社会学习理论。沈阳市:辽宁人民出版社。

90. M. J. 梅多、R. D. 卡霍(陈麟书等译,1990):宗教心理学。成都市:四川人民出版社。

91. 捷普洛夫(赵璧如译,1953):心理学。北京市:人民教育出版社。

92. 阿·阿·斯米尔诺夫(朱智贤等译,1957):心理学。北京市:人民教育出版社。

93. A. A. 斯米尔诺夫(李沂等译,1984):苏联心理科学的发展与现状。北京市:人民教育出版社。

94. 简·斯特里劳(阎军译,1987):气质心理学。沈阳市:辽宁人民出版社。

95. 杜·舒尔茨(沈德灿等译,1981):现代心理学史。北京市:人民教育出版社。

96. T. C. 鲁、J. F. 傅尔顿(《医学生理学和生物物理学》翻译组译校,1974):医学生理学和生物物理学(上册)。北京市:科学出版社。

97. 谢·列·鲁宾斯坦(赵璧如译,1965):心理学的原则和发展道路。北京市:生活·读书·新知三联书店。

98. G. H. 鲍尔、E. R. 希尔加德(邵瑞珍等译,1987):学习论——学习活动的规律探索。上海市:上海教育出版社。

99. J. A. 谢尔曼、F. L. 登马克(高佳、高地译,1987):妇女心理学。北京市:中国妇女出版社。

100. B. R. 赫根汉(何瑾、冯增俊译,1986):人格心理学导论。海口市:海南人民出版社。

101. C. S. 霍尔(陈维正译,1985):弗洛伊德心理学入门。北京市:商务印书馆。

102. 梅尔林(1964):气质理论概论(俄文)。莫斯科:教育出版社。

103. 张岱年(1991):人格之谜(序)。见曲炜:人格之谜。北京市:中国人民大学出版社。

104. 杨中芳(199la):试论中国人的"自己"——理论与研究方向。见杨中芳、高尚仁:中国人·中国心——人格与社会篇。台北市:远流出版事业公司。

105. 杨中芳(199lb):回顾港、台"自我"的研究——反省与展望。见杨中芳、高尚仁:中国人·中国心——人格与社会篇。台北市:远流出版事业公司。

106. 杨中芳(199lc):试论中国人的道德发展——一个自我发展的观点。见杨国枢、黄光国:中国人的心理与行为。台北市:桂冠图书股份有限公司。

107. 杨国枢(1974):小学与初中学生自我概念的发展及其相关因素。见杨国枢、张春兴:中国儿童行为的发展。台北市:环宇出版社。

108. 杨国枢(1982):心理学研究的中国化:层次与方向。见杨国枢、文崇一:社会及行为科学研究的中国化。台北市:中央研究院民族学研究所。

109. 杨国枢、彭迈克(1985):中国人描述性格所采用的基本向度——一项心理学研究中国化的实例。见杨国枢、李亦圆、文崇一:现代化与中国化论集。台北市:桂冠图书股份有限公司。

110. 张厚粲、郑日昌、李德伟(1988):场依存性——独立性的认知方式与内外倾向性格的关系。见谢斯骏、张厚粲:认知方式——一个人格维度的实验研究。北京市:北京师范大学出版社。

111. 胡寄南(1985):现代中国优秀人才的个性品质初探。见胡寄南:胡寄南心理学论文选。上海市:学林出版社。

112. 高觉敷(1986):弗洛伊德及其精神分析的批判。见高觉敷:高觉敷心理学文选,204~218页。南京市:江苏教育出版社。

113. 潘菽(1939/1987):学术中国化问题争议。见潘菽心理学文选,37~52页。南京市:江苏教育出版社。

114. 涅贝利岑(魏明庠译,1984):人的神经系统基本特性是个性的神经生理学基础。见A. A. 斯米尔诺夫、A. P. 鲁利亚等(李翼鹏、魏明庠等译):心理学的自然科学基础,204~231页。北京市:科学出版社。

115. 捷普洛夫(许淑莲、匡培梓译,1963):神经系统特性的研究是个别心理差异研究的一种途径。见B. M. 捷普洛夫等(孙晔等译):苏联心理科学(第二卷),1~46页。北京市:科学出版社。

116. 王登峰、方林、左衍涛(1995):中国人人格的词汇研究。心理学报,27卷,4期,400~405页。

117. 刘连沛(1995):维吾尔族女性易性癖一例报告。中国心理卫生杂志,9卷,2期,87页。

118. 苏林雁等(1994):Piers-Harris儿童自我意识量表在湖南的修订。中国临床心理学杂志,2卷,1期,14~18页。

119. 李繁(1985):试论中国现代女科技人才的性格特点。华东师范大学学报(教育科学版),4期,27~34页。

120. 李德明、孙福立(1994):认知速度年老衰减研究进展。心理科学,17卷,2期,124~128页。

121. 杨中芳、赵志裕(1987):中国受测者所面临的矛盾困境:对过分依赖西方评定量表的反省。中华心理学刊,29卷,2期,59~78页。

122. 杨国枢、李本华(1971):五百五十七个中文人格特质形容词之好恶度、意义度及熟悉度。台湾大学心理学系研究报告,13期,36~57页。

123. 杨晓玲等(1990):精神发育迟滞儿童智力水平变化追踪研究。中国心理卫生杂志,4卷,2期,72~74页。

124. 吴丽娟(1986):理情教育课程对国中学生理性思考、情绪稳定与自我尊重之影响。(台湾师大)教育心理学报,19期,177~218页。

125. 吴丽娟(1987):理情教育团体对大学生理性思考、社会焦虑与自我接纳效果之研究。(台湾师大)教育心理学报,20期,183~203页。

126. 吴谅谅(1994):试析企业女领导的角色冲突与心理冲突。妇女研究论丛,2期,19~22页。

127. 吴福元(1983):大学生的智力发展与智力结构。教育研究,4期,41~45、68页。

128. 吴增芥(1983):西方个性心理学理论。外国心理学,1期,27~31页。

129. M. M. P. I. 全国协作组(1982):明尼苏达多相个性调查表在我国修订经过及使用评价。心理学报,14卷,4期,449~457页。

130. M. M. P. I. 全国协作组(1985):中国人使用明尼苏达多相个性测验表的结果分析。心理学报,17卷,4期,346~354页。

131. 肖峰(1995):中学生助人方式的决策问题研究。心理学报,27卷,3期,295~301页。

132. 张德(1990):关于性别偏见的调查报告。社会心理研究,3期,1~7页。

133. 张伯源(1985):心血管病人的心身反应特点的研究:II.对冠心病人的行为类型特征的探讨。心理学报,17卷,3期,314~321页。

134. 张春兴、简茂发(1969):自我能力与性格的了解对大学成绩的影响——Atkinson氏成就动机理论的实验研究。(台湾师大)心理与教育,3期,89~99页。

135. 张厚粲、孟庆茂、郑日昌(1981):关于认知方式的实验研究——场依存性特征对学习和图形后效的影响。心理学报,13卷,3期,299~304页。

136. 张厚粲、吴正(1994):公众的智力观——北京普通居民对智力看法的调查研究。心理科学,17卷,2期,65~81页。

137. 陈立(1985):习见统计方法中的误用与滥用。心理科学通讯,3期,1~6页。

138. 陈仲庚(1983):艾森克人格问卷的项目分析。心理学报,15卷,2期,211~218页。

139. 陈仲庚、张雨青(1988):感觉寻求的人格特质及在临床上的应用。心理学报,20卷,3期,328~334页。

140. 陈兴时(1993):白痴学者。心理科学,16卷,2期,104~108页。

141. 茅于燕(1992):谈谈个人对智力落后儿童早期干预的看法。心理学报,24卷,3期,225~231页。

142. 林邦杰(1980):田纳西自我概念量表之修订。中国测验学会测验年刊,27期,71~78页。

143. 林传鼎(1980):我国古代心理测验方法试探。心理学报,1期,75~80页。

144. 季建林、徐俊冕(1993):A型行为与敌对性的相关性研究。中国临床心理学杂志,1卷,2期,69~70页。

145. 周润民(1990):冲动型和思索型认知方式在儿童逻辑推理中的中介作用。心理学报,22卷,4期,357~361页。

146. 查子秀(1986):超常儿童心理发展追踪研究五年。心理学报,18卷,2期,123~131页。

147. 查子秀(1990):超常儿童心理研究十年。心理学报,22卷,2期,115~118页。

148. 查子秀(1994):超常儿童心理与教育研究15年。心理学报,26卷,4期,337~346页。

149. 柳学智(1991):元分析技术。心理学动态,1期,28~33页。

150. 宫宇轩(1994):社会支持与健康的关系研究概述。心理学动期,2卷,2期,34~39页。

151. 唐盛昌(1982):试析男女生在数学学习中的差异。教育研究,9期,74~79页。

152. 徐震雷、李心天、韩冰等(1995):人格特征对胃癌发病的影响。心理学报,27卷,3期,263~267页。

153. 黄希庭、张进辅、张蜀林(1988):我国大学生需要结构的调查。心理科学通讯,2期,7~12页。

154. 黄希庭、张蜀林(1992):562个人格特质形容词的好恶度、意义度和熟悉度的测定。心理科学,15卷,5期,17~22页。

155. 章志光(1990):试论品德的心理结构。北京师范大学学报(社会科学版),1期,7~17页。

156. 梁加义、李荐忠(1987):中学生考场境遇性焦虑障碍调查及预防性治疗。中国心理卫生杂志,1卷,2期,82~83页。

157. 董毅、邵厚云、刘巍(1994):癌症患者的抑郁调查与分析。中国临床心理学杂志,2卷,4期,235~236页。

158. 程莎、汤慈美、李心天(1990):人格类型对应激反应影响的实验研究(自然应激源部分)。心理学报,22卷,2期,197~204页。

159. 燕国材(1994):《周易》的心理学思想及其在先秦的发展。心理学报,26卷,3期,312~318页。

160. John B. P. Shaffer、许金声(1987):人本心理学的中心论点。心理学动态,1期,21~71页。

161. Abramson, L. Y., Seligman, M. E. P., & Teasdale, J. D. (1978). Learned helplessness in humans: Critique and reformulation. *Journal of Abnormal Psychology*, 87, 49~74.

162. Adler, A. (1924). *The practice and theory of individual psychology*. NewYork: Harcourt Brace Jovanovich.

163. Adler, A. (1930). Individual psychology. In C. Murchison(Ed.), *Psychology of 1930*. Worcester, Mass: Clark University Press.

164. Adler, A. (1931). *What life should mean to you*. New York: Putnam's.

165. Adler, A. (1929/1969). *The science of living*. New York: Greenberg.

166. Aiken, L. R. (1991). *Psychological testing and assessment*(7th ed.). Boston: Allyn & Bacon.

167. Aiken, L. R. (1993). *Personality: Theories, research, and applications*. Englewood Cliffs, NJ: Prentice-Hall.

168. Alexander, I. E. (1990). *Personology: Method and content in Personality assessment and psychobiography*. Durham: Duke University Press.

169. Allport, G. W. (1937). *Personality: A psychological interpretation*. NewYork: Holt.

170. Allport, G. W. (1955). *Becoming: Basic considerations for a psychology of personality*. New Haven, CT: Yale University Press.

171. Allport, G. W. (1961). *Pattern and growth in personality*. New York: Holt, Rinehart & Winston.

172. Allport, G. W. (1965). *Letters from Jenny*. New York: Harcourt, Brace & World.

173. Allport, G. W. (1966). Traits revisited. *American Psychologist*, 21, 1~10.

174. Allport, G. W. (1968). *The person in psychology: Selected essays*. Boston: Beacon Press.

175. Allport, G. W., & Odbert, H. S. (1936). Trait–names: A psycho–lexical study. *Psychological Monographs*, 47(211), 1~171.

176. Allport, G. W., & Vernon, P. E. (1933). *Studies in expressive movement*. New York: Macmillan.

177. Allport, G. W. (1960). *Study of values: a scale for measuring the dominant interests in personality*(3rd ed.). Boston: Houghton Mifflin.

178. Anderson, J. R. (1983). *The architecture of cognition*. Cambridge, MA: Harvard University Press.

179. Antoni, M. H., & Goodkin, K. (1988). Host moderator variables in the promotion of cervical neoplasia–I. Personality facets(I). *Journal of Psychosomatic Research*, 32, 327~338.

180. Archer, S. L. (1982). The lower age boundaries of identity development. *Child Development*, 53, 1551~1556.

181. Aronson, E., & Mettee, D. R. (1968). Dishonest behavior as a function of differential levels of induced self–esteem. *Journal of Personality and Social Psychology*, 9, 121~127.

182. Aserinsky, E., & Kleitman, N. (1953). Regularly occurring periods of eye motility, and concomitant phenomena, during sleep. *Science*, 118, 273–274.

183. Ashmore, R. D., & Sewell, A. D. (1990). Sex/gender and the individual. In L. A. Pervin (Ed.), *Handbook of personality: Theory and research*. New York: The Guilford Press.

184. Ashton, P. T. (1985). Motivation and the teacher's sense of efficacy. In C. Ames, & R. Ames(Eds.), *Research on motivation in education*(The classroom milieu), Vol. 2. Orlando, FL: Academic Press.

185. Atkinson. R. L., Atkinson, R. C., & Hilgard, E. R. (1983). *Introduction to psychology* (9th ed.). New York: Harcourt Brace Jovanovich.

186. Ayllon, T., & Michael, J. (1959). The psychiatric nurse as a behavioral engineer. *Jour-*

nal of the Experimental Analysis of Behavior, 2, 323~334.

187. Azri, N. H., & Lindsley, O. R. (1956). The reinforcement of cooperation between children. *Journal of Abnormal and Social Psychology*, 52, 100~102.

188. Baer, J. S., Holt, C. S., & Lichtenstein, E. (1986). Self-efficacy and smoking reexamined: Construct validity and clinical utility. *Journal of Consulting and Clinical Psychology*, 54, 846~852.

189. Bandura, A. (1962). Social learning through imitation. In M. R. Jones(Ed.), *Nebraska symposium on motivation*. Lincoln, NE: University of Nebraska Press.

190. Bandura, A. (1965). Influence of models' reinforcement contingencies onthe acquisition of imitative response. *Journal of Personality and Social Psychology*, 1, 589~595.

191. Bandura, A. (Ed.)(1971). *Psychological modeling: Conflicting theories*. Chicago, IL: Aldine. Atherton.

192. Bandura, A. (1974). Behavior theory and the models of man. *American Psychologist*, 29, 859~869.

193. Bandura, A. (1977). *Social learning theory*. Englewood Cliffs, NJ: Prentice-Hall.

194. Bandura, A. (1978). The self system in reciprocal determinism. *American Psychologist*, 33, 344~358.

195. Bandura, A. (1982). Self-efficacy mechanism in human agency.*American Psychologist*, 37, 122~147.

196. Bandura, A. (1986). *Social foundations of thought and action: A social cognitive theory*. Englewood Cliffs, NJ: Prentice-Hall.

197. Bandura, A., & Walters, R. H. (1963). *Adolescent aggression*. New York: Ronald.

198. Bandura, A., & Mischel, W. (1965), Modification of self-imposed delay of reward through exposure to live and symbolic models. *Journal of Personality and Social Psychology*, 2, 698~705.

199. Bandura, A., Blanchard, E. B., & Ritter, B. (1969). Relative efficacy of desensitization and modeling approaches for inducing behavioral, affective, and attitudinal changes. *Journal of Personality and Social Psychology*, 13, 173~199.

200. Bandura, A., Adams, N. E., & Beyer, J. (1977). Cognitive processes mediating behavioral change. *Journal of Personality and Social Psychology*, 35, 125~139.

201. Bandura, A., Adams, N. E., Hardy, A. B., & Howells, G. N. (1980). Tests of the generality of self-efficacy theory. *Cognitive Therapy and Research*, 4, 39~66.

202. Bandura, A., Reese, L., & Adams, N. E. (1982). Microanalysis of action and fear arousal as a function of differential levels of perceived self-efficacy. *Journal of Personality and Social Psychology*, 43, 5~21.

203. Bandura, A., O'Leary, A., Taylor, C. B., Gauthier, J., & Gossard, D. (1987). Perceived self-efficacy and pain control: Opioid and nonopioid mechanisms. *Journal of Personality and Social Psychology*, 53, 563~571.

204. Bandura, A., Cioffi, D., Taylor, C. B., & Brouillard, M. E. (1988). Perceived self-efficacy in coping with cognitive stressors and opioid activation. *Journal of Personality and Social Psychology*, 55, 479~488.

205. Bandura, A., & Wood, R. (1989). Effect of perceived controllability and performance standards on self-regulation of complex decision making. *Journal of Personality and Social Psychology*, 56, 805~814.

206. Bannister, D. (Ed.)(1977). *New perspectives in personal construct theory*. New York: Academic Press.

207. Bargh, J. A., & Tota, M. E. (1988). Context-dependent automatic processingin depression: Accessibility of negative constructs with regard to self but not others. *Journal of Personality and Social Psychology*, 54, 925~939.

208. Barker, R. G., & Wright, H. F. (1951). *One boy's day: A specimen record of behavior*. New York: Harper & Row.

209. Barnett, M. A., King, L. M., & Howard, J. A. (1979). Inducing affect about self or other: Effects on generosity in children. *Developmental Psychology*, 15, 164~167.

210. Baron, R. A. (1974). The aggression-inhibiting influence of heightened sexual arousal. *Journal of Personality and Social Psychology*, 30, 318~322.

211. Baron, R. A. (1976). The reduction of human aggression: A field study of the influence of incompatible reactions. *Journal of Applied Social Psychology*, 6, 260~274.

212. Baron, R. A. (1983). The control of human aggression: A strategy based on incompatible responses. In R. G. Geen & E. I. Donnerstein(Eds.), *Aggression: Theoretical and empirical reviews*, Vol. 2. New York: Academic Press.

213. Baron, R. A., & Richardson, D. R. (1994). *Human aggression*(2nd ed.). NewYork: Plenum Press.

214. Barry, H., Child, I., & Bacon, M. (1959). Relation of child training to subsistence economy. *American Anthropologist*, 61, 51~63.

215. Batson, C. D., Duncan, B. D., Ackerman, P., Buckley, T., & Birch, K. (1981). Is empathic emotion a source of altruistic motivation? *Journal of Personality and Social Psychology*, 40, 290~302.

216. Batson, C. D., & Coke, J. S. (1981). Empathy: a source of altruistic motivation for helping? In J. P. Rushton & R. M. Sorrentino(Eds.),*Altruism and helping behavior*. Hillsdale, NJ: Erlbaum.

217. Baumgardner, A. H.(1990). To know oneself is to like oneself: Self-certainty and self-affect. *Journal of Personality and Social Psychology*, 58, 1062~1072.

218. Baumgarten, F. (1933). Die Charaktereigenschaften[The charactertraits]. In Beitraege *zur Charakter-und Personlichkeitscforschung*(Whole No. 1). Bern: A. Francke.

219. Bayley, N. (1970). Development of mental abilities. In P. Mussen (Ed.), *Carmichael' s manual of child psychology*, Vol. 1. New York: John Wiley.

220. Beck, A. T. (1967). *Depression: Clinical, experimental and theoretical aspects.* New York: Harper & Row.

221. Beck, A. T. (1987). Cognitive models of depression. *Journal of Cognitive Psychotherapy*, 1, 27~30.

222. Bem, S. L. (1974). The measurement of psychological androgyny. *Journal of Consulting and Clinical Psychology*, 42, 155~162.

223. Bem, S. L., & Lewis, S. A. (1975). Sex-role adaptability: One consequence of psychological androgyny. *Journal of Personality and Social Psychology*, 31, 634~643.

224. Bem, S. L. (1977). On the utility of alternative procedures for assessing psychological androgyny. *Journal of Consulting and Clinical Psychology*, 45, 196~205.

225. Bem, S. L. (1981). Gender schema theory: A cognitive account of sex typing. *Psychological Review*, 88, 354~364.

226. Bennett, P., Weinman, J., & Spurgeon, P. (Eds.)(1990). *Current developments in health psychology*. London: Harwood Academic.

227. Bergin, A. E., & Lambert, M. J. (1978). The evaluation of therapeutic outcomes. In S. L. Garfield, & A. E. Bergin(Eds.), *Handbook of psychology therapy and behavior change*(2nd ed.). New York: John Wiley.

228. Berkowitz, L., & LePage, A. (1967). Weapons as aggression-eliciting stimuli. *Journal of Personality and Social Psychology*, 7, 202~227.

229. Berkowitz, L. (1971). The contagion of aggression: As S-R mediational analysis of

some effects of observed aggression. In W. J. Arnold & M. M. Page(Eds.), *Nebraska symposium on Motivation*, Vol. 18. Lincoln. NE: University of Nebraska Press.

230. Berkowitz, L. (1974). Some determinants of impulsive aggression: Role of mediated associations with reinforcements for aggression. *Psychological Bulletin*, 81, 165~176.

231. Berkowitz, L. (1989). Frustration–aggression hypothesis: Examination and reformulation. Psychological Bulletin, 106, 59~73.

232. Binet, A., & Simon, T. (1905). New methods for the diagnosis of the intellectual level of subnormals. *Annals of Psychology*, 12, 191~244.

233. Blanchard, R. J., & Blanchard, D. C. (1984). *Advances in the study of aggression*. Vol. 1. Orlando, FL: Academic Press.

234. Blanchard, R. J., & Blanchard, D. C. (1986). *Advances in the study of aggression*, Vol. 2. Orlando, FL: Academic Press.

235. Block, J. (1971). *Lives through time*. Berkeley: Bancroft Books.

236. Block, J. H. (1984). *Sex role identity and ego development*. San Francisco: Jossey–Bass.

237. Blum, G. S. (1949). A study of the psychoanalytic theory of psychosexual development. *Genetic Psychology Monographs*, 39, 3~99.

238. Blum, G. S., & Hunt, H. F. (1952). The validity of the Blacky Pictures. *Psychological Bulletin*, 49, 238~250.

239. Blum, G. S. (1962). A guide for research use of the Blacky Pictures. *Journal of Projective Techniques*, 26, 3~29.

240. Botwinick, J. (1973). *Aging and behavior: A comprehensive integration of research findings*(3rd ed.). New York: Springer.

241. Bowers, K. S. (1973). Situationism in psychology: An analysis and critique. *Psychological Review*, 80, 307~336.

242. Brewin, C. R. (1989). Cognitive change processes in psychotherapy. *Psychological Review*, 96, 379~394.

243. Briggs, K. C., & Myers, I. B. (1976). *Myers–Briggs Type Indicator*. PaloAlt, CA: Consulting Psychologists Press.

244. Brody, E. B., & Brody, N. (1976). *Intelligence: Nature, determinants, and consequences*. New York: Academic Press.

245. Bronfenbrenner, U. (1951). Toward an integrated theory of personality. In I. R. Black.& G. V. Ramsey(Eds.), *Perception: An approach to personality*. New York: The Ronald Press.

246. Bronfenbrenner, U. (1958). Socialization and social class through time and space. In E. E. Maccoby, et al. (Eds.), *Readings in social psychology*(3rd ed.). New York: Holt, Rinehart and Winston.

247. Brown, D. C., McLaughlin, T. F., & Harman, R. (1979). The effects of instructions on repetitive overtracing with a hyperactive child. *Behavioral Engineering*, 5, 149~154.

248. Brown, J. D. (1986). Evaluations of self and others: Self–enhancement biases in social judgements. *Social Cognition*, 4, 353~376.

249. Brown, P., & Elliott, R. (1965). Control of aggression in a nursery schoolclass. *Journal of Experimental Child Psychology*, 2, 103~107.

250. Bruch, M. A., Kaflowitz, N. G., & Berger, P. (1988). Self–schema for assertiveness: Extending the validity of the self–schema construct. *Journal of Research in Personality*, 22, 424~444.

251. Burger, J. M. (1990). *Personality*(2nd ed.). Belmont, CA: Wadsworth.

252. Burnstein, M. H. (1981). Child abandonment: Historical, sociological and psychological perspective. *Child Psychiatry and Human Development*,11, 213~221.

253. Buss, A. H. (1961). *The psychology of aggression*. New York: Wiley.

254. Buss, D. M., & Craik, K. H. (1984). Acts, dispositions, and personality. InB. A. Maher (Ed.), *Progress in experimental personality research*. Vol. 13. New York: Academic Press.

255. Butler, J. M., & Haigh, G. V. (1954). Changes in the relation between self–concepts and ideal concepts consequent upon client–centered counseling. In C. R. Rogers, & R. F. Dymond(Eds.), *Psychotherapy and personality change: Coordinated studies in the client–centered approach*. Chicago: University of Chicago Press.

256. Byrne, D. (1974). *An introduction to personality: Research, Theory, and Applications*. Englewood Cliffs. NJ: Prentice–Hall.

257. Calhoun, J. B. (1962). Population density and social pathology. *Scientific American*, February, 139~149.

258. Campbell, D. T. (1983). The two distinct routes beyond kin selection toultrasociality: Implications for the humanities and social sciences. In D. L. Bridgeman(Ed.), *The nature of prosocial development* . New York: Academic Press.

259. Campbell, J. B., & Hawley, C. W. (1982). Study habits and Eysenck's theory of extraversion–introversion. *Journal of Research in Personality*, 16, 139~146.

260. Cannon, W. B. (1929). *Bodily changes in pain, hunger, fear and rage*. New York: Appleton.

261. Carlsmith, J. M., & Gross, A. E. (1969). Some effects of guilt on compliance. *Journal of Personality and Social Psychology*, 11, 232~239.

262. Carlson, R. (1971). Where is the person in personality research? *Psychological Bulletin*, 75, 203~219.

263. Carstensen, L. L., & Neale, J. M. (1989). *Mechanisms of psychological influence on Physical health: With special attention to the elderly*. New York: Plenum.

264. Cartwright, R. D. (1978a). Happy endings for our dreams. *Psychology Today*, December, 66~76.

265. Cartwright, R. D. (1978b). *A primer on sleep and dreaming*. Reading, MA: Addison-Wesley.

266. Carver, C. S. (1988). *Perspective on personality*. Boston: Allyn & Bacon.

267. Cattell, R. B. (1950). *Personality: A systematic theoretical and factual study*. New York: McGraw-Hill.

268. Cattell, R. B. (1957). *Personality and motivation structure and measurement*. New York: Harcourt Brace Jovanovich.

269. Cattell, R. B., Young, H. B., & Hundleby, J. D. (1964). Blood groups and personality traits. *American Journal of Human Genetics*, 16, 397~402.

270. Cattell, R. B. (1965). *The scientific analysis of personality*. Baltimore, MD: Penguin.

271. Cattell, R. B. (Ed.)(1966). Psychological theory and scientific method. InR. B. Cattell (Ed.), *Handbook of multivariate experimental psychology*. Chicago: Rand McNally.

272. Cattell, R. B., & Cross, K. P. (1952). Comparison of the ergic and self-sentiment structures found in dynamic traits by R- and P- techniques. *Journal of Personality*, 21, 250~271.

273. Cattell, R. B., & Kline, P. (1977). *The scientific analysis of personality and motivation*. New York: Academic Press.

274. Cattell, R. B., & Johnson, R. (1986). *Function psychological testing*. NewYork: Brunner/Mazel.

275. Cattell, R. B., Scheier, I. H.,& Jackson D. D. (1961). *The meaning and measurement ofneuroticism and anxiety*. New York: Ronald Press.

276. Chapman, L. J., & Chapman, J. P. (1969). Illusory correlation as an obstacle to the use of valid psychodiagnostic signs. *Journal of Abnormal Psychology*, 74, 271~280.

277. Chlopan, B. E., McCain, M. L., Carbonell, J. L., & Hagen, R. L. (1985). Empathy: Review of available measures. *Journal of Personality and Social Psychology*, 48, 635~653.

278. Clark, R. D., & Word, L. E. (1972). Why don't bystanders help?Because of ambiguity? *Journal of Personality and Social Psychology*, 24, 392~400.

279. Cloninger, S. C. (1993). *Theories of personality: Understanding persons*. Englewood Cliffs. NJ: Prentice Hall.

280. Cohen, D. B. (1979). Dysphoric affect and REM sleep. *Journal of Abnormal Psychology*, 88, 73~77.

281. Cohen, J. (1977). *Statistical power analysis for the behavioral sciences*. New York: Academic Press.

282. Cohen, S., & Wills, T. A. (1985). Stress, social support, and the buffering hypothesis. *Psychological Bulletin*, 98, 310~357.

283. Conley, J. J. (1984). Longitudinal consistency of adult personality: Self-reported psychological characteristics across 45 years. *Journal of Personality and Social Psychology*, 47, 1325~1333.

284. Contrada, R. J., Leventhal, H., & O'Leary, A. (1990). Personality and health. In L. A. Perrin(Ed.), *Handbook of personality: Theory and research*. New York: The Guildford Press.

285. Cool, E. P. (1985). *Psychological androgyny(Pergamon General Psychology Series)*. New York: Pergamon Press.

286. Cooley, C. (1902). *Human nature and social order*. New York: Scribner.

287. Coopersmith, S. (1967). *The antecedents of self-esteem*. San Francisco: W. H. Freeman.

288. Coopersmith, S. (1984). *Coopersmith self-esteem inventories*. Palo Alto, CA: Consulting Psychologists Press.

289. Cross, H. J. (1966). The relation of parental training conditions to conceptual level in adolescent boys. *Journal of Personality*, 34, 348~365.

290. Crumbaugh, J. D., & Maholick, L. T. (1964). An experimental study in existentialism: The psychometric approach to Frankl's concept of noogenic neurosis. *Journal of Clinical Psychology*, 20, 200~207.

291. Dambrot, F. H., Papp, M. E., & Whitmore, C. (1984). The sex-role attitudes of three generations of woman. *Personality and Social Psychology Bulletin*, 10, 469~473.

292. Davis, P. J., & Schwartz, G. E. (1987). Repression and the inaccessibility of affective memories. *Journal of Personality and Social Psychology*, 52, 155~162.

293. Davison, G. C., & Neale, J. M. (1990). *Abnormal psychology*(5th ed.). New York: John Wiley.

294. Dembroski, T. M., MacDougall, J. M., & Lushene, R. (1979). Interpersonal interaction and cardiovascular responses in type A subjects and coronary patients. *Journal of Human Stress*, 5, 28~36.

295. Dembroski, T. M., & Costa, P. T. (1987). Coronary–prone behavior: Components of the type A pattern and hostility. *Journal of Personality*, 55, 211~235.

296. Dembroski, T. M., MacDougall, J. M., Costa, P. T., & Grandits, G. A. (1989). Components of hostility as predictors of sudden death and myocardial infarction in the Multiple Risk Factor Intervention Trial. *Psychosomatic Medicine*, 51, 514~522.

297. Dement, W. C., & Kleitman, N. (1957). The relation of the eye movements during sleep to dream activity: An objective method for the study of dreaming. *Journal of Experimental Psychology*, 53, 339~346.

298. Dement, W. C., & Wolpert, E. A. (1958). The relation of eye movements, body motility, and external stimuli to dream content. *Journal of Experimental Psychology*,55, 543~553.

299. Dengerink, H. A., O' Leary, M. R., & Kasner, K. H. (1975). Individual differences in aggressive responses to attack: Internal–external locus of control and field dependence– independence. *Journal of Research in Personality*, 9, 191~199.

300. Derry, P. A., & Kuiper, N. A. (1981). Schematic processing and self reference in clinical depression. *Journal of Abnormal Psychology*, 90, 286~297.

301. Digman, J. M. (1990). Personality structure: Emergence of the five–factor model. *Annual Review of Psychology*, 41, 417~440.

302. Dobson, K. S., & Shaw, B. F. (1987). Specificity and stability of self–referent encoding in clinical depression. *Journal of Abnormal Psychology*, 96, 34~40.

303. Dodd, D. H., & White, R. M. (1980). *Cognition, mental structures and processes*. Boston: Allyn & Bacon.

304. Dollard, J., Doob, L. W., Miller, N. E., Mowrer, O. H., & Sears, R. R. (1939). *Frustration and aggression*. New Haven: Yale University Press.

305. Dollard, J., & Miller, N. E. (1941). *Social learning and imitation*. New Haven: Yale University Press.

306. Dollard, J., & Miller, N. E. (1950). Personality and psychotherapy: *An analysis in terms of learning, thinking, and culture*. New York: McGraw–Hill.

307. Donnerstein, E., Donnerstein, M., & Evans, R. (1975). Erotic stimuli and aggression: Facilitation or inhibition. *Journal of Personality and Social Psychology*, 32, 237~244.

308. Duke, M., & Nowicki, S. Jr. (1979). *Abnormal psychology: Perspectives on being different*. Monterey, CA: Brooks/Cole.

309. Duval, S., Duval, V. H., & Neely, R. (1979). Self-focus, felt responsibility, and helping behavior. *Journal of Personality and Social Psychology*, 37, 1769~1778.

310. Eagle, M. N. (1988). How accurate were Freud's case histories?Review of Freud and the Rat Man. *Contemporary Psychology*, 33, 205~206.

311. Eagly, A. H., & Crowley M. (1986). Gender and Helping behavior: Ameta-analytic review of the social psychological literature. *Psychological Bulletin*, 100, 283~308.

312. Eagly, A. H., & Johnson, B. T. (1990). Gender and leadership style: Ameta-analysis. *Psychological Bulletin*, 108, 233~256.

313. Eagly, A. H., & Karau, S. J. (1991). Gender and the emergence of leaders: A meta-analysis. *Journal of Personality and Social Psychology*, 60, 685~710.

314. Eagly, A. H., Karau, S. J., & Makhijani, M. (1995). Gender and the effectiveness of leader: A meta-analysis. *Psychological Bulletin*, 117, 125~145.

315. Edmunds, G., & Kendrick, D. C. (1980). *The measurement of human aggressiveness*. Chichester, UK: Ellis Horwood.

316. Edwards, A. L. (1959). *Edwards Personal Preference Schedule: Manual*. New York: Psychological Corp.

317. Eisenberg, N., & Strayer, J. (Eds.)(1987). *Empathy and its development*. New York: Cambridge University Press.

318. Engler, B. (1985). *Personality theories: An introduction*(2nd ed.). Boston: Houghton Mifflin Company.

319. Epstein, S. (1979). The stability of behavior: On predicting most of the people much of the time(I). *Journal of Personality and Social Psychology*, 37, 1097~1126.

320. Epstein, S. (1980). The stability of behavior: Implications for psychologicalresearch (II). *American Psychologist*, 35, 790~806.

321. Epstein, S. (1983). Aggregation and beyond: Some basic issues on the prediction of behavior. *Journal of Personality*, 51, 360~392.

322. Epstein, S. (1984). The stability of behavior across time and situations. In A. Zucker, J. Aronoff,&A. I. Rabin(Eds.), *Personality and the prediction of behavior*. Orlando, FL: Academic Press.

323. Epstein, Y. M., Woolfolk, R. L., & Lehrer, P. M. (1981). Physiological, cognitive, and

nonverbal responses to repeated exposure to crowding. *Journal of Applied Social Psychology*, 11, 1~13.

324. ErikSon, E. H. (1945). Childhood and tradition in two American Indian tribes. *In the psychoanalystic study of the child*, Vol. 1. New York: In ternational Universities Press.

325. Erikson, E. H. (1958). *Young man Luther*. New York: Norton.

326. Erikson, E. H. (1959). *Identity and the life cycle: Selected papers*. NewYork: International Universities Press.

327. Erikson, E. H. (1964). *Childhood and society*(2nd ed.). New York: Norton.

328. Erikson, E. H. (1965). *Insight and responsibility*. New York: Norton.

329. Erikson, E. H. (1968). *Identity: youth and crisis*. New York: Norton.

330. Erikson, E. H. (1969). *Gandhi's truth*. New York: Norton.

331. Eron, L, D. (1982). Parent-child interaction, television violence, and aggression of children. *American Psychologist*, 37, 197~211.

332. Eron, L. D., & Huesmann, L. R. (1984). The control of aggressive behavior by changes in attitudes, values, and the conditions of learning. In R. J. Blanchard, & D. C. Blanchard(Eds.), *Advances in the study of aggression*, Vol. 1. New York: Academic Press.

333. Erwin, E. (1980). Psychoanalytic therapy: The Eysenck argument. *American Psychologist*, 13, 435~443.

334. Eysenck, H. J. (1952a). The effects of psychotherapy: An evaluation. *Journal of Consulting Psychology*, 15, 319~324.

335. Eysenck, H. J. (1952b). *The scientific study of personality*. London: Routledge.

336. Eysenck, H. J. (1965). *Fact and fiction in psychology*. Baltimore: Penguin Books.

337. Eysenck, H. J. (1963). *Biological basis of personality*. Springfield, I11: Thomas.

338. Eysenck. H. J. (1970). *The structure of human personality*(3rd ed.). London: Methuen.

339. Eysenck, H. J. (1976). *The measurement of personality*. Lancasler, England: Medical & Technical Publishers.

340. Eysenck, H. J. (1983). Is there a paradigm in personality research?*Journal of Research in Personality*, 17, 369~397.

341. Eysenck, H. J., & Eysenck, M. W. (1985). *Personality and individual differences: A natural science approach*. New York: Plenum.

342. Eysenck, H. J. (1988). The respective importance of personality, cigarette smoking and interaction effects for the genesis of cancer and coronary heart disease. *Personality and Individu-*

al Differences, 9, 453~464.

343. Ferster, C. B., & Skinner, B. F. (1957). *Schedules of reinforcement*. Englewood Cliffs, NJ: Prentice-Hall.

344. Feshbach, S. (1970). Aggression. In P. H. Mussen(Ed.), *Carmichael's manual of child psychology*. New York: John Wiley.

345. Feshbach, S., & Singer, R. (1971). *Television and aggression*. San Francisco: Jossey-Bass.

346. Fischer, W. F. (1963). Sharing in preschool children as a function of amount and type of reinforcement. *Genetic Psychology Monographs*, 68, 215~245.

347. Fisher, S., & Greenberg, R. P. (1977). *The scientific credibility of Freud's theories and therapy*. New York: Basic Books.

348. Fitts, W. H. (1965). *Tennessee Self Concept Scale: Manual*. LosAngeles: Western Psychological Services.

349. Flavell, J. H., Botkin, P. T., Fry, C. L., Jr., Wright, J. W., & Jarvis, P. E. (1968). *The development of role-taking and communication skills in children*. New York: John Wiley.

350. Fox, B. H. (1978). Premorbid psychological factors as related to cancer incidence. *Journal of Behavioral Medicine*, 1, 45~133.

351. Freedman, J. L., Wallington, S. A., & Bless, E. (1967). Compliance without pressure: The effect of guilt. *Journal of Personality and Social Psychology*, 7, 117~124.

352. Freud A., & Baines, C. (1936). *Ego and the mechanisms of defense*. London: Hogarth Press.

353. Freud, S. (1915). The unconsious. In J. Strachey(Ed.), *Standard edition of the complete psychological work of Sigmund Freud*, Vol. 14. London: Hogerth.

354. Freud, S. (1947). Leonardo da Vinci: *A study in psychosexuality*. Translated by A. A. Brill. New York: Random House.

355. Freud, S. (1900/1953). The interpretation of dreams. In J. Strachey(Ed.), *Standard edition of the complete psychological works of Sigmund Freud*, Vols. 4 & 5. London: Hogarth Press.

356. Freud, S. (1909/1955). Analysis of a phobia in a five-year-old boy. In J. Strachey (Ed.), *Standard edition of the complete psychological works of Sigmund Freud*, Vol. 10. London: Hogarth Press.

357. Freud,S. (1920/1953). Beyond the pleasure principle. In J. Strachey(Ed), *The standard edition of the complete psychological work of Sigmund Freud*, Vol. 19, London: Hogarth Press.

358. Freud, S. (1928/1961). Dostoevsky and patricide. In J. Strachey(Ed.), *Standard edition*

of the complete psychological works of Sigmund Freud, Vol. 21. London: Hogarth Press.

359. Freud, S. (1929/1961). Civilization and its discontents. In J. Strachey(Ed.), *Standard edition of the complete psychological works of Sigmund Freud*. Vol. 21. London: Hogarth Press.

360. Freud, S. (1939/1964). Moses and monotheism. In J. Strachey(Ed.), *Standard edition of the complete psychological works of Sigmund Freud*, Vol. 23. London: Hongarth Press.

361. Freud, S. (1940/1949). *An outline of psycho-analysis*. New York: Norton.

362. Friedman, H. S. (Ed.). (1992). *Hostility, coping and health*. Washington, DC: American Psychological Association.

363. Friedman, M., & Rosenman, R. H. (1974). *Type a behavior and your heart*. New York: Knopf.

364. Fromm, E. (1941). *Escape from freedom*. Boston, MA: Hougarth Mifflin.

365. Fromm, E. (1950). *Psychoanalysis and religion*. New Haven: Yale University Press.

366. Funder, D. C., Block, J. H., & Block, J. (1983). Delay of gratification: Some longitudinal personality correlates. *Journal of Personality and Social Psychology*, 44, 1198~1213.

367. Furman, W., Rahe, D., & Hartup, W. W. (1979). Rehabilitation of socially withdrawn preschool children through mixed-age and same-age socialization. *Child Development*, 50, 915~922.

368. Gallup, G. G.(1977). Self recognition in primates: A comparative approach to the bidirectional properties of consciousness. *American Psychologist*, 32, 329~338.

369. Galton, F. (1962/1870). *Hereditary genius: An inquiry into its laws and consequences*. London: Collins.

370. Galton, F. (1879). Psychometric experiments. *Brain*, 2, 149~162.

371. Gamble, K. R. (1972). The Holtzman Inkblot Technique.*Psychological Bulletin*, 77(3), 172~194.

372. Garske, J. P., & Lynn, S. J. (1985). Toward a general scheme for psychotherapy. In S. J. Lynn, & J. P. Garske(Eds.), *Contemporary psychotherapies: Models and methods*. Columbus: Merrill Press.

373. Gatchel, R. J., Baum, A., & Krantz, D. (1989). *An introduction to healthpsychology*(2nd ed.). New York: Random House.

374. Geen, J. H., & Jarmecky, L. (1973). The effect of being responsible for reducing another' s pain on subjects' response and arousal. *Journalof Personality and Social Psychology*, 26, 232~237.

375. Geen, R. G. (1968). Effects of frustration, attack, and prior training in aggressiveness upon aggressive behavior. *Journal of Personality and Social Psychology*, 9, 316~321.

376. Geen, R. G., & Stonner, D. (1971). Effects of aggressiveness habit strength on behavior in the presence of aggression-related stimuli. *Journal of Personality and Social Psychology*, 17, 149~153.

377. Geer, J. H. (1965). The development of a scale to measure fear. *Behavior Research and Therapy*, 3, 45~53.

378. Gelfand, D. M., & Hartmann, D. P. (1982). Response consequences and attributions: two contributors to prosocial behavior. In N. Eisenberg(Ed.), *The development of prosocial behavior*. New York: Academic Press.

379. Gibson, S., & Dembo, M. (1984). Teacher efficacy: A construct validation. *Journal of Education Psychology*, 76, 569~582.

380. Glass, D. C. (1977). *Behavior patterns, stress, and coronary disease*. Hillsdale. NJ: Erlbaum.

381. Goldberg, L. R. (1992). The development of markers for the Big-Five factor structure. *Psychological Assessment*, 4(1), 26~42.

382. Goldberg, P. (1968). Are women prejudiced against women?*Transaction*, 5,28~30.

383. Goldstein, A. P., & Keller, H. R. (1987). Aggressive behavior: *Assessment and intervention*. Oxford, England: Pergamon Press.

384. Goldstein, M., & Rodnick, E. H. (1975). The family's contribution to the etiology of schizophrenia: Current status. *Schizophrenia Bulletin*, 14, 48~63.

385. Gotlib, I. H., & Olson, J. M. (1983). Depression, psychopathology, and self-serving attributions. *British Journal of Clinical Psychology*, 22, 309~310.

386. Gough, W. G., & Heilbrun, A. B. (1965). *The adjective check list manual*. Palo Alto, CA: Consulting Psychological Press.

387. Grossarth-Maticek, R., Bastiaans, J., & Kanazir, D. T. (1985). Psychosocial factors as strong predictors of mortality from cancer, ischaemic heart disease and stroke: The Yugoslav prospective study. *Journal of Psychosomatic Research*, 29(2), 167~176.

388. Guilford, J. P. (1988). Some changes in the structure-of-intellect model. *Educational and Psychological Measurement*, 48, 1~4.

389. Gutmann, D. (1970). Female ego styles and generational conflict. In J. Bardwick, E. Douvan, M. Horner, & D. Gutmann(Eds.), *Feminine personality and conflict*. Monterey, CA: Brooks/Cole.

390. Hall, C., & Van de Castle, R. (1965). An empirical investigation of the castration complex in dreams. *Journal of Personality*, 33, 20~29.

391. Hall, C. S., & Lindzey, G. (1978). *Theories of personality*(3rd ed.). NewYork: John Wiley.

392. Hall, J. A., &Taylor, M. C. (1985). Psychological androgyny and the masculinity femininity interaction. *Journal of Personality and Social Psychology*, 48, 429~435.

393. Harlow, H. F. (1958). The nature of love. *American Psychologist*, 13, 573~685.

394. Harlow, H. F. (1962). The heterosexual affectional system in monkeys. *American Psychologist*, 17, 1~9.

395. Harris, D. B. (1963). *Children's drawings as measures of intellectual maturity: A revision and extension of the Goodenough Draw–a–Man Test*. New York: Harcourt, Brace&World.

396. Harris, M. B. (1973). Field studies of modeled aggression. *Journal of Social Psychology*, 89, 131~139.

397. Hartlage, S., Alloy, L. B., Vazquez, C., & Dykman, B. (1993). Automatic and effortful processing in depression. *Psychological Bulletin*, 113(2), 247~278.

398. Hartmann, D. P., Roper, B. I., & Bradford, D. C. (1979). Some relationships between behavioral and traditional assessment. *Journal of Behavioral Assessment*, 1, 3~21.

399. Hartup, W. W., Moore, S. G., & Sager, G. (1963). Avoidance of inappropriate sex–typing by young children. *Journal of Consulting Psychology*, 27, 467~473.

400. Hasher, L., & Zacks, R. T. (1979). Automatic and effortful processes in memory. *Journal of Experimental Psychology: General*, 108, 356~388.

401. Hathaway, S. R., & McKinley, J. C. (1943). *Minnesota Multiphasic Personality Inventory*. New York: Psychological Corporation.

402. Hattie, J. (1992). *Self–concept*. Hillsdale, NJ: Lawrence Erlbaum Associ ates.

403. Healy, W., Bronner, A. F., & Bowers, A. M. (1930). *The structure and meaning of psychoanalysis*. New York: Knopf.

404. Hecker, M. H. L., Chesney, M. A., Black, G. W., &Frautschi. N. (1988). Coronary–prone behaviors in the Western Collaborative Group study. *Psychosomatic Medicine*, 50, 153~164.

405. Heilbrun, A. B., Jr. (1981). Gender differences in the functional linkage between androgyny, social cognition, and competence. *Journal of Personality and Social Psychology*, 41, 1106~1118.

406. Hellstrand, K., Hermodsson, S., & Strannegard, O. (1985). Evidence for a B–adrenoceptor– mediated regulation of human natural killer cells. *Journal of Immunology*, 134, 4095~4099.

407. Hergenhahn, B. R. (1972). *Shaping your child' s personality*. Englewood Cliffs, NJ: Prentics–Hall.

408. Hergenhahn, B. R. (1974). *A self–directing introcluction to psychological experimentation*(2nd ed.). Monterey, CA: Brooks/cole.

409. Hermans, H. J. (1988). On the integration of nomothetic and idiographic research methods in the study of personal meaning. *Journal of Personality*, 56, 785~812.

410. Hetherington, E. M., & Frankie, G. (1967). Effects of parental dominance, warmth, and conflict on imitation in children. *Journal of Personality and Social Psychology*, 6, 119~125.

411. Hinde, R. A. (1974). *The biological bases of human behavior*. New York: McGraw–Hill.

412. Hiroto, D. S., & Seligman, M. E. P. (1975). Generality of learned helplessness in man. *Journal of Personality and Social Psychology*, 31, 311~327.

413. Hjelle, L. A., & Ziegler, D. J. (1981). Personality theories: *Basic assumptions, research, and applications*(2nd ed.). New York: McGraw–Hill.

414. Hobson, J. A., & McCarley, R. W. (1977). The brain as a dream state generator: An activator–synthesis hypothesis of the dream process. *American Journal of Psychiatry*, 134, 1335~1348.

415. Hoffman, M. L. (1975). Altruistic behavior and the parent–child relationship. *Journal of Personality and Social psychology*, 31, 937~943.

416. Hogan, R., (1969). Development of an empathy scale. *Journal of Consulting and Clinical Psychology*, 33, 307~316.

417. Hogan, R., DeSoto, C. N., & Colano, C. (1977). Traits, tests, and personality research. *American Psychologist*, 32, 255~264.

418. Hokanson, J. E., & Burgess, M. (1962). The effects of three types of aggression on vascular processes. *Journal of Abnormal and Social Psychology*, 64, 446~449.

419. Holden, C. (1980). Twins reunited: More than the faces are familiar. *Science*, 80, 55~59.

420. Holmes, D. S. (1974). Investigations of repression: Differential recall of material experimentally or naturally associated with ego threat. *Psychological Bulletin*, 81, 632~653.

421. Holmes. T. H., & Rahe, R. H. (1967). The social adjustment rating scale. *Journal of Psychosomatic Research*, 11, 213~218.

422. Holtzman, W. H., Thorpe, J. S., Swartz, J. D., & Herron, E. W. (1961). *Inkblot perception and personality(Holtzman Inkblot technique)*. Austin, TX: University of Texas Press.

423. Honzik, M. P., Macfarlane, J. W., & Allen, L. (1948). The stability of mental test per-

formance between two and eighteen years. *Journal of Experimental Education*, 17, 309~324.

424. Horn, J. L., & Cattell, R. B. (1966). Refinement and test of the theory offluid and crystallized general intelligences. *Journal of Educational Psychology*, 57, 253~270.

425. Horne, R. L., & Pricard, R. S. (1979). Psychosocial risk factors for lung cancer. *Psychosomatic medicine*, 41, 503~514.

426. Horney, K. (1937). *The neurotic personality of our time*. New York: Norton.

427. Horney, K. (1939). *New ways in psychoanalysis*. New York: Norton.

428. Horney, K. (1942). *Self–analysis*. New York: Norton.

429. Horney. K. (1945). *Our inner conflicts*. New York: Norton.

430. Horwitz, W. A. et al. (1965). Identical twin "idiot savant"–calendar calculators. *American Journal of Psychiatry*, 121, 1075~1079.

431. Huesmann, L. R., Eron, L. D., Lefkowitz, M. M., & Walder, L. O. (1984). Stability of aggression over time and generations. *Developmental Psychology*, 20, 1120~1134.

432. Huesmann, L. R., Eron, L. D., & Yarmel, P. W. (1987). Intellectual functioning and aggression. *Journal of Personality and Social Psychology*, 52, 232~240.

433. Hui, C. H. (1988). Measurement of individualism–collectivism. *Journal of Research in Personality*, 22, 17~36.

434. Hyde, J. S., & Linn, M. C. (1988). Gender differences in verbal ability: Ameta–analysis. *Psychological Bulletin*, 104, 53~69.

435. Ingram, R. E., & Wisnicki, K. (1991). Cognition in depression. In P. A. Magaro(Ed.), *Annual review of psychopathology*. Vol. 1. Newbury Park, CA: Sage.

436. Irwin, M., Daniels, M., Smith, T. L., Blood, E., & Weiner, H. (1987). Impaired natural killer cell activity during bereavement. *Brain Behavior and Immunity*, 1, 98~104.

437. Isen, A. M., & Levin, P. F. (1972). Effect of feeling good on helping: cookies and kindness. *Journal of Personality and Social Psychology*, 21, 384~388.

438. Jacobi, J. (1962). *The psychology of C. G. Jung*. New Haven: Yale University Press.

439. Jacoby, L. L., & Kelley, C. M. (1987). Unconscious influences of memory for a prior event. *Personality and Social Psychology Bulletin*, 13, 314~336.

440. James, W. (1890). *The principles of psychology*. New York: Henry Holt.

441. Jarvik, L. F., & Perl, M. (1981). Overview of psysiological dysfunction related to psychiatric problems in the elderly. In A. J. Levenson. & R. C. W. Hall(Eds.), *Manifestations of Physical disease in the elderly*. New York: Raven.

442. Jemmott, J. B. III, & Locke, S. E. (1984). Psychological factors, immunologic mediation, and human susceptibility to infectious disease: How much do we know?*Psychological Bulletin*, 95, 78~108.

443. Jenkins, C. D., Zyzanski, S. J., & Rosenman, R. H. (1979). *Manual for the Jenkins Activity Survey*. New York: Psychological Corporation.

444. Jensen, A. R. (1969). How much can we boost IQ and scholastic achievement?*Harvard Educational Review*, 39, 1~123.

445. Jensen, A. R. (1972). Review of the Rorschach. In G. H. Bracht, K. D. Hopkins & J. C. Stanley(Eds.), *Perspectives in educational and psychological measurement*. Englewood Cliffs, NJ: Prentice Hall.

446. Jensen, M. R. (1987). Psychobiological factors predicting the course of breast cancer. *Journal of Personality*, 55, 317~342.

447. John, O. P. (1990). The "Big Five" factor taxonomy: Dimensions of personality in the natural language and in questionnaires. In L. A. Pervin(Ed.), *Handbook of personality: Theory and research*. New York: The Guilford Press.

448. Johnson, A. G. (1980). On the prevalence of rape in the United States. *Journal of Women and Culture in Society*, 6(1), 136~146.

449. Johnson, B. W., Redfield, D. L., Miller, R. L., & Simpson, R. E. (1983). The Coopersmith Self-esteem Inventory: A construct validation study. *Educational and Psychological Measurement*, 43, 907~913.

450. Josephson, W. L. (1987). Television violence and children's aggression: Testing the priming, social script, and disinhibition predictions. *Journal of Personality and Social Psychology*, 53, 882~890.

451. Jung, C. G. (1910). The association method. *The American Journal of Psychology*, 21, 219~269.

452. Jung, C. G. (1917/1953). Two essays on analytical psychology. *In Collected works of C. G. Jung*, Vol. 7. Princeton: Princeton University Press.

453. Jung, C. G. (1915/1961). The theory of psychoanalysis. *In Collected works of C. G. Jung*, Vol. 4. Princetion: Princeton University Press.

454. Jung, C. G. (1921/1971). Psychological types. *In Collected works of C. G. Jung*. Vol. 6. Princeton: Princetion University Press.

455. Jung, C. G. (1968). *Analytical psychology its theory and practice*. NewYork: Pantheon.

456. Kagan, J., Kearsley, R., & Zelazo, P. (1978). *Infancy*. Cambridge, MA: Harvard University Press.

457. Kagan, J., Rosman, B. L., Day, D., Albert, J., & Phillips, W. (1964). Information Processing in the child: Significance of analytic and reflective attitutes. *Psychological Monographs*, 78, (1, No. 576).

458. Kagan, J., & Snidman, N. (1991). Temperamental factors in human development. *American Psychologist*, 46, 856~862.

459. Kanr, F. H., & Phillips, J. S. (1970). *Learning foundations of behavior therapy*. New York: John Wiley.

460. Kelly, G. A. (1955). *The psychology of personal constructs: A theory of personality*, Vol. 1 & *Clinical diagnosis and psychotherapy, Vol. 2*. New York: Norton.

461. Kessler, S. (1975). Extra chromosomes & criminality. In R. R. Fieve. D. Rosenthal, & H. Brill(Eds.), *Genetic research in psychiatry*. Baltimore. MD: Johns Hopkins University Press.

462. Kiecolt-Glaser, J. K., Glaser, R., Williger, D., Stout, J. C., Messick, G., Sheppard, S., Ricker, D., Romisher, S. C., Briner, W., Bonnell, G.,& Donnerberg, R. (1985). Psychosocial enhancement of immunocompetence in a geriatric population. *Health Psychology*, 4, 25~41.

463. Kiecolt-Glaser, J. K., Fisher, L. D., Ogrocki, P., Stout, J. C., Speicher, C. E., & Glaser, R. (1987). Marital quality, marital disruption, and immune function. *Psychosomatic Medicine*, 49, 13~34.

464. Kiecolt-Glaser, J. K., Kennedy, S., Malkoif,S., Fisher, L., Speicher, C. E., & Glaser, R. (1988). Marital discord and immunity in males. *Psychosomatic Medicine*, 50, 213~229.

465. Kissen, D. M., & Eysenck, H. J. (1962). Personality in male lung cancer patients. *Journal of Psychosomatic Research*, 6, 123~127.

466. Kissen, D. M., Brown, R. I. F., & Kissen, M. (1969). A further report onpersonality and psychosocial factors in lung cancer. *Annals of the New York Academy of Sciences*, 164, 535~545.

467. Kline, P. (1972). *Fact and fantasy in Freudian theory*. London: Methuen.

468. Kline, P. (1993). *The handbook of psychological testing*. London: Routledge.

469. Klopfer, B., & Davidson, H. H. (1962). *The Rorschach techniuqe: An introductory manual*. New York: Harcourt, Brace & Jovanovich.

470. Kobasa, S. C. (1979). Stressful events, personality, and health: An enquiry into hardiness. *Journal of Personality and Social Psychology*, 37, 1~11.

471. Kobasa, S. C., Maddi, S. R., & Kahn, S. (1982). Hardiness and health: A prospective

study. *Journal of Personality and Soical Psychology*, 42, 168~177.

472. Kohlberg, L. (1963). The development of children's orientations toward a moral order I:Sequence in the development of moral thought. *Vita Humama*, 6, 11~33.

473. Kohlberg, L. (1966). A cognitive-developmental analysis of children's sex-role concepts and attitudes. In E. E. Maccoby(Ed.), *The development of sex differences*. Stanford, CA: Stanford University Press.

474. Kohlberg, L. (1969). Stage and sequence: The cognitive-developmentalapproach to socialization. In D. Goslin(Ed.), *Handbook of socialization theory and research*. Chicago: Rand McNally.

475. Kohlberg, L. (1981). *The philosophy of moral development*. San Franciso: Harper & Row.

476. Kohn, M. L. (1973). Social class and schizophrenia: A critical review anda reformulation. *Schizophrenia Bulletin*, 7, 60~79.

477. Koněcni, V. J. (1984). Methodological issues in human aggression research. In R. M. Kaplan, V. J. Koněcni, & R. W. Navaco(Eds.), *Aggression in children and youth*. Hague: Martinus Nithoff.

478. Kovacs, M., & Beck, A. T. (1978). Maladaptive cognitive structures in depression. *The American Journal of Psychiatry*, 135, 525~533.

479. Krech, D., & Crutchfield, R. S. (1958). *Elements of psychology*. New York: Knopf.

480. Kretschmer, E. (1925). *Physique and character*. New York: Harcourt Brace Jovanovich.

481. Krystal, H. (1968). The problem of the survivor. In H. Krystal(Ed.), *Massive psychic trauma*, New York: International Universities Press.

482. Kuhn, T. S. (1962). *The structure of scientific revolutions*. Chicago: University of Chicago Press.

483. Langer, E. J., & Rodin, J. (1976). The effects of choice and enhanced personal responsibility for the aged: A field experiment in an institutional setting. *Journal of Personality and Social Psychology*, 34, 191~198.

484. Latane, B., & Darlcy, J. M. (1970). *The unresponsive bystander: Why doesn't he help?* New York: Appleton-Crofts.

485. Lazarus, R. S. & Folkman, S. (1984). *Stress: appraisal and coping*.NewYork: Springer.

486. Levenstein, M. (1975). A message from home. In M. J. Begab, & S. S. Richardson (Eds.), *The mentally retarded and society: A social science perspective*. Baltimore, MD: Park Uni-

versity Press.

487. Levy, S. M., Herberman, R. B., Simons, A., Whiteside, T., Lee, J., McDonald. R., & Beadle, M. (1989). Persistently low natural killer cell activity in normal adults: Immunological, hormonal and mood correlates. *Natural Immunity and Cell Growth Regulation*, 8, 173~186.

488. Lewis, M., Feiring, C., McGuffog, C., & Jaskir, J. (1984). Predicting psychopathology in six-year-olds from early social relations. *Child Development*, 55, 123~136.

489. Leyens, J. P., Camino, L., Parke, R., & Berkowitz, L. (1975). Effects of movie violence on aggression in a field setting as a function of group dominance and cohesion. *Journal of Personality and Social Psychology*, 32, 346~360.

490. Linn, M. C., & Peterson, A. C. (1986). A meta-analysis of gender differences in spatial ability: Implications for mathematics and science achievement. In J. S. Hyde, & M. C. Linn (Eds.), *The psychology of gender: Advances through meta-analysis*. Baltomore: Johns Hopkins University Press.

491. Locke, S., Kraus, L., Kutz, I., Edbril, S., Phillips, K., & Benner, H. (1984). Altered natural killer cell activity during norepinephrine infusion in humans.*In proceedings of the First International Workshop on Neuroimmunomodulation*. Bethesda, MD.

492. Loehlin, J. C. (1977). Psychological genetics, form the study of human behavior. In R. B. Cattell, & R. M. Dreger(Eds.), *Handbook of model personality theory*. New York: John Wiley & Sons.

493. Lorenz, K. (1966). *On aggression*. New York: Bantam.

494. Lorr, M. (1986). *Interpersonal Style Inventory: Manual*. Los Angeles: Western Psychological Services.

495. Lovejoy, C. O. (1981). The origin of man. *Science*, 211, 341~350.

496. Lubinski, D., Tellegen, A., & Butcher, J. N. (1981). The relationship between androgyny and subjective indicators of emotional well-being. *Journal of Personality and Social Psychology*, 40, 722~730.

497. Maccoby, E. E. (Ed.)(1966). *The development of sex differences*. Stanford, CA: Stanford University Press.

498. Maccoby, E. E., & Jacklin, C. N. (1974). *The psychology of sex differences*. Stanford, CA: Stanford University Press.

499. Maccoby, E. E., & Wilson, W. C. (1975). Identification and observational learning from films. *The Journal of Abnormal and Social Psychology*, 55, 76~87.

500. Maccoby, M. (1981). *The leader*. New York: Simon & Schuster.

501. Maccoby, M. (1988). *Why work: Leading the new generation*. New York: Simon & Schuster.

502. Maddi, S. R., Kobasa, S. C., & Hoover, M. (1979). An alienation test. *Journal of Humanistic Psychology*, 19, 73~76.

503. Maddi, S. R. (1989). *Personality theories: A comparative analysis*(5th ed.). Chicago: Dorsey Press.

504. Magnusson, D., & Endler, N. S. (Eds.)(1977). *Personality at the crossroads: Current issues in interaction psychology*. Hillsdale, NJ: Erlbaum.

505. Magnusson, D. (1990). Personality development form an interactional perspective. In L. A. Pevin(Ed.), *Handbook of personality: theory andresearch,* pp. 193~222. New York: The Guilford Press.

506. Mahoney, P. J. (1986). *Freud and the Rat Man*. New Haven: Yale University Press.

507. Mahrer, A. R. (1956). The role of expectancy in delayed reinforcement. *Journal of Experimental Psychology*, 52, 101~106.

508. Major,B., Carnevale, P. J. D., & Deaux, K. (1981). A different perspective on androgyny: Evaluations of masculine and feminine personality characteristics. *Journal of Personality and Social Psychology*, 41, 988~1001.

509. Major,B., McFarlin, D. B., & Gagnon, D. (1984). Overworked and underpaid: On the nature of gender differences in personal entitlement. *Journal of Personality and Social Psychology*, 47, 1399~1412.

510. Mandler, G., & Sarason, S. B. (1952). A study of anxiety and learning. *The Journal of Abnormal and Social Psychology*, 47, 166~173.

511. Marcia, J. E. (1966). Development and validation of ego-identity status. *Journal of Personality and Social Psychology*, 3, 551~558.

512. Mark, V. H., & Ervin, F. R. (1970). *Violence and the brain*. New York: Harper & Row.

513. Marks, G., Richardson, J. L., Graham, J. W., & Levine, A. (1986). Role of health locus of control beliefs and expectations of treatment efficacy in adjustment to cancer. *Journal of Personality and Social Psychology*, 51, 443~450.

514. Markus. H. (1977). Self-schemata and processing information about the self. *Journal of Personality and Social Psychology*, 35, 63~78.

515. Markus, H., & Wurf, E. (1987). The dynamic self-concept: A social psychological per-

spective. In M. R. Rosenzweig, & L. W. Porter(Eds.), *Annual review of psychology*. Palo Alto, CA: Annual Reviews.

516. Markus, H., & Cross, S. (1990). The interpersonal self. In L. A. Pervin(Ed.), *Handbook of personality: Theory and research*. New York: The Guilford Press.

517. Marsden, G. (1971). Content–analysis studies of psychotherapy: 1954 through 1968. In A. E. Bergin & S. L. Garfield(Eds.), *Handbook of psychotherapy and behavior change: An empirical analysis*. New York: John Wiley.

518. Marsh, H. W., & Richards, G. E. (1988). Tennessee Self Concept Scale: Reliability, internal structure, and construct validity. *Journal of Personality and Social Psychology*, 55, 612~624.

519. Marsh, H. W. (1986). Global self–esteem: Its relation to specific facets of self–concept and their importance. *Journal of Personality and Social Psychology*, 51, 1224~1236.

520. Marshall, W. L. (1985). The effects of variable exposure in flooding therapy. *Behavior Therapy*, 16, 117~135.

521. Maslow, A. H. (1962). *Toward a psychology of being*. Princeton, NJ: Van Nostrand.

522. Maslow, A. H. (1970). *Religions, values, and peak experiences*. New York: Viking.

523. Masters, M. S., & Sanders, B. (1993). Is the gender difference to mental rotation disappearing?*Behavior Genetics*, 23, 337~341.

524. Matarazzo, J. D. (1973). *Wechsler' s measurement and appraisal of adult intelligence* (5th ed.). Baltimore, MD: Williams and Wilkins.

525. Mathes, E. W., & Kahn, A. (1975). Diffusion of responsibility and extreme behavior. *Journal of Personality and Social Psychology*, 31, 881~886.

526. Matthews, K. A., Glass, D. C., Rosenman, R. H., & Borther, R. (1977). Competitive drive, pattern A, and coronary heart disease: A further analysis of some data from the Western Collaborative Group Study. *Journal of Chronic Diseases*, 30, 489~498.

527. Matthews, K. A., Krantz, D. S., Dembroski, T. M., & MacDougall, J. M. (1982). Unique and common variance in Structured Interview and Jenkins Activity Survey measures of the Type A behavior pattern. *Journal of Personality and Social Psychology*, 42, 303~313.

528. Matthews, K. A., Weiss, S. M., Detre, T., Dembroski, T. M., Falkner, B., Manuck, S. B., & Williams, R. B., Jr. (Eds.)(1986), *Handbook ofstress, reactivity, and cardiovascular disease*. New York: John Wiley.

529. Matthews. K. A., & Canon, L. K. (1975). Environmental noise level as adeterminant of

helping behavior. *Journal of Personality and Social Psychology*, 32, 571~577.

530. McCarley, R. M., & Hobson, J. A. (1977). The neurobiological origins of Psychoanalytic dream theory. *American Journal of Psychiatry*, 134, 1211~1221.

531. McClelland, J. L., Rummelhart, D. E., & The PDP Research Group. (1986). *Parallel distributed processing. "Explorations in the microstructure of cognition." Psychological and biological models*, Vol. 2. Cambridge, MA: MIT Press.

532. McCrae, R. R., & John, O. P. (1992). An introduction to the five–factor model and its applications. *Journal of Personality*, 60, 175~215.

533. McFarlin, D. B., & Blascovich, J. (1981). Effects of self–esteem and performance feedback on future affective preferences and cognitive expectations. *Journal of Personality and social Psychology*, 40, 521~531.

534. McGinnes, E. (1949). Emotionality and perceptual defense. *Psychological Review*, 56, 244~251.

535. McGrath, M. J., & Cohen, D. B. (1978). REM sleep facilitation of adaptive waking behavior: A review of the literature. *Psychological Bulletin*, 85, 24~57.

536. McGonaghy, M. J. (1979). Gender permanence and the genital basis of gender: Stages in the development of constancy of gender identity. *Child Development*, 50, 1223~1226.

537. McMurrain, T. (1977). Intervention in human crisis: *A guide for helping families in crisis*. Atlanta, GA: Humanics Press.

538. Mead, G. H. (1934). *Mind, self and society*. Chicago: University of Chicago Press.

539. Megargee, E. I. (1966). Undercontrolled and overcontrolled personality types extreme antisocial aggression. *Psychological Monographs*, 80. (Whole No. 611).

540. Mehrabian, A., & Epstein, N. (1972). A measure of emotional empathy. *Journal of Personality*, 40, 525~543.

541. Meichenbaum, D., & Gilmore, J. B. (1984). The nature of unconscious processes: A cognitive–behavioral perspective. In K. Bowers. & D. Meichenbaum(Eds.), *The unconscious reconsidered*. New York: JohnWiley.

542. Mellstrom, M., Cicala, G. A., & Zuckerman, M. (1976). General versus specific trait anxiety measures in the predication of fear of snakes, height, and darkness. *Journal of Consulting and Clinical Psychology*, 44, 83~91.

543. Meitzer, H. (1930). Individual differences in forgetting pleasant and unpleasant experiences. *Journal Educational Psychology*, 21, 399~409.

544. Messer, S. B. (1986). Behavioral and psychoanalytic perspectives at therapeutic choice points. *American Psychologist*, 41, 1261~1272.

545. Meyer, D. E., Schvaneveldt, R. W., & Ruddy, M. G. (1974). Functions of graphemic and phonemic codes in visual word recognition. *Memoryand Cognition*, 2, 309~321.

546. Meyer, R. G., &Salmon, P. (1984). *Abnormal psychology*. Boston: Allyn & Bacon.

547. Michael, R., & Zumpe, D. (1983). Annual rhythms in human violence and aggression in the United States and the role of temperature. *Biodemography and Social Biology*, 30, 263~278.

548. Midlarsky, E. (1971). Aiding under stress: The effects of competence, dependency, visibility, and fatalism. *Journal of Personality*, 39, 132~149.

549. Milgram, S. (1963). Behavioral study of obedience. *Journal of Abnormal and Social Psychology*, 67, 371~378.

550. Miller, N. E. (1941). The frustration–aggression hypothesis. *Psychological Review*, 48, 337~342.

551. Minton, H. L., & Schneider, F. W. (1985). *Differential psychology*. Illinois: Waveland Press.

552. Mischel, W. (1966). *Theory and research on the antecedents of self–imposed delay of reward*. In B. A. Maher(Ed.), *Progress in experimental personality research*, Vol. 3. New York: Academic Press.

553. Mischel, W. (1968). *Personality and assessment*. New York: John Wiley.

554. Mischel, W. (1973). Toward a cognitive social learning reconceptualization of personality. *Psychological Review*, 80, 252~283.

555. Mischel, W., & Masters, J. C. (1966). Effects of probability of reward attainment on responses to frustration. *Journal of Personality and Social Psychology*, 3, 390~396.

556. Mischel, W. (1977). Self–control and the self. In T. Mischel(Ed.), *The self:Psychological and philosophical issues*. Totowa, NJ: Rowman & Littlefield.

557. Mischel, W., Shoda, Y., &Peake, P. K. (1988). The nature of adolescent competencies predicted by preschool delay of gratification. *Journal of Personality and Social Psychology*, 54, 687~696.

558. Mischel, C., & Stuart, R. B. (1984). Effect of self–efficacy on dropout from obesity treatment. *Journal of Consulting and Clinical Psychology*, 52, 1100~1101.

559. Mischel, W. (1986). *Introduction to personality: A new look*(4th ed.). NewYork: Holt. Rinehart & Winston.

560. Mischel, W., & Mischel, H. N. (1977). *Essentials of psychology*. New York: Random House.

561. Money, J., & Ehrhardt, A. (1972). *Man & woman, boy & girl*. Baltimore, MD: Johns Hopkins University Press.

562. Morokoif, P. J. (1985). Effects of sex, guilt, repression, sexual "arousability", and sexual experience on female sexual arousal during erotica and fantasy. *Journal of Personality and Social Psychology*, 49, 177~187.

563. Morris, C. (1956). *Variations of human value*. Chicago, IL: University of Chicago Press.

564. Morris, T., & Greer, S. (1980). A "Type C" for cancer? *Cancer Detection and Prevention*, 3(1), 102.

565. Morris, T., Greer, S., Pettingale, K. W., & Watson, M. (1981). Patterns of expressing anger and their psychological correlates in women with breast cancer. *Journal of Psychosomatic Research*, 25, 111~117.

566. Moser, C. G., & Dyck, D. G. (1989). Type A behavior, uncontrollability, and the activation of hostile self–schema responding. *Journal of Research in Personality*, 23, 248~267.

567. Moss, H. A. (1967). Sex, age, and state as determinants of mother– infant interaction. *Merrill– Palmer Quarterly*, 13, 19~36.

568. Murphy, C. M., & O'Leary, K. D. (1989). Psychological aggression predicts physical aggression in early marriage. *Journal of Consulting and Clinical Psychology*, 57, 579~582.

569. Murray, H. A. (1938). *Explorations in personality: A clinical and experimental study of fifty men of college age*. New York: Oxford University Press.

570. Mussen, P., & Eisenberg. Berg, N. (1977). *Roots of caring, sharing and helping: The development of prosocial behavior in children*. San Francisco: Freeman.

571. Nanda, S. (1987). *Cultural anthropology*. Palo Alto, CA: Wadsworth.

572. Neisser, U. (1979). The concept of intelligence. In R. J. Sternberg, & D. K. Defferman (Eds.), *Human intelligence: Perspective on its theory and mesurement*. Norwood. NJ: Ablex.

573. O'Leary, K. D., & Becker, W. C. (1967). Behavior modification of an adjustment class: A token reinforcement program. *Exceptional Children*, 33, 637~642.

574. O'Leary, K. D., & Wilson, G. T. (1987). *Behavior therapy: Application and outcome* (2nd ed.). Englewood Cliffs, NJ: Prentice–Hall.

575. O'Leary, V., Unger, R., & Wallston, B. (Eds.)(1985). *Sex, gender and social psychology*. Hillsdale NJ: Erlbaum.

576. Olweus, D. (1979). Stability of aggressive reaction patterns in human males: A review. *Psychological Bulletin*, 86, 852~875.

577. Osgood, C. E., Suci, G. J., & Tannenbaum, P. H. (1957). *The measurement of meaning*. Urbara, I11. : University of Illinois Press.

578. Overton, W. F., & Reese, H. W. (1973). Models of development: Methodological implications. In J. R. Nesselroade, & H. W. Reese(Eds.), *Lifespan developmental psychology: Methodological issues*. New York: Academic Press.

579. Paige, J. (1966). Letters from Jenny: An approach to the clinical analysis of personality structure by computer. In P. Stone(Ed.), *The general inquirer: A computer approach to content analysis*. Cambridge, MA: MIT Press.

580. Patterson, G. R. (1977). Naturalistic observation in clinical assessment. *Journal of Abnormal Child Psychology*, 5, 309~322.

581. Pelham, B. W., & Swann, W. B., Jr. (1989). From self-conceptions to self-worth: On the sources and structure of global self-esteem. *Journal of Personality and Social Psychology*, 57, 672~680.

582. Perry, D. G., & Perry, L. C. (1975). Observational learning in children: Effects of sex of model and subject' s sex role behavior. *Journal of Personality and Social Psychology*, 31, 1083~1088.

583. Pervin, L. A. (1980). *Personality: Theories, assessment, and research*(3rd ed.). New York: John Wiley.

584. Pervin, L. A. (1985). Personality: Current controversies, issues, and directions. *Annual Review of Psychology*, 36, 83~114.

585. Pervin, L. A. (1996). *The science of personality*. New York: John Wiley & Sons.

586. Pervin, L. A. (1990). A Brief history of modern personality theory. In L. A. Pervin(Ed.), *Handbook of personality: Theory and research*. NewYork: The Guilford Press.

587. Peterson, C. (1992). *Personality*(2nd ed.). Ft Worth, TX: Harcourt Brace Jovanovich.

588. Peterson, C., & Seligman, M. E. P. (1984). Causal explanations as a risk factor for depression: Theory and evidence. *Psychological Review*, 91, 347~374.

589. Phares, E. J. (1988). *Clinical psychology: Concepts, methods, and profession*(3rd ed.). Chicago: Dorsey Press.

590. Phares, E. J. (1991). *Introduction to personality*(3rd ed.). New York: Harper Collins.

591. Phares, E. J., & Lamiell, J. T. (1975). Internal-external control, interpersonal judg-

ments of others in need, and attribution of responsibility. *Journal of Personality*, 43, 23~38.

592. Pheterson, G. I., Kiesler, S. B., & Goldberg, P. A. (1971). Evaluation of the performance of women as a function of their sex, achievement, and personal history. *Journal of Personality and Social Psychology*, 19, 114~118.

593. Piaget, J. (1932). *The moral judgment of the child*. New York: Harcourt Brace Jovanovich.

594. Piaget, J. (1936/1974). *The origins of intelligence in children*. Translated by M. Cook. New York: International Universities Press.

595. Piaget, J. (1936/1954). *The construction of reality in the child*. Translated by M. Cook. New York: Ballantine Books.

596. Piaget, J., & Szeminska, A. (1941). *The child's conception of number*. NewYork: W. W. Norton & Co., Inc.

597. Piers, E. V. (1969). Manual for the Piers. Harris Children's Concept Scale(*The way I feel about myself*). Nashville: Counselor Recordings and Tests.

598. Piers, E. V. (1984). *Piers–Harris self–concept scale(The way I feel about myself)*. Los Angeles: Western Psychological Services.

599. Piers, E. V., & Harris, D. A. (1964). Age and other correlatives of self–concept on children. *Journal of Educational Psychology*, 55, 91~95.

600. Piliavin, J. A., & Piliavin, I. (1972). The effect of blood on reactions to a victim. *Journal of Personality and Social Psychology*, 23, 353~361.

601. Piliavin, J. A. . Dovidio, J. F., Gaertner, S. L., & Clark, R. D. (1981). *Emergency intervention*. New York: Academic Press.

602. Plomin, R., & Foch, T. T. (1981). A twin study of objectively assessed personality in childhood. *Journal of Personality and Social Psychology*, 39, 680~688.

603. Plutchik, R. (1980). *Emotion: A psychoevolutionary synthesis*. New York: Harper & Row.

604. Potkay, C. R., & Allen, B. P. (1986). *Personality: Theory, research, and applications*. Monterey, CA: Brooks/Cole.

605. Price, V. A. (1982). *Type A behavior pattern: A model for research and practice*. New York: Academic Press.

606. Provence, S., & Lipton, R. C. (1962). *Infants in institutions*. New York: International Universities Press.

607. Ouay, H. C. (1964). Personality dimensions in delinquent males as inferred from the

factor analysis of behavior ratings. *Journal of Research in Crime and Delinquency*, 1, 33~37.

608. Rachman, S. (1971). *The effects of psychotherapy*. Oxford: Pergmon.

609. Ragland, D. R., & Brand, R. J. (1988). Type A behavior and mortality from coronary heart disease. *New England Journal of Medicine*, 318, 65~69.

610. Raimy, V. C. (1948). Self reference in counseling interviews. *Journal of Consulting Psychology*, 12, 153~163.

611. Ramey, C. T., & Gowan, J. W. (1986). A general systems approach to modifying risk for retarded development. In A. S. Honing(Ed.), *Risk factors in infancy*. London: Gordno & Breach.

612. Raven, J. C. (1938). *Progressive matrices*. London: Lewis.

613. Redd, W. H. (1980). In vivo desensitization in the treatment of chronic emesis following gastrointestinal surgery. *Behavior Therapy*, 11, 421~427.

614. Renzulli, J. S. (1978). What makes giftedness? Reexamining a definition. *Phi Delta Kappan*, 60, 180~184, 261.

615. Repetti, R. L., Matthews, K. A., & Waldron, I. (1989). Employment andwomen's health: Effects of paid employment on women's mental and physical health. *American Psychologist*, 44, 1394~1401.

616. Revelle, W. (1995). Personality processes. *Annual Review of Psychology*, 46, 295~329.

617. Roback, A. A. (1927). *The psychology of character*. New York: Harcourt Brace Jovanovich.

618. Robins, L. N. (1966). *Deviant children grown up: A sociological and psychiatric study of sociopathic personality*. Baltimore, MD: Wilkins.

619. Rodin, J., & Langer, E. J. (1977). Long-term effects of a control relevant-intervention with the institutionalized aged. *Journal of Personality and Social Psychology*, 35, 897~902.

620. Rodin, J. (1986). Health, control, and aging. In M. Baltes. & P. Baltes(Eds.), *The psychology of control and aging*. Hillsdale, NJ: Erlbaum.

621. Rogers, C. R. (1951). Client-centered therapy: *Its current practice, implications and theory*. Boston: Houghton Mifflin.

622. Rogers, C. R. (1956). Some issues concerning the control of human behavior(Symposium with B. F. Skinner). *Science*, 124, 1057~1066.

623. Rogers, C. R. (1959). A theory of therapy, personality, and interpersonalrelationships, as developed in the client-centered framework. In S. Koch(Ed.), *Psychology: A study of a science*, (Vol. 3, pp. 184-256). New York: MCGraw-Hill.

624. Rogers, C. R. (1963). Actualizing tendency in relation to motives and to consciousness. In M. R. Jones(Ed.), Nebraska symposium on motivation. Lincoln: University of Nebraska Press.

625. Rokeach, M. (1968). *Beliefs, attitudes, and values*. San Francisco: Josseybass.

626. Roos, P. E., & Cohen, L. H. (1987). Sex roles and social support as moderators of life stress adjustment. *Journal of Personality and Social Psychology*, 52, 576~585.

627. Rosenkrantz, P., Vogel, S., Bee, H., Broverman, I., & Broverman, D. M. (1968). Sex-role stereotypes and self-concepts in college students. *Journal of Consulting and Clinical Psychology*, 32, 287~295.

628. Rosenman, R. H. (1977). The interview method of assessment of the coronary prone behavior pattern. In T. M. Dembroski, S. M. Weiss, J. L. Shields、S. G. Haynes, & M. Feinleib (Eds.). *Proceedings of the forum on Coronary-prone behavior. New York: Springer.*

629. Rosenman, R. H., Brand, R. J., Jenkins, C. D., Friedman, M., Straus, R., & Wurm. M. (1994). Coronary heart disease in the Western Collaborative Group Study: Final follow-up experience of 8.5 years. *Journal of the American Medical Association*, 233, 872~877.

630. Rosenzweig, S. (1933). The experimental situation as a psychological problem. *Psychological Review*, 40, 337~354.

631. Rosenzweig, S. (1944). An outline of frustration theory. In J. McV. Hunt(Ed.), *Personality and the behavior disorders*. New York: Ronald Press.

632. Rosenzweig, S. (1985). Freud and experimental psychology: The emergence of idiodynamics. In S. Koch, & D. E. Leafy (Eds.), *A century of psychology as science*. New York: McGraw-Hill.

633. Rotter, J. B. (1954). *Social learning and clinical psychology*. Englewood Cliffs, NJ: Prentice-Hall.

634. Rotter, J. B. (1966). Generalized expectancies for internal versus external control of reinforcement. *Psychological Monographs*, 80(1, Whole No. 609).

635. Rotter, J. B. (1967a). Personality theory. In H. Helson, & W. Bevan(Eds.). *Contemporary approaches to psychology*. Princeton, NJ: Van Nostrand.

636. Rotter, J. B. (1967b). A new scale for the measurement of interpersonal trust. *Journal of Personality*, 35, 651~665.

637. Rotter, J. B. (1971). Generalized expectancies for interpersonal trust. *American Psychologist*, 26, 443~452.

638. Rotter, J. B., & Hochreich, D. J. (1975). *Personality*. Glenview, IL: Scott. Foresman.

639. Rotton, J., & Frey, J. (1984). Psychological costs of air Pollution: Atmospheric conditions, seasonal trends, and psychiatric emergencies. *Population and Environment: Behavioral and Social Issues*. 7,3~16.

640. Rotton, J., & Frey, J. (1985). Air pollution, weather, and violent crimes: Concomitant time-series analysis of archival data. *Journal of Personality and Social Psychology*, 49, 1207~1220.

641. Rubin, J. Z., Pvovenzano, F. J., & Luria, Z. (1974). The eyes of the beholder: Parents' views on sex of newborns. *American Journal of Orthopsychiatry*, 44, 512~519.

642. Rummelhart, D. E., McClelland, J. L., & The PDP Research Group(1986). *Parallel distributed processing: Foundations*, Vol. 1. Cambridge, MA: MIT Press.

643. Rushton, J. P. (1975). Generosity in children: Immediate and long-term effects of modeling, preaching, and moral judgment. *Journal of Personality and Social Psychology*, 31, 459~466.

644. Rushton, J. P. (1980). *Altruism, socialization, and society*. Englewood Cliffs, NJ: Prentice-Hall.

645. Rushton, J. P. (1981). The altruistic personality. In J. P. Rushton and R. M. Sorrentino (Eds.), *Altruism and helping behavior*. Hillsdale. NJ: Erlbaum.

646. Rushton, J. P., Chrisjohn, R. D., & Fekken, G. C. (1981). The altruistic personality and the Self-Report Altruism Scale. *Personality and individual Differences*, 2, 293~302.

647. Rushton, J. P., Fulker, D. W., Neale, M. C., Nias, D. K. B., & Evsenck. H. J. (1986). Altruism and aggression: The heritability of individual differences. *Journal of Personality and Social Psychology*, 50, 1192~1198

648. Rutherford, E., & Mussen, P. (1968). Generosity in nursery school boys. *Child Development*, 39, 755~765.

649. Ryckman, R. M. (1989). *Theories of personality*(4th ed.). Pacific Grove, California: Brooks/Cole.

650. Ryckman, R. M., Robbins, M. A., Thornton, B., & Cantrell, P. (1982). Development and validation of a physical self-efficacy scale. *Journal of Personality and Social Psychology*, 42, 891~900.

651. Sanford, N. (1963). Personality: Its place in psychology. In S. Koch(Ed.), *Psychology: A study of a science:*New York: McGraw-Hill.

652. Sarafino, E. P. (1990). *Health psychology: Biopsychosocial interactions*. New York: John Wiley.

653. Sarason, I. G. (1978). The Test Anxiety Scale: Concept and research. In C. D. Spielberger & I. G. Sarason(Eds.), *Stress and anxiety*, Vol. 5. Washington, DC: Hemisphere.

654. Sarason, I. G. (1980). Introduction to the study of test anxiety. In I. G. Sarason(Ed.), Test anxiety: *Theory, research, and applications*. Hillsdale, NJ: Erlbaum.

655. Sartre, J. A. (1956). Existentialism. In W. Kaufmann(Ed.). *Existentialism from Dostoevsky to Sartre*. New York: Meridian Books.

656. Scarr, S. (1981). *Race, social class, and individual differences in IQ*. Hillsdale, NJ: Erlbaum.

657. Scarr, S. (1988). How genotypes and environments combine: Development and individual differences. In N. Bolger, A. Caspe, G. Downey, & N. Moorehouse(Eds.), *Persons in context: Developmental processes*. New York: Cambridge University Press.

658. Scarf, S., & McCartney, K. (1983). How people make their own environments: A theory of genotype–environment effects. *Child Development*, 54, 424~435.

659. Scheier, M. F., Mathews, K. A., Owens, J. F., Magovern, G. J., Lefebvre, R. C. , Abbott, R. A., & Caner, C. S. (1989). Dispositional optimism and recovery from coronary artery bypass surgery: The beneficial effects on physical and psychological well–being. *Journal of Personality and Social Psychology*, 57, 1024~1040.

660. Scheier, M. F., Weintraub, J. K., & Carver, C. S. (1986). Coping with stress: Divergent strategies of optimists and pessimists. Journal of Personality and Social Psychology, 51, 1257~1264.

661. Schultz, L. G. (1960). The wife assaulter. *Journal of Social Therapy*, 6, 103~111

662. Schumer, F. (1983). *Abnormal psychology*. Lexington, Mass: D. C. Heath.

663. Schwartz, S. H., & Howard, J. A. (1981). A normative decision–making model of altruism. In J. P. Rushton, & R. M. Sorrentino(Eds.), *Altruism and helping behavior: Social, personal, and development perspective*. Hillsdale, NJ: Erlbaum.

664. Schwarzer, R. (1992). Self–efficacy: Thought control of action. Washington. DC: Hemisphere.

665. Sears, R. R., Maccoby, E. E., & Levin, H. (1957). *Patterns of childreading*. Evanston, IL: Row & Peterson.

666. Sechrest, L., & Jachson, D. N. (1961). Social intelligence and accuracy ofinterpersonal predictions. *Journal of Personality*, 29, 167~182.

667. Seeman, J. (1949). A study of process of nondirective therapy. *Journalof Consulting Psychology*, 13, 157~168.

668. Segal, Z. V. (1988). Appraisal of the self-schema construct in cognitive models of depression. *Psychological Bulletin*, 103(2), 147~162.

669. Seligman, M. E. P. (1975). *Helplessness: On depression, development, and death*. San Francisco: W. H. Freeman.

670. Selye, H. (1956). *The stress of life*. New York: McGraw-Hill.

671. Selye, H. (1975). *From dream to discovery*. New York: Arno Press.

672. Senneker, P., & Hendrick, C. (1983). Androgyny and helping behavior. *Journal of Personality and Social Psychology*, 45, 916~925.

673. Shaffer, J. W., Duszynski, K. R., & Thomas, C. B. (1982). Family attitudes in youth as a possible precursor of cancer among physicians: A search for explanatory mechanisms. *Journal of Behavioral Medicine*, 5, 143~163.

674. Shaw, J. S. (1982). Psychological androgyny and stressful life events. *Journal of Personality and Social Psychology*, 43, 145~153.

675. Shekelle, R. B., Raynor, W. J., Ostfield, A. M., Garron, D. C., Bieliauskas, L. A., Liu, S. C., Maliza, C., & Paul, O. (1981). Psychological depression and 17-years risk of death from cancer. *Psychosomatic Medicine*, 43, 117~125.

676. Sheldon, W. H., & Stevens, S. S. (1942). Varieties of human temperament.*A psychology of constitutional difference*. New York: HarDer.

677. Sherif,C. W. (1982). Needed concepts in the study of gender identity. *Psychology of Women Quarterly*, 6, 375~398.

678. Shevrin, H. (1977). Some assumptions of psychoanalytic Communication: Implications of subliminal research for psychoanalytic method and technique. In N. Freedman, & S. Grand (Eds.), *Communicative structures and psychic structures*. New York: Plenum.

679. Shoben, E. J. (1954). Theoretical frames of reference in clinical psychology. In L. A. Pennington, & I. A. Berg(Eds.), *An introduction to clinical psychology*(2nd ed.). New York: Ronald Press.

680. Shostrom, E. (1964). An inventory for the measurement of self-actualization. *Educational and Psychological Measurement*, 24, 207~218.

681. Shostrom, E. (1966). Manual for the Personal Orientation Inventory(POI): *An inventory for the measurement of self-actualization*. San Diego, CA: Educational and Industrial Testing Service.

682. Signell, K. A. (1966). Cognitive complexity in person perception and nation perception: A developmental approach. *Journal of Personality*, 34, 517~537.

683. Signorella, M. L., & Jamison, W. (1986). Masculinity, femininity, androgyny and cognitive performance: A meta-analysis. *Psychological Bulletin*, 100, 207~228.

684. Silverman, L. H. (1976). Psychoanalytic theory: The reports of my death are greatly exaggerated. *American Psychologist*, 31, 621~637.

685. Singer, J. L. (1984). *The human personality: An introduction text*. San Diego, CA: Harcourt Brace Jovanovich.

686. Skinner, B. F. (1938). *The behavior of organisms: An experimental analysis*. New York: Appleton Century-Crofts.

687. Skinner, B. F. (1948). *Walden two*. New York: Macmillan.

688. Skinner, B. F. (1951). How to teach animals. *Scientific American*, 185, 26~29.

689. Skinner, B. F. (1953). *Science and human behavior*. New York: Macmillan.

690. Skinner, B. F. (1958). Teaching machines. *Science*, 128, 969~977.

691. Skinner, B. F. (1961). *Cumulative record*. New York: Appleton-Century-Crofts.

692. Skinner,B. F. (1969). *Contingencies of reinforcement: A theoretical analysis*. New York: Appleton-Century-Crofts.

693. Skinner, B. F. (1971). *Beyond freedom and dignity*. New York: Knopf.

694. Skinner, B. F. (1974). *About behaviorism*. New York: Knopf.

695. Smith, R. E., Smythe, L., & Lien, D. (1972). Inhibition of helping behavior by a similar of dissimilar nonreactive fellow bystander. *Journal of Personality and Social Psychology*, 23, 414~419.

696. Smith, M. L., & Glass, G. V. (1977): Meta-analysis of psychotherapy outcome studies. *American Psychologist*, 32, 752~760.

697. Snyder, M. (1983). The influence of individuals on situations: Implications for understanding the links between personality and social behavior. *Journal of Personality*, 51, 497~516.

698. Spielberger, C. D. (1966). *Anxiety and behavior*. New York: AcademicPress.

699. Spielberger, C. D., Gorsuch, R. L., & Lushene, R. E. (1970). *The State Trait Anxiety Inventory(STAI) Manual for the State-trait Anxitety Inventory("Self-evaluation Questionaire")*. Palo Alto. CA: Consulting Psychologists Press.

700. Spitz, H. H. (1986). *The raising of intelligence: A selected history of attempts to raise retarded intelligence*. Hillsdale, NJ: Erlbaum.

701. Spitz, R. A. (1949). Motherless infants. *Child development*.Society for the Research in Child Development.

702. Staub, E. (1974). Helping a distressed person: Social, personality, and stimulus determinant. In L. Berkowitz(Ed.), *Advances in experimental social psychology*, Vol. 7. New York: Academic Press.

703. Staub, E. (1978). *Positive social behavior and morality–Social and personal influences*, Vol. 1. New York: Academic Press.

704. Staub, E. (Ed.) (1980). *Personality: Basic aspects and current research*. Englewood Cliffs, NJ: Prentice–Hall.

705. Stephenson, W. (1953). *The study of behavior: Q–technique and Its Methodology*. Chicago: University of Chicago Press.

706. Sternberg, R. J., Conway, B. E., Ketron, J. L., & Bernstein, M. (1981). People' s conceptions of intelligence. *Journal of Personality and Social Psychology*, 41, 37~55.

707. Sternberg, R. J. (1985). *Beyond the IQ: A triarchic theory of human intelligence*. Cambridge, England: Cambridge University Press.

708. Stevenson, H. W. (1991). *The development of prosocial behavior in largescale collective societies: China and Japan*. Cambridge: Cambridge University Press.

709. Stock, D. (1949). An investigations into interrelations between self–concept and feelings directed towards other persons and groups. *Journal of Consulting Psychology*, 13, 176~180.

710. Stoler, N. (1963). Client likability: A variable in the study of psychotherapy. *Journal of Consulting Psychology*, 27, 175~178.

711. Stroop, J. R. (1935). Studies of interference in sexial verbal reactions. *Journal of Experimental Psychology*, 18, 643~662.

712. Strube, M, J., & Werner, C. (1985). Relinquishment of control and Type A behavior pattern. *Journal of Personality and Social Psychology*, 48, 688~701.

713. Strube, M. J., Lott, C. L., Heilizer, & Gregg, B. (1986). Type A behavior pattern and the judgment of control. *Journal of Personality and Social Psychology*, 50, 403~412.

714. Su, H. Y., & Yang, K. S. (1964). Self–concept congruence in relation to juvenile delinquency. *Acta Psychologia Taiwanica*, 6, 1~9.

715. Sullivan, H. S. (1950). The illusion of individuality. *Psychiatry*, 13, 317~332.

716. Sullivan, H. S. (1953a). *Conceptions of modern psychiatry*(2nd ed.). NewYork: Norton.

717. Sullivan, H. S. (1953b). *The interpersonal theory of psychiatry*. New York: Norton.

718. Sullivan, H. S. (1962). *Schizophrenia as a human process*. New York: Norton.

719. Super, D. E. (1970). *Work value inventory*. Boston: Houghton Mifflin.

720. Schlenker, B. R., Jr. (1985). The self and social reality. In B. Schlenker(Ed.), *The self and social life*. New York: McGraw-Hill.

721. Taylor, S. E. (1990). *Health psychology*(2nd ed.). New York: Random House.

722. Temoshok, L. (1987). Personality, coping style, emotion and cancer: Towards an integrative model. *Cancer Surveys*, 6, 545~567.

723. Terman, L. M., & Miles, C. C. (1936). *Sex and personality*. New York: MCGraw-Hill.

724. Terman, L. M., & Tyler, L. E. (1954). Psychological sex differences. In L. Carmichael (Ed.), *Manual of child psychology*(2nd ed.). New York: Wiley.

725. Terman, L. M., & Oden, M. H. (1959). *The gifted group at mid-life: Thirty-five years' follow- up of the superior child*. Stanford, CA: Stanford University Press.

726. Thompson, H. T. (1903). *The mental traits of sex: An experimental investigation of the normal mind in men and women*. Chicago: University of Chicago Press.

727. Thoresen, C., Friedman, M., Powell, L. H., Gill, J. J., & Ulmer, D. (1985). Altering the Type A behavior pattern in postinfarction patients. *Journal of Cardiopulmonary Rehabilitation*, 5, 258~266.

728. Thorndike, R. L., Hagen, E. P., & Sattler, J. M. (1986). *Guide for administering and scoring the fourth edition of the Stanford*. The Stanford-Binet Intelligence Scale, Fourth Edition. Chicago: Riverside.

729. Thorne, F. C. (1973). The Existential Study: A measure of existential status. *Journal of Clinical Psychology*, 29, 387~392.

730. Tims, A. R., Jr., Swart, C., & Kidd, R. F. (1976). Factors affecting pre-decisional communication behavior after helping requests. *Human Communication Research*, 2, 271~280.

731. Tomlinson, T. M., & Hart J. T. Jr. (1962).A validation study of the Process Scale. *Journal of Consulting Psychology*, 26, 74~78.

732. Treffert, D. A. (1988). The idiot savant: A review of the syndrome. *American Journal of Psychiatry*, 145, 563~571.

733. Tribich, D., & Messer, S. (1974). Psychoanalytic character type and status of authority as determiners of suggestiblity. *Journal of Consulting and Clinial Psychology*, 42, 842~848.

734. Tupes, E. C., & Christal, R.E. (1961). *Recurrent personality factors based on trait ratings*. Lackland Air Force Base, TX: U. S. Air Force.

735. Ullmann, L. P., & Krasner, L. (1975). *A psychological approach to abnormal behavior*. New York: Prentice-Hall.

736. Uranowitz, S. W. (1975). Helping and self–attributions: A field experiment. *Journal of Personality and Soical Psychology*, 31, 852~854.

737. Van Kaam, A. (1966). *Existential foundations of psychology*. Pittsburgh. PA: Duquesne University Press.

738. Vygotsky, L. S. (1978). *Mind in society*. Cambridge, MA: Harvard University Press.

739. Walker, C. E., Hedberg, A., Clement, P. W., & Wright, L. (1981). *Clinical procedures for behavior therapy*. Englewood Cliffs, NJ: Prentice–Hall.

740. Waterman, A. S., & Whitbourne, S. K. (1982). Androgyny and psychosocial development among college students and adults. Journal of Personality, 50, 121~133.

741. Watson, R. I. Jr. (1973). Investigation into deindividuation using a cross–cultural survey technique. *Journal of Personality and Social Psychology*, 25, 342~345.

742. Webb, W. B., & Cartwright, R. C. (1978). Sleep and dreams. *Annual Review of Psychology*, 29, 223~252.

743. Webb, E. J., Campbell, D. T., Schwartz, R. D., & Sechrest, L. (1966). *Unobtrusive measures: Nonreactive research in the soical sciences*. Chicago: Rand McNally.

744. Wechsler, D. (1958). *The measurement and appraisal of adult intelligence*. Baltimore. MD: Williams & Wilkins.

745. Wechsler, D. (1981). WAIS–R *Manual: Wechsler Adult Intelligence Scale*–revised. New York: Psychological Corporation.

746. Weikart, D. P. (1972). Relationship of curriculum, teaching, and learning in preschool education. In J. C. Stranley(Ed.), *Preschool for the disadvantaged*. Baltimore, MD: Johns Hopkins University Press.

747. White, R. W. (1959). Motivation reconsidered: The concept of competence. *Psychological Review*, 66, 297~333.

748. White, L. A. (1979). Erotica and aggression: The influence of sexual arousal, positive affect, and negative affect on aggressive behavior. *Journal of Personality and Social Psychology*, 37, 591~601.

749. Whiting, B., & Edwards, C. P. (1973). A cross–cultural analysis of sex differences in the behavior of children aged three through eleven. *Journal of Soical Psychology*, 91, 171~188.

750. Widom, C. S. (1989). Does violence beget violence?A critical examination of the literature. *Psychological Bulletin*, 106, 3~28.

751. Wilson, E. O. (1975). *Sociobiology: The new synthesis*. Cambridge, MA: Harvard University Press.

752. Witkin, H. A. (1949). Perception of body position and of the position of the visual field. *Psychological Monographs*, 302, 63.

753. Witkin, H. A., Dyk, R. B., Faterson, H. F., Goodenough, D. R., & Karp, S. A. (1962). *Psychological differentiation: Studies Development*. New York: John Wiley.

754. Witkin, H. A., Moore, C. A., Oltman, P. K., Goodenough, D. R., Friedman, F., Owen, D. R., & Raskin, E. (1976). The role of the field-dependent and field-independent cognitive styles in academic evolution: A longitudinal study. *Journal of Educational Psychology*, 69, 197~211.

755. Wolberg, L. R. (1977). *The technique of psychotherapy*. New York: Grune & Stratton.

756. Woodworth, R. S. (1918). *Dynamic psychology*. New York: Columbia University Press.

757. Wright, L. (1988). The type A behavior pattern and coronary artery disease: Quest for the active ingredients and the elusive mechanism. *American Psychologist*, 43, 2~14.

758. Wright, T. L., Maggied, P., & Palmer, M. L. (1975). An unobtrusive study of interpersonal trust. *Journal of Personality and Social Psychology*, 32, 446~448.

759. Yakimovich, D., & Saltz, E. (1971). Helping in communication mediated aggressive behavior. *Journal of Experimental Social Psychology*, 7, 419~434.

760. Young, M. L. (1971). Age and sex differences in problem solving. *Journal of Gerontology*, 26, 300~336.

761. Zammuner, V. L. (1987). Children's sex-role stereotypes: A cross-cultural analysis. In P. Shaver, & C. Hendrick(Eds.), *Sex and gender: Review of personality and social psychology*, Vol. 7. Beverly Hills, CA: Sage.

762. Zillmann, D. (1971). Excitation transfer in communication-mediated aggressive behavior. *Journal of Experimental Social Psychology*, 7, 419~434.

763. Zillmann, D. (1979). *Hostility and aggression*. Hillsdale, NJ: Erlbaum.

764. Zillmann, D., Bryant, J., & Sapolsky, B. S. (1978). The enjoyment of watching sport contests. In H. Goldstein(Ed.), *Sports, games, and play*. Hillsdale, NJ: Erlbaum.

765. Zillmann, D., & Cantor, J. R. (1976). Effect of timing of information about mitigating circumstances on emotional responses to provocation and retaliatory behavior. *Journal of Experimental Social Psychology*, 12, 38~55.

766. Zuckerman, M. (1969a). Theoretical formulations. In J. P. Zubek(Ed.), *Sensory deprivation: Fifteen years of research*. New York: Appleton-Crofts.

767. Zuckerman, M. (1969b). Variables affecting deprivation results. In J. P. Zubek(Ed.), *Sensory deprivation–fifteen years of research*. New York: Appleton–Crofts.

768. Zuckerman, M., Buchsbaum, M. S., & Muphy, D. L. (1980). Sensation seeking and its biological correlates. *Psychological Bulletin*, 88, 187~214.

769. Zuckerman, M., Lazzaro, M. M., & Waldgeir, D. (1979). Undermining effects of the foot–in–the–door technique with extrinsic rewards. *Journal of Applied Social Psychology*, 9, 292~296.

索 引

说明:1. 每一名词后所列之数字为该名词在本书内出现之章节。

2. 由字母起头的中文名词排在汉英名词对照之最后。

3. 同一英文名词而海峡两岸译文不同者,除在正文内附加 括号有所注明外,索引中均予同时编列。

一、汉英对照

一 画

二 画

三画

四画

五画

六画

七画

八画

九画

十画

十一画

十二画

十三画

十四画

十五画

十六画

十七画

十八画

十九画

二十二画

英文字母起头名词

二、英汉对照

A

B

C

D

E

F

G

H

I

N

O

P

S

U

V

W

X

Z